# 昌邑广播影视志

1950
2019

昌邑市融媒体中心 编

方志出版社

**图书在版编目（CIP）数据**

昌邑广播影视志 ： 1950—2019 / 昌邑市融媒体中心编. — 北京 ： 方志出版社，2020.9

ISBN 978-7-5144-4321-9

Ⅰ. ①昌… Ⅱ. ①昌… Ⅲ. ①广播事业—概况—昌邑—1950—2019②电影事业—概况—昌邑—1950—2019③电视事业—概况—昌邑—1950—2019 Ⅳ. ①G229.252.3 ②J992

中国版本图书馆CIP数据核字（2020）第172838号

**昌邑广播影视志（1950—2019）**

编　　者：昌邑市融媒体中心

责任编辑：王海荣

出 版 者：方志出版社

地址　北京市朝阳区潘家园东里 9 号（国家方志馆4层）

邮编　100021

网址　http://www.fzph.org

发　　行：方志出版社图书经销中心

电话（010）67110500

经　　销：各地新华书店

印　　刷：山东黄氏印务有限公司

开　　本：889×1194　　1/16

印　　张：30.5

字　　数：785千字

版　　次：2020年9月第1版　　2020年9月第1次印刷

印　　数：0001～1000册

ISBN　978-7-5144-4321-9　　定价：398.00元

昌城新区一角（摄影 齐英杰）

# 《昌邑广播影视志（1950—2019）》编纂委员会

主　任　张术叁

副主任　张惠福　宋建文　张新立　朱永伟　刘宏图　孙福生　冯立春

委　员　王文峰　张广松　孙永泉　高晓宇　李希刚　姜言同　梁　峰　夏　斐

　　　　李慧娟　谢培元

# 《昌邑广播影视志（1950—2019）》编辑部

主　编　张术叁

副主编　张惠福　宋建文　张新立　朱永伟　刘宏图　孙福生　冯立春

主　笔　王沛盛

编　辑　王文峰　张广松　谢培元　张　伟　孙永泉　高晓宇　李　莉　李希刚

　　　　苏森源　孙大波　宋凌晓　姜言同　梁　峰　傅浩程　陈喜娟　李慧娟

　　　　陈大涛　姜莲莲　孙英志　夏　斐　王建华　杨福成

摄　影　王晓亮

审　稿　张术叁　王沛盛　张惠福　宋建文　张新立　朱永伟　刘宏图　孙福生

　　　　冯立春

校　对　梁　峰

# 序 言

波澜壮阔七十载，团结奋进著华章。1950—2019年，昌邑广播影视事业走过了70年奋斗历程，创造了辉煌的历史。《昌邑广播影视志（1950—2019）》经过编辑人员的默默付出和不懈努力，现在付梓出版。该书共分为广播、电视、电影等六大部分，用翔实的材料，以历史发展进程为脉络，以重大历史事件为重点，通过图片、文字客观地记载了昌邑广播影视事业的深刻变革，是一部承前启后、鉴往知来的重要历史文献。该书的出版，对于普及昌邑广播影视发展历史知识，激励从业人员艰苦奋斗、锐意进取意义非凡。

70年砥砺奋进，70年春华秋实。昌邑广播影视事业从建设初期的艰苦创业，到改革开放中的发展奋进，事业不断壮大、实力不断增强，实现了从无到有、由小变大、由弱变强的巨大转变。一代代广播影视从业人员在党的领导下，勠力同心、砥砺前行，克服了许多困难，办成了许多大事，在推进媒体融合以及产业经营、内部管理、技术发展等方面均实现了飞跃发展。特别是广大新闻工作者始终坚持正确政治方向和舆论导向，围绕中心、服务大局，宣传党的主张、反映人民心声，讲好昌邑故事、展示昌邑形象，为昌邑经济社会发展做出了积极贡献。

一个时代有一个时代的主题，一代人有一代人的使命。当前，中国特色社会主义进入了新时代，以习近平同志为核心的党中央正团结带领全党和全国人民进行伟大斗争、建设伟大工程、推进伟大事业、实现伟大梦想。昌邑正处于发展的重要战略机遇期、优势潜能的加速释放期、跨越赶超的异常关键期。实现高质量发展，需要全市上下抢抓机遇、凝心聚力，拼搏实干、创先争优，同样也离不开广播影视人的辛勤付出和无私奉献。

岁月不待人，奋斗正当时。如今，昌邑广播影视事业也站在了一个新的起点上，广大广播影视从业人员要坚持以习近平新时代中国特色社会主义思想为指导，增强“四个意识”，坚定“四个自信”，做到“两个维护”，自觉担负起举旗帜、聚民心、育新人、兴文化、展形象的使命任务，统筹广播与电视、内宣和外宣、传统媒体和新兴媒体，锐意改革创新，壮大主流舆论，努力打造具有强大引领力、传播力、影响力的县级一流新型主流媒体，奋力开创工作新局面，为践行新理念、建设新昌邑，率先全面建成小康社会做出新的更大贡献！

中共昌邑市委书记 **吕珊珊**

2020年1月

# 前　言

在庆祝昌邑广播影视事业创建70周年、祝贺昌邑市融媒体中心成立之际，由昌邑市融媒体中心组织编纂的《昌邑广播影视志（1950—2019）》正式出版了。该书全景回顾了从1950年建立昌邑县收音站至2019年成立昌邑市融媒体中心近70年的光辉历程，深入总结了历史经验，再现了丰富生动的发展历史。该书的出版，意义深远，可喜可贺！对于继承光荣传统，在新的起点上开创融媒体事业发展新局面具有重要意义。

时光荏苒，岁月如梭。70年来，昌邑的广播影视事业紧紧围绕党的中心工作和全市（县）大局，为全市（县）改革开放和现代化建设做出了重要贡献。随着昌邑政治、经济、文化和社会各项事业的发展不断成长，从无到有、由小变大、由弱变强，取得了显著成就，形成了光荣传统，在昌邑发展史上留下了浓墨重彩的一笔。

昌邑广播影视的历史是一部服务大局的宣传史。从建立收音站开始，就以当好党、政府和人民的喉舌为己任，始终坚持正确的政治方向，积极宣传党的理论、路线、方针、政策和党委、政府的重大决策部署，及时传播各领域的信息，为昌邑经济、社会发展做出了重要贡献。特别是改革开放以来，报道了一大批先进典型人物和典型事件，创办了一系列深受听众观众欢迎的栏目、节目，产生了大量在全国、山东省、潍坊市获奖的优秀作品，培养了一批优秀的编辑、记者、播音主持和工程技术人才，为激励昌邑人民积极投身于改革开放的伟大事业做出了积极贡献。

昌邑广播影视的历史又是一部与时俱进的创业史。1950年，昌邑县收音站建立，1958年，昌邑县广播站建立，1986年，广播宣传实现“站”改“台”，1992年，建成昌邑电视台，2006年，昌邑人民广播电台（调频台）建成开播，2011年，全市有线电视节目实现了传输收视数字化。历经70年的风雨洗礼，昌邑的广播影视已发展成为以昌邑人民广播电台、昌邑电视台为中心，以有线数字广播电视传输覆盖网为基础，广播影视并举、有线无线互补，设施先进、装备精良、宣传水平持续提高的现代化广播影视宣传新格局。

昌邑广播影视的历史还是一部自强不息的争先史。广播影视这个团队的人员，不辱使命，团结一致，爱岗敬业，钻研业务，开拓创新，焚膏继晷，争取一流。在各自不同的岗位上，创造着不同的奇迹。一篇篇有分量的论文在国家级、省级理论刊物上发表，广播电视稿件多次被中央电视台、中央人民广播电台采用。创办的《昌邑新闻》《昌邑360》《潍水两岸》等栏目很受观众的喜爱，《读书》栏目获得山东省人民政府最高奖——泰山文艺奖。昌邑电视台被全国广播电视协会评为优秀电视台，昌邑市广播电视管理局被山东省精神文明建设委员会评为省级文明机关。

一部发展史，数百创业人。昌邑广播影视70年，凝聚着一代又一代昌邑广播影视人的智慧和力量，为后来者留下了一笔十分宝贵的精神财富。70年的发展实践充分证明：坚持马克思主义指导地位和正确的政治方向是广播影视事业发展的根本保证；坚持围绕中心、服务大局是广播影视事业发展的首要任务；坚持解放思想、实事求是、与时俱进是广播影视事业发展的强大动力；坚持以人为本、服务群众是广播影视事业发展的根本宗旨；坚持贴近实际、贴近生活、贴近群众是广播影视事业发展的有效途径；坚持党的领导是广播影视事业发展的坚强保障。这些长期形成的好经验、好做法弥足珍贵，要倍加珍惜、坚持始终，在实践中不断丰富和发展。

广播影视是重要的宣传思想文化阵地。2016年2月19日，习近平总书记在党的新闻舆论工作座谈会上提出“高举旗帜、引领导向，围绕中心、服务大局，团结人民、鼓舞士气，成风化人、凝心聚力，澄清谬误、明辨是非，联接中外、沟通世界”48字方针，为广播影视宣传提出了新的要求。昌邑历届党委、政府始终重视和关心广播影视事业发展，在人力、财力、物力上给予大力支持。随着时代的进步和发展，广播影视在传达党的声音、宣传新思想，记录新时代，鼓舞人民斗志、凝聚人民力量、推动社会发展等方面的作用越来越大，地位更加重要和突出。

党的十九大召开以后，进一步明确了广播影视文化建设在中国特色社会主义建设总体布局中的定位，掀起了文化建设新高潮，昌邑市融媒体中心应运而生，构建起了“声、屏、报、网、微”一体化的全媒体新平台，全面提升新闻舆论的传播力、引导力、影响力和公信力。融媒体工作者要“登高望远、居安思危，勇于变革、勇于创新，永不僵化、永不停滞”“胸中有大义、心里有人民、肩头有责任、笔下有乾坤”，进一步增强做好融媒体工作的责任感和使命感，提高舆论引导水平，持续推出精品力作，更好地满足人民群众日益增长的精神文化需求。

而今迈步从头越，更有辉煌在前头。昌邑融媒体事业要在市委、市政府的正确领导下，高举中国特色社会主义伟大旗帜，坚持以习近平新时代中国特色社会主义思想为指导，讲政治、讲担当、讲创新，以高度的政治责任感、奋发有为的精神状态和求真务实的工作作风，迈出更加坚实的步伐。在宣传舆论媒体进入融媒体新时代形势下，在昌邑创建滨海、活力、美丽、智慧、幸福五个新型城市，致力于提前建成小康社会的征途中，宣传舆论单位融为一体、合而为一、融媒时代、再创辉煌，续写光彩夺目的历史新篇章。

编者

2020年1月

# 凡　例

一、《昌邑广播影视志（1950—2019）》的编纂坚持以马克思列宁主义、毛泽东思想、邓小平理论、“三个代表”重要思想、科学发展观、习近平新时代中国特色社会主义思想为指导，运用辩证唯物主义和历史唯物主义的立场、观点、方法，记述昌邑广播影视机构自1950年设置以来创新发展的历程，志书力求客观真实，力求思想性、科学性与史料性相统一，突出“党、政府、人民喉舌”这一特点，体现时代风貌。

二、本志断限：上起1950年10月昌邑县设立收音站，下至2019年10月昌邑市融媒体中心举行挂牌仪式。为记事完整，个别小节稍作后延。

三、本志结构：综合运用述、记、志、传、图、表、录等体裁，以志为主，图表穿插于文之中。附录列于正文之后。志书内容设编、章、节、目四个层次记述。以事分类，横排竖写，纵横结合。共六编、二十八章、一百三十节，序、凡例、概述、大事记列于卷首。

四、本志材料大部录自昌邑市融媒体中心，有的是从市档案局、统计局所获，一般不一一注明出处。各种统计数字，均以档案数字为准。

五、本志书文字表达用语体文、记述体，文风力求严谨、朴实、简洁流畅。寓观点于史实记述之中，不作任何评论。

六、地名以昌邑市人民政府公布的地名为准，名称第一次出现时用全称，再次出现时用简称，各个时期的机构名称均用当时的称谓，重复出现时用简称。如昌邑市广播电视管理局简称“市局”，昌邑市广播影视中心、昌邑市融媒体中心简称“市中心”，中国（昌邑）北方绿化苗木博览会简称“昌邑绿博会”。人物先职务后名字，在一篇文章中重复出现时直书其名。

七、采用公元纪年，时间书以全数，世纪、年代、年份均用阿拉伯数字书写。

八、习惯用语中的数字、词汇和成语中的数字、表述性语言中的数字以及数字专门名称，用汉字书写。统计性数字和表格用阿拉伯数字。万以上的数字，一般保留两位小数，采用四舍五入法。

2019年10月12日，潍坊市委宣传部常务副部长、文明办主任刘玉祥（左一）与昌邑市委副书记王龙堂（右一）为融媒体中心揭牌

2018 年 2 月 14 日，中共昌邑市委书记吕珊珊（右二）带队走访慰问昌邑电视台工作人员

2017 年 1 月 25 日，中共昌邑市委副书记、市长李玉祥（左三）带队到昌邑市广播影视中心走访慰问节日期间坚持工作的新闻宣传工作人员

1990年5月，中共昌邑县委书记赵凤池（第一排左六）与省、市、县广电干部合影

1991年8月，山东省广播电视厅副厅长张海涛（前排左五）到昌邑广电局指导工作，昌邑县委书记赵凤池（前排左四）陪同

1997年2月4日，中共昌邑市委书记张敦柏（前排左四）带队走访昌邑电视台工作人员

2011年元旦，昌邑市人民政府市长吕珊珊（左四）录完新年献辞后同昌邑市广播影视中心班子成员合影留念

2011年1月30日，中共昌邑市委副书记、市长吕珊珊（右二）到市广播影视中心检查指导工作

2011年2月1日，中共昌邑市委书记马跃启（左一）带队到市广播影视中心检查指导工作

2011年7月21日，昌邑市人大常委会党组书记、第一副主任曹昕庆（左一）到市广播影视中心检查指导工作

2011年3月26日，中共昌邑市委常委、市纪委书记周娟（右四）到市广播影视中心检查指导工作

2011年5月17日，光明日报社总编辑胡占凡（左二）到昌邑市广播影视中心调研指导工作

2015年2月，市委副书记、市长吕珊珊（中）与市广播影视中心班子成员合影（左起：朱永伟、张新立、张惠福、吕珊珊、董凤章、郝勇、宋建文）

2016年5月25日，中共潍坊市委宣传部常务副部长丁汉邦（中）到昌邑市广播影视中心检查指导工作

2017年1月23日，市委副书记、市长李玉祥（左五）和市广播影视中心班子成员合影（左起：陈正军、张新立、宋建文、张惠福、李玉祥、张术叁、郝勇、朱永伟）

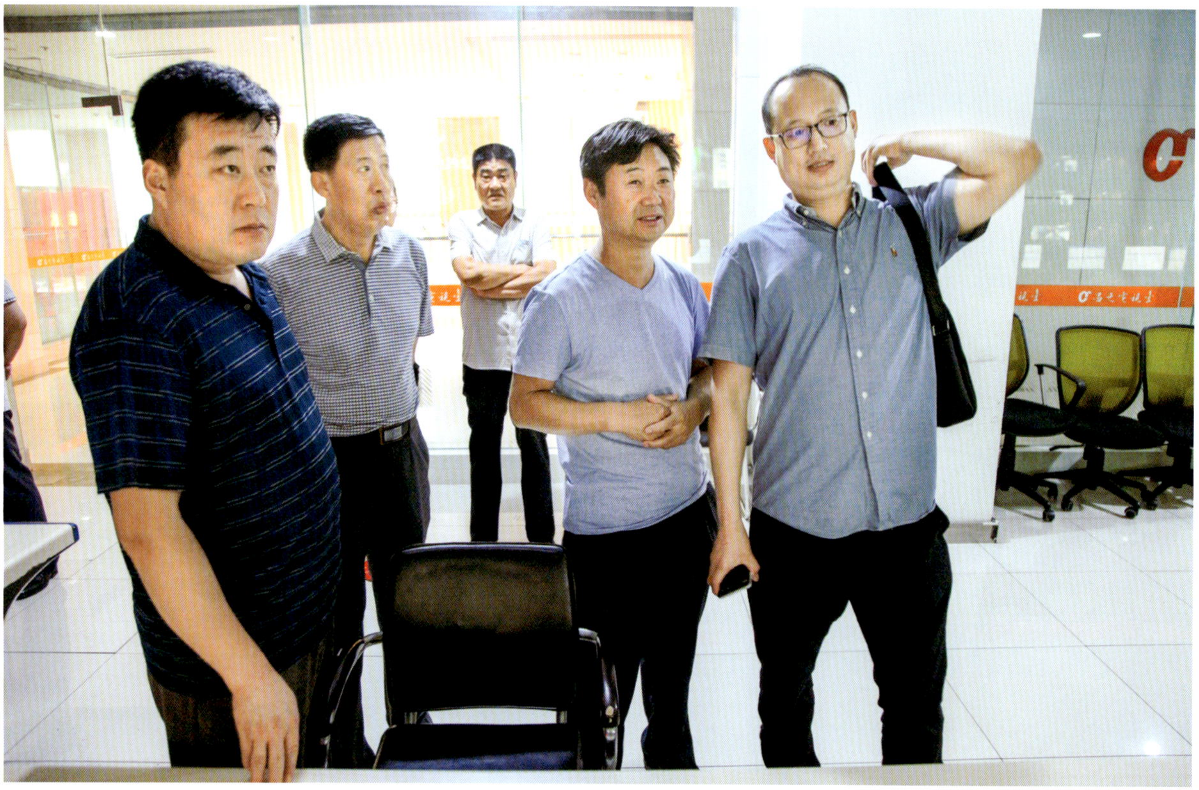

2017 年 7 月 17 日，潍坊市文化广电新闻出版局检查组到市广播影视中心，检查电视播出系统安全播出工作

2017 年 10 月 24 日，潍坊文广新局局长孙俐君（中）到昌邑市广播影视中心检查中共十九大安全播出工作

2018 年 7 月 12 日，山东省标准化验收组到昌邑市广播影视中心检查指导工作，中心党总支书记、主任张术叁汇报工作情况

2019 年 5 月 9 日，市委第三巡察组到市广播影视中心指导党建工作

2017 年 6 月 20 日，昌邑第二届龙乡文化节新闻发布会在北京梅地亚新闻中心举行，牛群（左四）与市广播影视中心有关参会人员合影

2017 年 6 月 24 日，中央电视台军事农业频道《美丽中国乡村行》栏目组在昌邑电视台协助下采访拍摄

2018 年 3 月 13 日，郯城电视台到昌邑电视台交流广播电视宣传改革，中心主任张术叁（左三）陪同活动

2018 年 3 月 14 日，奎文区电视台到昌邑电视台交流宣传改革工作，中心副主任、电视台台长张惠福（左二）陪同活动

2018 年 5 月 24 日，临朐电视台到昌邑电视台交流电视节目设置、安全播出等工作

2018 年 9 月 20 日，广饶县电视台到昌邑电视台交流栏目设置等工作，中心主任张术叁介绍昌邑电视台有关情况

2019 年 4 月 25 日，德州陵城区电视台到昌邑交流广播电视工作，中心主任张术叁陪同活动

2017 年 7 月 18 日，市广播影视中心主任张术叁带队到宁津电视台对标学习

2018 年 5 月 23 日，中心主任张术叁带队到高密对标学习机关建设、宣传改革等工作

1995年，中央电视台《东方时空》栏目记者采访昌邑市委书记张敦柏（右一）

1997年7月1日，香港回归，昌邑举行庆祝活动，昌邑电视台采访报道现场

2001年，昌邑电视台记者苏森源采访昌邑籍奥运冠军林伟宁

2017 年，农商银行唱响昌邑大奖赛启动

2019 年，市广播影视中心主任张术叁带队，宣传报道绿博会盛况（左起：孙志恒、任龙龙、赵振峰、刘保、王红红、王国瑾、夏斐、孙大波、朱永伟、张术叁、张惠甫、刘宏图、辛程远、李连冰、尹兆辉、徐介卿）

2017 年 6 月 26 日，昌邑电视台与中央电视台在昌邑市龙池镇联合制作节目

（视频来源：CCTV—17）

2019 年 9 月，绿博会期间，昌邑广播电视台与中央电视台联合制作《乡间纪事》节目

2017 年 12 月 29 日，昌邑电视台、和田旺生物科技公司举行录播车交接仪式

2019 年 12 月 27 日，人民优品山东推介会暨乡村产业发展讲座在济南举行，人民优品山东合作伙伴委托昌邑市融媒体中心、昌邑市融创视听传媒有限公司全程策划、录制，并负责与上级媒体沟通宣传事宜。中心主任张术叁和参会领导嘉宾现场交流

2005年11月8日，昌邑市广播电视管理局庆祝第六个记者节“情注荧屏”晚会留影

2011年6月25日，昌邑市领导与大型歌会“永远跟党走”部分演职人员合影

2014 年，昌邑市撤县设市 20 周年文艺晚会

2016 年，昌邑电视台承办义工晚会

2017 年 3 月，昌邑电视台举办学习雷锋公益晚会

2019 年 1 月 26 日，出席昌邑春节晚会的市领导与工作人员及演职人员合影

2020年3月26日，主编张术叁（右一）与主笔王沛盛合影

2019年8月9日，市广播影视中心副主任、昌邑电视台台长、副主编张惠福（右一）与主笔王沛盛研讨志书细节编纂

2020年6月16日，新任昌邑市融媒体中心主任郑雨送在审阅《昌邑广播影视志（1950—2019）》样稿

1987 年 11 月 25 日，昌邑县广播电视管理局班子成员合影
（左起：刘常元、王沛盛、尹海瑞、刘洪智）

2004 年 11 月 8 日，市广播电视局组织记者节晚会，班子全体成员合唱《没有共产党就没有新中国》歌曲（左起：王沛盛、杨立志、李苇、范西勤、张亦明、张丙申、于丽萍）

2010年12月8日，昌邑广电大厦落成时市广播影视中心领导班子全体成员合影（左起：张新立、郝勇、李恩惠、杨立志、赵赞江、李苇、张惠福、董金洲、宋建文）

2015年6月，市广播影视中心班子成员（左起：朱永伟、张新立、张惠福、董凤章、郝勇、宋建文、陈正军、孙奎庆）

2019年2月3日，市广播影视中心班子成员（左起：朱永伟、宋建文、张术叁、张惠福、张新立、刘宏图）

2019 年 10 月 12 日，昌邑市融媒体中心干部职工在揭牌仪式上合影

2019 年 11 月 8 日，庆祝第二十个记者节晚会，市融媒体中心干部职工工作人员合影

省　级
文明机关
山东省精神文明建设委员会

昌邑市电视台
庆祝中华人民共和国建国60周年
荣获"全国优秀电视台"称号
中国广播电视协会
中国品牌价值评估中心
二OO九年八月

山东省县级广播电视系统
十佳广播电视台
山东省新闻工作者协会　山东省新闻工作者协会县级媒体工作委员会
二〇一八年十二月

榮譽証書
昌邑市广播电视管理局广告中心
鉴于贵单位2008年度在业界的杰出表现，
入选为《2007-2008中国广告案例年鉴》
优秀广告经营单位。
特颁此证
中国广告杂志社
2008年12月

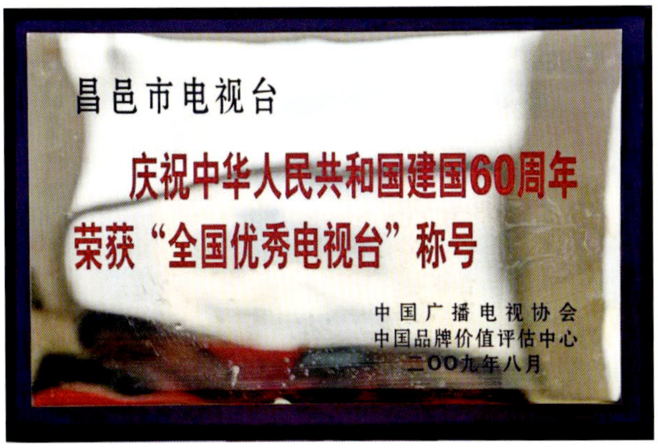
昌邑市电视台
庆祝中华人民共和国建国60周年
荣获"全国优秀电视台"称号
中国广播电视协会
中国品牌价值评估中心
二OO九年八月

荣誉证书
昌邑市电视台：
在2011年度"文化惠民工程"工作中成绩显著，贡献突出，被评为2011年全国文化惠民工程宣传工作先进单位。
全国县域经济研究中心

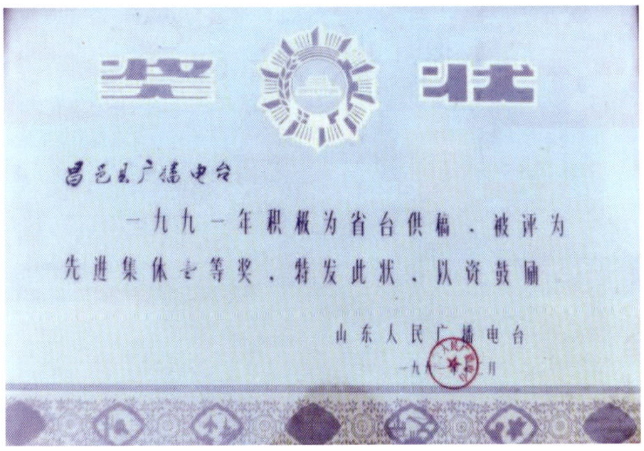
奖　状
昌邑县广播电台
一九九一年积极为省台供稿，被评为先进集体二等奖，特发此状，以资鼓励
山东人民广播电台

昌邑电视台：
2005年度对省台发稿
先进集体
（一等奖）
山东电视台

所获荣誉（一）

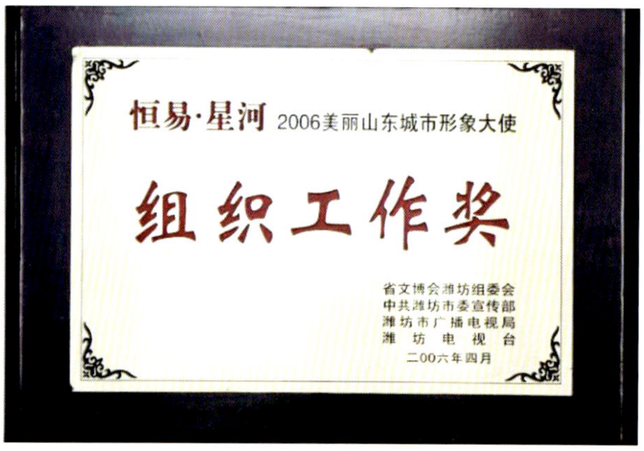
恒易·星河 2006美丽山东城市形象大使
组织工作奖
省文博会潍坊组委会
中共潍坊市委宣传部
潍坊市广播电视局
潍坊电视台
二00六年四月

2006年度山东电视新闻宣传
先进集体
山东电视台
二〇〇七年一月

全省广播电视管理工作
先进集体
山东省广播电视局
二〇〇七年三月

全省广播电视管理工作
先进集体
山东省广播电视局
二〇〇七年三月

2007年度山东电视新闻宣传
先进集体
山东电视台
二〇〇八年一月

2008年度山东电视新闻宣传
先进集体
一等奖
山东电视台
二〇〇九年一月

2009年度山东电视新闻宣传
先进集体
一等奖
山东电视台
二〇一〇年一月

2011年度山东电视新闻宣传
先进集体
一等奖
山东广播电视台
二〇一一年十二月

所获荣誉（二）

2012年度山东广播电视新闻宣传
先进集体
一等奖
山东广播电视台
二〇一二年十二月

2013年度山东广播宣传
先进集体
山东广播电视台
二〇一三年十二月

2013年度山东电视宣传
先进集体
一等奖
山东广播电视台
二〇一三年十二月

2017年度山东电视宣传
先进集体
山东广播电视台
二〇一八年一月

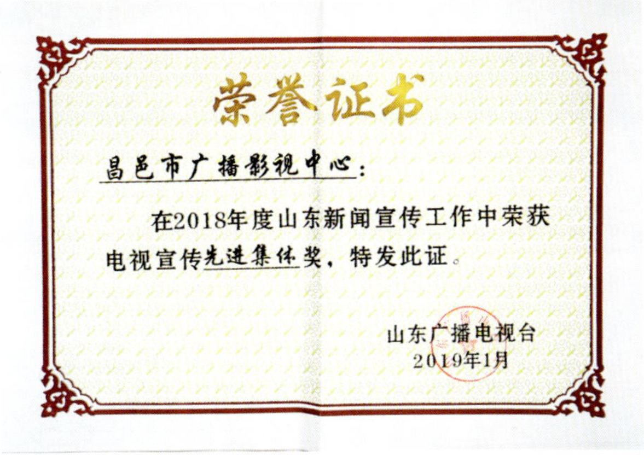
荣誉证书
昌邑市广播影视中心：
在2018年度山东新闻宣传工作中荣获电视宣传先进集体奖，特发此证。
山东广播电视台
2019年1月

山东省五四红旗团委
共青团山东省委
二〇一九年五月

一九九六年度电视宣传
先进单位
中共潍坊市委宣传部
潍坊市广播电视局
潍坊电视台
一九九七年一月

1999年度广播电视宣传工作
先进集体
潍坊市广播电视局
二000年一月

所获荣誉（三）

2000-2001年度
文明单位
中共潍坊市委
潍坊市人民政府

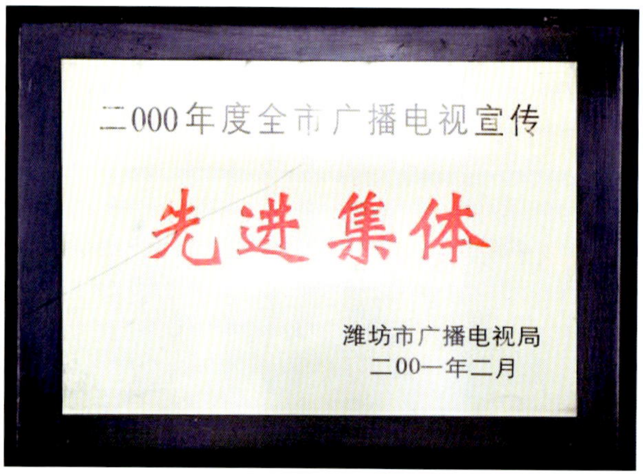
二000年度全市广播电视宣传
先进集体
潍坊市广播电视局
二00一年二月

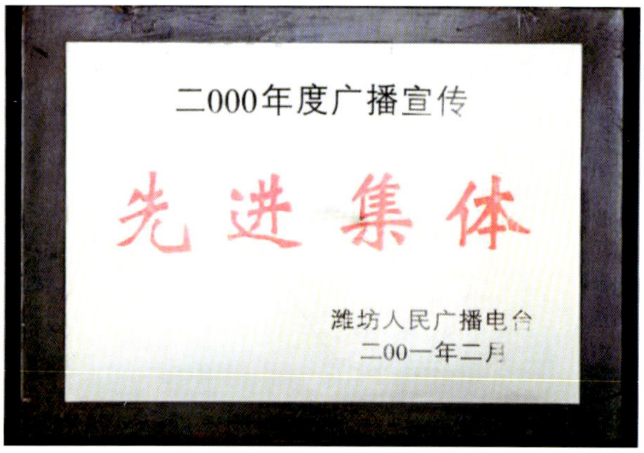
二000年度广播宣传
先进集体
潍坊人民广播电台
二00一年二月

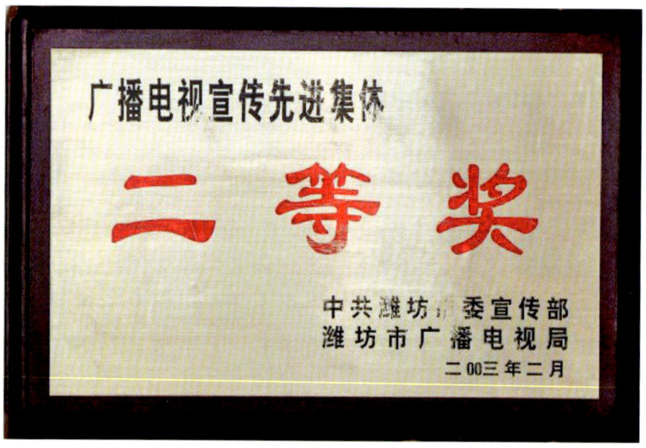
广播电视宣传先进集体
二等奖
中共潍坊市委宣传部
潍坊市广播电视局
二00三年二月

潍坊市级
文明机关
中共潍坊市委
潍坊市人民政府
二00六年三月

2007年度全市和谐广电系统创建
先进单位
中共潍坊市广播电视局委员会
潍坊市广播电视局
二00八年四月

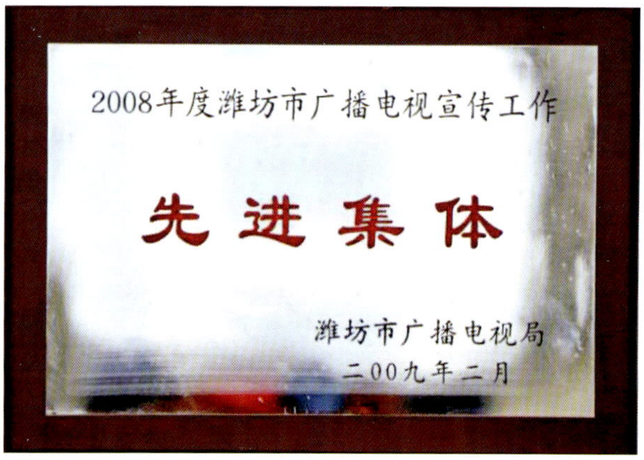
2008年度潍坊市广播电视宣传工作
先进集体
潍坊市广播电视局
二00九年二月

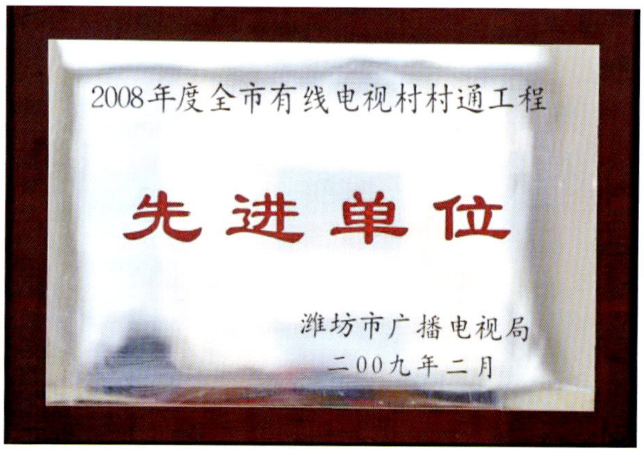
2008年度全市有线电视村村通工程
先进单位
潍坊市广播电视局
二00九年二月

所获荣誉（四）

2010年度单位内部治安保卫工作
集体三等功
潍坊市公安局
二〇一一年三月

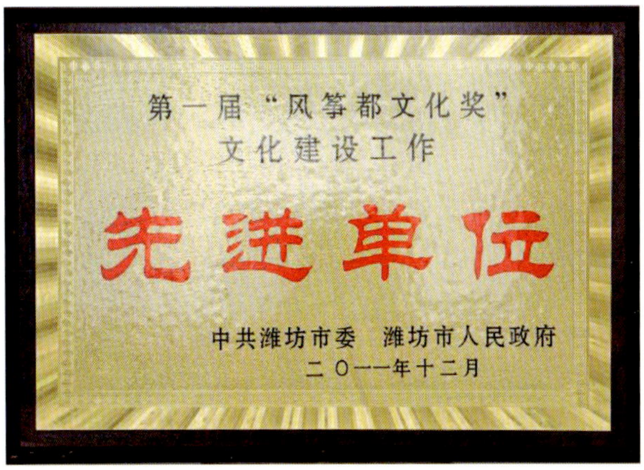
第一届“风筝都文化奖”
文化建设工作
先进单位
中共潍坊市委　潍坊市人民政府
二〇一一年十二月

全市文化体制改革工作
先进单位
中共潍坊市委　潍坊市人民政府
二〇一三年一月

奖给：二〇一三年度
关心国防建设十佳单位
中共潍坊市委
潍坊市人民政府
潍坊军分区
二〇一四年一月

潍坊市学习型党组织建设
示范点
中共潍坊市委宣传部
潍坊市建设学习型党组织工作协调小组办公室
二零一七年十二月

潍坊市思想政治工作
示范点
中共潍坊市委宣传部
潍坊市意识形态工作联席会议办公室
二零一七年十二月

2017-2018年度
四德工程建设示范点
中共潍坊市委宣传部
二〇一八年十二月

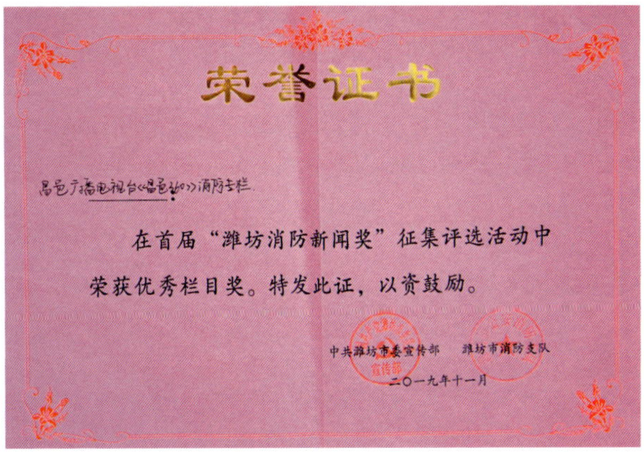
荣誉证书
在首届“潍坊消防新闻奖”征集评选活动中
荣获优秀栏目奖。特发此证，以资鼓励。
中共潍坊市委宣传部　潍坊市消防支队
二〇一九年十一月

所获荣誉（五）

潍坊市学习型党组织建设
示　范　点
中共潍坊市委宣传部
二零一九年一月

潍坊市
政治关爱之家
中共潍坊市委宣传部
潍坊市意识形态工作联席会议办公室
二零一九年一月

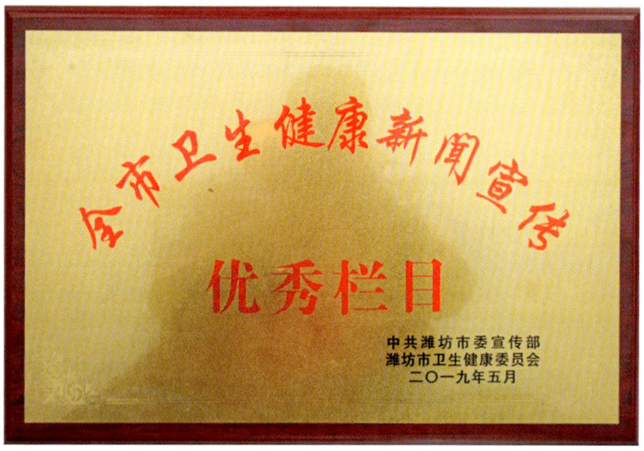
全市卫生健康新闻宣传
优秀栏目
中共潍坊市委宣传部
潍坊市卫生健康委员会
二〇一九年五月

潍坊市思想政治工作
示　范　点
中共潍坊市委宣传部
潍坊市意识形态工作联席会议办公室
二零一九年一月

一九九九年度
创三好活动先进单位
中共昌邑市委
昌邑市人民政府
二000年一月

昌邑市宣传思想工作
先进单位
中共昌邑市委
昌邑市人民政府
2002年3月

全市宣传思想工作
先　进　单　位
中共昌邑市委
昌邑市人民政府
二00四年二月

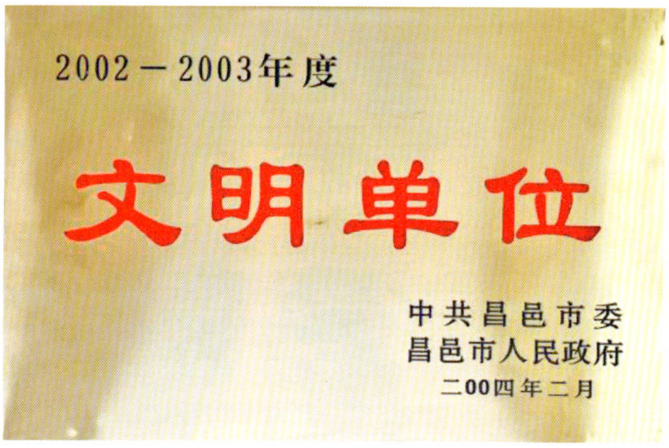
2002－2003年度
文明单位
中共昌邑市委
昌邑市人民政府
二00四年二月

所获荣誉（六）

宣传思想工作创新奖
中共昌邑市委
昌邑市人民政府
二00五年三月

先进基层党组织
中共昌邑市委
二00五年七月

先进基层党组织
中共昌邑市委
二00六年六月

2005年度宣传思想工作
先进单位
中共昌邑市委
昌邑市人民政府
二00六年三月

基层党建工作示范点
中共昌邑市委
二00七年六月

2006年度宣传思想工作
先进单位
中共昌邑市委
昌邑市人民政府
二00七年三月

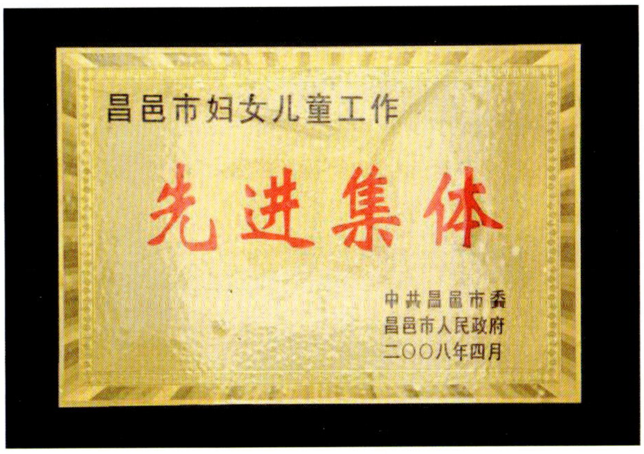
昌邑市妇女儿童工作
先进集体
中共昌邑市委
昌邑市人民政府
二00八年四月

2007年度和谐创建
示范单位
中共昌邑市委
昌邑市人民政府
二00八年二月

所获荣誉（七）

全市宣传思想工作
先进单位
中共昌邑市委
昌邑市人民政府
二〇〇八年五月

2008年度市直部门绩效考核
先进单位

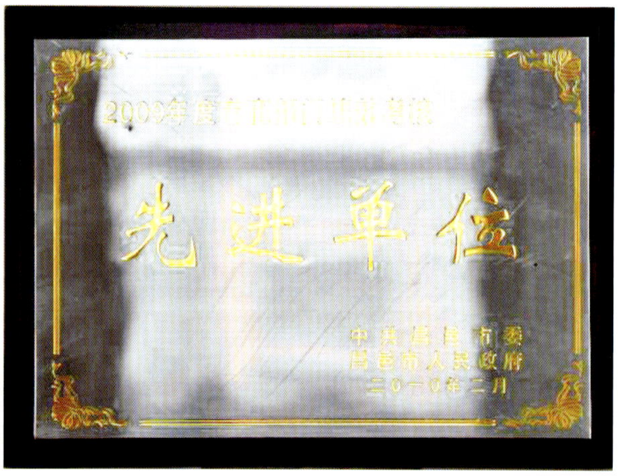
先进单位

2011年度城区单位（小区）庭院绿化
十佳单位
昌邑市人民政府
二〇一一年七月

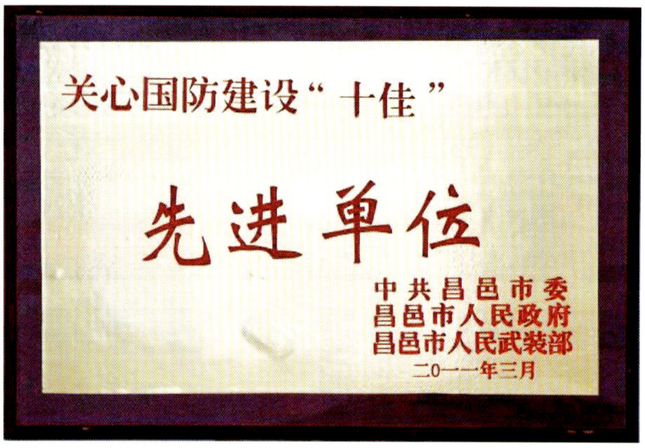
关心国防建设“十佳”
先进单位
中共昌邑市委
昌邑市人民政府
昌邑市人民武装部
二〇一一年三月

2010年度市直部门绩效考核
先进单位

2011年度乡村文明行动
十佳单位

先进基层党组织
中共昌邑市委
二〇一三年六月

所获荣誉（八）

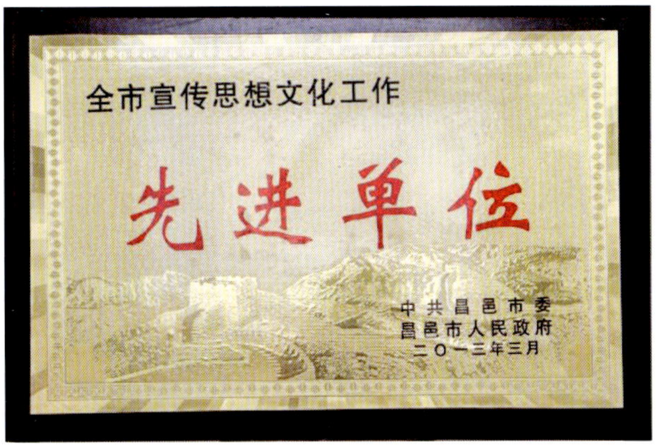
全市宣传思想文化工作
先进单位
中共昌邑市委
昌邑市人民政府
二〇一三年三月

2016年度宣传文化工作
先进单位
中共昌邑市委
昌邑市人民政府
二〇一七年四月

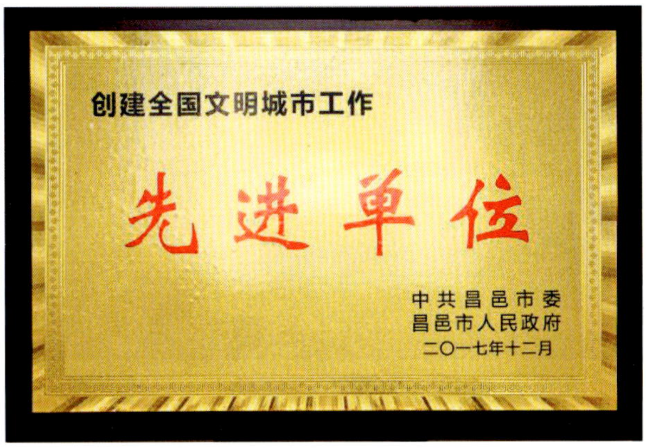
创建全国文明城市工作
先进单位
中共昌邑市委
昌邑市人民政府
二〇一七年十二月

2017年度市直部门绩效考核
三等奖
中共昌邑市委
昌邑市人民政府
二〇一八年四月

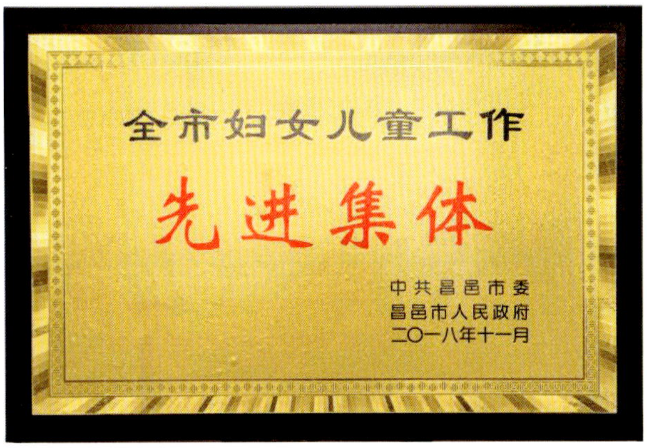
全市妇女儿童工作
先进集体
中共昌邑市委
昌邑市人民政府
二〇一八年十一月

2017年度宣传思想文化工作
先进单位
中共昌邑市委
昌邑市人民政府
二〇一八年四月

2018年度宣传思想工作
先进单位
中共昌邑市委
昌邑市人民政府
二〇一九年二月

2018年度市直部门绩效考核
二等奖
中共昌邑市委
昌邑市人民政府
二〇一九年二月

所获荣誉（九）

昌邑人民广播电台　昌邑市融媒体中心　昌邑电视台

# 目　录

## 第三编　电　视

## 第五编　机关建设

## 第六编　荣誉 佳作 艺文



## 附　录

# 概　述

昌邑市位于山东半岛西北部，渤海莱州湾南岸，潍河下游，古称鄑邑、都昌，秦时设县，宋朝定名，已有2200多年的建县沿革史。南与峡山区相接，东与平度、高密市为邻，西与寒亭、坊子区接壤，介于北纬36°25′～37°08′，东经119°13′～119°37′之间。1988年被国务院确定为沿海对外开放城市，1994年经国务院批准撤县设市。2018年年底，全市人口总数58.68万人，常住人口61.84万人，面积1627.58平方公里，辖10个镇街区，691个行政村（居委会）。素有中国“丝绸之乡”“诗词之乡”“华侨之乡”“溴·盐之乡”之称，是“中国中小城市综合实力百强县市”“中国中小城市最具投资潜力百强县市”“全国文明城市县级提名市”“全国生态文明先进市”“中国美丽乡村建设典范市”“全国纺织产业集群创新发展示范区”“省级文明城市”“全省生态文明乡村建设工作先进市”。

昌邑市（县）广播影视事业，自1950年10月建立收音站开始，走过一条从开始起步到茁壮成长，从艰苦创业到跨越腾飞的崛起之路。经过历代广电人不懈努力、探索、拼搏和创新，广播影视事业从无到有、从小到大、由弱到强，不断展现新风貌。从1950年1个人、1部收音机、1间办公室，发展到2019年广播影视并举、有线无线网络相结合、城市与农村共同发展立体覆盖的现代化广播影视传媒体系，成为当地最强大宣传舆论传媒中心，满足人们听广播看影视的文化生活需要。

机构设置从最初收音站、广播站发展到昌邑市融媒体中心，是地方广播、影视、报纸、网站、微信合为一体的管理机构。单位内部政治坚强、思想和谐、管理规范、业务精湛、作风优良、成就斐然，得到上级党委、政府充分肯定和人民群众广泛赞誉。2005年，市广播电视管理局被山东省精神文明建设委员会命名表彰为省级文明机关，到2019年，昌邑市融媒体中心成立，连续14年保持省级文明机关荣誉称号。

基础设施也从1间小平房发展到2010年广电大厦，2017—2019年，投资1300余万元用于设备更新换代，技术装备及广播电视宣传工作跨入山东省乃至全国县级市先进行列。

## 一

发展有线广播，让党的声音直接传入千家万户是20世纪昌邑人民的期盼。1950年10月，昌邑县、昌南县收音站建立。1956年，昌邑、昌南两县合并为昌邑县，收音站合并为1个。收音站根据中央人民广播电台、济南广播电台一周节目预告，按时组织县直机关、有关部门负责人收听上级领导重要讲话以及国内外重大新闻。

1958年3月15日，昌邑县撤销收音站设立广播站。同年5月1日，正式以“昌邑县广播站”呼号播音，揭开昌邑县广播发展史上新的一页。1986年6月15日，昌邑县广播站改为“昌邑人民广播电台”，按时段转播中央、省、市广播电台的节目，自办文字节目和文艺节目。2006年9月12日，昌邑人民广播电台（调频频道）正式开播。频率103.6兆赫，2018年11月1日改为103.3兆赫，辐射半径35公里。在太保庄设有转播台，频率94.5兆赫，辐射半径35公里。调频台开播以后，对栏目设置、播出形式等各个环节进行改版，开设《空中信息网》《音乐茶点》《温馨点歌台》等直播节目和《昌邑新闻》《社会广角》《书香乐韵》等录播节目，覆盖全市及周边县市区数百万名受众。广播节目从5点55分开始播音到23点结束。2012年每天播出24小时，实现无缝隙广播。

2017年元旦，电台对广播栏目进行全新改版，精办《昌邑新闻》《昌邑龙门阵》等新闻栏目和文化娱乐栏目。定期举办各种活动，邀请130余名听众走进电台录播间，传播好声音、正能量，扩大广播影响。先后举办峻青诗歌朗诵会、“六一”节青少年诵读大赛等活动。创办“昌邑之声”微信公众号，听众通过公众号可记录复听电台节目。组建20余人的听评员队伍，定期征求意见，持续提升节目质量。

昌邑调频广播电台建立，填补昌邑市广播电视发展史上一项空白，满足人们收听本地广播节目需要，成为昌邑市广播电视发展历史上一个重要里程碑。1982年，首次获得省电台集体记者一等奖。1991—2019年，昌邑人民广播电台连续29年被山东省广播电视局、山东人民广播电台评为“先进集体记者一等奖”。

## 二

昌邑电视事业起步较晚，发展较快。1971年11月，山东省广播事业局分配给县广播站1台“北京—820型”天津产北京牌电子管黑白电视机，从此步入电视时代。

1983年12月1日，昌邑简易电视差转台建成开播，覆盖半径10公里。1985年6月，建起五层高1700平方米的广播电视办公楼和82.8米高自立式电视发射塔，覆盖半径30公里。

1990年12月，在昌邑南部太保庄乡建起65米高电视发射塔，转播昌邑电视差转台节目，电视信号覆盖全县及周边县市区，受众数百万人。

1992年9月29日，昌邑电视台建成开播，用15频道发射昌邑电视台综合频道节目，用11频道转播中央电视台一套节目。在栏目设置上最初只有《昌邑新闻》，2019年增加到《昌邑新闻》《潍水两岸》《昌邑360》等15个新闻、专题栏目。坚持“三贴近”方针，每年都与有关部门联合组织举办“庄户剧团大奖赛”“文明之夏电视晚会”“唱响昌邑电视大奖赛”等大型活动，让普通百姓走上电视荧屏，提高节目收视率。

昌邑电视台大力实施精品工程，每年都有一批精品力作在该台和上级台播出，并在省、市组织电视稿件评比中获奖。录制《农民刘国田成功举办国家级苗木博览会》《李克强总理来我市调查研究》《环卫一体化推进新农村建设》《承传红色“基因”留住乡情乡愁》等节目播出，对社会影响很大。自2003年开始，有关昌邑绿博会相关报道不断被省台和中央电视台采用。特别是2017年开始与中央台联办节目，中央电视台8月在《美丽中国乡村行》栏目播出《昌邑寻鲜——来自大海的美食》《龙乡文化节》，2019年9月在《乡间纪事》栏目播出《昌邑园林“理发师”》等专题，昌邑电视台编导、摄像人员的名字登上中央电视台，播出时间长，内容丰富，有效提高昌邑知名度。

2009年3月1日，开辟“中国昌邑网”，人们可以通过电脑、手机看到昌邑电视台自办节目。2018年1月1日，“直播昌邑”开通，人们可以通过手机、电脑、电视等多种工具收听收看昌邑现场直播广播电视节目，粉丝量45万，访问量600万人次。

2019年10月12日，昌邑市融媒体中心暨融创视听文化传媒有限公司正式揭牌，实行新闻采编与广告经营彻底分离，市融创视听文化传媒有限公司由融媒体中心代管，具体承担原广播影视中心负责的广告运营和党政系统广告、会展、演出等业务。坚持移动优先，集中优势力量打造手机APP“爱昌邑”，制作内容优先在移动客户端发布，使昌邑传媒手段步入一个新的阶段。

昌邑电视台自1996年至2019年，连续24年获得潍坊市“新闻宣传先进单位”称号。自2001年至2019年，连续19年获山东电视台颁发的山东电视新闻宣传“先进集体”奖。2009年，被中国广播电视协会、中国品牌价值评估中心评为“全国优秀电视台”。2018年12月，市广播电视台被山东省新闻工作者协会、山东省县级媒体委员会评为“山东省县级广播电视系统十佳广播电视台”。

# 三

1992年，昌邑市融媒体中心（局）建立有线电视前端，开始在城区发展有线电视网，网内传送23套电视节目。

1996年，架通昌邑至潍坊光缆线路，实现昌邑与潍坊有线电视光缆网联网，网内传送到47套电视节目。

1998年11月19日，昌邑市人民政府印发《关于加快全市有线广播电视光缆网建设的实施意见》（昌政发〔1998〕42号）文件。12月召开全市有线广播电视光缆网建设协调会议，从此拉开有线电视由城区向乡镇发展序幕，至2000年底，从市局到各乡镇光缆主线路全部架通。

2001年年初，完成山东省电视会议昌邑分会场的建设工程，同时完成全市电视会议主会场和15个乡镇分会场建设工程。

2003年3月8日，在工程部、事业科基础上，成立“昌邑市宏远有线广播电视网络中心”，具体负责有线网发展。

2006年11月，在围子镇设立第一个有线电视管理处，到2008年8月底，在各镇街区全部设立有线电视管理处。

2010年11月，建起有线数字电视平台。同年12月1日，有线数字电视整体转换工程正式启动，网内传输模拟电视节目6套（2011年12月模拟信号停送），数字电视节目80余套，数字广播节目4套，此工程2011年6月全部完成。

2011年12月底，全市有线电视光缆主干线1100公里，通村率100%。全市691个村，建成有线电视村655个，占全市总村数的95%，用户13.2万户，入户率83%。

2013年4月，有线电视传输覆盖网管理权划归山东广电网络有限公司，市宏远有线广播电视网络中心撤销，新设山东广电网络有限公司昌邑分公司。

山东广电网络有限公司昌邑分公司成立后网内传送节目套数逐步增加，至2018年网内传送节目188套。2019年，全市691个村建成有线电视村691个，占总村数的100%。用户8.3万户，入户率60%。在巩固有线电视用户基础上，不断创新开展新业务，发展宽带用户2.6万户，占全市总户数的20%。

# 四

昌邑电影事业起步于1955年，昌南县和昌邑县建立自己的电影放映队。1956年，昌邑县、昌南县合并为昌邑县，电影队名字均称昌邑县电影放映队。1957年，昌邑县电影放映中队建立，下设4个分队，除1个分队在县城固定放映外，其余下乡流动放映。1972年，国办电影队发展到8个，分片下乡巡回放映。

1973年，昌邑电影事业发展进入快车道。1974年，建立昌邑电影管理站。1976年年底全县18处公社全部建起电影队。1982年，社办电影队18个，集镇电影院4个，村办队51个，厂办队9个，共计82个放映单位。

1983年，昌邑县电影管理站改称“昌邑县电影发行放映公司”。为加强电影发行放映管理，在饮马、卜庄、双台、青乡、夏店、东冢、龙池、宋庄、石埠、丈岭、太保庄、北孟等12处乡（镇）建立电影管理站。1985年，电影放映单位232个，全县平均3.5个村2710人就有1个放映队，每人每年看电影39场。

1986年，全县有13处乡（镇）电影管理站、7处影院、19个乡（镇）电影队、212个放映单位，从事电影工作的305人，形成县、乡、村三级电影放映网络。

2005年12月，昌邑市电影发行放映公司进行体制改革，更名为“昌邑华艺电影传媒有限公司”，主要负责电影发行放映及接收、组织文艺演出和广告宣传等。

2007年9月，山东省农村数字电影放映工程正式启动，华艺电影传媒有限公司投资50余万元，成立由20名数字电影放映员、3辆厢式运输车、14套数字电影放映设备组成的新农村数字放映队，负责全市691个行政村，58万人的农村电影放映，每年放映7788场。

2012年，华艺电影传媒有限公司建影城1座，设施先进，环境优雅，是一座现代化的电影放映场所，可与全国各地影城同步放映所有2D（平面）、3D（立体）电影。

昌邑县电影发行放映公司自成立以后，勇于创新，热情服务。1984年，被文化部授予“全国农村放映网普及与管理先进单位”称号。1991年，先后被山东省文化厅、文化部表彰为“农村科教片汇映先进集体”。

昌邑华艺电影传媒有限公司2018年获得中共昌邑市委、昌邑市人民政府“丝绸之乡文化奖”优秀文化企业奖。2019年，冯立春获得中共昌邑市委、昌邑市人民政府“丝绸之乡文化奖”优秀文化人才奖。

2019年10月12日，昌邑市融创视听文化传媒有限公司举行揭牌仪式，公司部分员工合影

# 大 事 记

## 1950年

10月　根据中央人民政府新闻总署关于建立广播收音网的决定，昌邑、昌南两县各建收音站1个。

## 1955年

9月20日　省两个电影小分队取消省编号，分别下放至昌南县和昌邑县，两县都有了自己的第一支电影队。

## 1956年

6月　昌邑、昌南两县合并为昌邑县，收音站随之合并。两个电影放映队均称昌邑县电影放映队。

## 1957年

2月　昌邑电影放映中队建立，内设4个电影放映小分队，受昌邑县人民委员会文化科领导。

## 1958年

3月15日　昌邑县广播站成立。

5月1日　县广播站正式播音，从晚上7点开始广播，至10点结束，每天播音1次，时间3个小时。定时收转中央人民广播电台、山东人民广播电台节目，自办《本县新闻》节目，用邮电局线路传送广播信号。

## 1959年

5月　全县15个公社866个自然村有584个村通上广播，通播率67%。

12月　城关、围子、夏店、岞山、柳疃、龙池、卜庄、饮马、北孟9个公社建起广播放大站。

## 1960年

12月　双台、东冢、宋庄、石埠、丈岭5处公社广播放大站相继建立。全县14个公社全部建起广播放大站。

## 1962年

1月1日　县广播站每天早晚播音2次，时间3小时30分。转上级台节目1小时45分，自办节目1小时45分。

## 1963年

3月5日　毛泽东主席向全国人民发出“向雷锋同志学习”号召，昌邑县广播站开设《向雷锋同志学习》专题栏目。

10月　县广播站在饮马设立二级广播放大站，将县站信号扩大送至南部6个公社。

## 1965年

2月15日　昌邑县委运用有线广播召开四级干部会议传达贯彻“二十三条”。山东省广播管理局《广播网情况通报》介绍昌邑做法。

3月6日　山东省委召开有线广播大会，动员全省人民紧急行动起来，打好春季农业生产第一仗，各公社设分会场，这是第一次大规模有线广播会议。

7月6日　县广播站向全县各通讯组、通讯员发出书面征稿函《当前广播报道提示》。

9月5日　县广播站组织干部职工收听国务院副总理陆定一在人民广播事业创建20周年纪念会议上讲话。

## 1966年

2月　县广播站开设《向焦裕禄同志学习》

专题栏目。

11月　县广播站架设县站至夏店公社广播放大站第一条广播专线，全长15杆公里。

## 1967年

1月1日　县广播站每天早、午、晚播音3次，时间6小时15分。转播节目3小时25分，自办节目2小时50分。

## 1969年

3月　县广播站事业经费列入县财政预算。

9月　县广播站举行毛泽东主席为广播事业题词“努力办好广播，为全中国人民和全世界人民服务”庆祝活动。

12月　全县16个公社全部建起二级馈电广播放大站，实现有线广播全面覆盖。

## 1970年

1月　昌邑县各公社先后配备1～2名专职或兼职通讯员，从事通联报道工作。

3月　昌邑县掀起架设广播专线热潮。

## 1971年

11月　全县第一台14英寸黑白电视机在县广播站落户。

12月　昌邑县广播喇叭发展到11万余个，入户率84%。县、社、队三级专（兼）职广播管理人员1200余名。

## 1972年

2月　全县16个公社广播放大站61名临时工和昌邑县广播站3名临时工转为正式工。县广播站人员19人，县广播站和16个公社广播放大站正式职工总数80人。

3月18日　昌潍地区有线广播技术知识培训班在昌邑举办，会期48天，各县工程技术人员参加培训。

12月　全县通讯员扩大到300余人，骨干60余名。

12月　昌邑县电影管理站成立，王丙章任站长。

## 1973年

12月　全县有线广播实现专线化，县至公社广播线路167杆公里，296双线公里；公社至大队985杆公里，2444线公里。广播喇叭13万个，入村率100%，入户率95%以上。

## 1974年

10月　县广播站在第一排平房位置上新建一座二层小楼，面积396平方米。

## 1975年

2月　县广播站开设“农业学大寨”广播讲座。

5月　昌潍地区广播局在昌邑召开技术革新经验交流会，推广昌邑加强公社广播放大站基础工作经验。

5月5—20日　昌邑县委利用有线广播举办一期由农村生产大队党支部书记和县、社机关、工厂、企业单位党支部书记参加的大型理论学习班。

6月18日　五莲县广播站组织6个广播放大站负责人到昌邑参观学习公社广播放大站管理经验。

9月　县广播站因陋就简，土法上马，开始自制水泥杆。

10月　县广播站首次购买一台29英寸彩色电视机。

## 1976 年

1月1日　昌邑县广播事业管理局成立。

6月　张明升任昌邑县广播事业管理局局长。

7月　唐山大地震，县广播站连续报道抗震救灾常识。

9月9日　毛泽东主席逝世，县广播站停播文艺节目。

12月　全县 18 个公社全部建起电影队。

## 1977 年

12月　县广播事业管理局组织开展年度工作评奖。围子、夏店、卜庄、宋庄、王耨、丈岭、饮马广播放大站和县局线路组 8 个单位被评为“1977 年度广播工作先进单位”。

## 1978 年

3月　县广播站恢复稿酬制度，重新制定稿酬标准。

9月8日　潍坊地区广播事业管理局《广播情况交流》第三期介绍昌邑局关于整顿农村网路的经验。

## 1979 年

2月22日　冰凌成灾。县广播站至各公社广播信号线杆折断 359 根，广播停播。县广播事业管理局组织力量抢修线路，27 日晚全县接通广播。

11月23日　昌潍地区广播事业管理局在昌邑召开各县广播局局长会议。

## 1980 年

5月19—21日　昌潍地区广播事业管理局在昌邑召开座谈会，对农村广播网领导和管理几个问题进行实地调查研究。

12月　全县有线广播线路实现水泥杆专线化。

## 1981 年

1月　县广播站开设“计划生育”专题栏目，报道县委、县政府召开计划生育大会情况以及计划生育先进单位和先进个人事迹。

5月10—26日　县广播事业管理局举办机务员学习班，培训 20 人。

7月16日　潍坊地区广播局召开县广播局局长会议，昌邑局局长张明升在会上介绍昌邑县广播事业管理工作情况。

7月　山东省计划生育宣传工作会议召开，昌邑县广播事业管理局在会上以《充分发挥有线广播宣传的优势促进计划生育工作开展》为题开始宣传工作情况。

12月　县广播事业管理局召开第一次职工代表大会，副局长陆安庭兼任工会委员会主席。

同月　县广播站报道宋庄公社大章北大队和南逄公社徐家北逄大队先行实行家庭联产承包责任制作法。

同月　昌邑县广播事业管理局改称昌邑县广播事业局，张洪明任局长，张明升退休。

## 1982 年

12月　县广播站首次购进手提式 601 开盘录音机 4 部。

## 1983 年

1月　县广播站开设《广播谈话》栏目，宣传通过大包干在粮食生产和多种经营方面的典型。

3月　县广播事业局被中共潍坊地委、潍坊地区行署评为“1982 年度社会主义精神文明建设先进单位”。

5月　昌邑县电影发行放映公司成立，刘

洪军任经理。

**7月26日** 23时昌邑电影院失火，整个影院连同所有放映设备全部烧毁，损失30万元，通报全省，影院原经理受开除留用处分。

**8月1日** 昌邑县电影管理站改称昌邑县电影发行放映公司。

**10月** 县广播事业局开始建设广播电视办公楼。

**12月1日** 昌邑县电视差转台建成开播，覆盖半径10公里。

## 1984年

**1月** 县广播站开设《法制讲座》栏目，宣传国家颁布实施的法律、法规和实行依法治国的意义。

**同月** 县广播站每天早、午、晚播音3次，时间6小时30分。其中转播节目3小时40分，自办节目2小时50分。

**4月** 昌邑县广播事业管理局改称昌邑县广播电视管理站，尹海瑞任站长，张洪明任调研员享受副处级待遇。

**5月** 县政府投资100万元，新建昌邑影院1座，面积2560平方米，观众厅设座席1631个，次年“五一”正式营业放映。

**7月15日** 潍坊市广播电视局把昌邑定为在广播电视系统全面实行承包责任制试点县。

**8月** 县广播电视管理站购进摄像机1部、单放机1台、录像机1部。这是第一套摄录编电视设备。

**9月** 昌邑县广播电视管理站改称昌邑县广播电视管理局，挂昌邑县广播电视管理局牌子，正科级事业单位，对外行使行政管理权。公社广播放大站更名为乡镇广播电视站。

**10月1日** 县电视差转台首次插播第一部独立拍摄制作完成的电视专题片《腾飞吧——昌邑》。

**10月** “山东省农村电影放映网发展与管理现场工作会议”在潍坊市召开，与会人员参观昌邑县、乡（镇）、村放映队和放映设施情况。昌邑县电影发行放映公司被文化部授予“全国农村放映网普及与管理先进单位”称号。

## 1985年

**1月** 山东省广播电视厅召开全省广播电视工作会议，会上印发昌邑局《走改革之路促事业发展》，切实加强农村广播网管理的典型材料。

**4月** 县广播电视管理局建起82.8米高自立式电视发射塔和五层1700平方米广播电视办公楼。

**6月1日** 县广播电视管理局安装100瓦米波彩色电视发射机2部，接收潍坊电视台6频道信号，发射11频道，转播中央电视台一套节目。

## 1986年

**6月1日** 县电视差转台自办《昌邑新闻》正式开播，播出时间不固定。

**6月15日** 昌邑县广播站改为昌邑人民广播电台，昌邑人民广播电台每天播音3次，时间6小时30分。其中转播节目3小时30分，自办节目3小时。

**9月** 县广播电视管理局投资6万元，建起地面卫星接收站。

**10月** 县电影发行放映公司辖13个乡（镇）电影管理站、7个影院、19个乡（镇）电影队、212个放映单位，从业人员305人，形成县、乡、村三级电影放映网。乡镇依据上级文件，开始实行电影放映预收费。

## 1987年

**3月** 昌邑县委、县政府在全县党代会、精神文明建设会和宣传教育工作会议上提出“全县广播入村率要达到百分之百，喇叭入户率要达到百分之九十以上”。全县再次掀起大办有线广播热潮。

**4月** 昌邑县广播电视管理局成立昌邑县音像制品发行管理站，副局长王沛盛兼任站长。

**8—10月** 县广播电视管理局购入M3摄像机1部、VO—5630专业编辑机1套、Rm440控制器1台，这是第一套专业设备。

**10月30日** 县广播电视管理局办公室创办印发《农村广播简报》第一期，每月1期，报道全县广播网发展情况。

**10月** 县电视差转台连续报道昌邑县委、县政府组织10万人上阵，修筑潍东防潮大坝情况，制作专题片《创业者的足迹》3集。

**同月** 县广播电视管理局首次制定《昌邑县广播电视管理局内部机构岗位目标责任制》开始采用目标管理方式。

**11月26日** 县广播电视管理局召开第二届职工代表大会，选举产生昌邑县广播电视管理局第二届工会委员会委员，刘常元任工会主席。

**12月** 县电视差转台首次举办昌邑春节晚会，连续举办5年。

## 1988年

**5月1日** 县广播电视管理局召开庆祝昌邑县广播站建站30周年会议，县政府副县长王培竹主持，县委常委、宣传部部长孟庆亮讲话。

**8月** 县广播电视管理局设立《潍坊广播电视报》发行站，征订发行《潍坊广播电视报》。

## 1989年

**5月** 县广播电视管理局首次购进6401字幕机1台，播音员可以看着字幕机口播《昌邑新闻》。

**6月** 县电视差转台首次开设《先锋颂》专题栏目，以后每年都在“七一”“十一”这些节日开设《先锋颂》《党员风采》《先锋赞歌》等阶段性栏目。

**10月1日** 县委机要局利用广播线路向各乡镇发送传真文件，1992年年底停用。

**1—12月** 昌邑县各乡镇广播电视站下放到乡镇党委、政府管理。县局与各乡镇办理移交手续。

## 1990年

**12月** 昌邑县太保庄电视转播台建成开播，用21频道转播昌邑电视差转台节目。

## 1991年

**6月** 公开招考一批编辑记者及技术人员。

**7月29日** 广播电影电视部批准昌邑县建立昌邑电视台。

**8月12日** 山东省广播电视厅发给昌邑县广播电视管理局《转发广播电影电视部地方管理司、科技司〈关于申请建立昌邑电视台的批复〉的函》，要求昌邑局按照批复要求办理建台事宜。

**9月3日** 县广播电视管理局向县编委会递交《关于建立昌邑电视台增补缺编人员的请示》。县编委根据需要增加编制，配备相关人员。

**12月** 全县22处乡镇广播电视站全部更新站内设备。更新的设备主要有CB2×250广播机、电源配电柜、信号输出配电柜、播控桌等。

**同月** 昌邑人民广播电台首次获得山东人民广播电台“先进集体记者一等奖”。

**同月** 县广播电视管理局建立乡镇电视报道组，先后建成塔耳堡、饮马、石埠、宋庄、卜庄、柳疃、龙池7个乡镇电视报道组。

**同月** 县电影发行放映公司被文化部、山东省文化厅表彰为“农村科教片汇映先进集体”。

## 1992年

**3月** 县广播电视管理局着手筹建城区有线电视网。

**6月** 县广播电视管理局有线电视前端系

统建成开通，300兆传输，传送23套电视节目。

**9月29日** 昌邑县电视台建成开播，用1部1000瓦分米波发射机15频道转播中央电视台节目和本台自办节目，用2部100瓦米波发射机11频道转播中央电视台一套节目。

**10月** 昌邑电视台《昌邑新闻》栏目开始固定播出，每周二、五晚上首播，其余时间为复播。每天从17:30开播至次日凌晨30分结束。

**12月** 全县22个乡镇广播电视站全部建成潍坊市级先进乡镇广播电视站。

## 1993年

**1月** 全县各乡镇依据上级文件，停止电影预收费，乡镇电影放映队停映；停止收取有线广播收听费，广播喇叭入户率滑坡。

**6月** 昌邑电视台《昌邑新闻》栏目由每周二、五晚上首播，改为一、三、五首播，二、四、六复播，每次10分钟。

**同月** 都昌镇铁匠营村112户居民安装有线电视，成为全县有线电视第一村。

**7月** 县广播电视管理局至潍坊市广播电视局微波开通，1998年停用。

**11月** 昌邑县广播电视管理局改称昌邑县广播电视管理站，行政职能归县委宣传部。高寿明任县委宣传部副部长、县广播电视管理站站长，尹海瑞调县文体委工作。

## 1994年

**3月4日** 县广播电视管理站首次实行电视广告竞争上岗制。

**4月26日** 县编办首次下发《关于昌邑县广播电视管理站内部机构设置的请示的批复》（昌编办发〔1994〕2号）文件。县站内设办公室、财务科、技术科、总编室、电台编辑部、电视新闻部、广播电视工程部、广告文艺部、广播电视服务部等9个内部机构。

**6月** 县广播电视管理站撤销电视编辑部，设电视新闻部和广告文艺部。电视新闻部负责《昌邑新闻》制作。广告文艺部负责电视广告制作，开设《金曲芳草地》《信息与文艺》2个栏目。

**7月18日** 昌邑撤县设市，昌邑县广播电视管理站改称昌邑市广播电视管理站。

**12月** 市广播电视管理站建成流动调频广播电台。

## 1995年

**2月** 昌邑电视台开设《十大跨世纪工程传真》《企业家访谈录》《开放之声》《百千万规模企业工程》《九五回顾》等十几个阶段性专题栏目。

**3月** 昌邑电视台开设《巾帼风采》阶段性节目，此后每年“三八”妇女节期间均开设这个栏目。

**6月** 昌邑电视台撤销《金曲芳草地》《信息与文艺》2个栏目，另设《经济信息》《广告文艺》栏目。

**8月30日** 市广播电视管理站、工商局、财政局联合印发《关于卫星地面接收设施实行收费管理的通知》，市站为卫星地面接收设施的合法收费机构，收费标准每年每星收管理费300元。

## 1996年

**1月** 昌邑电视台开设《昌邑纵横》栏目。

**4月18日** 昌邑电视台有线电视频道开播。

**7月15日** 昌邑市委宣传部首次印发《关于同意中层干部任免的批复》（昌宣干发〔1996〕2号）文件，公布8名中层干部。

**8月** 市广播电视管理站完成昌邑与潍坊有线电视光缆网联网，网内用户收看电视节目由23套变为34套。

**同月** 北孟乡前朱村村民朱维汉擅自在后朱村安装2座卫星地面接收设施，连接43户。市站依法没收其擅自安装和使用的卫星地面接收设施。

9月24日　广电家园2号住宅楼破土动工。

12月2日　市编办印发《关于进一步理顺完善机构改革的通知》(昌编办发〔1996〕12号)文件。市广播电台、电视台实行合一的体制，挂市广播电视局的牌子，为市政府直属事业单位，授权行使管理职能。

## 1997年

1月1日　市广播电视局依据文件，开始收取有线电视收视维护费，每户每月9元。

2月19日　邓小平逝世，昌邑电视台暂停播出各类文艺节目。

4月　昌邑人民广播电台自办节目停办，只转播上级台节目。编辑记者主要任务是搞好外宣，借助上级台宣传昌邑。

9月26日　广电家园2号住宅楼竣工交付使用。

## 1998年

1月　昌邑电视台在栏目设置上对原有专题栏目进行调整，电视新闻部负责《昌邑新闻》《昌邑纵横》《农村科技》《优生科普》4个栏目；有线电视编辑部开设《万花筒》栏目，栏目内设《相聚在荧屏》《健康传呼》《消费与时尚》《校园调色板》《大市场》等子栏目。广告文艺部负责《生活百事》《开心一刻》《经济生活》等专题栏目。

2月28日　广播电影电视部发给山东省广播电视厅《关于同意昌邑市广播电视台重新登记的批复》。同意昌邑市广播电视局设立的昌邑市电视台重新登记。登记后的台名为昌邑市广播电视台。播出时分别称昌邑人民广播电台、昌邑市电视台。

4月20日　市广播电视局制定《昌邑市广播电视局内部机构设置职责范围任务目标及奖惩规定(试行)》制度，首次实行全员竞争上岗、优化组合。

6月12日　市广播电视局党支部印发《关于公布谢吉林等同志职务的通知》，公布20名中层干部。

7月　昌邑电视台围绕庆祝昌邑撤县设市4周年进行回顾总结性的连续报道。

10月　市广播电视局购进NTS—40字幕机1台、CY—777飞线编辑设备1套。

11月19日　昌邑市人民政府印发《昌邑市人民政府关于加快有线广播电视光缆网建设的意见》，有线广播电视开始从城里向农村发展。

12月2日　昌邑市人民政府召开全市有线广播电视光缆网建设协调会议，研究解决有线广播电视光缆网建设有关问题。

12月　有线电视网内传送模拟电视信号节目套数由34套增加到46套，传送数字电视节目81套。

## 1999年

1月　市广播电视局开通围子、仓街、宋庄、石埠、流河、饮马、北孟7个乡镇有线电视信号。

3月　昌邑市委、市政府把有线广播电视光缆网建设工程列入重点抓好的十件大事之一。

3月29日　昌邑市人民政府副市长孙克森，在市政府第二会议室主持召开全市有线广播电视光缆网二期工程建设协调会议。

6月21日《依法管理常抓不懈昌邑市卫星地面接收设施管理秩序良好》一文被《潍坊日报》《潍坊广播电视报》登载。

10月　市广播电视局架设第一段2.53公里村级光缆宋庄镇至西岭、梁部村开通。

11月25日　市广播电视局向市政府递交关于招收电视播音员(主持人)请示。市政府批复同意。次年春天招收4名电视播音员(主持人)。

12月　市广播电视局开通岞山、人保庄、丈岭、塔耳堡、李家埠、柳疃、青乡、龙池、双台、卜庄、夏店、东冢13个乡镇的有线电视信号。至此，全市 22 个乡镇街道全部开通有线电视信号。

**12 月** 市广播电视局被中共潍坊市委、潍坊市人民政府评为“1998—1999 年度文明单位”。

## 2000 年

**2 月 24—26 日** 全省县级电视台文艺节目供片会在昌邑召开，省厅有关领导、各县市广播电视局负责人及相关工作人员共 101 个单位 236 人出席会议。昌邑市领导王元榜、朱启芳、孙克森到会祝贺。

**8 月 28 日** 广电家园 1 号住宅楼五层 30 户破土动工。

**9 月** 林伟宁获得悉尼奥运会举重冠军，电视台进行重点报道。

## 2001 年

**1 月** 市广播电视局完成省电视会议昌邑分会场建设工程，同时完成全市电视会议主会场及 15 个分会场建设工程。

**12 月 11 日** 昌邑市委印发《中共昌邑市委 昌邑市人民政府 关于市级党政机构改革的实施意见》。市广播电视管理站更名为市广播电视管理局，为市政府直属事业机构。

**12 月** 市广播电视管理局被山东电视台评为“电视新闻宣传先进集体”。

**同月** 市广播电视管理局被潍坊市委、潍坊市人民政府评为“2000—2001 年度文明单位”。

## 2002 年

**1 月 22 日** 广电家园 1 号住宅楼竣工交付使用。

**9 月 28 日** 昌邑市委、市人民政府成立昌邑市有线电视网络建设和管理工作领导小组。市委副书记、纪委书记曹昕庆任组长。

**9 月 28 日** 昌邑市委办公室印发《中共昌邑市委办公室 昌邑市人民政府办公室 关于转发市委宣传部、市广播电视管理局〈关于加强有线电视网络建设和管理工作的意见〉的通知》。

**12 月** 昌邑电视台电视节目从录制到制作播出使用数字设备。

**同月** 昌邑影院电影放映零上座。

## 2003 年

**3 月 8 日** 昌邑市宏远有线广播电视网络中心成立，高寿明任经理，王沛盛、杨立志、宋宗玉、张明新任副经理，内设办公室、技术科、管理科、工程科、财务科 5 个内部机构。

**4 月** 昌邑人民广播电台（有线）停止播音。编辑记者的主要任务是搞好外宣，借助上级台宣传昌邑。

**10 月 18—20 日** 山东省（昌邑）首届苗木交易会开幕，昌邑电视台开设专题栏目精心报道会前、会中、会后情况。

**10 月** 昌邑电视台开设《潍水两岸》专题栏目。

**12 月 20 日** 山东省广播电视局、山东人民广播电台分别给昌邑市委和昌邑市委宣传部发贺信，祝贺昌邑人民广播电台 2003 年全台在省电台发稿篇数名列全省县级电台第三名。

## 2004 年

**5 月** 市广播电视管理局启动有线电视光缆入地工程，第一段北海路从北环路至双石路，全长 1850 米。

**同月** 张亦明任昌邑市委宣传部副部长、昌邑市广播电视管理局局长、网络中心经理，高寿明退二线。

**7 月 18 日** 昌邑电视台设置《庆祝我市撤县设市十周年》专题栏目。

**11 月 24 日** 市广播电视管理局制定《关于实行“四定”的实施方案》《政治事故的界定

和处理办法》《获得荣誉及奖励办法》等制度。对内设机构办公室、财务科、总编室、电视新闻部、专题部、综合频道广告文艺部、生活频道广告文艺部、技术科等采取定岗位、定职责、定奖惩、定费用管理办法。

## 2005 年

**1—6 月** 市广播电视管理局党支部开展保持共产党员先进性教育活动，活动分为学习动员、分析评议、整改提高三个阶段。通过学习、分析党支部和党员自身存在的主要问题并认真加以整改。

**4 月** 昌邑电视台与市公安局联合开设《警方报道》栏目。

**5 月 1 日** 昌邑电视台播出时间由每天 6 小时增加 16 小时。《昌邑新闻》由晚上播出，改为早、中、晚滚动播出。《昌邑新闻》每周制作 3 次改为每周制作 5 次。专题栏目全部实行制片人负责制，开办《潍水两岸》《警方报道》《经济生活》3 个栏目。

**5 月** 昌邑市华艺电影传媒有限公司成立，冯立春任经理。

**6 月** 市局购进 U—1000 型 15 频道彩色电视发射机 1 部、U—300 型 21 频道彩色电视发射机 1 部。

**7 月** 市广播电视管理局被山东省精神文明建设委员会命名表彰为“2005 年度省级文明机关”。

**12 月** 从市局到各村的有线电视线路全部架通，主杆路 960 公里。

**同月** 昌邑市电影发行放映公司进行体制改革，更名为昌邑华艺电影传媒有限公司。

## 2006 年

**1 月** 昌邑电视台获得山东电视台“2005 年度对省台发稿先进集体一等奖”。

**2 月** 昌邑电视台采制的新闻《昌邑警民联手生死大营救》在中央电视台《新闻联播》播出。

**5 月** 昌邑电视台有关部室及技术用房迁到昌邑电业商务大厦，租用面积 2 层 2190 平方米。

**同月** 市广播电视管理局投资 345 万元，购买原昌邑市报社六层高 2426 平方米办公楼。

**6 月** 昌邑电视台与市委组织部联合开设《先锋颂》栏目。

**7 月** 市广播电视管理局投入 30 余万元，购进播出服务器、上载工作站等电视播出设备，采用广播级播出卡，实现电视节目硬盘自动化播出。

**同月** 昌邑电视台开设《一周新闻回顾》栏目。

**同月** 市宏远有线广播电视网络中心与市广播电台一起迁至原市报社办公大楼。

**9 月 12 日** 昌邑人民广播电台（调频频道）建成开播，举行开播仪式。广播节目从 5 点 55 分开始播音到 23 点结束。全天不间断播出 17 个小时。调频频率为 103.6 兆赫，覆盖全市及周边县市区数百万名受众。

**11 月** 市广播电视管理局在围子镇设立第一个有线电视管理处，到 2008 年 8 月，先后在龙池、柳疃、卜庄、围子、饮马、北孟 6 个镇和双台、夏店、宋庄、石埠、丈岭、岞山、太保庄 7 个社区设立管理处。

**同月** 宋建文被中共潍坊市委宣传部评为“潍坊市十佳记者”，成为潍坊市唯一获此称号的县级记者。

## 2007 年

**5 月** 昌邑电视台开设《百姓舞台》栏目。

**9 月 19 日** 第十二届中国园林花木信息交流会暨 2007 中国（昌邑）北方绿化苗木博览会在绿博园开幕，中央电视台《艺苑风景线》栏目组全程录制开幕盛况。

**9 月** 赵赞江任市广播电视管理局局长、局党支部书记，张亦明调任市教育局局长。

**9 月** 昌邑市华艺电影传媒有限公司投资

50余万元，成立有20名放映员、3辆厢式运输车、14套数字电影放映设备组成的新农村数字放映队，负责全市691个行政村电影放映。

**11月30日** 市广播电视管理局对局内工作划为5大块管理，局机关、电视、电台、网络、广告，新设立昌邑市广播电视管理局广告中心，对广告中心实行承包管理。

**12月28日** 山东省广播电视局、山东人民广播电台发送贺电："昌邑人民广播电台自1991年以来，连续17年在山东人民广播电台发稿获得一等奖，荣获17连冠称号，特此祝贺！希望2008年继续加强合作，为宣传当地再立新功，在集体记者工作中再创辉煌。"

**12月** 市广播电视管理局新上鞍山产AZDE-TBV-3KSU型11频道彩色电视发射机1部，转播中央台节目和播出昌邑电视台自办节目，扩大覆盖范围。

**同月** 市广播电视管理局有线电视开办影视频道，由原来综合、生活、娱乐3个频道增加到4个频道。

## 2008年

**2月** 昌邑电视台开设《读书》栏目。

**同月** 昌邑电视台《冰窟救人》在中央电视台《新闻联播》播出。

**5月15日** 市广播电视管理局组织干部职工一次向四川地震灾区捐款4万余元。

**5月20日** 市广播电视管理局经市委组织部批准，对中层干部进行调整，印发《关于孙奎庆等同志任免职务的通知》，公布30名中层干部。

**5月** 昌邑市政府立项，由市广播电视管理局建设昌邑广电大厦。

**6月19日** 市广播电视管理局举行昌邑广电大厦奠基仪式。

**8月** 赵赞江任市委宣传部副部长、市广播电视管理局局长。

**9月** 中央电视台《新闻联播》报道昌邑绿博会新闻。

**12月18日** 市广播电视管理局印发《关于聘任李学文等同志为局广告中心中层干部的通知》，公布广告中心6名中层干部。

**12月** 市广播电视管理局被山东省广播电视局评为"2008年度全省卫星电视转播秩序专项整治集中行动先进集体"。

**同月** 市广播电视管理局获得中国国际农业电视学会"第五届农业电视节目、电视论文评选、表彰活动栏目类一等奖"。

## 2009年

**3月11日** 市广播电视管理局有线电视开设远教频道，形成市、镇、村、户四级农村党员干部学习教育网络，这在潍坊市尚属首例。

**6月29日** 市广播电视管理局党支部召开党员大会，选举产生市广播电视管理局总支部委员会。市委宣传部副部长、市广播电视管理局局长赵赞江任书记。

**6月** 市网络中心对有线电视用户实行微机管理，提高工作效率和管理水平。

**7月** 昌邑电视台开设《昌邑360》栏目。

**8月** 昌邑电视台在中国广播电视协会、中国品牌价值评估中心庆祝中华人民共和国成立60周年评比中获"全国优秀电视台"称号。

**9月** 中央电视台《新闻联播》报道昌邑绿博会新闻。

## 2010年

**2月** 昌邑市广播电视管理局改称昌邑市广播影视中心，为市政府直属事业单位。市广播影视中心、昌邑人民广播电台、昌邑电视台、市宏远有线广播电视网络中心为一套编制，挂昌邑市广播影视中心、昌邑人民广播电台、昌邑电视台和昌邑市宏远有线广播电视网络中心四个牌子。赵赞江任市委宣传部副部长、市广播影视中心主任。昌邑市华艺电影传媒有限公司划入市广播影视中心。

**同月** 昌邑电视台与市教育局联合开设

《文山杏坛》栏目。

**4月16日** 第一届山阳梨花节开幕，昌邑人民广播电台、昌邑电视台作新闻报道。

**7月1日** 市广播影视中心依据市物价局文件，对收费标准作调整。安装费由每户每机300元下调到每户每机250元，收视维护费每户每机9元，上调到每户每机13元，数字电视每户每机26元。新收费标准自2010年7月1日执行。

**7月** 昌邑市818个村176176户划出，岞山、丈岭、太保庄3个乡镇119个村和饮马镇9个村共128个村、28068户归峡山区管理。所在9255个有线电视用户划归峡山区管理。

**9月** 中央电视台《新闻联播》报道昌邑绿博会新闻。

**11月28日** 昌邑有线电视前端机房由原广播电视办公楼迁至广电大厦。有线数字电视整体转换工作正式启动，网内传送80套数字电视信号，6套模拟电视信号，4套数字广播节目。电视频道原有综合、生活、远教、娱乐4个频道，增设昌邑影视、昌邑商务2个有线频道。

**12月8日** 昌邑广电大厦建成启用，总建筑面积24380平方米，主体建筑22层，地上21层，地下1层，高89.8米。总投资1.3亿元。10时18分，庆典仪式举行。

**12月** 昌邑电视台开设综合频道、生活频道、远教频道、影视频道、农科频道、图文频道6套自办节目。重新美化电视台标识，请书画家范曾题写“昌邑电视台”作为呼号用字。

## 2011年

**1月1日** 昌邑市委副书记、市长吕珊珊录完新年献词后同昌邑市广播影视中心班子成员合影。

**1月26日** 原广播电视办公楼、广播电视发射塔拆除，改建富邦广电家园，院内建2幢17层住宅楼，每幢102户，共204户。

**2月22日** 市广播影视中心印发《关于孙奎庆等同志任免职务的通知》，对中层干部职务进行调整，公布27名中层干部。印发《昌邑市宏远有线广播电视网络中心关于刘正芳等同志任免职务的通知》，公布15名中层干部任职情况。

**3月** 昌邑电视台与新华社联办《昌邑看天下》栏目，每天1期。《昌邑新闻》由每周6期改为每周7期，由原来只在综合频道和生活频道播出，改为在综合、生活、远教3个频道播出；《昌邑360》由每周2期改为每周7期，由原来只在生活频道播出，改为在综合、生活、远教3个频道播出。

**5月17日** 光明日报社总编辑胡占凡到市广播影视中心调研指导工作。

**6月18—20日** 市广播影视中心与潍坊市广电集团联合，在文化广场举办昌邑汽车展示交易会。

**6—11月** 昌邑电视台与乾隆杯酒业集团联办“‘乾隆杯’唱响昌邑大奖赛”活动。

**9月** 中央电视台《新闻联播》报道昌邑绿博会新闻。

**同月** 昌邑电视台《读书》栏目荣获省政府“泰山文艺奖”，获得奖金1万元。

**11月18日** 《唱响昌邑》颁奖晚会在昌邑广电大厦演播厅举行，10名获奖者受到奖励。

## 2012年

**1月1日** 昌邑人民广播电台实现每天24小时不间断播出。

**3月** 市华艺电影传媒有限公司创建维客利影城，位于昌邑中央商务区，最繁华的商业街利民街维客利四楼，影城内部设有5个独立放映厅，一次可容纳观众449名。

**5月21日** “四季沐歌”唱响昌邑电视大奖赛拉开帷幕。

**5月** 昌邑市广播影视中心主任赵赞江随潍坊市委常委、宣传部部长初宝杰、潍坊市人民政府副市长王桂英及潍坊市广播电视局局长钟耕民、潍坊电视台台长杜涛拜访中央电视台台长胡占凡。

**8月20日** 昌邑有线电视网络归山东省网络总公司统一垂直管理，昌邑设分公司，续管1年。

**9月27日** 中央电视台《新闻联播》报道昌邑绿博会盛况。

**10月** 网络中心分离单设，赵赞江任经理，李苇、杨立志、刘宏图任副经理。

**11月24—25日** 中心在文化广场举办2012潍坊（昌邑）汽车展。30余家汽车经销商40余个汽车品牌和近200辆汽车参展，2天销售汽车81辆，签约订单196份。

**11月** 董凤章任市委宣传部副部长、市广播影视中心主任、网络公司经理。赵赞江调任市教育局局长。

**12月1日** 庆祝中共十八大暨2012唱响昌邑电视大奖赛颁奖晚会在广电大厦演播厅举行。活动历时6个多月，参赛人数3000余人，吸引青岛、烟台、寿光、高密的选手参加，演出50余场，观众30余万人次。

## 2013年

**3月1日** 市广播影视中心推出“昌邑生活圈”公众号。

**4月** 市广播影视中心设立美术馆。

**同月** 市宏远有线广播电视网络中心分出，管理权划归山东广电网络有限公司，成立山东网络有限公司昌邑分公司，李苇任经理。

**8月2日** 市广播影视中心设立昌南记者站，苏森源任站长。

**9月21日** 由杭州赛石集团投资3.5亿元建设的中国（昌邑）北方花木城正式启动，填补昌邑市大型专业苗木交易市场的空白，电台、电视台结合“绿博会”开幕作重点报道。

## 2014年

**3月8日** 市广播影视中心按照市委、市政府安排，开展党的群众路线实践教育活动，10月底结束。

**7月18日** 电台、电视台设置《庆祝我市撤县设市二十周年》专题栏目，通过镜头展示各行各业发生的巨大变化。

## 2015年

**2月5日** 首次与齐鲁网站商定，通过齐鲁网站发表昌邑新闻稿件。

**2月14日** 《春之声 中国梦》新春晚会在广电演播大厅举行。

**4月12日** 中央电视台财经频道《生财有道》栏目组一行3人到昌邑采访，对山阳梨花节、昌邑海产品、小章竹马作报道。

**4月** 昌邑人民广播电台、昌邑电视台开展少儿电视才艺大赛、少儿青岛日照拓展训练、首届萌宝大赛、相约梨花节大型公益相亲会、全民健身真人秀、春季汽车展、家居建材巡展等活动。

**5月15日** 市广播影视中心扎实开展“三严三实”专题教育活动，查准找清不严不实的突出问题，深刻剖析根源，认真进行整改，确保专题教育取得实效。

**10月** 昌邑电视台开设《希望的田野》《交警时空》《说法》《童声童趣》《第一房产》《车视界》《防震知识讲座》《保险知识推介》等栏目。举办首届姜王大赛和第一届创业者大赛。

**12月** 电视节目评选，国家级节目评比中获得二等奖1个、三等奖2个；在山东电视台节目评比中获得一等奖4个、二等奖2个、三等奖3个；在潍坊电视台节目评比中获得二等奖1个、三等奖9个。电视台获山东广播电视台宣传先进集体称号、潍坊电视台宣传一等奖。

## 2016年

**5月** 张术叁任昌邑市广播影视中心主任，董凤章调任市疾控中心主任。

**5月25日** 中共潍坊市委宣传部常务副部长丁汉邦到昌邑电视台检查指导工作。

**7月8日** 中央电视台军事农业频道播出《核桃园里的“机器侠”》专题。

**8月12日** 中央电视台财经频道《经济半小时》播出《关不掉的污染化工厂》专题。

**9月22日** 央视一套《新闻联播》报道昌邑绿博会新闻。

**9月** 昌邑电视台承办绿博会“人机比武”大赛、“龙乡文化节”、潍坊银行杯广场舞大赛、春秋季车展、山阳大梨采摘节等系列活动60场次。

**12月** 建立广播电视节目安全播出预警系统，加强广播电视设备管护，确保节目安全播出。

**同月** 昌邑电视台拥有综合频道、生活频道、远教频道、影视频道、农科频道、图文频道6套自办节目。2台主备自动化播出服务器，每台服务器可同时播出多套电视节目，2台模拟发射机，发射转播昌邑电视台综合频道和中央电视台第七套电视节目。

**同月** 电视台开设《文明城市创建》《新常态新举措新跨越》《加强安全生产构建和谐社会》《先锋风采》《昌邑好人》等专题栏目，《昌邑新闻》播出1800余条，《昌邑360》播出1500余条。获得省级集体及个人一等奖4个，潍坊市级集体及个人奖项19个，昌邑市级集体及个人奖项8个。

**同月** 市广播影视中心通过“省级文明单位”复审。

## 2017年

**1月1日** 昌邑人民广播电台对广播栏目进行改版，精办《昌邑新闻》《昌邑龙门阵》《健康好滋味》《熟读深思》《四点半之声》《天天闲嗑牙》等新闻、文化、生活、音乐、评书类十几档栏目。

**4月20日** 首次在北京梅地亚中心举办新闻发布会，向中央电视台、《人民日报》、新华社、新浪网等20余家新闻媒体推介昌邑文化旅游和龙乡文化节。中央电视台军事农业频道播出龙乡文化节新闻。

**6月19日** 中国昌邑网纳入“智慧昌邑”平台统一管理，更名为“昌邑广电传媒网”。

**7月18日** 市广播影视中心主任张术叁带队到德州市宁津县广播电视台对标学习。

**8月2日** 中央电视台《美丽中国乡村行》栏目播出《昌邑寻鲜——来自大海的美食》专题，时间长达21分钟，详细介绍了下营海产梭子蟹、皮皮虾、多宝鱼、龙须菜、海盐等产品。

**9月** 孙福生到山东广电网络有限公司昌邑分公司任党支部书记、经理。李苇调青州。

**12月** 市广播影视中心组织鸡年春晚、唱响昌邑、企业年会等大型宣传活动。

**同月** 围绕全国文明城市创建、市民文明素质提升、培育和践行社会主义核心价值观、文化强市、新常态、新举措、新跨越、绿博会、加强安全生产、昌邑好人、精彩劳动故事等方面开设广播电视专题栏目。

**同月** 市广播影视中心通过2017年度“省级文明单位”复审。

## 2018年

**1月1日** 建立广播电视节目安全播出预警系统，四套高清节目自2018年元旦起正式试播。

**同日** “直播昌邑”开通，人们可以通过手机、电脑、电视等多种工具收听收看昌邑现场直播的广播电视节目。

**2月26日** 电视新闻《正月十五看花灯赏民俗》《传承红色“基因”，留住乡情乡愁》在中央电视台播出。

**3月15日** 市广播影视中心按照市委市政府安排，深入开展“大学习 大调研 大改进”活动。

**8月28日** 中央电视台《乡土》栏目播出《寻味中国——昌邑》，详细介绍了昌邑海鲜、海盐、大姜生产及其背后的饮食文化和故事，全片长25分钟。

**9月1日** 各部室中层通过竞选确认到岗，

全员绩效考核从9月份正式开始。

**9月16日** 市广播影视中心投资600余万元对电台、电视台摄录、编播设备进行更新换代，对存在隐患加以整改。

**9月18日** 山东省新闻出版广电局公布第一批县级广播电视台标准化建设达标单位名单，市广播影视中心达到一级标准。

**9月30日** 市广播影视中心编印《广电宣传工作简报》每月1期，总结各月工作情况。总编室负责编印，分发中心领导、各部室及栏目组。

**9月** 广饶县广播电视台到市广播影视中心学习交流节目制作、经营创收等工作。

**同月** 昌邑市首届中国农民丰收节庆祝大会、第二届卜庄镇大陆梨枣节暨侨乡文化节举行，市广播电视台承办。

**10月7日** 中央电视台《晚间新闻》栏目播出昌邑市举办的2018年绿博会，长度60秒。

**10月9日** 制定《昌邑市广播电视台栏目创优管理办法》《昌邑市广播电视台节目评优办法》、昌邑市广播电视台活动（项目）报批单，建立节目栏目月评制度，由总编室牵头，每月评比一次。

**10月** 举办昌邑电视台少儿春晚小主持人选拔赛、少儿才艺大赛初赛，举行“放飞梦想·筑梦前行——昌邑电视台小记者站成立仪式”。

**11月1日** 昌邑广播频率根据上级主管部门要求，由103.6兆赫改为103.3兆赫，播出栏目没有改变。

**11月8日** 庆祝第十九个记者节暨十佳记者颁奖晚会在演播大厅举行，市委、市人大、市政府、市政协领导出席。市政府副市长赵海龙主持颁奖典礼，市委宣传部部长刘世海致辞。会上表彰“十佳广电新闻记者”“十佳新闻工作者”和10名“优秀新闻工作者”。

**11月** 开展党员干部联系服务群众“集中回访月”活动，单位领导班子成员带队分组深入都昌街道7个村庄，涉及1741户。

**12月27日** 市广播影视中心召开《昌邑广播影视志（1950—2019）》编纂工作动员会议，中心主任张术叁就编志工作指导思想，重要意义和主要任务提出具体要求。特邀原市广播电视管理局副局长王沛盛主笔。

**12月** 市广播电视台先后组织举办春节晚会、龙乡文化节、山阳梨花节、有氧慢跑节、最美党员颁奖典礼等群众文化活动70余场。利用广电传媒网、昌邑生活圈、昌邑之声等微信平台直播梨花节、赏花节、半程马拉松比赛、儿童节晚会、农民丰收节、记者节等30个大型活动实况。

**同月** 昌邑电视台开设《开启新征程迈进新时代》《全国文明城市创建进行时》《大学习大调研大改进》《乡村振兴先锋行》等专栏，围绕做好建设新昌邑、创建全国文明城市、思想作风建设等多个主题制作播发新闻2200余条。

**同月** 市广播电视台被山东省新闻工作者协会、山东省新闻工作者协会县级媒体委员会评为“山东省县级广播电视系统十佳广播电视台”。

## 2019年

**1月24日** 2019年昌邑市春节联欢晚会在昌邑剧院举办。

**1月** 市广播影视中心组织单位相关人员参加全国编辑记者播音员主持人资格证考试，26人成绩合格。

**同月** 昌邑人民广播电台制作完成第一部广播剧《谢你无声》。

**同月** 为迎接中华人民共和国成立70周年、缅怀革命先烈，昌邑电视台推出系列节目《昌邑英烈谱》，每月1期，介绍革命先烈英雄事迹。

**2月3日** 市委副书记、市长李玉祥带队到市广播影视中心走访慰问干部职工。

**2月** 下营花灯会、龙池剪纸分别在中央电视台《新闻联播》、山东卫视《山东新闻联播》、潍坊电视台新闻栏目播出。

**3月13日** 省新闻工作者协会县级媒体工作委员会会长陈少东到昌邑调研考察广电体制

改革、标准化建设以及县级融媒体中心建设筹备情况。

**3月** 市广播电视台联合市妇联开设《巾帼风采》专栏，对全市妇女中涌现出的一批爱岗敬业、孝老敬亲、扶弱助困、企业创新等方面优秀妇女典型进行报道。

**4月25日** 德州市陵城区广播电视台到市广播影视中心学习交流。

**4月** 市广播影视中心组织“第十届山阳梨花节暨第一届梨花水镇嘉年华”开幕式文艺演出及联欢晚会。

**同月** 广播电台开播的《四点半之声》成为该市开展关心下一代的工作品牌。

**5月4日** 昌邑市广播影视中心团委被共青团山东省委授予山东省五四红旗团委，排名2019年度潍坊市6家省级五四红旗团委第一位。

**5月13—26日** 昌邑电视台连续报道昌邑柳疃第二届桑葚采摘节暨第一届群众文化艺术节情况。

**5月30日** 中心总支、支部换届选举，张术叁被选为党总支书记。

**5月** 市广播电视台制作的快闪《我和我的祖国》登上学习强国平台。

**同月** 市广播电视台开设专栏《劳模工匠风采》，宣传报道全市各行各业劳动模范、能工巧匠先进事迹。

**6月19日** 中共昌邑市委办公室印发《中共昌邑市委办公室昌邑市人民政府办公室关于印发〈昌邑市融媒体中心建设实施方案〉的通知》(昌办字〔2019〕52号)文件，将昌邑市广播影视中心更名为昌邑市融媒体中心，加挂市广播电台、电视台牌子，为市委直属公益二类事业单位，正科级规格，财政补贴，归口市委宣传部领导。

**6月20日** 昌邑市编办印发《关于调整市广播影视中心有关机构编制事项的通知》(昌编发〔2019〕30号)文件。市融媒体中心暂定事业编制65名，配备主任1名、副主任3名（其中1名兼任市广播电台台长，1名兼任市电视台台长），另配市广播电台专职副台长（副科级）1名，市电视台专职副台长（副科级）1名。

**6月26—27日** 市广播电视台与市综合行政执法局联合打造电视栏目《综合执法阳光行》播出第一期。

**7月15日** 市广播影视中心投资22万余元，从山东秋妍信息科技有限公司购进一套升级改造流动电台设备。

**7月18日** 市广播影视中心投资39万余元，从潍坊恒运汽车销售服务有限公司购置奔驰威霆商务版九座车1辆，作为调频流动电台专用车。1—7月用于广播电视设备更新投入700余万元。

**7月31日** 中共昌邑市委印发《关于有关单位领导干部职务自然变更的通知》(昌委〔2019〕50号）文件，明确昌邑市广播影视中心更名昌邑市融媒体中心，单位相关领导干部职务自然变更，不再单独办理任免手续。

**8月30日** 山东好人发布仪式暨道德模范与身边好人（潍坊·昌邑）现场交流活动在市广播影视中心演播大厅举办。

**9月6—8日** 市广播电视台主办“2019潍坊（昌邑）秋季汽车展”。

**9月23日** 市广播电视台承办的昌邑市第二届农民丰收节庆祝大会在卜庄镇大陆村开幕。

**9月** 市广播电视台开辟《相约绿博会》专栏，对2019绿博会会前、会中、会后进行连续报道，并与中央电视台记者一起制作节目，后在中央电视台农业频道《乡间纪事》播出。

**10月12日** 昌邑市融媒体中心举行揭牌仪式，昌邑市融媒体中心与昌邑市融创视听文化传媒有限公司同时揭牌。市融创视听文化传媒有限公司隶属市国资委企业，由市融媒体中心代管。

2010年12月8日，昌邑广电大厦建成启用

# 第一编　组织机构

# 第一章　广播电视行政机构沿革

## 第一节　昌邑县广播电视机构沿革

昌邑的广播电影电视事业，历年来一直实行上级广播电影电视部门指导、地方党委政府领导的双层管理体制，负责全市（县）广播电影电视事业的规划、建设、发展、管理等工作。

### 一、昌邑县、昌南县收音站

1950年4月，按照中央人民政府新闻总署关于建立广播收音网的决定，昌邑、昌南两个县开始筹建收音站。1950年10月，昌邑、昌南两个县均建立收音站1处，行政上受县委宣传部领导，业务上受山东人民广播电台指导。1956年，昌邑、昌南2县合并为昌邑县，收音站合并为1个，设在昌邑县委宣传部。1958年3月15日，昌邑县收音站撤销。

### 二、昌邑县广播站

1958年3月15日，昌邑县广播站建立，于“五一”晚上正式开播。昌邑县广播站隶属昌邑县人民政府领导，列事业编制，宣传工作由县委宣传部领导。1967年9月，昌邑县广播站改称昌邑县东方红广播站。1968年12月4日，昌邑县东方红广播站改称昌邑县革命委员会广播站。

### 三、昌邑县广播事业管理局

1976年1月1日，昌邑县广播事业管理局成立，与县广播站并存。县广播事业管理局编为政府序列，实行局、站合一体制，一套编制，挂昌邑县广播事业管理局和昌邑县广播站2个牌子。

### 四、昌邑县广播事业局

1981年12月，根据上级〔1981〕262号文件精神，昌邑县广播事业管理局更名为昌邑县广播事业局。

### 五、昌邑县广播电视管理局（站）

1984年4月，全县进行机构改革，撤销昌邑县广播事业局，设立昌邑县广播电视管理站，为正科级事业单位。同年9月，挂昌邑县广播电视管理局牌子，对外行使行政管理权。1986年6月15日，昌邑人民广播电台（有线台）建成开播。昌邑县广播电视管理局和昌邑人民广播电台为一套编制，挂昌邑县广播电视管理局和昌邑人民广播电台2个牌子。1992年9月29日，昌邑电视台建成开播。昌邑县广播电视管理局、昌邑人民广播电台、昌邑电视台为一套编制，实行局、台合一体制，挂昌邑县广播电视管理局、昌邑人民广播电台、昌邑电视台3个牌子。

1993年11月，昌邑县广播电视管理局改称昌邑县广播电视管理站，挂昌邑县广播电视管理站的牌子，行政职能归县委宣传部。

## 第二节　昌邑市广播电视机构沿革

### 一、昌邑市广播电视管理站

1994年7月18日，昌邑撤县设市，昌邑县广播电视管理站改称昌邑市广播电视管理站。

### 二、昌邑市广播电视局

1996年12月2日，昌邑市广播电视管理

1996年12月，昌邑市广播电视局挂牌现场

站挂昌邑市广播电视局牌子，为市政府直属事业单位，授权行使有关管理职能。

### 三、昌邑市广播电视管理局

2001年12月11日，昌邑市广播电视管理站改为昌邑市广播电视管理局，列入政府部门序列。

2003年3月8日，昌邑市宏远有线广播电视网络中心建立，属昌邑市广播电视管理局的下属企业，挂昌邑市宏远有线广播电视网络中心牌子。

### 四、昌邑市广播影视中心

2010年2月6日，中共昌邑市委、昌邑市人民政府印发《昌邑市人民政府机构改革实施意见》，昌邑市广播电视管理局改建为昌邑市广播影视中心，为市政府直属差额拨款事业单位，仍为正科级规格。昌邑市广播影视中心、昌邑人民广播电台、昌邑电视台、昌邑市宏远有线广播电视网络中心为一套编制，挂昌邑市广播影视中心、昌邑人民广播电台、昌邑电视台和昌邑市宏远有线广播电视网络中心4个牌子。

### 五、昌邑市融媒体中心

2019年6月19日，中共昌邑市委办公室印发《中共昌邑市委办公室昌邑市人民政府办公室关于印发〈昌邑市融媒体中心建设实施方案〉的通知》（昌办字〔2019〕52号）文件，将昌邑市广播影视中心更名为昌邑市融媒体中心，加挂市广播电台、电视台牌子，为市委直属公益二类事业单位，正科级规格，财政补贴，归口市委宣传部领导。

2019年10月12日，潍坊市、昌邑市参加昌邑市融媒体中心成立揭牌仪式的与会领导合影

2019年10月12日，昌邑市融媒体中心举行揭牌仪式。

附：

## 昌邑市融媒体中心举行揭牌仪式

10月12日，市融媒体中心揭牌仪式举行。潍坊市委宣传部常务副部长、文明办主任刘玉祥出席仪式并致辞，昌邑市委副书记王龙堂出席仪式并致辞，市委常委、宣传部部长刘世海主持仪式，市政府副市长赵海龙出席仪式。

刘玉祥在致辞说，新平台的建成昭示着新发展机遇的到来。希望昌邑市抓紧抓牢融媒体发展的利好机遇，以融媒体中心挂牌为新的起点，紧紧围绕更好引导群众、服务群众的功能定位，强化省台的技术内容指导，实现县级媒体深度融合、破旧立新、转型升级，创造性地开展舆论宣传工作，真正把县级融媒体中心打造成主流舆论阵地、综合服务平台和社区信息枢纽，争创全省一流的县级融媒体品牌，争做潍坊市融媒体建设的“排头兵”。

王龙堂在致辞中说，今年以来，昌邑市深入贯彻落实中央关于进一步加强和改进党的新闻舆论工作及加强县级融媒体中心建设的决策部署，按照省委、潍坊市委有关要求，着眼新形势下举旗帜、聚民心、育新人、兴文化、展形象的使命任务，全面深化新闻媒体改革，巩固拓展宣传文化阵地，顺利通过山东省县级广播电视台一级标准化建设验收，为媒体融合发展奠定了坚实基础。下步，昌邑市将顺应媒体深度融合趋势，始终坚持党管宣传、党管意识形态，牢牢把握正确的政治方向、舆论导向、价值取向，充分利用媒体资源集聚、要素互融优势，围绕中央、上级党委和市委中心工作及群众关心关注的热点难点问题，创新传播方式、拓展传播空间，弘扬先进文化，传播党的声音，讲好昌邑故事。

仪式上，潍坊市委宣传部常务副部长、文

明办主任刘玉祥与昌邑市委副书记王龙堂共同为昌邑市融媒体中心揭牌；潍坊市委宣传部副县级干部李传江与昌邑市政府副市长赵海龙为昌邑市融创视听文化传媒有限公司揭牌。

据了解，昌邑市融媒体中心建设，着重在“融”字上下功夫，推进各类媒体在理念、内容、渠道、平台、经营、管理等方面实现深度融合，建立起“声、屏、报、网、微”等融为一体的全媒体平台，成为主流舆论阵地、思想宣传枢纽、综合服务平台。（昌邑电视台《昌邑新闻》）

# 第二章 党政领导及机构设置

## 第一节 负责人更迭

### 一、县广播站负责人

1950年10月，昌邑、昌南县收音站建立。1956年6月昌邑、昌南二县合并为昌邑县，收音站随之合并。1958年3月，撤销收音站建立昌邑县广播站。这八年间，县委宣传部干部担任收音员。

1958年3月，县广播站建立，县委宣传部干部兼任县广播站负责人。

1959年5月，王瑞卿任昌邑县广播站站长。

1962年9月，王瑞卿调走，魏海波任昌邑县广播站负责人。

1963年1月，魏海波调走，彭凡武任昌邑县广播站站长。

1964年6月，彭凡武调走，魏培海任昌邑县广播站站长。

1966年9月，魏培海调走，阎鹏云任昌邑县广播站负责人。

1968年1月，徐松任昌邑县东方红广播站、昌邑县革命委员会广播站负责人。

1969年4月，张杰任昌邑县革命委员会广播站负责人。

1970年10月，张杰调走，丁志仁兼任昌邑县革命委员会广播站负责人。

1971年3月，阎鹏云任昌邑县革命委员会广播站负责人、站长。

### 二、县广播电视局（站）负责人

1976年6月，张明升任昌邑县广播事业管理局局长，阎鹏云任副局长。

1980年3月，陆安庭任昌邑县广播事业管理局副局长。

1981年12月，昌邑县广播事业管理局改称昌邑县广播事业局，张洪明任昌邑县广播事业局局长，陆安庭任副局长，张明升退休，阎鹏云离休。

1982年12月，尹海瑞任昌邑县广播事业局副局长。

1984年4月，昌邑县广播事业局改称昌邑县广播电视管理站，尹海瑞任昌邑县广播电视管理站站长，王沛盛任副站长，张洪明、陆安庭任调研员。

1984年9月，昌邑县广播电视管理站挂昌邑县广播电视管理局牌子，尹海瑞任昌邑县广播电视管理局局长，王沛盛任副局长。

1986年11月，刘洪智任昌邑人民广播电台台长（副科级）。1987年9月，任昌邑县广播电视管理局副局长兼电台台长。

1987年6月，刘常元任昌邑县广播电视管理局工会主席（副科级）。

1988年11月，杨效恕任昌邑人民广播电台台长（副科级），刘洪智调出。

1990年12月，齐乃禹任昌邑县广播电视管理局副局长，于丽萍任昌邑县广播电视管理局工会主任（副科级），刘常元调出。

1993年9月，张丙申任昌邑县广播电视管理局副局长。

1993年11月，高寿明任昌邑县委宣传部副部长、昌邑县广播电视管理局局长，王沛盛、齐乃禹、张丙申任副局长，于丽萍任工会主任，杨效恕任电台台长，尹海瑞调出。

## 三、市广播电视管理局（站）负责人

1994年7月，昌邑撤县设市，昌邑县广播电视管理局改称昌邑市广播电视管理站。高寿明任昌邑市委宣传部副部长、昌邑市广播电视管理站站长，王沛盛、齐乃禹、张丙申任副站长，于丽萍任工会主任，杨效恕任电台台长。

1994年9月，孙培哲任昌邑市广播电视管理站副站长，齐乃禹调出。

1995年8月，范西勤、刘万寿任昌邑市广播电视管理站副站长，孙培哲调出。

1996年12月，昌邑市广播电视管理站挂昌邑市广播电视局牌子。高寿明任昌邑市委宣传部副部长、昌邑市广播电视局局长，王沛盛、张丙申、范西勤、刘万寿任副局长，于丽萍任工会主任，杨效恕任电台台长。

1997年2月，于丽萍任昌邑市广播电视局副局长兼工会主任。

1998年2月，杨效恕退二线享受副科级待遇。

2001年11月，杨立志任昌邑市广播电视局工会主任（副科级），于丽萍不再兼任工会主任。

2001年12月，昌邑市广播电视管理站改为昌邑市广播电视管理局，列入政府部门序列。高寿明任昌邑市委宣传部副部长、昌邑市广播电视管理局局长，王沛盛、张丙申、范西勤、刘万寿、于丽萍任副局长，杨立志任工会主任。

2003年12月，李苇任昌邑市广播电视管理局副局长。

2004年5月，张亦明任昌邑市委宣传部副部长，昌邑市广播电视管理局局长，王沛盛、张丙申、范西勤、刘万寿、于丽萍、李苇任副局长，杨立志任工会主任，高寿明退二线享受正科级待遇。

2005年4月，夏建正、杨立志任昌邑市广播电视管理局副局长，张惠福任昌邑市广播电视管理局工会主任（副科级），杨立志不再担任工会主任，范西勤、于丽萍退二线享受副科级待遇，9月，刘万寿调出。

2006年5月，张惠福任昌邑市广播电视管理局副局长，郝勇任昌邑市广播电视管理局工会主任（副科级），张惠福不再担任工会主任。

2007年4月，张新立任昌邑市广播电视管理局总工程师（副科级），王沛盛退二线享受副科级待遇。

2007年8月，李恩惠任昌邑市广播电视管理局副局长。

2007年9月，赵赞江任昌邑市广播电视管理局局长，张丙申、夏建正、李苇、杨立志、张惠福、李恩惠任副局长，郝勇任工会主任，张新立任总工程师，张亦明调市教育局。

2008年8月，张丙申退二线享受副科级待遇。

2009年1月，董金洲任昌邑市广播电视管理局副局长，宋建文任昌邑人民广播电台台长（副科级）。

## 四、市广播影视中心负责人

2010年2月，昌邑市广播电视管理局改为昌邑市广播影视中心，赵赞江任昌邑市委宣传部副部长、昌邑市广播影视中心主任，李苇任副主任、电视台台长（正科级），杨立志任副主任、电视台总编辑（正科级），张惠福、李恩惠、董金洲（正科级）任副主任，郝勇任工会主任，张新立任总工程师，宋建文任电台台长，夏建正调市文化广电新闻出版局。

2011年3月，李恩惠调市民政局。

2011年12月，刘宏图任昌邑市广播影视中心副主任，2013年4月任网络公司副经理，2018年8月任昌邑电视台专职副台长。

2012年11月，董凤章任昌邑市委宣传部副部长、昌邑市广播影视中心主任，李苇任副主任、电视台台长，杨立志任副主任、电视台总编辑，张惠福任副主任，郝勇任工会主任，宋建文任电台台长，张新立任总工程师，赵赞江调教育局。

2013年4月，朱永伟任昌邑市广播影视中心副主任，董金洲调市民政局。

2014年8月，张惠福任昌邑电视台台长（正科级），不再担任副主任，郝勇任昌邑市广播影视中心副主任，不再担任工会主任，张新立任副科级干部，不再担任总工程师。

2016年5月，张术叁任昌邑市广播影视中心主任，董凤章调市疾控中心。

2018年3月，张惠福任昌邑市广播影视中心副主任、电视台台长（正科级），宋建文任昌邑市广播影视中心副主任、电台台长，郝勇退二线。

## 五、昌邑市融媒体中心负责人

2019年6月19日，市委办公室、市政府办公室印发《昌邑市融媒体中心建设实施方案》，6月20日，市委机构编制委员会印发《关于调整市广播影视中心有关机构编制事项的通知》文件，将昌邑市广播影视中心更名为昌邑市融媒体中心，加挂市广播电台、电视台牌子，为市委直属公益二类事业单位，正科级规格，财政补贴，归口市委宣传部领导。7月31日，昌邑市委印发《关于有关单位领导干部职务自然变更的通知》（昌委〔2019〕50号）文件，领导班子成员职务变更：张术叁任市融媒体中心主任，张惠福任市融媒体中心副主任、电视台台长（正科级），宋建文任市融媒体中心副主任、电台台长，张新立任副科级干部，朱永伟任市融媒体中心副主任，刘宏图任电视台专职副台长。

## 1966年至2019年昌邑广播影视中心（局站台）主要负责人简介（按在广电任职先后排序）

阎鹏云

阎鹏云　男，汉族，1931年2月出生，山东省昌邑市柳疃镇前闫村人，1949年2月参加工作，1956年加入中国共产党，中共山东省委党校毕业，中师学历。1949年2月至1965年7月，在昌邑柳疃辛安庄、柳疃中心完小任教；1965年8月至1966年8月，在中共山东省委党校学习；1966年9月至1976年6月任昌邑县广播站负责人、站长；1976年6月至1981年12月任昌邑县广播事业管理局副局长；1981年12月离休，2016年2月去世。

张明升

张明升　男，汉族，1929年2月出生，峡山区岞山镇大行营村人，1947年青岛初中毕业，1948年参加工作，1952年益都师范毕业，中专学历。1948年至1950年在昌邑流河任教；1951年至1952年在益都速成师范学习；1953年至1965年在昌邑县教育局工作；1966年至1975年调县委宣传部工作；1976年至1981年12月任县广播事业管理局局长；1981年12月退休；2003年4月4日去世。

张洪明

张洪明　男，汉族，1928年10月出生，昌邑市石埠经济发展区葛西村人，1949年2月参加工作，1949年9月加入中国共产党，高小毕业，初中学历。1949年2月　至1955年10月任昌邑县石埠完全小学教师、校长；1955年10月至1971年2月在昌邑县太保庄公社、岞山公社、县委宣传部工作；1971年2月至1972年3月任县民政局负责人；1972年3月至1976年12月任夏店公社党委副书记；1976年12月至1981年12月任东冢公社党委副书记、管委会主任；1981年12月至1984年4月任县广播事业局党支部书记、局长；1984年4月任县广播电视管理局（站）调研员，享受副处级待遇；1990年10月离休。

尹海瑞　男，汉族，1940年9月出生，昌邑市卜庄镇东冢社区尹家庄村人。1963年8月参加工作，1980年12月加入中国共产党，大专

尹海瑞

学历，编辑。1963年8月至1964年8月在昌邑县石埠公社完全小学任教；1964年8月至1982年12月任昌邑县广播站编辑，1982年12月至1984年4月任县广播事业局副局长；1984年4月至1993年11月任县广播电视管理局（站）党支部书记、局（站）长；1993年11月调县文化体育委员会；1995年8月调回昌邑市广播电视管理局（站）任正科级调研员；2000年9月退休。

高寿明

**高寿明**　男，汉族，1951年10月出生，昌邑市柳疃镇高隆盛村人，1970年8月参加工作，1975年9月加入中国共产党，中共山东省委党校经济管理专业毕业，本科学历，高级政工师。1970年8月至1979年2月任昌邑县饮食服务公司文书；1979年2月至1980年10月任昌邑县商业局办事员；1980年10月至1983年12月任昌邑县人事局办事员；1983年12月至1988年8月任中共昌邑县委组织部干事、组长；1988年8月至1991年6月任昌邑县委组织员办公室副科级组织员；1991年6月至1993年11月任昌邑县委组织员办公室主任；1993年11月至2004年5月任昌邑市（县）委宣传部副部长、市（县）广播电视管理局党支部书记、局（站）长；2004年5月退二线；2011年10月退休。

张亦明

**张亦明**　男，汉族，1962年5月出生，昌邑市奎聚街道吴辛村人，1981年7月参加工作，1984年5月加入中国共产党，中央党校党政管理专业毕业，本科学历，高级政工师。1981年7月至1985年1月任昌邑县围子中学教师、团委书记；1985年1月至1994年4月任共青团昌邑县委副书记、书记；1994年4月至1995年6月任昌邑市宋庄乡委副书记、乡长；1995年6月至1996年1月挂职担任潍坊市教委科长；1996年1月至1997年5月任市教委副主任（正科级）；1997年5月至1998年8月任市体委主任；1998年8月至2001年3月任流河乡党委书记；2001年3月至2003年6月任卜庄镇党委书记；2003年6月至2003年12月任卜庄镇党委书记、人大主席；2003年12月至2004年5月任卜庄镇党委书记；2004年5月至2007年9月任市委宣传部副部长、市广播电视局党支部书记、局长；2007年9月任市教育局党委书记、局长。

赵赞江

**赵赞江**　男，汉族，1965年11月出生，潍坊市峡山区岞山街道南下洼村人，1986年7月参加工作，1991年3月加入中国共产党，中共山东省委党校经济管理专业毕业，本科学历，高级政工师，中国农科院区域经济管理硕士。1986年7月至1989年8月在昌邑县围子中学任教；1989年8月至1996年9月任昌邑县档案局科员、科长；1996年9月至2002年8月任昌邑市委办公室副主任科员、副秘书长；2002年8月至2005年1月任石埠镇党委副书记、镇长；2005年1月至2007年9月任宋庄镇党委书记；2007年9月至2008年8月任市广播电视管理局局长、党支部书记；2008年8月至2012年11月任市委宣传部副部长、市广播电视管理局（中心）党总支（支部）书记、局长（主任）；2012年11月任市教育局党委书记、局长。

董凤章

**董凤章**　男，汉族，1967年1月出生，昌邑市围子镇张董村人，1986年7月参加工作，1994年8月加入中国共产党。1986年7月昌邑师范学校普师专业毕业，1995年12月中共山东省委党校涉外经济管理专业毕业，本科学历。1986年7月至1989年8月任昌邑县夏店乡教育组干部；1989年8月至1995年11月任共青团昌邑市（县）委干事，学少部部长；1995年11月至1998年12月任柳疃镇副镇长；1998年12月至2001年5月任龙池镇党委副书记；2001年5月至2003年6月任龙池镇党委副书记、工会主任；2003年6月至2003年12月任柳疃镇党委副书记；2003年12月至2007年4月任柳疃镇人大主席；2007年4月至2010年2月任市委市政府副秘书长、市信访局局长、市维稳办副主任；2010年2月至2010年11月任市委市政府信访局局长、市维稳办副主任；2010年11月至2012年11月任市政协党组成员、秘书长、办公室主任；2012年11月至2016年5月任市委宣传部副部长、市广播影视中心主任；2016年5月任市疾控中心主任。

张术叁

张术叁　男，汉族，1970年4月出生，昌邑市北孟镇九龙屯村人，1992年7月参加工作，1997年11月加入中国共产党。1992年7月潍坊师范专科学校英语专业毕业，1998年7月曲阜师范大学教育管理专业毕业，2014年9月南京林业大学林学专业毕业，取得农业推广硕士研究生学位。1990年7月至1992年7月，潍坊师范专科学校学生；1992年7月至1998年8月在昌邑市北孟第一初级中学任教，任北孟镇教育团委书记、政教处主任；1998年8月至2000年8月在北孟镇政府任党委秘书、镇团委负责人；2000年8月至2001年4月在山东省人民政府驻上海办事处工作；2001年4月至2003年4月先后在市外经贸局、招商局任办公室主任；2003年4月至2005年12月任昌邑市人民政府办公室科员；2005年12月至2009年3月任昌邑市人民政府驻浙江办事处主任；2009年3月至2010年2月任市沿海经济开发区办公室综合处主任；2010年2月至2011年1月任卜庄镇党委副书记、综治办副主任；2011年1月至2011年11月任卜庄镇民营经济园区主任；2011年11月至2016年5月任卜庄镇人大专职副主席；2016年5月任市广播影视中心党总支书记、主任；2019年6月任市融媒体中心党总支书记、主任。

### 1966—2019年昌邑市广播影视中心（局站）历任领导班子成员简介（按在广电任职先后排序）

陆安庭

陆安庭　男，汉族，1932年8月出生，昌邑市卜庄镇大陆村人，1953年9月参加工作，1960年4月加入中国共产党，参加工作先后在昌邑市（县）内任小学教师、教导主任、中学教导主任、文化馆、宣传部通讯报道干事等职；1980年3月至1984年4月任昌邑县广播事业局副局长；1984年4月任昌邑县广播电视管理局（站）调研员；1992年8月退休；2002年7月18日去世。

王沛盛

王沛盛　男，汉族，中共党员，1955年3月出生，昌邑市卜庄镇夏店社区庙头村人。1977年7月参加工作，1979年12月加入中国共产党。1977年7月潍县师范毕业，1987年7月昌潍师范专科学校毕业，大专学历，编辑。1975年9月至1977年7月潍县师范文史班学生；1977年7月至1978年4月任昌邑县人事局干事；1978年4月至1980年4月任共青团饮马社委干事；1980年4月至1982年9月任共青团塔耳堡社委书记；1982年9月至1984年4月任昌邑县广播事业局政工；1984年4月至1991年7月任昌邑县广播电视管理局（站）副局（站）长，其中1985年9月至1987年7月在昌潍师范专科学校学习；1991年7月至2007年4月任昌邑市（县）广播电视管理局（站）党支部副书记、副局（站）长；2007年4月退二线；2015年2月退休；2019年5月任昌邑市广播影视中心退休离职老干部党支部书记。

刘洪智

刘洪智　男，汉族，1954年8月出生，昌邑市北孟镇范家邱村人，1971年11月参加工作，1976年9月加入中国共产党，山东大学党政干部专修科毕业，大专学历。1971年11月至1976年11月在昌邑县丈岭小学任教；1976年12月至1978年11月任昌邑县丈岭公社干事；1978年12月至1986年10月任昌邑县委组织部干事、科长；1986年11月至1987年9月任昌邑县广播电台台长；1987年9月至1988年11月任昌邑县广播电视管理局（站）副局（站）长、昌邑县广播电台台长；1988年12月任昌邑市（县）文化局副局长。

刘常元

刘常元　男，汉族，1942年9月出生，昌邑市龙池镇果园村人，1960年8月参加工作，1973年2月加入中国共产党，中共昌邑市委党校工业管理中专班毕业，中专学历。1960年8月至1965年1月中国人民解放军汽车91团司令部文书；1965年1月至1971年4月本村民办教师；1971年5月至1978年3月昌邑县药材公司文书；1978年3月至1984年4月昌邑县农委办事员；1984年4月至1987年6月昌邑县政府信访科科长；1987年6月至1990年12月任昌邑县广播电视管理局工会主席；1990年12月任昌邑县文化局纪检委员。

杨效恕　男，汉族，1946年2月出生，昌邑市奎聚街道李家埠村人，1970年9月参加工作，1983年4月加入中国共产党，山东师范学院中文系毕业，大专学历，编辑。1970年9月至1972年8月在昌邑县城关公社广播放大站工作；1972年8月至1978年9月在县委报道组为通讯报道员、县革委知青办办事员；1978年9月至1980年7月在山东师范学院中文系学习；1980年7月至1982年3月任齐鲁石化公司宣传部报社编辑；1982年3月至1988年11月为县多种经营办公室办事员、县委宣传部新闻干事、县委组织部组织员办公室组织员；1988年11月至1998年2月任昌邑人民广播电台台长；1998年2月退二线；2006年2月退休；2011年11月去世。

杨效恕

齐乃禹

齐乃禹　男，汉族，1953年8月出生，昌邑市龙池镇齐西村人，1973年1月参加工作，1975年11月加入中国共产党，山东师范学院数学系毕业，本科学历、编辑。1973年1月至1976年10月任昌邑县龙池公社报道组通讯报道员、县"农业学大寨"工作队队员；1976年10月至1979年7月在山东师范学院学习；1979年7月至1984年5月任昌邑县龙池中学教师、县教育局普教科科员；1984年5月至1990年12月任昌邑县委宣传部干事、新闻科科长；1990年12月至1994年8月任昌邑市（县）广播电视管理局（站）副局（站）长；1994年8月任昌邑市委宣传部副部长。

于丽萍

于丽萍　女，汉族，1955年11月出生，昌邑市都昌街道后埠村人，1975

年11月参加工作，1976年10月加入中国共产党，中共山东省委党校毕业，本科学历，编辑。1975年11月至1978年11月为昌邑县“农业学大寨”工作队队员；1978年12月至1987年10月任共青团昌邑县委干事、学少部副部长、部长；其中1985年9月至1987年6月在中共潍坊市委党校学习；1987年10月至1990年11月任昌邑县职业中专团委书记、办公室主任；1990年12月至1997年2月任昌邑市（县）广播电视管理局（站）工会主任；1997年2月至2001年11月任昌邑市广播电视管理局（站）副局（站）长兼工会主任；2001年11月至2005年4月任昌邑市广播电视局管理局副局长；2005年4月退二线；2010年11月退休。

张丙申

**张丙申** 男，汉族，1956年10月出生，昌邑市卜庄镇东冢社区大窑村人，1974年12月参加工作，1975年10月加入中国共产党，海军电子工程学院毕业，大专学历。1974年12月至1993年9月任海军潜艇某支队战士、司令部通信科长；1993年9月至2008年8月任昌邑市广播电视管理局（站）副局（站）长；2008年8月退二线；2016年10月退休。

孙培哲

**孙培哲** 男，汉族，1958年4月出生，昌邑市柳疃镇孙家庄村人，1976年7月参加工作，1982年3月加入中国共产党，济南大学毕业，大专学历。1976年7月至1978年3月任昌邑县柳疃供销社文书；1978年3月至1988年1月在河南郑州高炮学院学习；1988年1月至1988年8月在昌邑县龙池乡委工作；1988年8月至1994年9月任昌邑县委宣传部干事、办公室主任；1994年9月至1995年8月任昌邑市广播电视管理局（站）副局（站）长；1995年8月任昌邑市文化局副局长。

范西勤

**范西勤** 男，汉族，1953年10月出生，昌邑市柳疃北高村人，1973年12月参加工作，1975年12月加入中国共产党，中共山东省委党校经济管理专业毕业，大本学历，政工师。1973年12月至1987年1月在部队任战士、指导员、正营组织股长；1987年1月至1989年7月任昌邑县仓街镇民政助理；1989年7月至1995年8月任昌邑市（县）委组织部副科级组织员；1995年8月至2005年4月任昌邑市广播电视管理局副局（站）长；2005年4月退二线；2013年10月退休。

刘万寿

**刘万寿** 男，汉族，1958年2月出生，昌邑市围子街道密城村人，1981年1月参加工作，1990年1月加入中国共产党，1992年北京广播学院毕业，1997年6月中共山东省委党校文秘专业毕业，大本学历，编辑。1981年1月至1985年5月在昌邑县毛巾厂工作；1985年5月至1995年8月任昌邑市（县）广播电视管理局（站）记者、新闻部主任、广告文艺部主任；1995年8月至2005年9月任昌邑市广播电视管理局（站）副局（站）长；2005年9月调潍坊电视台。

杨立志

**杨立志** 男，汉族，1963年8月出生，昌邑市都昌街道南裴村人，1982年7月参加工作，1983年12月加入中国共产党，中央党校经济管理专业毕业，大专学历。1982年7月至1983年9月任昌邑县龙池镇林业站科员；1983年

9月至1985年4月任昌邑县林业局科员；1985年4月至1994年8月任昌邑县委宣传部干事；1994年8月至1995年10月任昌邑市仓街镇政府副镇长；1995年10月至2001年11月任昌邑市柳疃镇党委副书记；2001年11月至2005年4月任昌邑市广播电视管理局工会主任；2005年4月至2009年6月任昌邑市广播电视管理局副局长；2009年6月至2010年2月任昌邑市广播电视管理局副局长、网络中心党支部书记；2010年2月至2013年4月任昌邑市广播影视中心副主任、电视台总编辑、网络中心党支部书记；2013年4月至2017年5月任昌邑市广播影视中心副主任、昌邑电视台总编辑（正科级）；2016年7月至2017年6月任昌邑市广播影视中心党总支副书记、副主任、昌邑电视台总编辑（正科级）；2017年6月去世。

李 苇

李 苇　男，汉族，1964年7月出生，昌邑市饮马镇西北村人，1983年9月参加工作，1990年5月加入中国共产党，中共山东省委党校经济管理专业毕业，本科学历，编辑。1983年9月至1987年12月任昌邑县第四棉花加工厂统计、秘书；1987年12月至1991年9月任昌邑县地毯厂办公室主任；1991年9月至2003年12月任昌邑市（县）广播电视管理局（站）电视新闻部编辑、主任；2003年12月至2009年6月任昌邑市广播电视管理局副局长；2009年6月至2010年2月任昌邑市广播电视管理局党总支副书记、副局长；2010年2月至2013年4月任昌邑市广播影视中心党总支副书记、副主任、昌邑电视台台长（正科级）；2013年4月至2017年9月任山东广电网络有限公司昌邑分公司党支部书记、经理；2017年9月任山东广电网络有限公司青州分公司党支部书记、经理。

张惠福

张惠福　男，汉族，1965年3月出生，昌邑市卜庄镇西峰台村人，1984年7月参加工作，1986年12月加入中国共产党，山东师范大学毕业，本科学历，编辑。1984年7月至1995年11月分别任昌邑市（县）围子中学教师、城关中学教师、市教委科员；1995年11月至1999年1月任昌邑市委宣传部新闻科科员、科长；1999年1月至2005年4月任昌邑市日报社副总编辑；2005年4月至2006年5月任昌邑市广播电视管理局工会主任；2006年5月至2009年6月任昌邑市广播电视管理局副局长；2009年6月至2013年4月任昌邑市广播电视管理局（中心）副局长（副主任）、广播电视台党支部书记；2013年4月至2014年9月任昌邑市广播影视中心副主任、中心机关党支部书记；2014年8月至2018年3月任昌邑电视台台长（正科级）、中心机关党支部书记，不再担任昌邑市广播影视中心副主任；2018年3月任昌邑市广播影视中心副主任、昌邑电视台台长（正科级）、中心机关党支部书记；2019年5月至2019年6月任昌邑市广播影视中心党总支副书记、副主任、昌邑电视台台长；2019年6月任昌邑市融媒体中心党总支副书记、副主任、昌邑电视台台长。

夏建正

夏建正　男，汉族，1962年11月出生，昌邑市都昌街道南店村人，1981年7月参加工作，1998年10月加入中国共产党，山东教育学院毕业，大学本科学历。1981年7月至1984年7月在昌邑县龙池中学任教；1984年7月至1987年7月在昌邑县柳疃中学任教；1987年7月至1997年7月在昌邑一中任教；1997年7月至1998年3月任昌邑市教育局科员；1998年3月至2005年4月任昌邑市委办公室科长、办公室副主任；2005年4月至2009年6月任昌邑市广播电视管理局副局长；2009年6月至2010年2月任昌邑市广播电视管理局党总支副书记、副局长；2010

年2月任昌邑市文化广电新闻出版局党总支副书记、副局长。

李恩惠

李恩惠 女，汉族，1963年7月出生，昌邑市龙池镇郭疃村人，1984年11月参加工作，1989年7月加入中国共产党，山东省委党校毕业，本科学历。1984年11月至1991年7月任昌邑县龙池镇政府统计员；1991年7月至2001年4月任昌邑市柳疃镇政府计生助理、党委委员、妇联主席；2001年4月至2004年8月任昌邑市柳疃镇政府副镇长；2004年8月至2007年8月任昌邑市围子镇党委副书记、人大主席；2007年8月至2009年6月任昌邑市广播电视管理局副局长；2009年6月至2010年2月任昌邑市广播电视管理局副局长、退休离职老干部党支部书记；2010年2月至2011年3月任昌邑市广播影视中心副主任、退休离职老干部党支部书记；2011年3月任昌邑市民政局党组成员、副局长、市老龄办主任。

董金洲

董金洲 男，汉族，1969年9月出生，昌邑市围子街道明部村人，1991年7月参加工作，1996年7月加入中国共产党，中国海洋大学毕业，大专学历。1991年7月至1992年11月昌邑市酿酒总厂干部；1992年11月至1997年7月昌邑市轻工业总公司干部；1997年7月至1998年11月任昌邑市围子镇委科员；1998年11月至2002年9月任昌邑市委宣传部新闻宣传干事，2002年9月至2004年8月任昌邑市委宣传部副主任科员，2004年8月至2007年4月任市精神文明办公室副主任；2007年4月至2009年1月任昌邑市社会科学界联合会主席；2009年1月至2010年2月任昌邑市广播电视管理局机关党支部书记、副局长（正科级）；2010年2月至2013年4月任昌邑市广播影视中心机关党支部书记、副主任（正科级）；2013年4月任昌邑市民政局党组成员、副局长（正科级）。

刘宏图

刘宏图 男，汉族，1979年5月出生，昌邑市北孟镇小南孟村人，1998年8月参加工作，2004年10月加入中国共产党，潍坊学院国际经贸专业毕业，本科学历。1998年8月至1999年5月在昌邑围子中学任教；1999年6月至2011年12月任昌邑市政府办公室科员、科长、史志办副主任；2011年12月至2013年4月任昌邑市广播影视中心副主任；2013年4月至2018年8月任山东广电网络有限公司昌邑分公司副经理；2018年8月至2019年5月任昌邑电视台专职副台长；2019年5月至2019年6月任昌邑市广播影视中心昌邑电视台专职副台长、中心机关党支部书记；2019年6月任昌邑市融媒体中心昌邑电视台专职副台长、中心机关党支部书记。

郝 勇

郝 勇 男，汉族，1963年2月出生，昌邑市都昌街道王耨村人，1978年9月参加工作，1994年11月加入中国共产党，中共山东省委党校经济管理专业毕业，本科学历，主任编辑。1978年9月至1981年1月在昌邑县师范工作；1981年1月至2006年5月任昌邑市（县）广播电视管理局记者、广告文艺部主任；2006年5月至2012年12月任昌邑市广播电视管理局（中心）工会主任；2012年12月至2014年8月任昌邑市广播影视中心工会主任、退休离职老干部党支部书记；2014年8月至2018年3月任昌邑市广播影视中心副主任、退休离职老干部党支部书记，不再担任工会主任；2018年3月退二线。

宋建文

宋建文　男，汉族，1970年12月出生，昌邑市都昌街道南兴福村人，1990年12月参加工作，2001年3月加入中国共产党。中共山东省委党校毕业，本科学历，编辑职称。1990年12月至1991年7月任昌邑县商业总公司文书；1991年7月至2009年1月任昌邑市广播电视管理局编辑、记者、新闻部副主任、制片人、社会新闻部主任、新闻中心主任；2009年1月至2013年4月任昌邑人民广播电台台长；2013年4月至2018年3月任昌邑人民广播电台台长，广播电视台党支部书记；2018年3月至2019年6月任昌邑市广播影视中心副主任、昌邑人民广播电台台长、广播电视台党支部书记；2019年6月任昌邑市融媒体中心副主任、昌邑人民广播电台台长、广播电视台党支部书记。

张新立

张新立　男，汉族，1964年6月出生，潍坊市峡山区太保庄街道丈岭社区丈岭街村人，1981年8月参加工作，1986年8月加入中国共产党。1991年9月山东省农业广播电视学校毕业；1997年6月中央党校函授学院经济管理专业毕业，1999年7月山东矿业学院计算机及应用专业毕业，2008年1月中央广播电视大学计算机科学与技术专业毕业，本科学历，工程师。1981年8月至1988年8月任昌邑县丈岭镇广播电视站技术员、站长；1988年8月至2007年4月任昌邑市广播电视管理局（站）技术科副科长、科长；2007年4月至2014年8月任昌邑市广播电视管理局（中心）总工程师；2014年8月至2019年6月任昌邑市广播影视中心副科级干部，不再担任总工程师；2019年6月任昌邑市融媒体中心副科级干部。

朱永伟

朱永伟　男，汉族，1969年10月出生，昌邑市北孟镇太平村人，1988年12月参加工作，2003年加入中国共产党。中共山东省委党校经济管理专业毕业，本科学历，编辑职称。1988年12月至1991年6月在昌邑市纺织机械厂工作，任工会干事；1991年6月至2008年1月任昌邑市广播电视管理局记者、广告文艺部副主任、主任；2008年1月至2010年1月在市委组织部帮工，任党建栏目《先锋颂》制片人；2010年1月至2013年3月任昌邑市广播影视中心电视新闻部主任；2013年3月至2019年6月任昌邑市广播影视中心副主任；2019年6月任昌邑市融媒体中心副主任。

孙福生

孙福生　男，汉族，1969年10月出生，昌邑市围子街道张家湾人，1991年7月加工作，2002年6月加入中国共产党。1991年7月山东省广播电视学校广播电视技术专业毕业，2003年7月山东省青年干部管理学院新闻传播专业毕业，2006年12月山东省委党校经济管理专业毕业，本科学历，工程师。1987年9月至1991年7月，山东省广播电视学校广播电视技术专业学生；1991年7月至2010年3月在潍坊市寒亭区广播电视局工作，历任音像股技术员、播出部副主任、总工办副主任、有线电视服务大厅主任、副科级干部、工会主席、副局长；2010年3月至2012年6月在潍坊市寒亭区广播影视集团任副总经理，工程师；2012年6月至2017年9月任山东广电网络有限公司寒亭分公司党支部副书记、副经理；2017年9月调山东广电网络有限公司昌邑分公司任党支部书记，经理。

注：1950年昌邑设立收音站，县委宣传部干部担任收音员，自1958年县广播站建立至2019年60年间共有39人担任过广播电视机构

的领导班子成员，其中16人担任过站长、负责人、局（站）长和中心主任等正职，有23人担任过副局（站）长、电台台长、工会主任、总工程师等副职（含网络公司经理孙福生）。因史料不全，1958—1965年期间县广播站王瑞卿、魏海波、彭凡武、魏培海、徐松、张杰、丁志仁等7人广播站站长（负责人）未作介绍，对1966—2019年期间32人作了简要介绍，其中正职9人、副职23人。

## 1950—2019年历届领导干部更迭一览表

表1

| 机构名称 | 职　务 | 姓　名 | 任职时间 | 备　注 |
|---|---|---|---|---|
| 昌邑县收音站 | 收音员 | 宣传干部 | 1950.10—1958.03 | — |
| 昌邑县广播站 | 站长（负责人） | 宣传干部<br>王瑞卿<br>魏海波<br>彭凡武<br>魏培海<br>阎鹏云<br>徐　松<br>张　杰<br>丁志仁<br>阎鹏云 | 1958.03—1959.05<br>1959.05—1962.09<br>1962.09—1963.01<br>1963.01—1964.06<br>1964.06—1966.09<br>1966.09—1968.01<br>1968.01—1969.04<br>1969.04—1970.10<br>1970.10—1971.03<br>1971.03—1976.06 | — |
| 昌邑县广播事业管理局 | 局长 | 张明升 | 1976.06—1981.12 | — |
| | 副局长 | 阎鹏云<br>陆安庭 | 1976.06—1981.12<br>1980.03—1981.12 | |
| 昌邑县广播事业局 | 局长 | 张洪明 | 1981.12—1984.04 | — |
| | 副局长 | 陆安庭<br>尹海瑞 | 1981.12—1984.04<br>1982.12—1984.04 | |
| 昌邑县广播电视管理站 | 站长 | 尹海瑞 | 1984.04—1984.09 | — |
| | 副站长 | 王沛盛 | 1984.04—1984.09 | |
| 昌邑县广播电视管理局 | 局长 | 尹海瑞 | 1984.09—1993.11 | 昌邑县广播电视管理站同时挂昌邑县广播电视管理局的牌子 |
| | 副局长 | 王沛盛<br>刘洪智<br>齐乃禹<br>张丙申 | 1984.09—1993.11<br>1987.09—1988.11<br>1990.12—1993.11<br>1993.09—1993.11 | |
| | 电台台长 | 刘洪智<br>杨效恕 | 1986.11—1988.11<br>1988.11—1993.11 | |
| | 工会主席 | 刘常元 | 1987.06—1990.12 | |
| | 工会主任 | 于丽萍 | 1990.12—1993.11 | |
| 昌邑县广播电视管理站 | 站长 | 高寿明 | 1993.11—1994.07 | — |
| | 副站长 | 王沛盛<br>齐乃禹<br>张丙申 | 1993.11—1994.07<br>1993.11—1994.07<br>1993.11—1994.07 | |
| | 工会主任 | 于丽萍 | 1993.11—1994.07 | |
| | 电台台长 | 杨效恕 | 1993.11—1994.07 | |
| 昌邑市广播电视管理站 | 站长 | 高寿明 | 1994.07—1996.12 | — |
| | 副站长 | 王沛盛<br>齐乃禹<br>张丙申 | 1994.07—1996.12<br>1994.07—1994.09<br>1994.07—1996.12 | |

续表 1

| 机构名称 | 职　务 | 姓　名 | 任职时间 | 备　注 |
| --- | --- | --- | --- | --- |
| 昌邑市广播电视管理站 | 副站长 | 孙培哲<br>范西勤<br>刘万寿 | 1994.09—1995.08<br>1995.08—1996.12<br>1995.08—1996.12 | — |
| | 工会主任 | 于丽萍 | 1994.07—1996.12 | |
| | 电台台长 | 杨效恕 | 1994.07—1996.12 | |
| 昌邑市广播电视局 | 局长 | 高寿明 | 1996.12—2001.12 | 昌邑市广播电视管理站同时挂昌邑市广播电视局的牌子 |
| | 副局长 | 王沛盛<br>张丙申<br>范西勤<br>刘万寿<br>于丽萍 | 1996.12—2001.12<br>1996.12—2001.12<br>1996.12—2001.12<br>1996.12—2001.12<br>1997.02—2001.12 | |
| | 工会主任 | 于丽萍<br>杨立志 | 1996.12—2001.11<br>2001.11—2001.12 | |
| | 电台台长 | 杨效恕 | 1996.12—1998.02 | |
| 昌邑市广播电视管理局 | 局长 | 高寿明<br>张亦明<br>赵赞江 | 2001.12—2004.05<br>2004.05—2007.09<br>2007.09—2010.02 | — |
| | 副局长 | 王沛盛<br>张丙申<br>范西勤<br>刘万寿<br>于丽萍<br>李　苇<br>夏建正<br>杨立志<br>张惠福<br>李恩惠<br>董金洲 | 2001.12—2007.04<br>2001.12—2008.08<br>2001.12—2005.04<br>2001.12—2005.09<br>2001.12—2005.04<br>2003.12—2010.02<br>2005.04—2010.02<br>2005.04—2010.02<br>2006.05—2010.02<br>2007.08—2010.02<br>2009.01—2010.02 | — |
| | 工会主任 | 杨立志<br>张惠福<br>郝　勇 | 2001.12—2005.04<br>2005.04—2006.05<br>2006.05—2010.02 | — |
| | 电台台长 | 宋建文 | 2009.01—2010.02 | |
| | 总工程师 | 张新立 | 2007.04—2010.02 | |
| 昌邑市广播影视中心 | 主任 | 赵赞江<br>董风章<br>张术叁 | 2010.02—2012.11<br>2012.11—2016.05<br>2016.05—2019.06 | 市政府直属正科级事业单位 |
| | 副主任 | 李　苇<br>杨立志<br>张惠福<br>张惠福<br>李恩惠<br>董金洲<br>刘宏图<br>郝　勇<br>宋建文<br>朱永伟 | 2010.02—2013.04<br>2010.02—2017.06<br>2010.02—2014.08<br>2018.03—2019.06<br>2010.02—2011.03<br>2010.02—2013.04<br>2011.12—2013.04<br>2014.08—2018.03<br>2018.03—2019.06<br>2013.04—2019.06 | |
| | 电视台台长 | 李　苇<br>张惠福 | 2010.02—2013.04<br>2014.08—2019.06 | |
| | 电视台总编辑 | 杨立志 | 2010.02—2017.06 | |
| | 工会主任 | 郝　勇 | 2010.02—2014.08 | |

续表 1

| 机构名称 | 职　务 | 姓　名 | 任职时间 | 备　注 |
|---|---|---|---|---|
| 昌邑市广播影视中心 | 电台台长 | 宋建文 | 2010.02—2019.06 | 市政府直属正科级事业单位 |
| | 总工程师<br>副科级干部 | 张新立<br>张新立 | 2010.02—2014.08<br>2014.08—2019.06 | |
| | 电视台副台长 | 刘宏图 | 2018.08—2019.06 | |
| 昌邑市融媒体中心 | 主任 | 张术叁 | 2019.06— | 市委直属公益二类事业单位正科级规格 |
| | 副主任 | 张惠福<br>宋建文<br>朱永伟 | 2019.06—<br>2019.06—<br>2019.06— | |
| | 电视台台长 | 张惠福 | 2019.06— | |
| | 电台台长 | 宋建文 | 2019.06— | |
| | 副科级干部 | 张新立 | 2019.06— | |
| | 电视台副台长 | 刘宏图 | 2019.06— | |

## 第二节　党群组织

### 一、党组织

1958 年 3 月，县广播站建立。至 1971 年，站内人数较少，县广播站未单独建立党组织。1971 年 3 月，县广播站党小组建立，党小组组长阎鹏云，广播站有党员 3 名。

1976 年 1 月，党支部书记张明升。

1981 年 12 月，党支部书记张洪明。

1984 年 4 月，党支部书记尹海瑞。

1987 年 11 月，尹海瑞任党支部书记，王沛盛、刘洪智、刘常元、谢吉林、李献强、马君福任委员。

1991 年 7 月，按照县机关党工委安排，县局召开选举会议，经选举和县机关党工委批准，尹海瑞任党支部书记，王沛盛任党支部副书记。

1993 年 11 月，尹海瑞调文体委工作，高寿明任党支部书记，王沛盛任党支部副书记。

1994 年 7 月，高寿明任党支部书记，王沛盛任党支部副书记，张丙申、孙培哲、于丽萍、杨效恕任党支部委员。

1995 年 9 月，高寿明任党支部书记，王沛盛任党支部副书记，张丙申、范西勤、刘万寿、于丽萍、杨效恕任党支部委员。

2001 年 12 月，高寿明任党支部书记，王沛盛任党支部副书记，张丙申、范西勤、刘万寿、于丽萍、杨立志任党支部委员。

2003 年 12 月，高寿明任党支部书记，王沛盛任党支部副书记，张丙申、范西勤、刘万寿、于丽萍、李苇、杨立志任党支部委员。

2004 年 5 月，高寿明退二线，张亦明任党支部书记，王沛盛任党支部副书记，张丙申、范西勤、刘万寿、于丽萍、李苇、杨立志任党支部委员。

2005 年 4 月，张亦明任党支部书记，王沛盛任党支部副书记，张丙申、刘万寿、李苇、杨立志、张惠福任党支部委员。

2005 年 6 月，张亦明任党支部书记，王沛盛任党支部副书记，张丙申、夏建正、刘万寿、李苇、杨立志、张惠福任党支部委员。

2006 年 5 月，张亦明任党支部书记，王沛盛任党支部副书记，张丙申、夏建正、李苇、杨立志、张惠福、郝勇任党支部委员。

2007 年 9 月，张亦明调教育局任局长，赵赞江任党支部书记，张丙申、夏建正、李苇、杨立志、张惠福、郝勇任党支部委员。

2009 年 6 月，市局经市委机关党工委批准建立党总支，下设局机关、广播电视台、网络中心、华艺电影传媒有限公司、退休离职老干部 5 个党支部，经选举和市机关党工委批准，产生了党总支（支部）书记、副书记、委员，正式党员90名。

2010年2月，市广播电视管理局改称市广播影视中心，市局党总支改为市广播影视中心党总支。

2019年5月30日，中心党总支、支部换届选举，产生了新一届党总支。各支部在机关党工委和影视中心党总支领导下，进行换届选举，产生新一届各支部委员会。6月6日，市机关党工委批复同意。

### 市局（中心）党总支

2009年6月，市局建立党总支。赵赞江任书记，夏建正、李苇任副书记，杨立志、张惠福、李恩惠、董金洲任委员。

2012年12月26日，党总支改选。董凤章任书记，李苇任副书记，杨立志、张惠福、董金洲、刘宏图、郝勇任委员。

2013年4月18日，网络中心归省统一管理，设立山东广电网络有限公司昌邑分公司，党总支成员调整。董凤章任书记，杨立志、张惠福、郝勇任委员。

2016年7月26日，党总支换届。张术叁任书记，杨立志任副书记，张惠福、张新立、宋建文、郝勇、朱永伟任委员。

2019年5月30日，党总支换届。张术叁任书记，张惠福任副书记，宋建文、朱永伟、刘宏图任委员。

2020年3月26日，昌邑市融媒体中心党总支成员合影（左起：刘宏图、宋建文、张术叁、张惠福、朱永伟）

### 中心（局）机关党支部

2009年6月，局机关党支部成立，共有12名党员。董金洲任书记，张新立、张虹任委员。

2013年4月18日，党支部人员调整。张惠福任书记，张新立、张虹任委员。

2016年7月26日，党支部换届。张惠福任书记，孙永泉、夏翠珍任委员。

2019年5月30日，党支部换届，共有19名党员。刘宏图任书记，姜言同、王文峰任委员。

### 广播电视台党支部

2009年6月，广播电视台党支部成立，共有18名党员。张惠福任书记，宋建文、孙奎庆任委员。

2013年4月18日，党支部人员调整。宋建文任书记，孙奎庆、朱永伟任委员。

2016年7月26日，党支部换届。宋建文任书记，傅浩程、夏斐任委员，梁峰任党建指导员。

2019年5月30日党支部换届，共有17名党员。宋建文任书记，夏斐、梁峰任委员。

### 广告中心支部委员会（两新组织）

2019年5月30日，党支部建立，共有4名党员。陈大涛任书记。

### 山东广电网络有限公司昌邑分公司（网络中心）党支部

2009年6月，网络中心党支部成立，共有14名党员。杨立志任书记，郝勇、陈正军任委员。

2013年9月3日，经市直机关工委同意批准，成立山东广电网络有限公司昌邑分公司党支部。李苇任书记，刘宏图、刘正芳、杨福成、李晓宁任委员。

2016年12月，党支部换届。李苇任书记，刘宏图、杨福成、李晓宁任委员。

2017年9月，李苇调青州分公司，孙福生任山东广电网络有限公司昌邑分公司经理、党支部负责人。

2018年11月20日，党支部改选，共有25名党员。孙福生任书记，杨福成、董大川、李晓宁、宋俊杰任委员。

华艺电影传媒有限公司党支部

2009年6月，华艺电影传媒有限公司党支部成立，共有16名党员。冯立春任书记，田凤桥、李珊任委员。

退休离职老干部党支部

2009年6月，退休离职老干部党支部成立，共有30名党员。李恩惠任书记，高寿明、王沛盛任委员。

2012年12月26日，党支部改选。郝勇任书记，高寿明、王沛盛任委员。

2019年5月30日，党支部换届，共有32名党员。王沛盛任书记，高寿明、郝勇任委员。

## 二、团组织

1958年，昌邑县广播站建立时团员人数较少，站内团员属县直机关团支部。1986年3月，县广播电视管理局团支部建立，郝勇任团支部书记，赵海燕、张广松、宋建文任委员，共有团员8名。

1991年12月18日，县广播电视管理局团支部进行了改选，赵海燕任团支部书记，张广松任副书记，宋建文、于国颖、宿晓杰任委员，共有团员16名。

2014年5月4日，经团市委和广播影视中心党总支批准，市广播影视中心团委成立，梁峰任代理书记，孙志超、尹迅、李艳霞任委员，团员数量46人。

2016年3月2日，市广播影视中心团委重新组建，经全体团员按程序进行无记名投票，选举产生了团委会。经团市委批准，梁峰任团委书记，孙志超任团委副书记，尹迅任组织委员，李艳霞任宣传委员，李慧娟任统战委员。

广播影视中心团委设广播电视台团总支，广播电视台志愿服务团，电视台团支部，广播电台团支部，华艺影院团支部等下属机构，团员数量64人。

市广播电视台团总支：梁峰任书记，孙志超任副书记，孙毅任组织委员，栾美娜任宣传委员。

电视台团支部：尹迅任书记，赵振锋任组织委员，陈玲娟任宣传委员。

广播电台团支部：李慧娟任书记，王宇林任组织委员，梁映任宣传委员。

华艺影院团支部：李珊任书记。

电视台少先队辅导员：尹迅。

市广播电视台志愿服务团：梁峰任团长，孙志超、刘志强任副团长。

2016—2017年，市广播影视中心团委先后被共青团昌邑市委评为昌邑市五四红旗团委；共青团潍坊市委评为潍坊市五四红旗团委。

2017年12月，梁峰著作《言圣道别沉默》一书由百花洲文艺出版社出版发行，收录于百度百科。

2018年5月，广播电台团支部被共青团昌邑市委评为昌邑市红旗团支部，受到共青团昌邑市委的表彰。2018年年底，团员数量发展到72人。2019年5月4日，市广播影视中心团委入选山东省五四红旗团委，位列潍坊6家第一名。书记梁峰被中共潍坊市委宣传部、共青团潍坊市委评为潍坊市最美志愿者，推举为共青团潍坊市十九大代表；副书记孙志超被中共昌邑市委宣传部、共青团昌邑市委评为昌邑市新时代最美青年。增补为共青团昌邑市委委员。

2018年12月31日，广播影视中心团委举行年度总结会议，团市委书记张庭，团市委志工部部长衣兰宁出席会议并讲话（左起：王宇林、孙毅、李慧娟、孙志超、张庭、梁峰、衣兰宁、尹迅、李艳霞、陈玲娟）

## 三、工会组织

1981年12月，昌邑县广播事业局召开第一次职工代表大会，副局长陆安庭兼任工会主席。

1987年11月26日，昌邑县广播电视管理局召开第二届职工代表大会，选举产生了县广播电视管理局第二届工会委员会成员。刘常元任工会主席，谢吉林任副主席，孟祥惠任宣传委员，宋宗玉任组织委员，张永柱任生产委员，张明新任生活委员，陆邦启任群工委员。

1987年11月27日，县广播电视管理局第二届职工代表大会全体代表合影

1990年12月，县职业中专办公室主任于丽萍调任昌邑县广播电视管理局任工会主任。

2001年11月，柳疃镇党委副书记杨立志调任昌邑市广播电视管理局任工会主任。

2005年4月，市日报社副总编辑张惠福调任昌邑市广播电视管理局任工会主任。

2006年5月，郝勇任昌邑市广播影视中心工会主任。

2014年8月，陈正军任昌邑市广播影视中心工会主席。

2015年5月8日，昌邑市广播影视中心公布9个工会小组组长和各小组组成人员。小组组长：孙志超、赵振峰、姜莲莲、董磊、尹新峰、李连冰、刘志强、姜言同、朱琦。

2018年9月，谢培元任昌邑市广播影视中心工会负责人，享受中层正职待遇。

## 四、关工委组织

2008年7月，中心关心下一代工作委员会成立，中心领导夏建正、李苇、张惠福、宋建文先后担任中心关工委主任，王沛盛、于丽萍、姜言富、刘景贤、叶坤任成员。

关工委的主要职责是学习传达贯彻上级关工委有关文件及中央、省、市领导批示讲话，参加上级组织的业务培训，结合实际积极有效地开展关心下一代工作。

王沛盛根据组织安排，连续3年参加潍坊市关工委组织的业务培训，是潍坊市、昌邑市关工委宣讲团、宣讲指导团成员，多次走进奎聚小学、育秀学校、龙池初中为中小学生宣讲《抗战时期发生在昌邑的历史故事》《中华民族优秀传统文化》受到师生好评，多则每场1000余人，少则每次五六个人，听课师生3000余人次。所著《南去湛江探叔父》《烽火岁月话集东》《小喇叭：从墙上挂到随身听》《龙池伏击日本兵》《挚爱倾注下一代——昌邑市关心下一代工作纪实》《做一颗永不生锈的螺丝钉》《徐迈：从太平集到延安》《姜泊老宅》《历史悠久的柳疃丝绸》等作品被潍坊市委宣传部、潍坊市文联、潍坊市作家协会、潍坊市委老干部局、潍坊市委党工委评为优秀作品，编入《旗帜颂》《我说抗战》《潍坊市五老志愿者关爱宣讲团成员讲稿集锦》《关爱》《昌邑政协》《春秋杂志》等书刊，被《潍坊日报·今日昌邑》《潍坊广播电视报》《联合日报》等报纸采用。2019年4月，被昌邑市关心下一代工作委员会、中共昌邑市委组织部、昌邑市精神文明建设委员会办公室评为优秀“五老”志愿者，获得表彰奖励。

刘景贤2008年担任关工委成员，围绕关心下一代创作《世世代代绣红旗》《我们手拉手》《向日花儿追太阳》等歌曲21首，获国家级奖18项、省级奖2项。于丽萍、姜言富、叶坤等

2019年4月2日，王沛盛走进龙池初中为学生们讲抗战故事

成员也在各自的工作生活范围内，积极开展关爱工作。老广播尹海瑞、高寿明、范西勤、马君福、谢吉林、元钦圣、张永柱、李天福、李献强、宋宗玉、孟祥惠、姚永普、张旭堂等积极维护中心领导，完成交办任务，参与集体活动，发挥正能量，树立良好形象。

## 五、志愿者组织

市广播影视中心志愿者组织名称为“昌邑市广播电视台志愿服务团”，2017 年 7 月成立，开展大小公益活动上百次。是潍坊市职工先进志愿者组织和潍坊市优秀志愿团体，并被潍坊市和昌邑市两级慈善总会多次表彰。内设昌邑电视台志愿服务队、昌邑人民广播电台志愿服务队、昌邑影院志愿服务队，是昌邑市公安局首批注册备案的事业单位内设公益机构，加挂昌邑市义工联合会广电义工服务站牌子。日常事务接受市广播影视中心党总支领导和团委指导。

2019 年 1 月起，总指导员：刘宏图，团长：梁峰，指导员：夏翠珍，副团长：刘志强、孙志超。电视台志愿服务队队长：尹迅，广播电台志愿服务队队长：李慧娟，电视公司志愿服务队队长：李珊。

志愿服务团在昌邑党校和潍坊学院举行以“慈善与公益”“大学生志愿服务”和“现代实用口才”为主题的讲座和报告共 3 场。分别与鸢都义工公益服务中心、心慈公益服务中心开展具有较大社会反响的公益活动。与演讲与口才杂志社合作，开辟面向潍坊市的大型公益项目“爱心书屋”，走进 5 所学校奉献爱心，每所学校捐赠图书 400 册。

电视台广告中心开办第一档大型公益栏目《乡村公益行》，加大对社会弱势群体的关注和帮扶。

2018 年 3 月 5 日，广播影视中心团委书记梁峰、电台团支部书记李慧娟带领志愿者到都昌街道西永安小学参加团市委牵手关爱活动

2019 年 3 月 4 日，志愿服务团联合发起“春风行动”，首批参与的爱心单位有昌邑市义工联合会、《潍坊日报·今日昌邑》、东方农民书画院、昌邑市音乐家协会、标榜整体设计机构等。每年从 3 月 5 日学雷锋开始，5 月 4 日青年节掀起高潮，“七一”党的生日完美收官，持续 4 个月时间。举行助学、助残、敬老、关爱留守儿童、植树造林、环保等多个公益活动。走进多位九旬以上老人的家中，为他们送去食品、床上用品，并为老人打扫卫生。冬天都到困难老人家中献爱心，送油、送米、送面、送鸡蛋、送台历。

出版志愿者理论书籍《言圣道别沉默》。此书为全国首部基层志愿者理论书籍，百花洲文艺出版社出版，新华书店发行，全书 42 篇，介绍共青团、志愿者、义工比重占一半，在社会上产生积极影响。

市广播影视中心团委设计、创作的志愿者会徽、信笺、诗歌获得国家级外观专利和版权。

## 1950 年 10 月至 2019 年 10 月历届党组织负责人任职一览表

表 2

| 机构名称 | 职　务 | 姓　名 | 起止时间 | 备注 |
|---|---|---|---|---|
| 昌邑县广播站党小组 | 小组长 | 阎鹏云 | 1971.03—1976.06 | — |
| 昌邑县广播事业管理局党支部 | 书记 | 张明升 | 1976.06—1981.12 | — |

续表 2

| 机构名称 | 职　务 | 姓　名 | 起止时间 | 备注 |
|---|---|---|---|---|
| 昌邑县广播事业局党支部 | 书记 | 张洪明 | 1981.12—1984.04 | 二线 |
| 昌邑县广播电视管理站党支部 | 书记 | 尹海瑞 | 1984.04—1984.09 | — |
| 昌邑县广播电视管理局党支部 | 书记 | 尹海瑞 | 1984.09—1993.11 | 调出 |
| | 副书记 | 王沛盛 | 1991.07—1993.11 | — |
| 昌邑市广播电视管理站党支部 | 书记 | 高寿明 | 1993.11—1996.12 | — |
| | 副书记 | 王沛盛 | 1993.11—1996.12 | — |
| | 委员 | 张丙申<br>孙培哲<br>范西勤<br>刘万寿<br>于丽萍<br>杨效恕 | 1994.07—1996.12<br>1994.09—1995.08<br>1995.08—1996.12<br>1995.08—1996.12<br>1994.07—1996.12<br>1994.07—1996.12 | —<br>调出<br>—<br>—<br>—<br>— |
| 昌邑市广播电视局党支部 | 书记 | 高寿明 | 1996.12—2001.12 | — |
| | 副书记 | 王沛盛 | 1996.12—2001.12 | — |
| | 委员 | 张丙申<br>范西勤<br>刘万寿<br>于丽萍<br>杨效恕 | 1996.12—2001.12<br>1996.12—2001.12<br>1996.12—2001.12<br>1996.12—2001.12<br>1996.12—1998.02 | —<br>—<br>—<br>—<br>二线 |
| 昌邑市广播电视管理局党支部 | 书记 | 高寿明<br>张亦明<br>赵赞江 | 2001.12—2004.05<br>2004.05—2007.09<br>2007.09—2009.06 | 二线<br>调出<br>— |
| | 副书记 | 王沛盛 | 2001.12—2007.04 | 二线 |
| | 委员 | 张丙申<br>范西勤<br>刘万寿<br>于丽萍<br>杨立志<br>李　苇<br>夏建正<br>张惠福<br>郝　勇 | 2001.12—2008.08<br>2001.12—2005.04<br>2001.12—2005.09<br>2001.12—2005.04<br>2001.12—2009.06<br>2003.12—2009.06<br>2005.04—2009.06<br>2005.04—2009.06<br>2006.05—2009.06 | 二线<br>二线<br>调出<br>二线<br>—<br>—<br>—<br>—<br>— |
| 昌邑市广播电视管理局党支部（2010 年 2 月改为昌邑市广播影视中心党总支） | 党总支书记 | 赵赞江<br>董凤章<br>张术叁 | 2009.06—2012.11<br>2012.11—2016.05<br>2016.05—2019.05 | 调出<br>调出<br>— |
| | 党总支副书记 | 夏建正<br>李　苇<br>杨立志<br>张惠福 | 2009.06—2010.02<br>2009.06—2013.04<br>2016.07—2017.06<br>2019.05—2019.05 | 调出<br>调网络公司<br>去世<br>— |
| | 委员 | 杨立志<br>张惠福<br>李恩惠<br>董金洲<br>刘宏图<br>郝　勇<br>张新立<br>宋建文<br>朱永伟 | 2009.06—2016.07<br>2009.06—2019.05<br>2009.06—2011.03<br>2009.06—2013.04<br>2012.12—2013.04<br>2012.12—2018.03<br>2016.07—2019.05<br>2016.05—2019.05<br>2016.07—2019.05 | —<br>—<br>调出<br>调出<br>—<br>二线<br>—<br>—<br>— |

续表 2

| 机构名称 | 职　务 | 姓　名 | 起止时间 | 备注 |
|---|---|---|---|---|
| 昌邑市广播影视中心党总支（2019 年 6 月改称昌邑市融媒体中心党总支） | 党总支书记 | 张术叁 | 2019.05— | — |
| | 党总支副书记 | 张惠福 | 2019.05— | — |
| | 委员 | 宋建文<br>朱永伟<br>刘宏图 | 2019.05—<br>2019.05—<br>2019.05— | —<br>—<br>— |

## 2009 年 6 月至 2019 年 10 月中心（局）机关党支部任职一览表

表 3

| 机构名称 | 职　务 | 姓　名 | 任职时间 | 备　注 |
|---|---|---|---|---|
| 昌邑市广播电视管理局机关党支部 | 书记 | 董金洲 | 2009.06—2013.04 | 调出 |
| | 委员 | 张新立<br>张　虹 | 2009.06—2016.07<br>2009.06—2016.07 | —<br>— |
| 昌邑市广播影视中心机关党支部 | 书记 | 张惠福 | 2013.04—2019.05 | — |
| | 委员 | 张新立<br>张　虹<br>孙永泉<br>夏翠珍 | 2013.04—2016.07<br>2013.04—2016.07<br>2016.07—2019.05<br>2016.07—2019.05 | —<br>—<br>—<br>— |
| 昌邑市融媒体中心机关党支部 | 书记 | 刘宏图 | 2019.05— | — |
| | 委员 | 姜言同<br>王文峰 | 2019.05—<br>2019.05— | —<br>— |

## 2009 年 6 月至 2019 年 10 月中心（局）广播电视台党支部任职一览表

表 4

| 机构名称 | 职　务 | 姓　名 | 任职时间 | 备　注 |
|---|---|---|---|---|
| 昌邑市广播电视管理局广播电视台党支部 | 书记 | 张惠福 | 2009.06—2013.04 | — |
| | 委员 | 宋建文<br>孙奎庆 | 2009.06—2013.04<br>2009.06—2016.07 | —<br>— |
| 昌邑市广播影视中心广播电视台党支部 | 书记 | 宋建文 | 2013.04—2019.05 | — |
| | 委员 | 孙奎庆<br>朱永伟<br>傅浩程<br>夏　斐 | 2013.04—2016.07<br>2013.04—2016.07<br>2016.07—2019.05<br>2016.07—2019.05 | —<br>—<br>—<br>— |
| | 党建指导员 | 梁　峰 | 2016.07—2019.05 | — |
| 昌邑市融媒体中心广播电视台党支部 | 书记 | 宋建文 | 2019.05— | — |
| | 委员 | 夏　斐<br>梁　峰 | 2019.05—<br>2019.05— | —<br>— |

## 2019 年 10 月昌邑市融媒体中心广告中心党支部任职一览表

表 5

| 机构名称 | 职　务 | 姓　名 | 任职时间 | 备　注 |
|---|---|---|---|---|
| 昌邑市融媒体中心广告中心党支部 | 书记 | 陈大涛 | 2019.05— | — |

## 2009年6月至2019年10月山东广电网络有限公司昌邑分公司（网络中心）党支部任职一览表

表6

| 机构名称 | 职　务 | 姓　名 | 任职时间 | 备　注 |
|---|---|---|---|---|
| 山东广电网络有限公司昌邑分公司（网络公司）党支部 | 党支部书记 | 杨立志<br>李　苇<br>孙福生 | 2009.06—2013.04<br>2013.04—2017.09<br>2017.09— | 回广播影视中心<br>调出<br>— |
| | 委员 | 郝　勇<br>陈正军<br>刘宏图<br>刘正芳<br>杨福成<br>李晓宁<br>董大川<br>宋俊杰 | 2009.06—2013.04<br>2009.06—2013.04<br>2013.09—2018.08<br>2013.09—2015.12<br>2013.09—<br>2013.09—<br>2018.11—<br>2018.11— | —<br>—<br>回广播影视中心<br>调出<br>—<br>—<br>—<br>— |

## 2009年6月至2019年10月昌邑市华艺电影有限公司党支部任职一览表

表7

| 机构名称 | 职　务 | 姓　名 | 任职时间 | 备　注 |
|---|---|---|---|---|
| 华艺电影传媒有限公司党支部 | 党支部书记 | 冯立春 | 2009.06— | — |
| | 委员 | 田凤桥<br>李　珊 | 2009.06—<br>2009.06— | —<br>— |

## 2009年6月至2019年10月中心（局）退休离职老干部党支部任职一览表

表8

| 机构名称 | 职　务 | 姓　名 | 任职时间 | 备　注 |
|---|---|---|---|---|
| 昌邑市广播电视管理局退休离职老干部党支部 | 党支部书记 | 李恩惠 | 2009.06—2011.03 | 调出 |
| | 委员 | 高寿明<br>王沛盛 | 2009.06—2012.12<br>2009.06—2012.12 | —<br>— |
| 昌邑市广播影视中心退休离职老干部党支部 | 书记 | 郝　勇 | 2012.12—2019.05 | — |
| | 委员 | 高寿明<br>王沛盛 | 2012.12—2019.05<br>2012.12—2019.05 | —<br>— |
| 昌邑市融媒体中心退休离职老干部党支部 | 书记 | 王沛盛 | 2019.05— | — |
| | 委员 | 高寿明<br>郝　勇 | 2019.05—<br>2019.05— | —<br>— |

## 1950年10月至2019年10月工会组织负责人任职一览表

表9

| 机构名称 | 职　务 | 姓　名 | 任职时间 | 备　注 |
|---|---|---|---|---|
| 昌邑县广播事业局 | 工会主席 | 陆安庭 | 1981.12—1987.11 | — |
| 昌邑县广播电视管理局 | 工会主席 | 刘常元 | 1987.11—1990.12 | — |

续表 9

| 机构名称 | 职　务 | 姓　名 | 任职时间 | 备　注 |
|---|---|---|---|---|
| 昌邑县广播电视管理局 | 副主席 | 谢吉林 | 1987. 11—1990. 12 | — |
| | 委员 | 孟祥惠<br>宋宗玉<br>张永柱<br>张明新<br>陆邦启 | 1987. 11—1990. 12<br>1987. 11—1990. 12<br>1987. 11—1990. 12<br>1987. 11—1990. 12<br>1987. 11—1990. 12 | —<br>—<br>—<br>—<br>— |
| 昌邑市（县）广播电视管理局 | 工会主任 | 于丽萍 | 1990. 12—2001. 11 | — |
| 昌邑市广播电视管理局 | 工会主任 | 杨立志 | 2001. 11—2005. 04 | — |
| 昌邑市广播电视管理局 | 工会主任 | 张惠福 | 2005. 04—2006. 05 | — |
| 昌邑市广播影视中心 | 工会主任<br>工会主席<br>工会负责人 | 郝　勇<br>陈正军<br>谢培元 | 2006. 05—2014. 09<br>2014. 09—2018. 09<br>2018. 09— | —<br>—<br>— |

## 第三节　内部机构设置

昌邑市（县）广播影视中心（局、站）内部机构设置是根据上级有关指示要求、形势发展需要而适时设置的，各年度内部机构设置情况也不尽相同，经过班子研究确定，报市（县）委宣传部、组织部、市（县）机构编制委员会办公室等管理部门同意后设置。

1958—2019 年期间，内设机构经历 13 次较大调整，多次小调整，143 名领导干部和中层干部任职情况随之变化，任同一职务时间有短有长，短则半年一年，长则 20 ～ 23 年。在编辑该节时，任职时间按人物一出场就标明任同一职务起止时间，中间调整职务不变者，不再标记小阶段任职时间。

### 一、1971 年昌邑县广播站内部机构设置

1971 年，昌邑县广播站设办公室、编播组、机务组、线务组 4 个内设机构，干部职工 17 人。

站　长：阎鹏云（1971.03—1976.06）

办公室负责人：张述尧（1971—1981.01）

编播组组长：尹海瑞（1971.10—1982.12）

编播组副组长：元钦圣（1978.02—1984.04）

机务组组长：马均福（1971.10—1985.05）

线务组组长：谢吉林（1971.10—1981.01）

副组长：李献强（1971.10—1981.01）

### 二、1976 年昌邑县广播事业管理局内部机构设置

1976 年，昌邑县广播站设办公室、编播组、机务组、线务组 4 个内设机构，1980 年增设服务部。

局　长：张明升（1976.06—1981.12）

副局长：阎鹏云（1976.06—1981.12）

办公室负责人：张述尧

编播组组长：尹海瑞

副组长：元钦圣

机务组组长：马均福

线务组组长：谢吉林

副组长：李献强

### 三、1981 年昌邑县广播事业局内部机构设置

1981 年，昌邑县广播事业局设办公室、编播组、机务组、线务组、服务部 5 个内设机构。1980 年，干部职工 83 人，其中县局 30 人，乡镇 53 人。1989 年，乡镇广播电视站人员下放到所在乡镇管理。

局　长：张洪明（1981.12—1984.04）

副局长：陆安庭（1980.03—1984.04）

尹海瑞（1982.12—1984.04）

办公室主任：谢吉林（1981.01—2000.12）

编播组副组长：元钦圣

机务组组长：马均福

线务组组长：李献强（1981.01—1994.05）

副组长：宋宗玉（1981.01—1994.05）

## 四、1984年昌邑县广播电视管理局（站）内部机构设置

1984年，昌邑县广播事业局改为昌邑县广播电视管理站，同年9月改称昌邑县广播电视管理局。内设办公室、编播组、机务组、线务组、服务部5个内设机构。1986年，编播组改为编播股、机务组改为技术股、线务组改为线务股，办公室、服务部名称不变，干部职工34人。1987年，增设音像制品发行管理站。

局（站）长：尹海瑞（1984.04—1993.11）

副局（站）长：王沛盛（1984.04—2007.04）
刘洪智（1987.09—1988.11）
齐乃禹（1990.12—1994.09）

电台台长：刘洪智（1986.11—1988.11）
杨效恕（1988.11—1998.06）

工会主任（主席）：
刘常元（1987.02—1990.12）
于丽萍（1990.12—2001.11）

办公室主任：谢吉林

副主任：元法杰（1984.06—1988.01）
焦叙尊（1988.01—1990.06）

编播股股长：元钦圣（1984.04—1987.06）

电台副台长：元钦圣（1987.06—2003.06）

编播股股长：夏旭东（1987.06—1990.06）

技术股股长：李天福（1985.05—1988.08）
张永柱（1988.08—2003.05）

副股长：张永柱（1985.08—1988.08）
张新立（1989.07—2004.12）
葛立度（1989.07—2004.12）

线务股股长：李献强

副股长：宋宗玉

服务部主任：马均福（1985.05—1988.08）
李天福（1988.08—2002.02）

电视组组长：王智岳（1985.10—1991.07）

音像站主任：赵　健（1987.09—1988.12）
王守芳（1989.01—1989.04）
张明良（1989.04—1989.11）
史焕茂（1989.11—1991.05）

## 五、1991年昌邑县广播电视管理局（站）内部机构设置

1991年，昌邑县广播电视管理局（站）内设机构调整增加，设办公室、财务科、技术科、线务股、电视编辑部、电台编辑部、录播部、服务部、音像制品发行管理站9个内设机构。原办公室财务人员分出设财务科，技术股改称技术科，编播股分为电视编辑部、电台编辑部、录播部，干部职工71人。

局（站）长：尹海瑞

副局（站）长：王沛盛　齐乃禹

工会主任：于丽萍

电台台长：杨效恕

电台副台长：元钦圣

办公室主任：谢吉林

副主任：王荣涛（1991.10—1996.07）

技术科科长：张永柱

副科长：张新立　葛立度

线务股股长：李献强

副股长：宋宗玉

电视编辑部副主任：
孟祥惠（1989.07—1994.03）
于国颖（1993.03—1998.06）

电台编辑部主任：
焦叙尊（1990.06—1996.06）

副主任：王智岳（1991.08—1996.07）
刘景贤（1992.01—1992.06）
〔1992.06—1996.06借调市（县）委宣传部新闻科工作〕
荆　剑（1992.12—1998.06）

录播部主任：孟彩云（1991.07—1994.05）

副主任：辛惠兰（1991.07—1994.05）

服务部主任：李天福

音像制品发行管理站主任：
张明新（1991.05—1994.05）

## 六、1994年昌邑市广播电视管理局（站）内部机构设置

1993年11月，尹海瑞调县文体委工作，高寿明任昌邑县广播电视管理局（站）局（站）

长。1994年，内部机构调整，内设办公室、财务科、技术科、总编室、电台编辑部、电视新闻部、广播电视工程部、广告文艺部、广播电视服务部9个机构。新增设总编室、广告文艺部，电视编辑部改称电视新闻部，线务股改称广播电视工程部，服务部改称广播电视服务部，音像制品发行管理站撤销，职能归广播电视工程部；录播部撤销，职能归电视新闻部和广告文艺部。

局（站）长：高寿明（1993.11—2004.05）

副局（站）长：王沛盛

张丙申（1993.09—2008.08）

孙培哲（1994.09—1995.08）

范西勤（1995.08—2005.04）

刘万寿（1995.08—2005.09）

工会主任：于丽萍

电台台长：杨效恕

电台副台长：元钦圣

办公室主任：谢吉林

副主任：王德民（1996.07—2004.12）

技术科科长：张永柱

副科长：张新立　葛立度

总编室主任：焦叙尊（1996.07—2003.06）

副主任：赵海燕（1997.03—2005.01）

电台编辑部主任：

王荣涛（1996.07—1996.10）

副主任：王智岳

辛惠兰（1996.07—2001.11）

刘景贤（1996.07—1996.12）

荆　剑

电视新闻部主任：

刘万寿（1991.12—1994.03）

孟祥惠（1994.03—1998.06）

电视新闻部副主任：

于国颖

郝　勇（1991.03—1995.07）

李　苇（1996.07—1998.06）

电视社教部主任：

孟祥惠（1998.06—2008.04）

工程部主任：宋宗玉（1994.05—2004.12）

副主任：李献强（1994.05—1998.06）

张明新（1994.05—1998.06）

综合频道广告文艺部主任：

刘万寿（1994.03—1995.07）

郝　勇（1995.08—2004.12）

生活频道广告文艺部主任：

赵海燕（2005.01—2006.12）

《读书》栏目制片人：

赵海燕（2007.01—2011.02）

广播电视服务部主任：李天福

## 七、1998年昌邑市广播电视局内部机构设置

1998年，昌邑市广播电视局设办公室、财务科、技术科、总编室、电台编辑部、电视新闻部、广播电视工程部、广告文艺部、广播电视服务部、事业科、有线电视编辑部11个内设机构，新增设事业科、有线电视编辑部，干部职工87人。

局（站）长：高寿明

副局（站）长：王沛盛

张丙申

范西勤（1995.08—2005.04）

刘万寿（1995.08—2005.09）

于丽萍（1997.02—2001.12）

工会主任：杨立志（2001.12—2005.04）

电台副台长：元钦圣

办公室主任：谢吉林

副主任：王德民（1996.07—2004.12）

财务科科长：张　虹（1998.06—2013.04）

技术科科长：张永柱

副科长：张新立　葛立度

总编室主任：焦叙尊

电台编辑部主任：

刘景贤（1996.12—1998.06）

（2007.11—2008.12）

孙永泉（1998.06—2004.12）

副主任：辛惠兰

电视新闻部主任：

李　苇（1998.06—2002.12）

副主任：苏森源（1998.08—2005.06）

姜言富（2002.07—2004.12）

电视专题部主任：

荆　剑（1998.06—2008.04）

《读书》栏目制片人：赵海燕

广播电视工程部主任：宋宗玉

副主任：姚永普（1998.06—2008.05）

广告文艺部主任：郝　勇

广播电视服务部主任：李天福

事业科科长：张明新（1998.06—2004.12）

副科长：齐　敏（1998.06—2004.12）

尹元瑞（2001.11—2004.12）

有线电视编辑部主任：

孟祥惠（1998.06—2008.04）

副主任：于国颖（1998.06—2002.12）

## 八、2003年昌邑市广播电视管理局内部结构设置

2003年，昌邑市广播电视管理局设办公室、财务科、技术科、总编室、电台编辑部、电视新闻部、广告文艺部、有线电视编辑部、宏远有线广播电视网络中心9个内设机构，新成立宏远有线广播电视网络中心（办公室、管理科、技术科、财务科、工程科），原广播电视工程部、事业科归网络中心，广播电视服务部撤销。2004年12月增设稽查科，属局内设机构。

局　长：高寿明

张亦明（2004.05—2007.09）

副局长：王沛盛

张丙申

范西勤

刘万寿

于丽萍

李　苇（2003.12—2013.04）

工会主任：杨立志

办公室副主任：陶志明（2004.12—2007.09）

高晓宇（2004.12—2018.09）

财务科科长：张　虹

技术科科长：张新立（2004.12—2007.04）

副科长：李希刚（2004.12—2011.02）

姜言同（2004.12—2008.04）

总编室主任：焦叙尊

电台编辑部主任：

李照伟（2004.12—2008.04）

电台外宣部主任：

孙永泉（2004.12—2011.02）

电视新闻部主任：

于国颖（2002.12—2008.05）

副主任：姜言富

苏森源

孙大波（2003.04—2013.04）

宋建文（2004.12—2008.05）

制片人：李学文（2004.12—2008.05）

《读书》栏目制片人：赵海燕

电视专题部主任：荆　剑

广告文艺部主任：郝　勇

副主任：朱永伟（2004.12—2006.01）

有线电视编辑部主任：孟祥惠

稽查科科长：姜言富（2004.12—2008.05）

副科长：元法杰（2004.12—2008.05）

宏远有线广播电视网络中心

局长兼经理：高寿明（2003.03—2004.06）

张亦明（2004.05—2007.09）

副局长兼副经理：

王沛盛（2003.03—2004.06）

杨立志（2003.03—2004.06）

工程部主任兼副经理：

宋宗玉（2003.03—2004.06）

事业科科长兼副经理：

张明新（2003.03—2004.06）

办公室副主任：高淑英（2004.12—2013.04）

管理科科长：尹元瑞（2004.12—2011.02）

副科长：谢培元（2004.12—2011.02）

技术科科长：齐　敏（2004.12—2013.01）

副科长：宋凌晓（2004.12—2013.01）

财务科科长：刘正芳（2004.12—2015.12）

工程科副科长：姚永普

姜亦明（2004.12—2010.12）

高述华（2004.12—2011.02）

电台办主任：王德民（2004.12—2008.05）

2004年7月，局对网络中心分管领导进行调整，王沛盛回局工作，杨立志继续在网络

（2004.07—2013.04），宋宗玉、张明新离岗。安排张丙申（2004.07—2008.08）、张惠福（2007.10—2007.11）从事网络管理。从整转到分设，李恩惠、刘宏图、郝勇等均从事过网络管理。

## 九、2005年昌邑市广播电视管理局内部机构设置

2005年，昌邑市广播电视管理局设办公室、财务科、技术科、总编室、新闻部、专题部、综合频道广告文艺部、生活频道广告文艺部、稽查科、宏远有线广播电视网络中心（办公室、管理科、技术科、财务科、工程科）10个内设机构，撤销电台编辑部，电视新闻部分成新闻部和专题部，广告文艺部改称综合频道广告文艺部，有线电视编辑部改称生活频道广告文艺部，市局稽查科归网络中心，干部职工161人。2008年12月，电视新闻部分成新闻部和专题部，广告文艺部改称综合频道广告文艺部合并为广告中心。

局　长：张亦明
赵赞江（2007.09—2012.11）
副局长：王沛盛
张丙申
夏建正（2005.04—2010.02）
李　苇
杨立志（2005.04—2017.06）
张惠福（2006.05—）
李恩惠（2007.08—2010.02）
工会主任：张惠福（2005.04—2006.05）
郝　勇（2006.05—2014.08）
总工程师：张新立（2007.04—2014.08）
办公室主任：孙奎庆（2007.10—2013.04）
副主任：高晓宇
财务科科长：张　虹
技术科科长：张新立
副科长：李希刚　姜言同
总编室主任：苏森源（2005.06—2013.08）
副主任：赵海燕
电台编辑部主任：李照伟
电台外宣部主任：孙永泉
电台播出部副主任：夏翠珍（2006.07—）
电视新闻部主任：于国颖
副主任：姜言富
副主任兼制片人：
宋建文（2008.05—2008.12）
制片人：李学文
制片人：张广松（2006.02—2008.05）
副主任兼制片人：
张广松（2008.05—2011.02）
副主任：孙大波
电视专题部主任兼警方报道制片人：
孟祥惠（2008.04—2009.06）
《先锋颂》栏目制片人：
朱永伟（2008.01—2010.03）
《百姓故事》栏目制片人：
李照伟（2008.05—）
《读书》栏目制片人：赵海燕
专题部主任：荆　剑
综合频道广告文艺部副主任
朱永伟（2004.12—2006.01）
生活频道广告文艺部主任
赵海燕（2005.01—2006.12）

**电视台广告中心**

电视部主任：李学文（2008.05—2011.02）
广播部主任：宿晓杰（2008.05—）
客户服务部副主任：
王文峰（2008.12—2011.02）
栏目部副主任：陈大涛（2008.12—）
制作部副主任：邓松礼（2008.12—）
节目部副主任：徐素平（2008.12—）
制片人：宿晓杰（2007.03—2008.04）
稽查科科长：姜言富
副科长：元法杰

**宏远有线广播电视网络中心**

局长兼经理：赵赞江（2007.09—2012.11）
办公室副主任：高淑英
管理科科长：尹元瑞
副科长：谢培元
技术科科长：齐　敏
副科长：宋凌晓
财务科科长：刘正芳

工程科副科长：姚永普　姜亦明　高述华

稽查科副科长：陶志明（2007.10—2011.02）
　　董洪江（2008.05—2013.04）

电台筹建办

办公室主任：王德民

副主任：董洪江（2006.07—2008.04）

## 十、2009年昌邑市广播电视管理局内部机构设置

2009年，昌邑市广播电视管理局设局机关（办公室、技术科、财务科）、广告中心（综合部、制作部、电视部、外联部）、电视台（总编室、新闻部、专题部、社教部）、电台（外宣部、播出部）、宏远有线广播电视网络中心（办公室、管理科、技术科、财务科、工程科、稽查科）19个内设机构，总编室归电视台。2010年，干部职工169人。

局　长：赵赞江

副局长：夏建正　李　苇　杨立志　张惠福
　　李恩惠　董金洲（2009.01—2013.04）

工会主任：郝　勇

电视台台长：李　苇（2010.02—2013.04）

电视台总编辑：杨立志（2010.02—2017.06）

电台台长：宋建文（2009.01—）

总工程师：张新立

办公室主任：孙奎庆

副主任：高晓宇

财务科科长：张　虹

技术科副科长：李希刚　姜言同

电视台（总编室、新闻部、专题部、社教部）

总编室主任：苏森源

电视新闻部主任兼制片人：
　　于国颖（2008.05—2011.02）

副主任：孙大波

电视专题部主任兼《潍水两岸》栏目制片人：
　　荆　剑（2008.04—2011.02）

社会新闻部副主任兼制片人：张广松

《读书》栏目制片人：赵海燕

《百姓舞台》栏目制片人：李照伟

《先锋颂》栏目制片人：朱永伟

电视社教部主任：孟祥惠

电视台广告中心（综合部、制作部、电视部、外联部）

栏目部副主任：陈大涛（2008.12—2011.02）
　　徐素平（2008.12—2011.02）

制作部副主任：邓松礼（2008.12—2011.02）

电视部主任：李学文

外联部副主任：王文峰（2008.12—2011.02）

广播部副主任：宿晓杰（2008.05—2011.02）

制片人：宿晓杰（2007.03—2008.04）

广播电台（外宣部、播出部）

电台外宣部主任：孙永泉

播出部副主任：姜言同（2008.05—）
　　夏翠珍

宏远有线广播电视网络中心（办公室、管理科、技术科、财务科、工程科、稽查科）

局长兼经理：赵赞江

网络中心办公室副主任：高淑英

综合服务大厅副主任：
　　李晓宁（2008.05—2013.04）

管理科科长：尹元瑞

副科长：谢培元

技术科科长：齐　敏

副科长：宋凌晓

财务科科长：刘正芳

工程科副科长：高述华

稽查科副科长：陶志明（2007.10—2011.02）
　　董洪江

乡镇有线电视管理处

2006年11月，昌邑市广播电视管理局在围子镇设立了第一个有线电视管理处（2013年改为营业部）。至2009年，先后在围子、龙池、柳疃、卜庄、饮马、北孟、双台、夏店、宋庄、石埠、丈岭、岞山、太保庄13个镇和社区设立了管理处。2010年12月，丈岭、岞山、太保庄3个镇区的有线电视网络划归峡山区管理，全市共设10个有线电视管理处。

围子镇有线电视管理处主任：
　　柳忠玲（2006.11—2015.06）

龙池镇有线电视管理处主任:
温效彦（2009.07—2012.03）
赵树平（2012.04—2014.07）
柳疃镇有线电视管理处主任:
张述琪（2009.07—2012.12）
卜庄镇有线电视管理处主任:
付宗才（2009.07—2014.07）
饮马镇有线电视管理处主任:
刘振国（2009.07—2014.07）
北孟镇有线电视管理处主任:
陈怀玺（2009.07—2015.06）
双台社区有线电视管理处主任:
朱振山（2009.07—2014.07）
夏店社区有线电视管理处主任:
陶兰慧（2009.07—2015.06）
宋庄社区有线电视管理处主任:
刘从顺（2009.07—2015.06）
石埠社区有线电视管理处主任:
张明秋（2009.07—2014.07）
丈岭镇有线电视管理处主任:
李永昌（2009.07—2010.12）
峠山镇有线电视管理处主任:
王明海（2009.07—2010.12）
太保庄社区有线电视管理处主任:
王启胜（2009.07—2010.12）

## 十一、2011年昌邑市广播影视中心内部机构设置

2011年2月，昌邑市广播影视中心根据工作需要，经主任办公会议研究，报经市委组织部批准，印发《关于孙奎庆等同志任免职务的通知》，对内设机构和中层干部进行调整，设办公室、财务科、广播电视台新闻中心（新闻部、社会新闻部、电台外宣部）、广播电视台社教中心、广播电视台广告中心（电视广告部、制作部、栏目部、综合部、经营部、培训部、电台广告部）、广播电视台技术中心（技术部、播出部）、总编室和宏远有线广播电视网络中心（财务科、技术科、管理科、工程科、稽查科、办公室、综合服务大厅、呼叫中心、车队、物业管理办公室）25个内设机构，车队和物业管理办公室隶属广播影视中心办公室管理，干部职工169人。

主　任：赵赞江
董凤章（2012.11—2016.05）
副主任：李　苇　杨立志　张惠福
董金洲（2009.01—2013.04）
刘宏图（2011.12—2013.04）
电视台台长：李　苇
电视台总编辑：杨立志
工会主任：郝　勇
电台台长：宋建文（2009.01—）
总工程师：张新立
办公室主任：孙奎庆
副主任：高晓宇
车队副队长：刘明升（2011.02—2013.04）
物业管理办公室主任:
姜亦明（2011.02—2012.02）
王晓日（2012.02—2015.04）
物业管理办公室副主任:
王晓日（2011.02—2012.02）
财务科科长：张　虹
总编室主任：苏森源
副主任：宿晓杰（2011.02—2013.08）

**广播电视台新闻中心（新闻部、社会新闻部、电台外宣部）**

新闻中心主任：宋建文（兼）
新闻部主任：朱永伟（2010.03—2013.03）
副主任：孙大波
《看天下》栏目制片人:
刘志强（2011.02—2013.04）
社会新闻部副主任（主持工作）:
张广松（2011.02—2013.04）
副主任：傅浩程（2011.02—2013.04）
电台外宣部副主任:
孙永泉（2011.02—2013.04）

**广播电视台社教中心**

社教中心主任：张惠福（兼）
副主任（主持工作）:
于国颖（2011.02—2013.04）
《百姓舞台》栏目制片人:
李照伟（2011.02—2013.04）

《先锋颂》栏目制片人：
田海涛（2011.02—）
《潍水两岸》栏目制片人：
焦　云（2011.02—2013.04）

广播电视台广告中心（电视广告部、制作部、栏目部、综合部、经营部、培训部、电台广告部）

广告中心主任：李　苇（兼）
广告中心副主任：
李学文（2011.02—2013.04）
广告部副主任（承包人）：
陈大涛（2011.02—2013.04）
广告部副主任：
王文峰（2011.02—2013.04）
制作部副主任：徐素平（2011.02—）
栏目部副主任（承包人）：
姜莲莲（2011.02—2013.04）
综合部副主任：董玉梅（2011.02—）
经营部副主任（承包人）：
董大川（2011.02—2013.04）
培训部副主任：赵海燕（2011.02—2013.04）
电台广告部副主任（承包人）：
邓松礼（2011.02—2013.04）

广播电视台技术中心（技术部、播出部）

技术中心主任：张新立（兼）
技术部主任：李希刚（2011.02—2013.04）
播出部主任：姜言同（2011.02—2013.04）
播出部副主任：夏翠珍（2011.02—）

宏远有线广播电视网络中心（办公室、财务科、管理科、技术科、工程科、稽查科、综合服务大厅、呼叫中心）

局长兼经理：赵赞江
董凤章（2012.11—2013.04）
办公室副主任：高淑英
财务科科长：刘正芳
管理科科长：谢培元（2011.02—2013.04）
副科长：陈江涛（2011.02—2013.04）
技术科科长：齐　敏
副科长：宋凌晓
工程科科长：高述华（2011.02—2013.01）
副科长：张来泉（2011.02—2013.04）
稽查科科长：陶志明（2011.02—2013.01）
副科长：董洪江
综合服务大厅主任：
李晓宁（2011.02—2013.04）
综合服务大厅副主任兼呼叫中心主任：
张兰香（2011.02—2013.04）

## 十二、2013年昌邑市广播影视中心内部机构设置

2013年4月，昌邑市广播影视中心根据工作需要，经办公会议研究，报上级批准，印发《关于张广松等同志任免职务的通知》，对内设机构和中层干部进行调整。设办公室、总编室、财务科、广播电视台新闻中心（新闻部、社会新闻部）、广播电视台社教中心、广播电视台广告中心（栏目部、广告部、大活动部）、广播电视台技术中心（技术部、播出部）11个部科室。宏远有线广播电视网络中心划归山东广电网络有限公司统一管理，改称为山东广电网络有限公司昌邑分公司，内设综合部、财务科、物料科、呼叫中心、技术运营部、市场部、新媒体部、综合服务大厅和14个镇街区营业部22个机构。

中心主任：董凤章
张术叁（2016.05—）
副主任：杨立志　张惠福　郝　勇
朱永伟（2013.04—）
电视台台长：张惠福（2014.08—）
电视台总编辑：杨立志
工会主任：郝　勇
电台台长：宋建文
总工程师：张新立
团委书记：梁　峰（2016.03—）
办公室主任：张广松（2013.04—）
副主任：高晓宇
美术馆馆长（隶属办公室）：
孙永泉（2013.04—2016.04）
党建办主任：孙永泉（2016.04—）
电视台昌南记者站站长：
苏森源（2013.08—2018.07）

物业管理办公室主任（隶属办公室）：
谢培元（2013.04—2018.09）
车队队长隶属办公室：
高述华（2013.04—2018.09）
中国昌邑网经理：
姜进辉（2014.03—2016.03）（享受中层副职待遇）
中国昌邑网主任：
邓松礼（2016.03—2017.08）
总编室副主任（主持工作隶属办公室）：
张　伟（2013.08—2018.09）
督查信访室主任（隶属办公室）：
宿晓杰（2013.08—2018.09）
财务科副科长（主持工作）：
李　莉（2013.04—2018.09）

**广播电视台新闻中心**

副主任兼新闻部主任（协助分管领导抓好新闻部工作）：孙大波（2013.04—2018.09）
新闻部副主任（侧重电视外宣）：
傅浩程（2013.04—2018.09）
社会新闻部副主任（主持工作）：
邓松礼（2013.04—）
社会新闻部副主任兼《看天下》栏目制片人：
刘志强（2013.04—2018.09）
《昌邑新闻》采访小组组长（享受中层副职待遇）：李连冰（2016.03—2018.09）

**广播电视台社教中心**

主任（协助广播影视中心领导抓好社教中心工作）：于国颖（2013.04—2018.09）
副主任：赵海燕（2013.04—2018.09）
少儿培训负责人：
赵海燕（2013.04—2015.02）
尹　迅（2015.02—2016.03）
少儿培训部主任：尹　迅（2016.03—）
《潍水两岸》栏目制片人：
陈　潇（2013.04—2015.02）
董　磊（2015.02—2016.03）
《潍水两岸》栏目主任：
董　磊（2016.03—）
《童声童趣》栏目制片人：
孙英志（2015.02—2016.03）（享受中层副职待遇）
《读书》栏目制片人：
夏　斐（2012.04—2014.09）
《先锋颂》栏目制片人：田海涛
《昌邑360》采访小组组长：
魏　芳（2016.03—2018.09）（享受中层副职待遇）

**广播电视台广告中心**

副主任（协助分管领导抓好广告中心工作）：
陈大涛（2013.04—）
副主任兼栏目部主任：姜莲莲（2013.04—）
栏目部副主任：孙鹏波（2013.04—2017.05）
广告部主任：王文峰（2013.04—2016.03）
农资广告部主任：
王文峰（2016.03—2018.09）
大活动部主任（聘）：
于晓晖（2013.04—2015.02）
大活动部主任（兼）：
陈大涛（2015.02—2016.03）
大活动部主任：宋湖北（2016.03—）
电台广告部主任（聘）：
井立铭（2012—2013.04）
任子鹤（2013—2016）
图文频道部主任：
赵东锜（2016.03—2017.08）
金融保险部主任：
赵振峰（2016.03—2017.03）
电影频道部主任：陆　栋（2016.03—）

**广播电视台技术中心**

副主任兼技术部主任（协助分管领导抓好技术中心工作）：李希刚（2013.04—2018.09）
副主任兼播出部主任：
姜言同（2013.04—2018.09）
播出部副主任：夏翠珍
数字电视技术部主任：
宋凌晓（2013.04—）
张　虹

陶志明（享受中层正职待遇）
徐素平
张兰香
董玉梅（享受中层副职待遇）

山东广电网络有限公司昌邑分公司

经　理：李　苇（2013.04—2017.09）
孙福生（2017.09—）
副经理：刘宏图（2013.04—2018.08）
杨福成（2018.08—）
董大川（2018.08—）
李晓宁（2018.08—）
综合部主任：杨福成（2013.04—2018.08）
宋俊杰（2018.09—）
财务总监：刘正芳（2013.04—2015.12）
副主任兼财务科长：岳占琴（2013.04—）
物料科科长：刘明升（2013.04—）
呼叫中心主管：赵春雷（2015.06—2019.03）
技术运营部主任：王晓日（2015.04—）
副主任：迟乐胜（2014.02—）
机房主管：张其海（2015.04—）
技术运营部主管：尹新磊（2015.04—）
市场部主任：董大川（2015.06—2018.08）
徐亚军（2019.03—）
副主任：徐亚军（2015.06—2016.07）
焦　云（2016.07—2019.03）
新媒体主任：陈江涛（2016.08—2019.03）
城西营业部主任：张晓峰（2015.06—）
副主任：徐亚军（2016.07—2019.03）
城南营业部主任：张　波（2015.06—）
副主任：史春梅（2015.06—2019.03）
城北营业部主任：付　强（2015.06—）
副主任：李　伟（2016.07—2019.03）
城东营业部主任：邓所健（2016.07—）
双台营业部主任：李　强（2014.07—）
龙池营业部主任：谭效君（2014.07—）
柳疃营业部主任：
李成林（2013.04—2015.06）
董洪江（2015.06—2017.10）
宋俊杰（2017.10—2018.09）
李成林（2018.09—）
夏店营业部主任：陶兰慧（2015.06—）
卜庄营业部主任：姚朝晖（2015.06—）
围子营业部主任：柳中玲（2015.06—）
宋庄营业部主任：刘从顺（2015.06—）
石埠营业部主任：
焦　云（2014.07—2016.07）
李金波（2016.07—2017.10）
张明秋（2017.10—）
饮马营业部主任：
宋俊杰（2014.07—2017.10）
王　涛（2017.10—）
北孟营业部主任：张来全（2015.06—）
塔耳堡营业部主任：李永昌（2015.06—）

## 十三、2018 年昌邑市广播影视中心内部机构设置

2018 年 9 月 6 日，昌邑市广播影视中心按照《昌邑市深化广播电视事业体制机制改革实施方案》（昌办发〔2017〕66 号）文件要求，根据工作需要，经主任办公会研究，印发《关于张广松等同志任免职务的通知》，对广播影视中心内设机构和中层职务进行调整。内设办公室、总编室、新闻部、社会新闻部、电台部、融媒体部、技术部、播出部、数字电视部、组织人事科、财务科、广告中心（栏目部、大活动部、少儿培训部）14 个机构，干部职工 144 人。

中心主任：张术叁
副主任：张惠福　朱永伟
宋建文（2018.03—）
电视台台长：张惠福
电台台长：宋建文
副科级干部：张新立（2014.08—）
电视台专职副台长：刘宏图（2018.08—）
办公室主任：张广松
副主任：张　伟（2018.09—）
党建办主任：孙永泉
总编室主任：王文峰（2018.09—）
新闻部主任：孙大波（2018.09—）
副主任：夏　斐（2014.09—）
李连冰（2018.09—）
郝　鹏（2018.09—）

社会新闻部主任：刘志强（2018.09—）
副主任：魏　芳（2018.09—）
电台部主任：傅浩程（2018.09—）
副主任：李慧娟（2018.09—）
融媒体部主任：陈　潇（2018.09—）
技术部主任：李希刚（2018.09—）
播出部主任：姜言同（2018.09—）
副主任：夏翠珍
数字电视部主任：宋凌晓
组织人事科科长：高晓宇（2018.09—）
财务科科长：李　莉（2018.09—）
工会负责人：谢培元（2018.09—）
团委书记：梁　峰

**广告中心**

副主任（协助分管领导抓好广告中心工作）：陈大涛
副主任兼栏目部主任：姜莲莲
大活动部主任：宋湖北
电影频道部主任：陆　栋
《潍水两岸》主任：董　磊
少儿培训部主任：尹　迅

## 十四、2019年昌邑市融媒体中心内部机构设置

2019年10月，昌邑市融媒体中心内部机构设置与2018年昌邑市广播影视中心内部机构设置相同，人员任职情况没有变化。

## 附：2018年中心领导班子与部室人员合影

2018年2月，中心领导班子和广播电台记者合影（冯倩、朱永伟、李慧娟、张惠福、邹健、张术叁、付文婷、郝勇、宋建文、张新立、陈正军）

2018年2月，中心领导班子和融创传媒公司工作人员合影（前排左起：卜晓颖、闫梦杰、王晓玲、王晓亮、姜晓平、王美华、王晓雯；后排左起：姜栋、付兵、孙志恒、宋湖北、陈正军、张新立、郝勇、张术叁、张惠福、宋建文、朱永伟、陈大涛、付金凯、吴昊、董磊）

2018年2月，中心领导班子和技术科、播出部工作人员合影（前排左起：朱永伟、张惠福、张术叁、郝勇、张新立、陈正军；后排左起：张兰香、张新顺、宋建文、尹新峰、李希刚、张文涛、姜言同）

2018年2月，中心领导班子和新闻部工作人员合影（前排左起：王红红、尹东亮、徐介卿、李红霞、尹兆辉、王茂桢、赵振峰、郝鹏；后排左起：王鹏、任龙龙、陈正军、张新立、郝勇、张术叁、张惠福、宋建文、朱永伟、辛程远、祝振杰、李连冰）

2018年2月，新媒体部记者合影（左起：张晓静、陈潇、韩倩）

2018年2月，办公室、党建办、财务科工作人员合影（前排左起：徐素平、董玉梅、李莉、朱琦、高晓宇、范晓慧；后排左起：安龙龙、刘赛、孙永泉、张广松、栾美娜、徐亮）

2018年2月，社会新闻部记者合影（前排左起：范婷婷、魏芳、高玉姣、张凯、付慧；后排左起：王晓博、赵世军、刘志强、徐顶强、梁峰、孙毅）

2018年10月，新闻部记者合影（前排左起：尹兆辉、王国瑾、夏斐、孙大波、李连冰、刘保、赵振锋；后排左起：徐介卿、祝振杰、任龙龙、王鹏、王茂桢）

## 十五、1959—1989年乡镇广播电视机构设置

### 都昌镇广播电视站

1959年，城关公社广播放大站建立。1969年1月，改称城关公社革命委员会广播放大站。1972年5名管理员转正，王凤林负责线务，陆邦启负责线务和保管，杨效恕负责编稿，郝述昌负责线务和会计，王桂臻（女）负责播音和机务。1984年，改称城关镇广播电视站，王凤林、陆帮启、吴述祥、王桂臻、张志成先后任站长。1985年，改称都昌镇广播电视站。1989年，下放到都昌镇党委、政府管理。

### 南逄乡广播电视站

1962年，王耨公社广播放大站建立。1969年1月，改称王耨公社革命委员会广播放大站。1972年3名管理员转正，吴述祥负责线务和现金保管，韩龙福负责线务和会计，史焕茂负责编播、机务和物资保管。1969年1月，改称南逄公社革命委员会广播放大站。1984年，改称南逄乡广播电视站，吴述祥、韩龙福先后任站长。1989年，下放到南逄乡党委、政府管理。

### 双台乡广播电视站

1960年，双台公社广播放大站建立。1969年1月，改称双台公社革命委员会广播放大站。1972年3名管理员转正，徐兴圣任业务负责人兼机务和会计，褚举邦负责线务和物资保管，高乃福负责线务和现金保管。1984年，改称双台乡广播电视站，张乃臣、崔增新先后任站长。1989年，下放到双台乡党委、政府管理。

**柳疃镇广播电视站**

1959年，柳疃公社广播放大站建立。1969年1月，改称柳疃公社革命委员会广播放大站。1972年5名管理员转正，姜言荣任业务负责人兼编稿和会计，孙迎志负责机务和保管，张仲五、范顺龙、张乃臣负责线务。1984年改称柳疃镇广播电视站，张仲五、姜言荣、陆帮启、郝克均先后任站长。1989年，下放到柳疃镇党委、政府管理。

**龙池乡广播电视站**

1959年，龙池公社广播放大站建立。1969年1月，改称龙池公社革命委员会广播放大站。1972年3名管理员转正，温希商任业务负责人兼编稿、线务和会计，迟安瑞负责机务、线务和现金保管，魏其富负责线务和物资保管。1984年，改称龙池乡广播电视站，迟安瑞、温希商、魏其富先后任站长。1989年，下放到龙池乡党委、政府管理。

**李家埠乡广播电视站**

1985年，从城关镇北部划出39个行政村另立李家埠乡。同时建立李家埠乡广播电视站，姜林一、张志成先后任站长。1989年，李家埠乡广播电视站下放到李家埠乡党委、政府管理。

**青乡乡广播电视站**

1980年年初，从柳疃人民公社北部分出青乡人民公社。同年2月，设立青乡公社革命委员会广播放大站。1984年，改称青乡乡广播电视站。1980—1982年孙迎志任广播放大站负责人；1982—1984年姜林一任负责人；1985—1986年，张凤来任负责人；1987年3月，张述琪任站长。1989年，下放到青乡乡党委、政府管理。

**下营镇广播电视站**

1985年，从东冢乡北部划出5个村设立下营镇。同年建立下营镇广播电视站，刘宝坤任站长。1989年，下放到下营镇党委、政府管理。

**东冢乡广播电视站**

1960年，东冢公社广播放大站建立。1969年1月，改称东冢公社革命委员会广播放大站。1972年3名管理员转正，尹同林负责机务和保管，冯勤修负责线务，刘宝坤负责线务、编稿和会计。1984年，改称东冢乡广播电视站。张凤来、刘宝坤先后任站长。1985年从东冢乡分出下营镇，刘宝坤调下营镇广播电视站任站长，尹同林任东冢乡广播电视站站长。1989年，下放到东冢乡党委、政府管理。

**夏店乡广播电视站**

1959年，夏店公社广播放大站建立。1969年1月，改称夏店公社革命委员会广播放大站。1972年3名管理员转正，朱松波任业务负责人，郭凤刚负责线务，郝希华负责机务和保管。1984年改称夏店乡广播电视站，朱松波、徐林亭先后任站长。1989年，下放到夏店乡党委、政府管理。

**卜庄乡广播电视站**

1959年，卜庄公社广播放大站建立。1969年1月，改称卜庄公社革命委员会广播放大站。1972年4名管理员转正，刘秉洪任业务负责人兼编稿，陆崇全负责线务和会计，付学金负责机务和保管，徐林亭负责机务和线务。1984年改称卜庄乡广播电视站，王新法、刘秉洪、徐林亭、马祥五、付学金、陆邦启先后任站长。1989年，下放到卜庄乡党委、政府管理。

**仓街乡广播电视站**

1980年，从围子公社分出仓街公社。同年设立仓街公社革命委员会广播放大站。1981至1983年，陆邦启任负责人。1984年，改称仓街乡广播电视站。王建信、张志成先后任站长。1989年，下放到仓街乡党委、政府管理。

**围子镇广播电视站**

1959年，围子公社广播放大站建立。1969年1月，改称围子公社革命委员会广播放大站。1972年6名管理员转正，王秉正任业务负责人，李天福负责机务，宋宗玉、王建信、孙廷信负责线务，马祥武负责编稿。1984年改称围子镇广播电视站。马均福、王秉正、王建信、崔增新先后任站长。1989年，下放到围子镇党委、政府管理。

流河乡广播电视站

1964年，从石埠公社东部分出流河公社，同时设立流河公社广播放大站。1969年1月，改称流河公社革命委员会广播放大站。1972年3名管理员转正，于会川负责线务、机务和修理，徐振坤负责发电、保管和修理，元钦圣负责编播和会计。1984年，改称流河乡广播电视站。于会川、窦天宝先后任负责人。1987年徐振坤任站长。1989年，下放到柳河乡党委、政府管理。

宋庄乡广播电视站

1960年，宋庄公社广播放大站建立。1969年1月，改称宋庄公社革命委员会广播放大站。1972年3名管理员转正，王元家负责线务，冯玉瑞负责线务和会计，张永柱负责机务和保管。1984年改称宋庄乡广播电视站。建站时孙明瑞任负责人；1972年至1974王元家任负责人；1974年至1978年赵寿江任负责人；1978年至1983年张永柱任负责人；1983年至1985年朱希寿负责人；1985年至1989年5月史焕茂任站长；1989年6月王学孟任站长。1989年，下放到宋庄乡党委、政府管理。

石埠镇广播电视站

1960年，石埠公社广播放大站建立。1969年1月，改称石埠公社革命委员会广播放大站。1972年3名管理员转正，窦天宝任业务负责人兼机务和物资保管，郝克均负责线务和现金保管，张凤来负责线务和会计。1984年改称石埠镇广播电视站。史殿敖、窦天宝、付宗才、翟松涛先后任站长。1989年，下放到石埠镇党委、政府管理。

饮马镇广播电视站

1959年，饮马公社广播放大站建立。1969年1月，改称饮马公社革命委员会广播放大站。1972年4名管理员转正，赵志平任站务负责人兼编稿，李兆森负责机务、线务和维修，王京华负责线务和会议服务，刘崇恩负责线务、机务和维修。1984年改称饮马镇广播电视站。李兆森、赵志平、于会川、冯玉瑞、朱希寿先后任站长。1989年，下放到饮马镇党委、政府管理。

岞山镇广播电视站

1959年，岞山公社广播放大站建立。1969年1月，改称岞山公社革命委员会广播放大站。1972年5名管理员转正，赵瑞章任业务负责人兼修理，王协臣负责机务、线务和保管，马德泽负责线务和修理，王军负责播音和零售，赵寿江负责编稿和会计。1984年改称岞山镇广播电视站，陈少津任站长。1989年，下放到岞山镇党委、政府管理。

太保庄乡广播电视站

1983年，从岞山和丈岭划出部分村庄成立太保庄乡，同年建立太保庄乡广播放大站。1984年改称太保庄乡广播电视站，谭信光、王协臣先后任站长。1989年，太保庄乡广播电视站下放到太保庄乡党委、政府管理。

北孟乡广播电视站

1959年，北孟公社广播放大站建立。1969年1月，改称北孟公社革命委员会广播放大站。1972年4名管理员转正，朱智音任业务负责人兼机务和保管，李会孝、付传良负责线务，鞠坤亮负责编播、会计和维修。1984年，改称北孟乡广播电视站，李克山、陆崇全、赵志平、朱智音、鞠坤亮先后任站长。1989年，下放到北孟乡党委、政府管理。

丈岭乡广播电视站

1960年，丈岭公社广播放大站建立。1969年1月，改称丈岭公社革命委员会广播放大站。1972年4名管理员转正，孙明瑞任业务负责人兼线务，张国干负责机务和物资保管，丘述斌负责线务和会计，谭信光负责机务和现金保管。1984年，改称丈岭乡广播电视站，谭信光、朱智音、隋凤海、张新立先后任站长。1989年，下放到丈岭乡党委、政府管理。

塔耳堡镇广播电视站

1980年，从丈岭公社东部划出塔耳堡人民公社。同年设立塔耳堡公社革命委员会广播放大站，邱树彬任站长。1984年，改称塔耳堡镇广播电视站，付申河、王京华先后任站长。1989年，下放到塔耳堡镇党委、政府管理。

附一：

# 2015年以后昌邑市广播影视中心主要职责

根据中共昌邑市委、昌邑市人民政府印发的《昌邑市人民政府机构改革实施意见》(昌发〔2010〕5号)，设立昌邑市广播影视中心，为市政府直属差额拨款事业单位，正科级规格。

## 昌邑市广播影视中心

职责调整：取消管理违法安装和设置卫星电视接收设施，管理违法接收、传递和播放电影电视，监督查处全市广播电视广告经营活动违法行为等职责。

主要职责：搞好广播影视工作，促进经济文化发展。具体包括：广播电视宣传工作，广播电视节目的录制播放和参评，广播电视业务研究及培训，广播电视传媒广告和文化产业的经营发展以及广播电视安全播出和技术服务。

承办市委、市政府交办的其他事项。

## 直属部室

根据上述职责，市广播影视中心设8个职能科室。

### 办公室

配备正职1人，副职1人。机构职责：组织协调机关日常工作；参与会议的组织协调、文电处理、材料审核工作；负责本单位重大活动和领导参加的重要活动的服务工作；负责各类文件、报刊、信件的收发、登记、传阅、打印、上报、存档和信息收集、报送以及有关节目录制等工作；负责计划生育、户籍管理和专业技术人员的职称评定及劳动保险、医疗保险等劳动保障工作；负责来人接待、日常办公用品采购及车辆调度等工作。

### 财务科

配备正职1人，副职1人。机构职责：认真执行财务制度，严格遵守财经纪律；按时编报年、月财务收支计划和收支情况，合理调度使用资金，对一定时期内财务收支和资金使用情况做出财务分析报告；按财会业务规范要求，记好管好各类凭证、账目，及时编报财务决算报表，保证财会档案的系统、完整、安全。

### 总编室

配备正职1人，副职1人。机构职责：负责传达上级领导和中心领导有关指示精神；负责协调宣传各部室之间工作关系；负责潍坊市、省及国家级节目参评；负责向上级呈报各种宣传信息；负责牵头录制省级及以上电视台播发的有关我市的新闻；负责宣传部室获得荣誉的统计；负责新闻从业人员管理事宜；完成中心领导交办的其他事项。

### 技术中心

配备正职1人，副职1人。机构职责：努力抓好技术维护管理工作，不断提高维护水平，保证中心设备工作正常运行，确保广播电视节目安全优质播出；负责全中心技术协调工作及设备、器材维护维修工作（包括技术用电）；负责市委市政府有关会议的技术服务；负责全中心各项事故的调查、处理、统计及上报工作；负责全中心重大技术革新，设备改造方案的起草、申报和组织实施工作；制定技术培训、岗位练兵活动计划，并对开展情况进行检查和考核；负责制定全中心设备、器材的购进计划；负责各项技术报表的上报工作。

### 新闻中心

配备正职1人，副职1人。机构职责：认真贯彻落实党的新闻宣传方针政策，坚持正确的舆论导向，坚持“三贴近”原则，宣传党的路线、方针、政策；围绕市委、市政府中心工作，认真做好全市政治、经济、文化、民生等领域的新闻宣传报道，营造鼓舞士气、凝聚人心、促进发展的良好舆论氛围。

### 社教中心

配备正职1人，副职1人。机构职责：坚持办好社会专栏，开展社会活动，围绕“打造品牌栏目，扩大社会影响力”的目标，深化改革创新，狠抓品牌发展，集成优势资源，传播先进理念，满足自身和受众的新需要、新期待，目前主要办好以下五个专题栏目：《潍水两岸》《读书》《百姓舞台》《童声童趣》《唱响昌邑》。

广电宣传服务中心

配备正职1人，副职1人。机构职责：研究电视台所属所有频道的经营策略、组织实施、公关传播活动；维护和提高昌邑电视台的广告经营品牌形象，促进广告营销；负责所有广告业务的洽谈、策划和制作；负责电视栏目（节目）赞助播出和主持人的笔记本标志；负责《文山杏坛》《健康在线》《交警时空》《国土天地》《人才天地》《常青藤》《消费主张》等经济类栏目的策划、制作；负责市委市政府重要公告、重大灾情预报的制作播出。负责公益广告的策划播出；协同其他部室完成中心组织的大活动；完成领导交办的其他事宜。

潍水少儿艺术团

配备正职1人，副职1人。机构职责：遵守宪法、法律、法规和国家政策，依托昌邑电视台的品牌优势和“全市少儿艺术电视大赛”的资源优势，育人推新，传达全新教育理念，为少年儿童提供优质、专业的艺术教育服务；活跃广大少年儿童的业余和假期生活，推进素质教育，繁荣本市少年儿童艺术事业，丰富电视荧屏。

人员编制和领导职数

市广播影视中心事业编制80名，配备主任1名、副主任3名；中层正职8名、副职8名。

附则

本规定由市机构编制委员会办公室负责解释，其调整由市机构编制委员会办公室按规定程序办理。

2015年12月7日

附二：

## 电影公司主要职责

一、贯彻执行上级有关电影的方针、政策和法规，研究和制订电影放映年度计划，并负责组织监督实施。

二、按照公司确立的目标管理要求，搞好维客利影城和农村数字电影放映工作，确保安全、优质、高效、无事故。

三、鼓励放映人员努力学习新知识、新技术，提高专业水平，严格按照电影放映程序工作。

四、提高从业人员专业技术水平，做好电影设备的管理与维护工作，对所管理与使用的电影设备应轻拿轻放，实现程序化工作，做到每场电影准时放映，填写好放映工作记录，并建立电子台账。

五、严格按照国家新闻出版广电总局电影数字节目所授权的电影节目播放影片。

六、组织制定并建立健全公司营运管理、财务管理制度。

七、每月召开一次工作例会，通报电影放映及检查安全等工作情况，研究和解决有关经营管理工作中出现的问题。

八、承办市融媒体中心交办的其他事项。

附三：

## 山东广电网络有限公司昌邑分公司主要职责

山东广电网络有限公司昌邑分公司的经营范围：广播电视节目传输（有效期限以许可证为准）；广播电视网络的规划、建设、改造、经营和管理；广播电视多媒体经营服务及综合信息采集；计算机网络工程及综合布线；办公设备、通信设备（不含无线电发射器材）、电子设备、影视器材的销售；互联网接入及传输工程；广播电视专业人才培训；安防监控工程设计、施工与维护。

行政组织设置

公司领导班子由经理、副经理、财务总监组成。

中层部室

由综合部、客户服务部、技术部、运维部、市场部5个部室组成。综合部（下设办公室、财务科、物料科3个分部室，撤销稽查科，原职能划归办公室）、客户服务部（下设中心营业厅、呼叫中心两个分部室）、市场部（撤销管理科，新成立城东、城西、城南、城北4个营业部，按镇街营业部建制管理）。

## 岗位设置

公司领导班子（3人），设经理1人，副经理1人，财务总监1人。

综合部（11人），综合部主任（兼）办公室主任1人，副主任（兼）物料科长1人，副主任（兼）财务科副科长1人，政工员、文秘员、司机各1人，会计员2人，仓库保管员3人。

客户服务部（13人），客户服务部主任1人，综合服务大厅营销员5人，审批中心1人，呼叫中心6人（主管1人）。

技术部（10人），技术部主任1人，工程规划设计2人（主管1人），中心机房值班7人（主管1人）。

运维部（12人），运维部主任1人，工程运维中心7人（副主任1人），宽带运维中心4人（副主任1人）

市场部（9人），市场部主任1人，营销小组5人（副主任1人），清欠小组3人

城东、城西、城南、城北4个营业部（24人）城东营业部（6人），营业部主任1人，营业部副主任（兼）片区管理员1人，管理员2人，营销员2人。城西营业部（6人），营业部主任1人，副主任（兼）片区管理员1人，管理员2人，营销员2人。城南营业部（6人），营业部主任1人，营业部副主任（兼）片区管理员1人，管理员2人，营销员2人。城北营业部（6人），营业部主任1人，营业部副主任（兼）片区管理员1人，管理员2人，营销员2人。

2013年，山东广电网络有限公司昌邑分公司举行2013年度镇街管理处管理目标责任书签订仪式现场

镇街营业部11个（24人），原则按照每3000户设营业部主任1人；3000～6000户设营业部主任1人、管理员1人；6000户以上设营业部主任1人、副主任1人、营销员1人。

双台2人、龙池2人、柳疃3人、夏店3人、卜庄2人、围子3人、宋庄2人、石埠2人、饮马2人、北孟2人、塔耳堡1人。

## 领导班子成员岗位职责

经理职责：组织规划公司业务，确保公司持续健康发展；对公司经营、技术、建设、投资、人事任免等重大事项进行审批；督导副经理、财务总监完成各自分管的工作；负责督导查处公司内部重大违规、违纪事件；协调处理公司与上级主管部门及公司对外关系，争取政策支持，提升企业形象；负责对企业文化、组织创新、业务拓展等企业发展的关键领域进行指导管理，提升公司竞争力；在省公司、潍坊分公司授权范围内，处理与公司有关的其他重大事项；抓好公司安全生产工作。

副经理职责（分管运维部、市场部）：组织规划数字电视、宽带、专线、智能化建设等业务支撑网络的建设、投资、运维，确保安全播出；负责公司技术人员管理和培训指导；负责公司新技术应用普及；督导直接下属完成各自工作并对其进行业绩评价；严格执行全年所分管业务预算收支，并就重点预算调整提出方案和措施；对所分管部室员工职务调整提出建议；对分管范围之外的公司重大事项提出建议；负责领导组织市场信息调查、分析、汇总，为公司制定市场营销战略决策提供科学依据；抓好分管领域的安全生产工作；完成经理交办的其他工作。

财务总监职责（分管综合部、客服部）：负责公司财务工作；组织规划综合部、客服部总体工作目标及措施，确保各项工作上水平；负

责公司收视维护费和增值业务费的收缴管理；严格执行全年所分管业务预算收支，并就重点预算调整提出方案和措施；督导直接下属完成各自工作并对其进行业绩评价；对所分管部室员工职务调整提出建议；对分管范围之外的公司重大事项提出建议；抓好分管领域的安全生产工作；完成经理交办的其他工作。

### 综合部职责

综合部主任（兼）办公室主任职责：负责后勤保障全面工作，科学制订综合部工作计划并精心组织实施，确保工作协调高效运转，圆满完成所承担的各项工作任务；抓好公司文件的收发传阅，公司相关信息的上传下达。组织实施公司的各项会议、学习活动、文体活动并协调好各部门间的工作；做好本部室员工的绩效考核工作，做到严格、细致、公平、公正；抓好部室员工的思想和业务建设，每周组织本部室或联合其他部室集中学习理论、政策及相关业务1次，加强团结，充分调动大家的积极性，不断提高工作人员的整体素质和工作水平；积极主动地调查研究，全面了解、收集、掌握各项工作情况，向公司领导提出合理化建议，为领导科学决策提供依据，发挥好参谋助手作用；协助经理做好公司组织、人事、党务、计生、群团等工作；搞好内外联络协调，理顺工作关系；做好对外合作与交流工作；负责公司办公场所的水、电、暖日常维修维护和安全保卫、消防、卫生管理工作；完成公司领导交办的其他工作。

副主任（兼）物料科长职责：负责公司固定资产、材料物资的管理；带领库管员对所购材料及时入库并登记，对流动资产定期审查核实账务，做到账、物、库存、资金四一致，对所购设备每月底进行一次报表，配合财务做好仓存系统信息的录入和核对；严格落实公司出入库管理制度及相关规章制度；严格按规章制度做好输入、建档、统计等工作，对订货清单以及出入库单据进行存档统计，装订及保管各类出入库凭证；每周对仓库库存进行一次盘点，货物摆放整齐，保证库内卫生清洁，防止出现安全隐患，定期向相关部室提供设备库存统计数据，以便保证工程的顺利实施；完成公司领导交办的其他工作。

副主任（兼）财务科副科长职责：认真贯彻执行《中华人民共和国会计法》及国家有关财政、税务法规、政策和公司的相关规定；负责公司现金的日常收支和保管工作，严格按照财务管理制度的各项规定管理现金，做好现金日记账；负责公司的资金信息，及时提供账户资金和现金情况，保障公司各项业务的正常开展；定期与会计核对银行存款、现金收支账，确保账账、账款相符；负责审核报销单据的完整性与真实性，严格按照财务管理的各项规定执行；按照财务的各项管理规定，严格的管理支票的领取和使用，严格按照财务管理的各项规定执行；遵守财务人员职业道德，严守公司商业和财务秘密；完成公司领导交办的其他工作。

文秘员、政工员、司机职责：搞好文秘档案管理，提高档案管理水平，每月一次整理规范各类档案；负责公司文件资料的收发、登记、编号、传阅、督办、归档、立卷、移交、销毁和保密工作，每月对收发传阅文件整理、归档一次；做好文稿的起草、核稿工作，每月月初作好公司经理办公会议分析报告的准备，分管打印、复印等工作；负责公司各项保险的上报、缴纳工作；做好各类会议的具体筹备；负责来信来访及提案建议的办理工作，负责政府公开电话、市长电子信件和群众投诉电话的办理工作，每月汇总一次；热情接待来访人员，保持办公室和会议室卫生整洁；负责公司稿件的写作及上报工作，每月在上级报刊或网络中至少发表一篇文章；做好安全驾驶、车辆维修维护工作，确保公司正常用车；完成部室主任交办的其他工作。

会计员职责：认真贯彻执行《中华人民共和国会计法》及国家有关财政、税务法规、政策和公司的相关规定；负责公司日常账务处理，参与拟定财务计划与预算计划，审核、分析、监督预算和财务计划的执行情况；负责准确、及时地登记明细总账，并认真做好结算工作；正确地计算收入、费用、成本以及财务成果，具体负责编制公司全年度会计报表，预算执行情况分析报告、财务状况分析报告及附注说明和利润分配核算工作；负责公司资产登记工作，严格按照财务制度的各项规定执行，每半年要进行一次资产核算工作；负责发票的领用、缴销、核对及保管工作，严格按照财务管理的各项规定执行；负责营业厅收入及发票的审核汇缴工作。根据营业员上报的收入报表，及时汇总，确保收入与发票的一致性，并将所收款项及时上缴上级收入账户；负责会计监督，根据规定的成本、费用开支范围和标准，审核原始凭证与记账凭证的合法性、合理性和真实性，审核费用发生的审批手续是否符合公司规定；及时、准确地做好会计凭证、账册、报表等财会资料的收集、汇编、归档等工作；负责指导仓库保管员做好财务数据的收集工作；妥善保管与本岗位相关的文件资料，遵守职业道德，保守公司商业和财务秘密；完成部室主任交办的其他工作。

仓库保管员职责：协助主任做好公司固定资产、大型设备的出入库手续办理，进行微机化管理；对所购材料随时进入微机注册，对流动资产定期审查核实账务，做到账、物、库存、资金四一致，对所购设备每月底进行一次报表，配合财务做好仓存系统信息的录入和核对；严格执行公司出入库管理制度，对贵重设备进行保洁维护，承担各镇街营业部、客户服务部的物料支取工作，并督促做好退库相关工作；严格按规章制度做好输入、建档、统计等工作，对订货清单以及出入库单据进行存档统计，装订及保管各类出入库凭证；每周对仓库库存进行一次盘点，货物摆放整齐，保证室内卫生清洁，防止出现安全隐患，定期向相关部门提供设备库存统计数据，以便保证工程的顺利实施；完成部室主任交办的其他工作。

### 客户服务部职责

客户服务部主任职责：做好本部室员工的思想政治工作和业务培训学习，及时传达上级有关指示精神，组织开展工作业绩和业务学习交流活动，创造良好的工作氛围；组织完成公司下达本部室的经营目标和管理目标任务，加强员工的绩效考核，做到严格、细致、公平、公正；负责制定本部室月、年度工作计划，主持召开部室例会，根据工作职责安排各项工作，严格检查落实；负责客服部维修维护区域的服务提升工作；负责与相关部室之间的协调沟通工作；负责客服维修服务流程的监督落实和考核；负责客服人员的礼仪、技术、话术等培训，不断提升员工服务水平和整体素质；制定合理的部室营销工作计划，按照业务单元以及时间进度进行分解和落实，确保公司经营创收指标按时间进度完成；完成公司领导交办的其他工作。

呼叫中心主管职责：负责呼叫中心的日常工作；做好与上级公司的衔接工作；完成部室主任交办的其他工作。

营销员职责：负责城区数字电视用户的安装、开通、迁移、收视费的收取，宽带安装、宽带费收取，增值业务营销等日常工作；清晰、明确的解答用户咨询，解释相关公司政策规定；按照公司业务策划标准做好输入、建档、工作，及时准确地变更完善用户信息；认真、及时地向用户宣传、推介公司的各种业务和活动；保持个人柜面整洁，物品摆放整齐有序；业务账目做到日清月结，现金、发票、系统账实相符；做好各品牌机顶盒的升级、故障检测及更换工作；完成部室主任交办的其他工作。

话务员职责：加强学习，熟知有线电视、宽带基础业务知识及市场营销体系架构，能解答常规一般性问题；负责电话营销、业务咨询，用户意见建议的收集、整理，客户满意度建设、用户投诉及答复；做好话务工单反馈工作，配合搞好全省统一客服电话的衔接接入工作，及时督导公司客服质量；完成部室主任交办的其他工作。

### 技术部职责

技术部主任职责：负责公司技术规划、技术规范和标准的制定以及技术方案的调查论证。

负责新技术的考察与引进，组织解决公司重大的网络技术问题和技术故障；做好与上级技术部门的工作沟通和技术交流，为公司其他部室提供技术服务；负责设定eBOSS系统管理员权限级别及批免业务等特殊业务的管理和存档；抓好本部室的日常管理和安全播出，安排节假日及重要安全播出期的值班及安全维护。负责本部室的人员及所有设备仪器的安全，确保安全生产无事故；负责有线电视信号、宽带数据信号及专网专线信号的调试输送工作。负责重大专线业务的考察、论证、设计及组织实施工作；抓好双向网络建设中所用的设备（ONU、交换机、EOC局端等）数据规划和配置，抓好网管系统的运行维护；抓好广电宽带网络相关资料的建立、管理和更新；完成公司领导交办的其他工作。

中心机房主管职责：抓好前端播控机房安全播出，完成安全播出无事故管理目标任务；负责制定机房管理各项规章制度和应急抢修预案；负责抓好前端机房各系统软件和硬件的维护，做好相关技术资料的建档、管理和备案；协助上级宽带网络技术人员做好BRAS、交换机、OLT等设备的技术检测及运行维护；完成公司领导交办的其他工作。

规划设计员职责：负责所有工程图纸的绘制；组织实施有线网络各类工程档案资料的建立、管理、上报和更新；完成部室主任交办的其他工作。

机房值班员职责：严格机房管理，做好二十四小时机房值班，落实好交接班各项规定，确保传输安全；配合机房主管负责前端机房相关设备的故障排除、故障设备维护维修等工作；配合其他技术人员机房内电视信号、宽带信号跳送传输等工作；配合机房主管负责BOSS系统、EPG广告和CA等服务器的管理和维护；负责机房内所有设备的技术资料登记、管理、更新和维护工作；完成部室主任交办的其他工作。

### 运维部职责

运维部主任职责：做好本部室员工的业务培训学习，组织完成公司下达本部室的经营目标和管理目标任务，加强员工的绩效考核，做到严格、细致、公平、公正；负责有线网络、IP接入网建设和双向网络改造的规划、设计及实施方案审核，组织相关人员对竣工工程进行验收，并做好建档工作；负责有线电视网络新建、改造工程的勘查、规划、协调，制定施工方案并安排调度施工队施工，负责各项工程审批、验工、报表等工作；负责有线网络工程预算、成本核算、施工材料结算与管理等工作；负责新建小区电视信号、网改片区电视和宽带光信号的调送及完工后与城区营业部交接工作；组织实施城区传输杆路、地下管网、光缆线路的日常巡查维护，发现问题及时处理，确保杆路、管网、光缆线路完好；负责各传输机房的安全运营维护；负责各光缆线路故障查找及组织抢修工作；完成公司领导交办的其他工作。

工程运维管理员职责：协助主任做好施工监理、验工等工作，协调解决施工过程中遇到的问题；监督实施有线传输杆路、地下管网、光缆线路的日常巡查维护，每季度一次组织“清网”行动，确保杆路、管网、光缆线路完好；配合主任做好传输机房的安全运营维护；负责光缆线路故障查找及组织抢修工作；负责监管网改小区和村居电视及宽带光信号的调送；负责新建社区（村庄）的整体安装、信号开通工作，参与双网改造承包；负责宽带零星户的安装、开通工作；积极推销公司增值业务；完成部室主任交办的其他工作。

宽带运维管理员职责：具体做好双向网络设备（ONU、交换机、EOC等）的安装、维修、检测等工作；学习并熟练掌握宽带、计算机、电视网络等相关技术，严格工作流程，确保安全生产，提升服务水平；积极配合客服维修人员工作，共同做好宽带双向用户服务工作；协调做好与工程外包队伍的关系，形成工作合力；积极参与宽带业务营销；完成部室主任交办的其他工作。

### 市场部职责

市场部主任职责：负责公司市场营销体系的建设维护，各种经营策略的制定和组织实施。

按照公司的年度经营目标，分解制定营业厅的经营任务目标；负责公司年度市场宣传费用的预算，制定年度宣传方案并组织实施；关注竞争对手业务发展动态，根据需要适时调整公司营销策略；与财务科业务对接，及时掌握各项经营业务的进展情况及相关数据，形成分析报表；负责公司各种营销活动的策划、组织实施和跟踪总结；负责营业厅销售产品价格体系的制定、销售情况汇总，并对营业厅经营情况进行督促；负责集团用户的巩固和开发，对大客户和集团用户进行一对一服务，大力发展增值业务；做好本部门职工的绩效考核工作；完成公司领导交办的其他工作。

市场部副主任职责：协助主任完成公司下达的各项任务目标；对接上级公司市场部，搞好市场策划，组织拟定各项营销活动方案；完成部室主任交办的其他各项工作。

营销小组职责：积极参与市场营销，完成公司下达的各项任务目标；完成部室主任交办的其他工作。

清欠小组职责：完成任务目标分配的清收欠费工作；完成部室主任交办的其他工作。

城东、城西、城南、城北4个营业部职责：参照镇街年度目标责任制考核管理，抓好日常管理、缴费续费、增值业务、安全生产等相关领域的各项工作。

城区营业部主任职责：负责所属区域内中心机房至用户终端的主干网、分配网、用户网有关线路及设备的维修维护工作，不断提升网络质量；负责有线电视新用户安装、开通、信号调试，以及用户移机、报停、断线修复、故障排查、电视机安装等工作；严格遵守公司制定的公司维修维护服务标准和流程，遵守公司安全防护、车辆管理、员工培训等制度规范。负责对公司配备车辆、工具、仪器、仪表的管护使用，确保不影响工作运行；负责对所属区域各供电点的申请、电费缴纳及设备数量的落实上报工作。负责所属区域内用电管理，遇到电源改动和用电纠纷时及时上报并配合解决，确保网络信号的安全畅通；负责营业部材料的领取、发放、监管、制表上报及废旧材料的回收上交工作；负责所属区域内网络改造的前期勘查和可行性改造计划上报工作；及时上报所属区域内发生的重大故障，并积极配合技术部尽快排除故障，畅通线路。做好节假日、重要会议及各项重大活动的保障工作；带头学习新业务、新技术并及时做好传帮带；完成年度本站收视费续缴、增值业务营销等营收任务目标和发展新用户、推广新业务等任务；负责所属营业厅做好厅内各种设备材料的领取、运送以及废旧物品的回收、退库等工作；完成公司领导交办的其他工作。

维修员职责：服从管理站站长的调度、安排和其他工作分配；按照公司客服标准流程服务，做好有线电视业务维修维护工作；主动学习，提升技能，本职业务考核及格以上；遵守公司制度，严格自我管理，追求更高目标；完成本站分配的新业务营销、新用户拓展等目标任务；完成部室主任交办的其他工作。

营销员职责：负责城区数字电视用户的安装、开通、迁移、收视费的收取，宽带安装、宽带费收取，增值业务营销等日常工作；清晰、明确地解答用户咨询，解释相关公司政策规定；按照公司业务策划标准做好输入、建档、工作，及时准确地变更完善用户信息；认真、及时地向用户宣传、推介公司的各种业务和活动；保持个人柜面整洁，物品摆放整齐有序；业务账目做到日清月结，现金、发票、系统账实相符；做好各品牌机顶盒的升级、故障检测及更换工作；完成部室主任交办的其他工作。

### 镇街营业部职责

按照《镇街营业部目标考核责任书和千分制考核办法》进行考核。

山东广电网络有限公司昌邑分公司

2015年3月10日

# 第三章　职工队伍

昌邑市广播影视中心干部职工队伍是随着广播影视事业的发展而不断成长壮大起来的。从事广播影视的工作人员，有的由组织、人事部门调配，有的是大中专院校毕业生，还有一部分是从全国海选招聘而来，大都有一定专业知识。

1958 年，昌邑县广播站成立时干部职工只有 5 人；1984 年，昌邑县广播站改称昌邑县广播电视管理局，干部职工 34 人；1991 年 5 月 7 日，局为建电视台做准备，在全县范围内通过考试新招收工作人员 14 人，其中编辑记者 5 人，播音员 2 人，技术人员 7 人，全局总人数达到 71 人。2010 年昌邑市广播电视管理局改称昌邑市广播影视中心，干部职工 110 人；2019 年 7 月改称昌邑市融媒体中心，干部职工 144 人。1958—2019 年，共有 333 人从事过广播电视工作（不含网络），据统计 2019 年中心在职 144 人，下放乡镇管理 58 人，调出 77 人，离退休 42 人，去世 12 人。2003 年，昌邑市宏远有线广播电视网络中心成立时新招 57 人；2013 年 4 月归省统管，设山东广电网络有限公司昌邑公司时 132 人，2019 年 10 月 148 人。

## 第一节　学习培训

为加强职工队伍建设，适应工作需要，从建站之初职工学习培训一直贯穿于广播电视事业发展全过程。学习内容主要包括政治理论教育和各项业务学习等，业务培训形式多样。

鼓励个人进修。先后有数十人通过自学拿到了大专、本科文凭。

走出去学请进来讲。选派骨干职工到大专院校和上级台学习，或者根据工作需要聘请专家、学者到局办班讲课。

2011 年 5 月 14 日，昌邑市广播影视中心举办深入开展“作风建设年”活动新闻宣传业务专题讲座

## 第二节　政治理论教育

昌邑市广播影视中心始终把提高职工政治素质放在首位。建站之初昌邑县广播站在学习制度中明确规定：政治理论学习按县委宣传部计划执行，每周 5 小时，学习制度坚持始终。政治理论学习教育以学习马克思主义、毛泽东思想、邓小平理论、“三个代表”重要思想、科学发展观、习近平新时代中国特色社会主义理论以及党的路线、方针、政策为主，适当穿插进行艰苦奋斗、恪守职业道德及人生观、价值观、荣辱观等方面的教育。

建站初，主要学习毛主席“努力办好广播，为全中国和全世界人民服务”及党和国家领导人对广播工作题词、党的方针政策及相关法规。十一届三中全会召开后，重点学习中国特色社会主义理论，开展实践是检验真理的唯一标准讨论。

进入 21 世纪，主要是根据市委安排内容，组织学习。2001 年，开展了“三个代表”重要思想集中教育活动。整个活动按照市委安排，局制定了学习教育方案、个人建立学习笔记、每周集中学习一次、举办学习讨论专栏，通过学习对照检查找差距、定整改措施。党支部要求全体党员，讲政治、树正气、争一流、创业绩。

2005年学习的主要内容是保持共产党员先进性教育活动。活动分为宣传发动、党性分析、整改提高、建章立制几个阶段。重点学习了《共产党员先进性具体要求》《中国共产党党内监督条例》《中国共产党纪律处分条例》等，结合学习文件，党组织和个人分别写出自我剖析材料，召开会议讨论交流，最后建立相关制度及长效机制，固化先进性教育成果。局党支部根据实情提出了改革创新、与时俱进、团结拼搏、争创一流的广电精神，简称“团结拼搏创新争一流”精神。

2008年，市广播电视局开展“讲党性 重品行 作表率 促发展”主题教育活动。围绕贯彻中共十七大精神，倡树八种意识，即“大局意识，责任意识，精品意识，服务意识，危机意识，争先意识，创新意识，形象意识”。通过抓教育、抓制度、抓规范、抓治本，加强全局广大党员干部亲政廉政建设，不断丰富党风政风教育内涵，为促进广播电视事业又好又快发展提供了坚实的思想保证。

2009年，市广播电视管理局按照上级安排开展“深入学习践行科学发展观活动”，活动以“建设富裕文明和谐的现代化强市”为主题，紧紧围绕党员干部受教育、科学发展上水平、人民群众得实惠的总体目标。组织全体党员参与，重点解决党员干部党性、党风、党纪方面违背科学发展观要求的突出问题，全面推进科学发展。

2011年，开展“讲党性、重品行、做表率”学习实践活动。主要内容是学习理论、自查自纠、建章立制、巩固提高。活动从3月份开始，至2012年1月结束。

2017年，组织开展作风建设年活动。根据中心实际，提出了狠抓工作落实，提升队伍素质、强信息化建设、推昌邑广电品牌。建立健全相关制度，实现了机关管理制度化、科学化。

2018—2019年，组织开展“不忘初心、牢记使命”主题教育。组织学习《习近平关于“不忘初心、牢记使命”论述摘编》《应知应会知识100条》，举办学习专栏，组织党员重温入党誓词、参观渤海走廊革命斗争陈列馆，提高了党组织凝聚力。

## 第三节　新闻业务培训

广播电视宣传初期，走的是群众办广播的路子，由于采编人员少，县广播站播出的稿件大部分是靠通讯员来搞。因此县广播站注重业余通讯员队伍的培训和发展。二十世纪五六十年代，在县直部门、各公社、工厂、学校及农村发展了一批通讯报道员，县广播站每年都不定期举办培训班，对通讯员集中培训。昌邑电视台建立之后，中心（局）定期对电台电视台编辑记者和播音员进行专业培训和集中培训。

2000—2019年，经常组织开展业务提升学习活动，不断提高新闻宣传队伍政治理论与业务水平。采取“走出去，请进来”的办法，加强记者、编辑、主持人等新闻宣传工作人员的业务能力水平。组织人员赴宁津、高密等地融媒体中心学习考察，学习兄弟县市的先进经验做法，邀请济南电视台、潍坊电视台业务专家讲授新闻的采访、写作及拍摄等专业知识，利用“闪电云”直播平台，组织学习融媒体时代利用全媒体优势提升新闻舆论传播能力等相关新业务知识，进一步提升新闻宣传工作人员的

2012年6月，昌邑市广播影视中心举办新闻宣传工作培训班，邀请中国广播电视协会纪录片委员会副秘书长、济南电视台纪录片创作室主任季卫国（左一）授课现场

脚力、眼力、脑力、笔力“四力”，努力打造一支政治过硬、本领高强、求实创新、能打胜仗的宣传思想工作队伍。

## 第四节　工程技术培训

市融媒体中心（局站）历来重视对技术人员培训，采取以老带新，手把手传授技术知识，举办培训班，送到上级业务部门学习等多种形式，提高技术人员业务素质，以适应工作岗位需要。

1972 年，地区广播经验交流会在昌邑召开。这次会议实质上是一个技术知识培训班。入会人员 84 名，其中为昌邑代训了 27 名。

1972 年，县广播站对新转正的公社广播放大站 61 名人员，分批进行了业务培训。这些人员成为以后发展维护维修广播电视网的骨干。

1981 年，昌邑县广播局举办机务学习班，对新进入广播局的人员进行系统性强化训练。

1991 年，县广播电视管理局举办全县乡镇广播电视站站长业务培训班，对新进广播电视设备管理维护使用进行集中培训。

2003 年 3 月 8 日，昌邑市宏远广播电视网络中心成立，新招收 57 名职工，局长兼经理高寿明安排王沛盛、宋宗玉、张明新、姚永

1981 年 5 月 25 日昌邑县广播局机务学习班结业合影（前排左起：苗增武、隋凤海、付修奎、徐振坤、盖廷秋、李青茂、刘刚、宋文章；中排左起：郭凤刚、尹述年、张述尧、阎鹏云、陆安庭、马君福、付学德、迟安瑞、马祥五；后排左起：姜言信、李仕臣、宫祥训、崔增新、陈少津、王培武、孙殿英、一、赵述军、郝勇）

1991 年 6 月，全县乡镇广播电视站站长业务培训会议与会人员合影

普、齐敏、尹元瑞等老广播任教员对新职工进行岗前培训。培训主要内容为“我市广播电视发展概况”“有线电视工程技术”“有线电视网络设计”“有线电视维护维修”“有线电视常见故障排除”“有线电视管理收费”“有线电视行政执法”“中心内设机构及岗位目标职责”“广播电视职业道德”“组织制度工作纪律”等，学习采用老师讲解、现场答疑、讨论交流等灵活多样的形式，课题切合工作、力求实际效果。学习结束进行了闭卷考试，考试题目加快全市有线电视发展之我见、我的闪光点是什么，局领导根据考试成绩、学习表现、谈心交心、个人意见等情况，经集体研究对新招人员进行科学分工，扬长避短、人尽其才，全体人员放弃周六休息日，出现了争先恐后心情舒畅干事业的局面。

进入 21 世纪，广播电视新进许多设备，学习培训的重点是新进广播电视设备性能、使用保养、维护维修、新媒体技术等方面知识，针对性强、学以致用。

## 第五节　学习交流

20 世纪 80 年代开始，县局就重视学习交流，围绕广播电视宣传改革、技术管理、内部改革、行政执法等由领导带队到上级业务部门和青州、诸城、高密、寿光、安丘、寒亭、寿光、临朐等兄弟县市区取经学习，取长补短，提升管理工作和业务技术水平。距离远的就通过电话和发信件等形式，交流工作情况。

进入21世纪，学习交流范围逐步扩大。2012年5月，昌邑市广播影视中心主任赵赞江随潍坊市委宣传部部长初宝杰、潍坊市政府副市长王桂英、潍坊市广播电视局局长钟耕民、潍坊电视台台长杜涛去拜访中央电视台台长胡占凡。

2017—2018年，市广播影视中心主任张术叁带队先后到宁津、高密电视台对标学习，交流宣传改革、机关建设等有关情况。

2018—2019年，潍坊市内临朐、奎文等县市区，外市广饶、郯城、德州、陵城等广播电视单位负责人也带队到昌邑市广播影视中心交流广播电视管理、电视节目设置、安全播出等工作情况。

## 第六节 昌邑市广播影视中心人员基本情况一览表

### 2019年11月昌邑市融媒体中心在岗人员基本情况

表10

| 部室 | 姓名 | 性别 | 职务 | 出生年月 | 政治面貌 | 第一学历 | 最高学历 | 技术职务 |
|---|---|---|---|---|---|---|---|---|
| 中心领导 | 张术叁 | 男 | 主任 | 1970.04 | 中共党员 | 专科 | 本科 | — |
| | 张惠福 | 男 | 副主任兼电视台台长 | 1965.03 | 中共党员 | 中专 | 本科 | 编辑 |
| | 宋建文 | 男 | 副主任兼电台台长 | 1970.12 | 中共党员 | 高中 | 本科 | 编辑 |
| | 张新立 | 男 | 副科级干部 | 1964.06 | 中共党员 | 初中 | 本科 | 工程师 |
| | 朱永伟 | 男 | 副主任 | 1969.10 | 中共党员 | 高中 | 本科 | 编辑 |
| | 刘宏图 | 男 | 电视台专职副台长 | 1979.05 | 中共党员 | 中专 | 本科 | |
| | 郝 勇 | 男 | 副科级干部 | 1962.02 | 中共党员 | 初中 | 本科 | 主任编辑 |
| | 孙奎庆 | 男 | 副科级干部 | 1961.12 | 中共党员 | 中专 | 本科 | — |
| | 陈正军 | 男 | 副科级干部 | 1962.11 | 中共党员 | 高中 | 中专 | — |
| 办公室 | 张广松 | 男 | 办公室主任 | 1969.06 | 中共党员 | 中专 | 本科 | 编辑 |
| | 张 伟 | 女 | 办公室副主任 | 1970.10 | — | 中专 | 本科 | 编辑 |
| | 徐素平 | 女 | — | 1971.05 | — | 中专 | 本科 | 编辑 |
| | 范晓慧 | 女 | — | 1987.02 | 中共党员 | 本科 | — | 助理编辑 |
| | 胡成之 | 男 | — | 1991.05 | 中共党员 | 高中 | 本科 | — |
| | 栾美娜 | 女 | — | 1989.07 | 预备党员 | 本科 | — | — |
| | 安龙龙 | 男 | — | 1989.10 | 中共党员 | 专科 | — | — |
| | 徐 亮 | 男 | — | 1992.05 | 中共党员 | 本科 | — | — |
| | 李艳霞 | 女 | — | 1987.10 | 共青团员 | 中专 | 专科 | 助理编辑 |
| | 谢培元 | 男 | 工会负责人 | 1971.09 | 中共党员 | 中专 | 专科 | 工程师 |
| | 孙 疆 | 男 | — | 1971.09 | — | 高中 | — | — |
| | 田海涛 | 男 | — | 1973.09 | — | 中专 | 专科 | 助理编辑 |
| | 李照伟 | 女 | — | 1967.07 | — | 高中 | 本科 | 编辑 |
| | 张旭堂 | 男 | — | 1959.10 | — | 初中 | — | — |
| | 尹元瑞 | 男 | — | 1960.03 | — | 高中 | 专科 | 助理工程师 |
| | 王智岳 | 男 | — | 1960.11 | | 高中 | 本科 | 编辑 |
| | 赵述军 | 男 | — | 1961.11 | — | 初中 | — | — |
| | 姜亦明 | 男 | — | 1962.10 | 中共党员 | 初中 | — | — |
| | 荆 剑 | 男 | — | 1961.12 | 中共党员 | 高中 | 本科 | 助理编辑 |

续表 10

| 部室 | 姓名 | 性别 | 职务 | 出生年月 | 政治面貌 | 第一学历 | 最高学历 | 技术职务 |
|---|---|---|---|---|---|---|---|---|
| 组织人事科 | 高晓宇 | 女 | 组织人事科科长 | 1971.12 | — | 专科 | 本科 | 工程师 |
| | 朱　琦 | 女 | — | 1981.10 | — | 本科 | — | 助理编辑 |
| 财务科 | 李　莉 | 女 | 财务科科长 | 1973.09 | — | 中专 | 本科 | 工程师 |
| | 董玉梅 | 女 | — | 1980.09 | — | 中专 | 专科 | 助理编辑 |
| 党建办 | 孙永泉 | 男 | 党建办主任 | 1969.09 | 中共党员 | 中专 | 本科 | 编辑 |
| | 刘　赛 | 女 | — | 1988.10 | 中共党员 | 本科 | — | 助理编辑 |
| 总编室 | 王文峰 | 男 | 总编室主任 | 1977.06 | 中共党员 | 本科 | 硕士 | 工程师 |
| | 杨亚丽 | 女 | — | 1981.08 | — | 专科 | — | — |
| | 齐兴中 | 男 | — | 1966.09 | — | 高中 | — | 助理编辑 |
| | 宿晓杰 | 女 | — | 1968.10 | — | 高中 | 本科 | 主任编辑 |
| | 高述华 | 男 | — | 1963.02 | — | 初中 | 专科 | — |
| | 苏森源 | 男 | — | 1966.08 | 中共党员 | 专科 | 本科 | 主任编辑 |
| | 张少卿 | 男 | — | 1976.09 | — | 中专 | 本科 | 助理编辑 |
| | 赵海燕 | 女 | — | 1971.07 | 中共党员 | 高中 | 本科 | 一级播音员 |
| 新闻部 | 孙大波 | 男 | 新闻部主任 | 1969.11 | 中共党员 | 中专 | 专科 | 编辑 |
| | 夏　斐 | 女 | 新闻部副主任 | 1984.03 | 中共党员 | 本科 | — | 助理编辑 |
| | 李连冰 | 男 | 新闻部副主任 | 1987.11 | — | 专科 | 本科 | 二级播音员 |
| | 郝　鹏 | 男 | 新闻部（外宣）副主任 | 1990.10 | 预备党员 | 本科 | — | 助理编辑 |
| | 赵振锋 | 男 | — | 1988.12 | 中共党员 | 本科 | — | 助理编辑 |
| | 任龙龙 | 男 | — | 1989.02 | — | 本科 | — | 助理编辑 |
| | 尹兆辉 | 男 | — | 1986.02 | — | 本科 | — | 助理编辑 |
| | 尹东亮 | 男 | — | 1987.04 | — | 本科 | — | 助理编辑 |
| | 于彦玲 | 女 | — | 1972.12 | — | 中专 | 本科 | 二级播音员 |
| | 姜玉双 | 女 | — | 1984.09 | — | 专科 | — | — |
| | 李　艳 | 女 | — | 1987.12 | — | 本科 | — | 助理编辑 |
| | 徐介卿 | 男 | — | 1989.02 | — | 本科 | — | — |
| | 王茂桢 | 男 | — | 1989.07 | — | 本科 | — | 助理编辑 |
| | 刘　保 | 男 | — | 1987.07 | 中共党员 | 本科 | — | 助理编辑 |
| | 辛程远 | 男 | — | 1987.08 | — | 专科 | — | — |
| | 王红红 | 女 | — | 1980.11 | 中共党员 | 中专 | 专科 | — |
| | 王　鹏 | 男 | — | 1982.11 | 中共党员 | 本科 | — | 助理编辑 |
| | 田春花 | 女 | — | 1981.03 | — | 专科 | 本科 | 助理编辑 |
| | 祝振杰 | 男 | — | 1991.11 | 共青团员 | 本科 | — | — |
| | 王国瑾 | 女 | — | 1995.08 | 中共党员 | 本科 | — | 二级播音员 |
| 社会新闻部 | 于国颖 | 男 | 监制 | 1965.09 | — | 专科 | 本科 | 主任编辑 |
| | 刘志强 | 男 | 社会新闻部主任 | 1983.09 | 中共党员 | 本科 | — | 助理编辑 |
| | 魏　芳 | 女 | 社会新闻部副主任 | 1984.12 | — | 本科 | — | 助理编辑 |
| | 梁　峰 | 男 | 团委书记 | 1981.03 | 中共党员 | 本科 | — | 助理编辑 |
| | 付慧慧 | 女 | — | 1987.03 | 中共党员 | 本科 | — | 二级播音员 |
| | 王林静 | 女 | — | 1985.09 | — | 本科 | — | — |

续表 10

| 部室 | 姓名 | 性别 | 职务 | 出生年月 | 政治面貌 | 第一学历 | 最高学历 | 技术职务 |
|---|---|---|---|---|---|---|---|---|
| 社会新闻部 | 张秋萍 | 女 | — | 1972.06 | 中共党员 | 高中 | 本科 | 编辑 |
| | 徐桂娟 | 女 | — | 1974.12 | — | 中专 | 专科 | 助理编辑 |
| | 范婷婷 | 女 | — | 1987.08 | — | 本科 | — | 助理编辑 |
| | 孙　毅 | 男 | — | 1987.04 | 中共党员 | 本科 | — | 助理编辑 |
| | 徐顶强 | 男 | — | 1987.02 | — | 专科 | — | 助理编辑 |
| | 朱　越 | 女 | — | 1987.01 | — | 本科 | — | 助理编辑 |
| | 赵世军 | 男 | — | 1987.10 | — | 专科 | 本科 | 助理编辑 |
| | 张　凯 | 女 | — | 1989.01 | — | 专科 | — | — |
| | 高玉姣 | 女 | — | 1992.02 | 共青团员 | 本科 | — | — |
| | 王晓博 | 男 | — | 1986.02 | — | 本科 | — | 助理编辑 |
| 数字电视技术部 | 宋凌晓 | 男 | 数字电视技术部主任 | 1968.11 | — | 中专 | 专科 | 助理工程师 |
| 技术部 | 李希刚 | 男 | 技术部主任 | 1970.12 | 中共党员 | 中专 | 本科 | 工程师 |
| | 尹新峰 | 男 | — | 1978.05 | — | 中专 | 本科 | 助理工程师 |
| | 王润杰 | 男 | — | 1990.01 | — | 专科 | — | 助理工程师 |
| | 元　羿 | 男 | — | 1984.09 | — | 中专 | — | — |
| 播出部 | 姜言同 | 男 | 播出部主任 | 1971.10 | 中共党员 | 中专 | 本科 | 工程师 |
| | 夏翠珍 | 女 | 播出部副主任 | 1970.07 | 中共党员 | 中专 | 本科 | 工程师 |
| | 张新顺 | 男 | — | 1968.11 | 中共党员 | 高中 | 中专 | — |
| | 张　勇 | 男 | — | 1972.07 | — | 中专 | — | 助理工程师 |
| | 李　涛 | 男 | — | 1976.02 | — | 中专 | — | 助理工程师 |
| | 张兰香 | 女 | — | 1974.10 | — | 中专 | 本科 | 助理工程师 |
| | 于小颖 | 女 | — | 1976.11 | — | 本科 | — | 二级播音员 |
| | 马晓健 | 女 | — | 1984.11 | — | 专科 | — | — |
| | 宫敬强 | 男 | — | 1987.02 | — | 专科 | — | — |
| | 张梦岚 | 女 | — | 1990.12 | — | 本科 | — | — |
| 融媒体部 | 陈喜娟 | 女 | 融媒体部主任 | 1977.05 | — | 专科 | — | 助理编辑 |
| | 张晓静 | 女 | — | 1983.06 | — | 专科 | — | — |
| | 范绍杰 | 男 | — | 1971.03 | — | 初中 | 专科 | 编辑 |
| 电台 | 傅浩程 | 男 | 电台部主任 | 1973.12 | 中共党员 | 中专 | 本科 | 主任编辑 |
| | 李慧娟 | 女 | 电台部副主任 | 1987.03 | 中共党员 | 本科 | — | 二级播音员 |
| | 冯　倩 | 女 | — | 1982.09 | 中共党员 | 本科 | — | 二级播音员 |
| | 邹　健 | 女 | — | 1985.01 | — | 专科 | — | — |
| | 付文婷 | 女 | — | 1991.02 | 共青团员 | 本科 | — | — |
| | 梁　映 | 女 | — | 1991.08 | 共青团员 | 专科 | — | — |
| 电视广告部 | 陈大涛 | 男 | 广告中心副主任 | 1974.07 | 中共党员 | 中专 | 本科 | 助理编辑 |
| | 邓松礼 | 男 | | 1981.04 | 中共党员 | 中专 | 专科 | 助理编辑 |
| | 付金凯 | 男 | — | 1988.01 | — | 专科 | — | — |
| | 张鸿富 | 男 | — | 1986.01 | — | 本科 | — | — |
| | 姜晓平 | 女 | — | 1988.11 | — | 本科 | — | — |

续表 10

| 部室 | 姓名 | 性别 | 职务 | 出生年月 | 政治面貌 | 第一学历 | 最高学历 | 技术职务 |
|---|---|---|---|---|---|---|---|---|
| 电视广告部 | 姚沙沙 | 女 | — | 1989.03 | — | 中专 | 本科 | — |
| | 付春蕾 | 女 | — | 1977.06 | — | 中专 | 专科 | 会计师 |
| | 于　茜 | 女 | — | 1983.01 | — | 本科 | — | 助理编辑 |
| | 于　婷 | 女 | — | 1990.01 | 中共党员 | 本科 | — | 助理编辑 |
| | 王晓雯 | 女 | — | 1989.01 | — | 本科 | — | 助理编辑 |
| | 吴　昊 | 男 | — | 1989.10 | — | 专科 | — | — |
| | 孙志恒 | 男 | — | 1992.10 | 共青团员 | 本科 | — | — |
| | 姜　昕 | 男 | — | 1996.03 | 共青团员 | 专科 | — | — |
| | 卢俊希 | 男 | | 1994.10 | 共青团员 | 本科 | | |
| 大活动部 | 宋湖北 | 男 | 大活动部主任 | 1985.02 | — | 本科 | — | 助理编辑 |
| | 孙志超 | 男 | — | 1992.09 | 共青团员 | 专科 | — | — |
| | 戴正昊 | 男 | — | 1989.10 | — | 本科 | — | — |
| | 王晓亮 | 男 | — | 1986.11 | 中共党员 | 本科 | — | 助理编辑 |
| 电视栏目部 | 姜莲莲 | 女 | 广告中心副主任兼电视栏目部主任 | 1981.01 | — | 中专 | 专科 | 助理编辑 |
| | 周元熙 | 男 | — | 1979.02 | 中共党员 | 高中 | — | — |
| | 付　兵 | 男 | — | 1989.04 | 中共党员 | 专科 | 本科 | — |
| | 杨　建 | 女 | — | 1988.06 | — | 本科 | — | — |
| | 闫孟杰 | 女 | — | 1991.08 | 共青团员 | 专科 | 本科 | — |
| | 姜　栋 | 男 | — | 1986.10 | — | 专科 | — | — |
| 潍水两岸 | 董　磊 | 男 | 《潍水两岸》主任 | 1982.12 | — | 专科 | 本科 | 助理编辑 |
| | 尹文帅 | 女 | — | 1990.10 | — | 本科 | — | — |
| 研学旅游 | 王美华 | 女 | 研学旅游部主任 | 1979.06 | — | 专科 | — | |
| | 陆　栋 | 男 | | 1988.05 | — | 专科 | — | — |
| | 卜晓颖 | 女 | — | 1990.05 | 预备党员 | 本科 | — | — |
| 少儿培训 | 尹　迅 | 男 | 少儿培训部主任 | 1987.04 | 中共党员 | 本科 | — | 编辑 |
| | 孙英志 | 女 | | 1984.05 | — | 中专 | 专科 | 三级播音员 |
| | 陈玲娟 | 女 | — | 1990.05 | 共青团员 | 本科 | — | 二级播音员 |
| | 李永帅 | 男 | — | 1991.03 | 中共党员 | 专科 | — | — |

说明：截至 2019 年 11 月在编人员共 135 人

## 2019 年 11 月昌邑市融媒体中心离退休人员基本情况一览表

表 11

| 序号 | 姓名 | 离退休 | 性别 | 出生年月 | 参加工作时间 | 离退休时间 | 离退休前职务 |
|---|---|---|---|---|---|---|---|
| 1 | 张洪明 | 离休 | 男 | 1928.10 | 1949.02 | 1990.10 | 副处 |
| 2 | 付学德 | 退休 | 男 | 1942.05 | 1958.10 | 1988.05 | 中级工 |
| 3 | 曹美荣 | 退休 | 女 | 1937.01 | 1955.10 | 1992.02 | 会计师 |
| 4 | 宫志娥 | 退休 | 女 | 1940.12 | 1963.03 | 1995.12 | 工程师 |
| 5 | 马君福 | 退休 | 男 | 1397.11 | 1955.03 | 1992.11 | 助理工程师 |
| 6 | 郝述昌 | 退休 | 男 | 1939.03 | 1964.01 | 1999.03 | 高级工 |

续表 11

| 序号 | 姓名 | 离退休 | 性别 | 出生年月 | 参加工作时间 | 离退休时间 | 离退休前职务 |
|---|---|---|---|---|---|---|---|
| 7 | 尹海瑞 | 退休 | 男 | 1940.10 | 1963.08 | 2000.10 | 正科 |
| 8 | 李献强 | 退休 | 男 | 1942.03 | 1960.08 | 2002.03 | 高级工 |
| 9 | 刘崇恩 | 退休 | 男 | 1944.02 | 1965.03 | 2002.03 | 工程师 |
| 10 | 谢吉林 | 退休 | 男 | 1944.03 | 1967.04 | 2004.03 | 助理工程师 |
| 11 | 迟安瑞 | 退休 | 男 | 1945.07 | 1964.07 | 2005.07 | 高级工 |
| 12 | 辛惠兰 | 退休 | 女 | 1951.11 | 1970.01 | 2006.11 | 一级播音员 |
| 13 | 孙淑霞 | 退休 | 女 | 1951.09 | 1973.08 | 2006.09 | 会计师 |
| 14 | 李天福 | 退休 | 男 | 1949.02 | 1969.02 | 2009.02 | 助理工程师 |
| 15 | 范秀霞 | 退休 | 女 | 1954.08 | 1978.12 | 2009.03 | 科员 |
| 16 | 张永柱 | 退休 | 男 | 1950.06 | 1970.02 | 2010.06 | 工程师 |
| 17 | 于丽萍 | 退休 | 女 | 1955.11 | 1975.11 | 2010.11 | 编辑 |
| 18 | 宋宗玉 | 退休 | 男 | 1950.12 | 1970.02 | 2010.12 | 助理工程师 |
| 19 | 焦叙尊 | 退休 | 男 | 1951.02 | 1970.01 | 2011.02 | 编辑 |
| 20 | 贺佩燕 | 退休 | 女 | 1956.07 | 1975.01 | 2011.07 | 助会计师 |
| 21 | 张明新 | 退休 | 男 | 1951.08 | 1970.12 | 2011.08 | 工程师 |
| 22 | 高寿明 | 退休 | 男 | 1951.08 | 1970.08 | 2011.08 | 高级政工师 |
| 23 | 元钦圣 | 退休 | 男 | 1951.11 | 1971.05 | 2011.11 | 编辑 |
| 24 | 姚永普 | 退休 | 男 | 1953.04 | 1974.10 | 2013.04 | 助理工程师 |
| 25 | 范西勤 | 退休 | 男 | 1953.10 | 1973.12 | 2013.10 | 正科 |
| 26 | 葛立度 | 退休 | 男 | 1954.01 | 1975.09 | 2014.01 | 助理工程师 |
| 27 | 邢述石 | 退休 | 男 | 1954.04 | 1979.09 | 2014.04 | 二级播音员 |
| 28 | 李培富 | 退休 | 男 | 1954.07 | 1978.07 | 2014.07 | 副科 |
| 29 | 叶 坤 | 退休 | 女 | 1959.09 | 1976.11 | 2014.09 | 主任播音员 |
| 30 | 王沛盛 | 退休 | 男 | 1955.03 | 1977.08 | 2015.02 | 编辑 |
| 31 | 孟祥惠 | 退休 | 女 | 1961.03 | 1982.07 | 2016.02 | 编辑 |
| 32 | 王德民 | 退休 | 男 | 1956.07 | 1974.12 | 2016.07 | 正科 |
| 33 | 张丙申 | 退休 | 男 | 1956.10 | 1974.12 | 2016.10 | 副处 |
| 34 | 邓兆林 | 退休 | 男 | 1957.03 | 1974.05 | 2017.03 | 助理工程师 |
| 35 | 姜言富 | 退休 | 男 | 1957.07 | 1975.11 | 2017.07 | 编辑 |
| 36 | 王培武 | 退休 | 男 | 1957.07 | 1975.12 | 2017.07 | 助理工程师 |
| 37 | 孙壮绪 | 退休 | 男 | 1958.01 | 1976.02 | 2018.01 | 助理工程师 |
| 38 | 元法杰 | 退休 | 男 | 1958.01 | 1975.11 | 2018.01 | 助理编辑 |
| 39 | 刘景贤 | 退休 | 男 | 1958.03 | 1978.01 | 2018.03 | 助理编辑 |
| 40 | 齐 敏 | 退休 | 女 | 1963.04 | 1982.12 | 2018.04 | 工程师 |
| 41 | 张 虹 | 退休 | 女 | 1963.05 | 1981.12 | 2018.05 | 会计师 |
| 42 | 李大庆 | 退休 | 男 | 1958.06 | 1978.06 | 2018.06 | 高级工 |
| 43 | 张旭堂 | 退休 | 男 | 1959.10 | 1980.03 | 2019.10 | 高级工 |

说明：截至 2019 年 11 月离退休人员共 43 人

## 一、昌邑市融媒体中心（局站）调出人员

昌邑市融媒体中心自1958年5月昌邑县广播站成立至2019年10月，共有77名工作人员先后调出。

1958年5月至1982年12月，王瑞卿、魏海波、彭凡武、魏培海、徐松、张杰、丁志仁、王功民、刘培梅、李成文、苑修善、张效修、马廷智、范少华、姜言荣、马祥五、于会川、柳秉洪、陆宗泉、闫福龙、赵宝信、刘敏生、吴克东、赵志平、严玲（女）、赵旭东、丁孝君、尹述年、柳玉秋、赵寿江、张述尧、刘维国、盛兆辉33名工作人员调出。

1983年1月至2009年12月，刘刚、苗增武、田晶（女）、孟彩云（女）、王存玉、王荣涛、乔爱萍（女）、王衡（女）、徐先德、张葆海、李海波、刘安明、赵健、孙绍志、王守芳、张明良、韩辅民、王建国、马宪君、夏旭东、王慧冰、刘常远、齐乃禹、孙培哲、刘洪智、刘万寿、张亦明、刘子成、刘崇佐29名工作人员调出。

2010年1月至2019年10月，夏建正、李恩惠（女）、赵赞江、董金洲、李苇、董凤章、李学文、王冰云（女）、刘正芳（女）、付娜（女）、孙江飞（女）、孙鹏波、陶志明、王卫卫（女）、魏腾飞15名工作人员调出。调出人员中，大部分走上领导岗位，老广播退休干部王功民曾任职内蒙古自治区国家税务局局长，是调出人员中职务最高的领导干部。

2019年4月14日，老广播退休干部王功民回昌邑春游

### 1950年至2019年10月昌邑市融媒体中心（局站）调出人员名单

表12

| 姓　名 | 性别 | 原职务 | 调出时间 |
|---|---|---|---|
| 王瑞卿 | 男 | 县广播站站长 | 1958年5月至1982年12月共调出33名工作人员 |
| 魏海波 | 男 | 县广播站负责人 | |
| 彭凡武 | 男 | 县广播站站长 | |
| 魏培海 | 男 | 县广播站站长 | |
| 徐　松 | 男 | 县广播站负责人 | |
| 张　杰 | 男 | 县广播站站长 | |
| 丁志仁 | 男 | 县广播站负责人 | |
| 王功民 | 男 | 县广播站编稿 | |
| 刘培梅 | 男 | 县广播站编稿 | |
| 李成文 | 男 | 县广播站编稿播音 | |
| 苑修善 | 男 | 县广播站编稿 | |
| 张效修 | 男 | 县广播站编稿 | |
| 马廷智 | 男 | 县广播站技术维修 | |

续表 12

| 姓　名 | 性别 | 原职务 | 调出时间 |
| --- | --- | --- | --- |
| 范少华 | 男 | 县广播站编稿 | 1958 年 5 月至 1982 年 12 月共调出 33 名工作人员 |
| 姜言荣 | 男 | 柳疃公社广播放大站负责人 | |
| 马祥五 | 男 | 卜庄公社广播放大站站长 | |
| 于会川 | 男 | 流河公社广播放大站负责人 | |
| 柳秉洪 | 男 | 卜庄公社广播放大站站长 | |
| 陆宗泉 | 男 | 卜庄公社广播放大站线务会计 | |
| 赵宝信 | 男 | 县广播站编稿 | |
| 刘敏生 | 男 | 县广播站编稿 | |
| 吴克东 | 男 | 县广播站编稿 | |
| 赵志平 | 男 | 饮马公社广播放大站站长 | |
| 严　玲 | 女 | 县广播站播音员 | |
| 赵旭东 | 男 | 县广播站编稿 | |
| 丁孝君 | 男 | 县广播站编稿 | |
| 闫福龙 | 男 | 县广播站编稿 | |
| 尹述年 | 男 | 办公室政工 | |
| 柳玉秋 | 男 | 县广播站机务员 | |
| 赵寿江 | 男 | 宋庄公社广播放大站站长 | |
| 张述尧 | 男 | 县广播站播音员 | |
| 刘维国 | 男 | 县广播站编稿 | |
| 盛兆辉 | 男 | 县广播站编稿 | |
| 刘　刚 | 男 | 县广播站机务员 | 1983 年 1 月至 2009 年 12 月，共调出 29 名工作人员 |
| 苗增武 | 男 | 县广播站机务员 | |
| 田　晶 | 女 | 县广播站机务员 | |
| 孟彩云 | 女 | 县广播站播音员 | |
| 王存玉 | 男 | 县广播站编稿 | |
| 王荣涛 | 男 | 电台编辑部主任 | |
| 乔爱萍 | 女 | 县广播电视管理局主管会计 | |
| 王　衡 | 女 | 电视编辑部编辑 | |
| 徐先德 | 男 | 电台编辑部编辑 | |
| 张葆海 | 男 | 电台编辑部编辑 | |
| 李海波 | 男 | 电视编辑部编辑 | |
| 刘安明 | 男 | 办公室打字员 | |
| 赵　健 | 男 | 电台编辑部编辑、音像管理（中层正职） | |
| 孙绍志 | 男 | 财务科 | |
| 王守芳 | 男 | 音像管理（中层正职） | |
| 张明良 | 男 | 电台编辑部编辑、音像管理（中层正职） | |
| 韩辅民 | 男 | 电台编辑部编辑 | |
| 王建国 | 男 | 电台编辑部编稿 | |
| 马宪君 | 男 | 昌邑电视台播音员 | |
| 夏旭东 | 男 | 编播股股长、编辑 | |

续表 12

| 姓　名 | 性别 | 原职务 | 调出时间 |
|---|---|---|---|
| 王慧冰 | 男 | 昌邑电视台播音员 | 1983 年 1 月至 2009 年 12 月，共调出 29 名工作人员 |
| 刘常远 | 男 | 县广播电视管理局工会主席 | |
| 齐乃禹 | 男 | 市（县）广播电视管理局副局长 | |
| 孙培哲 | 男 | 县广播电视管理局副局长 | |
| 刘洪智 | 男 | 县广播电视管理局副局长 | |
| 刘万寿 | 男 | 市广播电视管理局副局长 | |
| 张亦明 | 男 | 市委宣传部副部长、市广播电视管理局局长 | |
| 刘子成 | 男 | 昌邑电视台编辑 | |
| 刘崇佐 | 男 | 昌邑电视台编辑 | |
| 夏建正 | 男 | 市广播电视管理局副局长 | 2010 年 1 月至 2019 年 10 月共调出 15 名工作人员 |
| 李恩惠 | 女 | 市广播电视管理局副局长 | |
| 赵赞江 | 男 | 市委宣传部副部长、市广播影视中心主任 | |
| 董金洲 | 男 | 市广播影视中心副主任 | |
| 李　苇 | 男 | 市广播影视中心副主任、电视台台长 | |
| 董凤章 | 男 | 市委宣传部副部长、市广播影视中心主任 | |
| 李学文 | 男 | 昌邑电视台播音员 | |
| 王冰云 | 女 | 昌邑电视台播音员 | |
| 刘正芳 | 女 | 网络中心财务科科长 | |
| 付　娜 | 女 | 昌邑电视台编辑 | |
| 孙江飞 | 女 | 昌邑电视台播音员 | |
| 孙鹏波 | 男 | 昌邑电视台广告栏目部副主任 | |
| 陶志明 | 男 | 稽查科科长 | |
| 王卫卫 | 女 | 昌邑电视台编辑 | |
| 魏腾飞 | 男 | 办公室文书 | |

## 1989 年昌邑县广播电视管理局职工下放乡（镇）管理情况一览表

表 13

| 姓　名 | 性别 | 单位 | 备注 |
|---|---|---|---|
| 吴树祥 | 男 | 都昌镇广播电视站 | 站长 |
| 王桂臻 | 女 | 都昌镇广播电视站 | 工人 |
| 韩龙福 | 男 | 南逄乡广播电视站 | 站长 |
| 张乃臣 | 男 | 双台乡广播电视站 | 站长 |
| 范秀霞 | 女 | 双台乡广播电视站 | 农民合同制 |
| 徐兴圣 | 男 | 双台乡广播电视站 | 退休工人 |
| 郝克钧 | 男 | 柳疃镇广播电视站 | 站长 |
| 冯乐波 | 男 | 柳疃镇广播电视站 | 工人 |
| 付学金 | 男 | 柳疃镇广播电视站 | 退休工人 |
| 魏其富 | 男 | 龙池乡广播电视站 | 站长 |

续表 13

| 姓　名 | 性别 | 单位 | 备注 |
|---|---|---|---|
| 温希商 | 男 | 龙池乡广播电视站 | 退休工人 |
| 姜林一 | 男 | 李家卜乡广播电视站 | 站长 |
| 褚举邦 | 男 | 李家卜乡广播电视站 | 工人 |
| 初鹏飞 | 男 | 李家卜乡广播电视站 | 工人 |
| 张述启 | 男 | 青乡乡广播电视站 | 站长 |
| 张凤来 | 男 | 青乡乡广播电视站 | 退休工人 |
| 范顺龙 | 男 | 青乡乡广播电视站 | 退休工人 |
| 张仲武 | 男 | 青乡乡广播电视站 | 退休工人 |
| 刘宝坤 | 男 | 下营镇广播电视站 | 站长 |
| 朱松波 | 男 | 下营镇广播电视站 | 退休工人 |
| 尹同林 | 男 | 东冢乡广播电视站 | 站长 |
| 孙迎志 | 男 | 东冢乡广播电视站 | 工人 |
| 徐林庭 | 男 | 夏店乡广播电视站 | 站长 |
| 郭凤刚 | 男 | 夏店乡广播电视站 | 退休工人 |
| 孙廷信 | 男 | 夏店乡广播电视站 | 退休工人 |
| 陆帮启 | 男 | 卜庄乡广播电视站 | 站长 |
| 冯勤修 | 男 | 卜庄乡广播电视站 | 退休工人 |
| 王建信 | 男 | 仓街乡广播电视站 | 站长 |
| 张志成 | 男 | 仓街乡广播电视站 | 工人 |
| 宫祥训 | 男 | 仓街乡广播电视站 | 工人 |
| 王秉正 | 男 | 仓街乡广播电视站 | 退休工人 |
| 崔增新 | 男 | 围子镇广播电视站 | 站长 |
| 朱正茂 | 男 | 围子镇广播电视站 | 工人 |
| 窦天宝 | 男 | 流河乡广播电视站 | 工人 |
| 徐振坤 | 男 | 流河乡广播电视站 | 站长 |
| 冯玉瑞 | 男 | 流河乡广播电视站 | 工人 |
| 王学孟 | 男 | 宋庄乡广播电视站 | 站长 |
| 盖廷秋 | 男 | 宋庄乡广播电视站 | 工人 |
| 付宗才 | 男 | 石埠镇广播电视站 | 站长 |
| 孙明瑞 | 男 | 石埠镇广播电视站 | 退休工人 |
| 朱喜寿 | 男 | 饮马镇广播电视站 | 站长 |
| 刘振华 | 男 | 饮马镇广播电视站 | 农民合同制 |
| 刘绍宗 | 男 | 饮马镇广播电视站 | 工人 |
| 李兆森 | 男 | 饮马镇广播电视站 | 退休工人 |
| 陈少津 | 男 | 岞山镇广播电视站 | 站长 |
| 马德泽 | 男 | 岞山镇广播电视站 | 工人 |

续表 13

| 姓　名 | 性别 | 单位 | 备注 |
|---|---|---|---|
| 赵瑞章 | 男 | 岞山镇广播电视站 | 退休工人 |
| 王协臣 | 男 | 太保庄乡广播电视站 | 站长 |
| 于士军 | 男 | 太保庄乡广播电视站 | 农民合同制 |
| 鞠坤亮 | 男 | 北孟乡广播电视站 | 站长 |
| 李会孝 | 男 | 北孟乡广播电视站 | 工人 |
| 付传良 | 男 | 北孟乡广播电视站 | 退休工人 |
| 隋凤海 | 男 | 丈岭乡广播电视站 | 站长 |
| 谭敬国 | 男 | 丈岭乡广播电视站 | 工人 |
| 张国干 | 男 | 丈岭乡广播电视站 | 离休工人 |
| 谭信光 | 男 | 丈岭乡广播电视站 | 退休工人 |
| 朱智音 | 男 | 丈岭乡广播电视站 | 退休工人 |
| 王京华 | 男 | 塔耳堡镇广播电视站 | 站长 |

说明：原先在乡镇广播电视站工作的 58 名职工归县局统一管理

## 二、昌邑市融媒体中心（局站）去世人员

昌邑市融媒体中心自 1958 年昌邑县广播站成立至 2019 年 10 月，共有 12 名人员去世。1958 年 5 月至 2001 年 12 月，杨效春、王凤林、孙殿英、赵忠岱等 4 名人员去世。2002 年 1 月至 2019 年 10 月，陆安庭、张明升、杨效恕、谢吉明、史焕茂、阎鹏云、杨立志、高乃福 8 名人员去世。

### 1950—2019 年 10 月昌邑市融媒体中心（局站）去世人员一览表

表 14

| 姓名 | 性别 | 原职务 | 去世时间 |
|---|---|---|---|
| 杨效春 | 男 | 县广播事业局保管员 | 1958 年 5 月至 2001 年 12 月有 4 人去世 |
| 王凤林 | 男 | 县广播事业局线路员 | |
| 孙殿英 | 男 | 市广播电视管理局会计员 | |
| 赵忠岱 | 男 | 县广播事业局线路员 | |
| 陆安庭 | 男 | 县广播事业局副局长 | 2002 年 1 月至 2019 年 10 月有 8 人去世 |
| 张明升 | 男 | 县广播事业管理局局长 | |
| 杨效恕 | 男 | 昌邑人民广播电台台长 | |
| 谢吉明 | 男 | 市广播电视管理局线务员 | |
| 史焕茂 | 男 | 市广播电视管理局线务员 | |
| 阎鹏云 | 男 | 县广播事业管理局副局长 | |
| 杨立志 | 男 | 市广播影视中心副主任、电视台总编辑 | |
| 高乃福 | 男 | 县广播事业局线务员 | |

说明：在乡镇广播电视站工作的职工，1989 年下放到乡镇管理，魏其富、于士军、张仲武、刘宝坤、朱松波、朱正茂、郭凤刚、马德泽、李会效、赵瑞章、褚举邦、吴述祥、张凤来等 13 人先后去世，未列入此表

# 第七节　典型人物

## 一、王沛盛：不忘初心立新功

王沛盛

昌邑市融媒体中心退休离职老干部党支部书记、原昌邑市广播电视局副局长王沛盛退休不退志，不忘初心，牢记使命，积极工作，再立新功。他积极参加社团活动，深入挖掘地方文化，著书立说记录历史，当好版主踊跃发帖，走进校园精心讲课，组织党员开展活动，成为离退休人员中的活跃分子，多次获得上级机关的表彰奖励，赢得社会上的广泛赞誉。

积极参加社团活动。昌邑适合离退休人员活动的社团组织很多，王沛盛因年龄关系于2007年离开工作岗位。他在完成单位安排的工作任务后，积极参加社团组织活动。现任潍坊市、昌邑市关工委宣讲团成员、宣讲指导团成员，昌邑市委机关党工委关工委副主任、昌邑老干部党建研究中心主任、政协第十三届昌邑市委员会特约文史研究员、昌邑市行政审批制度改革咨询委员会成员、潍坊市红色文化研究会昌邑分会会员、昌邑市作家协会会员、昌邑市文山诗书社社员、山东老干部之家网站昌邑版主。并在这些组织中创造性开展工作，不断取得新的成绩。

深入挖掘地方文化。王沛盛走村入户，深入采访，查阅资料详细整理，从红色文化，古村名庄，历史故事等多个方面分类整理出一批作品，不断见诸报刊网站并获奖。在整理红色文化方面，所著《龙池伏击日本兵》《南去湛江探叔父》《烽火岁月话集东》《徐迈：从太平集到延安》均编入纪念册、专刊；在反映古村名庄方面，《追忆虫埠》《姜泊老宅》《历史悠久的柳疃丝绸》等故事被《联合日报》《春秋》杂志、《潍坊广播电视报》《潍坊日报·今日昌邑》《昌邑政协》等报刊和省市老干部网站采用；征文《小喇叭：从墙上挂到随身听》《昌邑电视“70”后》《鲜活灵动的故事文韵深厚的山阳》均获得二等奖。散文《绿茵叠翠靓昌城》编入《诗意画都·森林潍坊——潍坊市创建国家森林城市文学作品征文选》，有10余篇征文获得奖励，成为大家耳熟能详的作者。

著书立说记录历史。在编写书籍方面，参与中共昌邑市委　昌邑市人民政府安排的昌邑市大型文献资料《诚信·和谐——改革开放30年昌邑发展巡礼》编纂工作，社会科学文献出版社出版；参与《医疗医药保健大全》编辑，出版后成为单位和个人家庭珍藏品；专著《孙玉珂的故事》由华夏出版社出版；参与《昌邑公安发展史》《昌邑市老干部工作志》编纂，虽未出版，但留下珍贵历史资料；参与《昌邑市编办工作志》编辑，2019年1月印刷成书；主笔《昌邑广播影视志（1950—2019）》500余页78万余字，再现昌邑广播影视七十年发展历史，于2020年由方志出版社出版，全国公开发行。参与编写书籍7部，字数300多万字。

当好版主踊跃发帖。2012年开始，在市委老干部局安排下，开始向山东省老干部之家网站发帖，2014年由网站论坛元老升为省老干部之家网站昌邑版主。所撰写的反映昌邑关工委工作情况稿件《挚爱倾注下一代——昌邑市关工委工作纪实》，专题片《情暖夕阳红——昌邑市老干部工作纪实》，人物通讯《鸾凤和鸣醉晚霞》《匠心独运铸诗刊——记昌邑市文山诗书社主编窦在章》《挚爱倾注花朵间——记柳疃退休干部闫超云》《跻身文坛亦风流——记昌邑市计划生育局离岗干部赵凤虎》《精彩人生从60岁开始——退休干部魏金永》等文章被报刊网站采用，影响很大。2014年2月，受到中共潍坊市委离退休干部工作委员会、中共潍坊市委老干部局表彰奖励，被评为“全市离退休干部网上党支部论坛优秀个人”。

走进校园精心讲课。2016年，被聘为潍坊市关心下一代宣讲团成员和昌邑市关心下一代宣讲团成员，精心准备材料，走进学校对中小学生进行党史国史教育。先后走进奎聚小学、育秀学校、龙池初中等学校为师生讲《抗日战争时期发生在昌邑的故事》《文明礼仪常识》《龙池伏击日本兵》，听讲者3000人。讲课时认真备课，声情并茂，交流互动，力求达到最佳效果。在龙池讲课时，采用先讲时代背景、故事梗概、主要人物，然后听昌邑人民广播电台播音员播送的稿件，形式新颖，听众便于理解接受。在课堂上用历史故事阐明，在我们国家只有中国共产党领导，民族才有希望，国家才能富强，人民才能富裕幸福，教育青少年永远听党话，坚决跟共产党走，学好本领，将来为国家为家乡做出贡献。2019年被昌邑市关心下一代工作委员会、中共昌邑市委组织部、昌邑市精神文明建设委员会办公室被评为优秀“五老”志愿者。

组织党员开展活动。2019年5月，市融媒体中心党组织换届，王沛盛当选为退休离职老干部党支部书记。他创新老党员管理方式，党支部工作亮点纷呈，成效显著。建立电子台账，通过登门走访，电话、微信联络等多种形式，将退休离职老党员逐人重新登记，核实现住址、联系方式、生活情况，家庭情况、健康状况，建立录入电子台账。走访老党员，组织走访慰问中华人民共和国成立前参加革命的老党员离休干部张洪明，将学习书籍笔记和纪念章送到他家中。回忆革命路，组织老党员参观渤海走廊革命斗争陈列馆。参观结束以后，党员们写信息，制美篇，作诗歌，谈体会，党员生活空前活跃。党支部工作情况被市委组织部整理成典型材料，并以《不忘初心、牢记使命，老同志有话说》为题，发了一期公众号，推广了市融媒体中心老干部党支部工作经验。

王沛盛离开工作岗位以后，积极工作，无私奉献。先后被中共潍坊市委宣传部、中共潍坊市委市直机关工作委员会、中共潍坊市委离退休干部工作委员会、中共潍坊市委老干部局、潍坊市文学艺术联合会、潍坊市创建国家森林城市领导小组办公室、中共昌邑市委组织部、中共昌邑市委宣传部、昌邑市精神文明建设委员会办公室、昌邑市关心下一代工作委员会、中共昌邑市委市直机关工作委员会、政协昌邑市委员会、昌邑市旅游局等机关部门以及民间社团组织昌邑市作家协会、昌邑市文山诗书社等团体给予不同类别的表彰奖励。

## 二、张永柱：兢兢业业写人生

张永柱

张永柱（1950— ），男，围子街道宋庄社区梁部村人。中共党员，工程师。1970年2月在宋庄广播电视站工作，先后任过机务员、机线员、站长。1983年5月调县局先后任机务员、技术科副科长、科长，2010年退休。

他从事广播电视工作四十年如一日，刻苦钻研广播电视远程教育新技术，努力探求现代广播电视技术管理理论，出色地完成昌邑广播电视局交给的各项工作任务，在社会上和单位干部职工中享有一定的威信。多次受到省、市广播电视部门和昌邑市委市政府表彰奖励。被评为全省广播电视系统先进工作者、潍坊市广播电视十佳技术能手、潍坊市模范广播电视工作者、昌邑市专业技术拔尖人才、昌邑市职工劳动模范，15次获得中共昌邑市委市政府“模范工作者”“模范党员”“先进工作者”“记大功”“文明建设标兵”等奖励。

在宋庄工作期间，他研究成功遥控与自动发电和柴油机无水无机油自动停车装置及自适应4系统自发电自动转换器；自己动手设计安装了有线广播前置增音机和多功能控制台；土法上马试制成功水泥杆甩模，广播线路实现水泥杆化。

在市局期间参与太保庄电视转播台、昌邑城区有线电视工程、昌邑电视台、无线电台的建设，是昌邑广电局技术方面的主要骨干力量，完成多项工程任务。

积极参与技术革新和合理化建议活动，研制027 8G系列微波稳压电源、029 SONY BC－1WA充电器厚模块改造、交流稳压电源维修与改造、摄像机充电器延时保护器、经济实用的县市级广电会议系统、电视机房防火报警系统等项目，获山东省广播电视厅表彰奖励。

他爱岗敬业、无私奉献的事迹在《潍坊广播电视报》1992年第22期头版报眼以《小人物的事业心》刊登，同时在潍坊人民广播电台播出。

在管理工作方面制定切实可行的规章制度，定期检修测试设备，检查维护排除复杂的疑难技术故障，确保设备正常运行，实现昌邑电视台安全优质的播出，其经验在广播电影电视部《广播电视信息》杂志1996年第12期“事业与管理”栏目中刊发。

## 三、刘景贤：抒写时代精彩乐章

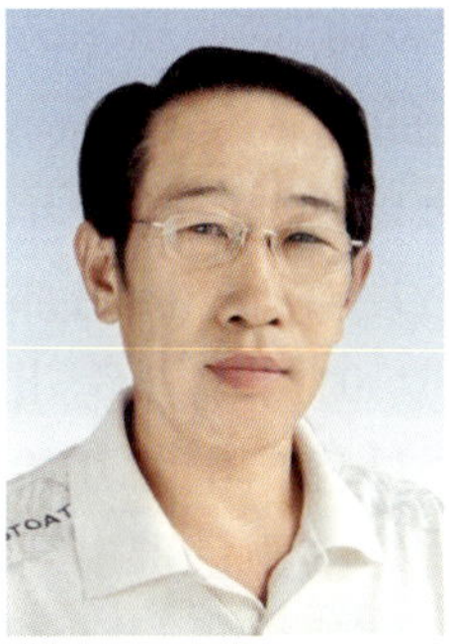

刘景贤

刘景贤（1958—），男，柳疃阎家庵村人。1978年入伍，1991年转业至昌邑广播电视局，从事新闻采编、专题片及文艺编导工作，历任昌邑人民广播电台编辑部主任、昌邑电视台撰稿、制片人、艺文赛事评委、大型文艺活动总导演等，获“昌邑市优秀宣传工作者”“潍坊市风筝节文展会先进个人”等称号。

系昌邑市作家协会会员、昌邑市音乐家协会艺术顾问、潍坊市红色研究会昌邑分会研究员、昌邑市非遗协会理事、中国柳疃丝绸文化博物馆主笔；中国音乐文学学会会员、中国大众音乐协会会员、中国音乐著作权协会会员。

共采写新闻3000余件，部分获全国、省市奖。歌词作品有《记者之歌》《世世代代绣红旗》《远方的妈妈听我告诉您》《健身秧歌调》《一壶龙吟醉古今》《家乡就像一支歌》《共同的记忆》《清风独舞》《我们手拉手》《离家的路》《彩霞故乡》《向日花儿追太阳》《第一书记赞》《春风十里只为你》《白衣礼赞》《远处传来芦笛声》《一路追寻一路歌》等22首，文艺作品先后获昌邑市政府奖、潍坊市政府奖、山东省政府奖、山东省电视艺术家协会一等奖、文化部文化大视野优秀文艺作品奖（最高奖）、“感动中国”新创词曲一等奖、中国大众音乐协会作词金奖等，获国家级奖18项，省级奖2项。

编导撰写电视专题片百余部集，担任《我们手拉手永远跟党走》《走过二十年》《京剧票友擂台赛》《义工晚会》《我和我的祖国》《春风十里只为你》等50余台大型晚会策划、执导、撰稿。义务为群众文化活动策划、任评委80余场。

为部门单位撰写专题片、单稿20个，为山东、潍坊、昌邑及昌邑市各局、各系统录制晚会20余场（任电视导演），执导MTV 3个（含微电影歌曲1个）。

担任昌邑市革命烈士纪念堂重新布展文案主笔、“柳疃丝绸文化博物馆”文案主笔。

参与渤海走廊革命斗争陈列馆的文物征集及走访工作，创作渤海走廊之歌《远处传来芦笛声》并执导微电影歌曲，该歌作为红色教育基地结束参观时必看节目。执导渤海走廊革命斗争陈列馆开馆快闪节目《我和我的祖国》排练、演出、录制。参与整理徐迈事迹展览馆红色歌曲《送别》《前线慰劳》的整理并组织录音。

## 四、宋凌晓：不负年华献忠诚

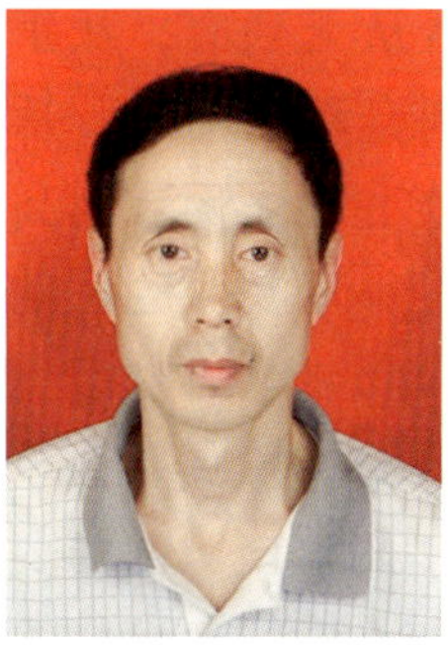

宋凌晓

宋凌晓，毕业于潍坊市劳动局第二技校电子班，1991年考入昌邑县广播电视管理局，在技术股从事有线广播机房维修、值班、共用天线和卫星地面接收站安装工作。

从1991年开始，参加建设了昌邑县第一个有线电视网、有线电视前端，架设有线电视第一条主干线，后在网络公司工程部和管理科从事有线电视材料保管员及有线电视维修工作，参与建设城区二号、三号主干线的架设及安装用户，架设有线电视前端到各乡镇分前端的光缆，建设、维修各乡镇分前端。

2001年，技术改进项目“关于农村有线电视电缆网络集中供电技术方案”“我市一号干线大面积用户低频段信号夜间出现严重火花干扰的排除”分别获得山东省、潍坊市广播电视合理化建议和技术改进奖。

2003年3月，宋凌晓在网络中心技术科工作，与科里的其他同事一起完成全市有线电视网的勘察、规划、设计、光缆熔接、主干线改造、城区和前端到各乡镇前端架空明线改入地下管网、主前端和各乡镇前端机房的搬迁工作。2010年年底开始，参与完成全市有线电视网络从模拟信号到数字信号的整体转换工作。同时认真完成全市利用有线电视网络进行传输的各项现场直播活动，保障全市有线电视网络安全运行。

2012年年底，回单位技术科工作。2013年3月至2019年在数字电视部工作，认真完成无线数字电视覆盖和应急广播各项审批工作。2018年年底省局批复并且下拨50万元无线数字电视覆盖建设资金，根据省局工作安排，2019年年底完成两个频率点的设备安装、调试、发射任务。

## 五、姜言同：技术领域锐意进取

姜言同

姜言同自1992年参加工作以来，一直坚守在技术播出一线岗位上，见证了电视台从无到有，从手动播出到自动化播出，从模拟到数字，从标清到高清，从两个模拟频道手动播出到六个频道的数字化自动化播出，并参与了设备的招投标、机房的设计、规划、施工，曾多次爬上81米高的发射铁塔参与检修。20余年的坚守和历练使他从一个不谙世事的学生逐步成长为播出部门的负责人，任劳任怨勤恳的工作得到了领导和同事的认可，1993年获评山东省安全播出先进个人，2011年获得山东省安全播出优秀机务员，多次获评山东省广播电视技术革新项目奖项和潍坊市局的奖励以及技术比武证书，带领播出同仁获得2012年山东安全播出先进集体称号。

姜言同记得，从上班的第一天起父亲就嘱咐他要好好干工作，争取干出一番成就。因此，他树立了一个坚定信念，暗下决心要成为技术精兵。除了平时严格要求自己值好班做好本职工作，他还充分利用闲暇时间学习维修知识，遇到不懂的问题向老科长张永柱等请教，有了长足进步，很快能独立维修电视和发射设备。有一次晚间值班时，发射机出现故障，两位科长都不在家，发射机停止工作，姜言同不等不靠，利用平时所学的知识，根据故障现象判断出故障的大概位置，用万用表一步步地测量，终于发现故障点，解决了问题，发射机重新开启，节目正常发射。

通过此次经历，姜言同更加认识到，只有平时多学习，才能在关键时刻显身手，体现出一个人的真正价值。如今，姜言同一如既往的奋战在播出一线岗位上，发光发热。

## 六、夏翠珍：技术战线上的女“尖兵”

夏翠珍

夏翠珍，女，1970年出生，中共党员，播出部副主任。1991年6月跨出校门入职昌邑广电。开始时在技术科主要负责电台和电视节目的播出、会议扩音服务、有线电视安装、设备维修。她忘不了每次会议服务时都会小心翼翼，忘不了和同事们一起建设下营的有线电视网，忘不了早上五点半就要电台值机，忘不了职业生涯中第一次被评为先进工作者获得奖励的情景。

后来，夏翠珍从电台值班调整到有线电视播出值班，2006年又到调频电台播出部。跟着厂家技术员学设备使用，培训值班人员，订立播出制度，每天忙碌而充实。就在这一年，她加入中国共产党。2008年科室调整，她负责电视播出工作，认真监听监看播出节目，把问题解决在萌芽状态，做到安全优质播出。

2011年起她兼任广播影视中心妇委会主任，求真务实，开拓创新，满腔热情地为妇女儿童办好事、实事，开创了单位妇女儿童工作新局面，2017年和2018年被市妇女联合会授予“三八红旗集体”称号。

多年来，夏翠珍始终工作在技术、播出一线，干一行爱一行，兢兢业业，恪尽职守，先后荣获省优秀机务员、昌邑市巾帼建功明星、昌邑市服务标兵、昌邑市好媳妇等称号，六次被评为潍坊市广播电视安全播出和技术维护先进个人。

### 七、孙大波：新闻战线耕耘者

孙大波

孙大波，昌邑市融媒体中心新闻部主任。1992年12月参加工作开始，一直在新闻部从事电视新闻工作。历任新闻部记者、副主任、主任职务。任新闻部记者期间，主要从事时政新闻的宣传报道。多次参加并完成了沿海风暴潮、扫黑除恶突击行动等急难险重宣传报道任务。参加过从1991年以来历年全市两会和绿博会的宣传报道。

个人多次受到上级表彰，作品也多次在省市两级评选中获奖。其中，2000年获评潍坊广播电视局宣传先进个人；分别获评昌邑市委市政府2006年度和2009年度全市宣传思想文化工作先进个人。作品《棉农的诺言》获省广播电视厅1994年度优秀作品评选二等奖；《小康村又订新标准》获2002年省广播电视学会二等奖；《化腐朽为神奇　实现资源的最大化》获省新闻工作者协会二等奖。

### 八、孙永泉：尽心尽力做贡献

孙永泉

孙永泉毕业于华北广播电视学校，1993年参加工作，2002年加入中国共产党，历任电台编辑部主任、调频电台广告部主任、《潍水两岸》电视栏目制片人、社会新闻部主任、电视新闻部副主任、外宣部主任、中心扶贫包村干部、党建办主任等职务。

孙永泉有较高的政治素质、文化素质和业务素质，工作兢兢业业、认真负责，对单位安排的各项工作重任，都能较好地完成，在电台编辑部期间，连续十年夺得省级外宣“十连冠”，获省电台集体记者一等奖。自担任党建办主任以来，认真学习和熟悉党务工作，担负好党总支的综合协调、组织建设、党员管理、督查考评等工作，为整个中心80多名党员、4个党支部做好统筹协调，任劳任怨，创造性开展工作，多次受到领导的表扬。个人曾先后获潍坊市广播电视宣传工作先进个人、昌邑市创建全国文明城市工作先进个人、昌邑市志愿服务先进个人等称号。

### 九、王文峰：勤勤恳恳锐意向前

王文峰

王文峰，山东大学电子工程系本科毕业，1999年参加工作、2007年9月加入中国共产党、2009年12月获得山东大学工程硕士学位。从参加工作以来，先后在技术科、广告中心、总编室工作。

王文峰无论在任何岗位上，都能做到任劳任怨，完成单位交付的各项工作任务，受到了领导和同志们的一致肯定。他参与的技术革新和宣传作品多次在省市评比中获奖，比如：技术革新项目“有线电视防雷”获得获得省技术改进二等奖，“昌邑电视台制播一体化网络设计及建设”获得省技术改进三等奖，“利用非线编系统组成局域网并实现硬盘自动播出方案”获得潍坊市技术改造一等奖等；电视作品《城乡环卫一体化建设文明新农村》获得省一等奖，《福瑞面业》获得省牡丹奖三等奖；在国家级刊物《电子技术与软件工程》发表论文《3G无线VPDN专网应用》，国家级刊物《科技创新》上发表论文《浅析有线电视系统防雷技术》。2019年6月被授予昌邑市优秀共产党员称号。

### 十、傅浩程：爱岗敬业写华章

傅浩程，1973年出生，柳疃镇人，中共党员，主任编辑。1992年参加工作，先后任技术

傅浩程

科机务员、新闻部记者、社会新闻部副主任、新闻部副主任、电台部主任。

傅浩程参加工作以后，爱岗敬业，不断加强政治和业务学习，完成北京广播学院（现中国传媒大学）电视节目专科函授学习。他在工作中任劳任怨，一丝不苟，保质保量地完成了各项新闻采编任务。在记者岗位上，每年采制新闻稿件250条以上，许多新闻受到社会各界的好评。他多次参与危险、突发事件和重大活动的采访报道，其中2003年10月，在特大风暴潮现场，冒着生命危险，在狂风巨浪中和其他两位同事奋战十几个小时拍摄下干部群众抢险救灾的场面。他精心制作了《绿色畅想》《昌邑环卫　精彩城乡》等20余部电视专题片，还认真做好外宣工作，平均每年在上级电视台发稿70余条，获潍坊广播电台优秀通讯员一等奖，山东广播宣传先进记者一等奖。他参与创作的《昌邑："还权赋能"激发农村发展新活力》《有难事　找老郭》等6件作品在全国广播电视节目评比中获奖，参与采编制作的《纺织之乡关织机》《村庄里有了保洁员》《女村官》等30多件作品在山东省和潍坊市广播电视节目评比中获奖。撰写的《搞活屏幕经济报道分析》《编好新闻画面　提高节目质量》《搞活经济报道　增强宣传效果》等多篇论文在《科技传播》《山东视听》等国家及省级刊物上发表。2004年、2005年傅浩程被授予"潍坊市广播电视宣传先进个人"称号，2017年被昌邑市人民政府授予"昌邑市专业技术拔尖人才"荣誉称号。

夏斐

## 十一、夏斐：宣传阵地上的铿锵玫瑰

夏斐，女，1984年3月18日出生，毕业于青岛农业大学传播学专业，硕士学位，中共党员。2007年10月至今在昌邑市融媒体中心工作。从业以来，主创的多部作品多次获得行业内国家级和省级奖项，于2011年获得山东省政府文艺最高奖"泰山文艺奖"。业务论文多次获奖，并发表于国内期刊和专业书籍中。

2007年12月至2014年9月，在《读书》栏目工作期间，曾任栏目编辑、制片人，制作优秀的文化节目以弘扬积极向上的人生观和读书观，为观众创造了一个交流分享的文化平台，作品《三杯茶》《父亲的半瓶酒》于2011年获得"泰山文艺奖"。在做好《读书》栏目的同时，创办潍坊市第一档少儿栏目《童声童趣》，为昌邑少年儿童开辟了一个展示其综合素质的电视舞台，丰富他们的业余生活，深受少年儿童喜爱。

2014年9月至今任新闻部副主任，从事《昌邑新闻》栏目的组织策划、新闻采访、新闻编导等工作。她坚持正确舆论导向，爱岗敬业，求真务实，积极研究广播电视新闻业务，探索栏目创办技巧，力求电视新闻栏目策划精良、内容精彩，力争工作出亮点、出成绩，圆满完成各项宣传工作。工作中受到领导和同事的好评，先后获得"潍坊市优秀共青团员""昌邑市双拥工作先进个人""昌邑市三八红旗手"等称号。

## 十二、姜莲莲：一片赤诚在电视

姜莲莲

姜莲莲，1981年出生，2004年9月入职昌邑电视台，成为栏目主持人。十余年来，她在宣传一线，从一名普通的播音员主持人成长为集采、编、播于一身的复合型制片人，相继获得"昌邑市三八红旗手""昌邑市文明市民""潍坊市消防安全形象代言人""昌邑电视台工作标兵"等称号。

姜莲莲先后主持了《经济生活》《文山杏坛》《昌邑360》等十余档电视栏目，策划《健康在线》《说法》《安全365》等多个栏目，连年参与策划执导一些大型活动，创造了良好的社会效益。她以身作则，团结奋进，带领的团队——广告中心栏目部被评为“昌邑市巾帼文明岗”“昌邑电视台先进部室”。

姜莲莲参与拍摄制作的《酒后驾车　害人害己》《金色的希望》《低钠盐推广》《公益之光》等作品在全国、全省、潍坊市电视节目评比中获奖，其中《相伴月光下》《交警时空》分别获得中国广播电视协会颁发的二三等奖。

## 十三、李慧娟：做美好声音的行者

李慧娟

李慧娟，广播频率FM103.3主播，在广播中的艺名叫芳园。从事广播事业已经有11个年头，从2009年一开始踏入岗位的《温馨点歌台》和2010年创办过电台新闻节目《听天下》《体坛风云》以及从2011—2016年以来主持的音乐类节目《巅峰音乐》《就听好歌不听话》和聊天类节目《天天闲磕牙》。电台节目风格的不同，要求主持人灵活多变，在这几年，她都勇于挑战节目风格，大胆创新，在市级、省级参评中，多次得奖。她主持的《昌邑龙门阵》《四点半之声》《天天闲磕牙》等节目，受到了听众的一致好评。

她常说，先做好“人”才能做好“主持人”。所以，工作中和同事齐头奋进，共同努力，电台部在2019年获得了昌邑市三八红旗团体，在广电系统的节目评比中也多次获奖。

从2018年起，电台和关工委合办了校园类栏目《四点半之声》，这档节目从策划、制作到播出，主要是她在负责，到现在已经播出了节目162期。用她的话来说，这不仅仅是一档栏目，更是一份沉甸甸的事业。

李慧娟发起“主播进校园”活动，向学生传授诵读、普通话等知识，如今她和同事已经到过石埠、卜庄、柳疃等地10多所学校，受到孩子们的热烈欢迎。

多年来，她相继参与主持了春节联欢晚会、唱响昌邑、广场舞大赛、昌邑首届半程马拉松比赛、庆祝国际志愿人员日盛典演出、创业大赛等活动，个人获得了“昌邑三八红旗手”、昌邑市“巾帼建功明星”等称号。2019年《四点半之声》主播进校园项目成为潍坊市最佳志愿服务项目。

## 十四、李连冰：砥砺奋进的新闻人

李连冰

李连冰，2009年起先后在《昌邑360》《昌邑新闻》栏目担任记者，后担任新闻部副主任、昌邑新闻栏目制片人。

自参加工作以来，他多次参与策划报道重大时政、经济、民生类活动报道，除从事《昌邑360》《昌邑新闻》《一周新闻回顾》采编工作之外，还参与拍摄制作了关于昌邑撤县设市20周年、乡村文明、工业化转型、双拥工作等专题汇报片10余部，努力扎实的工作得到了领导和同事的肯定，被单位评为优秀电视宣传工作者，获得了昌邑市优秀共青团员、山东广播电视台宣传先进记者二等奖等称号。

多年来，李连冰积极参加省、市级组织的各类电视新闻评奖活动，并取得优异成绩，为单位争得了荣誉。其中，《昌邑不请明星大腕“节俭”办会》《昌邑：“智慧”引领城市转型发展》，《五名风暴潮遇险船员被成功解救》等作品在山东省、潍坊市电视新闻节目评比中获奖。

## 十五、魏芳：十年历练绽芳华

魏芳

魏芳，女，1984年出生，大学本科毕业。2008年进入昌邑电视台担任记者，后任社会新闻部副主任至今。

魏芳曾被派往潍坊电视台实习锻炼，2010年回到台里成为民生新闻栏目《昌邑360》的记者。多年记者生涯，大到市级盛会绿博会、各种重大活动，小到老百姓的鸡毛蒜皮柴米油盐等，参与制作的新闻稿件达3000多件。其中，多件作品参加了省、市级奖项的评选。其中，《神人自称能治百病骗人钱财莫上当》《轮椅上的书报摊》《赶海的大姐》《七岁流浪女孩丽丽》等作品在山东省和潍坊市广播电视节目评比中获奖。个人多次获得单位先进个人，优秀新闻记者等称号。担任《昌邑360》采访组组长及部门副主任后，既要做好统筹工作，和同事们一起研究选题，安排采访任务，还要深入一线采访。辛苦付出总有回报，在大家的共同努力下，《昌邑360》节目保证了每天采制任务的完成，无事故播出。参与创作的《小区停车问题多合理化解停车难》《古稀老人要入党》分别获山东省、潍坊市优秀电视新闻节目二、三等奖。

梁峰

## 十六、梁峰：牢记使命献青春

梁峰，男，1981年出生，中共党员，昌邑市融媒体中心团委书记。2006年进入昌邑电视台，开始了主持人和记者的职业生涯。十几年的荧屏经历让他和电视观众结下了不解之缘，先后主持过山东电视台唱响山东走进绿博会演出、唱响昌邑、春晚等重大活动。他主持民生新闻栏目《昌邑360》亲切自然，形成自己的风格。

梁峰热衷公益事业，积极加入义工组织，身体力行，经常捐款捐物帮助他人，并主持了数百场公益活动。他组建了昌邑市广播电视台志愿服务团，与多家志愿者协会合作，把广电义工精神传播到四面八方。

在团委工作中，他倡导开展多个主题爱心活动。“春风行动”和“暖冬工程”成为品牌公益项目，坚持为老人、孩子、弱势群体实实在在做好事，还在十所中小学建立起“爱心图书室”。同时，充分调动广大团员青年的积极性和主动性，激扬青春风采，播洒青春气质，奉献青春力量。2017年评为昌邑市五四红旗团委，2018年评为潍坊市五四红旗团委，2019年评为山东省五四红旗团委。梁峰先后获山东好青年、潍坊十佳义工、潍坊市最美志愿者、昌邑市慈善先进个人、昌邑好人标兵、昌邑市优秀共青团干部等多个荣誉称号。

潍水晨光（摄影 李俊海）

# 第二编　广　播

# 第一章　广播事业发展

## 第一节　昌邑县收音站

1950年10月，昌邑、昌南两县遵照中央人民政府新闻总署《关于建立广播收音网的决定》、省政府的部署和昌潍区的安排，均建立收音站。收音站设在县委宣传部，宣传部干部兼任收音员。

两县收音站建站时只有1名工作人员，1间平房、1台5042型电子管超外差式收音机，1部放大器，1只高音喇叭，1台油印机。平房外立1根5米高木杆，上安蛛网状接收天线。

收音站建立之后，宣传业务由党委宣传部领导，业务技术工作由山东人民广播电台负责指导。主要任务是每天收抄中央人民广播电台的记录新闻和济南人民广播电台的新闻，送交县委领导参阅；有重大活动时，组织干部群众收听广播。

收音员每天5点半就起床听省台报告全天节目，直到22点抄完中央台第二次记录新闻才入睡。收音员除经常和省台联系外，还与兄弟县利用电话联系，交流工作情况和经验，校对收抄记录新闻中的错别字、漏字，确保记录新闻准确无误。

收音员及时组织干部收听中央台和省台的专题讲座，抄收记录新闻，把这些材料提供给领导干部，使广大干部群众及时了解时事消息，了解时局并熟悉政策，提高工作积极性，同时也使群众受到爱国主义教育，鼓舞群众抗美援朝保家卫国及土改生产热情。

1956年，昌邑、昌南两县合并为昌邑县，收音站合并为1个。两站的设备合在一处。

1958年3月15日昌邑县广播站正式成立，收音站撤销。

收音站在宣传党的方针政策、抗美援朝、土地改革、农业互助合作等重大运动和为农民服务方面，发挥了不可替代的作用。

## 第二节　昌邑县广播站

1957年，昌邑县成立“昌邑县广播站筹备委员会”，县长张瑛任筹委会主任。县广播站的站址选在昌邑县人民委员会（现昌邑宾馆）机关院后、明代王士仪沟西段荷花湾东岸。陈洪秋负责基建工作，站内建设两排平房，砖瓦结构，共10间，建筑面积180平方米。

前排为办公室和编播组，后排为机房、小播室和会议室。机房内安装从山东人民广播电台购置上海产TY250/1000型500瓦电子管扩音机2部，简易控制桌1张和钢丝录音机1部。小播室内安装着简易播音桌和广播员播音用的话筒、留声机，大播室主要供县委领导开广播会议使用。广播站除收转中央及山东人民广播电台节目外，自办节目由播音员对着话筒直播。以300米铁线通向邮电局，借用电话线对各公社进行广播。

1958年3月15日，昌邑县广播站正式成立，“五一”晚上7点开始播音。呼号为“昌邑县广播站”。对于新开播的广播站人们充满新鲜感和神秘感。开播时收听者10万人，成为全县“五一”三大喜事（县报社成立、县广播站开播、县发电厂建立）。

1960年全县14个公社全部建起简易广播放大站，1969年公社广播放大站全部建成二级馈电广播放大站，转播中央及省、地、县广播站的节目信号。1970年全县实现有线广播专线传输。1976年1月，昌邑县广播事业管理局成立，与昌邑县广播站合署办公。

## 第三节　昌邑人民广播电台

1986年，昌邑县广播电视管理局向县委、县政府和上级业务主管部门提出《关于昌邑县广播站改为昌邑人民广播电台的申请》。当时县广播电视管理局的干部职工已由原来的5人增加到71人，广播设备设施达到部颁乙级标准，全县22个乡镇已全部建立广播站，基本具备站改台的条件。县委、县政府对站改台工作非常重视和支持，县政府对站改台申请做出批复。1986年6月1日，山东省广播电视厅批复同意昌邑县广播站改称昌邑县人民广播电台。

建台执照

批准昌邑县人民广播电台自一九八六年六月十五日起正式播音。

山东省广播电视厅
一九八六年六月一日

1986年6月，山东省广播电视厅发给昌邑县广播电视管理局建台执照

1986年6月15日，昌邑人民广播电台建成开播。电台的信号仍旧使用原来的广播信号线传输。站改台后，每天由建站之初的每天晚上播音1次增至每天早午晚3次播音，分别为5:55—7:55、11:25—12:25、17:25—20:50，全天播音6小时30分，节目也由单一型向多样化迈进，除收转上级台节目外，还开辟《昌邑新闻》《为农民服务》《文山南北》《潍河两岸》《今日半小时》《卫生与科技》《经济节目》等10余个固定栏目。由于电视的普及，全县广播喇叭逐年减少，入户率逐年降低。1994年，昌邑有线广播电台自办节目陆续停办，只转播上级台节目。2003年4月，有线广播电台停止播音。

2006年9月12日，昌邑人民广播电台调频频道建成并正式开播，调频频率为103.6兆赫，覆盖全市及周边县市区数百万名受众。

昌邑人民广播电台调频开播时，除转播中央、山东电台的新闻节目外，还开设多档直播节目和录播节目。广播节目从5点55分开始播音到23点结束，全天不间断播出17个小时。2012年延长到24小时，在播出时间上实现无缝隙播出。

2017年元旦，电台对广播栏目进行全新改版，精办《昌邑新闻》《昌邑龙门阵》《健康好滋味》《熟读深思》《四点半之声》《天天闲嗑牙》等新闻、文化、生活、音乐、评书类十几档栏目，还开设《爱于心践于行公益宣扬》栏目，邀请130余人走进电台的录播间，你一言，我一语，好声音、正能量在昌邑大地广泛传播。持续举办的活动更是扩大广播的影响——最美笑容评选、我对电台说句话、峻青诗歌朗诵会、阅读日赠书、母亲节送鲜花、全城派送、儿童节送礼物、父亲节征文、青少年诵读等，同时创办“昌邑之声”微信公众号，运作爱心团、车友团、吃货团、观影团，专门组建20余人的听评

1986年电台播音室

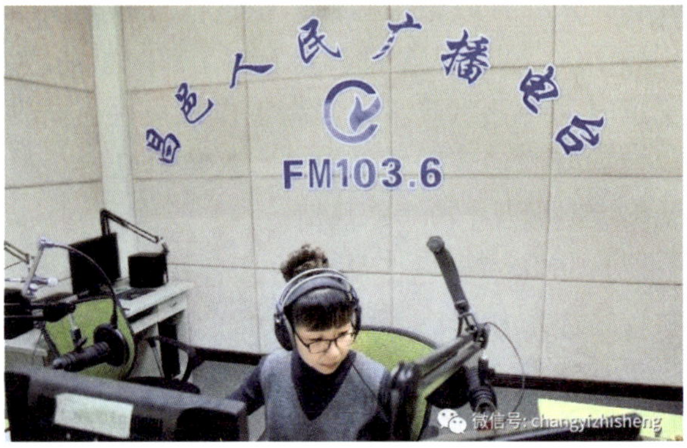


2018年电台播音室

员队伍，也在不断提升着电台的节目质量，扩大着电台影响力和美誉度。

2018 年 11 月 1 日，昌邑广播频率根据上级主管部门要求，由 103.6 兆赫改为 103.3 兆赫，播出栏目不变。

附 1：

## 昌邑人民广播电台建成开播

1986 年 6 月 27 日，举行昌邑县人民广播电台开播典礼，山东省广播电视厅、潍坊市广播电视局、各县市区广播电视局，昌邑县委、人大、政府、政协及各乡镇各部门（单位）的领导出席开播典礼仪式。会议由县政府副县长王培竹主持，山东省广播电视厅地方广播网处处长刘仁象、潍坊市广播电视局局长刘佃甲、县委副书记江尔生在会议上讲了话，县市区广播电视局代表安丘县广播电视局局长任玉东致贺词，县局局长尹海瑞在会议上介绍了昌邑概况和广播电视发展情况。

1986 年 6 月 27 日，昌邑人民广播电台开播典礼现场

附 2：

## 昌邑人民广播电台（调频台）建成开播

2006 年 5 月，昌邑市广播电视管理局筹建昌邑调频广播电台工程正式启动。局成立了由局长张亦明为组长，分管副局长为副组长，局技术科科长、财务科科长、办公室主任为成员的筹建工作领导小组。技术科科长张新立具体负责调频台的设备考察和筹建工作。调频台的设备订购采用网上公开招标的形式，并在网上发了公告。

公告发出之后，有关人员便与有关厂家联系订货，通过调查论证，公开竞标，最后确定选用杭州杭源电视设备有限公司和苏州众信广播电视设备有限公司的产品。2006 年 7 月设备到位，7 月 22 日试播成功，9 月 12 日正式开播。调频台发射机功率 1000 瓦，频率 103.6 兆赫，覆盖半径 35 公里。在太保庄设有转播台，发射机功率 1000 瓦，频率 94.5 兆赫，覆盖半径 35 公里，总投资 60 多万元。

9 月 12 日上午，昌邑市广播电视管理局举行调频台开播仪式。开播仪式在电台办公楼前（原市报社办公楼）举行，昌邑市委常委、宣传部部长周娟主持开播仪式，潍坊市广播电视局局长姜言义在开播仪式上讲了话，市人大常委会党组书记、副主任曹昕庆致辞，潍坊电视台、潍坊人民广播电台、潍坊有线台、潍坊广播电视报社及昌邑市各乡镇（街办）、市直各单位、各部门的有关负责人到会祝贺。昌邑市广播电视管理局局长张亦明在开播仪式上介绍了电台筹建情况：1958 年 5 月 1 日，昌邑县广播站建成并正式开播。1986 年 6 月 15 日，昌邑县广播站经山东省广播电视厅批准改为昌邑人民广播电台，当时为有线广播。到 1994 年，昌邑有线广播电台自办节目陆续停办，只转播上级台节目。2003 年 4 月，有线广播电台全面停播。近几年来，随着形式的发展，广播以其传播迅速、收听方便、覆盖面广、感染力强等独特优势，深得群众喜爱。为了充分挖掘和利用好广播这一媒体资源，尽快满足社会各界朋友和广大人民群众希望听到昌邑广播节目的愿望，进一步扩大昌邑新闻宣传的影响力，实现广播与电视的同步发展，从 2006 年年初开始，昌邑局专门组织人员到兄弟县市区学习考察，积极借鉴办台的成功经验，经过反复研究论证，拟定了建立昌邑调频广播电台的方案。

经昌邑市委、市政府和潍坊市广播电视局批准，建立昌邑人民广播电台调频频道的筹备工作自2006年3月开始，经过近四个月的艰苦努力，昌邑人民广播电台调频频道于7月22日正式试播。其调频频率为103.6兆赫，覆盖全市及周边县市区数百万受众。在栏目设置上，除转播中央人民广播电台、中央电视台、山东人民广播电台及潍坊电台的节目外，还开设了《社会广角》《昌邑新闻》《一路畅通》《健康有约》等15个栏目。广播节目从5点55分开始播音到23点结束。全天不间断播出17个小时。经过近两个月的试播，从录音、导播到直播设备运行良好，达到了预期目的。

2006年9月12日，昌邑人民广播电台调频频道开播仪式

十几年来，昌邑市的电视事业也有了长足的发展，新闻队伍不断扩大，到2002年电视节目从录制到制作播出全部实现了数字化。《昌邑新闻》栏目也从2005年5月1日起实现了全面改版，由原来的两天一次改为每天一次，增加了信息量，提高了收视率。为进一步解决昌邑电视台办公拥挤、设施陈旧的状况，提升节目制作的现代化水平，2006年5月份，电视台有关部室及演播室、制作室等机房迁到电业商务大厦办公，总面积达2190平方米，为电视宣传工作创造了一个良好的工作环境。

2010年，昌邑市宏远有线广播电视网络中心与广播电台一起迁至现在的广电大厦办公，为有线电视网络的发展营造了广阔的空间。

昌邑调频广播电台的建立，填补了昌邑市广播电视发展史上的一项空白，满足了人们收听昌邑广播节目的需要，成为昌邑市广播电视发展历史上一个重要的里程碑。

# 第二章　乡镇广播电视站的建立与发展

## 第一节　公社广播放大站

1958年，昌邑县广播站建立以后，公社广播放大站相继建立。1959年城关、围子、夏店、岞山、柳疃、龙池、卜庄、饮马、北孟9个公社先后建起公社广播放大站。

1960年，双台、东冢、宋庄、石埠、丈岭5个公社广播放大站相继建立。到年底，全县14个公社全部建起广播放大站。

1962年5月，将城关人民公社西南部34个生产大队划出，另立王耨人民公社，同时建立王耨公社广播放大站。

1964年，析石埠人民公社东部，另立柳河人民公社，同时建立柳河公社广播放大站。

1969年城关、王耨、围子、夏店、岞山、柳疃、龙池、卜庄、饮马、北孟、双台、东冢、宋庄、石埠、柳河、丈岭16个公社广播放大站更名为公社革命委员会广播放大站。

1980年，从柳疃人民公社分出青乡人民公社，从围子人民公社分出仓街人民公社，从丈岭人民公社分出塔耳堡人民公社。新增设的青乡、仓街、塔耳堡人民公社同时设立广播放大站。

1982年，王耨人民公社改称南逄人民公社，王耨公社广播放大站改称“南逄公社广播放大站”。

1983年5月，从岞山公社和丈岭公社划出部分村庄，成立太保庄公社。同时设立太保庄公社广播放大站。至此全县共有 20 个公社广播放大站。

## 第二节 乡镇广播电视站

1983 年乡改，全县 20 个人民公社改成 20 个乡镇。城关、围子、柳疃、石埠、饮马、岞山 6 个镇和南逄、双台、龙池、青乡、东冢、夏店、卜庄、宋庄、仓街、流河、北孟、太保庄、塔耳堡、丈岭 14 个乡。公社革命委员会广播放大站改称乡镇广播放大站。

1984 年，塔耳堡撤乡设镇。塔耳堡乡广播放大站改称塔耳堡镇广播放大站。同年乡镇广播放大站更名为乡镇广播电视站。

1985 年，从城关镇北部划出 39 个行政村，另立李家埠乡，城关镇更名都昌镇，从东冢北部划出 5 个行政村，另立下营镇。新设立的 2 个乡镇同时设立广播电视站。

1985 年，全县有都昌、围子、柳疃、石埠、饮马、岞山、塔耳堡、下营 8 个镇广播电视站和南逄、双台、龙池、青乡、李家埠、东冢、夏店、卜庄、宋庄、仓街、流河、北孟、太保庄、丈岭 14 个乡广播电视站，共 22 个乡镇广播电视电视站。

1989 年，乡镇广播电视站下放到乡镇党委、政府管理。

# 第三章 广播网络

## 第一节 县(市)级网络

### 一、1958—1965 年

昌邑县广播站建站初期，县至公社的广播传输干线，主要利用电话线路。利用电话传输广播不仅影响通话，且使用广播时间很受限制。中央邮电部和中央广播事业局联合通知规定，利用电话线广播，原则上每天不超过三小时。遇到特殊电话（如重大案件、重要军事活动等），还需随时停播。

### 二、1966—1979 年

1966 年秋开始，与公社协商，采取联合投资，由公社集体负担木杆，大队出工，县站供线并负责施工的办法，建设县至公社的广播专线。同年 11 月架设县站至夏店的广播线路，用木杆 230 根，铁丝 1600 公斤，全长 15 杆公里。这是全县第一段广播专线。随后推广夏店的经验，全县掀起架设广播专线的热潮。

1969 年，县广播事业经费列入财政预算，事业发展经费有保障。至 1970 年，全县共架设县至柳疃、龙池、双台、城关、王耨、围子、卜庄、夏店、东冢、宋庄、石埠、流河、饮马、岞山、北孟、丈岭 16 处公社的广播线路八条。其中，河西片 3 条，县站→柳疃→龙池；县站→双台；县站→城关→王耨。河东北片 2 条，县站→围子→卜庄；县站→围子→夏店→东冢。河东南片 3 条，县站→围子→宋庄→石埠→柳河；县站→围子→宋庄→石埠→饮马→岞山；县站→围子→宋庄→石埠→饮马→北孟→丈岭。实现了有线广播线路专线化。在全县广播专线建成的基础上，开始逐段将杂木杆更换成水泥杆。

### 三、1980—1985 年

1980 年，昌邑县新设青乡、仓街、塔耳堡 3 个公社。1982 年，王耨公社改称南逄公社。新设 3 处公社后，又将柳疃至青乡，围子至仓街，丈岭至塔耳堡的乡村网路改造成县级网路。

1983 年，昌邑县新设太保庄公社，同年社改乡，又将岞山至太保庄的村级网路改造成县级网路。

1985 年，昌邑县新设李家埠、下营 2 个乡镇后，新架县站至李家埠的广播专线，并将东冢至下营的村级网路改造成县级网路。至此全县22个乡镇，共架设县至乡镇广播专线11条：

河西片5条，县站→李家埠；县站→柳疃→龙池；县站→柳疃→青乡；县站→双台；县站→都昌→南逄。

河东北片3条，县站→围子→卜庄；县站→围子→仓街；县站→围子→夏店→东冢→下营。

河东南片3条，县站→围子→宋庄→石埠→柳河；县站→围子→宋庄→石埠→饮马→岞山→太保庄；县站→围子→宋庄→石埠→饮马→北孟→丈岭→塔耳堡。

从1970年开始到1980年，全县实现有线广播线路水泥杆专线化。全长167杆公里，296双线公里。

### 四、1986年以后

1986年以后，没有架设新的广播线路，主要按照部颁标准搞好广播线路标准化建设。对过村镇、路口、弯道的线杆加高整固，将田间6米水泥杆更换为7～8米水泥杆，更新线条、铁件、瓷瓶，搞好线路日常维护。

1989年10月1日，昌邑县委机要局利用广播线路向各乡镇发送传真文件，1992年年底停用。

有线广播网络为以后发展有线电视奠定基础，在路由方面提供方便，其有线广播的线路图与有线电视线路图相同。

## 第二节　乡镇级网络

### 一、第一次广播网普及

昌邑县广播站建站初期，公社以下的广播线，全部利用公社至大队的电话线，在公社驻地和大队安装喇叭。其余不通电话的大队，无法通播。根据中央广播事业局提出的“先到村庄，后到院户”的建网方针，1959年，为解决不通电话大队无法通广播的问题，经县委、县政府研究决定，采取所需物料和小工由各社队各自负担，广播站组织架线施工的办法，解决队队通广播的问题。到年底全县16个公社，751个大队、3357个生产队全部通上广播。全县安装广播喇叭总数5340个。这是全县第一批乡村广播专线和社队用户喇叭。

### 二、第二次广播网普及

1960年以后，由于三年经济困难，农村经济困难，加之广播网发展上的冒进，施工质量低劣，以致造成大批线路瘫痪，喇叭不响。根据党中央关于“调整、巩固、充实、提高”的国民经济方针，从1963年开始，广播站把广播网建设的重点转到了整顿恢复线路，治响喇叭方面。首先加强了广播管理队伍建设，建立专业与业余相结合的广播管理队伍，大力开展了整顿架线活动。各公社配备专职广播管理员，当年恢复广播。随着公社广播放大站的建立，农村广播网发展较快，广播喇叭发展到3.8万只。

### 三、第三次广播网普及

从1970年开始，为了让群众听好有线广播，昌邑县掀起架设广播专线的高潮。1970—1973年，全县共架设乡村广播专线985杆公里，2444线公里。实现有线广播专线化。

1979年，昌邑县按照相关文件关于“谁建设由谁投资，归谁所有，由谁管理维护”的指示精神，各公社在统一规划，统筹资金、统一管理维护的原则下，筹集大量资金，投入乡村网路建设。到1980年各公社至大队的广播专线实现水泥杆专线化。

广播专线的架设，为发展小喇叭提供有利条件。1970年全县广播喇叭发展到8万个，1971年发展到11万个。1972年全县广播喇叭发展到13万个，广播通播率达到100%，喇叭入户率达95%，是小喇叭入户率较高的年份。进入80年代，全县814个行政村，广播入村率100%，喇叭入户率90%以上。

附：报摘

### 广播迷

王沛盛

1970年，25岁的陆帮启跻身于昌邑县卜庄乡广播站。一上岗就迷上了广播技术。所做的第一件事就是攻读《农村有线广播技术手册》，两年间结合实践写下了上万言的学习笔记，由外行变成了架线、整网、使用维修设备的行家里手。不久被提为技术员、站长。1981年，他调到柳疃镇，刚把广播工作搞上去，又被调到新分设的仓街乡任站长。这个乡的基础差、资金缺，广播工作难起步。为发展事业，他宁肯叫家里过紧日子，也慷慨地把自己一年的工资全都花在广播上。两年后摘掉了仓街乡广播落后的帽子，被县局评为先进单位。

1983年，他重返卜庄乡。根据农民的要求，他率先办起了自办节目。和农民讲党和国家的方针政策，谈法律知识，说勤劳致富的道道，介绍本乡的新人新事，为全乡的政治安定和经济发展做出了积极贡献。

风风雨雨20个春秋，银线一根根延伸，喇叭一只只落户，可他因常年施工在外，餐风饮凉，患了严重胃病，去年5月份胃部手术刚愈，他又拖着虚弱的身子按时上班，他离不开自己迷恋的岗位。

荣誉不负迷心人，在他的努力下，卜庄乡广播站荣获市级“文明乡镇广播站”称号，站办节目获得市一等奖，省优秀奖，他连续八年被市和县评为先进工作者。然而，他并没有因此而骄傲，而是对广播更迷了。

《潍坊广播电视报》1990年4月5日第13期

## 青乡乡积极发展广播事业

王沛盛

昌邑北部的青乡乡，有线广播在八六年还很落后，广播宣传不能满足农民在实行大包干责任制形势下收听广播的需要，乡党委也吃够了广播不通的苦头。

一九八七年，县委、县政府在全县党代会、精神文明建设会和宣传教育工作会议上正式提出“全县广播入村率要达到百分之百，喇叭入户率要达到百分之九十以上”的具体任务指标。乡党委也感到有线广播是新形势下乡委用来传达政令、指导工作、联系群众唯一的现代化宣传工具，农民也主要靠小喇叭来获取当地信息，必须积极稳妥地发展有线广播事业。

为搞好广播事业建设，乡委把此项工作列入了党委工作的重要议事日程和创建文明村庄的条件。分工一名副书记和宣传委员具体抓，采取了乡包乡至村广播专线的架设维护，村包村至户广播专线的架设维护，户包喇叭的购置使用。层层建立广播网络建筑维护责任制，村村落实广播喇叭管理员，定期检查各村村内广播网，年年评选有线广播先进村等一系列行之有效的措施，坚持不懈地抓了有线广播事业的建设维护和管理工作。

第一年，乡投资四万元新架了乡至村的广播线路，第二年喇叭入户率迅速提高，第三年广播喇叭全面普及。三年时间，全乡用入办广播的投资达十多万元，建成了一个片片线路新，村村标准网，户户喇叭响，标准较高的有线广播网路。全乡广播入村率达百分之百，喇叭入户率达百分之九十二，乡驻地主要街道安装了广播音箱，跨入了有线广播先进乡镇行列。

《潍坊广播电视报》1989年11月2日第44期

### 省钱 省力 速度快 效果好

## 昌邑县利用有线广播召开万人大会

王沛盛

10月27日，昌邑县委、县政府召开广播大会，传达贯彻党的“十四大”会议精神。

十四大代表女火化工刘爱珍介绍了十四大盛况，县委书记赵俭讲了县委对于贯彻落实十四大精神的意见。各乡镇村两委以上党员干部及县直全体党员在全县23个会场听取了会议实况。22个分会场数万名与会人员都听得一清二楚。会后，县长王福亮说：“利用有线广播开大会，乡镇干部不用跑县城，既节约时间，又有利于工作，县财政还省下数万元的会议费。有线广播作用大！”

《潍坊广播电视报》1992年11月4日第45期

# 第四章 广播网管理

## 第一节 管理体制

昌邑县广播站建站初期至1965年，线路完全借用电话线，线路的维护由广播、邮电两家共同承担，所有权归邮电局。

1973年，有线广播实现专线化。广播网建设所需资金采取国家、集体、个人分别负担的办法。县广播站设备、县至公社的广播线路、公社广播放大站内的机器设备由县财政拨款县广播站负责建设，县、社两级共同维护。公社至大队的广播网路，由公社统一筹集资金，统一规划建设，统一维护管理，归集体所有。村内网路由使用单位筹资，统一规划建设，社队两级共同维护，归生产大队集体所有。用户喇叭和引线由用户自己负担，归用户所有。

1987年春天，昌邑县召开党代会，县委书记赵风池在会议上提出了全县广播入村率要达100%，喇叭入户率90%以上的具体指标要求，重申农村有线广播事业建设继续贯彻地方财政、集体、个人分别负担的原则。

## 第二节 广播收费

1965年，县广播站依据上级有关文件规定，联合县财政局印发《关于收取广播喇叭收听费的办法和广播管理员工资报酬规定的通知》，开始收取广播喇叭收听费，每只喇叭每月收费0.2元。村里由村管理员收取，交到公社广播放大站。公社广播放大站收齐以后统一交到县广播站。县广播站统一掌握，调剂使用。公社广播管理员的工资，从收听费中开支。

## 第三节 广播管理员

昌邑县社队级网路的管理维护，开始主要由农村业余广播管理员负责，其劳动报酬，有的村给予务工补贴，有的给予记同等劳力的工分。1967年1月，夏店公社实现广播管理四落实。四落实指公社领导分工负责落实；广播管理制度落实；大队广播管理员落实；大队广播管理员的报酬落实。夏店公社的经验，很快在全县推广。

1975年，全县16个公社751个生产大队，广播管理员队伍859人。一般每大队1名，较大村队2～3名，县广播站统一登记造册，定期组织培训，主要任务是负责大队网路、喇叭的管理维修。

1979年，公社放大站根据工作需要又增加亦工亦农社办管理员45名，加上正式职工50名，每社平均6名，实行分线包片管理模式。

1989年，宋庄乡实行两条线一人管，村电工兼广播管理员。塔耳堡镇与治安联防队、广播站等有关单位签订了保护线路的合同，广播线路由治安联防队看管。

附：报摘

### 塔耳堡镇治安联防队管广播线路

王沛盛

去年，昌邑南部的塔耳堡镇接二连三地发生广播、电话和农电线路被盗案件，一个很好的广播网络，一年时间被破坏的支离破碎。新架的广播线马上又被盗去。

镇委镇政府筹集资金1.4万元，修复了有线广播网。并且与治安联防队、广播站等有关单位签订了保护线路的合同。明确规定：新架好的广播网络由治安联防队看管，发生线路被盗由治安联防队包赔一切损失。如管理的好，年底由广播、邮电、农电三单位联合出资5000元，对治安联防队工作人员进行奖励。责任明确后，治安联防队组织力量很快破获了两起破坏广播线路的遗留案件，大张旗鼓地对违法分子进行了严肃处理，震慑了犯罪，教育了群众，一举刹住了破坏线路的歪风。

《潍坊广播电视报》1989年10月12日第41期

## 第四节 线路涂油

从1970年开始，为了延长线路寿命，在全县开展线条涂油和更新水泥杆活动。1973年春，昌潍地区广播局召开全地区广播站负责人会议，学习推广烟台地区荣成县广播线涂油防腐的经验。县广播站还组织人员到寿光参观学习，组织召开了线路涂油培训班，明确任务，落实责任。县至公社线路涂油由县广播站负责，各公社至大队的广播线路涂油由各公社广播放大站负责。至年底，县至公社167杆公里，296双线公里广播线路全部涂油，公社至大队1574.43公里广播线路涂油794.92公里。

## 第五节 明暗整网

1979年2月22日，全县因冰凌遭受严重损失，许多线杆折断。在灾后恢复广播网过程中，各公社广播放大站采取明暗整网相结合的办法，村外采取明杆明线或埋设地下线，进村则不用电杆，线路过街走屋山，巷内走墙缝，进院走屋檐下，促进恢复广播的进程。

为提高网路传输质量，建设标准广播网，县广播站先在围子公社密城、孟家等大队做出样板。标准是用户喇叭有开关、避雷器、喇叭盒、限流电阻，村内网不靠墙、树和其他线路。然后举办各公社管理员培训班，全县重整标准网，全县13万个喇叭，有95%的达到收听标准。

## 第六节 广播电视双入户

1991年3月，县广播电视管理局召开乡镇广播电视站站长会议，传达潍坊市广播电视局关于发展广播电视双入户的意见，提倡条件好的村庄开展电视和广播信号双入户。因昌邑广播基础条件较好，特别是下营镇村数少，只有东营、西营、裴家、吕家、李刘5个行政村及镇驻地职能部门，居住相对集中，便于试点。潍坊局和县局商定，在下营试点，创建全省第一个广播电视双入户镇。

1991年9月，潍坊市广播电视局副局长崔茂公、潍坊注塑厂有线电视器材分厂科长张中伟、昌邑县委宣传部副部长韩庆林、县局副局长王沛盛、技术科科长张永柱一行10余人，到下营镇政府召开专题会议，共同研究创建广播电视双入户镇有关事宜，得到了镇党委、镇政府积极支持。

会议决定，下营镇负责搞好组织部发动，筹集工程所需资金；潍坊局技术人员和注塑技术人员完成总体方案设计；潍坊注塑厂负责器材供应和新器件研制；技术科负责基础数据提供和工程施工；镇广播电视站协助技术科工作。建立了由7人组成的工程施工领导班子。县局：尹海瑞、王沛盛、张永柱；下营镇：宣传委员丁振峰、广播电视站站长刘宝坤；潍坊市局副局长崔茂公；潍坊注塑厂张中伟。县局办公室主任谢吉林负责后勤保障，技术科在安排好值班和会议服务的前提下，张永柱带队，马君福、葛立度、张新立等骨干技术力量靠上，组成了15人的施工队伍。

会后，各项工作迅速展开，前端设计、网路勘察、对多家器材供应商器材进行性能测试等工作同步推进。1992年1月11日，施工人员进驻工地，5月底竣工。整个工程投资50多万元，建立地面卫星接收天线2座，更新了传输线路，全镇2171户，安装1956户，入户率90%以上，网内传送昌邑、潍坊、山东、四川、中央电视台2套和自办一套共7套节目。工程技术质量达到设计标准，成为山东省首个有线广播电视双入户先进典型。

附：报摘

## 昌邑石埠镇建立有线电视网三级管理责任制

王沛盛

本报讯　昌邑市石埠镇对有线电视网实行镇、村、户三级管理责任制，保证了有线网的正常运行，促进了事业的发展。

石埠镇党委政府把发展有线电视事业列入“民心工程”，当作精神文明建设的一项重要内容来抓。今年初在制订总体规划和年度发展计划的基础上，成立了领导小组，明确落实了各成员单位的责任。

现已入网的石埠东村、葛西村，成立了由村主任、村会计、村电工组成的管理小组，具体负责本村有线网的管理工作。

为明确各入网户的管理责任，石埠东村、葛西村村委会还同有线电视用户签订了合同。合同规定：村民必须服从管理小组统一管理，不准私自乱拉乱接，如发现或查出从严处罚。同时还规定，用户必须自觉维护线路，发现故障及时报告，在谁的房屋范围内由谁负责。

《潍坊广播电视报》1999年9月8日

## 第七节　抗灾斗争

1979年2月22—23日，一场冰凌，全县广播线路造成严重损失。县站信号线折断水泥杆183根，木杆176根，倒杆断线也很严重，致使广播网路瘫痪，被迫于2月22日晚停播。

针对这一严重情况，县广播站立即向县委作了汇报。县委指示宣传部通知各公社党委组织群众抢修线路；县财政拨发抗灾经费5000元，用于恢复广播；县建筑公司赶制水泥杆大力支援救灾。全站28名工作人员，留下1人值班，27人参加抢修。奋战4天，于2月27日晚接通广播。这是历史上罕见的特大灾害。与兄弟县市区局相比，抢修时间提前10天。

## 第八节　修蒲东大坝架广播线路

1987年10月，昌邑县委、县政府组织10万人上阵，修筑蒲东防潮大坝。县广播电视管理局按照县委、县政府部署，提前在工地上架设广播线路，安装高音喇叭，搞好宣传报道。县委宣传部副部长韩庆林带队，县局局长尹海瑞经常到工地指导，副局长王沛盛，电台台长刘洪智，办公室主任谢吉林，线务股股长李献强、副股长宋宗玉，线务股人员葛立度，王培武、赵述军、刘少宗，编播股股长夏旭东，编稿王建国，电视记者郝勇，机务股股长李天福，机务员刘崇恩，播音员邢述世，司机李大庆，文化局作家高志辰等骨干力量吃住在工地，每天工作十多个小时，顶风雨、战海潮，架设维护广播线路12.6公里，按时完成了架线、宣传等工作任务。

1987年10月，昌邑县广播电视宣传、工程技术人员在北海大坝工地合影（前排左起：邢述世、王建国、夏旭东、郝勇、刘洪智、韩庆林、王沛盛、高志辰、谢吉林；后排左起：刘崇恩、赵述军、司机、司机、宋宗玉、李献强、葛立度、王培武、刘少宗）

## 1976年12月31日昌邑县各公社有线广播线路统计表

表15

| 公社名称 | 公社至村广播专线 | | | | | | | |
|---|---|---|---|---|---|---|---|---|
| | 杆公里 | | | | 线公里 | | | |
| | 已建 | | | 待建 | 已建 | | | 待建 |
| | 合计 | 水泥杆石杆 | 木杆 | | 合计 | 涂油 | 地下线 | |
| 城关 | 66 | 8.3 | 57.7 | — | 91 | — | — | — |
| 王耨 | 53 | 8 | 45 | — | 170 | 65 | 2 | — |
| 双台 | 65 | 36 | 29 | — | 80 | 41 | — | — |
| 柳疃 | 72 | — | 72 | — | 106 | 70 | 1 | 4 |
| 龙池 | 34.15 | 7.5 | 26.65 | 1 | 46.5 | 4 | 0.5 | 6 |
| 东冢 | 43.5 | 8 | 35.5 | — | 102 | 45 | 0.6 | — |
| 卜庄 | 55.5 | 8.5 | 47 | — | 88.5 | 29 | 1 | 15 |
| 夏店 | 28 | — | 28 | — | 36 | 34 | 2 | — |
| 围子 | 84 | 26 | 58 | 3 | 173 | 110 | 6.8 | 7 |
| 宋庄 | 38.05 | 15.16 | 22.89 | 12 | 86.83 | 10.02 | 12 | — |
| 石埠 | 21.6 | — | 21.6 | — | 44.9 | 39 | — | — |
| 流河 | 30 | — | 30 | — | 37.3 | 10 | 2 | — |
| 饮马 | 62.5 | 11 | 51.5 | — | 87 | 57.5 | — | — |
| 北孟 | 60 | 1.5 | 58.5 | — | 85 | 20 | — | — |
| 岞山 | 114.8 | 8 | 106.8 | — | 225.4 | 210.4 | — | — |
| 丈岭 | 73 | 6 | 67 | — | 115 | 50 | — | — |
| 合计 | 901.1 | 143.96 | 757.14 | 16 | 1574.43 | 794.92 | 27.9 | 32 |

## 1976年12月31日昌邑县各公社有线广播喇叭统计表

表16

| 名称 | 大队总数（个） | 总户数（户） | 喇叭总数（个） | 入户喇叭数（个） | 入户率（%） | 高音喇叭数（个） |
|---|---|---|---|---|---|---|
| 城关公社广播放大站 | 73 | 11357 | 11536 | 10786 | 95 | 90 |
| 王耨公社广播放大站 | 34 | 4813 | 5300 | 4813 | 100 | 29 |
| 双台公社广播放大站 | 34 | 8600 | 8400 | 8100 | 96.4 | 53 |
| 柳疃公社广播放大站 | 70 | 10545 | 7800 | 7100 | 67 | 35 |
| 龙池公社广播放大站 | 27 | 6416 | 6200 | 5900 | 93 | 31 |
| 东冢公社广播放大站 | 36 | 6332 | 5930 | 5815 | 91 | 38 |
| 卜庄公社广播放大站 | 43 | 7483 | 7061 | 6598 | 81 | 65 |
| 夏店公社广播放大站 | 43 | 4838 | 5035 | 4873 | 97 | 22 |

续表 16

| 名称 | 大队总数（个） | 总户数（户） | 喇叭总数（个） | 入户喇叭数（个） | 入户率（%） | 高音喇叭数（个） |
|---|---|---|---|---|---|---|
| 围子公社广播放大站 | 80 | 13567 | 13680 | 13410 | 98.8 | 50 |
| 宋庄公社广播放大站 | 42 | 6824 | 6528 | 6290 | 92 | 49 |
| 石埠公社广播放大站 | 29 | 5913 | 5365 | 4986 | 84 | 30 |
| 流河公社广播放大站 | 31 | 3935 | 3677 | 3457 | 88 | 27 |
| 饮马公社广播放大站 | 42 | 8936 | 7556 | 7172 | 80 | 48 |
| 北孟公社广播放大站 | 29 | 9147 | 7335 | 7135 | 78 | 30 |
| 岞山公社广播放大站 | 62 | 13300 | 13290 | 13065 | 98 | 69 |
| 丈岭公社广播放大站 | 74 | 12700 | 12700 | 12300 | 97 | 65 |
| 合计 | 749 | 134706 | 127393 | 121800 | 90.4 | 731 |

说明：通播率为100%

## 1959—1997年部分年份昌邑县广播喇叭情况统计表

表 17

| 年度 | 杆公里 | 线公里 | 乡镇（公社） | | 村庄（大队） | | 喇叭数（个） | 入户率（%） |
|---|---|---|---|---|---|---|---|---|
| | | | 放大站数（个） | 能播率（%） | 通播数（个） | 通播率（%） | | |
| 1959 | — | — | 9 | 9 | — | — | 5340 | 4 |
| 1969 | 834 | 1466 | 16 | 100 | 751 | 100 | 38000 | 28 |
| 1970 | 834 | 1466 | 16 | 100 | 751 | 100 | 80000 | 58 |
| 1971 | 834 | 1466 | 16 | 100 | 751 | 100 | 110000 | 84 |
| 1972 | 834 | 1466 | 16 | 100 | 751 | 100 | 130000 | 94 |
| 1976 | 834 | 1466 | 16 | 100 | 749 | 100 | 127393 | 90.4 |
| 1977 | 834 | 1466 | 16 | 100 | 749 | 100 | 127744 | 90.1 |
| 1981 | 834 | 1466 | 19 | 100 | 814 | 100 | 125558 | 88.6 |
| 1987 | 834 | 1466 | 22 | 100 | 814 | 93 | 104103 | 70. |
| 1991 | 958 | 2444 | 22 | 100 | 814 | 90 | 122600 | 90.4 |
| 1992 | 958 | 2444 | 22 | 100 | 814 | 81 | 112000 | 84 |
| 1993 | 958 | 2444 | 22 | 100 | 814 | 78 | 104248 | 73 |
| 1994 | 958 | 2444 | 22 | 100 | 814 | 72 | 101696 | 66 |
| 1995 | 958 | 2444 | 22 | 100 | 814 | 69.1 | 100720 | 62 |
| 1996 | 958 | 2444 | 22 | 100 | 814 | 56.5 | 73500 | 42.6 |
| 1997 | 958 | 2444 | 22 | 100 | 814 | 38.8 | 37800 | 23.8 |

说明：1981年昌邑有141714户

# 第五章 广播设备

## 第一节 昌邑县广播站设备

昌邑人民广播电台设备的发展经历了一个从落后到先进的发展过程。

### 一、1958—1965 年

昌邑县广播站广播设备是从山东人民广播电台购置上海产 TY250/1000 型 500 瓦电子管扩音机、简易控制桌、钢丝录音机、留声机、“钟声牌”录音机、简易播音桌、前置增音控制桌和广播员播音用的话筒。传输方式是有线传输，与当时的邮电部门共用电话线，传到乡镇广播站，再次放大传到家庭的纸盆有线小喇叭，音质受到较大干扰。

昌邑县广播站建站初期使用的录音机、扩大机和发电设备

### 二、1965—1985 年

随着科技发展，广播事业迎来发展机遇，1982 年新添置手提式较为轻便的 601 开盘录音机，广播节目由直播改为录播，有线广播线路实现水泥杆专线化，广播节目不受干扰，收听效果达到标准要求。

### 三、1986—2005 年

1986 年 6 月 15 日，昌邑县广播站改为昌邑人民广播电台（仍为有线），换 TY 型 500 瓦老式电子管扩音机为新式 CB2x250-1 型 500 瓦电子管扩音机及其配套前置播控桌。改自制电源配电柜为定点厂家生产的 DY-1 型新式电源配电柜。信号输出配电柜为新式的与 CB2x250-1 广播机配套的 SP-2 型新式配电柜。增添了新式 602 开盘录音机。1992 年 8 月，购进了新型电台播控桌西湖 GK-86-1 型 1 台和扩音机，广播设备全面更新、升级、换代，播出故障大大减少，音质、音色俱佳，各项电气指标达到部颁标准，保证了有线广播信号的优质、安全播出。

## 第二节 昌邑人民广播电台设备

2006 年，昌邑市广播电视管理局投资 344.5 万元购买原昌邑市报社办公楼作为广播电台和网络中心的办公用房。9 月 12 日，昌邑人民广播电台调频频道正式开播。调频台发射

2011 年，昌邑人民广播电台播音员在播出节目

机功率1000瓦，频率103.6兆赫，覆盖半径35公里。在太保庄设有转播台，发射机功率1000瓦，频率94.5兆赫，覆盖半径35公里，总投资60余万元。

电台发射设备采用杭州杭源电视设备有限公司生产的1000瓦广播调频发射机。节目制作设备采用苏州众信广播电视设备有限公司生产的直播调音台、电台服务器（数字音频工作站）、电台控制机、音频处理器。发射天线采用杭州产垂直极化缝隙天线，与发射机配套使用。

音频制作是非线性的编辑系统，全自动按节目单播出，省去人力切换录音带，也减少人为播出失误。此后，录制、采访、播出设备更加先进，数字化设备迅速普及，数字调音台，数字录音笔、电话耦合器等都在昌邑人民广播电台应用。

## 1950—2019年部分年份昌邑市广播站设备添置情况一览表

表18

| 年份 | 设备名称 | 型号 | 数量 |
|---|---|---|---|
| 1950 | 5042收音机、小型扩大机 | — | 2台 |
| 1958 | 上海产TY500瓦电子管扩音机 | 1000型 | 2台 |
| 1958 | 录音机 | — | 1台 |
| 1958 | 简易播音桌 | — | 1个 |
| 1960 | 上海产TY500瓦电子管扩音机 | 1000型 | 1台 |
| 1960 | 前置增音控制桌 | — | 1个 |
| 1969 | 195柴油机 | — | 1台 |
| 1969 | 7.5千瓦发电机 | — | 1台 |
| 1986 | 扩音机 | CB2x250-1型 | 1台 |
| 1986 | 广播中心控制桌 | — | 1个 |
| 1986 | 电源配电柜 | DY-1型 | 1个 |
| 1986 | 输出配电柜 | SP-2型 | 1个 |
| 1986 | 功放立柜 | 西湖GY-2502-16型 | 1个 |
| 1986 | 开盘录音机 | 602型 | 2个 |
| 1992 | 电台播控桌 | 西湖GK-86-1型 | 1个 |
| 1992 | 扩音机 | CB2x250-1型 | 1台 |

## 2006—2018年昌邑人民广播电台设备添置一览表

表19

| 设备名称 | 型号 | 产地 | 数量 | 购入时间 |
|---|---|---|---|---|
| 调频广播发射机 | SHD-1000w | 杭州杭淳电视设备有限公司 | 2台 | 2006.07 |
| 发射天线 | 缝隙垂直极化 | 杭州杭淳电视设备有限公司 | 2副 | 2006.07 |
| 直播调音台 | SOUNDCRAFT | 苏州众信广电设备有限公司 | 1台 | 2006.07 |
| 电台服务器 | — | 苏州众信广电设备有限公司 | 1台 | 2006.07 |
| 电台控制机 | — | 苏州众信广电设备有限公司 | 1台 | 2006.07 |
| 音频处理器 | SLAGC-1110 | 苏州众信广电设备有限公司 | 1台 | 2006.07 |

续表 19

| 设备名称 | 型号 | 产地 | 数量 | 购入时间 |
|---|---|---|---|---|
| 电台自动播出系统（主） | 发射机、处理器、调音台、服务器等 | 山东秋妍信息科技有限公司 | 1 套 | 2018.04 |
| 电台自动播出系统（备） | 发射机、处理器、调音台、服务器等 | 山东秋妍信息科技有限公司 | 1 台 | 2018.04 |

## 第三节　乡镇广播电视站设备

昌邑县乡镇广播电视站由公社广播放大站沿革而来。其设备、设施自 1958 年建站至 1992 年以前都是由乡镇（公社）党委、政府统一筹集资金逐年添置、配备。

### 一、1958—1970 年

1958 年，昌邑县广播站建站初期，实行一级馈电制。县广播站用两架 500 瓦电子管扩音机将广播信号通过邮电线路送到各公社，直接带着为数不多的高音喇叭和小喇叭，各公社还没有广播设备，开始酝酿、筹建广播放大站。

1959 年，经昌邑县人民政府批准，城关、围子、夏店、岞山、柳疃、龙池、卜庄、饮马、北孟等 9 个公社首批建成广播放大站。其他 5 个公社添置广播扩音设备。站址设在公社党委大院内，1 间平房，既做广播机房，又做宿舍和办公室。卜庄、围子两个公社配备国产 500 瓦扩大机 1 部、动圈话筒 1 个、交流唱片机 1 台；城关、夏店、岞山、柳疃、龙池、饮马、双台、东冢、宋庄、石埠等 10 个公社各配备上海产“美多”牌 130 瓦扩大机 1 部、动圈话筒 1 个、交流唱片机 1 台；北孟、丈岭 2 个公社各配备 40 瓦扩大机 1 部、动圈话筒 1 个、交流唱片机 1 台。

1960 年，双台、东冢、宋庄、石埠、丈岭 5 个公社广播放大站相继建立，至年底 14 个公社全部建成广播放大站。放大站广播馈电通过电话总机机房的倒换搬闸由电话线路送到用户。转播、照明未设独立电源，分别由水力发电站和社办工业的发电设备提供电源。

因昌邑县南北狭长，县广播站送到南部的广播讯号达不到技术要求。为解决这个问题，1963 年，县站在饮马公社广播放大站安装上海产 TY250/1000 型 500 瓦电子管扩音机 1 部，将县站讯号扩大后送至南部社队。

1969 年，16 个公社广播放大站全部建起二级馈电放大站，多数在公社革委会院内，一般 3 至 5 间平房，办公室 1 间、广播机房 1 间、仓库 1 间、发电机房 1 间，房屋紧张的仓库和发电机房共用。广播放大站一般配供电设施一套，即 12 马力柴油发动机 1 台、7.5 千瓦或 10 千瓦发电机 1 台及其配件。除城关外，15 个公社全部配备发电设施。

1970 年，昌邑县 16 个公社有广播扩大机 16 部，总功率 4400 瓦。

### 二、1971—1990 年

1971 年，各公社购置广播设备出现高潮，16 个公社有广播扩大机 25 架，总功率 10870 瓦。

1972 年，县电力部门开始向公社送电，公社放大站陆续使用县电力供电。各公社广播放大站仍保留自备电源，县停电时，自发电供电。直到 1984 年 16 个公社广播放大站全部改用县电力部门供电。

1976 年，16 个公社广播放大站已拥有广播扩大机 36 架，总功率 16480 瓦，发电机 15 台，133.5 千瓦，动力机 15 台 176 马力。各公社广播放大站的机器设备配套比较齐全，一般有前置增音机 1 架、动圈话筒 1～3 个，交流电唱机 1 部、三用电表 1～3 块、广播输出配电柜 1 架、馈送变压器 1 台，还有立杆、架线用的铁鞋、腰带、电烙铁、焊锡等工具材料。

1977 年，16 个公社广播放大站拥有广播扩大机 42 架，总功率 17950 瓦，广播扩音设备基本配套。

1983 年社改乡，20 个公社广播放大站改称乡（镇）广播放大站。1984 年，乡镇广播放大站改称乡镇广播电视站。

1989年，为适应改革后农村有线广播事业的需要，乡（镇）党委、政府筹集资金，陆续为本各乡镇广播电视站配备了符合技术标准要求的广播设备。

### 1990年以后

1990年，柳疃、龙池、青乡、卜庄、围子、宋庄、石埠、饮马、岞山、太保庄、丈岭11处乡镇广播电视站更新了设备，更新的设备主要有CB2x250广播机每站3架和与之配套的电源配电柜、信号输出配电柜、播控桌各1架（台），1991年经潍坊市广播电视局验收合格，被命名表彰为潍坊市级先进乡镇广播电视站。

1991年，都昌、夏店、双台、下营、南逄、北孟、仓街、东冢、李家埠、塔耳堡、流河11个乡镇广播电视站按照建设先进乡镇广播电视站的要求，全部更新了站内设备，1992年经潍坊市广播电视局检查验收合格，被命名表彰为潍坊市级先进乡镇广播电视站。

### 附：报摘

## 这里广播电视喜讯多

王沛盛

11月16日，昌邑县广播电视局从上海一次购进新型扩大机21部，自动稳压电源柜4部，一线多用输出柜4部，多功能播控桌4部。

11月22日，该县已有12处乡镇广播站按市政府规定标准，广播设备全部更新、达标、配套。

11月26日，该县在太保庄筹建的电视差转台塔基落成，春节正式开播。

11月28日，围子至石埠15公里县至乡镇的广播信号主线路更新改架完工，线路质量达到部颁标准。

11月30日，石埠镇金台村投资万元办广播，新上了550w扩大机。录音机等大功率多功能设备。

12月10日石埠镇成立电视报道组，配齐了摄录像设备，计划在春节前建成电视差转台。

……

一条条广播电视的喜讯，不胫而走，广为传颂。但大家并没忘记为带来这些喜讯日夜操劳的人们。县委书记赵凤池，重视经济，狠抓教育，但从没忘记抓广播电视。大小会议反复讲，下乡办公具体研究。在石埠召开农田基本建设现场会时，他也特意请乡镇党委书记们参观广播站。

县委副书记翟振序，自担任县广播工作领导小组组长以来，坚持常抓不懈。半年多时间，为广播工作发了〔1990〕14号文件、5份指导性的信息，开了8次不同类型的会议，搞了两次工作检查，掀起了大办广播的热潮。

县委县政府抓广播，乡镇干部热广播，基层群众爱广播，许多干部和群众都成了广播迷。

只因有了诸多广播迷，才出现——昌邑县广播电视喜讯多。

《潍坊广播电视报》1990年12月19日第50期

### 1959年昌邑各公社广播放大站设备情况一览表

表20

| 名　称 | 广播机（瓦） | 数量（个） | 备　注 |
|---|---|---|---|
| 城关公社广播放大站 | 130 | 1 | 1959年建站 |
| 双台公社广播放大站 | 130 | 1 | 1960年建站 |
| 柳疃公社广播放大站 | 130 | 1 | 1959年建站 |
| 龙池公社广播放大站 | 130 | 1 | 1959年建站 |
| 东冢公社广播放大站 | 130 | 1 | 1960年建站 |

续表 20

| 名　称 | 广播机（瓦） | 数量（个） | 备　注 |
|---|---|---|---|
| 卜庄公社广播放大站 | 500 | 1 | 1959 年建站 |
| 夏店公社广播放大站 | 130 | 1 | 1959 年建站 |
| 围子公社广播放大站 | 500 | 1 | 1959 年建站 |
| 宋庄公社广播放大站 | 130 | 1 | 1960 年建站 |
| 石埠公社广播放大站 | 130 | 1 | 1960 年建站 |
| 饮马公社广播放大站 | 130 | 1 | 1959 年建站 |
| 北孟公社广播放大站 | 40 | 1 | 1959 年建站 |
| 岞山公社广播放大站 | 130 | 1 | 1959 年建站 |
| 丈岭公社广播放大站 | 40 | 1 | 1960 年建站 |
| 合计 | 2640 | 14 | |

## 1977 年昌邑各公社广播放大站设备情况统计表

表 21

| 名　称 | 广播机 | | 发电设备 | | | |
|---|---|---|---|---|---|---|
| | | | 发电机 | | 动力机 | |
| | 架 | 瓦 | 台 | 千瓦 | 台 | 马力 |
| 城关公社广播放大站 | 4 | 1050 | 1 | 7 | 1 | 12 |
| 王耨公社广播放大站 | 2 | 800 | 1 | 7 | 1 | 12 |
| 双台公社广播放大站 | 2 | 800 | 1 | 7 | 1 | 12 |
| 柳疃公社广播放大站 | 4 | 1650 | 1 | 10 | 1 | 8 |
| 龙池公社广播放大站 | 2 | 800 | 1 | 10 | 1 | 12 |
| 东冢公社广播放大站 | 1 | 500 | 1 | 10 | 1 | 12 |
| 卜庄公社广播放大站 | 2 | 650 | 1 | 7.25 | 1 | 12 |
| 夏店公社广播放大站 | 2 | 1300 | 1 | 7 | 1 | 12 |
| 围子公社广播放大站 | 2 | 1300 | 1 | 10 | 1 | 12 |
| 宋庄公社广播放大站 | 3 | 1300 | 1 | 7 | 1 | 12 |
| 石埠公社广播放大站 | 1 | 550 | 1 | 10 | 1 | 12 |
| 流河公社广播放大站 | 1 | 500 | 1 | 10 | 1 | 12 |
| 饮马公社广播放大站 | 3 | 1150 | 1 | 10 | 1 | 12 |
| 北孟公社广播放大站 | 4 | 1350 | 1 | 10 | 1 | 12 |
| 岞山公社广播放大站 | 5 | 2900 | 1 | 10 | 1 | 12 |
| 丈岭公社广播放大站 | 4 | 1350 | 1 | 12 | 1 | 12 |
| 合计 | 42 | 17950 | 16 | 144.25 | 16 | 188 |

## 1991年昌邑各乡镇广播电视站设备情况统计表

表22

| 名称 | 广播机 | | 控制台 | 电源柜 | 发电设备 | | | |
|---|---|---|---|---|---|---|---|---|
| | | | | | 发电机 | | 动力机 | |
| | 架 | 瓦 | | | 台 | 千瓦 | 台 | 马力 |
| 都昌 | 3 | 1500 | 1 | 1 | 1 | 7 | 1 | 12 |
| 李家埠 | 3 | 1500 | 1 | 1 | 1 | 10 | 1 | 12 |
| 南逄 | 3 | 1500 | 1 | 1 | 1 | 7 | 1 | 12 |
| 双台 | 3 | 1500 | 1 | 1 | 1 | 7 | 1 | 12 |
| 柳疃 | 3 | 1500 | 1 | 1 | 1 | 10 | 1 | 8 |
| 青乡 | 3 | 1500 | 1 | 1 | 1 | 10 | 1 | 12 |
| 龙池 | 3 | 1500 | 1 | 1 | 1 | 10 | 1 | 12 |
| 东冢 | 3 | 1500 | 1 | 1 | 1 | 10 | 1 | 12 |
| 下营 | 1 | 500 | 1 | 1 | 1 | 10 | 1 | 12 |
| 卜庄 | 3 | 1500 | 1 | 1 | 1 | 7.25 | 1 | 12 |
| 夏店 | 3 | 1500 | 1 | 1 | 1 | 7 | 1 | 12 |
| 围子 | 3 | 1500 | 1 | 1 | 1 | 10 | 1 | 12 |
| 仓街 | 3 | 1500 | 1 | 1 | 1 | 10 | 1 | 12 |
| 宋庄 | 3 | 1500 | 1 | 1 | 1 | 7 | 1 | 12 |
| 石埠 | 3 | 1500 | 1 | 1 | 1 | 10 | 1 | 12 |
| 流河 | 3 | 1500 | 1 | 1 | 1 | 10 | 1 | 12 |
| 饮马 | 3 | 1500 | 1 | 1 | 1 | 10 | 1 | 12 |
| 北孟 | 3 | 1500 | 1 | 1 | 1 | 10 | 1 | 12 |
| 岞山 | 3 | 1500 | 1 | 1 | 1 | 10 | 1 | 12 |
| 太保庄 | 3 | 1500 | 1 | 1 | 1 | 10 | 1 | 12 |
| 丈岭 | 3 | 1500 | 1 | 1 | 1 | 10 | 1 | 12 |
| 塔耳堡 | 3 | 1500 | 1 | 1 | 1 | 12 | 1 | 12 |
| 合计 | 64 | 32000 | 22 | 22 | 22 | 204.5 | 22 | 260 |

说明：1991年乡镇广播电视站广播设备全部更新达标

## 第四节　流动广播电台设备

1994年12月，市广播电视管理站按照市委、市政府的要求，建成了流动调频广播电台，在市委、市政府召开大型会议时使用。

主要设备有TEX30LCDIS30瓦调频广播发射机1台，SIRIO25STEREO25瓦调频广播发射机（备机）1台、声艺E6调音台1台、录音卡座1台、SI500-212逆变电源1台、话筒2只、十字发射天线一副、音箱30个。开会时把设备安装在面包车上，播音员在车上播音，音箱安装在领导乘坐的车内，路途中边检查工作边听汇报，覆盖范围5公里。缩短了会议时间，增强了会议效果。这些设备13年后退役。

2016年7月1日，第一届龙乡文化节期间技术人员调试现场直播设备

2007年9月，更新了流动调频广播电台设备，主设备有TEX30LCDIS30瓦发射机1台、STRI25STEREO25瓦发射机调频广播发射机1台（备用），雅马哈MG166C调音台1台、SI500-212逆变电源2台、ATM61HE话筒2个、风帆6-QA-120电瓶2台、吸盘式车载天线2副、调频音箱4个。

2019年7月15日，投入22万多元，购入一套升级改造流动电台设备。

**2019年7月15日从山东秋妍科技有限公司购入升级改造流动电台设备情况一览表**

表23

| 设备名称 | 型号 | 数量（副） | 单价（元） |
|---|---|---|---|
| 主备发射机 | Sielco EXC120GT | 2 | 30000 |
| 吸盘天线 | 定制 | 4 | 1300 |
| 数字调音台 | AEV ACU0908 | 2 | 35000 |
| 监听耳机 | AKG K52 | 2 | 450 |
| 主持人话筒 | SM58S | 2 | 1200 |
| 头戴式耳麦 | AKC HSC271 | 2 | 2000（1）-1800（1） |
| 车载逆变器 | NFA 12DCTO 220V AC | 2 | 1300 |
| 航空箱 | 定制 | 2 | 3000（1）-2700（1） |
| 固态播放器 | TASCAM SS-R250N | 2 | 4400 |
| 肤色头戴 | SHUREWBH53 | 6 | 2200 |
| 无线话筒 | SHURESLX24 SM58 | 8 | 3100 |
| 无线领夹 | SHURE SLX14 WL | 6 | 3200（3）-2900（3） |
| 调频收音机 | 德生S-2000 | 2 | 1400 |
| 安装调试 | 秋妍科技 | 1 | 2000 |

说明：设备总价220500元，流动电台专用车1辆，391728元，合计612228元。

# 第六章 广播宣传

## 第一节 节目设置

### 一、昌邑县广播站节目设置

1950—1958年，昌邑县收音站主要为领导提供信息，也向部分群众提供收听服务，其宣传服务范围较小。

1958—1961年，昌邑县广播站以转播中央和省广播电台的节目为主，转播中央人民广播电台的《新闻和报纸摘要》《各地人民广播电台联播节目》《对农村广播》，山东省人民广播电台的《新闻和省报摘要》《社会主义大跃进》《山东农村》《对农村社员广播》等节目。每天晚上播音1次，时间3个小时。其中转播节目1小时45分，自办节目1小时15分，设《本县新闻》。

1962—1966年，每天早、晚播音2次，时间3小时30分。其中转播节目1小时45分，自办节目1小时45分，设《昌邑新闻》《政策问答》《农业知识》等栏目。

1967—1983年，每天早、午、晚播音3次，时间6小时15分。1967年以后转播中央台《新闻和报纸摘要》《各地人民广播电台联播节目》，省台《山东新闻》《全省联播节目》《对农村社员广播》《农村节目》《每周一歌》，也转播过《听众园地》《今日山东》等节目，还有选择地转播省台的《小说连续广播》和部分文艺节目。转播节目3小时25分，自办节目2小时50分，设《活学活用毛主席著作》和“农业学大寨”等专题栏目。

1984年至1986年6月，每天播音3次，时间6小时30分。其中转播节目3小时40分，自办节目2小时50分。每次播音必转节目有中央台《新闻和报纸摘要》《各地电台联播》和省台《全省联播》《农村节目》，自办节目设《昌邑新闻》《潍河两岸》《科技与服务》《天气预报》等栏目。

1986年6月15日，昌邑县广播站改为昌邑人民广播电台（有线）。1986年6月至1997年4月，昌邑人民广播电台每天播音3次，时间6小时30分。其中转播节目3小时30分，自办节目3小时。自办节目每次新闻节目10分，专题节目20分，文艺节目30分。每天累计自办文字节目90分，文艺节目90分，自办节目每天共计180分钟。转播节目不变，设《昌邑新闻》《为您服务》《文山南北》《潍河两岸》《今日半小时》《卫生与科技》《经济节目》7个固定栏目，并根据各个时期的不同任务设置若干临时性专题栏目，其中板块式栏目《为您服务》成为听众喜爱的名牌栏目。

1997年4月，因有线广播入户率太低，自办节目停办，只转播上级台节目。编辑记者的主要任务是搞好外宣，借助上级台宣传昌邑。

2003年4月，昌邑人民广播电台停止播音。编辑记者的主要任务是搞好外宣，借助上级台宣传昌邑。

### 二、昌邑人民广播电台节目设置

2006年9月12日，昌邑人民广播电台调频频道开播，转播中央人民广播电台《新闻联播》《新闻与报纸摘要》，山东人民广播电台《山东新闻联播》及潍坊电台的《潍坊新闻》。开设了《天气咨询》《一路畅通》《体育大看台》《空中信息网》《音乐茶点》《流行地带》《天天娱乐》《温馨点歌台》8档直播节目和《昌邑新闻》《健康有约》《社会广角》《评书连播》《中国笑星》《榜闻天下》《空中剧院》《书香乐韵》8档录播节目，共16个栏目。直播节目《昌邑新闻》与昌邑电视台《昌邑新闻》内容相同。

2009年，根据听众收听需要，电台对栏目设置进行了调整，转播栏目是中央人民广播电台的《新闻联播》《新闻与报纸摘要》，山东人民广播电台的《山东新闻联播》。设置《昌邑新闻》《听天下》《生活百事通》《1036故事会》《健康新生活》《阳光资讯》《先听为快》《文艺大观园》《评书联播》《昌城名店》《小说联播》《温馨点歌台》栏目。

2010年，对所办栏目再次调整调，开设《听天下》介绍国内国际时政要闻，热点评论。《健康新生活》介绍健康知识、健康咨询。《生活百事通》介绍生活常识、生活小窍门。《流金岁月》老歌金曲回放。《先听为快》推介新歌。《评书联播》《药品》《昌邑新闻》《昌城名店》专题广告类节目。共9档录播节目和《阳光资讯》各类交易信息。《阳光清晨》提供车市、娱乐、体育资讯信息。《1036天天点播》可直播点歌。《小说联播》广播剧。《温馨点歌台》听众可点播歌曲。共5档直播节目。电台宣传坚持贴近生活、服务大众的办台宗旨，节目内容涉及政治、经济、生活、文化、体育、娱乐等各个方面，满足了广大听众的收听需求。广播节目从5点55分开始播音到23点结束。全天不间断播出17个小时。2012年延长到24小时，在播出时间上实现了无缝隙播出。

2017年元旦，电台对广播栏目进行全新改版，精办《昌邑新闻》《昌邑龙门阵》《健康好滋味》《熟读深思》《四点半之声》《天天闲嗑牙》等新闻、文化、生活、音乐、评书类十几档栏目，还开设了《爱于心践于行公益宣扬》栏目，创办“昌邑之声”微信公众号，不断提升电台的节目质量，扩大电台影响力和美誉度。

2018年11月1日，昌邑广播频率根据上级主管部门要求，由103.6兆赫改为103.3兆赫，播出栏目不变。

## 第二节　节目播出时间表

昌邑人民广播电台自节目开设以来，节目

内容日渐丰富，播出时间也逐步延长，以下是　　部分年度的节目播出时间表。

## 2010 年昌邑人民广播电台节目播出时间表

（调频 103.6）

表 24

| 时间 | 节目 |
|---|---|
| 6:20—6:25 | 开机 开机音乐 |
| 6:25—6:30 | 国歌 节目预告 |
| 6:30—7:00 | 新闻与报纸摘要（转播） |
| 7:00—7:30 | 山东新闻联播（转播） |
| 7:30—8:00 | 听天下（录播）国内国际时政要闻，热点评论 |
| 8:00—9:00 | 阳光清晨（直播）车市、娱乐、体育资讯 |
| 9:00—9:20 | 药品（录播） |
| 9:20—9:30 | 健康新生活内容：健康知识、健康咨询 |
| 9:30—10:30 | 阳光资讯（直播）各类交易信息 |
| 10:30—11:00 | 生活百事通（录播）介绍生活常识、生活小窍门 |
| 11:30—12:00 | 流金岁月（录播）老歌金曲回放 |
| 12:00—12:30 | 中央台《新闻 30 分》（转播） |
| 12:30—13:00 | 先听为快（录播）新歌推介 |
| 13:00—14:00 | 评书联播（录播） |
| 14:00—15:00 | 1036 天天点播（直播）直播点歌 |
| 15:00—15:30 | 生活百事通（录播）<br>介绍生活常识、生活小窍门 |
| 15:30—16:00 | 药品（录播） |
| 16:00—16:30 | 昌城名店（录播）专题广告类节目 |
| 16:30—17:00 | 小说联播（直播）内容广播剧 |
| 17:00—17:30 | 听天下（录播）国内国际时政要闻，热点评论 |
| 17:30—18:00 | 流金岁月（录播）老歌金曲回放 |
| 18:00—18:30 | 昌邑新闻（录播） |
| 18:30—19:00 | 先听为快（录播）新歌推介 |
| 19:00—19:30 | 中央台《新闻联播》（转播） |
| 19:30—21:00 | 温馨点歌台（直播）直播点歌 |
| 21:00—21:30 | 生活百事通（录播）介绍生活常识、生活小窍门 |
| 21:30—22:00 | 药品（直播） |
| 22:00—22:30 | 昌邑名店（录播）专题广告类节目 |
| 22:30—23:00 | 药品（录播） |
| 23:00 | 全天播音结束 |

## 2019年昌邑人民广播电台节目播出时间表

（调频 103.3）

表 25

| 时间 | 节目 | 备注 |
| --- | --- | --- |
| 00:00—05:00 | 转播山东广播新闻频道节目 | — |
| 05:00—06:00 | 音乐联播 | — |
| 06:00—06:20 | 健康好滋味 | — |
| 06:20—06:30 | 汽车那些事 | — |
| 06:30—07:30 | 转播央广新闻 + 山东新闻 | — |
| 07:30—08:00 | 昌邑新闻 + 四点半之声或自然之声 + 大地文苑 | — |
| 08:00—08:30 | 昌邑龙门阵 | — |
| 08:30—09:00 | 熟读深思 | — |
| 09:00—10:00 | 音乐榜样 | — |
| 10:00—11:00 | 李林侃车 | — |
| 11:00—12:00 | 映彻时光 | 11:00—11:30 资讯站 |
| 12:00—12:30 | 昌邑新闻 + 四点半之声或自然之声 + 大地文苑 | — |
| 12:30—13:00 | 熟读深思 - 重播 | — |
| 13:00—14:00 | 名家书场 - 广播剧专场 | — |
| 14:00—15:00 | 信不信由你 | 14:00—14:30 资讯站 |
| 15:00—15:30 | 波波有理 | — |
| 15:30—16:00 | 昌邑龙门阵 - 重播 | — |
| 16:00—17:00 | 吃喝玩乐车友帮 | — |
| 17:00—18:00 | 天天闲磕牙 | — |
| 18:00—18:30 | 昌邑新闻 + 四点半之声或自然之声 + 大地文苑 | — |
| 18:30—19:00 | 健康好滋味（重播） | — |
| 19:00—19:30 | 昌邑龙门阵（重播） | — |
| 19:30—20:00 | 晚间书场 | — |
| 20:00—21:00 | 空中门诊 | — |
| 21:00—21:30 | 熟读深思（重播） | — |
| 21:30—22:00 | 汽车立体声（重播） | — |
| 22:00—23:00 | 经典广播书场 | — |
| 23:00—24:00 | 广播剧专场（重播） | — |

## 第三节　广播宣传

1958年5月1日，昌邑县广播站正式播音。一开始就设置每天10～15分钟的新闻性综合节目《本县新闻》。设置广播讲座，请有关部门负责人到站讲解党的各方面的政策；与县科普协会约好定期请农、林、水利、畜牧兽医、医药卫生等方面的科技人员到站讲解生产生活方面的科技知识。设置《天气预报》节目，作为服务性长期固定节目。

1963年，设置“向雷锋同志学习”专题节目，播送的内容有报刊上发表的雷锋事迹，有雷锋日记，有学雷锋的体会文章和在学雷锋活动中涌现出的好人好事。宣传“工业学大庆，农业学大寨，全国人民学习解放军”的活动。

1966年年底至1978年，自办节目改名为《对工农兵广播》，增办《活学活用毛主席著作》栏目，宣传中共九大、十大路线。1975年举办“农业学大寨”专题节目。设置计划生育专题，报道县委、县政府召开的计划生育大会、计划生育先进单位和先进个人事迹及优生优育知识，男到女家结婚落户，全县在潍坊市第一个全面推行农村部分计划生育家庭奖励扶持制度、“独生子女父母补充养老保险”制度、在全省率先开始村级计生主任中专学历教育等。

1978年开始，重点宣传中共十一届三中全会精神，宣传在改革开放中全市各行各业涌现出来的好典型。

1981年报道宋庄公社大章北大队和南逢公社徐家北逢大队实行家庭联产承包责任制的试点情况，报道安徽凤阳小岗村18位农民冒着坐牢的风险在“大包干”的契约上摁下18个鲜红的指印的案例。

1983年，重点报道《人民日报》刊发的新华社记者采写的报道《具有远见卓识的改革》，昌邑起用能人、发展多种经营、为农民服务的思路和做法；《万里复信昌邑县委书记刘洪仁》及万里复信原文。

1986年6月15日，昌邑县广播站改为昌邑人民广播电台，将《昌邑新闻》一揽子节目进行了改版。新闻栏目有《昌邑新闻》《新闻与综合》。社教类栏目有《文山南北》《今日一刻钟》《农家生活》。服务类栏目有《为您服务》《市场瞭望》《科技园地》等。其中《为您服务》成为听众喜爱的名牌栏目。随着昌邑电视差转台的建立，“两台”新闻稿开始通用。

《昌邑新闻》自采的《河崖村的白求恩》《我县出现10个亿元村》，《科技园地》播出的《柳疃镇建成科技队伍》《蒜白子出口的启示》，《新闻与综合》播出的《十大跨世纪兴市富民工程》，《文山南北》播发的《昌邑实行独女户养老保险》《孙瑞彦创办农民律师事务所》等节目得到听众好评。

2006年9月12日，昌邑人民广播电台调频频道开播，《昌邑新闻》大部分使用电视新闻稿子，一稿两用。同时，每年都根据广播特点，采编一些新闻、社教、逸闻趣事等方面的稿件。

新闻类《昌邑品牌引领文化强市》《昌邑2万个垃圾桶有了“身份证”》《昌邑“五老”担纲监督员 让未成年人远离网吧》《大棚杏迎来好年头 果农喜笑颜开》《二十五年悉心照料 感人事迹诠释夫妻深情》《村史馆里“大拜年”：传承红色“基因”留住乡情乡愁》《昌邑：建设省级田园综合体 打造乡村振兴新样板》《无名烈士我为你们找家》《两个老太听十九大报告》，专题类《风暴潮中成功营救57名被困群众》《昌邑：“还权赋能”激发农村发展新活力》《国庆专题：今天是我的生日》，文学艺术类《五百里潍河》《发生在火道村的故事》《谢你无声》等节目均得到听众好评，被省市电台采用并获奖。

2017年1月1日，开设《昌邑龙门阵》栏目，该栏目介绍昌邑风土人情、地方文化、历史人物、昌邑名村、古树名木等，其中包含昌邑的故事传说，悠久的历史文化，深受听众喜爱。

## 第四节 昌邑县广播站（台）稿费

1970年，昌邑县广播站制定稿费制度。实行稿费制度本着既要报酬通讯员的写稿劳动，又要厉行节约，做到合理使用。县站规定每组自办节目付出稿费5元左右，每月约150元，每年1800元，具体标准是：

广播讲课，每次4元。

理论文章分三类：一类每篇3元，二类每篇1.5～2元，三类每篇1元。

讲话录音分三类：一类每篇2元，二类1元到1～1.5元，三类1元。

新闻、广播稿、小故事、来信、科技稿件等每篇一类2元，二类1～1.5元，三类5角到1元。

通讯：每篇一类2.5～3元，二类1.5～2元，三类1元。

采录戏剧全场、选场、选段，每10分钟

1～2元。歌曲、乐曲、独唱、独奏、合唱、齐唱每首1～2元。

请模范先进人物到县站作广播讲话，按规定付给稿费。凡请到县站录音和特约送稿人员属非脱产人员者，县站开支车费、宿费及工分补贴费。

各单位送县站的文章、报告，县站改用后不付稿费，县站广播报刊、电台用过的稿件不付稿费。

该站采编人员与通讯员合写的稿件，酌情付给通讯员稿费。

## 第五节　乡镇广播电视站自办节目

从20世纪80年代开始，昌邑县各乡镇广播电视站在保证转播好县站节目的前提下，开始办起乡镇站自办节目。办的比较正规的有卜庄、饮马、北孟、石埠、宋庄等5个乡镇广播电视站。

乡镇原来的任务是竖杆子、架线、转播上级台节目，人员也都是从完成这些任务考虑配备的。为了解决办节目缺乏人才这个难题，一些乡镇采用考试的办法，从应届毕业生中录用一批编播人员，到县站培训一段时间，便回去顶班工作。为了支持乡镇广播电视站办好节目，一些乡镇还拨出专款帮助解决设备问题，添置了录音机、录音带、话筒等广播设备。有的乡镇还专门研究了自办节目的稿源问题。他们以工作片为基础，每个片成立一个报道组，由片文书任组长，每村选1～2名有文化基础，热爱通讯报道工作的团员、青年作为通讯员。把每个报道组的写稿数量，列入当年目标考核责任制，作为年终评比计分的一项条件。把农村通讯员的写稿数量作为年终村镇评选好团员、好青年的条件之一。

乡镇广播站自办节目比较正规的，一般每周安排3次，每次10～20分钟。办的节目有《本镇新闻》《法制讲座》《科普园地》《生活园地》等。

这些节目主要反映本乡本土的新人新事，弘扬精神文明建设；在农忙季节介绍适时播种、科学施肥等农业科技知识。遇到抢险救灾时，有线广播更能发挥独特舆论作用。当时有句口头禅叫“书记上了火、一天三时上广播”，就反映了当时乡镇党委、政府用广播的情况。宋庄党委、政府召开会议组织活动都通过有线广播下通知，既省时又省力，速度快效果好。村干部家家都有小喇叭，养成了按时收听各自乡广播站自办节目的习惯。

## 第六节　村广播室自办节目

从20世纪70年代开始，昌邑县大部分的村配备广播设备，建立村广播室。所配备的设备有30～500瓦的扩大机、话筒、唱片、磁带和高音喇叭等。村广播室主要是转播上级台的广播节目，有的村还定期自办节目。所办节目内容主要是向村民传播信息，通报各自村的重要情况，播放村民喜爱的文艺节目等。

卜庄的金山村、窑湾村自办节目贴近村里的实际，很受村民们称赞。1988年以后，安装音箱喇叭654个，74％的喇叭音箱化。是年，这个村靠广播喇叭获得了种菜籽致富的信息，全村种菜籽26.67公顷。1989年喜获丰收，只此一项全村增加收入35万元，村民人均收入400元以上。

窑湾村的广播喇叭除播送各级电台的节目外，还每月2次播送该村的自办节目，由村书记和村主任亲自主笔和播音。节目分《法律》《农技》和《好人好事》3个内容播出。1990年5月10日，该村妇女徐清竹和王玉屏送迷路盲人回家的事被王玉玺得知，写成广播稿连播3天，在村里引起很大反响。

## 第七节　采编工作

建站初期，昌邑县广播站的编辑、记者没有明确的分工，通常在家编稿是编辑，外出采访是记者。编辑的主要任务是拟定报道计划，组稿约稿，选编来稿，组排稿件，确定头条，配发评论或写编后话以及串联词等。1958年建站初期仅有1名编辑。集中力量办好《本县新闻》节目主要是采写县里的重大活动，编辑通讯员来搞，选择《昌邑县报》上刊登的稿件。到了70年代编辑人员增加到4人。编播组经常采取到有关部门找领导了解上情，下乡采访时了解下情，经过综合分析确定报道内容的方法，加强了播出节目的针对性和计划性。

1986年站改台以后，编辑人员增加到7人，是建站以来人数最多的时期。电台以新闻改革为突破口，对过去一揽子节目进行彻底改革，分为新闻和专题两个部分，并固定专人办好这些节目。

在编排节目中建立相关制度：突出重点，根据昌邑县（市）一个时期的中心工作，采用消息、评论、通讯、对话、来信、录音报道、录音访问记、口头报道等多种形式进行集中突出地报道。兼顾全面，在整体宣传上，每个时期突出一个中心的同时，兼顾到其他内容的宣传。如在加强对农业投入宣传的同时，兼顾到对法制教育和精神文明的宣传，同时也不放过一些社会新闻的报道。有始有终，当一项新任务布置下来之后，在安排宣传时，既要保证新的宣传重点，又不忽略原来的任务，使一些重要工作的宣传都有始有终。声文并茂，在编辑新闻和专题节目时，尽量发挥音响这个广播的独家优势，安排一些答记者问、现场报道、录音讲话、录音座谈会等，使听众更加喜闻乐听。

1993年4月16日，县局局长尹海瑞与部分广播电视获奖人员合影（前排左起：刘景贤、王智岳、焦叙尊、元钦圣、尹海瑞、于丽萍、辛惠兰、叶坤、孟祥惠；后排左起：马宪君、张葆海、张广松、邢述世、郝勇、王冰云、王衡、宿晓杰、赵海燕）

建台以后，建立三级审稿制度。一般稿件编辑初审，股长复审，一名副局（站）长重审。重要稿件，由局（站）长审查后，再请县（市）委领导把关。

## 第八节　通联工作

昌邑县广播站自开办自办节目以后，便注重组织建立通讯报道队伍。随着广播事业的发展，通讯报道队伍不断发展壮大。

建站初期，由于条件限制，农民通讯员不多，当时经常给县站写稿子的，多是公社党委书记、党委秘书和农技部门的干部，通联形式是县站给通讯员写信或打电话联系，记者下乡采访时当面约稿。

1970年前后，各公社先后配备1～2名专职或兼职通讯员，从事通联报道工作，县站采取多种措施搞好通联。

定期召开骨干通讯员会议，及时向通讯员传达上级报道精神，传授新闻业务知识。一般一年召开1～2次会议。县站还在基层举办小型通讯员学习班，每期一般6天，两天时间学习写稿理论知识，两天时间实地采访写作，最后两天研究编阅稿件。

1972年，县站根据临朐经验，采取县抓公社、公社抓大队和县社相结合的办法，使通讯员学习班"四季常青"。对通讯员请上来带，走下去帮，提高通讯员写作水平。北孟公社原来写稿数量少，采用率低。通过坚持常年举办学习班，县站用稿数量大增，广播稿件有时还被报纸采用。龙池公社"公社党委重视，办好通讯员学习班"的经验在全县推广后，扩大通讯员队伍。围子、岞山、柳疃、北孟、饮马、双台、石埠等公社，学习龙池公社经验先后各举办10余人通讯员学习班，解决因报道人员变动造成报道工作“青黄不接”现象。全县通讯员扩大到300余人，骨干60余名。公社通讯员向县站投稿2976篇，比1971年增加175篇。

县站与县委报道组定期联合培训县直和公社骨干通讯员。培训期间，编辑记者和通讯员一道下乡采访，编写稿件，指导通讯员怎样采访、怎样选角度、怎样写消息、怎样写通讯等技巧。定期向通讯组、通讯员发报道计划和业务刊物，使通讯员通晓上情、了解下情，报道时心中有数。还与县委宣传部联合每年召开一次通讯员会议，总结一年的通讯报道工作情况，安排下一年工作任务，对优秀通讯员进行表彰奖励。

由于措施得当，从20世纪70年代开始至20世纪80年代末，通联工作开展扎实，通讯员队伍稳定，骨干通讯员达100余人。每年通讯员来稿达4000余篇，为搞好广播宣传提供丰富稿源。

# 第七章　播音与主持

## 第一节　昌邑县广播站

1958年5月，昌邑县广播站建成，开始有了播音员。5月1日晚，昌邑县广播站开始对外广播。自办节目由播音员对着话筒直播。当初广播站的主要任务是转播中央、省台的广播节目，自办节目不定期，县里的重要活动随时安排插播，有时也编排稿件，成组播出。建站初期，站上人手少，一人要兼几人的工作。女播音员曹美荣兼任会计、出纳、发放稿费，编辑李成文兼任播音员。随着录音机的添置，自办节目开始先录音再播出，从而减少差错，提高宣传质量。

从1964年8月开始，尹海瑞任编辑兼播音员，曹美荣播音兼会计。

事业在发展，队伍需扩编。1971年，新招男播1名、女播2名。男播张述尧，女播孟彩云、辛惠兰。县站制定严格的工作制度，播音员轮流值班，播音员和机务员搭档共同坚守工作岗位。除转播好上级电台节目外，还要收听好上级电台的节目，及时把中央和省台的重要广播及新的文艺节目录制下来。

1979年7月，县广播事业局对播音员进行了调整。男播调换为邢述世，1983年12月，女播从昌乐县广播事业局调入叶坤，播音员由3人增加到4人。

1986年，站改台后，增加开办主持人节目，根据内容需要，有时男播主持，有时女播主持，有时男女共同主持，男女共同主持的节目更受听众喜爱。

## 第二节　昌邑人民广播电台

2006年，昌邑人民广播电台（调频频道）建成，在全国范围内公开招收播音员，主要是新闻和广播栏目主持人，于志强、冯倩、李艳霞、梁峰、李云鹏、贾哲、朱晓静、李春玲、谢超9人被录用试播。2008年，市局对电台对播音员进行调整，李艳霞、冯倩、李慧娟、曹坤、李美燕5人从事播音工作。2010年，市广播影视中心对电台播音员进行第二次调整，李慧娟、李美燕、冯倩、曹坤、李艳霞、邹健6人从事播音工作。2012年，市广播影视中心对电台播音员进行第三次调整，李慧娟、冯倩、李艳霞、戴正浩、任子鹤、付文婷、梁映、谢艳佳8人任电台播音员。2017年1月，市广播影视中心对播音员进行第四次调整，李慧娟、冯倩、邹健、付文婷、梁映、王宇林6人任电台播音员。

### 附：昌邑人民广播电台部分主持人简介

冯倩

**冯倩（播音名：童谣）** 2007年入职，主持过《健康有约》《早间新闻》《体坛风云》《相伴月光下》《一天早知道》《童谣话健康》《社会热点关注》《健康好滋味》《美女私房菜》等节目。

李慧娟

**李慧娟（播音名：芳园）** 2009年入职，主持过《温馨点歌台》《听天下》《早间新闻》《体坛风云》《女人慧生活》《巅峰音乐》《就听好歌不听话》《天天闲磕牙》《昌邑龙门阵》《四点半之声》《文化昌邑》《吃喝玩乐嗨起来》《吃喝玩乐车友帮》等节目，以及昌邑春晚、唱响昌邑电视大奖赛、文化节、创业大赛、主播进校园等活动。

邹健

**邹健（播音名：囡囡）** 2011年入职，主持过《娱乐人来疯》《昌邑新闻》《天天闲磕牙》《囡囡吵翻天》《城市音乐》《大地文苑》《1036点唱机》《三农瞭望》等节目。

付文婷

**付文婷（播音名：木白）** 2012年入职，主持过《一天早知道》《昌邑新闻》《新闻早班车》《新闻午间道》《新闻晚高峰》《熟读深思》《国土之声》《听说很有用》《含笑半步颠》等节目。

梁映

**梁映（播音名：小映）** 2013年入职，主持过《一天早知道》《听说很有用》《新闻早班车》《音乐随身听》《吃喝玩乐嗨起来》《就听好歌不听话》《昌邑新闻》《映彻时光》等节目，以及主编微信公众号“昌邑之声”。

王宇林

**王宇林（播音名：宇林）** 2016年入职，主持过《昌邑新闻》《天天闲磕牙》《历史上的今天》《国土之声》《汽车那些事儿》等节目，以及昌邑春晚、主播进校园等活动。

# 第八章　电台对外宣传

## 第一节　昌邑县广播站

昌邑人民广播电台对外宣传，从广播站建立之初，就作为一项重要工作来抓。但当时人员少，设备简陋，没有专门的外宣机构和专职人员，采取的方式是把记者和通讯员采写的稿件向上级台推荐，每年都有稿件被上级台采用。记者元钦圣采写的通讯《朝阳花儿朵朵红》1974年12月在中央人民广播电台播出，主要内容说的是山东省昌邑县岞山站联办中学附设小学的红小兵们，学习雷锋叔叔，坚持几年如一日，护送瘫痪同学上学的事情。实现昌邑县广播站在中央台发稿零的突破。

县局还鼓励记者，在办好广播节目的同时，把优秀的稿件推荐给报刊，宣传昌邑、推介昌邑，提高昌邑知名度。1973年，元钦圣采写的《侨乡丝绸展新姿——记山东昌邑县柳疃丝织业的发展》被10月26日的《大公报》采用，《刘洪进的“家庭管理学”》被《瞭望》周刊1984年第52期采用。王沛盛采写的《小章竹马戏》被《大众日报》1993年2月25日第八版文化娱乐专栏采用。

## 第二节　昌邑人民广播电台

1986年，昌邑人民广播电台建成以后，昌邑对上宣传有较快发展，被上级台采用的稿件数量逐年增加。1991年开始，局领导班子确定要争创省市先进单位的目标。除制定一系列向上级发稿的奖励政策外，还从人力、财力、物力上向外宣工作倾斜，采取“走出去、请进来”等有效措施，激发和调动编辑、记者向上级台投稿的积极性和主动性，同年年底，被山东人民广播电台和潍坊人民广播电台评为先进集体记者一等奖。从此，每年在制定工作计划、明确任务目标、落实工作责任时，都把保持省市先进集体记者列为重点内容。

据1998年上级广播电台用稿统计，潍坊人民广播电台用稿得2045分，山东人民广播电台用稿得950分，稿件《科技示范园》在中央人民广播电台播出，是对上宣传成绩较好的年份，位于全省兄弟县市区前列。

2003年，电台多篇稿件在中央、省、市电台播出，在省台发稿篇数名列全省县级台第三名。同年12月，山东省广播电视局、山东人民广播电台发给昌邑市委宣传部贺信。

2006年，昌邑人民广播电台调频频道建成开播，反映地方文化建设的昌邑品牌引领文化强市，反映乡村文明的昌邑2万个垃圾桶有了“身份证”，反映农业生产的大棚杏迎来好年头果农喜笑颜开，反映昌邑苗木生产的昌邑苗木走向世界，反映人文的昌邑“五老”担纲监督员让未成年人远离网吧，反映昌邑拥军优属军民鱼水情的专题风暴潮中成功营救57名被困群众，反映昌邑机构改革简政放权的还权赋能激发农村发展新活力，反映昌邑红色教育的村史馆里大拜年：传承红色“基因”留住乡情乡愁等节目除在昌邑人民广播电台播出外，还被省市台采用，省市台用稿名次持续保持在全省县市区发稿上游水平。

电台对上宣传，自1991年获得省市先进集体记者以后，连续28年保持先进荣誉。

附：贺信选录

### 山东人民广播电台贺信

昌邑市委宣传部：

昌邑人民广播电台全体采编人员，发扬开拓进取、争创一流的精神在办好本台节目的同时，积极向省电台供稿，2003年全台在省电台发稿篇数名列全省县级电台第三名，特此祝贺！

希望昌邑台全体同仁再接再厉，继续加强与省电台的联系与合作，在集体记者的工作中再创辉煌。

2003年12月20日

### 贺　信

昌邑市广电局：

昌邑人民广播电台2007年度在山东人民广播电台播发新闻稿折合分数150分，荣获省电台集体记者一等奖，特此祝贺！

希望2008年继续加强合作，为宣传当地再立新功，在集体记者的工作中再创辉煌。

山东省广播电视局　山东人民广播电台

2007年12月28日

### 贺　信

昌邑市广电局：

昌邑人民广播电台自1991年以来，连续17年在山东人民广播电台发稿获得一等奖，荣获17连冠称号，特此祝贺！

希望2008年继续加强合作，为宣传当地再立新功，在集体记者工作中再创辉煌。

山东省广播电视局 山东人民广播电台
2007年12月28日

# 第九章 广播广告经营

## 第一节 昌邑县广播站广告经营

1958年，昌邑县广播站建站初期不播送广告，进入二十世纪六七十年代，广告节目主要是寻人、寻物、招领等。不作为主要任务，收入很少，广告费全部交站财务。进入二十世纪八十年代，根据客户要求增加产品广告。

1986年，昌邑县广播站改为昌邑人民广播电台（有线），县局制定广告管理制度，广告由编播股承接编辑，经局领导审核把关后安排播出，广告费交局财务。这种形式在有线广播阶段一直沿用。每年七八千元，多的时候1万余元。

## 第二节 昌邑人民广播电台广告经营

2006年，昌邑人民广播电台（调频频道）建成，昌邑广播树立崭新形象，由于受众面广、量大，传播效果好，电台这一媒体的影响力和竞争力得以提高，因此逐步吸引一批客户投放广告。2006—2011年，广告客户逐年增加，广告收入稳步提高，从开播当年2万余元增长到近10万元，广告内容包括商业、服务业、医药、房产等，成为广播媒体经济来源的重要组成部分。

随着移动互联网的快速发展，听众总量萎缩，人均收听时长下滑，广告经营受到很大影响。为了实现突破，昌邑人民广播电台与济南鲁道文化传媒进行合作，2012—2016年，通过内引外联等方式吸引外地客户，拓展市场，增加收入，年广告收入平均20万元。

2017年以后，电台广告又遇到以网络为代表的新媒体的冲击。听众的接收终端发生巨大变化，手机收听、车载收听日益成为主流，广播听众的移动化、碎片化特征日益明显。在经济新常态、移动互联网与政策管理趋严等三重因素的叠加影响下，电台适时调整思路和方向，充分发挥便捷、伴随、快速、移动、低成本的优势，向媒介融合不断嬗变。

这一阶段，广播电台呈现出规模回落、提质增效，品质化、年轻化的发展趋势，广播广告经营压力逐步增加，品牌广告创收遇到天花板与增长瓶颈，品牌广告主的广告投放日益理性化、专业化、精细化。在广播听众不断优化的情况下，倒逼电台广告经营由资源售卖与价格营销向内容营销与品质营销转变，广告经营由单一的时段资源售卖与价格营销向品牌化、立体化的整合营销传播发展，改卖时段资源为卖流量、卖品质、卖品牌、卖口碑，给广告主提供贴身、暖心、到位的一站式解决方案；由硬广为主，向“硬广＋植入＋活动”等结合的方式升级，同时结合事件营销、活动营销为广告主量身定制广告策划方案。

多年来，电台始终把广告宣传导向与文艺宣传导向、新闻宣传导向融为一体，放在同等位置予以高度重视，严格落实各项制度措施，牢牢把住每道审查程序，确保频率环境清洁，宣传导向正确。电台把加强学习广告有关法律法规和上级有关文件精神，作为提高广告经营队伍政策法制观念、思想道德素质及广告经营水平的一条重要手段，通过经常性的组织干部职工学习《中华人民共和国广告法》、国家广电总局颁布的《广播电视广告播放管理暂行办法》等法律法规，有效提高全体从业人员严格依法依规办事的自觉性。同时，规范广告经营，杜绝虚假违法、内容不良、格调低下、涉性医疗保健药品等违规广告出现。为此，先后制定广告经营管理规定、关于广告审查及编排播出的有关规定等一系列规范性文件和规章制度，切实加强责任把关，严格责任追究。每条广告做到有台长、主任、编辑“三审”负责人签字，从严督查，确保不出半点差错。

通过不断加强电台广告管理，创新经营机制，开辟新的增长点，电台广告的质量和收入得到提升，形成新的广告营销和产业运营的价值链模式。

## 第三节　社会活动宣传

广播电台积极探索社会活动与宣传创新的深度对接，着力推动由传播向介入、由舆论引导向行为引导转变，在创新社会活动宣传中担当起了应有的责任。通过策划和积极参与各类社会活动，不断提高自身的行业价值，为社会主义核心价值观的宣导以及正能量的传递提供有效的媒介支持。

### 一、大力开展新闻宣传形成宣传攻势

充分发挥广播的宣传作用，开展全方位、多角度、高密度的宣传报道，切实履行肩负的职责使命，积极传播党的声音，弘扬先进文化，讲好昌邑故事，唱响主旋律，传播正能量，有力激发全市干部群众团结奋斗的信心和力量。编辑记者牢记职责、奋发有为，用一篇篇鲜活的报道，一条条生动的新闻，宣传市委、市政府的决策部署，及时报道各类新闻动态，积极宣传各部门、各行业的新经验、新做法和新亮点，并适时开辟挂牌专栏，为改革造势，为发展鼓劲，推出许多有思想、有温度、有品质的精品力作，为全市新闻舆论工作做出重要贡献。为实现对媒体功能的创新拓展，电台主动对接职能部门合办栏目，方便群众，使宣传报道呈现出温暖和亮色。

### 二、广播专题凸显文明拓展宣传力度

为做好新时代文明宣传教育，电台播出《文明的印记》等多部专题片，并根据发生在昌邑的真实故事编制广播剧《爱你无声》。专题栏目《昌邑龙门阵》《文化昌邑》以群众喜闻乐见的形式进行文化传递，让市民感受文明熏陶，提升群众文明素养，引领明新风尚。专题栏目《四点半之声》《熟读深思》《健康好滋味》引导市民转变理念、生活方式和一些不良习惯做法，褒美贬丑、扬善抑恶，全面提升市民文明素质。

### 三、做好公益广告宣传营造向上氛围

发挥广播优势，围绕社会主义核心价值观、全民修身、文明城市建设等主题，精心制作《节约水资源》《交通出行安全第一》《人人牢记文明礼仪》等一批音频公益广告，倡导文明交通、文明旅游、文明用餐及诚信、孝道、礼让，为文明行为传播树立标杆，每天滚动播出30余次。同时，制作多条游走字幕，每天不间断滚动播出。开设“爱于心践于行公益宣扬”特别节目，邀请社会各界走进录音间，用声音传递爱心、传递文明、传递正能量。一系列公益广告的播出，对提高市民素质、养成文明习惯起到很好的教化作用。

### 四、大力开展网络宣传拓宽宣传渠道

利用微信公众号“昌邑之声”等平台，多渠道、多视角、全方位地展开网络宣传，为拓展宣传渠道提供旗帜鲜明的舆论引导。独立制作的《成都版昌邑》、推送的“昌邑被推荐参评全国文明城市”等内容被转几万次，遍及国内外，留言突破最大限量，影响广泛。3年间，微信平台发布推送创城内容信息4200余条，发挥了主流媒体应有的作用。

### 五、文化活动好戏连台传播文明风尚

电台积极组织参加形式多样、丰富多彩的文化活动，少儿才艺大赛、青少年诵读大赛、有奖征文、党史国史知识竞赛等群众文化活动，以传播正能量、弘扬主旋律为基调，激发起群众尊崇文明、传播文明、践行文明的家园情怀和自觉行动。这些活动紧紧围绕社会主义核心价值体系建设，将理念具化，将情怀彰显，将

事件升华，在社会动员中弘扬主流价值，树立群体道德标杆，产生强大的感染力，引领健康向上的社会风尚。2006年以后，300余场文化活动满怀真情话文明、释放真诚叙和谐，在欢歌笑语中播撒文明的种子、唱响和谐的乐章。

## 六、开展社会公益活动彰显社会责任

电台积极做社会文明的引领者和示范者，踊跃争当志愿者，开展主播进校园、扶危济困等活动，以高度的责任感、使命感和紧迫感共同培育文明和谐、积极向上的社会风尚。深入社区、学校、广场，走进群众百姓，在构建一方和谐中发挥着重要作用。电台还开设爱于心践于行公益宣扬专栏，邀请公务员、教师、律师、医生等各行业人士走进电台录播间，说出一段给人提示、启迪、充满正能量的话语，让公益的声音在昌邑大地传播，倡导将爱心转换为能力，让生活中少一分遗憾，多一分幸福。这些活动的社会触点直指人们的友爱需求和自我价值实现等社会性需求，对于消除浮躁心理、倡导和谐友爱、团结互助起到积极作用。

2017年8月16日，昌邑人民广播电台举办青少年诵读公益讲堂，丰富孩子们暑假生活，主播走进校园、社区、村庄讲课深受欢迎

# 第三编　电　视

# 第一章　从差转台到电视台

## 第一节　电视机的发展

1971年11月，山东省革命委员会广播局首次分配给昌邑县广播站一台14英寸电子管黑白电视机，这是昌邑第一台电视机。技术人员按照说明书提示，在院内架起十五六米高自制天线，经过找方向，调频道，反复调试，才影影绰绰看见电视信号。由于距离信号源远、信号弱、杂波多、干扰大，幅度不稳定，图像不很清晰——这就是昌邑电视事业发展起点。1975年10月，县广播站购进第一台日产松下牌29英寸彩色电视机，收看大泽山转播台转播的节目，效果不太清晰，屏幕上时常出现杂波。

1983年，局里设立服务部，与电视机厂建立业务关系，分批购入，面向社会公开销售。开始是红梅牌、泰山牌，以后又增加青岛牌、牡丹牌等多个品种。电视机很受青睐供不应求，特别是彩色电视机更是抢手货。要想买台彩电，往往要等好长时间。普通百姓省吃俭用也想买台电视，特别在春节来临之际，能够买到一台14村黑白电视机，也是家庭中一件盛事。

1985年，大型商场开始经营电视机，电视机进入寻常百姓家，电视机入户率20%以上；

1971年，县局购入首台天津产北京牌14英寸黑白电视机

1992年，全县电视普及率80%以上；到2011年，全市电视机数量14.8万台，家家户户都购买电视机。原来的黑白电视机逐渐被彩色电视机取代，平面直角、大屏幕、液晶、多功能的高档电视机已进入普通百姓家庭。

## 第二节　电视差转台的建立

1983年春，为让人们看好电视，县广播事业局局长张洪明主动向县委、县政府和潍坊市广播局反映情况，申请建立电视差转台，均得到大力支持，县委、县政府安排财政局根据需要拨专款用于差转台建设。局长张洪明坐镇指挥，工程技术人员马君福、李天福二人负责设备考察安装，李献强、宋宗玉负责制作架设天

1986年，县局建起卫星地面接收站，尹海瑞局长与工程技术人员合影（左起：张永柱、尹海瑞、马均福、李天福）

线，谢吉林负责后勤保障，在大家的共同努力之下。同年12月10日，昌邑电视差转台建成开播，县局在大泽山安装100瓦米波电视发射机一部，借用大泽山电视转播台信号，定向向昌邑发送信号。县局在平房内安装100瓦米波电视发射机1部，院内竖起28米高自制木杆收发天线，转播中央电视台节目，覆盖半径10公里。

为扩大电视信号覆盖范围，县局从1983年开始加强广播电视基础设施建设，扩大差转台信号覆盖，得到省、市、县及社会各界大力支持。省广播电视厅拨8万元，潍坊市广播电视局拨1万元，县财政拨10万元，社会集资42.77万元专项用于差转台建设。1985年4月，县局在原县广播站北面建起五层高面积1700平方米办公楼，竖起82.8米高自立式电视发射塔，新购100瓦米波电视发射机两部，接收潍坊电视台6频道信号，用11频道发射信号，覆盖半径25公里。1986年9月，建起地面卫星接收站，电视差转台信号源开始使用卫星信号，收视质量大为改观，昌北17处乡镇45万名群众能清晰收看昌邑电视差转台节目。

## 第三节　太保庄电视转播台的建立

1990年，县财政拨款55万元，在昌邑南部太保庄乡建起电视转播台，转播台建在乡广播电视站院内，主要设施设备有65米高电视发射塔1座，鞍山广播电视设备厂生产的300瓦分米波彩色电视发射机1部，电源配电柜1架，邮电部通信设备制造厂产微波接收机1架及配套设备。

为解决信号源问题，县局在铁塔上安装微波发送天线，用微波7波道定向向太保庄转播台发送信号，太保庄转播台用21频道转播昌邑电视差转台节目。由于太保庄地理位置在昌邑南部，转播台使用偶极子定向发射天线，向北发送信号强，东西中等，向南弱，节省开支，提高效益。从此，昌南6个乡镇23万名群众看

1985年建成的电视塔

1990年建成的太保庄电视塔

上昌邑电视差转台的节目，电视信号覆盖全县。2005 年发射机更新为 u-300 型彩色电视发射机，原发射机作为备机。

管理方面，日常管理包括按时开关电视发射机，检查机器运行情况，打扫机房卫生，由太保庄广播电视站王启胜负责。机器的维护维修，由县局技术科负责。铁塔的维护刷漆由县局负责。县局按月报销太保庄转播台电费，并发给值班员适当补助。

附：报摘

## 太保庄建起电视转播台

王沛盛

昌邑县近日在太保庄乡新建起了一座电视转播台，从而使昌邑南部六处乡镇的 23 万群众清晰地看到了中央电视台的节目。

新建电视转播台设在昌邑南部的太保庄乡广播电视站内，采用 21 频道，发射功率为 300 瓦，有效覆盖半径 15 公里。

《潍坊广播电视报》1991 年 2 月 22 日第 8 期

## 第四节　昌邑电视台的建立

太保庄电视转播台建成以后，昌邑县广播电视管理局按照审批程序向业务上级递交建立“昌邑电视台”的申请。1991 年 7 月 29 日，广播电影电视部发给山东省广播电视厅《关于申请建立昌邑电视台的批复》，同意建立昌邑电视台。

1991 年 8 月 12 日，山东省广播电视厅发给昌邑县广播电视管理局《转发广播电影电视部地方管理司、科技司〈关于申请建立昌邑电视台的批复〉的函》，要求昌邑县广播电视管理局按照批复要求办理建台事宜。

1992 年春，开始筹建昌邑电视台，8 月购进较为先进的 1000 瓦分米波电视发射机 1 部及相关摄录编播设备。同年 9 月 29 日，昌邑电视台建成开播。山东省广播电视厅厅长刘守璞、

1992 年 9 月 29 日，昌邑电视台开播仪式结束，与会人员参观昌邑电视台

地播处处长刘仁象、潍坊市委宣传部副部长魏增芳、市政府副秘书长陈法信、市广播电视局局长刘佃甲与县委书记赵俭等省市县的领导出席开播仪式。昌邑县委、县人大、县政府、县政协领导及各乡镇、县直各部门单位负责人参加会议。

开播后的昌邑电视台用 15 频道发射昌邑电视台节目，用 11 频道转播中央电视台一套节目，覆盖半径 30 公里。太保庄转播台用 21 频道转播昌邑电视台节目。从此，全县 23 个乡镇街道 818 个行政村全部收看到中央、省、潍坊

2010 年建成的电视塔安装在昌邑广电大厦（摄影　齐英杰）

和昌邑电视台节目。黑白电视机逐步淘汰，彩色电视机开始普及。2007年12月，市局新购进3000瓦电视发射机1部，播出昌邑电视台生活频道节目。昌邑电视台开路电视信号由原来昌邑综合1套增加到昌邑综合、昌邑生活2套。2010年，昌邑广电大厦竣工交付使用，电视台迁至广电大厦。

附一：

## 在昌邑电视台开播典礼会议上的发言

——昌邑县广播电视管理局局长尹海瑞

昌邑县共辖22处乡镇，814个行政村，68万人，18.2万户。1991年全县国民生产总值达到14.592亿元，国民收入达到12.5417亿元，人均国民生产总值2318元，人均国民收入1864元。

昌邑县广播电视管理局实行局台合一体制，共有干部职工86名。负责制定全县广播电视发展规划，管理县广播电台，电视台，音像市场，组织广播电视宣传，指导乡镇的广播电视工作，承担上级广播电视报的发行业务。

昌邑县有线广播电台1986年成立，每年收到稿件10000余件，采用6000多件。每天早、午、晚三次播出，日播6.5小时。近年来有数十组、篇节目和稿件在省、市获奖。1992年上半年全省优秀节目稿件评比中有一件获省一等奖，一件获省二等奖。1991年，市以上新闻单位采用昌邑县稿件277件，分别被省、市电台授予先进集体记者称号。

全县有线广播稳步发展。县至乡镇的广播讯号线167杆公里，296双线公里。22处乡镇普遍设有广播电视站，共有正式职工38名，临时工102名。1990年至1991年按照市政府要求，在全县开展了以“三化”为主要内容的创建广播电视先进乡镇活动，22处乡镇广播电视站全部更新了广播设备，改架了广播专线，增加了动圈喇叭，开办了自办节目，建立了电视报道组。配合党的中心工作开展宣传活动，发挥了重要作用，受到干部群众的欢迎。经潍坊市政府检查验收，1991年底，22处乡镇全部进入广播电视先进乡镇行列。

自1983年以来，昌邑县投资130多万元盖起了1700平方米的广播电视楼，购买了100瓦电视发射机，竖起了82.8米高的电视发射塔，建起了电视差转台和地面卫星接收站，覆盖半径30公里，用11频道转播中央一台电视节目。还先后购买了M3、Z31和M8000等型号的摄像机三部，字幕机一台，VO—5630编辑机一套和一批检测仪器，针对昌邑县南北狭长的特点，1990年县财政又拨款55万元，在昌邑县南部的太保庄建起了一座电视差转台，安装了分米波300瓦的电视发射机，采用微波传输，利用21频道转播县城的节目，使县城节目覆盖全县。1991年国家广播电影电视部颁文同意昌邑县建立电视台。为此，又投资120多万元，购进了分米波1000瓦电视发射机一部，用于自办节目；增购了日立Z—ONE和胜利KY—17摄像机两部，VO—9850和HR—S5800EK编辑机两套，特技机一部及配套的播出检测仪器。经过数月的连续努力，昌邑电视台的建设工作已具规模，基本达标，国庆节正式开播。过去几年，平均每年插播电视新闻600余条，每年制作电视专题片近20部，收到了其他宣传工具所不能代替的宣传效益。

全县有线电视发展迅速。1992年全县已有有线电视系统76处，连接13000多户，其中地面卫星接收站44处。以县台为中心的县城联网正在进行。有6100户实现了广播电视“双入户”，下营镇全镇已经实现了有线广播电视“双入户”，柳疃、饮马两镇的全镇联网正在发展。与之相应地加强了音像管理工作，强化了各项服务工作，县局音像管理站多年被市局评为音像管理、报纸发行先进单位。

开播后的昌邑电视台用1000瓦分米波15频道发射机发射昌邑电视台节目，用100瓦米波11频道转播中央电视台一套节目，覆盖昌邑北部16处乡镇，45万群众；太保庄转播台用

300 瓦分米波 21 频道转播昌邑电视台节目，覆盖昌邑南部 6 处乡镇 23 万群众。

昌邑电视台的建成，标志着昌邑电视宣传进入了新的纪元，成为昌邑广电史上一个重要的里程碑。

### 附二：报摘

## 昌邑电视台建成开播

王沛盛

昌邑县电视台 9 月 29 日建成开播。

省广播电视厅厅长刘守璞、地播处处长刘仁象，市委宣传部副部长魏增芳，市政府副秘书长陈法信，市广播电视局局长刘佃甲出席了开播仪式。

开播后的昌邑电视台主要是转播中央电视台第一、第二套节目，并播出该台自办节目。

《潍坊广播电视报》1992 年 10 月 7 日第 41 期

# 第五节　乡镇小型电视差转台的建立

太保庄电视转播台的建立，带动乡镇小型电视差转台的发展。1991 年 1 月，石埠差转台建成，这是县内第一座小型电视差转台。台址在石埠镇政府院内，位置北纬 36°44′00″、东经 119°30′00″，使用上海产 100 瓦米波彩色电视发射机，双十字全向发射天线，天线高度 30 米，用 3 频道转播中央电视台第二套节目，并插播本镇新闻节目，该电视差转台于 2000 年年底停播。

1992 年 1 月，太保庄电视差转台建成，台址在太保庄广播电视站院内，位置北纬 36°32′、东经 119°27′，使用无锡产 50 瓦米波彩色电视发射机，双十字全向发射天线，天线高度 65 米（借用县局电视发射塔），用 4 频道转播中央电视台第三套节目。

1993 年 1 月，塔耳堡电视差转台建成，台址在塔耳堡影剧院内，位置北纬 36°31′、东经 119°36′，使用无锡产 50 瓦米波彩色电视发射机，双十字全向发射天线，天线高度 35 米，用 12 频道转播中央电视台第二、三套节目，并插播本镇新闻节目，该电视差转台于 1997 年年底停播。

1993 年 3 月，饮马电视差转台建成，台址在饮马镇政府院内，位置北纬 36°40′、东经 119°30′，使用无锡产 50 瓦米波彩色电视发射机，双十字全向发射天线，天线高度 35 米，用 8 频道转播中央电视台第一套节目，并插播饮马镇新闻节目。

1995 年 1 月，宋庄电视差转台建成，台址在宋庄镇政府院内，位置东经 119°30′，北纬 36°46′，使用浙江淳安产 100 瓦分米波彩色电视发射机，鞍山产新型缝隙全向发射天线，天线高度 45 米，39 频道转播中央电视台第三套节目，借用县广播电视局频道，并插播宋庄镇新闻节目。宋庄电视差转台建成后，县局不再报批小型电视差转台。

### 1995 年 10 月昌邑市电视台、各乡镇电视差转台基本情况一览表

表 26

| 名称 | 地址 | 经纬度 | 铁塔高度 | 发射功率 | 开播时间 |
|---|---|---|---|---|---|
| 11 频道昌邑电视差转台 | 昌邑广电局 | 北纬 36°51′00″<br>东经 119°25′00″ | 82.8 米 | 11 频道<br>100 瓦 | 1984 年 6 月 1 日 |
| 15 频道昌邑电视台 | 昌邑广电局 | 北纬 36°51′00″<br>东经 119°25′00″ | 82.8 米 | 15 频道<br>1000 瓦 | 1992 年 9 月 29 日 |
| 21 频道昌邑电视转播台 | 太保庄乡政府驻地 | 北纬 36°31′8″<br>东经 119°26′30″ | 65 米 | 21 频道<br>300 瓦 | 1991 年 2 月 10 日 |

续表 26

| 名称 | 地址 | 经纬度 | 铁塔高度 | 发射功率 | 开播时间 |
|---|---|---|---|---|---|
| 饮马电视差转台 | 饮马镇政府驻地 | 北纬 36°40′00″<br>东经 119°30′00″ | 35 米 | 8 频道<br>50 瓦 | 1993 年 3 月 |
| 太保庄电视差转台 | 太保庄乡政府驻地 | 北纬 36°32′00″<br>东经 119°27′00″ | 65 米 | 4 频道<br>50 瓦 | 1992 年 1 月 |
| 宋庄电视差转台 | 宋庄镇政府驻地 | 北纬 36°46′00″<br>东经 119°30′00″ | 45 米 | 39 频道<br>100 瓦 | 1995 年 1 月 8 日 |
| 石埠电视差转台 | 石埠镇政府驻地 | 北纬 36°44′00″<br>东经 119°30′00″ | 30 米 | 3 频道<br>100 瓦 | 1991 年 1 月 |
| 塔耳堡电视差转台 | 塔耳堡镇政府驻地 | 北纬 36°31′00″<br>东经 119°36′00″ | 35 米 | 12 频道<br>50 瓦 | 1993 年 1 月 |

说明：塔耳堡差转台于 1997 年年底停播撤销，石埠差转台于 2000 年底停播

## 第六节　摄录与编辑设备

昌邑电视台的设备经历一个从无到有，从落后到先进的过程。

建台伊始，只有一个转播央视节目的小型差转台。1984 年 8 月，争取资金 1.8 万元，从潍坊市广播电视局物资供应站购进夏普手持式摄像机 1 部、单放机 1 台、录像机 1 部、34 英寸彩色电视机 1 台及其配件。用 1/2 英寸录像带，简单录制一些会议，这是第一套电视设备。

1987 年，购入使用 3/4 英寸录像带 M3 摄像机 1 部和 VO-5630 专业编辑机 1 套、Rm440 控制器 1 台，这是第一套广播级专用机，自办电视节目清晰度有很大提高。1989 年购进 6401 字幕机 1 台，播音员可以对着字幕机口播新闻节目。1987—1997 年，先后购入 M3、Z31、zone、日立 ZONE 和 KY-17 摄像机 5 台，线性编辑系统 VO-9850 和 HR-S5800EK 编辑机 2 套、422 和 622 编辑机 1 套；VO-9850 录像机 1 套，特技机 2 台，提词器 1 台，字幕插入器 1 台，及配套的播出检测监控等设备。这十年间，记者使用 3/4 英寸录像带和线性编辑系统制作电视节目。

1998—2009 年，NTS-40 字幕机 1 套、索贝创意非线编 CY-777 1 台、提词器 1 台、图文播出系统 1 套、非线编 DV21-PRD 1 套、DSR250P 摄像机 3 台、AG-DVC-200 摄像机 3 台、DSR-1800P 编辑机 2 台、DSR-1600P 编辑机 1 台、9000PVO 字幕机 1 台、DSR-40 放像机 1 台、MX-300 切换器 1 台、DSR-370P 摄像机 1 台、DSR-570WSP 摄像机 1 台、DSR-30P 录像机 1 台、AG-MX70 特技切换器 1 台、现场直播系统 1 台、DY6000 非线编 3 套、索尼 390 摄像机 2 台、A2-410 摄像机 2 台、索尼 913 摄像机 2 台、电视 2 套节目天虹主备标清硬盘自动播出系统等设备。

2010—2016 年 6 月，广播电视制作播出发射设备由原广播电视局办公楼搬迁至新建成的广电大厦，购进播出服务器、上载工作站等电视播出设备，购入标清摄像机 8 台，标清非线性编辑机 7 套，字幕机 2 套，电视 6 套节目标清主备硬盘自动播出系统。采用了广播级播出卡，实现了电视节目现场直播，采用硬盘自动化播出，提高了节目播出质量。新增加 PMW-EX330K 索尼数字高清摄像机 4 台、DSR-PD198P 索尼小型手持摄像机 2 台，机急速智胜高清非编 20 套，AV-HS400AMC 八路数字高清导播台 1 台，jvc 高清摄像机 1 台，数字编排系统 4 套，12 米摇臂 1 套。

2016—2019 年，购入 AJ-PX298MC 高清手持摄像机 6 套，AJ-PX5000MC 高清肩扛摄像机 4 套，共 10 套。U-EDIT700IIUHD 高清非线编辑系统 8 套，EDIUS 高清非编系统 4 套，U-EDIT MS Pro 高清非线编辑系统 10 套，共 22 套高清广播级非线编辑系统，TurboCast-1000

高清数字切换台1台，U-SoundWork数字配音工作站2台。对大演播室舞台灯光进行了改造升级，全部更换LED灯光。购进电台主备自动播出系统，2017年根据县级广播电视台标准化建设要求进行了升级改造，购入电视4套节目高标清主备自动播出系统及配套设备、6讯道图传传输系统、AJ-PX298MC高清手持摄像机6套，AJ-PX5000MC高清肩扛摄像机4套，无线发射机房UPS电源设备，8米摇臂1套、流动电台系统1套、大疆精灵无人机1架，对大型活动可进行空拍。

## 1983—2019年部分年份昌邑电视台购置主要设备一览表

表27　　单位：台、套

| 年度 | 设备名称 | 型号 | 数量 |
|---|---|---|---|
| 1984 | 摄录编监一套 | 夏普手持式 | 1 |
| 1987 | 摄像机 | M3 | 1 |
| 1987 | 编辑机 | VO-5630 | 1 |
| 1987 | 控制器 | Rm440 | 1 |
| 1989 | 字幕机 | 6401 | 1 |
| 1990 | 摄像机 | Z31 | 1 |
| 1992 | 摄像机 | KY-17 | 1 |
| 1992 | 摄像机 | zone | 1 |
| 1992 | 监控设备 | — | 1 |
| 1993 | 摄像机 | zone | 1 |
| 1995 | 摄像机 | KY-27 | 2 |
| 1995 | 编辑机 | 422和622 | 1 |
| 1995 | 特技机 | AVE5 | 1 |
| 1995 | 录像机 | VO-9850 | 1 |
| 1996 | 录像机 | VO-9850 | 1 |
| 1996 | 特技机 | MX-1 | 1 |
| 1996 | 提词器 | — | 1 |
| 1996 | 字幕插入器 | 24路 | 1 |
| 1998 | 字幕机 | NTS-40 | 1 |
| 1998 | 非线编 | CY-777 | 1 |
| 2000 | 提词器 | — | 1 |
| 2000 | 图文播出系统 | — | 1 |
| 2001 | 非线编 | DV21-PRD | 1 |
| 2001 | 摄像机 | DSR250P | 3 |
| 2001 | 摄像机 | AG-DVC-200 | 3 |
| 2001 | 编辑机 | DSR-1800P | 1 |
| 2001 | 编辑机 | DSR-1600P | 1 |
| 2001 | 字幕机 | 9000PVO | 1 |

续表 27

| 年度 | 设备名称 | 型号 | 数量 |
|---|---|---|---|
| 2001 | 放像机 | DSR-40 | 1 |
| 2001 | 切换器 | MX-300 | 1 |
| 2003 | 摄像机 | DSR-370P | 1 |
| 2003 | 摄像机 | DSR-570WSP | 1 |
| 2003 | 录像机 | DSR-30P | 1 |
| 2003 | 录像机 | DSR1800P | 1 |
| 2004 | 特技切换器 | AG-MX70 | 1 |
| 2004 | 现场直播系统 | — | 1 |
| 2005 | 非线编 | DY6000 | 3 |
| 2005 | 摄像机 | 索尼 390 | 2 |
| 2005 | 摄像机 | A2-410 | 2 |
| 2005 | 摄像机 | 索尼 913 | 2 |
| 2006 | 标清自动主备播出系统 | 天虹 2 套节目 | 1 |
| 2010 | 标清自动主备播出系统 | 天虹 6 套节目 | 1 |
| 2011 | 急速智胜高清非编 | 包括服务器、硬盘阵列等 | 20 |
| 2011 | 数字编排系统 | — | 4 |
| 2011 | 隔离防火墙 | — | 4 |
| 2011 | 12 米摇臂 | — | 1 |
| 2012 | 索尼数字高清摄像机 | PMW-EX330K | 4 |
| 2012 | 索尼小型手持摄像机 | DSR-PD198P | 2 |
| 2012 | 八路数字高清导播台 | AV-HS400AMC | 1 |
| 2017 | 高标清非线编辑系统 | U-EDIT700IIUHD | 8 |
| 2017 | 电台主备自动播出系统 | 103.3Mhz | 1 |
| 2017 | 高标清主备自动播出系统 | 4 频道高标清 | 1 |
| 2017 | 高清非编系统 | EDIUS | 4 |
| 2018 | 高清手持摄像机 | AJ-PX298MC | 6 |
| 2018 | 大疆精灵无人机 | 4pro2.0 | 1 |
| 2018 | 高清非线编辑系统 | U-EDIT MS Pro | 10 |
| 2018 | 高清肩扛摄像机 | AJ-PX5000MC | 4 |
| 2018 | 高清广角镜头 | HJ14e×4.3BIRSE | 1 |
| 2018 | 高清标准镜头 | KJ20×8.2BKRSD | 1 |
| 2018 | 高清数字切换台 | TurboCast-1000 | 1 |
| 2018 | 广播级非线编辑系统 | — | 12 |
| 2018 | 数字配音工作站 | U-SoundWork | 2 |
| 2019 | 流动电台系统 | — | 1 |

## 附一：电视摄像设备

1987 年，记者郝勇使用 M3 摄像机

2012 年，记者孙鹏波使用 600p 摄像机

2016 年 8 月 23 日，记者孙志恒使用索尼 330 摄像机

2018 年 9 月 21 日，记者王鹏使用松下 AJ-PX5000MC 摄像机

## 附二：电视编辑设备

1993 年，电视新闻编辑设备

2011 年，电视专题节目编辑室

## 附三：电视演播室设备

1996 年，昌邑电视台电视演播室

2020 年，电视新闻演播室

## 附四：电视播出设备

1996 年，昌邑电视台电视播出机房

2019 年，昌邑电视台播出机房

## 附五：电视发射设备

1997 年，昌邑电视台电视发射机房

2019 年，昌邑电视台电视发射机房

附六：电视编辑部办公室

2006 年，昌邑电视台新闻部办公室

2019 年，昌邑电视台节目编辑制作中心

## 第七节　高清数字广播电视转播车

2017 年 10 月，昌邑市广播影视中心与山东和田旺生物科技有限公司建立合作关系，和田旺生物科技有限公司赞助购置福特全顺车 1 辆。把之前购置的松下 AV-HS400AMC 八路数字高清导播台、数字调音台、数字转换器、数字硬盘录像机、数字无线图传、网络直播等系列设备安装车内，形成录制直播于一体的小型录制直播车，基本满足各种活动现场录制，并实现网络直播。

2017 年投入使用的电视直播车

2019 年 7 月 15 日，市广播影视中心从山东秋妍信息科技有限公司购进升级改造流动电台设备一套，新增设备包括主（备）发射机、吸盘天线、数字调音台、监听耳机、主持人话筒、头戴式耳麦、车载逆变器、固态播放器肤色头戴、无线话筒、无线领夹调频收音机等，投资 22.05 万元。7 月 18 日，市广播影视中心从潍坊恒运汽车销售服务有限公司购置奔驰威霆商务版 9 座车 1 辆，作为调频流动电台专用车，投资 39.17 万元，总计 612228 元。

2019 年投入使用的广播电视直播车及车载设备

## 第八节　昌邑新媒体

随着互联网技术的普及，新媒体等信息技术的快速变革也推动着广播电视宣传模式的革新。相对于传统的影像展示方式，新媒体的展示方式以更丰富的内容、更立体的形式、更多元化的互动体验方式，深受观众青睐。

市融媒体中心围绕改革新发展、发展新挑战、挑战新趋势三方面，从队伍建设、平台打造、产品创新、智媒应用等方面取得了长足发展。

进入 21 世纪，互联网蓬勃发展，网站是人们获得信息资讯的载体之一，也是一个单位对外宣传的窗口，2011 年，广播影视中心建设中国昌邑网网站，后更名为昌邑广电传媒网，运行至今。该网站设置新闻、活动、服务、房产、汽车、农资、美食等十几个版块，特别是每天上传的新闻视频《昌邑新闻》《昌邑 360》，成为全市广大干部群众及外地网民了解昌邑动态的重要途径，扩大舆论宣传阵地。

经济社会发展推动网络媒体和手机媒体的发展，打破电视等传统媒体一统天下的格局。面对这种局面，市广播影视中心相继开办昌邑生活圈、昌邑之声 2 个微信公众号，每天推送广播电视节目以及各类信息，为宣传工作助力。公众号以传播速度快、受众面广的特点广受人们青睐，关注量突破 5 万人。

面对新媒体的蓬勃崛起，从 2019 年开始市融媒体中心转变发展思路，破除单一思维，探索出新媒体快速发展、提高核心竞争力的新路子。积极推动广播频率、电视频道等传统媒体，运用互联网思维和新技术实现自身的转型发展，选准方向做好新媒体矩阵的排兵布局，在媒介形态上已拥有网站、移动客户端、微信公众号和抖音、微视、手机直播等数字网络媒介，并入驻《人民日报》客户端、央视频、闪电云，打造布局合理的多维度全媒体实体平台，发挥强大的舆论宣传作用。一是引导运用全媒体的理念和手法改进新闻报道工作，改进节目制作和媒体活动方式，并且建设新型采编流程，实现“一次采集、多介质生成、多平台播发”的融合发展目标；二是要着眼于媒体融合发展，不断创新栏目形态和节目表达方式，改进文风与主持播报风格以及语态等，使网民喜欢收听收看，重回声频荧屏；三是通过台网联动，促进线上线下互动经常化、节目内外互动通畅化。

同时，创新机制为新媒体发展提供人才激励支撑，着重培养了一支专业化的新媒体运营团队，并营造了单位人人热心参与的新媒体发展氛围，赢得了新的发展机遇。

昌邑市融媒体中心新媒体使用的二维码

## 第九节　昌南记者站

2013 年 8 月 2 日，昌邑电视台昌南记者站在北孟镇正式成立。潍坊电视台副台长张广忠，市委常委、宣传部部长王志强，市政府副市长于冬菊出席成立大会暨揭牌仪式。各镇街区分管宣传的副书记、宣传委员，广播影视中心部分中层以上领导干部，北孟镇全体机关干部、企业负责人及部分村支部书记共 200 余人参加会议。会议由于冬菊主持，北孟镇党委书记孙磊致欢迎词，昌邑电视台昌南记者站站长苏森源作表态发言，王志强作重要讲话。

在昌南设立记者站，是昌邑电视台积极巩固宣传主阵地、加强传播能力建设的重要举措。主要任务是按照市委市政府对宣传工作的总体部署和要求，牢记使命、尽职尽责，深化“走基层、转作风、改文风”活动，把新闻报道的触角延伸到一线前沿，把镜头对准基层广大干部群众，挖掘生动事例，提炼鲜活主题，接地气，抓活鱼，把昌南的发展变化宣传好、介绍好、展示好。

自昌南记者站成立以来，拍摄制作400余条新闻，其中有100余条新闻在潍坊电视台播发，有10余篇在山东电视台播发。先后挖掘了“北孟镇加大基础建设力度，力促小城镇建设发展”“北孟镇村容村貌整治效果显著”“北孟镇实施迁村并点工程，努力打造现代化小城镇”“北孟镇新型现代农业助推农业转型升级”“饮马镇梨花节喜迎八方来客”“石埠以绿色农业推动经济发展”等重点新闻稿件均被昌邑电视台和上级台采用。

为宣传昌邑绿色有机大姜，还联系中央电视台记者到昌邑制作“这里的大姜藏着卖”专题新闻，于2015年11月20日在中央电视台军事农业频道《每日农经》栏目播出，时长8分钟。2013年9月，牵头潍坊电视台、昌邑电视台与北孟旭日石磨面粉厂联合开展以助农、扶贫、济困、解民忧为主题的大型公益活动——“真情助困走千村，爱心面粉进万户”活动。由北孟旭日石磨面粉厂每月为爱心助困活动提供一定数量的石磨面粉及石磨面条。潍坊电视台、昌邑电视台记者利用这些产品定期对潍坊市的

2013年8月2日，昌邑市广播影视中心与会人员合影（前排左起：李艳霞、赵海燕、陈潇、夏斐、姜莲莲；中排左起：苏森源、朱永伟、郝勇、董凤章、陈诚、张惠福、宋建文、张新立；后排左起：魏吉顺、马文忠、王鹏、尹新峰、李连冰、陈正军、孙奎庆、孙大波、于国颖、董大川）

贫困家庭进行走访慰问，每月走访几个贫困家庭，并制作成新闻分别在潍坊电视台《农资超市》栏目和昌邑电视台《昌邑360》栏目播出。爱心助困活动共走访潍坊市各县市区贫困家庭200户，在社会上引起很大反响。2013年11月和2014年1月，昌南记者站邀请潍坊电视台专门到北孟、石埠举办2场“美丽乡镇行”文艺演出。文艺演出的实况录像也在潍坊电视台播出。

# 第二章　电视宣传

1971年11月，山东省广播电视厅分配给昌邑县广播站1台14英寸黑白电视机，从此有电视。1983年12月10日，昌邑电视差转台建成开播，转播中央电视台第一套节目。1984年10月1日，昌邑电视差转台首次播出自己制作的节目，这是昌邑电视宣传的开端。

1992年9月29日，昌邑电视台建成开播，电视宣传步入正轨，开设多个栏目，全面反映当地政治、经济、文化和社会各项事业发展变化情况及重大事件、典型人物和新人新事新风尚。紧密结合实际，围绕当地党委政府工作中心，突出工作重点，着力引导舆论，全面深入地开展对内对外宣传报道，宣传工作不断出亮点、出成绩，新闻作品多次获全国、省、潍坊市级荣誉，为全市经济社会发展营造良好的舆论环境。

2011年以后，精心办好《昌邑新闻》《昌邑360》两档日播新闻栏目。播发大量既有“速度”，又有“深度”和“温度”的新闻。

《昌邑新闻》唱好主旋律，打好主动仗，围绕全市重点工作，在贯彻落实重要宣传工作指示和全市重大会议精神等方面做好宣传，每年播出新闻2200余条。

围绕两会、绿博会等重大节会做好专题

报道，精心谋划，群策群力，采用群众语言，注重现场细节，直击报道现场，为专题注入“活水”，转入“正能量”，使专题报道“活起来”“鲜起来”，确保报道内容丰富和形式灵活多样，完成报道任务。

针对全市重点工作提前策划，开设专栏，深入报道，每年开设专栏7～10个。例如《创建全国文明城市进行时》《改革进行时》《乡村振兴先锋行》等专栏，宣传报道全市上下真抓实干的实际行动和全市促进经济社会发展的好做法好经验，营造出良好的舆论氛围。

《昌邑360》积极组织确保社会民生类报道，及时将镜头对准群众，把重点放在民生，增强了新闻节目的贴近性，每年播发新闻近2000条。

改进新闻版面，提升新闻质量。坚持新闻栏目定位，立足于新闻节目内容，在内容和形式上不断改进、创新。对新闻栏目进行包装，注入新的元素和技术，同时创新报道形式和报道手段，使新闻内容更加丰富，使《昌邑新闻》和《昌邑360》在确保喉舌作用中做到贴近性，在追求贴近性中体现导向性。

2012年9月，山东国际文化艺术交流活动昌邑专场在昌邑电视台演播大厅举行，记者朱越、范婷婷采访外国演员

## 第一节　栏目设置

1984年10月1日，昌邑电视差转台首次插播自办节目——专题片《腾飞吧昌邑》。此片由编播股记者王存玉撰稿，技术股拍摄制作，片头是元钦圣用红广告色写在白纸上，采用摄像机推拉功能由小到大推出片头，内容反映昌邑全面发展农村商品生产，繁荣农村经济情况。因设备处在因陋就简阶段，只能插播少量昌邑县新闻和临时性专题节目。

1990年4月8日，开始定期播出《昌邑新闻》，每周一期，节目长度不固定，主要报道时政要闻，报道国家、省、潍坊市领导到昌邑指导工作；县委、县政府重大决策部署、重要会议、先模人物、各行各业先进经验做法等。

1987年春节前，与昌邑三得利服装有限公司联合，首次举办春节晚会，节目由各部门、各乡镇提供，择优制作，除夕前一天播出，请潍坊电视台人员指导编辑制作。1988年开始，县委宣传部对春节晚会进行分工，文化局负责组织节目，广播局负责制作播出。至1991年，台连续5年自办昌邑春节晚会。

1988年开始，开设《两会专题报道》栏目，报道昌邑县十届一次党代会、县人大十四届一次会议情况。以后每年召开经济工作会议、政协会、人代会、党代会都设专题节目，跟踪报道会前、会中、会后情况。

1989年，设置《先锋颂》专题栏目，反映各条战线上，共产党员积极工作创新奉献的先进模范事迹。以后每年都在“七一”“十一”开设《先锋颂》《党员风采》《先锋赞歌》专题栏目。

1990年4月，县局从编播股划出部分人员，设立了电视编辑部，电视编辑部为采编制作电视新闻的职能科室。定期每周二、五插播本县电视新闻。每晚插播两次，第一次安排在《广而告之》以后。第二次在《晚间新闻》之后。每周播4次，其他5天，除县委临时有安排外不再插播昌邑县新闻。

1992年9月29日，开设《昌邑新闻》《天气预报》2个长期固定栏目，并播出电影和电视连续剧。

1993年下半年，对新闻栏目进行改版。由原来每周二、五办2次播4次，改为每周办3次播6次。每星期的一、三、五首播，二、四、六重播。

1994年6月，县局撤销电视编辑部，另

设电视新闻部和广告文艺部。电视新闻部负责《昌邑新闻》《党员风采》栏目。广告文艺部负责电视广告制作，开办《金曲芳草地》《信息与文艺》2个专题栏目。1995年，撤销《金曲芳草地》《信息与文艺》2个栏目，另设《经济信息》《广告文艺》栏目。

1995年2月，市委、市政府制定十大跨世纪工程规划：10万亩林区绿化工程；十大农业科技园区开发工程；"千条街、万里路"改造建设工程；农村"双通"（村村通自来水、通电话）工程；"四化村"规划建设工程；"千百万"规模企业发展工程；万名"双优"人才工程；建设万套住宅安居工程；城市居民生产生活煤气化工程；港区规划开发建设工程。电视新闻开设了《十大跨世纪工程传真》《企业家访谈录》《开放之声》《百千万规模企业工程》《九五回顾》等十几个阶段性专题栏目。每周报道一个专题，连续报道。

1995年，第四次世界妇女大会在北京召开之际，增设《巾帼风采》专题栏目，宣传全市各条战线上的巾帼英雄。以后在每年的"三八"妇女节期间开设这个栏目。

1996年，昌邑电视台开设《昌邑纵横》新闻类栏目。栏目宗旨：贴近群众、贴近生活、贴近实际，弘扬真善美，鞭挞假丑恶。节目内容包括社会热点、历史典故、风土人情、逸闻趣事等。是第一个固定节目名称、固定播出时间、实行制片人负责制的栏目。

1996年4月18日，有线电视频道正式开播，网内开始传送两套节目。原15频道开路信号节目称昌邑电视台综合频道，采用有线、无线两种渠道传播。新开设有线电视频道只在有线网内传播。

1998年，市局增设有线电视编辑部，在栏目设置上对原有专题栏目进行调整。电视新闻部负责《昌邑新闻》《昌邑纵横》《农村科技》《优生科普》3个栏目。有线电视编辑部开设《万花筒》栏目，内设《相聚在荧屏》《健康传呼》《消费与时尚》《校园调色板》《大市场》等子栏目。广告文艺部负责《生活百事》《开心一刻》《经济生活》等专题栏目。

1998年，昌邑电视台开设《十五大精神在基层》《精神文明建设巡礼》等阶段性专题栏目。紧密结合全市农业和农村工作，全面系统地报道深化农村改革，促进农村经济发展新情况、新经验。对昌邑15个大农业科技示范园进行了深度报道。开设《改革开放二十年》专题，报道中共十一届三中全会以来全市各行各业、各条战线取得的辉煌成就和成功经验。开设《创建全国卫生城市》专栏，促进创建全国卫生城市开展。也从反面对影响创城迎查工作的人和事予以曝光。

1998年7月，《首届电视演艺场》开播，以推动社会群众性文化大繁荣、大发展为目标，报道内容分戏曲、歌曲、红色经典、舞蹈、器乐5个板块。

2003年10月，开设《潍水两岸》专题栏目，主要反映昌邑的风土人情，人文掌故，典型人物等情况。

2005年4月，与市公安局联合开设《警方报道》栏目，主要报道警务工作情况，后改为《交警时空》栏目。

2005年5月1日，电视节目由日播出时间晚上6小时增加到白天晚上播出16小时。《昌邑新闻》由只在晚上播出，改为早、中、晚3个时段播出。《昌邑新闻》每周制播3期改为每周制播5期。改革栏目设置，对所办栏目重新调整，在办好《昌邑新闻》栏目基础上，专题栏目全部实行制片人负责制。固定播出时间，重点办好《潍水两岸》《警方报道》《经济生活》3个栏目，市里有重大活动时，由电视新闻部开设阶段性专题连续报道。

2006年，开设《一周新闻回顾》栏目，一周新闻回顾是把每周一至周五的电视台播出的新闻，加以概括提炼，编成一组节目播出，让观众总体了解一周来昌邑发生的时政新闻情况。

2006年6月，与市委组织部联合开设《先锋颂》栏目，主要报道全市各行各业优秀共产党员的事迹。

2007年5月，开设《百姓舞台》栏目，主要反映全市城乡文体活动情况。

2007 年 12 月 1 日，市局在原广告部的基础上成立广告中心，新开辟影视频道，影视频道主要播出适合昌邑人民喜爱的电影、戏剧、曲艺、电视连续剧等节目。建成“中国昌邑网”，在网站上传播昌邑电视台的节目，节目传播范围进一步扩大。

2008 年 2 月，开设《读书》栏目，由主持人每期选取一部古今中外的名篇名著，自己先读，然后加以概括、提炼、升华，把每部著作的主要故事情节运用口语的形式说书。

2009 年 7 月，开设《昌邑 360》栏目，主要反映百姓生活及社会热点问题。

2010 年 2 月，与文山中学联合开设《文山杏坛》栏目，主要反映教育教学和学校生活情况，后改为《昌邑杏坛》。

2011 年 3 月，与新华社联办《昌邑看天下》栏目。每天一期，使广大观众不出昌邑就能了解全球新闻、纵览天下事情。《昌邑新闻》由每周 6 期改为每周 7 期，由原来只在综合频道和生活频道播出，改为在综合、生活、远教 3 个频道播出。《昌邑 360》由每周 2 期改为每周 7 期，由原来只在生活频道播出，改为在综合、生活、远教 3 个频道播出。《昌邑新闻》建台时每年播出 1000 余条，2018 年播出近 4000 条，提高新闻的时效性，丰富新闻信息量。

2011 年，共开设《昌邑新闻》《潍水两岸》《经济生活》《一周新闻回顾》《先锋颂》《百姓舞台》《读书》《昌邑 360》《文山杏坛》《昌邑看天下》等 10 个固定专题栏目。

2017 年，对节目进行调整，开设《昌邑新闻》《潍水两岸》《昌邑 360》《昌邑微记录》《健康在线》《交警时空》《安全 360》《童声童趣》《乡村快乐游》《昌邑杏坛》共 10 个固定栏目。

## 第二节　栏目介绍

### 一、《昌邑新闻》

1984 年 10 月，昌邑县电视差转台开始插播《昌邑新闻》节目，时间不固定，1990 年 4 月 8 日，插播昌邑县新闻开始固定时间，栏目

2019 年昌邑电视台《昌邑新闻》片头

设置不断创新改革，逐步走向正规。《昌邑新闻》属昌邑电视台龙头新闻栏目，主要反映昌邑时政、经济、社会新闻以及重大活动。

创办时期主要工作人员

编辑：编播组

制作：机务组

监制：尹海瑞

2010 年制作播出情况

值班主任：朱永伟、孙大波

编辑：李艳、柳玉洁

播音：于小颖、辛程远

监制：李苇、张惠福、宋建文

总监制：赵赞江

2018 年制作播出情况

总制片人：孙大波

制片人：夏斐、李连冰

编辑：王红红

主持人：辛程远、祝振杰、姜玉双、王国瑾

技术：李希刚、姜言同、夏翠珍

总工：张新立

监制：朱永伟

总监制：张术叁

### 二、《昌邑纵横》

《昌邑纵横》栏目开办于 1996 年 4 月 21 日，是昌邑电视台第一档具有强烈时代感的社会综合性专题栏目，每个星期天 19:35 首播。“观察文山南北民意，尽现潍河两岸风情，报道昌邑社会百态，展示百姓多彩生活”是该栏目的宣传语，内设说长道短、万家灯火、社会扫描、天下昌邑

人、故园风物、拾趣园等多个子栏目，从第一期节目《宁宁》播出后，即为人们所关注和喜爱，反映和推动解决了许多存在的问题，多个节目被观众津津乐道，并在省市电视节目评比中获奖。后期，该栏目多围绕市委、市政府中心工作进行深度报道。2007 年 4 月停播。

创办时期主要工作人员

制片人：于国颖

记者编辑：宋建文

主持人：马宪君、赵海燕

监制：高寿明

## 三、《一周新闻回顾》

《一周新闻回顾》栏目开办于 2005 年，主要对一周内发生的重点新闻进行串联汇编，在每个星期天晚上播出，主要由值班主任、值班编辑完成组稿，后来也由记者轮流组稿，目前已播出 700 多期。

创办时期主要工作人员

制片人：于国颖

值班主任：孙大波、宋建文

撰稿：蔡松珊

主持人：于小颖、张思莹

监制：夏建正

总监制：张亦明

## 四、《先锋颂》

2019 年昌邑电视台《先锋颂》片头

《先锋颂》是昌邑市委组织部和电视台设置的党建类专题栏目，2008 年播出，每月 1 期，每期 10 分钟。主要播出潍坊市党员干部现代远程教育优秀课件展播片，同时制作播出昌邑市优秀党员人物专题片，多个作品在中国、山东省广播电视协会组织的节目评比中获奖。

2010 年制作播出情况

策划：李苇、李海波

制片人：李东、朱永伟

编辑：张兴强

摄像：张坤、董磊

主持人：姜玉双

监制：陆振伟、赵赞江

总监制：田洪波

## 五、《读书》

2019 年昌邑电视台《读书》片头

《读书》是昌邑电视台设置的公益类文化栏目。栏目宗旨：引导读书学习，弘扬精神文明；搞好文化交流，倡导健康人生。2008 年 2 月 23 日播出第一期，每周一期，每期 10 分钟。栏目以读书为切入点，把一部书的内容加以概括、提炼和升华，运用 10 分钟的时间把精华呈献给广大电视观众。引导和弘扬积极向上的人生观和价值观，营造和谐的精神空间，为广大观众打造一个共同交流分享的文化平台。2014 年不再录制新节目，复播以前录制节目。

创办时期主要人员

制片兼主持人：赵海燕

编辑：夏斐

摄像：范绍杰

监制：赵赞江

2008 年制作播出情况

制片人：赵海燕

文案：付龙芝

摄像：胡学武

编辑：夏斐

音乐：邓议娜

艺术指导：胡学武

监制：张惠福

总监制：赵赞江

2012 年制作播出情况

制片人：夏斐

编辑：张静静

摄像：范绍杰

主持人：孙英志

艺术指导：胡学武

监制：张惠福

总监制：赵赞江

2014 年制作播出情况

制片人：孙英志

编辑：刘赛

摄像：李永帅

主持人：孙英志

监制：张惠福

总监制：赵赞江

2011 年 11 月 8 日，昌邑电视台《读书》栏目荣获省政府“泰山文艺奖”，并获得奖金 1 万元，市委常委、宣传部部长庄鹏为电视台颁奖。

## 六、《百姓舞台》

2019 年昌邑电视台《百姓舞台》片头

《百姓舞台》是昌邑电视台设置的文艺类栏目。栏目宗旨：品位百姓人生，打造真情舞台，用镜头真实记录着家乡深厚的文化基础，生动展示着全市人民奋发向上的精神风貌。2007 年 5 月 19 日播出第一期，每周一期，每期 12 分钟。该栏目秉承“三贴近”原则，倾力打造群众喜闻乐见的节目。2015 年停办。

创办时期主要人员

制片人：李学文

编导：刘景贤

主持人：梁峰

编辑：付娜

摄像：孙鹏波

监制：李苇

总监制：张亦明

2010 年制作播出情况

制片人：李照伟

记者：孙鹏波、傅乃坤

解说：梁峰

总制片人：于国颖

监制：李苇、张惠福

总监制：赵赞江

## 七、《昌邑 360》

2019 年昌邑电视台《昌邑 360》片头

《昌邑 360》是昌邑电视台民生新闻栏目，于 2009 年 7 月 7 日播出第一期。

栏目宗旨：聚焦百姓生活，反映社情民意；关注社会热点，服务普通大众。以大众为中心，立足地域新闻，以民生新闻为主线。栏目遵循真诚真实、客观公正原则，既有舆论监督，又有人文关怀；既有市井琐事，又有人生百态；既有家长里短，又有奇闻趣事。

《昌邑 360》为互动栏目。可拨打热线电话提供新闻线索、提出建议和意见；发短信参与每期话题讨论；DV 爱好者可以拍下身边新闻传送到电视台昌邑 360 栏目组，节目播出后付给稿费。该栏目为日播，每期长度 12 分钟。

创办时期主要人员

制片人：宋建文、孙永泉、邓松礼
记者：孙鹏波、王鹏、李连冰、孙毅、邓心怡、张静静、邓议娜
主持人：姜莲莲
配音：于彦玲、孙江飞
制作：徐桂娟、田春花
播音员：于彦玲、孙江飞

**2010 年制作播出情况**

值班主任：张广松
编辑：田春华、朱越
制作：徐桂娟
主持人：李美燕、梁峰
监制：李苇、宋建文
总监制：赵赞江

**2018 年制作播出情况**

制片人：刘志强、魏芳
编辑：徐桂娟
制作：张秋萍
主持人：梁峰、付慧慧、高玉姣
技术：李希刚、姜言同、夏翠珍
总工：张新立
监制：于国颖
总监制：张术叁

## 八、《昌邑杏坛》

2019 年昌邑电视台《昌邑杏坛》片头

《昌邑杏坛》是与昌邑市教育局联办的教育类专题栏目，栏目宗旨：弘扬教育新风，传播教育理念，打造昌邑教育品牌，办好人民满意教育。主要反映全市教育与教学情况。前身《文山杏坛》于 2010 年 2 月 11 日播出第一期，每两周播出一期。

**创办时期主要人员**

制片人：陈大涛、姜莲莲
记者：赵东琦、林森
编辑：朱琦、张帆
策划：王文祥、李学文
监制：李克军、李苇
总监制：张亦明、赵赞江

**2010 年制作播出情况**

制片人：陈大涛、姜莲莲
记者：赵东琦、林森
主持人：姜莲莲、孙英志
编辑：张帆、傅金凯
栏目包装：王文峰、赵东琦
策划：王文祥、李学文
监制：李志军、李苇
总监制：张亦明、赵赞江

**2018 年制作播出情况**

总策划：姜正峰
策划：郭培虎
制片人：姜莲莲
编辑：杨建、闫孟杰
摄像：付兵
统筹：马显智、董友谦、陈玉顺
主持人：孙英志
化妆：夏天美妆
栏目包装：付兵
监制：郭培虎、陈大涛
总监制：姜正峰、张术叁

## 九、《潍水两岸》

2019 年昌邑电视台《潍水两岸》片头

《潍水两岸》是昌邑电视台生活类专题栏目，创办于 2003 年 10 月。栏目宗旨：阅览潍

水两岸风情，展现潍水儿女风采。开始为两周一期，一期播出3～5个新闻和生活方面的内容。自2005年1月1日起，改为一周一期，节目从内容到形式由一期数个内容变为一期一个内容，新闻性变为文学性。栏目定位：展潍水两岸风情，讲百姓人家故事，走进潍水两岸，共品五味人生。

创办时期工作人员

制片人：荆剑

撰稿：陈潇

摄像：焦云

监制：高寿明

2010年制作播出情况

总制片人：于国颖

记者：焦云

编辑：陈潇

解说：孙英志

监制：李苇、张惠福

总监制：赵赞江

2018年制作播出情况

制片人：董磊

摄像：董磊

编辑：尹文帅、张田田

撰稿：尹文帅、张田田

解说：孙英志

监制：陈大涛

总监制：张术叁

播出时间：新闻综合频道周二四六7:21、12:42、周二23:00、周六18:45、周日20:20、23:00；经济生活频道周一、三、五、七21:20，周二、四、六12:00。

## 十、《昌邑微纪录》

2019年昌邑电视台《昌邑微纪录》片头

《昌邑微纪录》摄制现实社会生活的片段，适应于电视、网络、手机传播。片长30秒至3分钟，多数时长为1分钟。内容包括昌邑美景、书画名家、经济建设成就、农业农村新貌等。

2017年3月制作播出第一期《初春之美》，2017—2019年相继制作《潍水之春》《出姜的日子》《让昌邑跑起来》等系列作品。

主创人员：董磊、张田田、高猛、张鸿富

监制：郝勇（2017年）、陈大涛（2019年）

## 十一、《健康昌邑》

2019年昌邑电视台《健康昌邑》片头

《健康昌邑》是昌邑电视台设置的服务类专题栏目。栏目宗旨：绿色健康昌邑，关注百姓健康。内容宣传党和国家卫生计生政策，展示卫生计生事业改革发展成就，宣传广大卫生计生工作者敬业精神。2018年创办，每周一期，每期10分钟，是昌邑广播电视台与市卫生和计划生育局联办栏目。

2018年制作播出情况

总策划：董凤章

总制片人：陈大涛

策划：韩增纲

制片人：陆栋

统筹：姚彩霞、姜伟华

撰稿：姜晓平

主持人：孙英志

摄像：陆栋

编辑：陆栋

总监制：董凤章、张术叁

## 十二、《警方报道》

《警方报道》是昌邑电视台法制类专题栏目。栏目宗旨：传递警界信息，震慑违法犯罪；

2019 年昌邑电视台《交警时空》片头

关注百姓安危，建设平安昌邑。2005 年 4 月 23 日播出第一期，每期 10 分钟。《警方报道》是与市公安局联办栏目，全面展示市公安工作和公安队伍建设情况。栏目每两周一期，每期 10 分钟。

创办时期主要人员

制片人：孟祥惠

撰稿：刘景贤

摄像：田海涛

编辑：徐桂娟

主持：于彦玲

2010 年制作播出情况

制片人：田海涛、肖新伟

记者编辑：张秋萍、王辉、姜子初

主持人：梁峰

总制片人：于国颖

监制：王执琳、李苇、张惠福

总监制：赵赞江

2017 年节目调整《警方报道》改为《交警时空》。

## 十三、《安全 365》

2019 年昌邑电视台《安全 365》片头

《安全 365》是昌邑电视台设置的服务类专题栏目，栏目宗旨：应对突发事件，安全生产监管，指导应急救援，安全知识普及。2018 年创办，每周一期，每期 10 分钟。

创办时期主要人员

总策划：黄宁波

策划：姜莲莲

主持：姜莲莲、孙英志

配音：姜莲莲

记者：闫孟杰

摄像：付兵

编辑：闫孟杰

包装：付兵

监制：陈大涛

总监制：夏小伟、张术叁

## 十四、《童声童趣》

2019 年昌邑电视台《童声童趣》片头

《童声童趣》是昌邑电视台设置的少儿类专题栏目，2013 年 7 月播出第一期，栏目宗旨：以群众参与性为基础，为昌邑市的小朋友创造出了一个展示自我的舞台。童声童趣栏目以艺术展示性为节目主题，组建昌邑电视台艺术培训联盟，让昌邑市培训机构抱团发展，也为素质教育提供了良好的帮助。它以正确的娱乐导向性为核心内容，为小朋友们树立一个正确的积极的精神向导。栏目每周一期，每期 12 分钟。

创办时期主要人员：

制片人：夏斐

撰稿：陈玲娟

摄像：李永帅

编辑：刘赛

主持：陈玲娟

监制：宋建文

总监制：董凤章

2018 年制作播出情况

总制片人：陈大涛

制片人：尹迅

撰稿：陈玲娟

摄像：李永帅

编辑：宫靖靖

主持：陈玲娟

总监制：张术叁

### 十五、《快乐乡村游》

2019 年昌邑电视台《快乐乡村游》片头

2018 年，昌邑广播电视台与石埠经济发展区联合开办乡村旅游节目《快乐乡村游》——“青山秀水等你来”。

播出情况：综合频道每周一次，生活频道每周两次，另外昌邑生活圈以及官方网站播出。

创办时期制片人：姜莲莲

主持人：闫孟杰

配音：孙英志

摄像：付兵、姜栋

编辑：杨建

监制：郝勇

总监制：张术叁

## 第三节　栏目播出

昌邑电视台节目播出分开路电视和有线电视两部分。

### 一、开路电视

1984 年 10 月 1 日，昌邑电视差转台首次插播自办节目，开始借用潍坊市 6 频道播出。1992 年昌邑电视台建成以后用 15 频道播出昌邑电视台节目。1990 年年底，太保庄电视转播台建成后用 21 频道转播昌邑电视台节目，2015 年停播。

2007 年 12 月，昌邑电视台新购入 3000 瓦分米波彩色电视发射机，用 21 频道传播昌邑电视台经济生活频道节目，用 15 频道转播昌邑电视台新闻综合频道节目。每天 7 点正式播出节目，到第二天 0 点 30 分结束，全天不间断播出 17 个半小时。

### 二、有线电视

1996 年 4 月 18 日，经济生活频道（有线频道）正式开播，有线电视系统传输昌邑电视台新闻综合频道、经济生活频道 2 套节目。

2011 年，有线电视由传输模拟信号向传输数字信号整体转换，网内传送 81 套节目，其中传送昌邑电视台综合、生活、影视、远教、娱乐、商务 6 套节目。

2013 年 1 月，有线电视网内传送 188 套节目，其中传送昌邑电视台综合、生活、影视、远教、娱乐、商务 6 套节目。

2018 年 1 月，有线电视网内传送 188 套节目，其中传送昌邑综合、生活、影视、棉纺城 4 套节目。

2019 年 1 月，有线电视网内传送 188 套节目，其中传送昌邑电视台新闻综合、经济生活 2 套节目。每天 7 点正式播出节目，到第二天 0 点 30 分结束，全天不间断播出 17 个半小时。

## 第四节　频道介绍

### 一、新闻综合频道

2019 年昌邑电视台新闻综合频道片头

昌邑电视台新闻综合频道，是昌邑电视台最初设置的主要频道。频道宗旨：及时报道最新发生的新闻事件，展示全市各行业在政治、经济、文化等各个领域建设成果和新人新事新风尚。转播中央电视台《新闻联播》，播出该台自办节目。开路15频道播出，有线8频道播出。

## 二、经济生活频道

2019年昌邑电视台经济生活频道片头

1996年4月18日，昌邑电视台有线电视频道正式开播，后改为经济生活频道。频道宗旨：感知百姓冷暖，关注大众生活。竭力做到贴近群众、贴近生活、贴近实际，努力打造成广大观众喜闻乐见的特色频道。转播中央电视台《新闻联播》，播出该台自办节目。开路21频道播出。有线9频道播出。

## 三、远教频道

2017年昌邑电视台远教频道片头

2009年3月11日，昌邑电视台开设远教频道，转播中央电视台远程教育节目，在潍坊市属首例。2004年年底，全市705个村设立地面卫星接收站，农村党员干部收看远程教育节目。远教频道开通以后，收视面12.5万户，50余万人，收视范围扩大200多倍。远程教育频道开通，标志着昌邑远程教育实现“由村入户”的跨越，形成“市、镇、村、户”四级农村党员干部学习教育网络，构建起“远教网、有线电视网、互联网”三网合一的新格局。

## 四、影视频道

2017年昌邑电视台影视频道片头

2010年10月，昌邑电视台开设影视频道，播出电影、电视连续剧和该台广告、天气预报节目。2017年12月31日停播。

## 五、商务频道

2017年昌邑电视台商务频道片头

2010年10月，昌邑电视台开设商务频道，播出经济信息、电视连续剧和该台广告、天气预报，2017年12月31日停播。

## 六、娱乐频道

2017年昌邑电视台娱乐频道片头

2010年10月，昌邑电视台开设娱乐频道，播出戏剧、文艺和该台广告、天气预报，2017年12月31日停播。

## 第五节　时政要闻

国家领导人和省、市级领导到昌邑调查研究，也都是昌邑新闻所报道的重点内容。所播过的重要时政新闻有：

《中共中央政治局委员、国务院副总理田纪云到昌邑视察工作》，1989年10月播出。

《全国政协副主席谷牧到昌邑视察工作》，1989年11月25日播出。

《中共山东省委书记姜春云到昌邑视察工作》，1990年5月19日播出。

《全国政协副主席钱正英到昌邑视察工作》，1991年5月。

《中共中央政治局委员、国务院副总理朱镕基到昌邑视察工作》，1991年7月播出。

《全国人大常委会副委员长费孝通到昌邑视察工作》，1992年6月6日播出。

《中共中央政治局委员、国务院副总理邹家华到昌邑视察工作》，1993年6月20日播出。

《国务委员、国家计生委主任彭珮云到昌邑视察计划生育工作》，1993年7月1日播出。

《中共山东省委书记赵志浩到昌邑调研工作》，1995年4月20日播出。

《中共山东省委书记吴官正到昌邑视察乡镇企业》，1997年6月1日播出。

《中共山东省委副书记、省长李春亭到昌邑检查指导工作》1998年10月9日播出。

《全国政协原副主席胡绳到昌邑视察工作》，1998年11月5日播出。

《国务委员、国务院秘书长、国家计划生育领导小组组长王忠禹到昌邑视察计划生育工作》，2000年9月6日播出。

《中共中央政治局委员、书记处书记，国务院副总理温家宝到昌邑考察引黄济青工程》，2001年6月9日播出。

《中共山东省委书记、山东省人大常委会主任张高丽到昌邑视察工作》，2004年7月12日播出。

《中央军事委员会原副主席、原国务委员兼国防部长迟浩田上将到昌邑视察》，2007年9月24日播出。

《全国人大常委会副委员长司马义·铁力瓦尔地视察昌邑海产品》，2008年4月20日播出。

《中共中央政治局常委、国务院副总理李克强到昌邑市饮马镇考察调研》，2008年11月3日播出。

## 第六节　重大事件

发生在昌邑的重大事件，是新闻专题报道的重点，根据不同时期，采取新闻报道、专题报道、连续报道、深度报道、追踪报道等多种形式广泛宣传，发挥正确舆论导向作用。

### 一、实行家庭联产承包责任制

1984年，昌邑电视差转台开始播出的第一个专题节目《腾飞吧昌邑》，反映昌邑县实行家庭联产承包责任制后农村发生的新变化，在以后的昌邑新闻和专题节目中，也作大量的宣传报道。

### 二、计划生育

昌邑市（县）是山东省最早开展计划生育的县之一，有了电视之后，在节目安排上，采用多种报道手法，连续持久地宣传优生优育知识，报道昌邑市（县）的计划生育情况。采写《男到女家结婚落户》《昌邑实行独女户养老保险》《昌邑开展万名妇女早期乳腺癌普查工程》《昌邑开展婚育新风进万家活动》等一些影响很大的稿件，促进了计生工作的开展。

### 三、修筑“碧海长城”

1987年9月，县委、县政府组织十几万人上阵，修筑全长12.6公里、高5.5米的防潮大坝，实现围圈滩涂3.8万亩的规划。1989年，制作《开拓者的足迹》1～3集。大坝建成之后，记者们又用镜头记录多次组织大规模加固、延伸和开发建设，建成长50.3公里防潮大坝围圈滩涂20万亩的情况。2007年3月4日，渤海湾发生特大风暴潮，昌邑台的记者及时赶赴现场，报道昌邑市党政领导在蒲东大坝指挥抢险的情景，提高党和政府在群众中的威信。记者宋建文、傅浩程、谭效君拍摄制作的电视新闻《遭遇特大风暴大坝有惊无险》获潍坊市广播电视局、潍坊市广播电视学会一等奖。

## 四、县域经济体制改革

昌邑县乡两级经济技术部门退出政府序列，行政机构转为经济实体逐步自给自足。这一经验曾轰动全国，被称为当时县级机构改革的“三大模式”之一。

1991—1992 年，县电视差转台以《中国经济改革与发展研讨会在昌邑召开》《国务院总理李鹏充分肯定山东昌邑县级机构改革的经验》《中共昌邑县委书记赵俭在全国县级综合改革经验交流会上介绍昌邑经济管理体制改革经验》为题作了报道。

## 五、昌邑跨入中国农村综合实力百强县

1992 年 7 月 6 日，在国家统计局首次公布的全国农村县级区域社会经济发展水平量化分析和综合评价结果中，昌邑被列为“中国农村综合实力百强县”，位居全国第 88 位。

昌邑电视台制作综合专题《昌邑跨入全国百强县》《昌邑县出现 10 个亿元村》等电视专题，介绍了柳疃张家车道、柳疃西陈、饮马山阳等一批村办集体企业的典型事迹。

## 六、企业全面改制

昌邑电视台主要采取两条措施，加强对企业改制宣传：一是加大对企业改制的宣传力度，播出了《昌邑县企业改制添活力》《服装厂实行全员合同制》等新闻；二是对改制后的企业加强了宣传报道，制作播出《山东省机械制造业基地落户昌邑》《中国超纤产业基地落户昌邑》《昌邑石化有限公司步入中国石油化工百强企业》《山东新昌集团与美国泰森公司合作打造国内重要的食品加工基地》《同大集团或权起草高钼镍网、超细纤维合成革两个国家行业标准》等新闻。

## 七、昌邑人民广播电台、昌邑电视台开播及昌邑广电大厦落成启用

1986 年 6 月 15 日，昌邑县广播站实现“站”改“台”；2006 年 9 月 12 日，昌邑县人民广播（调频）电台开播；1992 年 9 月 29 日，昌邑电视台建成开播；2010 年 12 月 8 日，昌邑广电大厦落成启用。昌邑电视台作新闻报道。

## 八、昌邑撤县设市

1994 年 6 月 10 日，经国务院批准撤销昌邑县，设立昌邑市。同年 7 月 18 日，昌邑市委、市政府举行撤县设市庆祝大会。党和国家领导人姜春云、邹家华、迟浩田、陈慕华、吴学谦等专门题词祝贺。从 1994 年 7 月 18 日开始，昌邑电视台对撤县设市进行连续报道，极大地鼓舞全市人民建强市、创大业的热情。1998 年 7 月，遵照市委、市政府的安排，昌邑电视台围绕纪念昌邑撤县设市 4 周年进行回顾总结性的连续报道。

1994 年 7 月 18 日，昌邑电视台新闻记者在拍摄撤县设市庆祝大会新闻（左起：郝勇、董洪江、孙大波、张少卿、赵海燕、孟祥惠、于国颖）

## 九、养老和医疗保障

昌邑电视台以《企业合同制工人实行养老保险》《固定工养老保险社会统筹》《机关事业单位养老保险》《养老保险覆盖范围扩大》《实施城镇职工基本医疗保险》《女职工生育保险》《农村养老保险》《新型农村合作医疗在我市进行试点》《昌邑市 44 万多农民参加了新型合作医疗》为题，及时报道养老和医疗保障情况。

## 十、实行住房制度改革

1992 年 10 月，昌邑县召开第一次房改工作会议，房改工作全面展开。昌邑电视台连续报道《昌邑市城镇廉租住房和救济住房管理办

法》及配套政策，《昌邑市城镇廉租住房和救济住房管理实施细则》等相关政策及工作开展情况。

### 十一、北部沿海供水工程

1994年10月20日，昌邑北部沿海划时代的远距离输水工程全线铺开，总投资4140万元，输配水管道273.3公里，设计日供水量5万立方米。1996年1月29日全线通水，北部沿海217个村25万人民结束祖祖辈辈喝咸水、雨水的历史。经过不断拓展和完善，北部乡镇用水人口已达30万人，供水普及率99%。

1994—1996年，昌邑电视台制作了电视专题片《大地回声》，并获得中国记协、中国广播电视学会农村宣传委员会优秀稿件评选一等奖。

### 十二、昌邑经济开发区建设

1992年12月，经山东省人民政府批准设立山东昌邑经济开发区，为省级开发区，规划面积17.7平方公里，是昌邑市工业新城区和新的经济增长点。2011年，开发区已经形成了石化、纺织、食品、机械、电力5个较大规模的工业园区，聚集了石油化工、纺织机械、海岛新材料、纺织印染、热电联产等投资过亿元的大项目11个。昌邑电视台围绕昌邑经济开发区建设采取新闻播报、连续报道、专题报道等多种形式广造舆论，有力支持经济开发区建设。

### 十三、北海公园昌邑博物馆建成

昌邑北海公园位于城区东侧，始建于1993年；1996年进行扩建，占地面积283亩。2001年进行破墙透绿，免费开放。2008年春，昌邑市委、市政府将公园改建列为“城市建设十大重点工程”之一，进行重新规划扩建和分区，将建成更加适宜人们休闲娱乐的去处。

昌邑博物馆1995年6月27日动工，1997年4月竣工，总投资1000万元，占地40.71亩，建筑面积5500平方米。已成为昌邑一大景观和爱国主义教育基地。昌邑电视台及时报道了北海公园和博物馆建成开放情况，吸引众多游人参观。

### 十四、《昌邑日报》创办与停刊《潍坊日报·今日昌邑》创办

1995年9月6日，《昌邑市报》正式创刊，由中共昌邑市委主办，为中共昌邑市委机关报，刊号为山东省内部报刊准印证报字173号。中共潍坊市委书记齐乃贵题写了报头。1998年7月10日，使用《潍坊日报》的刊号，改称《潍坊日报昌邑版》，由中共潍坊市委主办，中共昌邑市委承办，仍为中共昌邑市委机关报。1999年1月1日增为周三刊。同年1月27日，报社办公大楼启用。2001年6月28日，《昌邑日报》创刊，成为拥有全国独立刊号的县级报纸，并逐步改出日报。2003年12月31日，《昌邑日报》停刊。2010年1月1日，《潍坊日报·今日昌邑》正式创刊，每周二、五出版，由潍坊日报社和中共昌邑市委合作创办，是昌邑市委机关报。《昌邑日报》的创办、改版和停刊，《潍坊日报·今日昌邑》创办，昌邑电视台作新闻报道。

### 十五、“110”“120”“148”服务热线开通

1996年12月10日上午，昌邑市“110”报警服务台正式开通。1997年5月16日，昌邑急救中心“120”电话开通。1998年8月20日，昌邑市“148”法律服务热线电话正式开通；9月20日，23个乡镇（街道）“148”法律服务热线开通。昌邑电视台对“110”“120”“148”热线电话的开通作及时的宣传报道。

### 十六、谭振亮获“中国十大杰出青年卫士”称号

1997年10月15日，经潍坊市国税局、山东省国税局和国家税务总局层层选拔，昌邑市国税局柳疃分局青年干部谭振亮被共青团中央、国家税务总局等9部门联合授予“中国十大杰出青年卫士”称号。昌邑电视台通过新闻和专题等多种报道手法，进行充分报道。

### 十七、林伟宁夺得奥运冠军

2000年9月19日，在第二十七届悉尼奥运会上，昌邑籍运动员林伟宁勇夺女子69公斤级举重冠军，实现山东省奥运史上个人金牌“零”的突破。昌邑电视台对此运用多种形式进

行充分报道。记者宋建文编辑制作的电视专题节目“金牌凝聚众人心”获得省广播电视厅电视社教节目评比二等奖，潍坊市广播电视局电视社教节目评比一等奖；电视新闻“林伟宁家中看夺金”获潍坊市广播电视局电视新闻节目评比二等奖。

## 十八、居民用上天然气

1998年10月5日，昌邑市召开民用天然气工程动员大会。10月19日，举行奠基仪式，拉开了开发北部沿海天然气资源的序幕。工程总投资2300万元，于1999年2月竣工，并开始供气。从此，城区2万户居民和主管线附近乡镇、村庄居民用上了洁净安全的天然气。昌邑电视台围绕天然气的开发利用作宣传报道。

## 十九、昌邑北部沿海凸显经济隆起带

昌邑沿海经济发展区起步区建设从2005年5月开始，按照建设现代化经济新区的要求，将柳疃镇北部、卜庄镇和龙池镇纳入沿海经济开发区板块。2011年，11.5平方公里的起步区初见规模，远期规划面积30平方公里，远景规划达77.5平方公里。昌邑电视台围绕昌邑北部沿海经济隆起带的开发与建设作连续性的报道。

## 二十、营造北部沿海防护林和海洋生态特别保护区

1995年开始在北部沿海启动“十万亩防护林区绿化工程”，先后建起长30.5公里的1号骨干防护林带和长27.5公里的2号骨干防护林带，植树40万株。1995年被列为“全国高标准平原绿化试点县（市）”，1997年被评为“全国海防林建设先进单位”。

2007年10月，国家海洋局批复在昌邑滨海建立山东昌邑海洋生态特别保护区。新建的山东昌邑海洋生态特别保护区位于堤河以东，海岸线以下的滩涂上，区划面积2929.28公顷。昌邑电视台围绕营造北部沿海防护林和海洋生态特别保护区作连续性的报道。

## 二十一、非物质文化遗产保护

昌邑文化遗产底蕴深厚。柳疃传统丝绸工艺、乾隆杯酒酿造工艺、龙池剪纸、小章竹马、郭家庄大秧歌等非物质文化遗产异彩纷呈。2011年，已有多项入选山东省、潍坊市非物质文化遗产名录。柳疃传统丝绸工艺、乾隆杯酿造工艺融入纺织和酿造工业，产生不菲的经济效益；小章竹马在全国第二届文化遗产宣传活动展演中获三等奖，其24世传人马镇华被评为“潍坊市杰出文化工作者”。2008年4月20日至5月3日，昌邑市在绿博园举办首届“丝绸之乡”文化节，成为中国（潍坊）首届文化艺术展示交易会的重要组成部分和一大亮点。昌邑电视台及时对非物质文化遗产保护作宣传报道。

## 二十二、昌邑丝绸品牌保护

1997年6月18日，在北京举行的全国丝绸博览会上，昌邑市丝绸一厂生产的“雅风牌”丝绸面料系列产品被评为“中国名牌产品”。2002年年底又被中国纺织工业协会评选为“中国印染名城”。2008年6月，昌邑纺织印染业又跨入“中国产业集群产品50强”行列。昌邑电视台对昌邑丝绸品牌保护和纺织印染业提升作连续报道。

## 二十三、创建“诗词之乡”及诗词馆落成

1992年，昌邑文山诗书社成立。2002年4月，昌邑市被中华诗词学会授予“诗词之乡”称号。2005年10月，昌邑诗词馆落成。2004年10月22日，中共中央在北京召开的先进老干部个人和先进离退休干部党支部表彰大会上，昌邑市文山诗书社党支部被授予“先进离退休干部党支部”称号。昌邑电视台对创建“诗词之乡”及诗词馆落成等有关情况作宣传报道。

## 二十四、出租车、公交车投入运营

2004年10月29日，昌邑市方舟出租汽车有限公司首批投放的60辆出租汽车在城区投入运营。2011年，增加到208辆。

2005年4月12日，昌邑市华昌公交汽车有限公司36辆公交车开始运营。2011年增加到44辆。昌邑电视台对出租车、公交车投入运营及有关情况作报道。

## 二十五、完成中俄联合军事演习保障任务

2005年6月，“和平使命—2005”中俄联合军事演习在昌邑市北部进行，昌邑电视台在军演过程中，按照演习要求进行报道，并留下

珍贵的资料。

### 二十六、昌邑苗木走向世界

2000年春天，昌邑确定重点发展苗木产业，种植面积不足4000亩。19年后，发展到10余万亩600多个树种，被全国绿化委员会办公室命名为全国唯一的“中国北方绿化苗木基地”。自2003年起，连年承办绿博会。自2006年开始第十一届中国园林花木信息交流会从北京移师昌邑，与绿博会同时召开。昌邑电视台从会前社会各界喜迎绿博会开始，到报道绿博会召开的盛况，会后跟上追踪报道，及时把昌邑发展苗木的新闻推介到潍坊、山东、中央电视台播出，为昌邑苗木业的发展，发挥强有力的舆论导向作用。

### 二十七、跨潍河发展与潍河综合治理

昌邑市委、市政府从打造城市文明的绿色底蕴入手，按照“以水为脉、以绿为衣、以文为蕴、以人为本”的规划思路，打造全长3500米的滨河乐园，使黄沙飞扬的潍河变成生态自然的休闲娱乐场所。昌邑电视台对跨潍河发展与潍河综合治理作连续报道。

### 二十八、新一轮城市规划

2008年春，昌邑市委、市政府按照“东西拓展、南北贯通、跨潍河发展”的总体规划，以公共服务中心建设、下小路和围子片区建设、邑城水岸和文山东住宅小区建设、黄辛片区建设、大埠社区搬迁、北海公园改建、中心商务区建设、南店片区建设、新一中建设和文山中学扩建等“十大城建工程”为重点整体推进。昌邑电视台围绕新一轮城市规划和“十大城建工程”作连续报道。

### 二十九、深化政府机构改革

2010年，昌邑市进行机构改革，转变政府职能。昌邑电视台连续报道了政府部门机构改革、市政府直属事业单位调整、镇街机构改革情况相关情况。2014年开始，设置《深化政府机构改革》专栏，报道简政放权、放管结合、优化服务，简称“放管服”改革情况。2005年，设置《降低企业成本》专栏，报道年内全市降低企业税费8亿余元相关情况。

### 三十、“五个”新城建设

2018年开始，昌邑电视台紧紧围绕市委市政府建设智慧新城、海滨新城、美丽新城、活力新城、幸福新城“五个新城”，打造100万吨乙烯项目百亿级全产业链发展的产业园区、五百亿级高端装备制造产业集群，棚改、文山、高铁新城、职教大学4个千亩级片区，千亿级产业集群及石油化工新材料产业园、雅拉生态食品产业园、满国康洁环卫产业园、智能装备制造产业园“双千双百”4个大园区建设，在《昌邑新闻》连续报道。

## 第七节　报道典型

人生是一方五彩缤纷的世界，人生是一个丰富、生动而又永恒的主题。昌邑电视台把宣传歌颂全市先摸人物作为宣传工作一项重要内容，报道了各行各业一大批先摸人物和他们的先进事迹。宣传的主要典型人物是《从农家女到奥运冠军——记昌邑籍举重运动员　奥运冠军林伟宁》《磨砺见锋芒平凡书壮歌——记中国十大杰出青年卫士谭振亮》《甘做特殊行业的“孺子牛”——记原昌邑市殡葬管理所火化工、“孺子牛奖”获得者刘爱珍》《不当大老板　要干大事业——记山东昌邑石化有限公司总裁邓贵德》《勇立潮头奋争先——记全国纺织企业家创业奖获得者孙俊成》《超越之歌——记山东新昌集团有限公司董事长李绪民》《环保先锋刘国

2019年8月30日，山东好人发布仪式暨道德模范与身边好人现场交流活动在昌邑电视台演播大厅举办

田》《有难事 找老郭——记全国模范人民调解员郭占鳌》《勇洒热血铸青春——记为保护国家财产和人民生命而光荣牺牲的邵述衡》《老骥伏枥志未已——记全国离休干部先进个人李泽帧》《“特殊园丁”的风采——记全国优秀人民警察孙海波》《她在乡村创造教育神话——记全国优秀教师于美霞》《咱们的主心骨——卜庄镇大陆村党支部书记陆云泽》《信念 在平凡岗位上闪光——记“富民兴鲁”劳动奖章获得者孙凤绪》《一片冰心在玉壶——记昌邑市人民法院民三庭庭长李正芳》以及22名山东好人等。

## 第八节 联办节目

昌邑电视台自建台以来就注重与机关、学校、团体、厂矿企事业单位联办节目。自1958年开始气象局就提供天气情况在县广播站播出，昌邑电视台建成以后，《天气预报》成为最早的联办节目。进入21世纪，昌邑电视台与中共昌邑市委组织部联办《先锋颂》，与昌邑市公安局联办的《警方报道》，与昌邑市教育局联办的《昌邑杏坛》，与昌邑市人民医院联办《健康有约》等栏目很受广大受众喜爱。

广电大厦演播大厅启用后，联办节目范围扩大，承接市委、市政府及有关部门举办的“永远跟党走”全市庆祝建党90周年大型歌会、全市庆“五一”文艺晚会、护士节晚会、戏曲专场晚会、同大集团庆“五一”职工联欢晚会等大型文化活动。

2011年6月18—20日，昌邑市广播影视中心与潍坊市广电集团联合，在文化广场成功举办了昌邑汽车房产展示交易会，此次交易会共有26个汽车品牌、18家房地产商、38家时尚家居商家参加了会展，参会人员26万人次，交易额达8000余万元。展会现场共销售汽车128辆，签约订单216份，意向性登记客户561人；产房家居及其他类现场成交68笔，共签约订单318份，意向性客户1105人。本次展会的举办，对带动昌邑市展会文化具有重要意义。

以后，每年都组织类似活动。

继2010年举办“农信杯”唱响昌邑大奖赛之后，2011年6—11月，再次与乾隆杯酒业集团联办了“乾隆杯”唱响昌邑大奖赛活动。此次比赛有2000余名选手报名，走进乡镇、走进社区共计进行25场比赛，现场观众20余万人次，它不仅为广大文艺爱好者搭建一个展示自我的舞台，更进一步丰富全市群众的精神文化生活。

唱响昌邑电视大奖赛是由中共昌邑市委宣传部、昌邑市广播影视中心主办，昌邑电视台承办的大型群众性文化活动。为给广大市民群众提供一个展示自我的舞台，从2010年9月开始举办“人人爱我家乡、共同唱响昌邑”大型文化活动，连续举办8年。

活动共吸引当地和外地市爱好者近万人报名参赛，唱响昌邑到农村、企业、学校共举办近200场次演出，王媛媛、李东凯等多名选手，通过唱响昌邑这个平台，走向全省乃至全国性的文艺舞台。

2018年，唱响昌邑电视大奖赛全年举办20

2019年，昌邑广播电视台举办秋季汽车展销会

2017年，唱响昌邑电视大奖赛活动现场

场，充分深入到各乡镇、社区和村庄，体现全民参与。深入基层的比赛，多角度宣传赞助企业，展示赞助企业的特点和雄厚实力。

附：

## 2018 昌邑电视台第四届少儿才艺大赛

活动背景：公众活动中的宣传是树立企业新形象的重要手段，当今时代，儿童才艺发展的受关注程度是空前的，家庭、学校和社会影响下的少儿才艺的“眼球经济”和市场利益均趋上升和发展之势。

昌邑电视台立体式前期大量宣传，赛事启动后，必然会得到昌邑各大媒体和各界人士的关注，再加上中期各种形式的宣传推广，网络和传统媒体强强争辉、实现多赢。活动赞助单位也将备受关注，借此进一步打响知名度。在活动过程中，赞助单位可借此机会进行相应公关，将产品或品牌深入到社会各群体。赛后还将对赛事进行后续报道、宣传，以发挥持续影响，进行后续推广。

2018 昌邑电视台第四届少儿才艺大赛，让比赛既有十余场比赛数量的支持，又横跨整个暑期，给全市少年儿童搭建一个放飞自我的平台，共同搭建展演平台，扩大活动的影响力，并通过自身媒体资源扩大活动的宣传渠道，更好地为参与培训机构服务，为合作商家服务。

主办单位：中共昌邑市委宣传部

主办时间：2018 年 8—11 月

参与单位：全市各类培训机构代表，培训内容适合舞台展示。

活动内容：昌邑电视台整合全市优秀培训机构，组织各机构按照排定顺序按时参加彩排及演出，演出可以为单个培训机构专场，也可以为多个培训机构联合演出，每场演出时间为 60～90 分钟。

为了扩大活动影响力，昌邑电视台将整合全媒体资源，对活动进行现场直播和录播，并安排在电视台黄金时段进行重播。

活动流程：1. 昌邑电视台形成活动方案，并按照方案节点提前进行宣传推广，让活动有更高的知名度，活动过程中有针对性整合昌邑各类培训机构如舞蹈、声乐、器乐、语言培训学校，使培训机构能够更好配合，发挥更多作用。2. 确认参与培训机构数量，为了确保完成各项演出活动，昌邑广电提前筹划场地布置，并合理安排时间，要求各位培训机构按照指定时间参加演出。3. 昌邑电视台安排直播人员对活动进行现场录制，并通过直播平台进行直播，在直播的过程中融入企业的宣传推广。4. 在活动结束之后制作电视节目在昌邑电视台展播。

# 第九节　电视播音与主持

播音主持是广播电视宣传中的一个重要组成部分，1992 年建台前，王慧冰任播音员。

建台以后，开始从全国范围内公开招收电视播音员，赵海燕、王冰云、马宪君、于彦玲、吕进、孙江飞、李学文、于小颖、邹健、姜莲莲、梁峰、张思颖、王琪、邢健赛男、姜玉双、辛程远、王国瑾、祝振杰等 20 余人先后担任电视新闻主持人。

赵海燕、王冰云、于彦玲、李学文、孙江飞、矫瑞、姜莲莲、孙英志、陈美婷、梁峰、邹健、李慧娟、李美燕、李艳霞、王林静、高玉姣、付慧慧、丛程菲、陈玲娟等 20 余人先后担任电视栏目主持人。

赵海燕、李学文、于彦玲、姜莲莲、梁峰、李慧娟、戴正昊、孙志超、于婷、丛程菲、王宇林、王国瑾、祝振杰、陈玲娟先后担任大活动主持人。

附：

# 部分电视主持人（播音员）简介

| | | | |
|---|---|---|---|
|  | 赵海燕　1990年入职，主持过《昌邑新闻》《昌邑纵横》《读书》等栏目。 |  | 王冰云　1990年入职，主持过《昌邑新闻》《生活百事》《万花筒》等栏目。 |
|  | 马宪君　1992年入职，主持过《昌邑新闻》《昌邑纵横》等栏目。 |  | 于彦玲　1996年入职，主持过《昌邑新闻》《警方报道》《经济生活》等栏目。 |
|  | 于小颖　2004年入职，主持过《昌邑新闻》，以及绿博会开幕式、庆“七一”晚会、记者节晚会、两会宣读等活动。 |  | 姜莲莲　2004年入职，主持过《经济生活》《昌邑360》《文山杏坛》《交警时空》等栏目以及唱响昌邑大奖赛、昌邑春晚等活动。 |
|  | 孙英志　2005年入职，主持过《潍水两岸》《警方报道》《读书》《健康昌邑》等栏目，以及唱响昌邑大奖赛、昌邑春晚等活动。 |  | 梁峰　2006年入职，主持过《昌邑新闻》《百姓舞台》《昌邑360》等栏目，以及唱响昌邑大奖赛、昌邑春晚等活动。 |
|  | 姜玉双　2007年入职，主持过《昌邑新闻》《先锋颂》《党建天地》等栏目。 |  | 李艳霞　2008年入职，主持过《健康在线》栏目，以及唱响昌邑大奖赛等活动。 |

辛程远　2009年入职，主持过《昌邑新闻》栏目，以及昌邑春晚等活动，多次参与绿博会、两会等重大新闻宣传报道。

马晓健　2010年入职，主持过《看天下》《昌邑新闻》栏目。

王林静　2010年入职，主持过《昌邑360》栏目，以及绿博园晚会等活动。

戴正昊　2011年入职，主持过昌邑春晚、唱响昌邑大奖赛、广场舞大赛等活动。

陈玲娟　2012年入职，主持过少儿栏目《童声童趣》以及少儿晚会等活动。

孙志超　2013年入职，主持过《百姓舞台》栏目，以及唱响昌邑大奖赛、昌邑春晚、人机比武大赛等百余场活动。

于婷　2013年入职，主持过《健康在线》《车视界》栏目，以及昌邑春晚、少儿才艺大赛、唱响昌邑大奖赛等活动。

付慧慧　2014年入职，主持过民生新闻栏目《昌邑360》。

高玉姣　2014年入职，主持过民生新闻栏目《昌邑360》。

丛程菲　2015年入职，主持过少儿春晚、“六一”儿童节晚会、少儿才艺大赛、唱响昌邑大奖赛、山阳梨花节晚会、护士节晚会等活动。

**祝振杰** 2016年入职，主持过《昌邑新闻》栏目，以及记者节晚会等活动。

**王国瑾** 2018年入职，主持过《昌邑新闻》栏目，以及昌邑春晚、记者节晚会等活动。

## 第十节 电视台标

1984年10月1日，昌邑电视差转台首次插播自办节目，专题片《腾飞吧昌邑》，当时没有台标，直接插播《昌邑新闻》和专题节目。1992年9月29日，昌邑电视台建成开播，昌邑电视台使用电视测视图台标，然后预告播出节目。

1995年3月，张敦柏任中共昌邑市委书记，提出电视台要设计使用台标，市广播电视局局长高寿明安排电视台连续播发广告，在全国范围内公开有奖征集。历时3个多月，共收到100余份参赛作品，经过专家组评选，从中选出3幅，请市领导审定，莱州一名选手设计的台标被采用。

该标识由红、绿、蓝电视三原色为基础色调，将昌邑电视台的字母缩写“C、Y、T、V”有机组合而成，“C”的上方与“Y”字相连，“T”“V”在“C”的中间，构图明快色彩清新，

1992年至1995年使用的台标

1995年至2004年9月使用的台标

该标识一直沿用到2004年9月。

2004年5月，张亦明任市广播电视局局长，遵照市领导的意见，安排李希刚、张新立对台标进行修改，将原来的椭圆形台标压缩成圆形，去掉中间“TV”，由三原色换成金色，象征昌邑像一轮金色的太阳，构图更加简洁。同年10月召开第二届“绿博会”前夕，正式使用。台标右下侧增加昌邑综合、昌邑生活字幕，便于观众收看节目。

2019年6月，昌邑市融媒体中心成立，标识在原昌邑电视台台标的基础上创新制作而成。

2004年10月使用的台标

昌邑市融媒体中心
Chang Yi city Integration Media Center

昌邑市融媒体中心标识图案

标识为红色圆型，象征为红色的太阳，内有昌邑第一个字母“CY”演变而成，颜色为金黄色，形象为展翅飞翔的金凤凰，标识更加鲜明，独具特色。

2019 年，昌邑市融媒体中心、昌邑市融创视听文化传媒有限公司宣传图片

## 第十一节　对上宣传

中心（局台）十分重视对外宣传工作，每年都制定外宣创优目标和奖惩措施，在办好自办节目的同时，不断加大人力、物力投入，及时将全市改革开放和经济建设中的经验做法、重大成就在上级广播电视台反映出来。

电视对上宣传起步于 1989 年，开始只向潍坊电视台投稿，采用数量较少。1992 年，电视台建成以后，加大对上宣传力度，年内潍坊电视台用稿 158 条，省电视台用稿 8 条。1995 年，市委、市政府在召开全市宣传思想工作会议时提出，电视台要积极向上级台投稿，借助上级台影响大、收视范围广的优势，宣传昌邑，提高昌邑外界知名度，促进昌邑经济发展。

1995 年 10 月 8 日上午，市委书记张敦柏、宣传部长朱启芳等领导围绕如何搞好宣传工作有针对性地给市局提出一些指导性意见。10 月 9 日，市局召开班子会议，围绕怎样搞好外宣工作进行专题研究讨论。在讨论时，大家首先分析电视编辑记者队伍现状及存在问题，围绕怎样搞好外宣工作提出不少建议和意见。局长高寿明针对现有状况提出如下意见：一是加强编辑记者队伍建设，尽快提高编辑记者队伍的素质，以适应搞好外宣工作需要。当时，编辑记者队伍专业基础差、业务底子薄，自办节目明显存在深度不够，力度不强等诸多问题，要想搞好外宣难度更大。为提高编辑记者业务水平，局采取到潍坊局请业务精通的老师来教；内部定期出题目考；对已播过的节目进行评；建立制度对口学；送到潍坊台跟着学等措施用以提高编辑记者的业务水平。二是对培训一段时间仍不称职的人员进行调整，调离宣传岗位。三是采取激励措施，对每个编辑记者外宣都规定硬性指标，完成任务情况直接与工资、职称、岗位挂钩，每月一考核，奖勤罚懒。四是成立编委会定期研究宣传工作，每月一次例会，总结上月工作，找出存在问题，提出下月工作计划。采取上述措施以后，外宣工作起色很大，年内潍坊市电视台用稿 300 条，省电视台用稿 35 条，中央电视台用稿 4 条。

从此以后，中心（局）把对外宣传工作当作一项政治任务来对待，采取政治荣誉加经济待遇相结合等措施，充分调动编辑记者积极性，所向上级台报送的电视节目质量每年都有新提高、新亮点，上传采用率逐步提高。2004 年，潍坊台用稿 269 条，省台用稿 48 条，中央台用稿 6 条，外宣工作跃入潍坊市各县市区宣传工作先进行列。

在此基础上，又加大向省台、中央台发稿力度，一些反映昌邑地域文化的新闻、专题不断被中央台采用播出：反映昌邑加强社会治安综合治理的新闻《大事化小小事化了》，反映昌邑民俗文化的《小章竹马戏》，反映昌邑科技的《大姜高产栽培技术》，反映昌邑公安干警为民排忧解难的《深井救援》《冰窟救儿童》，反映昌邑苗木生产的《昌邑建成中国北方绿化苗木基地》《昌邑百万株绿化苗木进北京》等新闻、专题在中央电视台播出。

2011—2019 年，精心谋划，充分发挥现有外宣资源的潜力，提升外宣整体实力，提高外宣数量，增强外宣效果。重点围绕市委、市政府工作思路和战略目标及昌邑地域文化开展对外宣传。中央电视台连续 9 年报道昌邑绿博会盛况。2016 年，中央电视台新闻频道《新闻直播间》播出《传承红色“基因”　留住乡情乡愁》，同时山东电视台、潍坊电视台和本台四级同播。2017 年，邀请中央电视台军事农业频道《美丽中国乡村行》栏目组到昌邑，制作播出《昌邑寻鲜——来自大海的美食》专题，时间长 21 分多钟，详细介绍下营海产梭子蟹、皮皮虾、多宝鱼、龙须菜、海盐等产品。

同年，与中央电视台联合制作“第二届龙乡文化节”专题，并在中央电视台中央电视台军事农业频道播出。2018 年《山东新闻联播》播出《动能转换看落实　潍坊昌邑：做好新旧动能转换文章　迈向高质量发展》，多条新闻在上级媒体播出，并引起强烈反响，对外充分展示昌邑经济社会的发展进程，为全市经济发展营造良好的外部舆论环境。

2018 年，中央电视台《乡土》栏目播出《寻味中国——昌邑》，详细介绍昌邑海鲜、海盐、大姜生产及其背后的饮食文化和故事，全片长 25 分钟，播出后在全国极大地提高了昌邑的知名度和美誉度。

2019 年，绿博会期间，与中央电视台合作制作《昌邑园林“理发师”》专题，在中央电视台农业农村频道《乡间纪事》栏目播出，详细介绍昌邑市绿美园林绿化工程有限公司的一项技术发明——绿篱修剪机，展示了昌邑园林“理发师”们高超的修剪技艺和独特的创新发明。

2019 年，中央电视台《乡间纪事》栏目播出《昌邑园林理发师》画面

2018 年，中央电视台《乡土》栏目播出寻味中国——昌邑画面

为搞好对上宣传，还与潍坊、省、中央台保持密切联系，昌邑有了重大新闻，请上级台记者来采访报道，联合制作节目，提高了昌邑知名度和美誉度。

## 第十二节　宣传管理

昌邑电视台自开办节目以后，一直十分重视宣传管理工作，制定出台一系列宣传管理的相关规定，保证中心（局、台）宣传工作有序进行，1995 年开始，局（台）成立编辑工作委员会（简称编委会），局长任主任，分管局（台）领导、各宣传部室主任为成员。2010 年开始，成立新闻中心，由分管领导兼任中心主任，重大宣传活动由编委会召开联席会议研究部署，确立实施方案，常规性宣传由新闻中心抓好协调、调度和落实。根据市委、市政府及市委宣传部提出的宣传要求和宣传计划，编委会以及新闻中心及时召开会议，认真研究，周密组织，同时开办相应专栏，各栏目形成宣传合力，各宣传部室每周都制定各自的宣传计划，加大对全市广播影视中心任务和不同阶段重点工作的宣传报道。

### 一、新闻宣传原则

坚持真实性原则，坚决杜绝虚假新闻。坚

持正确的舆论导向，确保新闻安全。牢记“喉舌”宗旨，坚持社会效益第一，坚持正面宣传为主，自觉与党中央，与市委、市政府保持政治上、思想上、行动上高度一致，做到加油鼓劲、凝聚士气、提振信心。遵守保密制度，杜绝泄密事件发生。对社会上出现的热点、焦点问题注意报道分寸和方式，避免激化矛盾和影响社会稳定。

### 二、节目审查播出

昌邑电视台所有播出节目必须先审后播，重播重审，做到分工明确，层层把关，环环相扣，责任追究。

审稿：所有播出节目的文字稿件，记者采写结束后交文字编辑，编辑修改无误后，交值班主任审查，最后交局（台）分管领导审查签字后配音。

审片：节目合成后由栏目值班主任、编辑（文字、画面）、担任节目监制的领导共同审看整组节目，发现问题及时改正。审看结束后分管领导签字，然后上传，由总编室安排专门人员负责终审。终审的职责主要由三项：1. 看有无不良画面、黑场及节目前后有无与节目无关的画面。2. 节目声音是否正常，节目中间是否有音频信号短缺现象。3. 是否为当天播出节目，播出单位与实际是否一致。终审结束后，由总编室值班人员签字后传给播出部，节目上传人员与播出部值班人员再次对接无误后双方签字，然后按节目编排时间准时播出。

## 第十三节　昌邑电视台节目播出时间

### 2010 年 1 月 1 日昌邑电视台综合频道节目表

表 28

| 顺序 | 内容 |
|---|---|
| 1 | 18:30 节目预告 |
| 2 | 本台栏目 |
| 3 | 19:00 转播中央台新闻联播及天气预报 |
| 4 | 昌邑新闻 |

续表 28

| 顺序 | 内容 |
|---|---|
| 5 | 昌邑天气预报 |
| 6 | 2 集电视剧 |
| 7 | 22:00 昌邑新闻及昌邑天气预报 |
| 8 | 本台栏目 |
| 9 | 电影 |
| 10 | 结束 |

### 2010 年 1 月 1 日昌邑电视台生活频道节目表

表 29

| 顺序 | 内容 |
|---|---|
| 1 | 18:30 节目预告 |
| 2 | 18:40 昌邑 360 |
| 3 | 电影 |
| 4 | 本台栏目 |
| 5 | 21:00 昌邑新闻 |
| 6 | 昌邑 360 |
| 7 | 2 集电视剧 |
| 8 | 栏目 |
| 9 | 结束 |

### 2010 年 1 月 1 日昌邑电视台远教频道节目表

表 30

| 顺序 | 时间 | 内容 |
|---|---|---|
| 1 | 18:30 | 农业栏目 |
| 2 | 19:00 | 农业栏目 |
| 3 | 19:30 | 农业栏目 |
| 4 | 19:50 | 本台栏目 |
| 5 | 20:20 | 电视剧 2 集 |
| 6 | 21:30 | 本台栏目 |
| 7 | 21:50 | 电视剧 2 集 |
| 8 | 23:00 | 农业栏目 |

### 2019 年 1 月 1 日昌邑电视台综合频道节目表

表 31

| 顺序 | 节目名称 |
|---|---|
| 1 | 昌邑新闻　昌邑 360　自办栏目 |
| 2 | 广告 a1 |
| 3 | 电视剧 |

续表 31

| 顺序 | 节目名称 |
|---|---|
| 4 | 广告 a2 |
| 5 | 电视剧 |
| 6 | 广告 a3 |
| 7 | 电视剧 |
| 8 | 广告 a4 |
| 9 | 快乐生活一点通　广告 a+ |
| 10 | 昌邑新闻　昌邑 360 |
| 11 | 广告 a5 |
| 12 | 自办栏目 |
| 13 | 广告 a6 |
| 14 | 电视剧 |
| 15 | 广告 a7 |
| 16 | 电视剧 |
| 17 | 广告 a8 |
| 18 | 电视剧 |
| 19 | 广告 a9 |
| 20 | 电视剧 |
| 21 | 广告 a10 |
| 22 | 栏目 |
| 23 | 广告 a11 |
| 24 | 栏目 |
| 25 | 广告 A1 |
| 26 | 自办栏目 |
| 27 | 广告 A2 |
| 28 | 18:30 山东新闻 |
| 29 | 19：00 中央新闻联播 |
| 30 | 广告特 A3 |
| 31 | 19:31’55” 中央台天气预报 |
| 32 | 19:35’50″ 广告特 A4 |
| 33 | 昌邑新闻 |
| 34 | 广告特 A5 |
| 35 | 昌邑天气预报 |
| 36 | 广告特 A6 |
| 37 | 昌邑 360 |
| 38 | 广告特 A7 |
| 39 | 自办栏目 |
| 40 | 广告特 A8 |
| 41 | 栏目 |
| 42 | 广告特 A9 |
| 43 | 栏目 |
| 44 | 广告 A10 |
| 45 | 栏目 |

续表 31

| 顺序 | 节目名称 |
|---|---|
| 46 | 广告 A11 |
| 47 | 垫片 |
| 48 | 广告 A12 |
| 49 | 22:30 昌邑新闻 |
| 50 | 广告 A14 |
| 51 | 昌邑天气预报 |
| 52 | 广告 A15 |
| 53 | 昌邑 360 |
| 54 | 广告 A16 |
| 55 | 自办栏目 |
| 56 | 广告 A17 |
| 57 | 栏目 |
| 58 | 广告 A18 |

## 2019 年 1 月 1 日昌邑电视台生活频道节目播出表

表 32

| 顺序 | 内容 | 备注 |
|---|---|---|
| 1 | 7:00 | b1 |
| 2 | 栏目 | b2 |
| 3 | 自办栏目　广告 b1 | b3 |
| 4 | 自办栏目 | b4 |
| 5 | 电视剧　广告 b2 | b5 |
| 6 | 电视剧　广告 b3 | b6 |
| 7 | 电视剧　广告 b4 | b7 |
| 8 | 自办栏目　广告 b5 | |
| 9 | 12:00　广告 b6 | b8 |
| 11 | 电视剧　广告 b7　b8 | b11 |
| 12 | 电视剧　广告 b9 | b12 |
| 13 | 电视剧　广告 b10 | b13 |
| 14 | 电视剧　广告 b11　b12 | b14 |
| 15 | 自办栏目　广告 b13　b14 | |
| 16 | 18:00 呼号 | |
| 17 | 电视剧 | |
| 18 | 广告 B1 | |
| 19 | 电视剧 | |
| 20 | 广告 B2 | |
| 21 | 电视剧 | |
| 22 | 广告 B3 | |
| 23 | 自办栏目 | |
| 24 | 广告 B4 | |
| 25 | 栏目 | |

续表 32

| 顺序 | 内容 | 备注 |
| --- | --- | --- |
| 26 | 广告 B5 | |
| 27 | 21：00 昌邑 360 | |
| 28 | 广告 B6 | |
| 29 | 天气预报 | |
| 30 | 广告 B7 | |
| 31 | 自办栏目 | |
| 32 | 广告特 B8 | |
| 33 | 栏目 | |

续表 32

| 顺序 | 内容 | 备注 |
| --- | --- | --- |
| 34 | 广告特 B9 | |
| 35 | 自办栏目 | |
| 36 | 广告特 B10 | |
| 37 | 栏目 | |
| 38 | 广告特 B11 | |
| 39 | 栏目 | |
| 40 | 广告特 B12 | |
| 41 | 结束 | |

# 第三章　电视广告经营

## 第一节　广告发展

广播电视广告是广电工作的重要组成部分，也是搞好广电宣传与事业建设的基础和保障。广告经营创收从 20 世纪 80 年代末开始起步，伴随着昌邑经济社会快速发展，历经 30 年努力，广告创收增长额度和幅度得到较快提升。

1988 年，县广播电视管理局电视广告收费开始起步，其收费项目是给有关部门制作电视资料片，每制作一个资料片收费 3000 ～ 5000 元，年度创收 5 万元。

1989 年 4 月 10 日，县局首次出台《关于广播电视实行有偿服务暂行办法》，对制作播出资料片和广告收费标准作明确规定。

### 一、收费标准

1. 电视资料片：5 分钟之内，每分钟 550 元；6 ～ 10 分钟，每分钟 500 元；11 ～ 19 分钟，每分钟 450 元；20 分钟以上，每分钟 400 元。2. 电视新闻片：占用机器半天，发布 1 ～ 2 晚，收费 300 元；占用机器 1 天，发布 1 ～ 2 晚新闻，收费 400 ～ 500 元；占用机器超过一天，每天加收 100 ～ 150 元。3. 电视讲话：每分钟 100 元（播出 2 次），增加播出次数，每次加收 150 元。4. 电视复制片：单位和个人搞活动录像后，如单位和个人要复制保留资料，每复制一部大 1/2 带，收费 150 元，带子归复制单位。自购带者，扣去购带成本费。5. 电视广告：字幕：每字收费 1 元，播出 3 晚，每晚 2 次；彩色录像：约 15 秒，收费 250 元，播 3 晚，每晚 2 次；约 30 秒，收费 400 元，播 3 晚，每晚 2 次；约 60 秒，收费 700 元，播 3 晚，每晚 2 次。6. 广播：A. 搞各种讲座，宣传单位业务等稿件，不再发稿酬。且每 15 分钟，播出 1 天（3 次），收费 20 ～ 40 元，如增加播出天数，加半价收费；B. 广告收费标准，商品招生类每字 3 角，其他类略低；C. 广播复制录音，开业公告，宣传车等实况录音，每字 5 分，配音乐者每字 0.1 元。7. 扩音、录音等服务：A. 看机：1 人，半天，收费 50 元；2 人，半天，收费 60 元。B. 凡进行无新闻价值录音，1 天收费 60 元。C. 大型会议安装喇叭、扩音机，半天 70 元，1 天 100 元。

### 二、收费范围及方法

1. 凡部门单位、个人主持主办活动录像，一律收费（包括邀请县五大机关正副职参加）。2. 搞电视资料片和广告片，要先交款后拍摄制作。起码要预交一半费用。3. 广播新闻不收费，但带有广告性质的新闻，如果本单位急需播出，一天收费 50 元。4. 经局、台领导签字批准的有关稿件可不收费，其他人不能随意签复。5. 特殊情况例外。暂行办法出台以后，广告收费由编播股具体承办。

1990 年，局把编播股分成电视编辑部和电台编辑部，电视广告由电视编辑部承办，广告收入超过 10 万元。1992 年，昌邑电视台建成，电视广告逐步增多，当年电视广告收入 30 余万元。

1994 年，局里设立广告文艺部，广告经营首开目标管理先河。办法是，由局在调查研究前提下，首先定出目标 80 万元及其配套措施，然后层层召开会议，充分酝酿讨论，搞好组织发动。在此基础上，局成立了由局领导班子成员和中层干部参加的评委会，评委会集体听取竞争人答辩，确定责任人。

1994 年 3 月 4 日，竞标人会议在局三楼会议室召开，参加竞标的有王智岳、刘万寿、孟祥惠，竞标结果是刘万寿以 84 万元的数额负责广告经营。年底完成了目标任务，首创广告经营新高。

1996 年 4 月 18 日，有线频道建成开播，因户数少，未开办广告业务。1998 年，局设有线电视编辑部，开始经营电视广告，广告费逐年增加，2005 年 20 万元。

1996 年，郝勇经过竞争任综合频道广告经营负责人，收入逐年增加。

2007 年，在原昌邑人民广播电台、昌邑电视台广告部的基础上成立昌邑市广播电视管理局广告中心，综合承办广播电视的广告经营业务。2007 年 11 月 30 日印发《昌邑市广播电视管理局关于成立广告中心的通知》（昌广发〔2007〕17 号）文件。

通知指出：为整合频道资源，打造昌邑最大的广告传媒航母，更好地服务全市经济建设，圆满完成局里确定的创收任务，经局务会研究决定：在原昌邑人民广播电台和昌邑电视台广告部的基础上成立“昌邑市广播电视管理局广告中心”，2007 年 12 月 1 日正式运营。

广告中心受局直接领导，内设电视部、广播部、综合部、外联部、策划制作室，编制 20 人。广告中心自负盈亏，在按月足额上交局里的创收任务后，一切费用自理。

建台以来，经每年都组织新春团拜活动，著名演员牛群（昌邑籍）在北京向昌邑父老乡亲拜年

局制定广播电视经营实施方案，拟定了昌邑市广播电视管理局广告经营合同书，经过公开竞争，李苇以每年完成 482 万元负责广告经营。2007 年 11 月 23 日，局长赵赞江与李苇签订合同。于 2007 年 12 月 1 日正式开始运营，连续两年完成预期任务。2009 年 12 月 31 日，昌邑市广播电视局下发文件，对广告中心通报表彰。

表彰决定中指出：2009 年以来，广告中心在局党总支的正确领导下，在全局上下帮助支持下，经过全体人员共同努力，超额完成全年广告经营目标任务（其中超额部分 87030.2 元），创历史最好水平。同时，在队伍培训管理、频道建设创新等方面也做出了突出成绩。经局党总支研究，决定对局广告中心予以通报表彰，并奖励人民币 1 万元。

2013 年 4 月，中心对广告经营继续采取目标管理办法，陈大涛任广告经营负责人。在巩固长期固定业户的基础上，积极开发新业务，充分利用“梨花节”“丰收节”“采摘节”“文化节”等节日，以及“汽车展览”“歌手大赛”“新春大拜年”等活动，精办节目，增加收入。

## 第二节　广告管理

昌邑市广播影视中心（局、台）广告经营管理一直在不断探索完善，广告经营管理日趋规范。

## 一、目标管理

1994 年开始，市广播影视中心（局、台）每年都会根据具体情况，调整广告中心（部）的任务基数，制定奖惩激励机制，实行竞争上岗，与广告负责人签订合同，进行奖惩兑现。任务实行一月一考核，连续两个月完不成任务自动辞职。

## 二、播出管理

1. 广告播出的监管，原来有广告文艺部负责，所有广告一律凭单播出，先交费后播出，长期客户按合同协议执行。

2. 所有广告必须严格审核。责成专人对广告长度、播出时段、价格、交费等进行把关审查。符合规定的，由广告管理人员、广告部主任签字。到财务科交费后，制作人员方可凭单上传、制作，播出。

3. 规范广告播出。用餐时段内避免出现令观众反感的字样和画面。

4. 所有应播广告及时播出让客户满意。

## 三、资源管理

所有广告资源均由广告中心（部）按照规定统一管理，统一价格，资源共享，共同使用；同一广告时段遇到多个客户要求使用，实行价格提前通报制度。广告费用发生变化提前报客户和广告使用说明，投放广告价格高的客户优先使用。

## 四、价格管理

1. 按照公开、公正、公平原则，统一标准。

2. 免费的公益广告和特殊减免费用的广告，必须由中心主要领导批准。

3. 对常年客户和投放量较大的合作和伴，可适当进行价格优惠，或实行搭配时段、淡季增播等办法予以政策倾斜。

## 五、资金管理

中心所有广告收入必须及时足额上交财务科，由中心统收统支。

1. 所有广告收费必须按照程序填单，先交费，后播出。

2. 大客户可凭广告中心审核、广告中心主任同意后，季度末收取。

3. 杜绝出现死账。若出现死账，从责任人工资中扣除。

4. 物抵广告必须经中心主要领导审批，批准后折价抵顶广告任务。

## 六、部门协作

市广播影视中心规定，各中心、各部室要充分发挥职能作用，大力培育广告市场，全力支持创收工作。坚持定期例会制度，交流广告创收情况，制订广告创收宣传计划，相互通气，相互配合，遇到问题随时解决，自觉维护广告创收大局。

### 2010—2019 年昌邑电视台综合频道晚间时间广告价格表

表 33

| 段位 | 长度 | 播出时间 | 位置 | 价格（元／次） | | | | |
|---|---|---|---|---|---|---|---|---|
| | | | | 5 秒 | 10 秒 | 15 秒 | 20 秒 | 30 秒 |
| A1 | 5′ | 18:05—18:10 | 节目预告——快乐向前冲 | 100 | 150 | 200 | 260 | 300 |
| A2 | 5′ | 18:40—18:45 | 快乐向前冲——本台栏目 | 100 | 150 | 200 | 260 | 300 |
| A3 | 3′ | 18:57—19:00 | 本台栏目——中央台新闻联播 | 120 | 150 | 200 | 300 | 350 |
| 特 A4 | 1′50″ | 19:00— | 中央台新闻联播——天气预报 | 200 | 300 | 500 | | |
| 特 A5 | 3′ | 19:36—19:39 | 中央台天气预报——昌邑新闻 | 150 | 200 | 300 | 350 | 400 |
| 特 A6 | 3′ | 19:50—19:55 | 昌邑新闻——昌邑天气预报 | 150 | 200 | 300 | 350 | 400 |
| 特 A7 | 3′ | 19:58—20:01 | 昌邑天气预报——昌邑 360 | 150 | 200 | 300 | 350 | 400 |
| A8 | 3′ | 20:13—20:16 | 昌邑 360——看天下 | 150 | 200 | 300 | 350 | 400 |

续表 33

| 段位 | 长度 | 播出时间 | 位置 | 价格（元／次） | | | | |
|---|---|---|---|---|---|---|---|---|
| | | | | 5 秒 | 10 秒 | 15 秒 | 20 秒 | 30 秒 |
| A9 | 3′ | 20:28—20:31 | 看天下——电视剧预告 | 120 | 180 | 260 | 300 | 350 |
| A10 | 3′ | 20:34—20:37 | 电视剧预告——第一集电视剧 | 120 | 180 | 260 | 300 | 350 |
| A11 | 4′ | 21:00—21:04 | 第一集电视剧中插 | 120 | 180 | 260 | 300 | 350 |
| A12 | 4′ | 21:30—21:34 | 第一集电视剧——第二集剧 | 120 | 180 | 260 | 300 | 350 |
| A13 | 4′ | 21:54—21:58 | 第二集电视剧中 | 120 | 180 | 260 | 300 | 350 |
| A14 | 4′ | 22:24—22:30 | 第二集电视剧——昌邑新闻 | 120 | 180 | 260 | 300 | 350 |
| A15 | 3′ | 22:43—22:46 | 重播昌邑新闻——昌邑天气预报 | 120 | 180 | 260 | 300 | 350 |
| A16 | 3′ | 22:49—22:51 | 昌邑天气预报——昌邑 360 | 120 | 180 | 260 | 300 | 350 |
| A17 | 3′ | 23:03—23:06 | 昌邑 360——看天下 | 120 | 180 | 260 | 300 | 350 |
| A18 | 3′ | 23:18—23:21 | 看天下——纪实六十分 | 100 | 150 | 200 | 260 | 300 |
| A19 | 3′ | 23:40—23:43 | 纪实六十分中插 | 100 | 150 | 200 | 260 | 300 |

说明：1. 飞字：综合、生活、远教、影视 4 个频道同时播出，20 字以内 600 元／天，每超 1 字 10 元

2. 专题片及专题广告：每分钟 300 元

3. 广告段正一或倒一、正二或倒二，分别加收 20%、15%

4. 如无特殊要求，广告将由电视台随机安排播放次序

## 2010—2019 年昌邑电视台生活频道晚间常规广告价格表

表 34

| 段位 | 长度 | 播出时间 | 位置 | 价格（元／次） | | | | |
|---|---|---|---|---|---|---|---|---|
| | | | | 5 秒 | 10 秒 | 15 秒 | 20 秒 | 30 秒 |
| B1 | 3′ | 18:13—18:16 | 本台栏目——第一集电视剧 | 100 | 150 | 200 | 260 | 300 |
| B2 | 3′ | 18:36—18:39 | 第一集电视剧中插 | 100 | 150 | 200 | 260 | 300 |
| B3 | 3′ | 19:00—19:03 | 第一集剧——第二集电视剧 | 100 | 150 | 200 | 260 | 300 |
| B4 | 3′ | 19:23—19:26 | 第二集电视剧中插 | 100 | 150 | 200 | 260 | 300 |
| B5 | 3′ | 19:46—19:49 | 第二集电视剧——第三集剧 | 100 | 150 | 200 | 260 | 300 |
| B6 | 3′ | 20:20—20:23 | 第三集电视剧中插 | 100 | 150 | 200 | 260 | 300 |
| B7 | 3′ | 20:43—20:46 | 第三集电视剧——本台栏目 | 100 | 150 | 200 | 260 | 300 |
| 特 B8 | 2′ | 20:58—21:00 | 本台栏目——昌邑新闻 | 120 | 180 | 260 | 300 | 350 |
| 特 B9 | 3′ | 21:13—21:16 | 昌邑新闻——昌邑天气预报 | 120 | 180 | 260 | 300 | 350 |
| 特 B10 | 3′ | 21:19—21:22 | 昌邑天气预报——昌邑 360 | 120 | 180 | 260 | 300 | 350 |
| 特 B11 | 3′ | 21:34—21:37 | 昌邑 360——看天下 | 120 | 180 | 260 | 300 | 350 |
| B12 | 3′ | 21:49—21:52 | 看天下——电视剧预告 | 100 | 150 | 200 | 260 | 300 |
| B13 | 3′ | 21:55—21:58 | 电视剧预告——电影 | 100 | 150 | 200 | 260 | 300 |
| B14 | 3′ | 22:30—22:33 | 电影中插 | 100 | 150 | 200 | 260 | 300 |
| B15 | 3′ | 23:00—23:03 | 电影中插 | 100 | 150 | 200 | 260 | 300 |

续表 34

| 段位 | 长度 | 播出时间 | 位置 | 价格（元/次） | | | | |
|---|---|---|---|---|---|---|---|---|
| | | | | 5 秒 | 10 秒 | 15 秒 | 20 秒 | 30 秒 |
| B16 | 3′ | 23:30—23:33 | 电影——快乐向前冲 | 100 | 150 | 200 | 260 | 300 |

说明：1. 飞字：综合、生活、远教、影视 4 个频道同时播出，20 字以内 600 元/天，每超 1 字 10 元
2. 专题片及专题广告：每分钟 300 元
3. 广告段正一或倒一、正二或倒二，分别加收 20%、15%
4. 如无特殊要求，广告将由电视台随机安排播放次序

## 2010—2018 年昌邑电视台影视频道晚间常规广告价格表

表 35

| 段位 | 长度 | 播出时间 | 位置 | 价格（元/次） | | | | |
|---|---|---|---|---|---|---|---|---|
| | | | | 5 秒 | 10 秒 | 15 秒 | 20 秒 | 30 秒 |
| D1 | 3′ | 18:00—18:03 | 电影前 | 80 | 100 | 150 | 180 | 200 |
| D2 | 3′ | 18:40—18:43 | 电影中插 | 80 | 100 | 150 | 180 | 200 |
| D3 | 3′ | 19:20—19:23 | 电影中插 | 80 | 100 | 150 | 180 | 200 |
| D4 | 3′ | 20:00—20:03 | 电影——第一电视剧 | 80 | 100 | 150 | 180 | 200 |
| D5 | 3′ | 20:48—20:51 | 第一集电视剧——第二集电视剧 | 80 | 100 | 150 | 180 | 200 |
| D6 | 3′ | 21:35—21:38 | 第二集电视剧——第三集电视剧 | 100 | 100 | 150 | 180 | 200 |
| D7 | 3′ | 22:25—23:15 | 第三集电视剧——第四集电视剧 | 100 | 100 | 150 | 180 | 200 |

明：1. 飞字：综合、生活、远教、影视 4 个频道同时播出，20 字以内 600 元/天，每超 1 字 10 元
2. 专题片及专题广告：每分钟 300 元
3. 广告段正一或倒一、正二或倒二，分别加收 20%、15%
4. 如无特殊要求，广告将由电视台随机安排播放次序

## 2010—2018 年昌邑电视台远教频道晚间常规广告价格表

表 36

| 段位 | 长度 | 播出时间 | 位置 | 价格（元/次） | | | | |
|---|---|---|---|---|---|---|---|---|
| | | | | 5 秒 | 10 秒 | 15 秒 | 20 秒 | 30 秒 |
| C1 | 2′ | 18:00—18:02 | 节目预告——动画片 | 100 | 150 | 200 | 260 | 300 |
| C2 | 3′ | 18:26—18:28 | 动画片——走遍中国 | 100 | 150 | 200 | 260 | 300 |
| C3 | 3′ | 18:58—19:01 | 走遍中国——致富经 | 100 | 150 | 200 | 260 | 300 |
| C4 | 3′ | 19:16—19:19 | 致富经——师说 | 100 | 150 | 200 | 260 | 300 |
| C5 | 2′ | 19:44—19:46 | 师说——本台栏目 | 100 | 150 | 200 | 260 | 300 |
| 特 C6 | 2′ | 19:58—20:00 | 本台栏目——昌邑新闻 | 100 | 150 | 200 | 260 | 300 |
| 特 C7 | 3′ | 20:12—20:15 | 昌邑新闻——昌邑天气预报 | 100 | 150 | 200 | 260 | 300 |
| 特 C8 | 3′ | 20:18—20:21 | 昌邑天气预报——昌邑 360 | 120 | 180 | 260 | 300 | 350 |
| 特 C9 | 3′ | 20:33—20:36 | 昌邑 360——看天下 | 120 | 180 | 260 | 300 | 350 |

续表 36

| 段位 | 长度 | 播出时间 | 位置 | 价格（元 / 次） | | | | |
|---|---|---|---|---|---|---|---|---|
| | | | | 5 秒 | 10 秒 | 15 秒 | 20 秒 | 30 秒 |
| C10 | 3′ | 20:48—20:51 | 看天下——电视剧预告 | 120 | 180 | 260 | 300 | 350 |
| C11 | 3′ | 20:54—20:57 | 电视剧预告——第一集电视剧 | 120 | 180 | 260 | 300 | 350 |
| C12 | 3′ | 21:19—21:21 | 第一集电视剧中插 | 100 | 150 | 200 | 260 | 300 |
| C13 | 3′ | 21:46—21:49 | 第一集剧——第二集电视剧 | 100 | 150 | 200 | 260 | 300 |
| C14 | 3′ | 22:09—22:12 | 第二集电视剧中插 | 100 | 150 | 200 | 260 | 300 |
| C15 | 3′ | 22:35—22:38 | 第二集剧——第三集电视剧 | 100 | 150 | 200 | 260 | 300 |
| C16 | 3′ | 22:58—23:01 | 第三集电视剧中插 | 100 | 150 | 200 | 260 | 300 |
| C17 | 3′ | 23:25—23:28 | 第三集电视剧——第四集剧 | 100 | 150 | 200 | 260 | 300 |
| C18 | 3′ | 23:48—23:51 | 第四集电视剧中插 | 100 | 150 | 200 | 260 | 300 |

说明：1. 飞字：综合、生活、远教、影视 4 个频道同时播出，20 字以内 600 元 / 天，每超 1 字 10 元

2. 专题片及专题广告：每分钟 300 元

3. 广告段正一或倒一、正二或倒二，分别加收 20%、15%

4. 如无特殊要求，广告将由电视台随机安排播放次序

## 2010—2018 年昌邑电视台娱乐频道晚间常规广告价格表

表 37

| 名称 | 收费标准 | 长度 | 备注 |
|---|---|---|---|
| 游走字幕 | 20 字以内 200 元 / 天，每超 1 字 6 元 | | |
| 贴片广告 | 2000 元 / 月 | 10 秒循环播放 | |
| 挂角广告 | 3000 元 / 月 | 15 秒循环播放 | |
| 全屏电子相册 | 1000 元 / 月 | 5 分钟左右 | 没加播一次收费 200（12 张照片以内） |
| 预约点歌 | 200 元 / 首<br>另加播 1 首 100 元 | 5 分钟左右 | 至少提前 1 天到昌邑电视台广告中心办理业务 |

说明：1. 每次节目后接跟片广告 1 条，24 小时循环播放

2. 挂角广告在屏幕的右上角出现，每 15 秒更换 1 条，24 小时循环播放

3. 电子相册业务，由点播客户提供 12 张以内照片，选好歌曲，写好祝福语，由广告中心与济南腾辉公司联合制作后，定时播出

## 2010—2018 年昌邑电视台商务频道广告价格表

表 38

（一）新闻、资讯类栏目（日播）

| 栏目名称 | 冠名方式 | 播出次数 | 播出时间 | 价格 / 月 |
|---|---|---|---|---|
| 昌邑新闻 | 栏目播出前<br>5 秒“本栏目由 *** 独家冠名播出”<br>+10 秒形象片 | 7 | 综合：19:38 22:30<br>次日 7:00 12:00<br>生活：21:00<br>远教：20:00 次日 8:00 | 3 万 |
| | 主持人笔记本电脑表识 | 7 | | 2 万 |

续表 38

| 栏目名称 | 冠名方式 | 播出次数 | 播出时间 | 价格／月 |
|---|---|---|---|---|
| 昌邑天气预报 | 栏目播出前<br>5 秒“本栏目由 *** 独家冠名播出”<br>+10 秒形象片 | 4 | 综合：19:50　22:44<br>生活：21:14<br>远教：20:14 | 2 万 |
| 昌邑 360 | 栏目播出前<br>5 秒“本栏目由 *** 独家冠名播出”<br>+10 秒形象片 | 7 | 综合：19:53　22:46<br>次日 7:15　12:15<br>生活：21:15<br>远教：20:15　次日：8:15 | 3 万 |
| | 主持人笔记本电脑表识 | 7 | | 2 万 |
| 看天下 | 栏目播出前<br>5 秒“本栏目由 *** 独家冠名播出”<br>+10 秒形象片 | 7 | 综合：20:08　23:00<br>次日 7:30　12:30<br>生活：21:30<br>远教：20:30　次日：8:30 | 2 万 |
| | 主持人笔记本电脑表识 | | | 1.5 万 |
| 中央新闻联播 | 栏目播出前<br>5 秒“本栏目由 *** 独家冠名播出”<br>+10 秒形象片 | 1 | 综合：19:00 | 1.5 万 |
| 中央天气预报 | 栏目播出前<br>5 秒“本栏目由 *** 独家冠名播出”<br>+10 秒形象片 | 1 | 综合：19:31 | 1.5 万 |

（二）剧场

| 频道 | 剧场名称 | 每天集数 | 播出时间 | 冠名方式 | 价格／月 |
|---|---|---|---|---|---|
| 综合 | 黄金剧场 | 2 集 | 20:30—22:30 | 剧集每集播出前<br>5 秒“本剧场由 *** 独家冠名播出”<br>+10 秒形象片<br>+ 影片右下角角标 | 2 万 |
| 生活 | 生活剧场 | 3 集 | 18:15—20:15 | | 2 万 |
| | 广电影院 | 1 集 | 21:50—23:30 | | 1 万 |
| 远教 | 精品剧场 | 4 集 | 20:50—23:59 | | 2 万 |
| 影视 | 快乐影院 | 1 集 | 18:00—20:00 | | 1 万 |
| | 都市剧场 | 4 集 | 20:00—23:30 | | 1 万 |

# 第四章　安全播出

安全播出是广播电视的生命线，涉及新闻宣传、制作、网络传输与设备维护等各个环节。中心（局、台）一直把广播电视安全播出作为首要政治任务来抓，不断完善制度、落实职责，坚持思想认识到位、组织落实到位、领导靠前到位、技术保障到位，从而保证广播电视安全播出，连续多年被省广播电视局评为安全优质播出先进单位。经验做法《昌邑市广播电视管理站采取切实措施强化技术管理》发表在广播电影电视部主管广电部信息资料中心主办的《广播电视信息》杂志 1996 年第 12 期上，业内影响很大。

## 第一节　制度保障

中心（局、台）历来重视安全播出，并在工作实践中不断完善和规范各项安全播出制度，先后制定了《安全优质播出规定》《安全播出管理制度》《机房安全制度》《机房值班制度》《交接班制度》《广播电视节目安全优质播出管理办法》，细化《播出值班工作人员流程》《播出值班人员值班分工》，健全值班日志、设备运行记录、检修记录。

2017年，又进一步完善机务值班、每周检修等十几项管理制度，加强对自办节目的监审与终审，做到内容有审签、传递有专人、交接有签字、播前有重申。层层签订安全优质播出责任书，在日常工作中，严抓落实，做到值班日志、运行记录、维护记录等表格齐全，检修、监视、监听制度运行良好，保证节目从制作到播出各个环节层层把关、规范运行。

### 二、做好重要节日重大活动安全优质播出

在保证日常安全优质播出的同时，特别重视重要节日和重大活动的安全优质播出工作。

一是实行领导带班制度。重大活动期间，台主要领导在机房现场指挥，随时调度。二是加强值班力量，实行双人或多人值班，全力以赴，高度警惕。三是成立应急小分队，制定完善应急预案，提前演练，提高突发情况下反应处置能力。四是制定完善重要会议和重要节日期间播出制度和相关安全防范措施、安全播出应急预案等。完成了市（县）历次“党代会”“人代会”“政协会”“经济工作会议”“绿博会”的播出工作。

## 第二节　设备维护

昌邑市广播电视台为确保安全播出，中心（局、台）定期对播出设备、摄录编等设备进行维护与管理，建立了设备档案，明确设备维护责任人，使维护维修工作落到实处。

### 一、做好设备设施日常维护维修与改造

保持良好的机房环境。各相关部室值班人员和技术人员每天都对播出、发射、非线编、广播电台等机房播出设备进行保养和清扫，使机房环境始终保持清洁、通风、滤尘，机房设备摆放合理，照明设备、防火、防雷电设施齐全、有效。

定期对设备进行维护保养。电视播出部、技术部将每周的星期五为集中维护时间，值班人员必须到场对播出设备、发射设备、非线编及光缆线路、光节点及电缆分配网等部位进行全面细致维护保养，排除各类隐患，并做好维护检修记录，确保设备正常运行。测量仪器配备齐全。

## 第三节　应急事件处理

昌邑市广播影视中心（局）不断加强播出人员的思想政治教育，培养职工正确的人生观、价值观，增强职工的政治意识、大局意识和责任意识，大力弘扬爱岗敬业、无私奉献精神，为完成安全优质播出打下了坚实基础。

中心（局）经常组织一线人员参加技术技能培训，定期开展应急演练。各部室、各岗位值班人员都熟练掌握相关应急处理办法，如发生意外事故，能把影响降到最低。

自1996年5月1日开始，技术科就组织开展了“会议音响百日无差错”“电视播出百日无事故”“双百”活动竞赛。对电视播前、播中和播后的技术要求规定了十项竞赛内容和记分标准，对负责会议音响服务工作人员的到岗时间、设备测试、磁带检查、音响效果、服务态度等也规定了十项内容及评分标准。对每晚播出和每次的会议服务情况都进行量化考核，尽量避免特殊事故发生。

# 第五章　有线电视

## 第一节　有线电视的发展

1985年，昌邑电视事业已得到初步发展，开始单位各自建设共用天线小区网。1989年，共用天线单位发展到51家，用户3200户。1992年，共用天线单位达86家，用户5300余户。单位安装的共用天线小系统传送5至6套电视节目，费用高、节目少、故障率高，不能满足用户收看多套节目需求。

1992年3月，昌邑县广播电视管理局按照县委、县政府领导意见，着手筹建城区有线电视网。为建好网络，成立了领导小组，局长尹海瑞任组长，副局长王沛盛任副组长，办公室主任谢吉林、技术科科长张永柱、副科长张新立任成员。办公室负责协调，技术科负责设计安装。尹海瑞安排王沛盛、张永柱、张新立到潍坊市广播电视局、淄博市广播电视局学习先进经验，制定有线电视发展规划。本着高起点、高标准建网思路，选用从美国进口优力卡前端设备和竹节式结构电缆，建设城区300兆赫有线电视网络，传送23套电视节目。同年5月，局安排王沛盛、张永柱二人到佛山购入前端设备。6月，有线电视前端系统在广播电视办公楼5楼建成，先在县委县政府家属院试点，安装200余户，每套节目都很清晰，工程质量达到设计标准，开始在城区向各个部门单位延伸联网。1996年与潍坊有线电视光缆网联网，网内由传送23套节目，增加到34套节目。

1998年11月19日，昌邑市人民政府印发《关于加快全市有线广播电视光缆网建设的实施意见》（昌政发〔1998〕42号）文件，提出加快发展有线电视传输覆盖网具体要求：要制定全市有线广播电视光缆传输网建设总体规划，在3～5年内建成具备50套以上节目的广播电视传输网；有线广播电视光缆传输网建设按照“谁投资、谁受益”原则，采取市、乡、村、户分级筹措的办法；有线广播电视光缆网线路原则上在原广播信号线路基础上架设，因个别地段改变线路造成占地、青苗损坏赔偿等费用由各乡镇、街办自行解决；各有关单位和部门要密切配合，确保全市高标准有线广播电视光缆网顺利建成。

为加强领导，1998年11月19日市政府成立由分管副市长任组长，广播电视、财政、计划、建委、交通、公路、供电、邮电、工商、税务、规划国土等部门负责人及各乡镇乡镇长、街办主任为成员的工程建设领导小组，负责协调解决工程建设中出现的各类问题。各乡镇街办也参照市领导小组成员构成情况，成立领导小组，具体负责辖区内光缆网建设工作。

为建设好全市有线广播电视光缆网工程，局长高寿明安排部署，分管副局长王沛盛具体盯靠，工程部主任宋宗玉负责架设线路，事业科科长张明新负责技术工作，两个部科把骨干力量放在施工一线，全力推进。从市局到23个乡镇（街办）162.66公里有线广播电视光缆主线路从1998年11月开始架设，到2000年5月全部架通。2001年年初，完成省电视会议昌邑分会场及乡镇街道15个分会场建设工程，市委市政府多次召开电视会议，工程质量达到设计标准。

为加快有线电视进村入户速度，2002年9月28日，中共昌邑市委、昌邑市人民政府成立了昌邑市有线电视网络建设和管理工作领导小组。市委副书记、纪委书记曹昕庆任组长；市委常委、宣传部部长徐润启，市政府副市长王冰芬任副组长；市委副秘书长、接待办主任李学进，市政府副秘书长罗志伟，市委宣传部副部长、市广播电视管理局局长高寿明，市委宣传部副部长、社科联主席王坤宗，市委政法委副书记、综治办主任郝甫祥，市发展计划局副局长范林贵，市建设局副局长穆洪斋，市交通局副局长王长文，市公路局副局长王树平，市财政局副局长孙介甫，市公安局副局长祝金义，市规划国土局副局长李言臣，市人事局副局长、编办主任孙庆宝，市电业公司副总经理韩林成，市电信局副局长高京会，市广播电视管理局副局长王沛盛，市广播电视管理局副局长张丙申任成员。领导小组下设办公室，高寿明兼任办公室主任，王沛盛、张丙申兼任副主任。

同日，中共昌邑市委办公室、昌邑市人民政府办公室下发了《中共昌邑市委办公室、昌邑市人民政府办公室关于转发市委宣传部、市广播电视管理局〈关于加强有线电视网络建设和管理的工作意见〉的通知》文件。文件要求从市到乡（镇）村要层层建立责任制，强化措施，加快有线电视进村入户速度。到2010年，全市有线电视用户要达到全市总户数的80%以上。

文件下达后，有线电视发展进入快车道，从2003年开始，乡镇（街办）有线电视每年以接近2万户速度递增。网内传输模拟电视节目47套，数字电视节目103套，开通81套。2005年，有线电视主杆路960公里，主干线1100多公里，市到各村有线电视线路全部架通，网内用户75233户，入户率50.16%。

2002年12月，光缆施工现场，宋宗玉（左一）张明新（左四）

2010年7月，全市818个村176176户划出峠山、丈岭、太保庄3个乡镇119个村和饮马镇9个村共128个村28068户归峡山区管理，所在9255个有线电视用户同时划归峡山区管理。年底，全市690个村、148108户居民有13.4万户安装了有线电视，有线电视通村率达100%，入户率达到90%以上，在潍坊市名列前茅，被评为潍坊市广播电视局评为“网络建设先进单位”。

## 1992—2012年昌邑市有线电视用户发展情况统计表

表39

| 年度 | 行政村数 | 干线通达村数 | 入村率（%） | 年底入网户数（户） | 入户率（%） | 主杆路（杆公里） |
|---|---|---|---|---|---|---|
| 1992 | 814 | — | — | 320 | 0.21 | — |
| 1993 | 814 | — | — | 904 | 0.60 | — |
| 1994 | 814 | — | — | 1922 | 1.28 | — |
| 1995 | 814 | — | — | 3032 | 2.10 | — |
| 1996 | 814 | — | — | 4182 | 2.79 | — |
| 1997 | 814 | — | — | 7129 | 4.75 | — |
| 1998 | 814 | 7 | 0.86 | 11674 | 7.78 | 53 |
| 1999 | 814 | 15 | 1.84 | 15140 | 10.09 | 180 |
| 2000 | 814 | 28 | 3.44 | 20139 | 13.43 | 210 |
| 2001 | 814 | 48 | 5.9 | 23969 | 15.98 | 250 |
| 2002 | 814 | 99 | 12.16 | 30185 | 20.12 | 364 |

续表 39

| 年度 | 行政村数 | 干线通达村数 | 入村率（%） | 年底入网户数（户） | 入户率（%） | 主杆路（杆公里） |
|---|---|---|---|---|---|---|
| 2003 | 814 | 113 | 13.88 | 40406 | 26.94 | 504 |
| 2004 | 814 | 406 | 49.88 | 60595 | 34.39 | 600 |
| 2005 | 818 | 818 | 99.88 | 74705 | 42.40 | 960 |
| 2006 | 818 | 818 | 100 | 100044 | 56.79 | 960 |
| 2007 | 818 | 818 | 100 | 114698 | 65.10 | 960 |
| 2008 | 818 | 818 | 100 | 124164 | 70.47 | 960 |
| 2009 | 818 | 818 | 100 | 132813 | 75.38 | 960 |
| 2010 | 690 | 690 | 100 | 125154 | 84.5 | 980 |
| 2011 | 690 | 690 | 100 | 131376 | 88.7 | — |
| 2012 | 690 | 690 | 100 | 134246 | 90.6 | — |

说明：2010—2012 年数字统计不包含峠山、丈岭、太保庄 3 个镇（区）的用户

## 第二节　设备设施

### 一、市设备设施

1992 年，开始建设 300 兆赫有线电视前端系统。新上设备有，卫星电视广播地面接收设施 1 座，安装在办公楼楼顶，用于接收卫星信号；机架 1 个，用于放置前端设备；卫星信号接收机 21 台，用于接收中央电视台和各省台电视信号；以及相配套的解调器、调制器、混合器、放大器和信号监视器等。设备最初安放在广播局办公楼五楼，网内传送 23 套电视节目。1996 年，完成昌邑与潍坊有线电视光缆网联网，新上前端设备有光接收机 1 台及所配套的解调器、调制器等设备。

1998 年，有线电视开始从城区向农村延伸。1999 年 1 月，开通围子、仓街、宋庄、石埠、流河、饮马、北孟 7 个乡镇有线电视信号。12 月，开通峠山、太保庄、丈岭、塔耳堡、李家埠、柳疃、青乡、龙池、双台、卜庄、夏店、东冢 13 个乡镇有线电视信号。至此，全市 22 处乡镇街办全部开通有线电视信号。有线电视前端机房由五楼搬至三楼，机架由 1 个增加到 4 个，新上设备有从潍坊华光购入的 1550 双输出 6 兆瓦光发射机 1 台，1550-16DB 光放大器 1 台，1550-15DB 光放大器 1 台，这两台光放大器安装在前端机房。购入 1550-14DB 光放大器 1 台，安装在饮马广播站机房，还增加了部分解调器和调制器。

2001 年，完成省电视会议昌邑分会场的建设工程，同时完成全市 15 个分会场建设工程以及配套光接收机、光发射机等设备，传送节

1996 年有线机房

2010 年昌邑市广播影视中心有线电视前端机房

目套数逐年增加，网内传送模拟电视信号节目套数增加到46套，传送数字电视节目信号103套，其中已开通81套，尚未开通22套。2010年11月，有线电视前端机房由原广播电视办公楼迁至新建广电大厦，数字电视前端平台安装调试完毕正式开通，开通后的数字电视网内传送80余套清晰的数字电视节目和4套广播节目，有线电视发展进入了数字化发展时期。

光缆网建成后，前端机房使用1550纳米光发射机传输至各乡镇机房，各乡镇机房使用1310纳米光发射机传输至各村。

2018年，网内传送数字节目188套，满足了不同受众收看需要。

## 二、昌邑有线电视整转前模拟信号传输节目

2010年7月1日，昌邑有线电视在整转前，网内传输47套模拟节目。昌邑娱乐、潍坊新闻综合、昌邑综合、山东公共频道、昌邑远教、江苏卫视、安徽卫视、辽宁卫视、广东卫视、山东教育（SDETV）、CCTV电视指南、昌邑生活、潍坊公共、潍坊经济生活、潍坊科教、CCTV-1、山东卫视、CCTV-7、CCTV-10、中央电视台少儿频道、四川卫视、CCTV-12、山东农科频道、CCTV-NEWF、浙江卫视、湖南卫视、CCTV-新闻、山东综艺频道、CCTV-4、山东齐鲁频道、天津卫视、CCTV-11、山东体育频道、山东影视频道、山东生活频道、CCTV-2财经频道、CCTV-3、贵州卫视、河北卫视、CCTV-5、CCTV-6、CCTV-8、潍坊图文、吉林卫视、广西卫视、云南卫视、山东少儿。

2010年12月31日，整转后网内保留传输模拟信号6套。CCTV-1、山东卫视、潍坊新闻综合、昌邑综合、昌邑生活、昌邑远教。

## 三、镇街区有线电视机房设备

1999年2月，开通围子、仓街、宋庄、石埠、流河、饮马、北孟7个乡镇有线电视信号时，在围子、宋庄、石埠、饮马、北孟5个镇设立有线电视机房。同年12月，开通岞山、太保庄、丈岭、塔耳堡、李家埠、柳疃、青乡、龙池、双台、卜庄、夏店、东冢13个乡镇有线电视信号时，在岞山、太保庄、丈岭、塔耳堡、柳疃、青乡、龙池、卜庄、夏店、东冢10个乡镇设置了有线电视机房。全市22个乡镇街道共设机房15个，随着有线网的扩展，设备逐年增加，到2012年全市、镇街、区机房设备主要有光接收机、光发射机、光放大器、光分支器、供电器、供电插入器、机架、UPS电源等。

仓街、流河、双台3个乡镇有线电视开通时设有机房。随着乡镇合并，机房也合并，仓街合并入围子，流河合并入石埠。双台机房取消由市局直供信号。

龙池机房　野外型光接收机1台，光发射机4台，1310纳米7.2兆瓦光发射机、1310纳米15.3兆瓦光发射机、1310纳米16兆瓦光发射机、1310纳米17.4兆瓦光发射机各1台，1550纳米19DB光放大器1台，光分支器7支，1310纳米光三分支1支、1310纳米光五分支3支，1550纳米光十二分支3支，供电器2台，一体化机柜72芯1个，19英寸室机架1个，UPS电源2台。

柳疃机房　室内型光接收机1台，光发射机7台，1310纳米7.3兆瓦光发射机、1310纳米7.7兆瓦光发射机、1310纳米11.5兆瓦光发射机、1310纳米12.4兆瓦光发射机、1310纳米13.4兆瓦光发射机、1310纳米14.1兆瓦发射机、1310纳米15兆瓦光发射机各1台。1550纳米22DB光放大器1台。光分支器13支，1310纳米光三分支2支、1310纳米光五分支4支、1550纳米十一分支4支，1550纳米光十二分3支。一体化机柜72芯1个，东付不锈钢交接箱1.3米平台1个，供电器2台，UPS电源3台。

青乡机房　室内型光接收机1台。光发射机3台，1310纳米9兆瓦光发射机、1310纳米11兆瓦光发射机、1310纳米12兆瓦光发射机各1台，1550纳米19DB光放大器1台，光分支5支，1310纳米光五分支3支、1550纳米光十一分支2支，一体化机柜72芯1个，机架1个，UPS电源4台。

夏店机房　室内光接收机1台。光发射机5台，1310纳米11兆瓦光发射机、1310纳米

14兆瓦光发射机、1550纳米双7光发射机各1台，1310纳米13兆瓦光发射机2台。1550纳米20DB光放大器1台。光分支器2支，1550纳米八分支、1550纳米光四分支各1支。72芯一体化机柜1个。机架1个。1.5米平台及护栏1套。UPS电源3套。

东冢机房　室内光接收机1台，1310纳米6兆瓦光发射机2台，1550纳米21dB光放大器2台，光分支器6支，1550纳米光十分支2支，1550纳米光十一分支1支，邮政1310纳米光四分支2支，邮电1550纳米光十分支1支，72芯一体化机柜3个，机架1个，UPS电源2套。

卜庄机房　室内光接收机1台，光发射机5台，1310纳米9兆瓦光发射机、1310纳米13兆瓦光发射机、1310纳米14兆瓦光发射机、1310纳米15兆瓦光发射机、1550纳米双7光发射机各1台，光放大器4台，1550纳米21DB光放大器2台、1550纳米22DB光大器2台，光分支器13支，1310纳米光六分支1支，1550纳米光二分支5支，1550纳米光三分支1支，1550纳米光七分支1支，1550纳米光十二分支5支，不锈钢交接箱1.3米平台1个，一体化机柜72芯3个，机架2个，供电器1台，UPS电源3套。

双台机房　野外光接收机1台。光发射机2台，1310纳米7兆瓦光发射机，1310纳米11兆瓦光发射机各1台，光分支器9支，1310纳米光三分支1支，1310纳米光七分支3支，1550纳米光十二分支5支，一体化机柜72芯2个，不锈钢交接箱1.3米平台1个，机架1个，UPS电源2套。

围子机房　野外光接收机1台，光发射机4台，1310纳米5.6兆瓦光发射机，1310纳米7.6兆瓦光发射机，1310纳米16兆瓦光发射机、1550纳米双7光发射机各1台，光放大器3台，1550纳米21DB光大器1台，1550纳米22DB光大器2台，光分支16支，1310纳米光六分支2支，1550纳米光二分支5支，1550纳米光三分支1支，1550纳米光七分支2支，1550纳米光十二分支6支，不锈钢交换箱（仓街）1个，机架2个，UPS电源3套。

宋庄机房　野外光接收机1台，光发射机3台，1310纳米11兆瓦光发射机、1310纳米12兆瓦光发射机、1310纳米15兆瓦光发射机各1台。1550纳米21DB光大器2台。光分支器8支，1550纳米光三分支、1310纳米光六分支各1支，1550纳米光七分支2支，1550纳米光十二分支4支，机架2个，UPS电源3套。

石埠机房　野外光接收机1550纳米1台，1310纳米11兆瓦光发射机1台，1550纳米21DB光放大器1台，光分支器13支，光十二分支6支，1550纳米光十一分支3支，1550纳米光四分支4支，机架1个，3A供电器4台，UPS电源4套，在流河邮政支局安装1550纳米22DB光放大器1台，不锈钢交接箱1个，1.3米平台1个，机架1个，一体化机柜72芯3个，UPS电源1套。

饮马机房　室内光接收机1台，光发射机台，1310纳米6兆瓦光发射机、1310纳米10兆瓦光发射机、1310纳米13兆瓦光发射机、1310纳米16兆瓦光发射机各1台，1310纳米6兆瓦光发射机3台，1550纳米19DB光放大器1台，光分支器6支，1310纳米光七分支4支，1310纳米光五分支、1550纳米光十二分支各1支，一体化机柜72芯2个，机柜2个，UPS电源3套。

北孟机房　野外型光接收机1台，光发射机6台，1310纳米5兆瓦光发射机、1310纳米6兆瓦光发射机、1310纳米13兆瓦光发射机、1310纳米14兆瓦光发射机各1台，1310纳米16兆瓦光发射机2台，1550纳米双22DB光放大器1台，机架2个，6A供电器1台，UPS电源3套。

塔耳堡机房　室内光接收机1台，1550纳米双7DB光发射机1台，1550纳米双22DB光放大器1台，光分支器7支，1550纳米光十三分支3支，1550纳米光十二分支4支，不锈钢交换箱1.3米1个，一体化机柜72芯1个，机架1个，UPS电源2套。

峠山机房　室内光接收机1台，光发射

机8台，1310纳米8兆瓦光发射机、1310纳米9兆瓦光发射机、1310纳米12兆瓦光发射机、1310纳米17兆瓦光发射机各1台。1310纳米10兆瓦光发射机、1310纳米13兆瓦光发射机各2台，光分支器6支，1310纳米光二分支2支，1310纳米光三分支、1310纳米光四分支、1310纳米光五分支、1310纳米光七分支各1支，分支箱4个，AJ7872场强仪1台，光功率计1台，供电插入器1个，室内干线放电器1台，机架1个，6A供电器2台，3A供电器1台，UPS电源1套。

丈岭机房　1550纳米20DB光放大器1台，光分支器4支，1550纳米光九分支、1550纳米光十一分支各1支，1550纳米光十分支2支，分支箱2个，避雷装置1套。

太保庄机房　室内光接收机1台，光发射机9台，1310纳米3兆瓦光发射机、1310纳米5兆瓦光发射机、1310纳米10兆瓦光发射机、1310纳米11兆瓦光发射机、1310纳米12兆瓦光发射机、1310纳米15兆瓦光发射机各1台，1310纳米14兆瓦光发射机3台。光分支器5支，1310纳米光三分支、1310纳米光五分支、1310纳米光七分支各1支，1310纳米光八分支2支，室内干线放电器1台，避雷装置1套，AJ7872场强仪1台，光功率计1台，6A供电器1台，机架1个，UPS电源1套。

## 第三节　有线网络

### 一、市级网路

昌邑有线电视从市到镇光缆线路是在原有线广播线路路由的基础上建设起来的，从1998年11月开始动工，至2000年5月全部建成，全长162.656杆公里，通达全市23个乡镇（街办）政府驻地。

全市有线电视光缆线路分为6条干线。1号干线包括围子、仓街、宋庄、石埠、流河、饮马、北孟、岞山、太保庄、丈岭、塔耳堡11个乡镇。2号干线包括卜庄镇。3号干线包括夏店、东冢、下营3个乡镇。4号干线包括李家埠、柳疃、龙池、青乡4个乡镇。5号干线包括双台乡。6号干线包括南逄、都昌、奎聚3个乡、街办。

1998年11月至1999年1月架设开通了都昌、奎聚、围子、仓街、宋庄、石埠、饮马、柳河、北孟9个乡镇（街办）的有线电视信号。1999年1月至2000年5月架设开通了李家埠、柳疃、龙池、青乡、双台、夏店、东冢、下营、卜庄、南逄、岞山、丈岭、太保庄、塔耳堡14个乡镇的有线电视信号。市到23个乡镇（街办）光缆线路全部架通。所用光缆全部是层绞式结构，每乡镇4芯配置，使用1芯传送有线电视节目，其余3芯留作信号回传和多功能开发。

市到镇（社区）有线电视光缆线路以市局管理维护为主，遇到故障乡镇有线电视管理处（广播站）配合抢修，保证了有线电视信号的畅通。

2011年底，全市有线电视数字化整体转换工作结束。全市整体转换数字电视用户

2018年，工作人员在光缆线路上安装车辆监控设备，山东广电网络有限公司昌邑分公司经理孙福生（左二）现场调度工作

125839户。

2015年，与公安合作，利用广电光缆网安装车辆监控设备，实现一线多用，增加了收入，减少了重复投资。

## 1999—2000年市有线电视光缆线路发展情况一览表

表40

| 序号 | 光缆经过路段 | 杆公里数 | 架设年月 |
|---|---|---|---|
| 1 | 前端机房至围子 | 6.228 | 1999.01 |
| 2 | 围子至仓街 | 3.950 | 1999.01 |
| 3 | 围子至宋庄 | 8.899 | 1999.01 |
| 4 | 宋庄至石埠 | 5.107 | 1999.01 |
| 5 | 石埠至饮马 | 9.375 | 1999.01 |
| 6 | 饮马至北孟 | 9.136 | 1999.01 |
| 7 | 石埠至流河 | 7.567 | 1999.01 |
| 8 | 北孟丁字路口至岞山 | 11.363 | 2000.01 |
| 9 | 岞山至太保庄 | 11.988 | 2000.01 |
| 10 | 李家埠至柳疃 | 7.715 | 2000.01 |
| 11 | 柳疃至青乡 | 6.950 | 2000.01 |
| 12 | 围子至夏店 | 6.600 | 2000.01 |
| 13 | 北孟至丈岭 | 9.083 | 2000.05 |
| 14 | 丈岭至塔耳堡 | 7.963 | 2000.05 |
| 15 | 前端机房至李家埠 | 3.460 | 2000.05 |
| 16 | 柳疃至龙池 | 6.660 | 2000.05 |
| 17 | 前端机房至双台 | 11.159 | 2000.05 |
| 18 | 围子至卜庄 | 11.295 | 2000.05 |
| 19 | 夏店至东冢 | 5.427 | 2000.05 |
| 20 | 东冢至下营 | 12.731 | 2000.05 |
| 合计 | | 162.656 | |

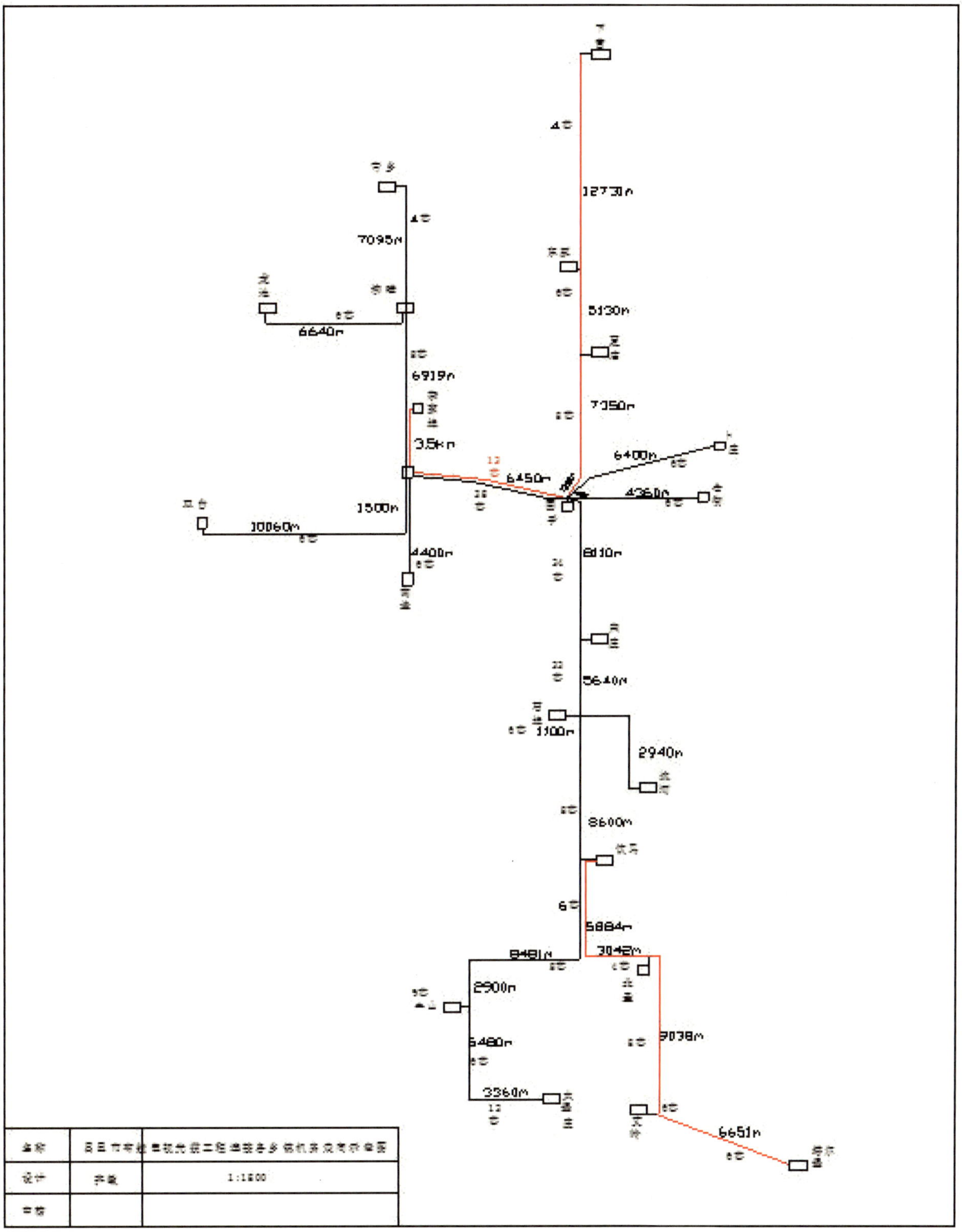


图 1　2000 年昌邑市区至镇（社区）有线电视光缆走向示意图

## 二、地下管网

昌邑有线电视网络开始建筑时使用水泥杆架设光缆，随着城市现代化建设的进程，2004年启动了有线电视光缆入地工程。光缆入地的第一段工程是北海路从北环路至双石路一段，全长1850米。

2005年，把富昌街从岩山路至东环路一段3556.8米，北海路从烟汕路至南环路一段3263.8米，双石路从北海路至天水路一段822米，岩山路从荣昌街至富昌街一段2930.8米，北环路从西环路至北海路一段2366.2米，利民街从岩山路至石化路一段1600米共6段14539.6米架空光缆改成地下管网。

2006年，把南环路从昌盛路至西外环3837.3米，交通街从岩山路至潍河大桥西侧一段6115.5米共两段9952.8米架空光缆改成地下管网。

2007年，把昌灶路从双石路至金柳路一段5614.5米，建设路从利民街至山前街一段887.3米，市府街从北海路至天水路一段568.8米，新村街从北海路至建设路一段630.4米，育新街从北海路至昌盛路一段2047.6米，北海路从富昌街至北环路一段1000米，北海路从新村街至利民街一段620米，天水主路从富昌街至北环路一段800米，卜庄开发区金晶大道5386.5米，共9段17555.1米架空光缆改成地下管网。

2008年，把天水主路从富昌街至烟汕路一段1800米，奎聚路从富昌街至南环路一段4227米，新兴街从天水路至东环路一段1891.8米，共3段7918.8米架空光缆改成地下管网。

2009年，把镇驻地围子镇政府驻地3291.3米，龙池镇政府驻地1000米，北孟镇政府驻地300米，柳疃镇政府驻地300米，共4个乡镇4891.3米架空光缆改成地下管网。

2004—2009年光缆入地长度总计56707.6米。在城区的架空有线电视光缆线路全部改成地下管网。

### 2004年10月至2009年12月城区地下管网发展情况一览表

表41

| 序号 | 路段 | 长度（米） | 管长度（米） | 检查井（个） | 建成时间 |
|---|---|---|---|---|---|
| 1 | 北海路（北环路—双石路） | 1850.0 | 1850.0 | — | 2004.10 |
| 2 | 富昌街（岩山路—东环路）管2根 | 3556.8 | 3258.3 | 47 | 2005.08 |
| 3 | 北海路（烟汕路—南环路）管2根 | 3263.8 | 5533.6 | 44 | 2005.08 |
| 4 | 双石路（北海路—天水路） | 822.0 | 721.0 | 11 | 2005.08 |
| 5 | 岩山路（荣昌街—富昌街） | 2930.8 | 2138.0 | 41 | 2005.08 |
| 6 | 北环路（西环路—北海路） | 2366.2 | 2053.0 | 28 | 2005.11 |
| 7 | 利民街（岩山路—石化路） | 1600.0 | 1600.0 | 移动管 | 2005.11 |
| 8 | 南环路（昌盛路—西外环） | 3837.3 | 3402.6 | 53 | 2006.08 |
| 9 | 交通街（岩山路—潍河大桥西侧） | 6115.5 | 4423.7 | 78 | 2006.08 |
| 10 | 昌灶路（双石路—金柳路） | 5614.5 | 5205.7 | 74 | 2007.05 |
| 11 | 建设路（利民街—山前街） | 887.3 | 555.9 | 22 | 2007.08 |
| 12 | 市府街（北海路—天水路） | 568.8 | 212.5 | 8 | 2007.08 |
| 13 | 新村街（北海路—建设路） | 630.4 | 338.7 | 14 | 2007.08 |
| 14 | 育新街（北海路—昌盛路） | 2047.6 | 1526.5 | 55 | 2007.10 |
| 15 | 北海路（富昌街—北环路） | 1000.0 | 1000.0 | 移动管 | 2007.08 |
| 16 | 北海路（新村街—利民街） | 620.0 | 620.0 | 移动管 | 2007.08 |

续表 41

| 序号 | 路段 | 长度（米） | 管长度（米） | 检查井（个） | 建成时间 |
|---|---|---|---|---|---|
| 17 | 天水主路（富昌街—北环路） | 800.0 | 785.7 | — | 2007.10 |
| 18 | 卜庄开发区金晶大道（新沙滨海路） | 5386.5 | 4946.6 | — | 2007.10 |
| 19 | 天水主路（富昌街—烟汕路） | 1800.0 | 1558.1 | — | 2008.11 |
| 20 | 奎聚路（富昌街—南环路） | 4227.0 | 4317.1 | — | 2008.11 |
| 21 | 新兴街（天水路—东环路） | 1891.8 | 1406.8 | — | 2008.11 |
| 22 | 围子镇府街（206—下小路） | 2091.3 | 2091.3 | — | 2009.12 |
| 23 | 围子镇石马路 | 800.0 | 800.0 | — | 2009.12 |
| 24 | 围子镇石马东西街 | 400.0 | 400.0 | — | 2009.12 |
| 25 | 龙池镇驻地 | 1000.0 | 1000.0 | — | 2009.12 |
| 26 | 北孟镇驻地 | 300.0 | 300.0 | — | 2009.12 |
| 27 | 柳疃镇驻地 | 300.0 | 300.0 | — | 2009.12 |
| 28 | 总合计 | 56707.6 | 50745.1 | 475 | 2009.12 |

### 三、乡镇级网路

乡镇有线电视光缆网建设始于 1999 年 10 月，架设的首批光缆是宋庄至西岭和梁部，长度 2.53 公里。2000 年，柳疃西付、后官、围子孙斜、邢家、太保庄庞家、甘棠、青乡史家庄、横地、范家庄、北高、仓街于部、北寨、石埠东金台 13 个村开通光缆线路，乡镇光缆线路长度 44.6 公里。2001 年，岞山留戈庄、卜庄前卢、龙池龙北、青乡张家、刘家、北孟上坡、宋庄聂家等 7 个村的光缆线路开通，年度架设 27.488 公里，乡镇光缆线路长度 72.08 公里。从 2002 年开始，掀起了架设光缆的高潮每年增加光缆线路 200 余公里，到 2010 年，实现有线电视光缆线路村村通，全市镇街区有线电视光缆线路总长度 980 公里。

乡镇光缆每个光接点 3 芯配置，开通 1 芯传送电视节目，2 芯备用。3 芯束管结构，6 芯以上层绞结构。

乡镇光缆网的日常维护由乡镇有线电视管理站负责，遇到故障有市网络中心和镇有线电视管理站共同排除。

## 第四节 数字电视

2004 年，昌邑开始发展数字电视用户，年内销售 41 个机顶盒，发展有线数字电视用户 41 户。2004—2009 年共发展有线数字电视用户 1189 户。

2010 年，昌邑在有线电视基本普及的前提下，开始由模拟信号传输向数字电视信号传输平移过度。同年 9 月 2 日，在调查论证的基础上，成立了领导小组，制定了实施方案。整体转换分三个阶段：第一阶段：2010 年 9 月至 2010 年 11 月，建设数字电视服务平台，为市民提供 80 套标准清晰度电视节目。第二阶段：2010 年 11 月至 2011 年 11 月，分片区逐步完成城区 4 万户数字电视整体转换。第三阶段：2011 年 11 月至 2014 年年底，完成 10 个镇街有线电视用户整体转换。

按照《潍坊市有线电视数字化整体转换实施方案》和潍坊市物价局相关文件规定，整体转换工作采取以下办法和配套政策：

1. 居民用户有线数字基本收视维护费第一终端为 26 元 / 月 · 机（基本节目不低于 60 套），同时向每个有线数字电视用户免费提供一台基本型数字电视机顶盒，一机一卡，按卡收费；同址、同名、同户家庭的第二台第三台机顶盒，其数字电视收视维护费标准为每台 8 元 / 月（潍坊城区 8 元 / 月，高密 13 元 / 月，青州、寿光、安丘 8 元 / 月），从第四台开始需重新开户，收视维护费按每台 26 元 / 月标准执行；第二台以上（含第二台）机顶盒需用户自行购买。

2. 宾馆、饭店、商场等企事业单位用户收费与普通用户同价，每台 26 元 / 月，同时为每一终端免费提供一台基本型数字电视机顶盒。

3. 持有民政部门核发的烈士家属、老红军、老红军遗属相关证件的用户，持有总工会核发特困职工证的用户，持有民政部门核发的城市（农村）居民最低生活保障证用户，有线数字电视基本收视维护费为每台 13 元 / 月，免费提供一台基本型数字机顶盒（第 2 台以上机顶盒的收视维护费按正常标准执行）。

4. 已转换为有线数字电视的用户，自有线数字电视开通之日起试用一个月，试用期内缴纳模拟电视基本收视维护费，试用期结束后，按有线数字电视基本收视维护费标准执行。原预交的模拟电视基本收视费可抵顶有线数字电视基本收视维护费。

5. 按照国家广电总局要求，在模拟转数字的过渡期内，整体转换区域保留中央、省、市电视台 6 套主要节目，即中央一套、山东卫视、潍坊新闻综合、昌邑综合、昌邑生活、昌邑影视频道，供无机顶盒的用户接收。

6. 过渡办法。过渡期内，不参加整体转换的用户，过渡期结束后不再享受免费赠送数字机顶盒和智能卡。整体转换期间，在转换区域内停止办理模拟电视入网手续，新建小区发展用户一律为数字电视用户。过渡期结束，全面关闭有线电视模拟信号。

7. 不断丰富有线数字电视的服务内容，满足群众需求面，大力开发电子政务、新闻资讯、社会教育、文化娱乐、交通旅游、生活信息等公共资讯服务，扩展有线数字电视基本业务；另一方面大力发展付费电视、视频点播、电视购物、电视商务等增值服务，由用户自由选择、自愿订购，不断满足群众多层次、多样化的精神文化和信息资讯需求。

8. 建立数字电视服务和监管平台，开通服务热线，接受群众监督，及时妥善解决整体转换过程中遇到的问题，切实保障有线电视用户的合法权益。

10 月，有线电视前端机房由原广播电视办公楼迁至新建的广电大厦，数字电视前端平台安装调试完毕。

11 月 10 日，昌邑市人民政府发布《关于实施有线电视数字化整体转换工作的通告》。通告明确：1. 市有线电视数字化整体转换由市广播影视中心组织实施。各镇街区和市发改、民政、地税、财政、物价、公安、建设、城管、供电等部门单位协助实施。2. 市有线电视数字化整体转换从 2010 年 12 月起至 2014 年 12 月结束。整体转换期间，对未参与数字化转换的合法有线电视用户，免费传送中央电视台综合频道、山东卫视、潍坊电视台新闻综合频道、昌邑电视台新闻综合频道等 6 套模拟电视节目。整体转换结束后，按照国家规定关闭有线电视模拟信号。3. 根据数字信号传输要求，需对有线电视传输线路进行升级改造，各相关部门单位和房地产开发公司、物业管理公司、业主委员会等要积极协助，保障数字电视线路改造顺利进行。4. 市广播影视中心要提前公布各镇街区、村（社区）住宅小区整体转换的时间表及有关注意事项，各镇街区、村（社区）及物业管理公司、业主委员会等要配合做好宣传发动、场地准备、普查登记、用户联系等工作各有线电视用户根据通知的时间，到指定地点办理转换手续。5. 整体转换期间，向每个有线数字电视用户免费配置一台双向基本型机顶盒。6. 有线数字电视相关资费政策，根据物价部门批复标准执行。7. 各机关、企事业单位，要根据公布的整体转换日程表，安排好工作、生产、经营活动，配合市广播影视中心完成本部门单位的有线电视数字化整体转换任务。

11 月 27 日，有线数字电视整转工作进入试验阶段，选择的试验小区是广电家园。

11 月 28 日，工作人员不顾天气寒冷，一大早就来到广电家园，紧张而有序地展开了登记建档、入户安装调试、指导用户使用机顶盒、遥控器等工作。每个用户预交 312 元一年收视维护费，免费领取了一台机顶盒和用户卡，70

户顺利过渡。实验工作得到了用户积极配合，收视效果达到设计标准，整转后广电家园用户当天收看到了清晰的数字电视节目。

12月1日，数字电视整转工作正式启动。11日，安装第一个单位是北苑小区。这天上午，北苑小区两个有线数字电视整体转换现场，前来领取数字电视机顶盒的市民络绎不绝，早早地排起了长龙，争先领取有线数字电视机顶盒，都想在第一时间里看到频道丰富、图像清晰、服务功能强大的数字电视。

有线数字电视与传统模拟电视相比，收看电视方式转变了，可以实时收看，也可以自己安排时间随时收看。频道更丰富，由原来的47套增加到80多套。还能收听4套广播节目。图像更稳定、更清晰，还可以接收电子政务、新闻资讯、股市行情、生活服务、交通出行、天气预报等海量信息服务。还能提供便捷的商务服务，包括缴纳水电煤气费、电视购物、网上银行、远征教育、远程医疗等多功能服务，用户的电视机将成为多媒体信息终端，使电视机不仅是看电视的工具，还是信息工具、生活工具、服务工具，实现了由看电视向用电视过渡，使数字化、信息化进入千家万户。

2011年年底，全市有线电视数字化整体转换工作结束。全市整体转换数字电视用户125839户。

附一：

## 整转前昌邑数字节目构成情况

2010年12月，网内节目开始整转，整转前网内传送101套电视节目，开通80套，未授权开通21套。

**已开通80套节目：**

昌邑1套：昌邑综合频道。

潍坊6套：新闻综合、经济生活、公共、科教、图文、潍城频道CH8。

山东18套：山东卫视、齐鲁频道、影视频道、体育频道、综艺频道、生活频道、农科频道、公共频道、少儿频道、教育（SDET）、剧场1、剧场2、剧场3、剧场4、剧场5、剧场6、剧场7、齐鲁剧场。

中央25套：CCTV图文导视、CCTV1、CCTV2、CCTV3、CCTV4、CCTV5、CCTV6、CCTV7、CCTV8、CCTV9、CCTV10、CCTV11、CCTV12、CCTV音乐、CCTV新闻、CCTV少儿、中国教育1、中国教育2、空中课堂、收藏天下、CCTV老故事、书画频道、CCTV女性时尚、天元围棋、CCTV电视指南。

其他各省市30套，北京卫视、湖南卫视、广东卫视、福建东南卫视、辽宁卫视、山西卫视、旅游卫视、浙江卫视、宁夏卫视、重庆卫视、吉林卫视、黑龙江卫视、江西卫视、湖北卫视、云南卫视、东方卫视、江苏卫视、安徽卫视、天津卫视、贵州卫视、陕西卫视、广西卫视、四川卫视、河南卫视、内蒙古卫视、甘肃卫视、新疆卫视、河北卫视、深圳卫视、重庆汽摩、江苏靓妆、

**未授权开通21套节目：**

中央台13套：欢乐童年、游戏竞技、央视精品、风云音乐、怀旧剧场、风云足球、高尔夫、网球、风云剧场、世界地理、第一剧场、国防军事、家庭影院、证券咨询。

潍坊各县市区7套，诸城、高密、昌乐、寒亭、坊子、临朐、寿光、济铁。

附二：

## 整转后昌邑数字节目构成情况

数字电视整转时，首次开通数字电视81套节目，网内保留中央1套、山东卫视、潍坊新闻综合、昌邑综合、昌邑生活、昌邑影视6套模拟信号节目，共86套。

开通中国人民广播电台、经济之声、音乐之声、山东人民广播电台共4套广播节目。

**开通81套：**

昌邑6套：综合、生活、影视、远教、娱乐、商务。

潍坊 4 套：新闻综合、经济生活、公共、科教。

山东省 13 套：山东卫视、SDETV、齐鲁频道、影视、体育、综艺、生活、农科、公共、剧场 1、剧场 2、剧场 3、剧场 4。

各其他省市 34 套：南方 TVS、天津卫视、东方卫视、北京卫视、重庆卫视、旅游卫视、河北卫视、河南卫视、广东卫视、广西卫视、湖南卫视、湖北卫视、山西卫视、浙江卫视、江苏卫视、云南卫视、贵州卫视、四川卫视、安徽卫视、F 东南卫视、江西卫视、吉林卫视、辽宁卫视、内蒙古卫视、陕西卫视、甘肃卫视、宁夏卫视、西藏卫视、青海卫视、新疆卫视、黑龙江卫视、深圳卫视、延边卫视、兵团卫视。

中央 24 套：CCTV1、CCTV2、CCTV3、CCTV4、CCTV5、CCTV6、CCTV7、CCTV8、CCTV9、CCTV10、CCTV11、CCTV12、CCTV 音乐、CCTV 新闻、CCTV 音乐、CCTV 少儿、中国教育 1、CCTV 电视指南、CCTV 风云足、球炫动卡通、金鹰卡通、优购物、E05、嘉佳卡通。

附三：

## 2018 年山东广电网络有限公司有线数字电视频道编排表（昌邑－高清版）

整转以后，网内传输节目套数逐步增加，至 2018 年，山东有线昌邑分公司传送节目 188 套，频道按省、市、县、卫视频道排列，其中，重点频道 3 套，市属频道 4 套，昌邑 2 套，山东 8 套，央视第一板块 9 套，购物频道 5 套，卫视板块 29 套，高清板块 11 套，少儿版块 4 套，央视第二版块 6 套，体验频道 2 套，综合类频道 7 套，私家频道 2 套，省网标清专享 15 套，专享频道 64 套，新增频道 8 套，昌邑 4 套，测试 3 套。

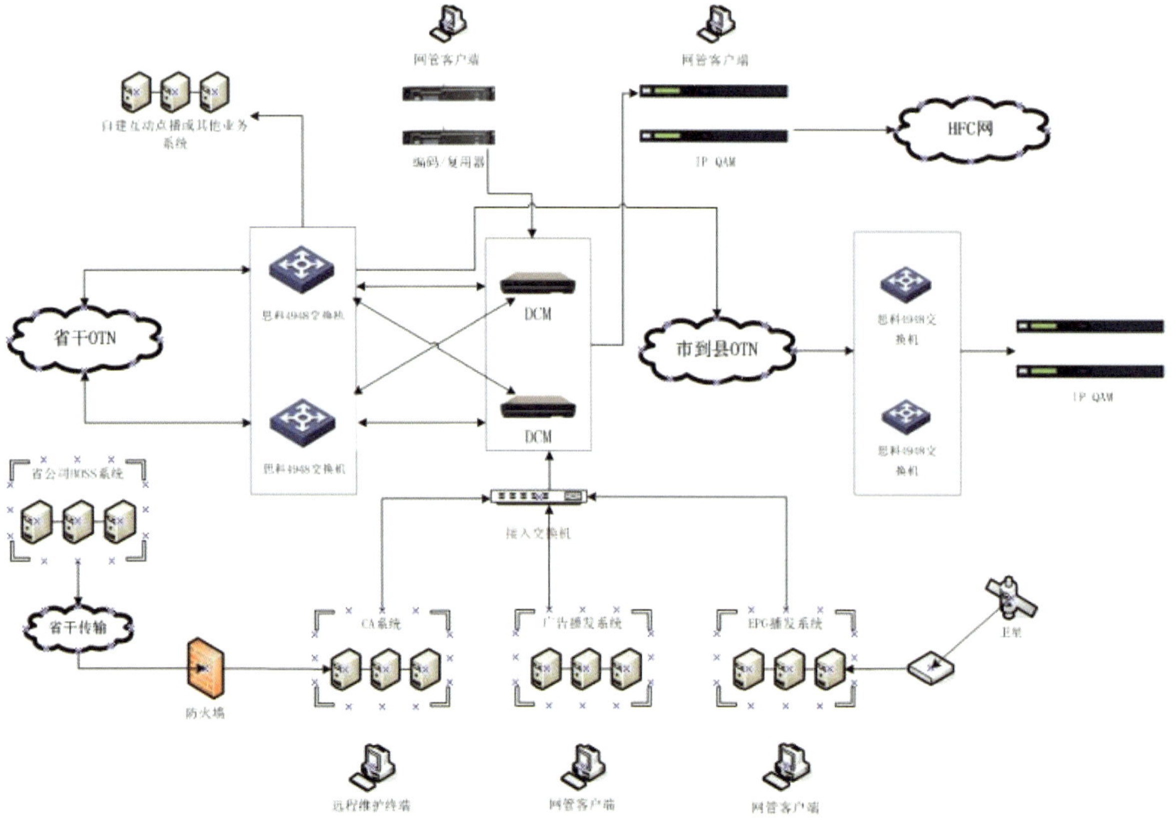


图 2　山东有线昌邑分公司传送节目示意图

## 山东广电网络有限公司有线数字电视频道编排表（昌邑－高清版）

表 42

| 序号 | 频道名称 | 属性 |
|---|---|---|
| 1 | 中央 -1 | 重点编排版块（3 套） |
| 2 | 山东卫视 | |
| 3 | 潍坊新闻 | |
| 4 | 潍坊农业 | 市属版块（4 套） |
| 5 | 潍坊公共 | |
| 6 | 潍坊科教 | |
| 7 | 睛彩潍坊 | |
| 8 | 昌邑综合 | 区县预留 |
| 9 | 昌邑生活 | |
| 10 | 山东齐鲁 | 省属版块（8 套） |
| 11 | 山东影视 | |
| 12 | 山东体育 | |
| 13 | 山东生活 | |
| 14 | 山东综艺 | |
| 15 | 山东少儿 | |
| 16 | 山东公共 | |
| 17 | 山东农科 | |
| 18 | 中央新闻 | 央视第一版块（9 套） |
| 19 | 中央 -2 | |
| 20 | 中央 -3 | |
| 21 | 中央 -4 | |
| 22 | 中央 -5 | |
| 23 | 中央 -6 | |
| 24 | 中央 -8 | |
| 25 | 中央 -9 | |
| 26 | 中央 -10 | |
| 27 | 环球购物 | 购物频道（5 套） |
| 28 | 家有购物 | |
| 29 | 优购物 | |
| 30 | 家家购物 | |
| 31 | 居家购物 | |
| 32 | 北京卫视 | 卫视版块（29 套） |
| 33 | 湖南卫视 | |
| 34 | 广东卫视 | |
| 35 | 江苏卫视 | |
| 36 | 辽宁卫视 | |
| 37 | 江西卫视 | |
| 38 | 浙江卫视 | |
| 39 | 四川卫视 | |
| 40 | 重庆卫视 | |
| 41 | 吉林卫视 | |
| 42 | 黑龙江卫视 | |
| 43 | 河北卫视 | |
| 44 | 湖北卫视 | |
| 45 | 云南卫视 | |
| 46 | 东方卫视 | |
| 47 | 深圳卫视 | |
| 48 | 安徽卫视 | |
| 49 | 天津卫视 | |
| 50 | 贵州卫视 | |
| 51 | 陕西卫视 | |

| 序号 | 频道名称 | 属性 |
|---|---|---|
| 52 | 广西卫视 | 卫视版块（29 套） |
| 53 | 河南卫视 | |
| 54 | 山西卫视 | |
| 55 | 测试频道 1（厦门卫视） | |
| 56 | 测试频道 2（农林科技 | |
| 57 | 测试频道 3（宁夏卫视） | |
| 58 | 新疆卫视 | |
| 59 | 西藏卫视 | |
| 60 | 兵团卫视 | |
| 61 | 高清畅享馆 | 省网高清 |
| 62 | 中央 -1 高清 | 高清版块（11 套） |
| 63 | CCTV5+ 高清 | |
| 64 | 山东卫视高清 | |
| 65 | 北京卫视高清 | |
| 66 | 湖南卫视高清 | |
| 67 | 浙江卫视高清 | |
| 68 | 江苏卫视高清 | |
| 69 | 东方卫视高清 | |
| 70 | 黑龙江卫视高清 | |
| 71 | 深圳卫视高清 | |
| 72 | 广东卫视高清 | |
| 73 | 山东教育 | 少儿版块（4 套） |
| 74 | 中央少儿 | |
| 75 | 金鹰卡通 | |
| 76 | 卡酷动画 | |
| 77 | 中央军事农业 | 央视第二版块（6 套） |
| 78 | 中央社会与法 | |
| 79 | 中央音乐 | |
| 80 | 中央戏曲 | |
| 81 | 中国教育 1 | |
| 82 | 中国教育 2 | |
| 83 | 体验频道 1（中央 -NEWS | 轮换体验 |
| 84 | 体验频道 2（电视指南） | |
| 85 | 体验频道 3 | |
| 86 | 测试频道 4（风尚购物 | 综合类频道（7 套） |
| 87 | 健康咨询 | |
| 88 | 好享购物 | |
| 89 | 收藏天下 | |
| 90 | 中视购物 | |
| 91 | 3D 试验频道 | |
| 92 | 导视频道 | |

| 序号 | 频道名称 | 属性 |
|---|---|---|
| 93 | 齐鲁剧场 | 私家频道免费 |
| 94 | 收藏天下 | |
| 95 | 欧美电影＊ | 省网标清专享频道（15 套） |
| 96 | 亚洲电影＊ | |
| 97 | 经典电影＊ | |
| 98 | 动漫视界＊ | |
| 99 | 国内剧场＊ | |
| 100 | 环球剧场＊ | |
| 101 | 探索纪实＊ | |
| 102 | 音乐会＊ | |
| 103 | 音乐电视＊ | |
| 104 | 尚 TV* | |
| 105 | 新视觉时尚＊ | |
| 106 | 新视觉少儿＊ | |
| 107 | 新视觉旅游＊ | |
| 108 | 新视觉体育＊ | |
| 109 | 测试预留＊ | |
| 110 | 央视精品 | 专享频道（64 套） |
| 111 | 第一剧场 | |
| 112 | 风云剧场 | |
| 113 | 怀旧经典 | |
| 114 | 音像世界 | |
| 115 | 碟市 | |
| 116 | 发现之旅 | |
| 117 | 世界地理 | |
| 118 | 国防军事 | |
| 119 | 风云足球 | |
| 120 | 车迷 | |
| 121 | 摄影频道 | |
| 122 | 游戏竞技 | |
| 123 | 新科动漫 | |
| 124 | 证券资讯 | |
| 125 | 家庭理财 | |
| 126 | 女性时尚 | |
| 127 | 时代美食 | |
| 128 | 风云音乐 | |
| 129 | 新娱乐 | |
| 130 | 快乐宠物 | |
| 131 | 时代风尚 | |
| 132 | 时代家居 | |
| 133 | 环球旅游 | |
| 134 | 孕育指南 | |
| 135 | 优优宝贝 | |
| 136 | 篮球 | |
| 137 | 英语辅导 | |
| 138 | 老故事 | |
| 139 | 老年福 | |
| 140 | 家庭健康 | |
| 141 | 梨园频道 | |
| 142 | 家庭影院 | |

| 序号 | 频道名称 | 属性 |
|---|---|---|
| 143 | 动作电影 | 专享频道（64 套） |
| 144 | 环球奇观 | |
| 145 | 先锋记录 | |
| 146 | 先锋乒羽 | |
| 147 | 电子体育 | |
| 148 | 高尔夫网球 | |
| 149 | 四海钓鱼 | |
| 150 | 快乐垂钓 | |
| 151 | 书画 | |
| 152 | 天元围棋 | |
| 153 | 时代出行 | |
| 154 | 汽摩 | |
| 155 | 武术世界 | |
| 156 | 财富天下 | |
| 157 | 人物 | |
| 158 | 职业指南 | |
| 159 | 彩民在线 | |
| 160 | 宝贝家 | |
| 161 | 早期教育 | |
| 162 | 新动漫 | |
| 163 | 中学生 | |
| 164 | 空中课堂 | |
| 165 | 考试在线 | |
| 166 | 留学世界 | |
| 167 | 现代女性 | |
| 168 | 中华美食 | |
| 169 | 百姓健康 | |
| 170 | 文物宝库 | |
| 171 | 说文解字 | |
| 172 | 中国气象 | |
| 173 | 高清电影 | |
| 174 | 中央 -3 高清 | 省公司新增频道（8 套 |
| 175 | 中央 -5 高清 | |
| 176 | 中央 -6 高清 | |
| 177 | 中央 -8 高清 | |
| 178 | 付费体验频道 1 | |
| 179 | 付费体验频道 2 | |
| 180 | 付费体验频道 3 | |
| 181 | 付费体验频道 4 | |
| 182 | 昌邑棉纺城 | 当地节目（4 套） |
| 183 | biaoqing | |
| 184 | 昌邑娱乐 | |
| 185 | 昌邑远教 | |
| 186 | 测试 1 | 隐藏测试节目（3 套） |
| 187 | 测试 2 | |
| 188 | 测试 3 | |

说明：高清畅享馆包括（18 套）：高清精选、欧美电影、亚洲电影、经典电影、探索纪实、尚 TV、音乐会、音乐电视、动漫视界、国内剧场、环球剧场、高清导视、新视觉时尚、新视觉少儿、新视觉旅游、新视觉体育，另外 3D 畅享、测试预留 2 套高清节目正处于筹备过程中

## 第五节 管理收费

### 一、文件精神

1992年6月，昌邑县广播电视管理局安排技术科在办公楼五楼建立有线电视前端，传送23套节目。所收取安装费全部纳入局财务统一管理。收费标准执行山东省广播电视厅、山东省物价局、山东省财政厅1992年5月13日联合下发的《关于加强山东省有线电视收费管理的通知》文件规定。安装费每户250元，收视维护费每户每月6元标准。由于昌邑有线电视正在起步阶段，为鼓励用户入网，新装用户只收每户250元安装费，不收收视维护费。

1993年春天，县局在音像站设立有线电视管理办公室，负责有线电视工程设计安装维修管理。

1994年，设立工程部，具体负责有线电视工程设计安装维修和管理。

1996年7月23日，潍坊市广播电视局下发了《转发潍坊市物价局〈关于调整有线电视初装费和收视维护费收费标准的批复〉的通知》潍广局发〔1996〕52号文件。文件规定初装户的安装费每机由250元提高到每机300元，商业性用户每机400元；收视维护费由原来的每户每月6元，上调至每户每月9元。文件下达以后，昌邑局执行每户每机安装费300元政策，每户同一套住房安装两个收视头的优惠150元。应收600元，只收450元。对小区共用天线网，单位申请加入局网只收150元人工材料费。至此，昌邑局仍没有向有线电视用户收取收视维护费。

1997年2月20日，昌邑市广播电视局、昌邑市物价局、昌邑市财政局联合下发《关于对有线电视终端用户收取收视维护费的通知》。通知指出，昌邑市于1992年3月开始筹建有线电视网，已投资210多万元。又投入200余万元资金，架设光缆传输干线。使市区有线电视网联网，向用户传输包括中央电视台综艺、体育、电影、戏剧四套加密电视节目在内的23套电视节目，极大地丰富广大用户的精神文化生活。收费本着“取之于民，用之于民”的原则，收视维护费全部用于节目消耗、设备折旧、网路改造维护及内部管理、上交中央、省、市电视台收视维护费，偿还架设潍坊至昌邑段光缆贷款等内容的开支。

收费标准每个终端用户每月9元。收费部门昌邑市广播电视局。党政机关、企事业单位集体入网的用户，由收费部门向“单位”收取收视维护费。收费，由市工商银行代收。收费采用牡丹卡专用缴费卡按月计算按月收取的方式。交费时间为每月5—10日。1996年12月31日前入网的用户，收视维护费的计算自1997年1月计。1997年1月1日后入网的用户，收视维护费的计算自入网的下月计。

逾期20天以内按10%计收滞纳金；逾期20天以上者按20%计收滞纳金，同时停止其收视信号。每超过3个月未缴款的，要求接通信号的应交足所欠收视维护费、滞纳金、劳务费等全部费用后方与接通。通知强调，有线电视是党和政府的宣传工具，各用户都要爱护广播电视设施，以保证电视网络的正常工作。有线电视传输系统属广播电视设施，受国家法律保护。对危害广播电视设施的行为应予制止并向有关部门报告。造成损失的要按有关法规予以赔偿并给予经济处罚。任何单位或个人不得擅自拆装或增接用户盒，违者从严处罚。因建设等原因需要改动、搬迁广播电视线路时，应事先向市广播电视局申报，经同意后方可办理。其材料费、劳务费由当事人承担。各用户的广播电视信号变差或中断时，不得擅自调整拆卸，应及时向广播电视局报告，以便派人维修。维修实行承诺制度，故障排除时限：一般故障24小时，较大故障72小时。

文件印发以后，1997年3月，昌邑局制定《昌邑市广播电视局关于对有线电视终端户收取收视维护费的实施方案》，成立由7人组成的有线电视收费领导小组。组长：高寿明，副组长：王沛盛，成员：宋宗玉、张虹、刘崇恩、齐敏、姚永普。并落实了领导小组成员工作责任制。

采用牡丹卡交纳有线电视收视维护费，学习外地为了方便用户交费，用户可以一次交纳一年的收视维护费存在牡丹卡上，按月划拨给昌邑局。

收费工作展开以后，工商银行每天安排3人配合市广播电视局收费。此法推行半年。因效果不理想，改为本单位自己收费。收费时间为一年一收，每年的9月，组织力量收费，这种办法一直沿用到2005年。从2006年开始改为每半年收取一次收视维护费。收费管理刚开始由工商银行和局财务科共同管理。1997年下半年开始有线电视的一切收费由局财务科管理。

1997年3月26日，潍坊市物价局、潍坊市财政局、潍坊市广播电视局联合联合下发《关于收取有线电视收视维护费的通知》(潍价费发〔1997〕6号）文件，收视维护费由每月9元提高到每月13元。

通知指出：潍坊市已实现市有线台与11县市区的光缆联网，省到潍坊的光缆干线已经建成，春节前已实现省、市、县三级有线电视联网，网内用户收看到了省、市有线电视网传送的中央、省、市电视台节目和省有线电视台4套自办节目。根据省物价局、省财政厅、省广播电视厅鲁价涉发〔1995〕145号文件《关于制定山东省有线电视网收视维护费收费标准的通知》精神，现就潍坊市收取省有线电视收视维护费问题作通知如下。1. 从1997年4月1日起，凡是加入省、市有线电视网，传送省有线电视台4套节目的行政区域有线电视台（含筹建台）、站，在原收费基础上，每月向每个用户加收省有线电视收视维护费4元（每户每月共收维护费13元）。未入省、市网的，一律不再加收省有线电视收视维护费。2. 县级有线电视管理部门加收的省有线电视收视维护费，10%通过市上交省有线电视管理部门，用于全省有线电视网络维护及节目购置与制作；40%上交市有线电视管理部门，用于归还网络建设贷款和网络维护；50%各县市区留用。上交省、市有线电视管理部门的部分，各级台站不得瞒报和截留。3. 各级有线电视台站收取有线电视收视维护费是，必须用同级财政部门制发的行政事业性收费统一票据，收取的资金为事业性收费，按预算外资金进行管理，实行收支两条线。

文件印发以后，潍坊市各县市随即调整收费标准。市局考虑到1996年刚下收费文件，为了让利于民，没有调整收费标准。

1998年设立事业科，工程部负责有线电视工程安装，事业科负责工程设计维修管理和收费。

2003年3月8日，成立昌邑市宏远有线广播电视网络中心之后，有线电视全部收费由网络中心管理。

2010年7月1日，昌邑市广播影视中心对收费标准作了调整。昌邑市物价局印发《关于调整有线电视一次性建设费、收视维护费的通知》(昌价发〔2010〕28号）文件。安装费由每户每机300元下调到每户每机250元，收视维护费每户每机9元，上调到每户每机13元，数字电视每户每机26元。新的收费标准自2010年7月1日执行。通知指出，根据潍坊市物价局《转发省物价局、广播电影电视局关于加强有线电视收费管理等有关问题的通知》(潍价费发〔2010〕18号）精神，经市政府第十八次常务会议通过，现将昌邑市有线电视一次性建设费、有线电视基本维护费调整如下：1. 新装有线电视一次性建设费收费标准由300元/户调整为250元/户。2. 有线电视模拟信号终端13元/月·户，因欠费造成信号中断重新开通的30元/户·次。3. 有线数字电视由模拟信号向数字电视整体转换第一终端26元/月·机，并免费为每个数字电视用户配置一台基本型数字机顶盒IC卡，同址用户开通第二台以上的8元/月·机（机顶盒费用自理）。4. 广播电视管理部门要加强有线电视收费管理，严禁有线电视网络运营机构擅自设立收费项目或搭车收费，并按规定在收费大厅等营业场所显著位置将收费项目、收费标准和举报电话进行公示，接受社会监督。本通知调整的收费标准从2010年7月1日起执行。

2010年7月开始，昌邑市有线电视收费标准按昌邑市物价局《关于调整有线电视一次性建设费、收视维护费的通知》（昌价发〔2010〕28号）文件规定标准执行。

2015年开始发展融合套餐，“高清+宽带”1200元/3年，“标清+宽带”999元/3年，高清续费400元/年，标清续费480元/2年；2018年“高清+宽带”799元/2年，“标清+宽带”600元/2年，高清续费340元/年，标清续费240元/年。

## 二、增值业务开发

随着智慧城市建设推进步伐的加快，以双向网改造完成为契机，积极参与智慧城市建设，充分利用各种人脉资源和用户对山东有线服务品牌的信赖，大力发展集团用户，主动争取项目，为实现转型升级、发掘新业务增长点，扩大增值业务收入占比奠定基础。

2018年，组织部智慧党建“三务公开”项目，教育局一体机项目，公安局“天网工程”项目、交警测速及监控项目和“人脸识别”项目，市场监管局“一阳光厨房”项目，国土局专线工程，疾控中心监控项目，供电公司电力抄表项目，龙池镇龙池小学监控工程，柳疃镇融媒体项目，已经顺利完工并投入使用。

2015年，与创维电视厂家合作，制定优惠政策，优势互补，将创维产品与网络产品捆绑销售，把价格降到最低，推出适合不同消费层次的电视机、冰箱、洗衣机等产品，满足用户一站式购物需求，不仅发展了增值业务，又让用户得到更多实惠，真正做到便民、利民、惠民。

2020年7月，山东广电网络有限公司昌邑分公司召开上半年工作总结下半年工作部署会议，公司领导班子成员在主席台就坐（左起：副经理李晓宁、经理朱乐庆、副经理董大川）

## 三、广电营业厅建设

2015年，在全市原有11个镇街营业部和1个中心营业厅基础上，又在城区先后新设立城东、城南、城西、城北4处营业厅，对城区5万用户实行网格化管理，每个营业厅配备主任、副主任、营销员共6人，明确任务目标，将城区营业厅作为业务发展、维修服务主阵地，进一步激发员工到一线的热情和积极性，不断提升城区市场营销服务能力。

## 四、网络公司营业厅

健全服务制度，将管理下沉、人员下沉、服务下沉，进一步增强与用户的关联度和黏合度，做到与用户心贴心、面对面沟通交流，实行跟踪回访、跟进服务，全面提升服务质量和服务水平，叫响山东有线品牌，树立广电网络形象。

# 第四编　电　影

# 第一章 发展历程

## 第一节 撤县设市前电影发展

1949年，中华人民共和国成立以后，昌邑的电影事业开始正式起步。1951年秋，昌潍行政专员公署中苏友好协会电影队成立后，队长赵宏文带领放映、发电员4人，到昌邑城里、柳疃、刘家巷和昌南县饮马西北村包场放映。放映设备是从上海购买的美国产16毫米电影机、PE-75型、输出功率为1500瓦的发动发电机。转点时雇用农村的马车搬运。人员待遇为“供给制”“工资制”两种。放映的影片有《中华儿女》《小二黑结婚》《白毛女》，以及苏联影片《攻克柏林》《保卫察里津》等。

1953年8月，“山东省电影教育工作队昌潍专区中队”成立。省编号355、357电影小分队，实行省、地双重领导，分别负责昌南、昌邑两县的巡回包场放映，有条件的地方实行售票。使用的设备为苏联产16毫米、捷克产16毫米放映机，苏联产F-1101发动发电机，配有马车运输，每队并配东德产鹰牌自行车1辆。每个队年工作日250个左右，场次在260～280场之间，观众850万人次，收入六七千元。放映的影片大致有《白毛女》《钢铁战士》和苏联影片《青年近卫军》等。

为提高广大人民群众的文化生活，据上级指示，1955年9月20日，两个小分队355、357取消省编号，分别下放至昌南县和昌邑县，队员各4人。自此，县电影队建立。1956年7月，昌潍地区专员公署又分配昌邑一个电影小队。至此昌邑县电影放映第一小分队、第二小分队、第三小分队建立。

1957年1月，昌邑县电影小分队发展为4个。1957年2月，昌邑电影放映中队建立，隶属昌邑县人民委员会文化科领导。中队置中队长刘敬涛，会计、干事各1人，下设4个分队。驻地在昌邑城里东南旺地东北侧（现在的三和苑小区北侧），有平房、马厩等设施，工作、居住合一，条件简陋。修理设备为普通工具，放映、发电中的小故障会随时排除，中、大故障需到省、地区修理。人员待遇为“工资制”。所放影片由地区中队发行供应，以放映国产黑白拷贝为主，兼放外国影片。除1个小队在县城配合党委政府的各种会议放映和固定放映外，其余小分队仍以下乡巡回包场、售票放映为主。

“文化大革命”期间，电影中队瘫痪，机构多次易名。

1969年，昌邑县电影队以20余间平房换得始建于1958年的工人俱乐部，经维修改作电影院，安装5501型座机，可容纳观众1012人，用以固定放映。夏天，用104-X型流动式35米放映机，在影院前露天放映。在影院北面，现昌邑地震台的南面建平房34间，用于电影队办公及后勤用房。

1973年，国办电影队发展至8个。同年，卜庄、东冢、龙池、王耨公社电影队相继建立。

1974年8月27日，昌邑县电影中队更名为昌邑县电影管理站，设办公室、发行组、修理组、财务组、宣传组。

1977年冬，城关公社电影队放映员王建华用地排车拉着放映设备、行李到中庄头大队放映

1976年年底，18个公社全部建立起电影放映队。

1982年，社办电影队18个、集镇电影院7个、村办电影队51个、厂办电影队9个，共计82个放映单位。

1982年8月1日，昌邑县电影管理站改名为昌邑县电影发行放映公司，同时搬入新建的（县教育局东临）三层办公大楼。公司设办公室、财务股、发行股、放映技术股、宣传股、修理股。1983年11月，设峠山代办处1处。公司共有干部职工46人。

1983年7月26日23时，昌邑电影院失火，整个影院连同所有放映设备全部烧毁，损失30万元，通报全省，电影院原经理受开除留用处分。

1983年，饮马、卜庄、双台、龙池、青乡、下店、东冢、宋庄、石埠、丈岭、塔尔堡、大保庄、峠山、北孟14个乡镇相继建立电影管理站。县内市属和县直企事业单位成立11个电影放映队。

1984年，政府投资100万元，在天水路（当时称石渠路）西侧，城里街南侧，新建昌邑影院1座，面积2560.73平方米，观众厅设座席1631个。次年“五一”正式营业放映。

1986年10月，为贯彻中共潍坊市委宣传部、市文化局、广播电视局、农村局转发潍坊市电影公司关于解决农村看电影问题的工作情况报告。在安丘县召开的全市文化工作会议上，市委副书记孟宪荣、市文化局局长李巍贯彻“中央四部文件”分别做了讲话提出具体要求，副县长王培竹、文教局副局长魏金永、电影公司书记刘洪军参加会议。至1986年年底，实行预收电影费的乡镇达71%，使农村看电影难的问题基本得以缓解。

1987年，潍坊市文化局发出通知，推广昌邑县解决农村放映人员待遇的做法，这项工作在全市铺开。1988年10月，潍坊市文化局、劳动局下达《关于从乡镇电影放映人员中转招部分农民合同制工人的通知》，为符合条件的28名放映骨干落实农村合同制待遇。

1988年，对公司所属电影放映单位进行普查整顿，撤销34个长期不活动的放映单位，全县的放映单位减少至198个。

1990年，昌邑影院内，硬座椅改为软座椅，楼上座椅改为鸳鸯座椅，计1250个。

1993年1月6日，中共山东省委、山东省人民政府在《关于解决当前农业发展中几个突出问题的决定》中指出：“坚决制止在集资办学、订阅报刊书籍、养老保险、发行有价证券、放映电影等活动中的强制行为。”农业部根据国务院授权就农民负担提出“十不准”，其中“不准向农民摊派报刊、保险、有价证券和电影费等。”根据规定全县县乡影剧院停止电影预收费，13个电影管理站和村办放映队停止发行放映工作，乡镇电影放映队大部分停映。

## 第二节　撤县设市后电影发展

1994年，中共中央印发《爱国主义实施纲要》，潍坊市委宣传部印发《关于运用百部优秀影视片、百部优秀图书、百部优秀歌曲对全市青少年进行爱国主义教育的实施意见》。1994—2002年，共放映爱国主义教育片6300场，为全市19个乡镇的一至三年级学生放映电影，观众751.93万人次。

2000年，全市198个放映单位，仅存有卜庄、青乡、东冢3个电影队，年放映不足200场，其余全部停映封机。

2002年，昌邑影院电影放映零上座。

2004年，市电影发行放映公司，重启昌邑影院的功能，组织政治教育拷贝及大型娱乐片予以放映，有《天下无贼》《八路军》《五星红旗迎风飘扬》等，共计百场左右。

2005年，昌邑市人民政府根据上级有关文件精神，对电影发行放映公司予以改制，易名为昌邑华艺电影传媒有限公司，承接全市的电影放映业务。公司组建6个电影小分队，配备专用车辆在昌邑农村巡回放映。昌邑电视台于2006年5月17日在新闻频道以“科教晚餐进农家”为题，报道电影下乡，潍坊电视台于5月

24日新闻频道作《电影下乡送农民》报道。农民找回了露天电影的感觉。为农民放映电影近5000场。

2007年国务院施行惠及于民的农村电影放映工程，让农民分享改革红利。市政府成立了以副市长李萍为组长的领导小组，对此项工程予以领导监督。华艺电影传媒有限公司加入省电影院线，淘汰老式拷贝放映机，投资50万元，购置14套先进的数字放映设备，配备运输车辆3辆，承担619个行政村、58万人口的电影放映任务，每年向农民送去电影7788场。

2007年，根据政府总体规划，影院被拆除，在原址建设高档商务区。

2007年9月，山东省农村电影放映工程正式启动。由省、市、县三级财政出资，农民免费看电影。华艺电影传媒有限公司，在潍坊的放映系统首先淘汰了拷贝放映，投资50余万元，成立有20名数字电影的映员、3辆厢式运输车、14套数字电影放映设备组成的新农村数字放映队，负责全市691个行政村、58万人的农村电影放映，不在放映点食宿。放映员实行工资制，并为其购买6项保险。

2008年，数字电影放映设备加入山东省电影院线，放映电影6545场，其中科教片1500场。

2019年，昌邑华艺电影传媒有限公司数字电影流动放映车下乡放映

2019年，昌邑华艺电影传媒有限公司在农村放映现场

2010年起，14套数字电影放映设备在农村运转，每年放映7788场。

2012年，公司建影城1座，影城内设放映厅5个，449个座席，每个观众厅均安装中央空调。设服务台、休息区和小卖部。影城设施先进，环境优雅，是一座现代化的电影放映场所，可与全国各地影城同步放映所有2D（平面）、3D（立体）电影。

## 附：电影史料

民国初年，昌邑城里放过几次无声黑白电影。1918年，外地耍马戏者在昌邑城里东隅兰家胡同一小店内放映过外国滑稽片。国民党十五团三营在城隍庙戏楼放映黑白无声电影《欧洲大战》。

1935年7月，山东民众教育辅导区派人到昌邑，在城隍庙戏楼、孙家道照民众夜校，放映了纪录片《孙中山先生出殡及追悼之典礼》。

1937年春节后，昌邑城里东隅孙洪翔，从潍县聘来放映员及设备，在姜家祠堂前的墨水湾西崖搭席篷1座，作为影厅，售票放映半月余停业。放映无声黑白滑稽片。

无声电影虽无艺术特色，但在当时人们能看到动感逼真的人物形象、景物合一的生活，殊感新奇。故偶有放映，群众便争相观看。

1956—2019年电影公司(队、站)历届负责人更迭一览表

表43

| 机构名称 | 延续时间 | 主要负责人 | 职务 | 公司(队、站)班子成员 |
|---|---|---|---|---|
| 山东省355电影小分队 | 1953.08—1956.07 | 刘敬涛 | 队长 | — |
| 山东省357电影小分队 | 1953.08—1956.07 | 任国俊 | 队长 | — |
| 昌邑县电影一分队 | 1956.07—1957.02 | 刘敬涛 | 队长 | — |
| 昌邑县电影二分队 | 1956.07—1957.02 | 任国俊 | 队长 | — |
| 昌邑县电影三分队 | 1956.07—1957.02 | 刘庆龄 | 队长 | — |
| 昌邑县电影四分队 | 1956.07—1957.02 | 刘玉堂 | 队长 | — |
| 昌邑县电影中队 | 1957.02—1958.9 | 刘敬涛 | 中队长 | 任国俊(副中队长) |
| 昌邑县电影中队 | 1958.09—1957.07 | 任国俊 | 副中队长 | — |
| 昌邑县电影中队 | 1959.07—1966.06 | 孙卜田 | 中队长 | 任国俊(副中队长) |
| 昌邑县电影中队 | 1966.06—1968.03 | 傅显祥 | 中队长 | — |
| 昌邑县电影中队 | 1968.03—1970.01 | 刘忠堂 | 中队长 | — |
| 昌邑县电影中队 | 1970.01—1972.12 | 朱琪 | 中队长 | — |
| 昌邑县电影管理站 | 1972.12—1978.6 | 王丙章 | 站长 | 刘存诚(副站长) |
| 昌邑县电影管理站 | 1978.06—1983.05 | 王丙章<br>苗永祥 | 站长 | 杨树贵、刘存诚、<br>姜俊林(副站长) |
| 昌邑县电影发行放映公司 | 1983.05—1986.5 | 刘洪军<br>潘富业 | 经理 | 刘存诚、姜俊林<br>(副经理) |
| 昌邑县电影发行放映公司 | 1986.05—1988.02 | 刘洪军<br>杨永众 | 经理 | 姜俊林副经理兼工会主席、<br>刘存诚副经理 |
| 昌邑县电影发行放映公司 | 1988.02—1988.11 | 姜俊林 | 副经理 | 杨永众、刘存诚 |
| 昌邑县电影发行放映公司 | 1988.11—1996.04 | 吕洪波 | 经理 | 王建华、姜俊林、冯立春、<br>杨永众(工会主席) |
| 昌邑市电影发行放映公司 | 1996.04—2001.05 | 李锦河 | 经理 | 曲卫民、姜俊林(工会主席) |
| 昌邑市电影发行放映公司 | 2001.05—2003.05 | 贾清海 | 经理(兼) | 曲卫民、姜俊林 |
| 昌邑市电影发行放映公司 | 2003.05—2005.05 | 冯立春 | 经理 | — |
| 昌邑市华艺电影传媒有限公司 | 2005.05—2019.11 | 冯立春 | 经理 | — |

# 第二章　放映管理

## 第一节　放映管理

随着电影放映事业的不断发展，1953年，有编号355、357电影放映小分队分别负责昌南、昌邑两县的电影放映。

1955年6月7日，昌潍专员公署决定，将省编号昌潍电影放映中队所属小分队固定至下属各县。同年9月20日，省编号355、357电影放映小分队，取消省编号，分别下放至昌南、昌邑县，队员各4人。1956年7月，昌潍专员公署又分配一个电影放映小分队至昌邑，此时称昌邑县电影第一小分队、第二小分队、第三小分队。1957年2月，建立昌邑电影中队，设

队长、业务干事、修理、会计，辖4个放映小分队，负责全县电影放映业务的管理。

1962年，昌邑县电影放映小队4个，人多队少，有许多村庄常年看不到电影。为此，省、专区要求县级实行普及规划放映。村村挂银幕，户户看电影，做到定点、定线、定场、定区划、定收费的“五定”放映。1963年规划放映有新的发展，实行按村庄大小、人口多少和经济条件，划分了一、二、三类点，绘制放映规划图，使得普及放映工作更条理化、制度化。

1964年6月，中影公司华东办事处在杭州召开了“农村电影普及工作会议”，昌邑的普及规划放映有了新的发展。

1973年，县国办电影队发展到8个，下乡巡回放映。

“文化大革命”期间，电影中队瘫痪，机构多次易名。

1974年，为适应电影放映事业的发展，县电影中队改名为县电影管理站，设发行组，修理组、财务组和电影放映宣传组，各负其责，做好放映管理工作。

1975年10月，为加强农村电影放映队的管理，昌潍地区电影发行放映公司制定《农村人民公社电影队管理试行办法》，由昌潍地区革委政治部文教处下发执行。县16处公社电影队得以配齐。

1978年3月10日，地区电影公司在胶州召开影院负责人会议，决定从“五一”开始，电影院全部实行敞门入场。

1981年9月，为贯彻中共中央《关于关心人民群众文化生活的指示》精神，地区文化局在诸城召开全区文化工作会议，提出发展电影放映网的意见，推动了县农村放映网的发展。至1982年年底，放映单位发展到82个。

1982年5月，根据山东省文化局、财政局《关于调整、改革我省电影发行放映企业体制的通知》精神，1983年8月1日，县电影管理站改名为昌邑县电影发行放映公司。同年，在村办电影队发展较多的公社（乡）建立起12个电影管理站，地区公司起草《农村电影管理站管理暂行办法》，明确规定了公社（乡）管理站的性质、任务、职责范围，由地区文化局通知县公司下发到公社（乡）电影管理站执行。

1984年7月11日，潍坊市文化局召开全市农村电影放映网管理先进单位表彰会议，县文教局副局长魏金永、电影公司书记刘洪军、放映管理人员及乡（镇）电影管理站站长、集镇影院经理计23人参加会议。昌邑县电影发行放映公司、围子、仓街、饮马、北孟，塔尔堡5处影院，饮马、卜庄、双台、青乡、夏店、东冢、龙池、丈岭8个电影管理站受到表彰。

1984年10月，“山东省农村电影放映网发展与管理现场工作会议”（在潍坊市开幕，在烟台市闭幕）参观昌邑县电影放行放映公司，卜庄电影管理站和辛庄村、大闫村放映队，围子影剧院，青乡张家车道放映队，双台乡电影管理站和西永安村、角卜村影剧院，分别授予“努力开创农村电影放映工作新局面”锦旗。

1985年底统计数字、昌邑县共有电影放映单位232个，每人每年看电影39场。

1986年10月，为贯彻中共潍坊市委宣传部、市文化局、广播电视局、农村局转发了“潍坊市电影公司关于解决农村看电影问题的工作情况报告”。在安丘县召开的全市文化工作会议上，市委书记孟宪荣、市文化局局长李巍贯彻“中央四部文件”分别讲话提出具体要求，副县长王培竹、文教局副局长魏金永、电影公司书记刘洪军参加会议。至1986年年底，实行预收电影费的乡镇71%，使农村看电影难得问题基本得以缓解。

1991年11月，潍坊市电影发行放映公司召开了农村放映网整顿工作经验交流会。会后，县电影发行放映公司对所属放映单位进行梳理整顿，农村电影滑坡势头得以遏制。

1993年1月6日，中共山东省委、山东省人民政府在“关于解决当前农业发展中几个突出问题的决定”中指出：“坚决制止在集资办学、订阅报刊书籍、养老保险、发行有证券、放映电影等活动中心的强制行为。农业部根据国务院授权就农民负担提出“十不准”，其中

“不准向农民摊派报刊、保险、有价证券和电影费等。”根据规定全县停止了电影预收费。1993年度，乡镇电影放映队基本停映。

## 第二节 技术管理

### 一、初始技术管理

1955年6月昌潍专署电影中队召开放映人员会议，重点学习“安全放映试行办法”“小队固定到县的若干规定”等，加强技术管理，提高放映质量，减少放映事故的发生。昌邑、昌南县两个放映小队参与学习。

1957年，第一次对实习、见习放映人员进行转正考核，昌邑县的4个放映小队的放映人员均取得合格证。

1962年5月，根据山东省文化局“关于影片检修工作的几点意见”提示精神，昌邑放映中队于1963年建立技检组，固定兼职检片员。

1965年7—10月，昌潍专区电影发行放映公司；对昌邑放映中队所管辖4个放映小队进行了验证普查，放映员进行技术资格审查后，均取得放映技术资格证。

1973年，山东省电影公司在昌潍地区进行全省电影放映单位普查和放映人员转正考核试点工作。县国办队8个，公社电影队4个均参加普查，全部合格。

1974年，县电影放映中队改名为昌邑县电影管理站。设专职技检员、检片员加强对放映技术工作的组织与管理。

### 二、拷贝的保护与利用

1975年10月14日，县电影管理站的技检员、检片员参观安丘县京剧团制作的流动舞台，学习了上山下乡为农民服务的经验，到年底全县24个农村放映队自制流动放映银幕用杆24套，用于下乡放映。同年12月10日，在安丘县召开了全区检片人员会议，确定所有16毫米、8.75毫米拷贝的鉴定由本县检片员张丙衡负责确定等级，护片用品由县检片员到地区公司领取。同年规定16毫米、8.75毫米拷贝影片一律比规定标准多接一米空头片头，用以护片。自行车带片必须加一厚棉垫的减震装置，且拷贝盒必须竖置，不能横放。

1976年，全县开展“一、二、三百场不降等”“三、六、九百场不报废的争取千场不报废”放映的护片活动。全县不降等、不报废，16毫米、8.75毫米拷贝比1975年同期分别增长35倍和3倍，过千场不报废的拷贝5部。

### 三、设备检查维修

自1976年始，县电影管理站每年组织由技检、检片、维修、器材等人员共同参加的1～2次技术工作大检查，检查前各放映单位先进行自查。通过自查，对所用放映设备有全面的了解，发现问题自己动手解决，解决不了的问题，采取边检查边维修的方法，对技术要求不达标的设备与故障，予以调校和修理。同时，县管理站不定期、不定时抽派维修组人员，下到放映队跟机观察维修，排除放映故障，并将设备使用纳与年终总评。

### 四、设备革新与数字设备的应用

1977年始，对16毫米、8.75毫米放映进行了光源改造。由将原来的放映所用的溴钨灯全部更换为锡灯和铟灯。同时，为F16-4型放映机加装收片滑轮，改装场灯控制系统，先是手动后改为自动关停装置，方便了放映员的操作。

1982年，将影院放映机所用光源炭晶棒改为氙灯光源，后又改进加装了自动换机控制装置，光源的改进由原来的4000流明提高到10000流明。

1983年6月，根据省文化厅《关于对全省电影放映单位进行普查考核的通知》，对全县电影放映单位进行了普查，放映单位合格率为87%，放映人员合格率为75%。

1987年5月，潍坊市电影发行放映公司召开检片员会议。昌邑县电影发行放映公司获得信得过检片员，35毫米护片先进单位称号。

2007年始，淘汰原有的拷贝放映机。

2008年，完成数字化放映设备的转换。

2012年，昌邑华艺电影传媒有限公司所建电影城开业安装了2K数字放映设备。

### 五、器材供应

公司设立器材库，设器材管理员 2 人。负责编制年度器材计划、电影放映设备的所有器材供应，以及器材库分类管理、做好仓储等。县电影发行放映公司的器材库供应与管理，走在全市同行业的前列，被潍坊市电影发行放映公司授予先进单位。

# 第三章 发行宣传

## 第一节 影片发行

电影发行工作是伴随着电影放映单位的发展而发展起来的。1953 年始，昌邑、昌南两县的电影放映，是由省编 2 个小分队负责。1955 年取消省编号下放至昌邑、昌南两县。自此，两县建立电影放映队。当时只管放映并无发行业务，拷贝由省提供。1956 年 3 月，潍坊电影发行站建立后，昌邑电影放映中队所属 4 个放映小队的影片放映，均由潍坊发行站发行。

1960 年由于经济困难，导致了饥荒的发生，重点放映地区电影公司发行的《人定胜天》《消灭害虫》等新闻纪录片和故事片《万水千山》《老兵新传》等。

1961 年，在国民经济“调整、巩固、充实、提高”的八字方针指引下，地区电影公司实行放映单位包租制。为解决拷贝供应不足，实行一队一片，并给予放映小队 40% 的机动拷贝，用于放映。自此，16 毫米的电影拷贝逐步由县中队发行，有《李双双》《槐树庄》《红色宣传员》等。

1964 年 6 月，华东“农村电影普及工作会议”以后，推动农村普及放映工作的深入开展。影片的发行工作由专、县结合，排片到队。昌邑实行了专、县结合排片到点，按影片类别，实行大、中、小巡回排片，受到放映小队和农民群众欢迎。

1964 年下半开始，贯彻毛主席关于文学艺术的两个批示，注重放映好革命题材的影片。同年年底，《李双双》《槐树庄》《红色宣传员》《夺印》《白毛女》《雷锋》等，占农村放映总场次的 95%。同时《追鱼》《孙悟空三打白骨精》《三笑》等一批影片，因不适合社会主义教育运动而暂停发行。

1965 年，在北京召开全国科技电影会议，山东推广济南市、章丘县“对口、对路”的经验，昌邑放映小队放映科技专场，加映科教影片，观众 20 万人次。

1966 年，发行纪录片《光辉的榜样焦裕禄》，纪实了焦裕禄灵柩运回兰考，约 10 万人参加追悼会的场面。1966 年 6 月，“文化大革命”开始，发行放映活动停止。9 月下旬，发行《毛主席和百万文化革命大军在一起》影片。

1967 年上半年，根据上级指示，将停映的所有电影拷贝收回电影公司封存，并组织对影片《清宫秘史》《海瑞罢官》的“批判”。同年，县电影中队在当时的东南旺地，公开放映已封存影片《烈火中永生》。

1970 年 8 月，“革命样板戏”《智取威虎山》《红灯记》影片开始发行，1973 年开始发行 8.75 毫米影片。

1971 年始，发行朝鲜电影《摘苹果的时候》《卖花姑娘》等。

1975 年 5 月 1 日，地区文化局在平度县召开放映普及“革命样板戏”会议。县国办第八、第六、第五放映小分队参加会议。城关公社南鄌亭村作为贫下中农宣讲“革命样板戏”的唯一特邀代表参会并发言。同年 5 月 23 日至 6 月 23 日，根据中共中央相关文件精神，举办“革命样板戏”影片汇映，对样板戏影片提出常看常新的口号。1976 年 4 月，集中发行《智取威虎山》《红灯记》《海港》《龙江颂》《杜鹃山》等京剧影片和钢琴伴唱《红灯记》、芭蕾舞剧《红色娘子军》等。

1976年年底开始，陆续恢复发行“文化大革命”中停映的影片，像《早春二月》《永不消逝的电波》《青春之歌》《一江春水向东流》《英雄虎胆》《烈火中永生》等故事片拷贝，《杨门女将》《野猪林》等京剧艺术片、《李二嫂要改嫁》等，吕剧艺术片得以恢复发行重新与观众见面。至此，电影发行放映又恢复生机。

1980年，发行“‘文化大革命’后银幕第一吻”的故事片《庐山恋》、经典彩色侦破反特片《雾都茫茫》，引爆影院。

1981年7月，电影《喜盈门》开始发行，受到城乡广大群众的喜爱。当时为满足观众的要求，充分利用拷贝，实行了两村或三村同时串片放映的办法，观众1000万人次。

同年，由上海电影制片厂付超武（原籍昌邑城关公社虫埠村）导演拍摄的京剧彩色艺术片《白蛇传》发行后，引起轰动。昌邑电影院连映数日不衰，场场爆满。农村放映时，更是观者有甚，跟场看《白蛇传》电影。

1982年，反映统战题材的拷贝《内当家》发行，是在当时台胞回乡的一个缩影。

随着放映单位的迅速发展，影片发行也随着乡镇电影管理站的建立而有所延伸，实行县乡分级管理。35毫米拷贝由县电影管理站发行，农村人民公社有5个放映单位以上者，建立电影管理站并对所辖放映单位行使发行、放映管理的业务职能。至1982年年底相继建立14个乡镇电影管理站发行影片。同时，进行了清仓查库，对拷贝逐一登记清理，对连续几年没有发行的拷贝重新登记发行，对观众喜爱的戏剧片和故事片提高利用率，缓解发行高峰拷贝供应不足的问题。

1983年4月，贯彻文化部、国家农委、农业部、林业部、中国科协下达的“关于运用科技影片，加强农业科技普及和推广工作的联合通知”精神，“潍坊地区科学电影协会”成立，昌邑有5人被吸纳为会员。

1982年，电影队到城关公社长埠大队养鸡场放映科教电影

其间，据不同情况和需求发行科教片《棉花选种留苗》《小麦丰收经验》《安全使用农药》《节育与优生》《科学养鸡》等。并利用流动宣传栏和白天室内放映专场的办法，组织观看。

同年9月地区文化局、地区科协、农业局、林业局、计划生育局和保险公司联合召开潍坊地区科教电影发行放映经验交流会，昌邑县电影公司及所属5个乡镇电影管理站获奖。

1984年2月，配合整党，重点发行《不该发生的故事》《咱们的牛百岁》等拷贝。

同年6月，根据省、地区电影公司指示，对8.75毫米拷贝进行清点后全部上交，送往湖南，终止发行。8月，山东省文化厅、财政厅调整提高了影片组价。

1985年，据山东省文化厅、公安厅、省科协“关于做好《巫师的骗术》影片发行的通知”精神，潍坊地区电影发行放映公司，重点在昌邑放映20天，共放映238场，平均3.3个村1场，观众23.8万人次。

1986年，开展法治电影宣传月活动，共发行有关法制内容的影片16个节目。全县共映出400余场，观众40万人次。

1988年，重点发行了获国际大奖影片《红高粱》，昌邑影院参与了潍坊市电影发行放映公司组织的单片超收有奖活动，超额完成预定指标。同年11月，在全县内部组织放映保密教育纪实性故事影片《为了国家的利益》。

1989年，配和县委开展的廉政建设，发行放映香港故事片《廉政风暴》。同年12月，遵照广电部和国家计生委等12个部委和山东省文化厅等11个部门的通知精神，由县文化局、县计生委、县广播电视局、县科委、县妇联等11个部门，根据潍坊市相对部门的意见联合主办，在全县开展“人口健康”科教电影汇映活动，全县232个放映单位映出《计划生育》《人口与健康》《人口与经济》等科教影片，为期4个月，共2300场，观众23万人次。

1990年3月，开展“学雷锋树新风活动月”，由县委宣传部发文，在全县各乡镇放映故事片《雷锋》，昌邑影院根据文件精神组织驻县城所有企业与初中、小学学生，在影院观看《雷锋》，计放映165场，观众16万人次。6月，全县举办“纪念鸦片战争150周年活动”，集中放映《林则徐》《甲午风云》等爱国主义影片。

同年，台湾伦理悲剧片《妈妈再爱我一次》在昌邑影院放映，引起轰动，持续放映6天，每天4场，场场爆满。

自1992元1月1日始，潍坊市电影发行公司改16毫米影片计划供应为向县公司出售。

同年，根据潍坊市人民政府批转市文化局举办“我为风筝都做贡献有奖放映活动”，发售奖券，该活动持续到年底。

1993年，电影发行开始下滑。

1994年，电影诞生100周年（1894年，现代电影之父卢米埃及兄弟发明了电影和电影放映机）。高水准的作品，在这一年集中问世，像国产影片《活着》《阳光灿烂的日子》《精武英雄》等。但向农村发行的影片却寥寥无几。

1996—1998年，经济体制从单一的计划经济向社会主义市场经济转轨。其间，互联网进入一个空前的活跃时期。此时，电影发行在徘徊中几乎终止。

2007年，由昌邑市卫生局、昌邑市文化局主办，昌邑华艺电影传媒有限公司承办的电影宣传月活动，10月11日至11月11日，在全市农村巡回放映。有科教片《结核病的预防》《预防艾滋病》《走进新农村合作医疗》。调配拷贝10个，共映出260场。

2007年年末，昌邑市农村原来的16毫米拷贝放映机逐步被数字放映机代替。同时，16毫米拷贝的发行相应停止。一种新的发行机制——数字电影发行开始实施。

国家广电总局在《数字电影发行放映管理办法（试行）》（广发影字〔2005〕537号）中指出：数字电影发行放映是指运用数字技术拍摄或者通过胶片转数字方式制作的数字电影产品，利用卫星、光缆、影片数据输入盘、硬盘等传输方式，在数字电影院（厅）或电影放映场所从事的电影发行放映业务。现阶段，数字电影发行放映以影片数据输入盘、硬盘传输方式为主，卫星、光缆传输方式待试验成熟后再推广。数字电影发行，开启昌邑可与全国各大城市同步上映新片的新纪元。彻底改写农村观众不能同步观看新影片的历史。

## 第二节　海报宣传画

电影宣传是电影放映工作中不可或缺的一个环节。其方式即用海报、宣传画、幻灯、流动宣传栏、刊物、电影评论、影前报影名等，告知所放映片的简介，帮助观众看懂看好电影，正确理解影片主题内容，提高对影片的鉴赏能力及吸引力，提高观众上座率，寓教于乐。

自1960年始，根据上级电影管理部门要求，昌邑电影中队由一名干事兼职电影宣传工作，这便是电影宣传工作的初萌，从组织上保证电影宣传工作开展。

1960年前后，昌邑县电影中队所辖之放映小队，在农村集中定点巡回放映时，当时宣传的方式即用廉价有色纸张，写明影片类别、片名、放映地点、放映时间、票价等，到周围2.5公里之内10个左右村庄，予以张贴，作以宣传，此做法延续至“文化大革命”期间。

1976年，昌邑县电影管理站设置宣传组，多次举办社办电影放映队放映员兼职宣传训练班。购置道具，练习山东快书，竹板书等，为社办电影队培训批量的宣传人员。继而又为每个社办队配置映前宣传所用价值500元左右的日本产便携式高档收、录、放一体的交直两用

1967—1981 年电影海报宣传画

录音机 1 台。从而，电影宣传工作得以较快发展，有了质的飞跃。

宣传画是对所放影片进行宣传的重要组成部分。“文化大革命”后期，昌邑电影院配备专职美工 1 名，将所放影片的宣传画绘于刊板，然后置于影院外前厅之上作以影前宣传，成为县城一大亮点，引来行人驻足观看。美工同时还兼职影片海报书写。

1983 年后，县电影发行放映公司，分别招收 2 名中专美术毕业生，加强电影宣传画绘制与创作力量。

1986 年，在山东省举办的电影宣传画展览中，昌邑电影发行放映公司送展的于钦杰的电影宣传画《寒夜》获奖，是 10 名获奖者之一，其中并被省选送华东六省市电影宣传画展览获二等奖。1989 年，王建华书法作品在潍坊市电影系统美术、书法、摄影展览入选，获得二等奖。

1989 年，昌邑影院剪影 1962 年由周恩来总理提议并审核，四大电影制片厂拟定人选，文化部最后确定的“22 大明星”肖像放大后，悬挂于影院大厅，渲染气氛，引发观众对电影的回忆。

当时，社办电影放映队，则利用旧银幕自制流动宣传栏，其内容多半为剪裁《大众电影》所刊发的电影演员及获电影百花奖演员剧照、《电影宣传画集》中所放影片宣传画用以张贴，加以文字介绍以及电影评论的有关章节作以宣传。每到一地，进行张挂。

## 第三节　幻灯宣传

1949 年，中华人民共和国成立后，为配合党的中心任务的宣传，通常在放映前加映幻灯节目。50 年代后，幻灯制作、操作技术等有许多改进。幻灯画面，原为单线平图，后发展为彩绘、年画、国画、木刻、素描、摄影等形式，并根据节目的要求绘制远景、近景、特写镜头和采用各种画面特技。幻灯音响，开始只伴以解说词，后又采用对口词、数来宝、山东快书、京剧、吕剧、茂腔等文艺形式解说内容。

1976 年，县电影管理站，每年用全县电影放映队夏、冬两次集训时间进行幻灯培训，并举办幻灯汇映，节目有《只生一个好》《怎样种红麻》《棉花种的培育》等。

1982 年 5 月，由县电影发行放映公司经理潘复业带队公司宣传股，城关、饮马、北孟、塔尔堡、社办放映队长一行 7 人，参加全省在滕县召开的宣传工作会议，观摩学习幻灯表演。

1983 年，县电影发行放映公司，为壮大幻灯宣传力量，专门招收声乐大学生 1 名。

1990 年 5 月，由潍坊市文化局、司法局、计划生育委员会、保险公司联合举办潍坊市计划生育、法制教育、保险宣传幻灯汇映中，县电影发行放映公司制作计划生育的幻灯《优生优育》参加会映并获奖。

# 第四章　设施设备

## 第一节　放映设施

### 一、早期影院

1969年，昌邑县电影队以20余间平房换得始建于1958年的工人俱乐部。1970年改为电影放映使用。1973年，经维修原工人俱乐部字样改做昌邑电影院，安装了5501型座机，可容纳观众1012人，用以固定放映。夏天，用104-X型流动式35毫米放映机，在影院前露天放映。在影院北面，原昌邑地震台的南面建平房34间，用于电影队办公及后勤用房。

1983年7月26日23时昌邑电影院失火，整个影院连同所有放映设备全部烧毁，损失30万元，通报全省，影院原经理受开除留用处分。

昌邑早期影院（照片提供：李发宁）

### 二、昌邑影院

1984年，县政府投资100万元，在天水路（当时称石渠路）西侧，城里街南侧，新建昌邑影院，面积为2560.73平方米，观众厅设座席1631个。1985年5月1日正式营业放映。1990年，昌邑影院内，硬座椅改为软座椅，楼上座椅改为鸳鸯座椅，计1250个。

2007年，根据昌邑总体规划，昌邑影院被拆除，在原址建设高档商务区。

1985年建成的昌邑影院

### 三、维客利影城

2012年，昌邑影院拆除后，创建维客利影城，位于昌邑中央商务区，最繁华的商业街利民街维客利四楼，影城内部设有5个独立放映厅，一次可容纳449名观众。厅内采用标准排距，45度梯级无遮挡设计，进口的专业放映设备，高端的音响系统，满足观众看电影需要，提高城里文化消费水平。另外为满足观众消费

2019年，维客利影城外景

2019 年，昌邑华艺电影传媒有限公司维客利影城营业厅

2019 年，昌邑华艺电影传媒有限公司维客利影城一号放映厅

影城配有进口爆米花、咖啡等进口小食品。随着昌邑经济的持续发展，人民群众文化需求的不断增长，活跃了昌邑城乡文化生活，成为群众文化生活不可缺少的一部分。

## 第二节　设备配置

### 一、放映机

FL-8.75I 型放映机，是 20 世纪 70 年代初期由全国联合设计定型制造的。具有体积小、重量和成本低等特点，适合农村与山区的电影放映。该机型放映音乐片时失真度较大，且声音不稳定，昌邑最初使用的就是这种机型，20 世纪 80 年代中期停止使用。

长江 54-16 型，是全国最早使用的农村流动式放映机，有南京电影机械厂生产，由放映、扩音、扬声器、配电箱四部分组成。昌邑的电影放映自 20 世纪 70 年代初，逐步配备该机型，

1976 年使用的 8.75 毫米电影放映机

用于农村巡回放映。

长江 F16-4 型系列 16 毫米放映机是从 20 世纪 60 年代末开始，由南京电影机械厂生产。早期生产的 F16-4 型放映机，较长江 54-16 型更加便捷。随着科技进步的不断改进，又生产　出 F16-4A 型、F16-42 型、F16-4AIIY 型，F16-4AIIY 放映机一直使用至 2017 年。

163-X 型 16 毫米放映机是与井冈山 104-X 型 35 毫米提包机配套使用的 16 毫米放映机。与 104-×35 毫米放映机同用一套电源与扩音设备。20 世纪 80 年代初期，乡镇影院大部用该机放映。

20 世纪 80 年代使用的 16 毫米电影放映机

20世纪80年代昌邑影院使用的35毫米电影放映机

35毫米流动式放映机长江54-35型，昌邑最早使用的35毫米放映机，由南京电影机械厂生产，使用至20世纪80年代初。

35毫米固立式放映机松花江5502型是1978年由哈尔滨电影机械厂生产的。

适用于不超过1500个座位的影院、俱乐部做固定放映用。该设备由2台放映机，2台整流器1台扩音机和1台盒式音箱组成，整机总重量1380公斤，放映光源采用高强度碳棒弧光灯和椭圆形反光镜组成。功率2400瓦，有效光通量4000流明。加装不同类型的放映镜头、更换不同类型的片门后，可放映普通银幕、宽银幕、遮幅式宽银幕和立体电影，具有半自动放映的功能。此机型昌邑影院从1984年年初装使用至2007年昌邑影院拆除。

数字电影放映机应用数字微镜开关器件、数字光开关阵列和数字信号处理技术，采用先进的数字光处理技术DLP的数学电影新模式，替代了传统的拷贝放映。它与传统的拷贝放映相比，具有声光俱佳、图像清晰、银幕大、视野开阔，不换片、信号接收稳定、随意编排节目，可插播广告，节约人力等优点。2004年3月18日，广电总局印发《电影数字化发展纲要》，确定数字电影在我国电影产业化发展中的战略地位。华艺电影传媒有限与司从2007下半年开始购买使用0.8K流动数字放映机，到2008年底，农村电影放映已全部实现数字化。

2019年，昌邑华艺电影传媒有限公司维客利影城使用的放映设备

2012年，在新建电影城新安装1.3K和2K数字放映机。

## 二、发动发电机

昌邑市（县）电影公司所使用的发动发电机，在20世纪50—60年代主要有1101型和FD-12型，七八十年代主要有LD-75型和-300型，后随着昌邑市电力的普及逐步停用。

# 第五章　队伍建设

## 第一节　人　员

1955年，昌邑县、昌南县建立电影队时，各有队员4人。1956年13人，一分队队长刘敬涛，队员马肖明（女）、刘培章、刘存诚、付克功；二分队队长任国俊，队员于淑珍（女）王术尧；三分队队长刘庆龄、队员刘桂芳（女）、张兴义；四分队队长刘玉堂，队员陈素文（女）。1957年，昌邑县电影放映中队建立时13人。1982年，昌邑县电影管理站改名为昌邑县电影发行放映公司时46人，其中女职工7人。2005年，市政府对电影发行放映公司予以改制，易名昌邑华艺电影传媒有限公司时43人。2019年11月，昌邑华艺电影传媒有限公司在职人员56人。

### 1970年，昌邑电影院工作人员

经　理：郝文汉（兼）

工作人员：赵志道　马肖明　陈素文　付克功

1990年，昌邑影院全体人员合影（前排左起：陈素文、刘希庆、张龙云、王建华经理、齐广廷；中排左起：黄金玉、梁其昌副经理、张金中、曲成良副经理、陈春生、赵西伟；后排左起：李波、姜新宅、马肖明、李卫东、徐怀刚）（另：侯运河、王淑兰、张梅生未参加合影）

### 1973年，8个国办电影队人员组成

一队：姜亦东、朱杰、李寿杰

二队：翟鹏瑞、李伯礼、于连春

三队：杨增仁、马玉柱、李桂珊

四队：刘玉堂、陈传仁、曲成良

五队：王洪来、姜明瑾、张丙衡

六队：孟召友、孙述寿、陈修立

七队：刘楷良、徐全然、齐广廷

八队：梁其昌、孙继亭、张龙云

### 昌邑电影院工作人员

经　理：赵志道（1972—1976）
金方德（1976—1979）
梁其昌（1979—1980）
金方德（1980—1983）

工作人员：马肖明　陈素文　金方德
陈春生　孙玉琴　陈廷荣
韩召亮　王佑民　元春先
赵立贵　付克功　吕成洲
王兰训

1972—1983年，工作人员多有变动。

### 1983年，昌邑县电影发行放映公司科室设置及人员组成

办公室：冯立春（文书）
孙玉琴（统计）

2013年春节，公司经理冯立春（前排左四）与维客利影城李珊（前排左三）等全体员工合影

李桂祥（司机）
魏昌德（炊事员）
财务股：徐秀英（会计）
张丙衡（出纳）
宣传股：曲卫民（股长）
于钦杰　杨晓燕
发行股：赵立贵（股长）。
片　管：孙述寿（检片员）
罗志宏（片管员）。
放管股：刘玉堂（股长）　陈春生
修理股：刘希庆（股长）
王公庆　徐永林　徐全然。
器材股：刘楷良　曲成良　李寿杰
李卫东。

昌邑县电影发行放映公司驻岞山代办处人员赵志道（主任）、陈廷荣。

### 1973—2000年昌邑各公社、乡镇影院工作人员一览表

表44

| 名称 | 年份 | 姓名 | 职务 | 工作人员 |
|---|---|---|---|---|
| 龙池 | 1973<br>1975 | 陈甲进<br>迟东科 | 队长<br>队长 | 孙和平、孙少波、赵成福 |
| 王耨 | 1973<br>1978 | 邢洪明<br>张坤明 | 队长<br>队长 | 孟凡宝、李玉春、初云普 |
| 东冢 | 1973 | 张启元 | 队长 | 张金柱、胡胜利、姜在宝 |
| 卜庄 | 1973 | 陆传华 | 队长 | 张兴友、付佃芳 |
| 城关 | 1975<br>1978 | 齐俊杰<br>王建华 | 队长<br>队长 | 李建军、翟元寿、蔺建校、徐万杰、梁守军、李在树、高国庆 |
| 双台 | 1975 | 侯言信 | 队长 | 刘效忠、刘乃勤 |
| 柳疃 | 1975 | 范顺之 | 队长 | 孙桂波、姚海平、徐孝伟、徐钦坤、王孝东、姜在润、孙培华、闫寿云、姜东杰、郭相冰、孙松智、韩建耕 |
| 夏店 | 1975 | 孙兰其 | 队长 | 郝存明、朱明义、祝锡贵 |
| 围子 | 1975 | 姚瑞祥 | 队长 | 苏清泉、马文波、宫建宏、孙正刚、李金泉 |
| 宋庄 | 1975 | 邹维彬 | 队长 | 葛方圆、姜亦林、谭西杰、葛云岱 |
| 石埠 | 1975<br>1977 | 李华正<br>李秀刚 | 队长<br>队长 | 李焕兴、李吉明、付振安、翟松涛 |
| 流河 | 1975<br>1978 | 元金高<br>翟光明 | 队长<br>队长 | 穆洪森、李怀义、李洪岭 |
| 饮马 | 1975<br>1981<br>1985 | 刘曰松<br>张俊杰<br>于敦楼 | 队长<br>经理<br>队长 | 王曰文、张俊忠、于敦敬、谢廷忠 |
| 北孟 | 1975 | 李兴勤 | 队长 | 李学臣、张术旺、李兴平、马洪邦、刘春成 |
| 岞山 | 1975 | 于景胜 | 队长 | 高丙江、吉永军、王北常、杨云升、杨云涛、刘家文 |
| 丈岭 | 1975<br>1987 | 葛德良<br>宋洪信 | 队长<br>经理 | 岳智普、刘玉礼、王述杰、陈廷东、陶信升 |

## 第二节　管理制度

1982年8月1日，昌邑县电影管理站改名为昌邑县电影发行放映公司。改名之前为事业编制，1982年后改为文化企业，采用企业管理方式。先后制定《劳动管理制度》《关于加强政治、组织纪律的暂行规定》《财务管理规定》《医疗费管理规定》等制度，并根据不同时期的工作和任务不断改进完善。计划经济时期，主要靠思想教育和组织纪律进行管理。实行市场经济后，管理方法和手段发生很大变化，在原先思想教育、纪律约束的基础上，开始利用经济杠杆作用加强企业管理。2012年，在市广播影视中心统一领导之下，公司所有干部通过“公开答辩、民主评议”的方式产生，所有职工按

“双向选择、竞争上岗”的办法选择自己的工作岗位。单位内部积极开展各项争先树优活动，激励职工爱岗敬业，尽职尽责，树一流形象，创一流业绩，全心全意为观众搞好服务。

## 第三节　学习教育

### 一、政治学习

电影公司从建立之初就把提高干部职工队伍的政治思想素质放在首位，结合不同时期特点，按照上级要求，结合自身实际，开展不同形式的学习教育活动。1986年前，多数人员经常在农村流动放映，只能以小队为单位组织学习，仅在半年和年终集训时进行集中辅导教育。1986年后，多数人员转入管理和影院工作，学习形式也随之改变，多数以单位组织学习，上级有新的会议精神，则组织全体人员集中学习。对于上级安排的学习班和宣传思想工作会议，公司都安排骨干力量，按时参加。

1984年7月11日，潍坊市文化局召开全市农村电影放映网管理先进单位表彰会议，县文教局副局长魏金永、电影公司书记刘洪军、放映管理人员及乡（镇）电影管理站站长、集镇影院经理计23人参加会议。昌邑县电影发行放映公司、围子、仓街、饮马、北孟、塔尔堡5处影院，饮马、卜庄、双台、青乡、夏店、东家、龙池、丈岭8个电影管理站受到表彰。

1982年，山东省电影系统宣传工作会议在滕县召开，昌邑参会人员合影（左起：王建华、陈廷东、李兴勤、潘富业、张俊杰、吕成州）

### 二、业务学习

1950年7月中旬，昌潍专署文教科根据山东省文教厅的通知，决定调2名学生（高中文化程度，团员）到山东省人民政府文教厅报到，转赴南京“中央人民政府文化部电影局放映训练班”学习放映技术。山东省的中学生刘敬涛（原籍潍坊市梨园村）被选送该训练班参加学习，后到昌邑电影队工作。这是昌邑县中华人民共和国成立后参加学习放映技术的第一个放映员。

自电影中队成立以后，一直注重职工的学习培训工作。学习的主要形式是选派有关人员到省、地培训班学习。1961年，潍坊市电影公司开设训练班，对放映人员进行业务培训。大部分是在职放映人员，培训内容有放映、发电、电工和扩音机4门主课。1975年9月，昌邑县电影管理站开始举办放映人员培训班，培训班的培训时间一般为三四个月（脱产学习），然后开始上岗实习，经过考试取得技术资格证后，才开始独立操作机器。

1975年9月，昌邑县电影管理站举办第一

1975年，昌邑县电影管理站首届放映员训练班师生合影（前排左起：王建华、邹维彬、徐永林教师、任国俊教师、范顺之、岳智普、徐孝伟；前二排左起：马文波、刘曰松、李秀刚、刘效忠、齐俊杰、张怀浩、翟和平、王曰文；前三排左起：于景胜、祝锡贵、高丙江、初云普、李华正、张金柱、孙少波；后排左起：侯言信、苏清泉、付佃芳、葛德良、赵成福、李兴臣、孙桂波）

期电影放映培训班，为期3个月，参加培训人员27人，县电影管理站的业务专业人员担任授课。至1985年年底，共举办培训班4期，培训人员152名，提高放映人员的专业理论水平和业务技能，保证了电影的放映质量，对培养业务人才、促进电影事业的发展起到重要作用。

维客利影城建成后，公司安排专人到上级专业单位进行培训，让放映管理人员能够熟练地管理和使用新型设备。

## 第四节 组织建设

1970年，建立昌邑县电影中队党支部，遵照有关规定换届，按照上级要求，组织党员开展系列活动，丰富党组织生活，充分发挥党支部的战斗堡垒作用和党员的先锋模范作用。

### 电影公司（队、站）历届党支部负责人更迭一览表

表45

| 机构名称 | 延续时间 | 主要负责人 | 职务 | 公司（队、站）支部委员 |
|---|---|---|---|---|
| 昌邑县电影中队 | 1970.01—1972.12 | 朱琪 | 书记 | 刘存诚 |
| 昌邑县电影管理站 | 1972.12—1976.10 | 王丙章 | 书记 | 刘存诚、郝文汉 |
| 昌邑县电影管理站 | 1976.10—1978.08 | 王丙章 | 书记 | 刘存诚、郝文汉、姜亦东 |
| 昌邑县电影管理站 | 1978.06—1983.05 | 王丙章 | 书记 | 苗永祥、杨树贵、刘存诚、姜俊林 |
| 昌邑县电影发行放映公司 | 1983.05—1986.5 | 刘洪军 | 书记 | 潘富业、刘存诚、姜俊林 |
| 昌邑县电影发行放映公司 | 1986.05—1988.11 | 刘洪军 | 书记 | 杨永众、姜俊林（兼工会主席）、刘存诚 |
| 昌邑县（市）电影发行放映公司 | 1988.11—1996.04 | 吕洪波 | 书记 | 王建华、姜俊林、冯立春、刘存诚（党务书记） |
| 昌邑市华艺电影传媒有限公司 | 2005.05—2019.11 | 冯立春 | 书记 | 田凤桥、李珊 |

为配合好党支部的工作，发挥共青团员的先进作用，电影管理站从1974年开始建立团组织，领导团员青年开展一些有意义的活动，为单位的发展起到积极的推动作用。

为维护好职工的合法权益和民主权利电影公司于1986年成立工会组织和妇女组织。2019年11月，工会会员56人。

1990年，昌邑县电影公司先进工作者合影留念

# 第五编　机关建设

# 第一章　基础设施建设

自 1958 年建站至 2018 年，历经 6 次建设、租赁、拆除、再建设过程，办公条件逐步改善。1958 年，昌邑县广播站新建 2 排平房共 10 间。1974 年，在广播站前排 5 间平房处建起二层小楼。1985 年，昌邑县广播电视管理局建起五层广播电视办公楼。2006 年，昌邑市广播电视管理局购买原昌邑市报社办公楼，作为昌邑人民广播电台办公用房，租用昌邑电业大厦两层楼为昌邑电视台办公用房。2010 年，建起 22 层广电大厦，被誉为地方地标建筑。

## 第一节　昌邑县广播站办公用房

1957 年，成立昌邑县广播站筹备委员会，县长张瑛任筹委会主任，开始建设广播站。站址选在昌邑县人民委员会（现昌邑宾馆）机关院后、明代王士仪沟西段荷花湾东岸。站内新建 2 排平房，青砖灰瓦，砖混结构，每排 5 间，共 10 间，建筑面积 180 平方米，1958 年初建成投入使用。1969 年，县站在大门两侧各建平房 3 间，东侧仓库和发电机房，西侧职工食堂。1974 年，昌邑县广播站二层小楼建成后，后排改为职工宿舍。1999 年，建设广电家园 1 号楼时拆除此房屋。

1958 年昌邑县广播站后排平房

## 第二节　昌邑县广播站办公楼

1974 年，昌邑县广播站在第一排平房的位置上新建二层小楼 1 座，面积 396 平方米。一层为办公室、编辑室、会计室和仓库。二层为播音室、广播机房、接待室、站长办公室和会议室。在二层楼西侧和楼后广播站原平房两侧建起职工宿舍平房 7 间。1981 年增建职工宿舍 7 间、仓库 2 间、车库 1 间。1985 年广播电视办公楼建成后，二层小楼改成职工宿舍。1999 年建广电家园 1 号宿舍楼时，以上建筑物全部拆除。

1974 年建成昌邑县广播站二层办公楼

## 第三节　昌邑市广播电视管理局办公楼

1983 年 3 月，昌邑县广播事业局向县委、县革委写出报告，申请建设一座广播电视办公楼。经县委、县革委研究批准，在原广播站北邻从董家城后村三次征地 7.3 亩，县财政拨款 10 万元，潍坊地区广播事业局拨建楼专款 1 万元，山东省广播电视厅拨建楼专款 8 万元，社会集资 42.77 万元，共计 61.77 万元。1983 年 10 月破土动工，1985 年 4 月竣工，建筑面积

1700平方米。县广播电视管理局机关工作人员、县广播站、县电视差转台搬入新楼。1989年，在县局大院东面建起二层小楼，安排职工食堂、仓库和职工宿舍。

1985年建成五层办公楼

1985年建成办公楼大门

2002年装修后的广播电视办公楼

## 第四节　昌邑人民广播电台办公楼

2006年5月，昌邑市广播电视管理局投资344.5万元，购买原昌邑市报社6层高，2426平方米的办公楼，用作昌邑人民广播电台、昌邑市宏远有线广播电视网络中心办公楼。2006年9月12日上午，市局在此举行隆重的调频台开播仪式，中共昌邑市委常委、宣传部部长周娟主持开播仪式，中共昌邑市委宣传部副部长、昌邑市广播电视管理局局长张亦明介绍电台开播情况，潍坊市广播电视局局长姜言义在开播仪式上讲话，中共昌邑市委副书记曹昕庆到会致贺词，潍坊电视台、潍坊人民广播电台、潍坊有线台、潍坊广播电视报社及本市各乡镇（街办）、市直各部门、各单位的有关领导到会祝贺。2010年12月，昌邑人民广播电台、昌邑市宏远有线广播电视网络中心迁至广电大厦。

2006年启用的昌邑人民广播电台办公楼

## 第五节　昌邑电视台办公楼

2006年5月，昌邑电视台有关部室迁到电业商务大厦，租用总面积2190平方米，解决电视台工作人员办公场所拥挤设备落后等问题。2010年12月，昌邑电视台迁至广电大厦。

2006年昌邑电视台办公楼

## 第六节　昌邑广电大厦

2008年5月，昌邑市政府立项，由市局建设昌邑广电大厦。2008年6月19日，昌邑广电大厦正式奠基开工兴建。2010年12月8日，昌邑广电大厦建成启用，总建筑面积24380平方米，主体建筑22层，地上21层，地下1层，高89.8米。总投资1.3亿元。是日上午10时18分，举行庆典仪式。市委常委、宣传部部长庄鹏主持，市委副书记、市长张新强致辞，市委宣传部副部长、中心主任赵赞江介绍广电大厦建设情况。山东省、潍坊市、昌邑市有关领导出席庆典仪式。

2010年建成昌邑广电大厦

## 第七节　广电家园

为解决职工宿舍问题，从1996年开始拆平房建楼房。1996年9月24日广电家园2号楼破土动工，1997年9月26日竣工交付使用。40户，建筑面积2844平方米，附房540平方米，共计3384平方米。1号楼2000年8月28日开工，2002年1月22日竣工交付使用，建筑面积3657.9平方米，地下室面积731.6平方米，共计4389.5平方米。两座宿舍楼建好以后，职工住房全部解决。

2002年建成广电家园

## 第八节　网络公司办公楼

2013年4月，宏远有线广播电视网络中心划归山东广电网络有限公司统一管理，改称山东广电网络有限公司昌邑分公司。为解决办公用房，2017年4月，经市政府常务会议研究，将原药监局和民政局两处房产，土地面积5.42亩，房产面积3099.98平方米进行评估、过户、确权，正式归网络公司。楼房4层，独立院落，内有附房。地址富昌街中段，路北沿街101号。

2019年，山东广电网络有限公司昌邑分公司办公楼

附一：

## 昌邑广电大厦落成启用

昌邑广电大厦坐落在市新行政办公区，总占地50亩，主体建筑22层，其中地上21层，地下一层，高度89.8米，总建筑面积24380平方米。2008年5月由市政府批准立项，2010年6月19日竣工落成，2010年12月8日投入使用，工程总投资1.3亿元。大厦内设有1000平方米的数字演播大厅，3个电视演播室和1个广播直播室，现代化的编辑制作中心、播控中心、传输中心和计算机中心以及昌邑广电事业发展陈列馆、图书馆等。

广电大厦由山东省城乡建设规划设计院规划设计，市工程建设监理有限责任公司监理，青岛市第一建筑工程公司承建。该大厦高雅大方，功能齐全，设施先进，具有广播电视的现代化气息和文化气息。

2010年12月8日，昌邑广电大厦举行落成庆典仪式。

出席庆典仪式主席台领导有山东省文联党组书记于钦彦，山东省电视艺术家协会主席、原山东电视台台长曾昭明，山东电视台新闻中心主任林修功，潍坊市委常委、宣传部部长刘明珂，潍坊市政府副市长王桂英，潍坊市文广新局党委书记、广播影视集团党委书记、董事长钟耕民，潍坊广播影视集团总经理孟毅，山东天润网络有限公司总经理王建勇，潍坊市文联主席孙淑芳，潍坊电视台副台长张广忠，潍坊人民广播电台副台长刘梅。

出席庆典仪式的昌邑市领导有昌邑市委书记、市人大常委会主任马跃启，市委副书记、市政府市长张新强，市委副书记李中福，市政协主席于大海，市人大常委会党组书记、第一副主任曹昕庆，市委常委、宣传部部长庄鹏，市委常委、办公室主任陶金先，市政府副市长李平。

参加庆典仪式的还有各县市区广电部门领导，各镇街区镇长（主任）、宣传委员，市直各部门、市政府各部门、副科级以上事业单位、各人民团体、有关企业主要负责人，参与广电大厦工程建设的各方代表和广播影视中心的全体干部职工。

庆典仪式由庄鹏主持，赵赞江介绍广电业务工作及广电大厦建设情况，李平宣读中央电视台贺电，张新强致辞。

赵赞江说，近几年来，昌邑市广播影视中心按照市委、市政府“一三四五”总体部署，唱响主旋律，落实三贴近，新闻宣传和事业发展同步推进，先后获山东省文明机关、山东省广播电视新闻宣传一等奖、山东省安全优质播出优胜台、连续两年获潍坊市广电系统社会事业考核第一名等称号，昌邑电视台获中国广播电视学会颁发的“庆祝建国60周年全国优秀电视台”、中国广告协会颁发的“电视商业广告类优秀奖”。昌邑人民广播电台，自1991年以来，连续18年获向省台发稿一等奖等称号；同时涌现出了一大批精品力作和先模人物，其中《读书》栏目荣获中国国际农业电视协会颁发的专题栏目类一等奖，电视台的新闻及广告节目多次荣获全国、省级奖项。为贯彻落实市委、市政府关于发展和繁荣文化产业的部署，改善基础条件，为广电事业腾飞搭建平台，广播影视中心紧紧抓住行政新区建设这一宝贵历史机遇，运用市场经济手段和良好的人脉资源，融通资金，广开投入渠道，建设广电大厦。该工程自2008年6月19日正式开工奠基到竣工，历时二年零五个月，工程质量被潍坊市评为“潍坊市优质结构工程”“潍坊市安全文明示范工地”。

李平宣读了中央电视台副台长孙玉胜和中央电视台总编室分别发来的贺电。山东昌邑电视台：欣闻广厦初成，恭贺乔迁之喜。望贵台牢牢把握舆论导向，充分发挥新闻媒体的宣传功能、教育功能及舆论监督功能。站在新的起点，新的高度；谋求新的发展，新的成就！中央电视台孙玉胜2010年12月5日。昌邑电视台：欣闻昌邑广电大厦落成，谨向你们表示热烈祝贺！作为一家颇具影响力的地方媒体，昌邑电视台在推动城市发展，弘扬精神文明，宣传魅力新昌邑等方面，做出了突出贡献。在二十多年的发展历程中，昌邑电视台以鲜明的地域特色和科学的管理，收到了当地电视观众的喜爱，积累了很好的办台经验。22层广电大厦的落成，标志着昌邑广电事业发展又上了一个新台阶。站在新的起点，衷心祝愿昌邑电视台继续发扬求真务实、开拓创新的优良传统，与时俱进，再攀高峰，把昌邑电视台打造成具有鲜明特色的强势媒体。让我们共同携手在改革开放的历史进程中努力奋斗，为中国广播电视事业发展做出更大贡献！中央电视台总编室2010年12月7日。

张新强在致辞中说，近年来，昌邑市的广播电视事业健康发展，新闻宣传质量不断提高，创作出了一大批弘扬主旋律、反映时代特色的精品力作，为昌邑市两个文明建设以及宣传城市形象做出了积极贡献，促进了全市经济社会又好又快发展。2008年、2009年，昌邑市连续两年荣获潍坊市广电系统社会事业建设考核第一名；今年前3季度，全市实现地区生产总值174.5亿元，同比增长14.2%；1—10月份，实现财政总收入17.9亿元，其中地方财政收入10.1亿元，分别增长21.2%和28.8%；金融机构各项存款本外币余额213.1亿元，比年初增加30.5亿元；城乡居民人均储蓄25959元，比年初增加3499元。他对广播电视工作者提出了新的要求，希望市广播影视中心，以昌邑广电大厦落成投用为新的起点，认真贯彻中共十七大和十七届五中全会精神，深入宣传党和政府的方针政策，弘扬社会正气，通达社情民意，坚持正确导向，搞好舆论监督；以加快推进数字化建设为重点，大力实施精品工程，不断推出思想精深、艺术精湛、制作精良的作品，满足人民群众日益增长的精神文化需求，为促进全市经济社会又好又快发展做出新的更大贡献！他希望广播电视业务上级的领导和社会各界要一如既往地关心和支持昌邑广播电视的发展，使昌邑的广播电视工作在新的起点上再创新业绩。

2010年12月8日建成投入使用的昌邑广电大厦

张新强致辞后，主席台领导为广电大厦落成剪彩，到广电大厦参观指导，观看《奔向辉煌》汇报片。

附二：

## 昌邑广电大厦落成庆典晚会在大厦演播厅举行

12月8日晚，昌邑市委宣传部、昌邑市广播影视中心在新建成的数字演播厅内举行了“昌邑广电大厦落成庆典晚会”。晚会以“潍水放歌”为主题，邀请林萍、陈寒柏、王敏、阴军、孟琳、笑天、张国辉、吴磊、丁雪、黑蜻蜓模特队等演员参加演出。市委、市人大、市政府、市政协领导班子成员、各部门各单位的负责人到场观看。新演播大厅装配时下先进的灯光、火焰、喷泉及烟雾等舞台效果设施，整场晚会带给了市民一道视觉盛宴。

2010年12月8日，昌邑广电大厦落成庆典晚会

附三:

## 贺　信

昌邑电视台:

欣闻昌邑广电大厦落成,谨向你们表示热烈祝贺!

作为一家颇具影响力的地方媒体,昌邑电视台在推动城市发展,弘扬精神文明,宣传魅力新昌邑等方面,做出了突出贡献。在二十多年的发展历程中,昌邑电视台以鲜明的地域特色和科学的管理,收到了当地电视观众的喜爱,积累了很好的办台经验。

22层广电大厦的落成,标志着昌邑广电事业发展又上了一个新台阶。站在新的起点,衷心祝愿昌邑电视台继续发扬求真务实、开拓创新的优良传统,与时俱进,再攀高峰,把昌邑电视台打造成具有鲜明特色的强势媒体。让我们共同携手在改革开放的历史进程中努力奋斗,为中国广播电视事业发展做出更大贡献!

中央电视台　总编室

2010年12月7日

山东昌邑电视台:

欣闻广厦初成,恭贺乔迁之喜。望贵台牢牢把握舆论导向,充分发挥新闻媒体的宣传功能、教育功能及舆论监督功能。站在新的起点,新的高度;谋求新的发展,新的成就!

中央电视台孙玉胜

二〇一〇年十二月五日

### 中央电视台主持人贺词

新广电、新高度、新的起点,祝愿昌邑广播电视台,明天越办越精彩。

——中央电视台主持人　章伟秋

新起点、新气象,祝昌邑电视台百尺竿头、更进一步。

——中央电视台主持人　长　啸

新的起点、新的腾飞,祝昌邑广电百尺竿头、更进一步。

——中央电视台主持人　郎永淳

昌邑、昌邑,在这里要祝愿昌邑电视台的发展,繁荣昌盛,祝昌邑人民的生活幸福、安逸。

——中央电视台主持人　欧阳夏丹

在这里祝昌邑电视台乔迁之喜,祝节目越办越好,也祝昌邑人民幸福安康、万事如意。

——中央电视台主持人　张　羽

俗话说得好,人挪活、家挪旺,祝愿昌邑电视台事业更兴旺、更上一层楼、收视节节攀高。

——中央电视台主持人　阿　丘

祝愿昌邑广播电视台越办越好,也在这里问候昌邑的老百姓,祝愿你们以后的生活芝麻开花、节节高。

——中央电视台主持人　董　浩

# 第二章　内部改革

## 第一节　目标管理

昌邑市广播影视中心(局站)在职工管理方面采取教育、关爱、激励、约束相结合机制。采取计划制度管理和目标管理相结合,精神鼓励和物质奖励相结合的办法。

1950年至1958年4月,收音站时期,收音员认真遵守济南人民广播电台制定的《济南人民广播电台收音员条例》,积极开展预告节目,组织机关干部收听重要广播,向省台汇报情况等项工作。

1958年5月至1987年9月,县局(站)采取计划管理,每年制订年度工作计划和阶段性工作计划,到时检查总结,表彰先进单位和先进个人。

1987年10月,昌邑县广播电视管理局首次制定了《昌邑县广播电视管理局内部机构岗位目标责任制》，明确了办公室、编播股、技术股、线务股、服务部、音像制品发行管理站等6个内设机构的职责范围，岗位目标，及奖惩规定，首次以书面的形式印发到各股室，开始采用目标管理办法。

1998年4月20日，市广播电视局在《昌邑县广播电视管理局内部机构岗位目标责任制》的基础上，制定《昌邑市广播电视局内部机构设置职责范围任务目标及奖惩规定（实行）》，印发文件，对全局内设机构办公室、财务科、事业科、广播电视工程部、技术科、总编室、电台编辑部、电视编辑部、有线电视编辑部、广告文艺部、广播电视服务部等11个内设机构的职责范围、任务目标、奖惩规定、机构名称、机构职数、正职数、副职数、职员数作了更加明确的界定。首次把“竞争上岗、双向选择、优化组合”融入管理。1998年，全局干部职工总数87名。参加竞争上岗的人数74名，不参加竞争上岗的人数13名，其中领导干部8名，56岁以上职工3名，病休职工1名，长期外借职工1名。竞争结果是74名竞岗者有72名争到了岗位。2名没有争到岗位的经过培训再次竞岗后有1名取得上岗资格。

2003年3月8日，市宏远有线广播电视网络中心成立后，参照局里的办法，制定《昌邑市宏远有线广播电视网络中心内部机构岗位职责、任务目标及奖惩规定（试行）》，对新设立的办公室、技术科、工程科、管理科、财务科规定内部机构名称、正职数、副职数、职员数、岗位职责、任务目标及奖惩措施。以后，随着人员的增加，逐步完善。2004年7月，市局制定网络中心职工竞争上岗实施方案，在市公安局会议室召开竞争上岗大会，公开进行竞争上岗。2007年1月8日，网络中心制定《关于对文化广播站长实施绩效考核的实施意见（村村通部分）》，加强对基层有线电视管理处的管理工作。

2004年11月24日，市广播电视管理局制定《昌邑市广播电视管理局关于实行“四定”的实施方案》，对局办公室、财务科、总编室、电视新闻部、电视专题部、综合频道广告文艺部、生活频道广告文艺部、技术科8个内设机构定岗位、定职责、定奖惩、定费用，印发文件。同时还出台《政治事故的界定和处理办法》《获得荣誉及奖励办法》等项制度。

2007年11月30日，市广播电视管理局在“四定”的基础上，对局内全部工作划为五大块管理，即局机关、电视、电台、网络、广告，在完善细化各内部机构岗位职责、任务目标及奖惩规定的基础上，新设立昌邑市广播电视管理局广告中心，印发文件，对广告中心实行责任管理。随后进一步完善了工作纪律、宣传、事业、队伍等方面的管理制度。

## 第二节　文明机关创建

昌邑市广播影视中心（局站）始终把创建文明机关作为广播电视工作的一项内容贯穿始终。采取明确目标、关爱职工、组织活动等措施，扎实推进创建工作。2006年3月，被中共潍坊市委、潍坊市人民政府评为潍坊市级文明机关。同年4月，被山东省精神文明建设委员会评为省级文明机关。

### 一、目标明确

1987年在创建过程中提出，建立一支“政治强、业务精、纪律严、作风正”的广播电视队伍。

1989年提出，广播电视工作者要发扬五种精神，即一丝不苟的负责精神，不怕困难的进取精神，兢兢业业的奉献精神，公正执法的无私精神，刻苦钻研的好学精神。

1998年提出，广播电视工作者要“讲政治，树正气，争一流，创业绩。”并把这16个字印在信封上。

2005年提出，广播电视工作者要树立“开拓创新，与时俱进，团结拼搏，争创一流”的广电精神，这种精神简要地概括为“团结、拼搏、创新、争一流。”

2008年提出，广播电视工作者要树立八种意识，即大局意识，责任意识，精品意识，服务意识，危机意识，争先意识，创新意识，形象意识。

2010年提出，广播电视媒体要凝人心、聚合力、鼓干劲、树形象。广播电视工作者要居一流环境、干一流工作、创一流业绩、树一流形象。

2019年提出，广播影视队伍要树立“守正创新、担当作为、奋勇争先、创造一流”的十六字精神。

这些目标提出，对于鼓舞干部职工干好本职工作，争创一流业绩，齐心合力创建文明机关起到了统一思想凝心聚力作用。

## 二、关爱职工

市广播影视中心（局站）在职工管理方面，注重职工学习培训，采取多种学习方式提高职工业务素质。教育职工干一行、学一行、钻一行、精一行、创新一行。注重职工政治待遇，对于工作业绩突出的在入党、提干、评先、晋升职称等方面优先考虑，并形成制度。关心职工生活，千方百计解决职工住房、职工子女就业等现实问题，解除职工后顾之忧。房改期间，建起广电家园的2座住宅楼，职工有自己的住房。自1958年建站至2019年，60余年时间里，在职工学习、子女就业、家庭生活中遇到困难和问题时都创造条件尽力帮助解决。在改善办公条件方面，走出10间平房，住上22层高的广电大厦。这些做法得到了全体职工的拥护和赞誉，提高了党在职工中的威信，增强了广电团队凝聚力、向心力和职工自身荣誉感和自豪感。

## 三、组织活动

自昌邑电视台建成以后，注重职工文化生活，经常组织职工开展丰富多彩的文化体育活动。创建活动内涵不断扩大，活动内容更加丰富，涵盖了职工日常学习、工作、生活各个方面。

**文体活动** 每年“三八”“五一”“五四”“七一”“十一”“元旦”举办一系列活动，如拔河、越野跑、篮排球比赛，以及征文、书法、诗歌、演讲、朗诵比赛等。每次大赛都设立奖

2010年，市广播影视中心干部职工参加潍坊市广播电视局组织的体育运动会

2018年11月4日，市广播影视中心组织开展趣味运动会活动

项，鼓励职工参与并对获奖者表彰。

**参观学习** 每过几年就组织一次规模较大的外出学习活动，有时组织中层以上干部参加，有时组织全体干部职工分批参加，用以陶冶身心，接受教育，深受干部职工好评。

2005年8月，市广播电视局组织全体干部职工分批到青岛海尔教育基地进行拓展训练

**庆典活动** 每年11月8日举办记者节晚会，邀请社会各界战略合作和伙伴参加，共商新

2019 年 11 月 7 日，中心党总支副书记、副主任、电视台台长张惠福（右一）走访看望离休干部老局长张洪明（左一）

2005 年 7 月 1 日，市局表彰 10 名优秀共产党员（左起：郝勇、张永柱、张虹、孙大波、张洪明、姜亦明、张新立、陶志明、姜言富、张明新）

一年发展合作大计。

**创建卫生城市**　2018 年、2019 年，昌邑市号召全市人民积极参与创建全国卫生城市创建工作，市广播影视中心在搞好宣传工作的同时，积极参与创城工作。

**关爱老干部**　全面落实老干部政策，定期走访看望离休老干部，征求对单位工作的意见建议。

**评先树优**　每年都组织不同类型的表彰先进集体、先进个人活动，如庆“七一”表彰优秀共产党员、年度表彰先进集体、先进个人及

2019 年，市广播影视中心评出 30 名先进个人。在 11 月 8 日记者节晚会上进行表彰。市政协党组成员、副主席李友田为优秀新闻工作者颁奖（左起：李友田、冯倩、胡成之、张勇、宫敬强、车心、张田田、付兵、陆栋、姜昕、张晓静）

2012 年 2 月 16 日，市广播影视中心对 2011 年度的先进集体和个人进行表彰。〔左起：工作标兵：宋俊杰、范婷婷、陈大涛、姜莲莲、夏斐、张新顺、王晓日、迟乐胜、李强共 9 名，先进集体：新闻中心新闻部、广告中心电视广告部、广告中心栏目部、技术中心技术部、社教中心《读书》栏目组、新闻中心 360 栏目组、综合服务大厅、呼叫中心、工程部、管理科、夏店有线电视管理处、石埠有线电视管理处共 12 个，优秀工作者：谭效君、王涛、赵世军、魏芳、董玉梅、董大川、焦云、夏翠珍、尹新峰、姜进辉、刘坚、齐银波、张晓峰、张波、岳占琴、李凤岩、李伟、张其海共 18 名〕

2019年11月8日，市人大常委会党组成员、副主任夏麦香为十佳新闻工作者颁奖（左起：夏麦香、高晓宇、董玉梅、刘赛、王润杰、姚沙沙、卜晓颖、张兰香、杨亚丽、王晓雯、于婷）

2019年11月8日，市委副书记王龙堂为十佳新闻记者颁奖（左起：王龙堂、刘保、范婷婷、赵世军、王晓博、王茂桢、王鹏、尹兆辉、徐顶强、赵振锋、张平平）

评选表彰十佳新闻记者、十佳新闻工作者、优秀新闻工作者等。

附一：

## 融媒时代　高歌猛进——昌邑市庆祝第二十个记者节颁奖联欢晚会在昌邑电视台演播大厅隆重举行

2019年11月8日

晚会隆重表彰在全市新闻宣传工作中涌现出的先进代表，动员新闻宣传系统全体干部职工在新的起点上再接再厉、开拓进取，奋力开创融媒体事业发展的新局面。

出席活动的领导有昌邑市委副书记王龙堂，昌邑市人大常委会党组成员、副主任夏麦香，昌邑市政府副市长赵海龙、昌邑市政协党组成员、副主席李友田，参加活动的还有各镇街区党（工）委副书记、宣传委员，市直各部门单位分管负责人，宣传文化系统全体干部职工。

晚会由广电人自编、自导、自演，歌舞、小品、相声、朗诵等节目精彩纷呈，既突出了新闻职业的特点，又生动地展现了昌邑广电人的精神面貌。

2019年10月，昌邑市融媒体中心正式揭牌成立，这也标志着新闻宣传和融媒体建设进入了新的发展阶段。广大干部职工大力弘扬“责任为重、发展为先、奉献为荣”的精神，讲好“昌邑故事”，传播好昌邑声音，开启新征程。

附二：

## 2019年优秀新闻工作者名单

### 十佳新闻记者

刘保、范婷婷、赵世军、王晓博、王茂桢、王鹏、尹兆辉、徐顶强、赵振锋、张平平

### 十佳新闻工作者

高晓宇、董玉梅、刘赛、王润杰、姚沙沙、卜晓颖、张兰香、杨亚丽、王晓雯、于婷

### 优秀新闻工作者

冯倩、胡成之、张勇、宫敬强、车心、张田田、付兵、陆栋、姜昕、张晓静

昌邑市融媒体中心
2019年11月6日

附三：

## 关于表彰全市“十佳新闻记者、十佳新闻工作者和优秀新闻工作者”的决定

新闻战线全体干部职工：

今年以来，全市新闻战线的干部职工，不

忘初心、牢记使命，紧紧围绕市委、市政府中心工作，在学习宣传贯彻习近平新时代中国特色社会主义思想、上级重大决策部署，服务实施乡村振兴战略、精准扶贫战略以及新旧动能转换，推动创建国家文明城市、国家卫生城市等方面，深入开展了一系列卓有成效的新闻宣传工作，推出了一批生动鲜活、充满昌邑特色和时代气息的优秀作品，为推进昌邑经济社会发展营造了良好氛围。特别是市融媒体中心挂牌以来，积极适应媒体融合发展趋势，推动理念、内容、渠道、平台、经营、管理全方位融合，基本构建起“声、屏、报、网、微”一体化的全媒体新平台，全面提升了新闻舆论的传播力、引导力、影响力和公信力。顺利通过了省级文明单位验收，被评为全省十佳县级广播电视台和省五四红旗团委。

工作中，广大干部职工积极弘扬新闻职业精神、恪守新闻职业道德，涌现出一批政治强、业务精、纪律严、作风正的新闻工作者。为表彰先进、激发干劲，经研究决定：授予刘保、范婷婷、赵世军、王晓博、王茂桢、王鹏、尹兆辉、徐顶强、赵振锋、张平平10位同志“十佳新闻记者”称号；高晓宇、董玉梅、刘赛、王润杰、姚沙沙、卜晓颖、张兰香、杨亚丽、王晓雯、于婷10位同志“十佳新闻工作者”称号；冯倩、胡成之、张勇、宫敬强、张田田、车心、付兵、陆栋、姜昕、张晓静10位同志“优秀新闻工作者”称号。

希望受到表彰的同志珍惜荣誉，戒骄戒躁，再立新功。新闻战线全体干部职工要以先进为榜样，自觉肩负新时代新闻工作者的职责和使命，加快推进媒体融合发展，不断创新宣传方式，推出更多有思想、有温度、有品质的报道，打造一批有个性、有特色的品牌栏目，全面展示昌邑经济社会发展新面貌、新形象、新成就，为践行新理念、建设新昌邑做出新的更大贡献！

2019年11月8日

## 第三节 昌邑广电文化

昌邑广电文化是近年来在原昌邑广电传统文化基础上，随着改革和发展逐渐完善、提升和创新而形成的，是指昌邑广电人工作行为的一套思想及价值理念体系，是昌邑广电的灵魂。它体现在昌邑广电的管理方法上，工作氛围上，每一位职工的观念和行为习惯上。广电文化出发点是以人为本，目的是促进昌邑广电事业、广电服务对象与广电人的和谐发展，促进昌邑广电又快又好发展。

广电文化随着时间推移涉及面越来越全面，如近年来提出的昌邑广电发展思路：一个主题，科学发展。两个重点，宣传和经营。三项创建，学习创新型组织创建，社会主义和谐广电体系创建，社会主义精神文明创建。四大战略，节目立台、品牌强台、人才聚台，文化兴台。五大创新，观念创新、管理创新、宣传创新、经营创新、服务创新。广电宣传方针：团结、稳定、鼓劲、正面宣传为主；贴近实际、贴近生活、贴近群众。昌邑广电核心价值观，责任、创新、服务。昌邑广电使命，打造强势媒体、传播先进文化、弘扬社会正气、服务昌邑发展。昌邑广电精神，守正创新、担当作为、奋勇争先、创造一流。昌邑广电作风，敏锐、严谨、勤勉、高效。昌邑广电经营理念，一切靠发展，发展要科学。居安思危，思危求进。事必争最佳，业必创一流。昌邑广电管理理念，昌邑广电是船，目标管理是帆，不抓目标管理是失职，抓不好目标管理就是不称职。人人创新，事事创新，不断创新。抓工作带队伍，出成果育人才。干部就是榜样。服从无接口。日事日毕，日清日高。平均不是公平，公平就是不同。昌邑广电职业理念，热爱职业，工作敬业，技能专业，共创伟业。人人是人才，行行出状元。赛马不相马。岗位靠竞争，收入靠贡献，贡献凭考核，考核定奖惩。知识创造财富，学习成就未来。倡树昌邑广电三大意识，大局意识、阵地意识、责任意识。要求广电人要举旗帜、育新人、兴文化、展形象，讲述昌邑好故事，传播社会正能量等，丰富了广电文化的内涵。成为比较全面系统带有明显行业特色的昌邑广电文化。

营造广电文化氛围，除用文件、手册、会议等形式提出外，还在办公楼走廊、会议室、办公室等人们抬头可见的地方制作文化展板，提高文化品位。

## 第四节　关爱老党员

市广播影视中心（局、站）历来关心重视老干部老党员工作，做到政治上关心，重大事情和老广播商量，生活上关照，重要活动请老广播参加，党组织健全，按时换届，保持退休离职老干部党支部的生机活力。

### 一、组织设置

2019 年 5 月 30 日，退休离职老干部党支部换届，32 名党员划分 3 个党小组，明确党小组长责任，建立老干部党支部电子台账，开展走访看望老党员，为老党员送书，走进渤海走廊革命斗争陈列馆，重温入党诗词，参加“不忘初心，牢记使命”主题教育主题活动。人人写读书笔记，个个谈学习心得体会等活动，活跃了老干部工作，调动老同志参加党组织活动的热情。党组织起到凝心聚力作用，老党员退休不退志，积极参与组织活动，发挥先锋模范作用。

2019 年 10 月 17 日，市融媒体中心组织退休老党员参观渤海走廊革命斗争陈列馆，参展人员合影（前排左起：谢吉林、尹海瑞、高寿明、宋宗玉、焦叙尊、范西勤、刘景贤、王德民；后排左起：王沛盛、张永柱、张明新、李天福、李培福、姚永谱、张惠福）

健全组织体系。退休离职老干部党支部下设 3 个党小组，通过组织程序明确了各小组正副组长及党员人数。

一组（10 人）：组长谢吉林，副组长刘景贤，党员张洪明、郝勇、陈正军、焦叙尊、荆剑、姜言富、辛惠兰、叶坤。

二组（11 人）：组长宋宗玉，副组长姚永普，党员高寿明、范西勤、于丽萍、孙奎庆、李培富、李献强、张虹、李大庆、姜亦明。

三组（11 人）：组长李天福，副组长张永柱，党员尹海瑞、王沛盛、元钦圣、张明新、王德民、葛立度、邓兆林、刘崇恩、范秀霞。

明确党小组组长主要职责：参加党支部扩大会议，并将会议精神及时传达到各组党员，带头落实上级党组织交办的各项工作任务。与各组党员保持密切联系，了解本组党员基本情况、意见建议，并及时向党支部汇报。深入调查研究，探讨新时代加强和创新老干部党支部工作的路子，创新性地开展党小组工作。

2019 年 10 月 26 日，市融媒体中心退休离职老干部党支部召开党小组长会议，公布党小组长名单，明确职责，与会人员合影（前排左起：王沛盛、高寿明、谢吉林、宋宗玉、刘景贤；后排左起：姚永谱、李天福、张永柱）

### 二、组织活动

在“不忘初心，牢记使命”主题教育活动中，昌邑市融媒体中心采取四项举措，创新退休离职党员管理教育方式，成效显著。

建立电子台账加强沟通交流。活动一开始，通过登门走访，电话、微信联络等多种形式，将退休离职党员逐人重新登记，核实现住址、联系方式、生活情况、家庭情况、健康状况，录入电子台账。做到双了解，一是党员了解单位开展“不忘初心，牢记使命”主题教育活动进展情况，党员本人在活动中需要做的事情。二是单位了解老党员最新信息。并将相关信息通过“昌邑广电”微信群、退休离职党员电子台账公开，个别情况单独交流公开，加强了组织与党员之间的沟通联系，使主题教育活动不留死角，全面推进。

走访老党员把温暖送到家中。单位有位中华人民共和国成立前参加革命的老党员离休干部，2019年已经92岁。活动期间，单位就安排党总支副书记、老干部党支部书记和工会主席等人，将《习近平关于“不忘初心，牢记使命”论述摘编》读本、市委组织部编印的学习笔记、中共中央国务院中央军委发给离休干部的庆祝中华人民共和国成立70周年纪念章、《应知应会知识100条》第一时间送到他的手中，促膝谈心，交流思想，征求意见，使他很受感动，情不自禁地说：“习主席领导得好，共产党好，主题教育活动好！”

参观红色展馆承传红色基因。市广播影视中心党总支组织14名老党员参观渤海走廊革命斗争陈列馆，回忆在抗日战争、解放战争中，英勇的昌邑儿女，为了国家独立、民族解放，坚定不移跟定共产党走，大义凛然、舍生取义，视死如归，最终取得胜利那段历史。重温入党誓词，并在《昌邑市融媒体中心退休离职老党员重温入党誓词党员签名留念单》上签名。参观结束以后，党员们写信息，制美篇，作诗歌，谈体会，互相交流，增强学习效果。纷纷表示：退休不退志，在职时当标兵，退下来做模范，继续发挥好共产党员的先锋模范作用。

用好教育成果争相做好事。遵照市委组织部在主题教育活动中，党员要做一件、多件好事的要求，老党员们细心领会，根据自身情况，为家庭、社会和党的事业做好事、做实事蔚然成风，组织纪律性明显增强。党员只要接到党组织活动通知都按时参加，党组织安排的任务都按时圆满完成。有的义务为老年体协提供技术服务，风雨无阻；有的关心创建全国卫生城市，自觉打扫室外卫生，保持卫生整洁环境；有的照看第三代，为孩子们讲述《昌邑市党史党性教育·基地》,《昌邑党史记忆·杰出人物》《昌邑党史记忆·历程》《昌邑党史记忆·关键词》中的故事，教育孩子们从小听党的话，跟中国共产党走。

附一：

## 感天豪气扑面来

——昌邑市融媒体中心党总支组织退休离职老党员走进渤海走廊革命斗争陈列馆

王沛盛

10月17日上午8点10分，昌邑市广电家园小区门前，14名退休离职老党员穿戴整齐，胸佩党徽，按照通知要求到达集合地点。市融媒体中心党总支副书记、副主任、昌邑电视台台长张惠福带领记者也提前到达，有关人员有序上车。

车辆从广电家园小区出发，沿着天水路、富昌街、北海路向龙池镇驰去，直达渤海走廊革命斗争陈列馆。渤海走廊革命斗争陈列馆坐落在龙池镇，是市委组织部为加强红色文化教育，精心打造的规模宏大，内涵丰富，令人震撼，催人奋进的现代化红色展馆。

展馆坐东面西，东面是大型展厅，南北配有对称厢房，展厅大门上面挂有渤海走廊革命斗争陈列馆匾牌，北侧是鲜红的党旗，南侧建有红底黄字入党誓词展示牌，中间广场摆满了用红黄色盛开菊花拼成的庆祝国庆图案，红色文化氛围浓郁。老党员们按原定方案来到入党誓词展示牌前整齐列队，由退休离职老干部党支部书记王沛盛领誓，重温入党誓词。

重温入党誓词后，14名老党员在《昌邑市

融媒体中心退休离职老党员重温入党誓词签名留念单》上郑重写下自己的名字。

9时，展馆正式开展，我们在龙池镇党委组织宣传统战委员许丽娟引领下进入展馆，解说员进行了仔细讲解。整个展室呈“回”字形布局，前言后语，中间有6大部分组成，内容反映了在抗日战争、解放战争时期，英勇的昌邑儿女，在中国共产党的领导之下，为了争取国家独立和民族解放，不畏强暴、挺身而出、舍生忘死、视死如归一个个真实的历史故事，母送子、妻送郎参军参战，一门三英、一门四英、一门五英、一门六英的感天豪气扑面而来！无不让人潸然泪下。

参观完渤海走廊革命斗争陈列馆后，老党员们怀着激动心情相继参观了当地的龙池党员教育培训基地展馆。

参加这次“参观红色基地承传红色基因”的老党员们深受教育和激励。纷纷表示，在新时代要继续发扬忠于使命、勇于担当、顾全大局、无私奉献的渤海走廊精神，不忘初心、牢记使命，脚踏实地、继续前进！莫道桑榆晚，为霞尚满天，我们将全力以赴！

2019年10月17日

# 第三章　服务管理

## 第一节　广播电视服务部

昌邑县广播站建站初期就设立维修组，开展社会广播维修服务业务。机关、学校、等单位的收音机、扩音机，家庭里的小喇叭出现了故障，就主动找广播站的技术人员维修，收支由广播站统一核算。

1959—1969年全县16个公社建立广播放大站时，维修组协助购置广播设备言传身教代训公社广播放大站维修人员。开展维修业务保证有线广播传输，满足群众收听需要，在发展农村有线广播，建立和巩固公社广播放大站工作中发挥了一定作用。

1980年年初，县站遵照上级“发挥优势、办好广播，为国分忧，为四化出力”的指示精神，县广播电视维修服务部正式设立。初设时定员3人，1981年增至4人，主要任务是对外维修扩大机、电视机、收音机和小家电。收入归县站。

1983年，服务部与无锡电视机厂建立业务关系，首开增加销售无锡“红梅”牌电视机业务。

1984年，增设县广播电视服务公司，初设时定员3人。新设的服务公司增加了销售青岛产“青岛”牌电视机、北京产“牡丹”牌电视机，各种型号的广播喇叭、扩大机等广播电视器材。销售收入归县站。

1986年，县广播电视服务公司与县广播电视维修服务部合并为县广播电视维修服务部。

1988年春，县局对服务部实行承包经营责任制。服务部定员4人，县局提供局大门南侧门头房2间、办公室1间、仓库1间。采取“自主经营、照章纳税、自负盈亏、全奖全罚”承包人与县局签订经营合同的办法，服务部人

昌邑市广播电视服务部（照片中人员左起：马均福、迟安瑞、刘万寿、郝向丽、张明新）

员除自己发工资外，第一年上交局纯利润2万元，以后上交额每年递增10%。规定出台以后，召开全局干部职工大会公开竞争承包。李天福成为第一个承包人。

服务部承包后，全体服务人员转变服务态度，工作积极性空前高涨。他们除搞好社会维修服务外，广泛组织货源，经营的广播电视器材品种逐年增加，到1993年经营品种多达60余种，年上交局纯利润3万多元，增加了收入，弥补了广播经费不足，同时还解决群众生活需求。外界反映广播电视服务部收费合理，经营的商品质量可靠。

随着社会上电视机商场、专卖店的逐年增加，广播电视服务部由于资金等因素的制约，逐渐失去竞争力。

2002年，服务部撤销。

## 第二节　会议服务

1958年建站以来，昌邑市（县）广播影视中心（局）便负责市（县）委、市（县）政府召开大型会议的会议扩音录音服务工作。

有了电视差转台以后，增加电视报道。据1995年统计，年内完成大会服务235次，有线广播大会4次。大会录像录音各200余次；录制广播电视讲话66次。此数字为基本数字，每年的会议服务都在200次以上。

参加2018年两会宣传报道的部分记者（左起：刘保、孙大波、尹东亮、尹兆辉、任龙龙、郝鹏、王鹏、董磊、韩兵、李连冰、王茂桢、徐介卿、李永帅、朱永伟）

为优质完成大会服务，避免工作中出现失误，市广播影视中心（局）从1996年开始，明确技术科为职能科室，在科内安排较为固定的大会服务人员，责任到人。大会服务人员在没有会议的情况下，从事其他技术工作。开展“会议音响百日无差错”竞赛活动，创造了职工积极向上、争先创优的良好工作氛围。对负责会议音响服务工作人员的到岗时间、设备测试、磁带检查、音响效果、服务态度等规定具体内容及评分标准。对每次的会议服务情况都进行量化考核。

实践证明，昌邑广播影视中心（局）的这些做法，有效地调动技术人员的主观能动性，提高了会议服务质量，赢得领导的信任肯定和赞誉。

## 第三节　音像管理与服务

音像工作，始终坚持以社会效益为主，兼顾经济效益。这项工作，主要分管理与服务两个方面。

### 一、音像管理

1984年，省广播电视厅下发关于设立录像放映点有关规定的通知，通知指出经单位申请、省音像制品管理处批准，每个县市可设3个录像放映点。

1985年，省音像管理处提出“设录像放映点要尽量照顾到边远乡镇收听收看困难”的意见。同年8月，县文化宫在县城建起第一个放映点。石埠广播站在镇驻地建起乡镇第一个放映点。这是全县第一批营业性放映点。

1986年，设立电影公司、剧院、东冢广播站、塔耳堡广播站、北孟广播站5个录像放映点。全县放映点7个。

1987年，设立广播局一点、广播局二点、县文化馆一点、县文化馆二点、围子文化站、卜庄广播站、流河文化站、都昌文化站、都昌广播站、南逄广播站、柳疃广播站、青乡文化站、饮马文化站、下营广播站、岞山文化站15处放映点。全县放映点达22处。为加强对音像市场的管理，下半年局设立音像制品发行管理站，由副局长王沛盛分管，成员陆续增加到5人。

1988年设立青乡广播站、龙池文化站、饮马广播站、南逢文化站、龙池广播站、塔耳堡广播站6处放映点，全市放映点总数28个。是历史上录像放映点最多的时期。

1989年春，音像市场较为混乱。同年3月8日县委宣传部组织文明办、广播局、公安局、工商局、文化局等单位开始对全县公开放映点进行突击检查，查获《投奔欲海》《摇钱树》等淫秽录像带20余盘。依法严肃处理了违章违法的放映人员。关闭了全县所有营业性录像放映点。

同年6月2日，中共昌邑县委、昌邑县人民政府印发《转发县委宣传部等十部门〈关于加强社会文化市场管理的意见〉的通知》(昌发〔1989〕19号）文件。成立由孟庆亮任主任，王培竹任副主任，陈秀芝、张亦明、齐兴华、董魁先、王守孝、尹海瑞、李寿来、肖学禹、邵长奎、于述成任委员的昌邑县社会文化管理委员会。王沛盛兼任昌邑县音像制品发行管理站站长。提出加强全县音像市场管理工作的意见。使管理部门有规可依，放映单位和用户有章可循。

同年7月23日，县委宣传部在广播电视局二楼会议室召开音像管理工作会议，参加会议的有宣传部于述成、杨立志，文化局陈修远，工商局毕正兰，广播电视局王沛盛、史焕茂等。共同研究重新开办录像放映点等事宜。新开办录像放映点要经过广播电视、文化、公安、工商4个部门共同审批。从事录像放映业务的必须是国家正式职工。第一批开办的有城里5个，广播局、文化局、电影公司、文化馆、歌舞团各1个；乡镇5个，青乡、饮马、南逢、北孟、柳疃各1个。随后，广播局王沛盛对新开设的录像放映点工作人员进行政治、业务培训。

1989年，昌邑的音像市场由乱到治，潍坊市局在召开县、市、区广播电视局局长会议上总结了两句话：“昌邑县音像市场抓得早，行动快，效果好。”成为全市管理的典型。年底，昌邑局被潍坊市局评为音像管理先进单位。

1990年春节过后，为继续搞好音像市场管理，宣传部对有关部门提出了三点要求，并组织开展了两项活动。

第一，不论是管理部门还是经营录像放映单位都要始终牢固树立发展音像事业必须为繁荣社会主义文化服务的思想。第二在发展录像放映点过程中，要依照规划，严格掌握标准，积极稳妥，条件成熟一个发展一个，不能贪多求快。第三，从业人员一定要严格遵守放映管理规定，放映点需用的节目录像带来源仍以县音像站为主要渠道。为树立典型，推动全面，还组织开展了争创文明音像管理单位、文明放像点、先进音像管理工作者何文明放映员活动，促进了音像管理工作向着健康的方向发展。

同年2月24日，县委宣传部对在1989年音像工作中取得显著成绩的县音像制品发行管理站、放映点、放像员进行表彰，颁发荣誉证书、奖状和奖品。并要求各放像点都要达到文明放像点的标准，坚持把放像点建成传播社会主义精神文明的窗口。

1996年，音像市场管理划归文化局管理。

## 1985—1988年昌邑县录像放映点登记表

表46

| 序号 | 名称 | 地点 | 开办时间 | 负责人 | 放映员 | 备注 |
|---|---|---|---|---|---|---|
| 1 | 文化宫 | 文化宫 | 1985.08 | 赵维新 | 邢宗成 | — |
| 2 | 石埠广播站 | 石埠镇驻地 | 1985.04 | 付宗财 | 戴成臻 | 没收 |
| 3 | 剧院 | 西关街 | 1986.02 | — | — | — |
| 4 | 电影公司 | 电影院 | 1986.02 | 黄金玉 | 黄金玉 | 没收 |
| 5 | 东冢广播站 | 东冢乡驻地 | 1986.03 | 尹同林 | 尹同林 | — |

续表 46

| 序号 | 名称 | 地点 | 开办时间 | 负责人 | 放映员 | 备注 |
|---|---|---|---|---|---|---|
| 6 | 塔耳堡广播站 | 塔耳堡镇驻地 | 1986.03 | 付申河 | 朱明志 | — |
| 7 | 北孟广播站 | 北孟乡驻地 | 1986.04 | 鞠坤亮 | 鞠坤亮 | — |
| 8 | 流河文化站 | 流河乡驻地 | 1987.04 | 初奎亮 | 初奎亮 | — |
| 9 | 县文馆 | 西关街 | 1987.04 | 王　炬 | 范新建 | — |
| 10 | 县广一 | 西关街 | 1987.08 | 刘万寿 | 石利民 | — |
| 11 | 都昌文化站 | 西关街 | 1987.09 | 郝文强 | 匙素珍 | — |
| 12 | 县广二 | 西关街 | 1987.09 | 孙殿英 | 张松林 | — |
| 13 | 南逄广播站 | 西关街 | 1987.09 | 韩龙福 | 孙鹏正 | — |
| 14 | 柳疃广播站 | 柳疃镇驻地 | 1987.11 | 郝克均 | 刘焕军 | 没收 |
| 15 | 青乡文化站 | 青乡乡驻地 | 1987.11 | 徐成国 | 明顺昌 | 没收 |
| 16 | 饮马文化站 | 饮马镇驻地 | 1987.11 | 范金兰 | 许德良 | 没收 |
| 17 | 下营广播站 | 下营镇驻地 | 1987.11 | 刘宝坤 | 赵尔康 | — |
| 18 | 卜庄广播站 | 卜庄乡驻地 | 1987.11 | 陆邦启 | 陆邦启 | — |
| 19 | 都昌广播站 | 西关街 | 1987.12 | 崔增新 | 刘维信 | 没收 |
| 20 | 围子文化站 | 围子镇驻地 | 1987.12 | 金振龙 | 赵来康 | — |
| 21 | 文化馆 | 西关街 | 1987.12 | 李锡庚 | 黄金榜 | — |
| 22 | 岞山文化站 | 岞山镇驻地 | 1987.12 | 于钦才 | 王兆常 | — |
| 23 | 塔耳堡广播站 | 塔耳堡镇驻地 | 1988.01 | 付申河 | 焦绪明 | — |
| 24 | 青乡广播站 | 青乡乡驻地 | 1988.01 | 张述琪 | 徐祥禄 | 罚款 |
| 25 | 龙池文化站 | 龙池乡驻地 | 1988.04 | 李宁夏 | 王佃英 | — |
| 26 | 饮马广播站 | 饮马镇驻地 | 1988.04 | 朱希寿 | 于学启 | — |
| 27 | 南逄文化站 | 南逄乡驻地 | 1988.05 | 张乃鉴 | 刘效忠 | — |
| 28 | 龙池广播站 | 龙池乡驻地 | 1988.06 | 魏其富 | 马希忠 | — |

## 二、音像服务

音像服务工作，包括有偿服务和无偿服务两种。在开展无偿服务营业中，重点发挥录像放映优势，配合党的中心工作开展普法教育、计划生育、思想形势教育和农业科学知识等宣传活动。新开设的录像放映点都配有《普及法律常识》《人口与计划生育》《农业科技》等录像教育片。1990 年，还为各录像放映点无偿提供了一套革命歌曲磁带。开展每早献你一首歌活动，在职工上下班时间经常能听到定点录像放映点播放的《没有共产党就没有新中国》《社会主义好》《跟着共产党走》等歌曲。

开展有偿服务的主要方法是出租国家正式出版的录像带。1993 年，音像站有准许放映的片目 500 余种，录像节目带 1100 余盘。这些节目录像带从潍坊市局购进以后，先供录像放映点播放，录像放映点每天放映新片 2 ～ 4 盘，节目长度每盘 90 分钟。音像站根据各录像放映点经营情况，每月收 50 元管理费，500 ～ 1000 元租片费。放像点用过的带子再租给有共用天线的单位和有录放像设备的单位和家庭使用。租片费每盘每天 10 元。

音像站设立以后，有放像设备的单位和放映点自觉到音像站购片租片，一般情况下年收片租费 3 万余元。1989 年音像管理收费 3.5 万元。共用天线管理收费 1 万元。总收入 4.5 万元。从 1996 年开始，音像站还负责县电视差转台播出节目带统一从省厅购进的业务。

1992 年 10 月 15 日，潍坊市广播电视局下发了《潍坊市有线电视供片暂行规定》。潍坊市广播电视局依据广播电影电视部“有线电视台、有线电视站播放的录像制品，实行集中供片”“有线电视台、站播放的录像制品，必须经省级广播电视行政管理部门审查同意并贴有有线电视节目准播证方可播放”的规定，以山东省广播电视厅制定的《有线电视供片暂行规定》

和部署，建立“潍坊市有线电视节目供片中心”。昌邑局相继建立“有线电视节目供片站”，供片站的业务由音像站负责。潍坊市局与各县市区广播电视局签订合同。将双方应负的责任、供片数量、应交金额、结算方式等事项明确固定下来。开始每月供15盘，每盘90分钟，以后逐步增加。所购入的录像带，一方面供本局使用，一方面出租给各单位设立的共用天线小系统使用。在当时录像带片源较少的情况下，音像服务得到了社会各界的一致好评。

2000年2月24—26日，山东广播电视厅“全省县级电视台文艺节目供片会议”在昌邑召开，会上推广昌邑坚持省厅供片主渠道的经验。

附：

## 昌邑县广播电视管理局召开音像管理工作表彰会议

1990年2月24日，县局在三楼会议室召开音像管理工作表彰会议。参加会议的有县文明办于述成、县广播局王沛盛、县工商局张志民及有关人员13人。会议日程四项，一是王沛盛代表县局总结1989年全县音像管理工作情况，宣读获得省、市、县表彰的先进集体和个人名单；二是发奖；三是获奖代表表态发言，四是于述成代表文管委对新一年工作提出要求。

会议指出：1989年，音像管理工作在县委县政及上级业务部门的正确领导下，及早抓了音像市场整顿、开放和管理工作。全体放像人员认真遵守放映制度与纪律，维护了正常放像秩序，得到了上级业务部门充分肯定。

会议要求：在新的一年里，要团结一致、再接再厉，把音像市场管理工作再提高一个层次，把放像点继续办成传播精神文明的窗口。工作中一是要坚持发展音像事业为繁荣社会主义文化服务的方向；二是要依照规划发展放像点；三是放像人员一定要严格遵守放像纪律。

受表彰单位和个人名单：昌邑县音像制品发行管理站被潍坊市广播电视局评为文明音像

1990年2月24日与会人员合影，前排左起：于学敬（文化馆）、陈修元（文化局）、于述成（文管委）、王沛盛（广电局）、张志民（工商局）、于汉民（歌舞团）；后排左起：徐林庭（夏店广播站）、张金瑞（文化馆）、王云峰（吕剧团）、姜在龙（吕剧团）、王振强（电影公司）、朱杰（电影公司）、史焕茂（广电局）

管理单位，县电影公司放像点被山东省广播电视厅、潍坊市广播电视局、昌邑县广播电视管理局评为文明放像室，县文化馆放像室被山东省广播电视厅、潍坊市广播电视局、昌邑县广播电视管理局评为文明放像室，王沛盛、史焕茂被山东省广播电视厅、潍坊市广播电视局评为1989年度先进音像管理工作者，电影公司朱杰、王振强，文化馆于学敬、张金瑞，歌舞团于汉民五人被县广播电视管理局评为文明放像员。

# 第四节　行政执法

1987年下半年，昌邑县广播电视管理局设立音像制品发行管理站，具体负责音像市场管理工作。1998年，音像制品发行管理站撤销，行政执法职能归于新设立的事业科。事业科在搞好有线电视设计维修收费管理的同时负责行政执法工作。2005年，设立稽查科，专门从事行政执法工作。

行政执法人员经过学习培训经考试合格后，发给山东省人民政府颁发的行政执法证，依据1987年4月24日国务院发布的《广播电视设施保护条例》；1990年4月9日国务院批准，1990

年5月28日广播电影电视部、公安部、国家安全部令第1号发布的《卫星地面接收设施接收外国卫星传送电视节目管理办法》；1990年11月2日国务院批准，1990年11月16日广播电影电视部令第2号发布的《有线电视管理暂行办法》；1993年11月5日国务院令129号发布的《卫星电视广播地面接收设施管理规定》；1997年8月11日国务院令第228号发布的《广播电视管理条例》；2000年11月5日国务院令第295号发布修改后的《广播电视设施保护条例》，同时废止1987年4月24日国务院发布的《广播电视设施保护条例》这5个有效法规从事行政执法活动。

1995年8月30日，昌邑市广播电视管理站、昌邑市工商行政管理局、昌邑市财政局联合印发《关于卫星地面接收设施实行管理收费的通知》(〔1995〕昌广站联字1号）文件，对安装在昌邑境内的卫星地面接收设施实行收费管理。

通知要求凡在昌邑市境内经批准安装卫星地面接收设施的单位均应缴管理费。收费标准：接收境内电视节目的卫星地面接收设施，每年每星收管理费300元。

缴费时间：1995年9月底以前缴1994年度的管理费，以后每年3月底以前缴上一年度的管理费。对不服从管理，逾期不缴纳管理费的单位，按山东省人民政府办公厅下发相关文件的规定，视其情节轻重处1万元以下罚款，或吊销其使用许可证。

通知下发以后，执法人员行在搞好调查摸底登记造册办理证件的基础上，每年巡回检查四次，每季度一次，对设立卫星地面接收设施的单位进行执法收费检查，指导有关单位按规定搞好机房管理和收看节目等工作，对不按规定收看节目的进行必要的批评教育和调整所收视的节目内容。依据文件规定所收取的300元管理费，120元上缴上级广播电视部门，180元用于行政执法业务。昌邑市（县）安装卫星地面接收设施最高峰时曾达79座，以后随着有线电视的发展，小型系统逐步并网，卫星地面接收设施逐年减少，至新世纪初全市卫星地面接收设施全部并网。

1996年8月份，昌邑市前朱村村民朱维汉在未办理任何手续的情况下，擅自在后朱村租赁房屋两间，安装了两座卫星地面接收设施，又先后连接43户，开始传送6套卫星电视节目和一套自办录像节目，并计划按月向用户收取收视费。昌邑市广播电视行政部门接到群众举报后，迅速组织行政执法人员赶赴现场查处，依法没收了其擅自安装和使用的卫星地面接收设施。

在管理工作中，昌邑局结合当地情况逐步完善了“四落实”“三到位”“两定期”“一随时”等一系列管理制度，使管理工作不断强化。“四落实”是组织领导落实，管理机构落实，管理人员落实和奖惩责任制落实。“三到位”即凡设置地面站的单位必须做到“许可证”到位，管理人员到位，管理制度到位。“两定期”一是定期联合公安、安全部门对地面站收转节目情况进行检查，每季一次；二是定期联合工商部门对卫星地面接收器材销售情况进行检查，每季一次。发现问题现场办案。“一随时”就是发现问题或接到举报随时查处。

2004年昌邑市局设立有5人组成的稽查科，重点查处擅自安装“小耳朵”现象，2005年查处非法安装的“小耳朵”1千多座，遏制了非法“小耳朵”的蔓延。稽查科设立后，行政执法人员，及时有效地处置了非法安装“小耳朵”、损坏广播电视设施、私拉乱接有线电视等

2005年，昌邑市广播电视管理局行政执法人员合影（左起：曹建军、元法杰、王沛盛、姜言富、李涛、徐建军）

不法行为，维护了广播电视的合法权益。

附：报摘

健全管理制度　注重整顿治理　实现放开管好

## 昌邑县加强音像市场管理

王沛盛

今春以来，昌邑县委县府采取措施，加强对音像市场的整顿治理，使管理工作纳入正规。

建立规章，采取宏观控制。他们根据上级文件规定，结合本县情况，制定了音像市场管理办法，提出了加强全县音像管理工作的意见，并发了文件，使管理部门有法可依，放映单位和用户有章可循。

突击检查，清理音像市场。他们组织力量对公开放映点进行突击检查整顿，严肃处理了违章违法的放映人员，关闭了公开放映点，然后按规定重新审批开放。

定期供片，加强服务手段。最近他们又组织力量对全县的闭路电视网点进行检测维修，并由音像站与安装闭路电视的单位和新设的音像放映点签订供片合同，加强了管理，方便了用户，活跃了文化生活。

《潍坊广播电视报》1989年5月25日第21期）

## 昌邑局坚持省厅供片主渠道效益显著

王沛盛

昌邑局自今年5月中旬开始，理顺了电视台和有线电视播出的购片渠道，坚持了从省电视节目供片总站和潍坊市局音像科购片的主渠道。最近3个月来，他们从省厅购片625集，从潍坊市局购片461集，满足了电视台和有线电视播出的需要。

参加省厅、市局统一供片，给昌邑局带来了明显的社会效益和经济效益。首先，从省市供片站购进的片子，内容健康，节目新颖，画面清晰，群众喜闻乐见；其次，站领导不再为电视台和有线电视购片花费过多的精力；第三，节约了开支。

《山东广播影视动态》1996年9月9日第27期

## 昌邑市广播电视行政部门严肃查处一起非法安装卫星地面接收设施案件

王沛盛

日前，昌邑市广播电视行政部门依法查处了一起非法安装卫星电视广播地面接收设施案件，当事人受到批评教育和被没收全部设施等处罚。

8月份，昌邑市前朱村村民朱维汉在未办理任何手续的情况下，擅自在后朱村租赁两间公房，安装了两座卫星地面接收设施，又先后连接43户，开始传送6套卫星电视节目和一套自办录像节目，并计划按月向用户收取收视费。这种行为严重违反了国家《卫星电视广播地面接收设施管理规定》和《山东省电视管理暂行条例》等有关法规。

昌邑市广播电视行政部门接到群众举报后，迅速组织行政执法人员赶赴现场查处，依法没收了其擅自安装和使用的卫星地面接收设施，有效地维护了卫星电视广播地面接收设施管理秩序和广播电视法律法规的尊严。

《山东广播影视动态》1996年9月27日第31期

## 昌邑局查处“小耳朵”成效大

王沛盛　姜言富　元法杰

昌邑市广播电视局把查处非法销售、安装使用卫星地面接收设施工作，列入广播电视管理工作的重要内容，采取设立专门机构，广泛宣传广电法规和搞好联合执法等措施，遏制非法销售安装使用卫星地面接收设施（小耳朵），取得了显著成果。今年1—8月份，共查处和拆除销毁非法销售、安装使用的卫星地面接收设施980多座。

去年，在昌邑市城乡特别是边远农村，非法销售、安装使用卫星地面接收设施的现象较为严重。昌邑市广播电视局对此高度重视，成立了由局长任组长的行政执法领导小组，设立了由5名执法人员组成的稽查科，具体从事行政执法工作，投入20多万元配备了执法车辆和必备工具用具等，并规范了15种执法文书。同时，加大了宣传力度，除走村串户发放宣传材料外，还充分利用广播电视宣传广电法规，营造了人人自觉维护广播电视发展环境的良好氛围。

为确保查处非法销售、安装使用卫星地面接收设施、扫黄打非、安全播出工作富有成效，该局在市、乡、村建立了组织网络，明确了职责任务，建立了预防长效机制，形成了社会齐抓共管的局面。今年该市的石埠镇党委、政府把查处“小耳朵”工作纳入了镇包村干部年终考核的内容，专门抽出一名分管综治工作的党委副书记亲自抓，各工作片长靠上抓，各村“两委”一把手具体抓，责任落实到片、到村、到人。对这项工作搞得好的加工作分10分；对普查工作漏报或以后又出现私装使用“小耳朵”的，每发现一处扣该片工作分2分。由于措施得力、工作到位，目前该镇已拆除“小耳朵”100多座，全市共有500多座自行拆除销毁。

在此基础上，昌邑局还采取群众举报、巡回检查和联合执法等办法，对不法行为进行及时查处。对重点村、“钉子户”，由市委综治办牵头，组织公安、广电、工商等部门联合执法，对阻碍行政执法者给予严肃处理。

《潍坊广电通讯》2005年9月25日第9期、《山东快讯》第9期

## 第五节　报刊发行

1988年9月，《潍坊广播电视报》创刊发行，潍坊市广播电视局召开会议，安排各县市区广播电视局设立发行站发行报纸。昌邑县广播电视管理局成立专门班子，由局领导分管，专人负责发行，健全发行制度，建立100余人的发行队伍，1989年，发行数量超万份，1993年发行量3.6万份，成为全县发行量最大的报纸。1989年，县局被潍坊市局评为《潍坊广播电视报》发行先进单位。1990年、1991年连续两年获得《潍坊广播电视报》发行特等奖。1989年，王沛盛、史焕茂被潍坊市局评为1989年度《潍坊广播电视报》发行先进工作者。1990—1991年，尹海瑞、王沛盛、史焕茂3人连续两年获得潍坊市局《潍坊广播电视报》发行一等奖。

### 附：报摘

### 报纸发行的热心人
### 记昌邑发行站站长史焕茂

王沛盛

进入不惑之年的史焕茂，是去年5月份接手发行潍坊广播电视报的。工作中，勇于开拓，热情服务，使潍坊广播电视报在昌邑的期发数量每期都有新突破。一年之间，期发数量增加近两万份，现期发数量已达两万三千多份。

他接手报纸发行后，先是四处奔波，建立发行队伍，拓宽发行渠道。先后在21处乡镇广播站建立了发行分站，与县直72个部门和单位建立了发行业务。聘请了广播电视报发行员，动员12个书亭、小摊和残疾人员等加入到发行队伍中来。一年时间就拉起了一支有142人的潍坊广播电视报发行队伍。使报刊发行工作出现了新的局面。

为搞好报纸发行，他始终把为广大订户服务放在工作的首位。有时遇到订户因数量和印刷方面的问题来找他，她就不辞劳苦，跑到个体卖报户那里买回报纸，送给订户。广大订户见他对工作这样热情，感动地说：“老史的服务态度真是到家了。”

每到星期四这天，发行站前门庭若市。为不耽误订户的时间，他总是提前半个多小时上班，往返车站几次，把报纸取回，尽快分发下去。史焕茂同志积极开展业务，热情为订户服

务的精神，受到了市局的表彰、县局领导和广大订户的一直称赞。

《潍坊广播电视报》1990年7月12日第27期

## 摩托车上卖报人

王沛盛

朋友，你还记着《潍坊广播电视报》1993年第30期登载的《轮椅车上卖报人》那篇报道吗？当初那个手摇三轮车沿街卖报的残疾人就是我。

我是昌邑市一个普通农民的儿子，原本有一个幸福的家庭，但1988年5月13日的一次车祸夺去了我的左腿，一向要强得我当时真想一死了之。

1989年春我到潍坊市人民医院复查身体，看到许多人围着一个老汉买“电视报”。这件事对我触动很大，我便认定了卖报这条路。伤好以后，我成为轮椅车上卖报人。

当取到散发着墨香的“电视报”时，我就不再为自己是个残疾人而感到苦恼了，总是想尽快把报纸转到读者手中。这期卖得快下期就想多卖点，多卖报成了我的乐事。

许多读者都议论“电视报”越办越好，我卖的数量也越来越多，连续14年我每期都卖，有时每期卖到1000多份。近几年来，我又开始增买《青年文摘》《读者》《家庭》《故事会》等40多种报刊，卖报成了我的职业。每当看到那一张张买到报刊后的笑脸，我也感到高兴。我身体虽然有残疾，还照样能为社会做贡献。

从1989年到现在，我用卖报刊的收入购置了住房、家电、新式组合家具，满足了儿子上大学的开支费用。我儿子念我挣钱不易也很争气，今年已读完大学开始读研究生。我通过卖报刊的收入供儿子读研没有问题。

我今年已经54岁了，身体不如以前，去年我又花2800元买了一辆三轮电动摩托车，把摩托车的两边和后背做成了摆挂报刊的架子，成了一个流动卖报车，这样一来就省劲多了。我骑上电动摩托车，每天在昌邑城里转两圈，跑30多里路，晚上就在天水路上定点卖报刊，许多读者都成了我的好朋友。

回想这14年的生活，是“电视报”救了我这个残疾人，我感谢《潍坊广播电视报》，感谢为办报而辛勤劳作的编辑们。

《潍坊广播电视报》2002年11月27日第48期

# 第六节　来信处理

自1958年建立昌邑县广播站至2019年昌邑市广播影视中心，非常重视人民来信来访工作。重大信访单位主要负责人处理，一般信访由办公室承接，分管负责人处理。遇到来信来访，按照信访制度登记，处理结果存入档案。

附：

## 王培忠　胡宝章来信

尊敬的昌邑市电视台新闻编辑部领导：

我们是1964年从昌邑县各农村应征入伍的一批老兵，1969年集体转业到内蒙古呼和浩特市工作。现已退休。

几十年来，我们时常牵挂着家乡的亲人，家乡的变化。虽说在这四十多年的塞外生活中也多次回家探亲访友。但仍然难忘对家乡的那份情，对家乡的那份爱。特别是近些年来，随着年龄的增长，行动不便，更是思乡心切。我们多想在建国六十周年之际，一同再回趟昌邑看一看那峡山水库、渤海大堤；多想再喝一口潍河的水，在品尝一下家乡的菜。

但由于经济有限，体力不支，夙愿难以实现。想通过贵台的新闻媒体与市民政部门协商，在条件方便的时候给我们帮助。让我们在有生之年，再看一眼家乡的山和水。

我们这批老兵，曾在支援边疆、建设边疆、保卫边疆中做出了很大的贡献。同时也为家乡人争了光添了彩，真正做到了一个军人的无私奉献。现在健在的也仅有三十几个人了，年龄最大的68岁，最小的也63岁了。

随信寄去王培忠本人创作的两首思念赞美家乡的歌词，请指正。如有人愿为歌词谱上家乡的曲调那就更好了，谱好后请邮给我们传唱。谢谢！

致革命的敬礼！

山东省昌邑县转业老兵

2009年7月5日

### 我的老家——夏店

王培忠

九十里的潍河曲曲又弯弯，
七十里的桃园撒在河两岸。
望不尽的昌北大平原，
那里有我的老家，我的夏店。

从小喝的是土井的水，
从小吃的是粗茶淡饭。
村西雷音寺，村东荷花湾；
村南王氏祠，村北米粮川；
村中关帝庙，圣火映红了天。
四门楼阁遥相望，
好一个壮美秀丽的夏店。
祖祖辈辈的夏店人，
世世代代的庄稼汉。
走遍天下也改不了，
我对老家的那份眷恋。

呵！夏店——
生我养我的爹娘；
呵！夏店——
抚育我成长的摇篮。
我爱我的老家——夏店；
这辈子也忘不了我的老家——我的夏店。

### 俺是塞北昌邑人

王培忠

塞北大漠的风——
吹打着一群山东昌邑人，
几十年的风雨沧桑——
在内蒙高原扎下了根。
捧起马奶酒，
想起老家的人；
抓一块手扒肉啊，
来几句昌邑的乡音。
“闹地、闹地”正宗味，
“嬷嬷、妈妈”仔细品；
割（ga）肉（you）买油一口腔，
押上就喝（ha）咀一抿。
地地道道的昌邑种，
走遍天下也不变心；
生来就是个犟巴头，
砸断骨头还连着筋。
梦里喝着那潍河水，
醒来咀里还香三分；
大葱蘸酱吃的爽，
比不过昌邑蟹酱美。
昌邑的爹，
昌邑的娘，
昌邑的兄弟姐妹亲又亲。
有朝一日回昌邑，
渤海滩上咱干一杯——不醉人不归。

接到来信后，市广播电视局非常重视，并通过电话、信函等多种形式与来信者沟通交流，认真回复。王培忠、胡宝章二人很满意。

## 第七节　包村帮扶

部门单位包村帮扶，是市委、市政府为加强村级党建、发展农村经济、繁荣农村文化、维护农村稳定所作出的重要决策。昌邑市广播影视中心（局）把包村帮扶作为一把手工程，采取建立领导小组、明确包村人员、落实包村责任、突出帮扶重点等系列举措，使所帮扶村在包村期间发生显著变化，受到帮扶村干部群众赞誉。

2001年，市广播电视局遵照市委、市政府的部署，安排副局长王沛盛到都昌街道南褚村包村，担任南褚片督导组组长，昼夜住在南褚村，重点任务是督导“三个代表”重要思想学习教育。

搞好宣传发动，粉刷南褚村委大院，在影壁墙上涂上“实践‘三个代表’，促进经济发展”大红标语，各条街巷张贴标语30余条。

整治村容村貌，组织村民们打扫卫生，修整街道和出入村路，铲除杂草，清理排水沟里的污物，平整路面街道，运送村头的垃圾。

加强党的建设，健全完善有关制度，组织党员和群众代表学习上级文件，穿插安排党员群众观看农村电教科技致富精选片《希望的田野》。

制订发展规划，协助村支部书记高安杰制定发展南褚村经济规划，调整种植结构，发展苗木、林果蔬菜生产，搞好家庭种植业和养殖业，增加农民收入，并进快走上高科技、高质量、高效益农业发展的路子。2001年11月28日《昌邑日报》《潍坊日报》以《“学教”活动在南褚》作报道。

北褚村西有个荒废的埠子，面积200余亩。从3月19日开始，村里的推土机开上埠岭，37名青壮劳力上阵，打井除草，整地植树，掀起了治埠热潮，经过10余个昼夜的奋战，打深井1眼，植树5200余颗，使昔日的荒埠瞬间变成了园林。2002年4月21日《潍坊日报》《昌邑日报》以《北褚村　昔日荒埠变园林》作新闻报道。

2002年，市委、市政府安排市广播电视局帮扶宋庄镇聂家村，时间两年。局长高寿明任包村领导小组组长，王沛盛任副组长，定期到村里调查研究，解难题办实事。

建班子，聂家村共有党员10名，年龄都在47岁以上，8年未发展党员，村里无支部书记、村主任，会计和保管主持工作，从聂家村党员中很难找出干村党支部书记和村主任人选。市局与宋庄镇党委政府在深入调研基础上，选拔34岁聂义冲主持村里工作，按程序发展为中共党员，转正后担任村党支部书记和村主任。

寻路子，为改变该村群众信息闭塞，种植观念陈旧落后，收入偏低的状况，投资2万余元，为全村51户村民安装有线电视、路灯，修缮了办公室；指导村里调整种植结构成，新增苗木面积26亩，桑园面积15亩，菜园面积14亩，有三分之一的户全部种植经济作物，全村可增加收入13万余元，人均增收700余元。

与困难户结对子，聂仁东身体有病，孩子小，家庭生活暂时困难，市局与他结成对子，帮他找致富的路子，定期走访看望，送些必要的生活用品，帮他渡过了难关。2002年9月17日《昌邑日报》以《建班子　寻路子　结对子——市广播局包村工作见成效》为题作了新闻报道。

2011年，市委市政府安排市广播影视中心帮扶石埠经济发展区库户村，时间两年。中心主任赵赞江任包村帮扶领导小组组长，总工张新立任第一书记，总编室主任苏森源为包村干部。

库户村地处309国道以南，胶莱河以西，全村90户，257人，耕地600亩，经济基础薄弱，农民收入主要以种植农作物为主，集体经济收入甚微。

2011年，市广播影视中心主任赵赞江带领机关干部到库户村调研

张新立、苏森源住在村里，了解村情民意，商讨发展思路，市广播影视中心多次召开专题会议，结合村情制定实施方案，确定帮办事项。

填湾造地，库户村村南有一个荒废的湾塘，垃圾成堆，臭气熏天。市广播影视中心与库户村投资12余万元对湾塘彻底整修，搬动泥土6000余立方米，造田13亩。

兴修出村道路，该村道路高洼不平，每逢雨雪天气，道路泥泞不堪。市广播影视中心与库户村投资4万余元，修出村道路680米，用石子800立方米，石粉135立方米。

铺设地下电缆，库户村农民种植大姜，姜井没有用电设施。市广播影视中心与库户村投资8500元铺设地下电缆300多米，方便20余户姜农井下作业。市广播影视中心在包村中投入资金5万余元。

2013年，市委、市政府安排市广播影视中心帮扶围子街道夏家村，时间两年。中心主任董凤章任帮扶工作领导小组组长，电视台台长张惠福任副组长、总工张新立任第一书记，总编室主任苏森源任包村干部。

2013年，市广播影视中心主任董凤章带领机关干部到夏家村调研

2013年3月5日，全市包村连户会议刚结束，董凤章、张惠福、张新立和苏森源等人迅速入村调研，与村干部沟通交流，深入群众，摸清情况，确定帮扶重点。

维修农电线路，筹集资金3000余元，换农电线杆3根，对12个农灌机井用电线路进行维修。

修缮办公室，村委会办公室共有5间，年久失修，破烂不堪，无法正常办公。经多方筹集资金，给村办公室倒换瓦和檩条，重新铺设了照明线路，更换了5个防盗窗、1个防盗门，新吊天棚，添置3个吊扇，硬化村委会大院140多平方米。

村里有党员8名，组织党员干部到外地参观学习，发挥示范作用，带动村民种植大姜、花生、土豆等高产高效农作物，增加村民经济收入。

2015年，按照市委、市政府开展新一轮“包村联户，强村富民”工作部署，广播影视中心外宣科主任孙永泉被组织部选派为饮马镇张家庄子村包村干部，2015年1月到村，帮扶时间两年。

张家庄子村81户，312人，耕地900余亩。全村除有几户土暖炉手工作坊外，全部务农，经济基础差，村里全是土路，一到雨季，泥泞不堪。孙永泉挨家挨户调查摸底，掌握实情，在和乡镇片区主任沟通后，确定帮扶事项。动员全村党员和群众代表投票重认定困难户，结对帮扶。2015年冬天，联系昌邑爱心组织为一户特困户送去棉被、衣服、食用油等生活物资，价值800元。联系乡镇及潍坊市、昌邑市有关银行、企业，协调资金，为张家庄子村新修水泥路405米。2015年冬季，单位出资2300余元购买树苗，对村内道路全部绿化。广播影视中心党总支还组织党员干部带着慰问品多次走访慰问贫困户，帮扶物资价值7000元。

2017年，市委、市政府组织开展“进百村、联万户、解难题、办实事”万人下基层主题实践活动。市广播影视中心召开全体干部职工大会，学习相关文件，进行了总体动员部署。在此基础上成立主要负责人任组长，班子成员任副组长，科室负责人为成员的领导小组。制定了实施方案，把全体机关工作人员划分成7个走访小组，分头到指定镇村调查走访，解难题办实事。

市广播影视中心负责工会工作的谢培元4月17日到市文山诗书社担任“两新”组织第一书记，时间两年。1992年11月，文山诗书社建立党支部，2017年7月，升格为党总支，下设11个党支部，党员292名。党支部多次被省委、潍坊市委、昌邑市委评为“先进基层党组织”，被中组部授予“全国先进基层党支部”称号。谢培元到任后，积极开拓，各项工作均有起色。

夯实党建基础，建立电子档案，对所有党员按照社团的组织体系登记造册，实施动态管

2017年，第一书记谢培元组织文山诗书社社员采风

2019年，市广播影视中心主任张术叁带队到北孟镇山东村走访调研

理。加强建设阵地，建立新诗词馆，组织社员到石埠经济发展区和潍坊市社团组织教育培训中心参观学习，在社区和村庄，新开辟活动场所。开展诗书画之家的建设活动，先后建立110个诗书画之家，举办评选十佳诗书画之家活动，举行发奖仪式。建立文山诗书社微信群，搭建交流学习平台。

打造地域特色，创建了党建四融合工作法，“党组织＋社团”让党的领导与社团建设相融合；“组织＋特长”让党的组织建设与个人特长相融合；“党性＋活动”让党的思想政治建设与社团活动相融合；“作用＋成果”让党员先锋作用和党组织战斗堡垒作用充分体现在发挥作用中。

举办专题活动，开展“为初心，尽我能，奉献优秀成果”活动；“在党旗下讲故事”活动；“为初心，尽我能，做合格党员”为主题的大型采风活动；重温入党誓词活动。举办“全市老干部庆‘七一’暨滨海下营思想作风建设年书画展”和庆祝文山诗书社成立25周年暨昌邑市被授予诗词之乡15周年系列活动。筹办“诗乡墨韵”书画展，并出版书画集。召开庆祝大会，表彰先进集体和个人。

2018年，为推进“两学一做”学习教育常态化制度化，引导广大党员干部深入一线锤炼工作作风、提高服务能力、增进干群感情，按照全市思想作风建设年动员大会部署要求，市广播影视中心在11月份集中开展党员干部联系服务群众“集中回访月”活动。

市广播影视中心主要负责人带队，到北孟镇山东村与干部群众促膝谈心，详细了解情况，填写入户回访记录表、回访记录汇总表，确定帮扶工作的目标任务、发展方向和具体措施，其他小组走访都昌街道7个村庄。此次走访涉及2个镇（街）8个村庄，2000余户。

大家“身入”基层，“心到”基层，围绕“义务教育、基本医疗、居住环境、文化生活、社会治安、村班子及村干部表现、村务财务党务公开”等问题进行深入了解，主动与群众交朋友、拉家常、建感情，换位思考、交心谈心，拉近了党员干部与群众心与心的距离、增进情与情的交流。

这次活动是在2017年“进百村、联万户、解难题、办实事”万人下基层主题实践活动基础上的延伸，党员干部走出机关、走进基层、贴近群众、宣传党的方针政策、广泛听取意见建议、积极办实事、解难题、稳妥化解矛盾纠纷，做好做实新形势下群众工作，提升党员干部能力素质，为加快推进乡村振兴战略、建设“四个城市”和“五个新城”提供有力保障。

2019年，市广播影视中心积极参与市委市政府组织开展的全市市县机关、企事业单位党组织到所在地社区报到，实行共驻共建；在职党员到居住地社区报到，组织党员开展志愿服务，简称“双报到”活动。

市融媒体中心制定《创建国家卫生城市网格化责任分工实施方案》，党员志愿者们在党总支书记张术叁带领下，定期到街道、村庄、小区、车站等地一边分发宣传资料，一边进行拉网式清理打扫。市融媒体中心领导班子成员也分组带领工作人员深入广泛宣传创卫工作，清扫街道环境卫生，做好示范引领。

融媒体中心认真做好广电家园小区的创卫工作，彻底清扫环境卫生，保持干净整洁，并设置了新的门卫室和居民活动区，增添部分健身器材。此外，还充分发挥自身优势，广播、电视、微信平台共同发力，通过开办专题栏目、加大新闻报道力度、开设曝光台、制作公益广告等深入广泛宣传创卫内容，进一步营造人人参与创卫的工作格局。

市融媒体中心严格落实责任制，切实做到每天一次督导检查、每周一次上报情况、每周一次问题整改通报，及时对每一阶段创卫情况及时总结，对基础较差、创卫工作量较大的责任区增派力量，集中攻坚解决难点。

同时，市融媒体中心充分发挥自身优势，利用广播、电视、微信平台，通过开办专题栏目、加大新闻报道力度、制作公益广告等深入广泛宣传创卫内容，大力营造人人参与“创卫”的良好氛围，把文明意识、卫生观念和良好行为习惯像一粒粒种子撒播到城市的每一个角落。

昌邑母亲河——美丽富饶的潍河（摄影　褚卫贞）

# 第六编　荣誉 佳作 艺文

# 第一章 荣 誉

## 第一节 1983 年以后中心(局站)所获集体荣誉

### 1983 年以后中心（局站）所获集体荣誉一览表

表 47

| 年度 | 获奖单位 | 荣誉称号 | 授奖机关 |
| --- | --- | --- | --- |
| 1983 | 昌邑县广播事业局 | 1982 年度社会主义精神文明建设先进单位 | 中共潍坊地委<br>潍坊地区行署 |
| 1989 | 昌邑县广播电视管理局 | 潍坊广播电视报发行先进单位 | 潍坊市广播电视局 |
| | 昌邑县广播电视管理局 | 音像管理先进单位 | 潍坊市广播电视局 |
| | 昌邑人民广播电台 | 文明电台 | 潍坊市广播电视局 |
| 1990 | 昌邑县广播电视管理局 | 潍坊广播电视报发行特等奖 | 潍坊市广播电视局 |
| 1991 | 昌邑县广播电视管理局 | 潍坊广播电视报发行特等奖 | 潍坊市广播电视局 |
| | 昌邑人民广播电台 | 先进集体记者一等奖 | 山东人民广播电台 |
| 1992 | 昌邑县广播电视管理局 | 1991 年度广播电视工作先进单位 | 潍坊市广播电视局 |
| | 昌邑县广播电视管理局 | 提案承办先进单位 | 政协昌邑县委员会 |
| | 昌邑人民广播电台 | 1991 年度先进集体记者 | 潍坊人民广播电台 |
| 1996 | 昌邑电视台 | 先进集体 | 潍坊电视台 |
| | 昌邑市广播电视管理局 | 广播电视宣传先进集体 | 潍坊市广播电视局 |
| 1997 | 昌邑电视台 | 潍坊市倡新风公益广告作品大赛二等奖 | 潍坊市工商行政管理局<br>潍坊市经济贸易委员会<br>潍坊市广告协会 |
| | 昌邑市广播电视局 | 广播电视宣传先进集体 | 中共潍坊市委宣传部潍坊市广播电视局潍坊电视台 |
| 1998 | 昌邑市广播电视局 | 1997 年度信息工作先进单位 | 潍坊市广播电视局 |
| | 昌邑市广播电视局 | 先进党支部 | 中共昌邑市委机关党工委 |
| | 昌邑市广播电视局 | 文明单位 | 中共昌邑市委<br>昌邑市人民政府 |
| | 昌邑市广播电视局 | 创建全国卫生城市工作先进单位 | 中共昌邑市委 |
| | 昌邑市广播电视局 | 全市讲文明树新风先进单位 | 中共昌邑市委<br>昌邑市人民政府 |
| | 昌邑市广播电视局 | 社会治安综合治理先进单位 | 中共昌邑市委<br>昌邑市人民政府 |
| | 昌邑市广播电视局 | 计划生育先进单位 | 中共昌邑市委<br>昌邑市人民政府 |
| | 昌邑市广播电视局 | 拥军优属先进单位 | 中共昌邑市委<br>昌邑市人民政府 |
| | 昌邑市广播电视局 | 广播电视宣传先进集体 | 潍坊市广播电视局 |

续表 47

| 年度 | 获奖单位 | 荣誉称号 | 授奖机关 |
|---|---|---|---|
| 1998 | 昌邑市广播电视局 | 安全播出优胜台 | 潍坊市广播电视局 |
| 1999 | 昌邑市广播电视局 | 1998 年度信息工作先进单位 | 潍坊市广播电视局 |
| | 昌邑市广播电视局 | 先进党支部 | 中共昌邑市委机关党工委 |
| | 昌邑市广播电视局 | 创建全国卫生城市工作先进单位 | 中共昌邑市委 |
| | 昌邑市广播电视局 | 市直有关部门履行计划生育先进单位 | 中共昌邑市委 |
| | 昌邑市广播电视局 | 广播电视宣传先进集体 | 潍坊市广播电视局 |
| | 昌邑市广播电视局 | 1998—1999 年度文明单位 | 中共潍坊市委<br>潍坊市人民政府 |
| 2000 | 昌邑市广播电视局 | 先进党支部 | 中共昌邑市委机关党工委 |
| | 昌邑市广播电视局 | 创三好活动先进单位 | 中共昌邑市委<br>昌邑市人民政府 |
| | 昌邑市广播电视局 | 行风万人评活动优秀单位 | 中共昌邑市委<br>昌邑市人民政府 |
| | 昌邑市广播电视局 | 安全文明村（区） | 中共昌邑市委<br>昌邑市人民政府 |
| | 昌邑市广播电视局 | 天然气工程建设先进单位 | 中共昌邑市委<br>昌邑市人民政府 |
| | 昌邑市广播电视局 | 广播电视宣传先进集体 | 潍坊市广播电视局 |
| | 昌邑电视台 | 1999 年度新闻宣传先进集体 | 潍坊有线电视台 |
| 2001 | 昌邑市广播电视局 | 先进党支部 | 中共昌邑市委机关党工委 |
| | 昌邑市广播电视局 | 中国共产党成立 80 周年纪念活动先进单位 | 中共潍坊市委 |
| | 昌邑市广播电视局 | 尊师重教先进单位 | 中共昌邑市委<br>昌邑市人民政府 |
| | 昌邑市广播电视局 | 昌邑市宣传思想工作先进单位 | 中共昌邑市委<br>昌邑市人民政府 |
| | 昌邑市广播电视局 | 先进职工之家 | 昌邑市总工会 |
| | 昌邑市广播电视局 | 电视新闻宣传先进集体 | 山东电视台 |
| | 昌邑市广播电视局 | 广播电视宣传先进集体 | 潍坊市广播电视局 |
| | 昌邑市广播电视局 | 2000 年度广播宣传先进集体 | 潍坊人民广播电台 |
| | 昌邑市广播电视局 | 2000—2001 年度文明单位 | 中共潍坊市委<br>潍坊市人民政府 |
| | 昌邑市广播电视局 | 女职工工作先进单位 | 昌邑市总工会 |
| | 昌邑市广播电视局 | 2000 年度承办提案先进单位 | 昌邑市政协 |
| 2002 | 昌邑市广播电视管理局 | 先进女职工委员会 | 昌邑市总工会 |
| | 昌邑市广播电视管理局 | 电视新闻宣传先进集体 | 山东电视台 |
| | 昌邑市广播电视管理局 | 广播电视宣传先进集体 | 潍坊市广播电视局 |
| | 昌邑市广播电视管理局 | 昌邑市宣传思想工作先进单位 | 中共昌邑市委<br>昌邑市人民政府 |
| 2003 | 昌邑市广播电视管理局 | 2002 年度先进基层党组织 | 中共昌邑市委机关党工委 |
| | 昌邑市广播电视管理局 | 电视新闻宣传先进集体 | 山东电视台 |
| | 昌邑市广播电视管理局 | 广播电视宣传先进集体 | 潍坊市广播电视局 |
| | 昌邑市广播电视管理局 | 财务管理先进单位 | 昌邑市财政局 |

续表 47

| 年度 | 获奖单位 | 荣誉称号 | 授奖机关 |
|---|---|---|---|
| 2003 | 昌邑市广播电视管理局 | 广播电视宣传先进集体二等奖 | 中共潍坊市委宣传部 |
| | 昌邑市广播电视管理局 | 广播电视网络建设先进单位 | 潍坊市广播电视局 |
| | 昌邑市广播电视管理局 | 先进职工之家 | 昌邑市总工会 |
| 2004 | 昌邑市广播电视管理局 | 海天生物化工项目建设突出贡献奖 | 中共昌邑市委<br>昌邑市人民政府 |
| | 昌邑市广播电视管理局 | 宣传思想工作先进单位 | 中共昌邑市委<br>昌邑市人民政府 |
| | 昌邑市广播电视管理局 | 北海大坝抢险先进单位 | 中共昌邑市委<br>昌邑市人民政府 |
| | 昌邑市广播电视管理局 | 从事民营经济工作先进单位 | 中共昌邑市委<br>昌邑市人民政府 |
| | 昌邑市广播电视管理局 | 2002—2003 年度文明单位 | 中共昌邑市委<br>昌邑市人民政府 |
| | 昌邑市广播电视管理局 | 2002—2003 年度保密工作先进单位 | 中共潍坊市委保密委员会 |
| | 昌邑市广播电视管理局 | 尊师重教先进单位 | 中共昌邑市委<br>昌邑市人民政府 |
| | 昌邑市广播电视管理局 | 2003 年度先进基层党组织 | 中共昌邑市委市直机关工委 |
| | 昌邑市广播电视管理局 | 电视新闻宣传先进集体 | 山东电视台 |
| | 昌邑市广播电视管理局 | 广播电视宣传先进集体 | 潍坊市广播电视局 |
| | 昌邑市广播电视管理局 | 先进职工之家 | 昌邑市总工会 |
| 2005 | 昌邑市广播电视管理局 | “和平使命—军演”拥军支前先进单位 | 中共昌邑市委<br>昌邑市人民政府 |
| | 昌邑市广播电视管理局 | 宣传思想工作创新奖 | 中共昌邑市委<br>昌邑市人民政府 |
| | 昌邑市广播电视管理局 | 先进基层党组织 | 中共昌邑市委 |
| | 昌邑市广播电视管理局 | 电视新闻宣传先进集体 | 山东电视台 |
| | 昌邑市广播电视管理局 | 广播电视宣传先进集体 | 潍坊市广播电视局 |
| | 昌邑市广播电视管理局 | 先进职工之家 | 昌邑市总工会 |
| 2006 | 昌邑电视台 | 2005 年度对省台发稿先进集体一等奖 | 山东电视台 |
| | 昌邑市广播电视管理局 | 2005 年度《潍坊广电通讯》供稿先进单位 | 潍坊市广播电视局 |
| | 昌邑市广播电视管理局 | 2005 年度全市“扫黄打非”工作先进单位 | 昌邑市“扫黄打非”<br>工作领导小组 |
| | 昌邑市广播电视管理局 | 潍坊市级文明机关 | 中共潍坊市委<br>潍坊市人民政府 |
| | 昌邑市广播电视管理局 | 恒易·星河 2006 美丽山东城市形象大使组织工作奖 | 省文博会潍坊组委会<br>中共潍坊市委宣传部<br>潍坊广播电视局<br>潍坊电视台 |
| | 昌邑市广播电视管理局 | 2005 年度宣传思想工作先进集体 | 中共昌邑市委<br>昌邑市人民政府 |
| | 昌邑市广播电视管理局 | “爱我昌邑做文明市民”活动先进单位 | 昌邑市精神文明建设<br>先进单位 |
| | 昌邑市广播电视管理局 | 省级文明机关 | 山东省精神文明建设委员会 |
| | 昌邑市广播电视管理局 | 先进基层党组织 | 中共昌邑市委 |

续表 47

| 年度 | 获奖单位 | 荣誉称号 | 授奖机关 |
|---|---|---|---|
| 2006 | 昌邑市广播电视管理局 | 庆“七一”市直机关趣味健身比赛体育道德风尚奖 | 市直机关党工委<br>昌邑市体育局 |
| | 昌邑市广播电视管理局 | 全市“四五”普法依法治理先进单位 | 中共潍坊市委<br>潍坊市人民政府 |
| | 昌邑市广播电视管理局 | 广播电视宣传先进集体 | 潍坊市广播电视局 |
| 2007 | 昌邑市广播电视管理局 | 2006 年度山东电视新闻宣传先进集体 | 山东电视台 |
| | 昌邑市广播电视管理局 | 全省广播电视管理工作先进集体 | 山东省广播电视局 |
| | 昌邑市广播电视管理局 | 2006 年度《潍坊广电通讯》供稿先进单位 | 潍坊市广播电视局 |
| | 昌邑市广播电视管理局 | 潍坊市庄户剧团大奖赛优秀组织奖 | 潍坊市委宣传部<br>潍坊市文化局<br>潍坊电视台 |
| | 昌邑市广播电视管理局 | 2006 年度民兵军事训练先进单位 | 昌邑市人民政府<br>昌邑市人民武装部 |
| | 昌邑市广播电视管理局 | 2006 年度宣传思想工作先进单位 | 中共昌邑市委<br>昌邑市人民政府 |
| | 昌邑市广播电视管理局 | 昌邑市关心下一代工作先进集体 | 中共昌邑市委<br>昌邑市人民政府 |
| | 昌邑市广播电视管理局 | 基层党建工作示范点 | 中共昌邑市委 |
| | 昌邑市广播电视管理局 | 2006 中国（昌邑）北方绿化苗木博览会筹备工作先进单位 | 中共昌邑市委<br>昌邑市人民政府 |
| | 昌邑市广播电视管理局 | 广播电视宣传先进集体 | 潍坊市广播电视局 |
| | 昌邑市广播电视管理局 | 2007 年度劳动保障诚信单位 | 潍坊市劳动和社会保障局 |
| | 昌邑市广播电视管理局 | 先进职工之家 | 昌邑市总工会 |
| 2008 | 昌邑市广播电视管理局 | 2007 年度山东电视新闻宣传先进集体 | 山东电视台 |
| | 昌邑市广播电视管理局 | 先进职工之家 | 昌邑市总工会 |
| | 昌邑市广播电视管理局 | 2007 年度市直部门绩效考核先进单位 | 中共昌邑市委<br>昌邑市人民政府 |
| | 昌邑市广播电视管理局 | 2007 年度和谐创建示范单位 | 中共昌邑市委<br>昌邑市人民政府 |
| | 昌邑市广播电视管理局 | 全市宣传思想工作先进单位 | 中共昌邑市委<br>昌邑市人民政府 |
| | 昌邑市广播电视管理局 | 昌邑市妇女儿童工作先进集体 | 中共昌邑市委<br>昌邑市人民政府 |
| | 昌邑市广播电视管理局 | 2008 年度在首届山东省社会文化“星光奖”评选中荣获优秀奖 | 山东省文化厅<br>山东省群众文化学会 |
| | 昌邑市广播电视管理局 | 2007 年度“三下乡”“四进社区”活动先进单位 | 昌邑市精神文明建设委员会 |
| | 昌邑市广播电视管理局 | 全市宣传思想工作先进单位 | 中共昌邑市委<br>昌邑市人民政府 |
| | 昌邑市广播电视管理局 | 2007 中国（昌邑）北方绿化苗木博览会筹备工作先进单位 | 中共昌邑市委<br>昌邑市人民政府 |
| | 昌邑市广播电视管理局 | 广播电视宣传先进集体 | 潍坊市广播电视局 |
| | 昌邑市广播电视管理局 | 2007 年度全市和谐广电系统创建先进集体 | 中共潍坊市广播电视局委员会潍坊市广播电视局 |
| | 昌邑市广播电视局 | 十七大安全播出先进集体 | 潍坊市广播电视局 |
| | 昌邑人民广播电台 | 广播新闻宣传通讯报道先进集体 | 潍坊人民广播电台 |

续表 47

| 年度 | 获奖单位 | 荣誉称号 | 授奖机关 |
|---|---|---|---|
| 2008 | 昌邑电视台 | 《乡村致富》特别组织奖 | 潍坊电视台 |
| | 昌邑市广播电视管理局 | 广播电视统计工作先进集体 | 潍坊市广播电视局 |
| | 昌邑市广播电视管理局 | 劳动保障诚信单位 | 潍坊市劳动和社会保障局 |
| | 昌邑市广播电视管理局 | 2008 年度全省卫星电视转播秩序专项整治集中行动先进集体 | 山东省广播电视局 |
| | 昌邑市广播电视管理局 | 第五届农业电视节目、电视论文评选表彰活动栏目类一等奖 | 中国国际农业电视学会 |
| | 昌邑市广播电视管理局 | 广播电视广告奖一等奖 | 山东省广播电视协会 |
| | 昌邑市广播电视管理局 | 优秀广告经营单位 | 中国广告杂志社 |
| | 昌邑市广播电视管理局 | 山东省第十二届广告节广告作品评选优秀奖 | 山东省广告协会 |
| | 昌邑市广播电视管理局广告中心 | 入选《2007—2008 中国广告案例年鉴》优秀广告经营单位 | 中国广告杂志社 |
| 2009 | 昌邑市广播电视管理局 | 2008 年度山东电视新闻宣传先进集体一等奖 | 山东电视台 |
| | 昌邑市广播电视管理局 | 2008 年度昌邑市直部门绩效考核先进单位 | 中共昌邑市委<br>昌邑市人民政府 |
| | 昌邑市广播电视管理局 | 2008 年度昌邑市文化建设先进单位 | 中共昌邑市委<br>昌邑市人民政府 |
| | 昌邑市广播电视管理局 | 2008 年度昌邑市奥运安保先进单位 | 中共昌邑市委<br>昌邑市人民政府 |
| | 昌邑市广播电视管理局 | 2008 年度潍坊市广播电视宣传工作先进集体 | 潍坊市广播电视局 |
| | 昌邑市广播电视管理局 | 2008 年度全市有线电视村村通工程先进单位 | 潍坊市广播电视局 |
| | 昌邑市广播电视管理局 | 2008 年度安全播出优胜台 | 山东省广播电视局 |
| | 昌邑市广播电视管理局 | 2008 年度广播电视宣传工作先进集体 | 潍坊市广播电视局 |
| | 昌邑市广播电视管理局 | 2008 年度党风廉政建设先进集体 | 中共昌邑市委<br>昌邑市人民政府 |
| | 昌邑市广播电视管理局 | 2008 年度山东省广播电视播音与主持作品奖 | 潍坊市广播电视局 |
| | 昌邑市广播电视管理局 | 2008 年度潍坊广播电视广告奖 | 潍坊市广播电视局 |
| | 昌邑市广播电视管理局 | 2008 年度潍坊市广播电视播音与主持作品奖 | 潍坊市广播电视局 |
| | 昌邑市广播电视管理局 | 潍坊市广播电视系统第一届职工运动会团体第五名 | 潍坊市广播电视局 |
| | 昌邑市广播电视管理局 | 潍坊广电系统登山比赛优秀组织奖 | 潍坊市广播电视局 |
| | 昌邑市广播电视管理局 | 2008 年中国（昌邑）北方绿化苗木博览会筹备工作先进单位 | 中共昌邑市委<br>昌邑市人民政府 |
| | 昌邑电视台 | 庆祝中华人民共和国成立 60 周年获“全国优秀电视台”称号 | 中国广播电视协会中国品牌价值评估中心 |
| | 昌邑市广播电视管理局 | 潍坊广电系统庆祝建国六十周年歌咏比赛二等奖 | 潍坊市广播电视局 |
| | 昌邑市广播电视管理局 | 潍坊市党员干部现代远程教育先进单位 | 潍坊市委组织部 |
| | 昌邑市广播电视管理局 | 《2008—2009 中国影视广告案例年鉴》广告创新单位 | 中国广告杂志社 |

续表 47

| 年度 | 获奖单位 | 荣誉称号 | 授奖机关 |
|---|---|---|---|
| 2009 | 昌邑市广播电视管理局 | 庆祝新中国成立 60 周年活动组织工作先进单位 | 昌邑市文化建设工作领导小组 |
| | 昌邑市广播电视管理局 | 山东省第十二届广告节广告作品评选优秀奖 | 山东省广告协会 |
| | 昌邑市广播电视管理局 | 中国（潍坊）首届平面广告创意大赛入围奖 | 中共潍坊市委宣传部<br>潍坊市工商行政管理局<br>潍坊市广播电视局 |
| | 昌邑市广播电视管理局 | 山东省第十二届广告节广告作品评选（2009）铜奖 | 山东省广告协会 |
| | 昌邑市广播电视管理局 | 山东省第十二届广告节广告作品评选优秀奖 | 山东省广告协会 |
| 2010 | 昌邑市广播影视中心 | 2009 年度山东电视新闻宣传先进集体一等奖 | 山东电视台 |
| | 昌邑市广播影视中心 | 先进职工之家 | 昌邑市总工会 |
| | 昌邑市广播影视中心 | 2009 年度市直部门绩效考核先进单位 | 中共昌邑市委<br>昌邑市人民政府 |
| | 昌邑电视台 | 巾帼文明岗 | 昌邑市妇联 |
| | 昌邑市广播影视中心 | 全市道路交通安全工作先进单位 | 昌邑市道路交通安全管理委员会 |
| 2011 | 昌邑市广播影视中心 | 山东省县级媒体先进单位 | 山东省新闻工作者协会县级媒体工作委员会 |
| | 昌邑市广播影视中心 | 电视栏目《读书》第四届山东省泰山文艺奖三等奖 | 中共山东省委<br>山东省人民政府 |
| | 昌邑市广播影视中心 | 2010 年度单位内部治安保卫工作集体三等功 | 潍坊市公安局 |
| | 昌邑市广播影视中心 | 昌邑市先进基层党组织 | 中共昌邑市委 |
| | 昌邑市广播影视中心 | 2011 年度城区单位（小区）庭院绿化十佳单位 | 中共潍坊市委<br>潍坊市人民政府 |
| | 昌邑市广播影视中心 | 第十一届“风筝都文化奖”文化工作建设先进单位 | 中共潍坊市委<br>潍坊市人民政府 |
| | 昌邑市广播影视中心 | 关心国防建设“十佳”先进单位 | 中共昌邑市委<br>昌邑市人民武装部 |
| | 昌邑市广播影视中心 | 2010 年度党风廉政建设先进单位 | 中共昌邑市委<br>昌邑市人民政府 |
| | 昌邑市广播影视中心 | 2010 年度市直部门绩效考核先进单位 | 中共昌邑市委<br>昌邑市人民政府 |
| 2012 | 昌邑市广播电视台 | 和谐昌邑 魅力舞台 山东省“牡丹奖”城市形象宣传片类二等奖 | 山东省广播电影电视局<br>山东省电视艺术家协会 |
| | 昌邑市广播影视中心 | 先进职工之家 | 昌邑市总工会 |
| | 昌邑市广播影视中心 | 2012 年度山东广播电视新闻宣传先进集体一等奖 | 山东广播电视台 |
| | 昌邑市广播影视中心 | 2011 年度宣传思想文化工作先进单位 | 中共昌邑市委<br>昌邑市人民政府 |
| | 昌邑市广播影视中心 | 三八红旗集体 | 昌邑市妇女联合会 |
| | 昌邑市广播影视中心 | 2011 年度乡村文明行动十佳单位 | 中共昌邑市委<br>昌邑市人民政府 |
| | 昌邑市广播影视中心 | 2011 年度“作风建设年”活动先进单位 | 中共昌邑市委<br>昌邑市人民政府 |
| 2013 | 昌邑市广播电视台技术中心 | 2012 年山东省广播电视安全播出先进集体 | 山东省广播电影电视局 |
| | 昌邑市广播影视中心 | 2013 年度广播宣传先进集体奖一等奖 | 山东广播电视台 |

续表 47

| 年度 | 获奖单位 | 荣誉称号 | 授奖机关 |
| --- | --- | --- | --- |
| 2013 | 昌邑市广播影视中心 | 先进基层党组织 | 中共昌邑市委 |
| | 昌邑市广播影视中心 | 全市职工羽毛球比赛优秀组织奖 | 昌邑市总工会<br>昌邑市体育局 |
| | 昌邑市广播影视中心 | 全市文化体制改革工作先进单位 | 中共潍坊市委<br>潍坊市人民政府 |
| | 昌邑市广播影视中心 | 2012 年度承办提案先进单位 | 政协昌邑市委员会 |
| | 昌邑市广播影视中心 | 全市宣传思想文化工作先进单位 | 中共昌邑市委<br>昌邑市人民政府 |
| | 昌邑市广播影视中心 | 2013 年度山东广播宣传先进集体 | 山东广播电视台 |
| | 昌邑市广播影视中心 | 2013 年度山东电视宣传先进集体一等奖 | 山东广播电视台 |
| | 昌邑市广播影视中心 | 潍坊市学习型党组织 | 潍坊市建设学习型党组织<br>工作协调小组 |
| | 昌邑市广播影视中心 | 2012 年度包村联户先进单位 | 中共昌邑市委<br>昌邑市人民政府 |
| | 昌邑市广播影视中心 | 昌邑慈善奖“最具影响力”慈善项目 | 昌邑市慈善总会 |
| 2014 | 昌邑人民广播电台 | 2013 年广播新闻宣传先进报道集体一等奖 | 潍坊人民广播电台 |
| | 昌邑市广播影视中心 | 2013 年度关心国防建设十佳单位 | 中共潍坊市委<br>潍坊市人民政府 |
| | 昌邑市广播影视中心 | 2014 年度电视宣传先进集体一等奖 | 山东广播电视台 |
| | 昌邑市广播影视中心 | 2014 年度山东广播宣传先进集体奖 | 山东广播电视台 |
| 2015 | 昌邑市广播影视中心 | “富华杯”潍坊市首届经典诵读大赛<br>优秀组织奖 | 潍坊市文明办<br>中共潍坊市委市直机关工委<br>潍坊市教育局<br>潍坊朗诵与语言艺术协会 |
| | 昌邑市广播影视中心 | 潍坊市学习型党组织建设示范点 | 潍坊市建设学习型党组织工<br>作协调小组 |
| | 昌邑市广播影视中心 | 昌邑慈善奖慈善工作组织奖 | 昌邑市慈善总会 |
| | 昌邑市广播影视中心 | 先进职工之家 | 昌邑市总工会 |
| 2016 | 昌邑市广播影视中心 | 先进职工之家 | 昌邑市总工会 |
| 2017 | 昌邑市广播影视中心 | 2016 年度绿博会筹备工作先进单位 | 中共昌邑市委<br>昌邑市人民政府 |
| | 昌邑市广播影视中心 | 潍坊市政治关爱之家 | 中共潍坊市委宣传部<br>潍坊市意识形态工作联席<br>会议办公室 |
| | 昌邑市广播影视中心 | 创建全国文明城市工作先进单位 | 中共昌邑市委<br>昌邑市人民政府 |
| | 昌邑市广播影视中心 | 省级卫生城市创建工作先进单位 | 中共昌邑市委<br>昌邑市人民政府 |
| | 昌邑市广播影视中心 | 绿博会筹备工作先进单位 | 中共昌邑市委<br>昌邑市人民政府 |
| | 昌邑市广播影视中心 | 2016 年度宣传文化工作先进单位 | 中共昌邑市委<br>昌邑市人民政府 |
| | 昌邑市广播影视中心 | 2016 年度省级卫生城市创建工作先进单位 | 中共昌邑市委<br>昌邑市人民政府 |
| | 昌邑市广播影视中心 | 创建全国文明城市工作先进单位 | 中共昌邑市委<br>昌邑市人民政府 |

续表 47

| 年度 | 获奖单位 | 荣誉称号 | 授奖机关 |
|---|---|---|---|
| 2017 | 昌邑市广播影视中心 | 潍坊市学习型党组织建设示范点 | 中共潍坊市委宣传部<br>潍坊市建设学习型党组织工作协调小组办公室 |
| | 昌邑市广播影视中心 | 潍坊市思想政治工作示范点 | 潍坊市意识形态工作联席会议 |
| 2018 | 昌邑市广播影视中心 | 2017 年度复查合格省级文明单位 | 山东省精神文明建设委员会办公室 |
| | 昌邑市广播影视中心 | 潍坊市学习型党组织建设示范点 | 中共潍坊市委宣传部<br>潍坊市建设学习型党组织工作协调小组办公室 |
| | 昌邑市广播影视中心 | 潍坊市思想政治工作示范点 | 中共潍坊市委宣传部<br>潍坊市意识形态工作联席会议办公室 |
| | 昌邑市广播影视中心 | 潍坊市政治关爱之家 | 中共潍坊市委宣传部<br>潍坊市意识形态工作联席会议办公室 |
| | 昌邑人民广播电台 | 广播宣传先进集体一等奖 | 山东人民广播电台 |
| | 昌邑市广播影视中心工会委员会 | 先进职工之家 | 昌邑市总工会 |
| | 昌邑市广播影视中心电台团支部 | 红旗团支部（总支） | 共青团昌邑市委 |
| | 昌邑市广播影视中心 | 昌邑市三八红旗集体 | 昌邑市妇女联合会 |
| | 昌邑市广播影视中心 | 2017 年度电视宣传先进集体 | 山东广播电视台 |
| | 昌邑市广播影视中心 | 2017 年度广播宣传先进集体 | 山东广播电视台 |
| | 昌邑市广播影视中心 | 市直部门绩效考核奖三等奖 | 中共昌邑市委<br>昌邑市人民政府 |
| | 昌邑市广播影视中心 | 宣传思想文化工作先进单位 | 中共昌邑市委<br>昌邑市人民政府 |
| | 昌邑市广播影视中心 | 2017 年度关心国防建设十佳单位 | 昌邑市国防动员委员会 |
| | 昌邑市广播影视中心 | “祥龙杯”昌邑市第二届篮球联赛优秀组织奖 | 昌邑市总工会<br>昌邑市体育局 |
| | 昌邑市广播影视中心 | 全市妇女儿童先进工作集体 | 中共昌邑市委<br>昌邑市人民政府 |
| | 昌邑市广播电视台 | 山东省县级广播电视系统“十佳广播电视台” | 山东省新闻工作者委员会<br>山东省新闻工作者委员会县级媒体工作委员会 |
| | 昌邑市广播影视中心 | 2017-2018 年度四德工程建设示范点 | 中共潍坊市委宣传部 |
| | 昌邑市广播影视中心 | 2018 年度宣传思想工作先进单位 | 中共昌邑市委<br>昌邑市人民政府 |
| | 昌邑市广播影视中心 | 2018 年度市直部门绩效考核二等奖 | 中共昌邑市委<br>昌邑市人民政府 |
| | 昌邑市广播电视台 | 《那时花开》全省 2018 年“弘扬社会主义核心价值观 共筑中国梦”主题原创网络视听节目征集活动优秀微电影 | 中共山东省委宣传部<br>山东省教育厅<br>山东省新闻出版广电局<br>共青团山东省委 |
| | 昌邑市广播电视台 | 《那时花开》第五届山东省原创网络视听节目大赛优秀微电影 | 中共山东省委宣传部<br>山东省教育厅<br>山东省新闻出版广电局<br>共青团山东省委 |

续表 47

| 年度 | 获奖单位 | 荣誉称号 | 授奖机关 |
|---|---|---|---|
| 2018 | 昌邑市广播电视台 | 《昌邑龙门阵》全国县级广播电视及播音主持作品电视主持三等奖作品 | 中国广播电影电视社会组织联合会 |
| | 昌邑市广播电视台 | 《二十五年悉心照料 感人事迹诠释夫妻深情》全国县级广播电视及播音主持作品广播长消息三等奖作品 | 中国广播电影电视社会组织联合会 |
| | 昌邑市广播影视中心 | 昌邑市三八红旗集体 | 昌邑市妇女联合会 |
| 2019 | 昌邑市广播影视中心 | 2018 年度宣传思想工作先进单位 | 中共昌邑市委<br>昌邑市人民政府 |
| | 昌邑市广播影视中心 | 2018 年度市直部门绩效考核二等奖 | 中共昌邑市委<br>昌邑市人民政府 |
| | 昌邑市广播影视中心 | 全市关心下一代工作先进集体 | 昌邑市关心下一代工作委员 |
| | 昌邑市广播影视中心团委 | 山东省五四红旗团委 | 共青团山东省委员会 |
| | 昌邑市广播影视中心 | 全市“不忘初心、牢记使命”主题演讲比赛优秀组织奖 | 中共昌邑市纪委 |
| | 昌邑电视台少儿培训中心 | “希望友爱 牵手成长”潍坊市希望工程青少年才艺课程公益培训爱心单位 | 潍坊市希望工程办公室 |
| | 昌邑市广播影视中心 | 潍坊市政治关爱之家 | 中共潍坊市委宣传部<br>潍坊市意识形态工作联席会议办公室 |
| | 昌邑市广播影视中心 | 昌邑广播电视台《昌邑 360》消防专栏在首届“潍坊消防新闻”征文评选活动中荣获优秀栏目 | 中共潍坊市委宣传部<br>潍坊市消防支队 |
| | 广告中心《健康昌邑》栏目组 | 全市卫生健康新闻宣传优秀栏目 | 中共潍坊市委宣传部<br>潍坊市卫生健康委员会 |
| | 昌邑市广播影视中心 | 潍坊市学习型党组织建设示范点 | 中共潍坊市委宣传部 |
| | 昌邑市广播影视中心 | 潍坊市思想政治工作示范点 | 中共潍坊市委宣传部<br>潍坊市意识形态工作联席会议办公室 |
| | 昌邑市广播影视中心 | 2018 年度山东电视宣传先进集体 | 山东广播电视台 |
| | 昌邑市融媒体中心 | 省级文明单位 | 山东省精神文明建设委员会 |

说明：1958—1982 年无材料可查

## 第二节 1978 年以后中心（局站）所获个人荣誉

### 1978 年以后中心（局站）个人所获荣誉一览表

表 48

| 年度 | 获奖人员 | 获得荣誉 | 授奖机关 |
|---|---|---|---|
| 1978 | 张永柱 | 山东省广播战线先进工作者 | 山东省广播事业局 |
| 1982 | 李献强 | 1981 年度模范共产党员 | 中共昌邑县委 |
| 1983 | 李献强 | 社会主义精神文明建设模范 | 中共昌邑县委 |
| | 谢吉林 李献强 徐先德 | 1982 年度模范共产党员 | 中共昌邑县委<br>昌邑县人民政府 |
| | 李献强 | 记功 | 昌邑县人民政府 |

续表 48

| 年度 | 获奖人员 | 获得荣誉 | 授奖机关 |
| --- | --- | --- | --- |
| 1985 | 谢吉林 | 记大功 | 昌邑县人民政府 |
| | 李献强　宋宗玉 | 记功 | 昌邑县人民政府 |
| 1986 | 李献强 | 记大功 | 中共昌邑县委<br>昌邑县人民政府 |
| | 张永柱 | 全省广播电视系统先进工作者 | 山东省广播电视厅 |
| | 张永柱 | 1985 年度模范党员 | 中共昌邑县委 |
| 1987 | 张永柱 | 模范工作者 | 昌邑县人民政府 |
| | 谢吉林 | 记功 | 昌邑县人民政府 |
| | 张永柱　李献强 | 先进工作者 | 昌邑县人民政府 |
| | 王智岳 | 模范通讯员 | 山东省广播电视厅新闻中心<br>山东人民广播电台 |
| | 郝　勇 | 模范通讯员 | 潍坊电视台 |
| | 张永柱 | 模范广播电视工作者 | 潍坊市广播电视局 |
| | 张永柱 | 记大功 | 昌邑县人民政府 |
| | 李天福　宋宗玉 | 记功 | 昌邑县人民政府 |
| | 李献强　谢吉林　孟彩云<br>张明新　元钦圣 | 先进工作者 | 昌邑县人民政府 |
| 1988 | 张永柱 | 记大功 | 昌邑县人民政府 |
| | 谢吉林　李献强　元钦圣 | 先进工作者 | 昌邑县人民政府 |
| | 张永柱 | 模范广播电视先进工作者 | 潍坊市广播电视局 |
| 1989 | 尹海瑞　谢吉林　李献强<br>张永柱　宋宗玉　张明新 | 先进工作者 | 昌邑县人民政府 |
| | 郝　勇 | 县精神文明建设标兵 | 中共昌邑县委<br>昌邑县人民政府 |
| | 孟彩云 | 优秀播音员 | 潍坊市广播电视局 |
| | 尹海瑞 | 模范广播电视工作者 | 潍坊市广播电视局 |
| | 王沛盛　史焕茂 | 先进音像管理工作者 | 潍坊市广播电视局 |
| | 王沛盛　史焕茂 | 1989 年度《潍坊广播电视报》<br>发行先进工作者 | 潍坊市广播电视局 |
| 1990 | 李献强 | 记功 | 昌邑县人民政府 |
| | 尹海瑞　谢吉林　宋宗玉<br>张永柱　张明新　尹元瑞 | 先进工作者 | 昌邑县人民政府 |
| | 王沛盛 | 1989 年度音像管理先进工作者 | 山东省广播电视厅 |
| | 郝　勇 | 县精神文明建设标兵 | 中共昌邑县委<br>昌邑县人民政府 |
| | 宋宗玉 | 精神文明标兵 | 昌邑县人民政府 |
| | 王沛盛 | 1990 年度优秀行政后勤干部 | 潍坊市广播电视局 |
| | 尹海瑞　王沛盛　史焕茂 | 1990 年度《潍坊广播电视报》发行一等奖 | 潍坊市广播电视局 |
| | 宋宗玉 | 潍坊市优秀机线员 | 潍坊市广播电视局 |
| 1991 | 李天福 | 农村广播技术先进工作者 | 山东省广播电视厅 |
| | 张永柱 | 记大功 | 昌邑县人民政府 |

续表 48

| 年度 | 获奖人员 | 获得荣誉 | 授奖机关 |
| --- | --- | --- | --- |
| 1991 | 谢吉林 | 记功 | 昌邑县人民政府 |
| | 宋宗玉　张明新　元钦圣 | 先进工作者 | 昌邑县人民政府 |
| | 张永柱 | 1990 年度精神文明建设标兵 | 中共昌邑市委<br>昌邑市人民政府 |
| | 尹海瑞　王沛盛　史焕茂 | 1991 年度《潍坊广播电视报》发行一等奖 | 潍坊市广播电视局 |
| | 刘景贤 | 模范通讯员一等奖 | 山东人民广播电台 |
| 1992 | 尹海瑞 | 全省地方广播电视宣传管理干部先进工作者 | 山东省广播电视厅 |
| | 张明新 | 音像管理先进工作者 | 山东省广播电视厅 |
| | 宋建文　王冰云 | 1991 年度潍坊市优秀广播电视节目新闻组合类二等奖 | 潍坊市广播电视局<br>潍坊市广播电视学会 |
| | 宋建文 | 在显著 1991 年广播宣传报道工作成绩，被评为模范通讯员 | 潍坊人民广播电台 |
| | 张明新 | 音像管理先进工作者 | 潍坊市广播电视局 |
| | 谢吉林　张永柱　宋宗玉<br>张明新 | 先进工作者 | 昌邑县人民政府 |
| | 张永柱 | 1991 年度优秀共产党员 | 中共昌邑市委机关党工委 |
| | 赵海燕 | 全省广播现场直播大奖赛一等奖 | 山东省广播电视厅<br>山东人民广播电台 |
| | 宋建文 | 潍坊广播宣传模范通讯员 | 潍坊人民广播电台 |
| | 张葆海 | 模范通讯员一等奖 | 山东人民广播电台 |
| | 刘景贤 | 模范通讯员一等奖 | 山东人民广播电台 |
| 1993 | 王沛盛　张明新 | 1992 年度音像管理先进工作者 | 山东省广播电视厅 |
| | 张明新 | 音像管理先进工作者 | 潍坊市广播电视局 |
| | 谢吉林　李献强　张永柱<br>张明新 | 先进工作者 | 昌邑县人民政府 |
| | 王沛盛 | 1992 年度优秀共产党员 | 中共昌邑县委机关党工委 |
| | 张广松 | 1993 年度优秀通讯员 | 山东人民广播电台 |
| | 张葆海 | 模范通讯员二等奖 | 山东人民广播电台 |
| 1994 | 焦叙尊　张广松 | 1994 年度模范通讯员 | 山东人民广播电台 |
| | 张葆海 | 模范通讯员三等奖 | 潍坊日报社 |
| | 张葆海 | 模范通讯员二等奖 | 山东人民广播电台 |
| 1995 | 苏森源 | 1994 年度优秀通讯员二等奖 | 潍坊电视台 |
| | 张永柱 | 全省广播电视系统先进个人 | 山东省广播电视厅 |
| | 李　苇 | 潍坊市十佳记者提名奖 | 潍坊市委宣传部 |
| | 焦叙尊 | 1995 年度模范通讯 | 山东人民广播电台 |
| | 齐兴中 | 模范通讯员二等奖 | 山东人民广播电台 |
| | 李　苇 | 1995 年度先进个人一等奖 | 潍坊市委宣传部<br>潍坊市广播电视局<br>潍坊电视台 |
| | 苏森源 | 1995 年度先进个人二等奖 | 潍坊市委宣传部<br>潍坊市广播电视局<br>潍坊电视台 |

续表 48

| 年度 | 获奖人员 | 获得荣誉 | 授奖机关 |
|---|---|---|---|
| 1995 | 李海波　郝　勇　张少卿　于国颖 | 1995 年度先进个人三等奖 | 潍坊市委宣传部<br>潍坊市广播电视局<br>潍坊电视台 |
| | 张术叁 | 优秀共青团员 | 共青团潍坊市委 |
| | 张葆海 | 模范通讯员二等奖 | 潍坊日报社 |
| | 张葆海 | 模范通讯员三等奖 | 山东人民广播电台 |
| | 张葆海 | 模范通讯员二等奖 | 潍坊日报社 |
| 1996 | 高寿明 | 抗灾救灾先进个人 | 中共昌邑市委<br>昌邑市人民政府 |
| | 朱永伟 | 青春立功二等功 | 共青团山东省委 |
| | 齐兴中 | 严打斗争先进个人 | 中共昌邑市委<br>昌邑市人民政府 |
| | 齐兴中 | 模范通讯员 | 潍坊市委宣传部<br>潍坊市广播电视局<br>潍坊人民广播电台 |
| | 张葆海 | 模范通讯员二等奖 | 潍坊日报社 |
| | 张葆海 | 模范通讯员 | 潍坊人民广播电台 |
| | 张葆海 | 模范通讯员二等奖 | 山东人民广播电台 |
| | 刘景贤 | 昌邑市优秀宣传工作者 | 中共昌邑市委宣传部 |
| | 刘景贤 | 模范通讯员一等奖 | 山东人民广播电台 |
| 1997 | 朱永伟 | 潍坊市新长征突击手 | 共青团潍坊市委 |
| | 朱永伟 | 潍坊电视台新闻报道模范通讯员三等奖 | 潍坊市委宣传部<br>潍坊市广播电视局<br>潍坊电视台 |
| | 姜言富 | 优秀通讯员二等奖 | 潍坊电视台 |
| | 苏森源 | 优秀通讯员三等奖 | 潍坊电视台 |
| | 高寿明 | 优秀政协委员 | 政协昌邑市委员会 |
| | 张永柱 | 昌邑市职工劳动模范 | 昌邑市人民政府 |
| | 张永柱 | 1996 年度优秀共产党员 | 中共昌邑市委<br>机关党工委 |
| | 宋建文 | 潍坊电视宣传优秀通讯员 | 潍坊电视台 |
| | 齐兴中 | 模范通讯员三等奖 | 山东人民广播电台 |
| | 孙大波 | 电视宣传工作优秀通讯员三等奖 | 潍坊电视台 |
| | 刘景贤 | 模范通讯员一等奖 | 山东人民广播电台 |
| 1998 | 王沛盛 | 1997 年度全省广播电视系统优秀信息工作者 | 山东省广播电视厅 |
| | 苏森源　齐兴中 | 模范通讯员一等奖 | 潍坊市委宣传部<br>潍坊市广播电视局<br>潍坊电视台 |
| | 孙永泉 | 广播电视宣传工作先进个人 | 潍坊市委宣传部<br>潍坊市广播电视局 |
| | 张永柱 | 潍坊市广播电视十佳技术能手 | 潍坊市广播电视局 |
| | 张明新 | 潍坊市广播电视十佳技术能手提名奖 | 潍坊市广播电视局 |
| | 王沛盛 | 1997 年度优秀信息员 | 潍坊市广播电视局 |

续表 48

| 年度 | 获奖人员 | 获得荣誉 | 授奖机关 |
|---|---|---|---|
| 1998 | 王沛盛 | 1997 年度全市消防工作先进个人 | 昌邑市人民政府 |
|  | 张永柱 | 1997 年度优秀共产党员 | 中共昌邑市委机关党工委 |
|  | 李　苇 | 昌邑市宣传思想工作先进个人 | 中共昌邑市委 |
|  | 齐兴中 | 模范通讯员三等奖 | 山东人民广播电台 |
|  | 张永柱 | 昌邑市专业技术拔尖人才 1998—2003 连续 6 年 | 中共昌邑市委<br>昌邑市人民政府 |
|  | 孙大波 | 潍坊电视新闻报道模范通讯员三等奖 | 潍坊市委宣传部<br>潍坊广播电视局<br>潍坊电视台 |
|  | 刘景贤 | 模范通讯员一等奖 | 山东人民广播电台 |
| 1999 | 孙永泉 | 广播电视宣传工作先进个人 | 潍坊市委宣传部<br>潍坊市广播电视局 |
|  | 齐兴中 | 模范通讯员一等奖 | 潍坊人民广播电台 |
|  | 姜言富　苏森源 | 1998 年度电视宣传二等奖 | 潍坊电视台 |
|  | 王沛盛 | 1998 年度优秀信息员 | 潍坊市广播电视局 |
|  | 高寿明 | 优秀共产党员 | 中共昌邑市委机关党工委 |
|  | 齐兴中 | 模范通讯员二等奖 | 山东人民广播电台 |
|  | 孙大波 | 电视新闻宣传三等奖 | 潍坊电视台 |
|  | 张术叁 | 新长征突击手 | 共青团昌邑市委 |
|  | 张　伟 | 1998 年度模范通讯员一等奖 | 潍坊人民广播电台 |
|  | 张　伟 | 1999 年度模范通讯员二等奖 | 山东人民广播电台 |
| 2000 | 王沛盛 | 社会治安综合治理先进个人 | 中共昌邑市委<br>昌邑市人民政府 |
|  | 高寿明 | 1999 年度新闻宣传策划奖 | 潍坊有线电视台 |
|  | 宋建文 | 潍坊有线电视新闻宣传先进个人 | 潍坊市广播电视局<br>潍坊有线电视台 |
|  | 苏森源 | 1999 年度电视宣传一等奖 | 潍坊电视台 |
|  | 傅浩程　姜言富 | 1999 年度电视宣传二等奖 | 潍坊电视台 |
|  | 苏森源 | 广播电视宣传工作先进个人 | 潍坊市广播电视局 |
|  | 李　苇 | 昌邑市宣传思想工作<br>先进个人 | 中共昌邑市委 |
|  | 孙大波 | 电视宣传三等奖 | 潍坊电视台 |
|  | 张　伟 | 2000 年度模范通讯员三等奖 | 山东人民广播电台 |
|  | 张　伟 | 1999 年度模范通讯员一等奖 | 潍坊人民广播电台 |
| 2001 | 高寿明 | 2000 年度统一供片先进个人 | 山东省广播电视局 |
|  | 赵海燕　于彦玲 | 潍坊市广播电视十佳青年播音员<br>主持人提名奖 | 潍坊市广播电视局<br>潍坊电视台 |
|  | 苏森源 | 2000 年度电视宣传一等奖 | 潍坊电视台 |
|  | 高寿明 | 2000 年度宣传策划先进个人 | 潍坊有线电视台 |
|  | 张惠福 | 2001 年度优秀共产党员 | 中共昌邑市委机关党工委 |
|  | 张惠福 | 中国共产党成立 80 周年纪念活动先进个人 | 中共潍坊市委 |

续表 48

| 年度 | 获奖人员 | 获得荣誉 | 授奖机关 |
|---|---|---|---|
| 2001 | 宋建文 | 潍坊市广播电视宣传先进个人 | 潍坊市广播电视局 |
| | 姜言富　傅浩程 | 2000 年度电视宣传二等奖 | 潍坊电视台 |
| | 齐兴中 | 模范通讯员一等奖 | 潍坊人民广播电台 |
| | 高寿明 | 优秀政协委员 | 昌邑市政协 |
| | 王沛盛　张永柱 | 2000 年度优秀共产党员 | 中共昌邑市委机关党工委 |
| | 孙大波 | 在 2000 年度电视宣传评比中荣获三等奖 | 潍坊电视台 |
| | 孙大波 | 被评为 2000 年度潍坊市广播电视宣传先进个人 | 潍坊市广播电视局 |
| | 张　伟 | 2001 年度模范通讯员三等奖 | 山东人民广播电台 |
| | 张　伟 | 2000 年度模范通讯员一等奖 | 潍坊人民广播电台 |
| 2002 | 王沛盛 | 昌邑市为民服务联动先进个人 | 昌邑市人民政府 |
| | 宋建文 | 潍坊有线电视新闻宣传先进个人 | 潍坊市广播电视局<br>潍坊有线电视台 |
| | 姜言富 | 电视宣传二等奖 | 潍坊电视台 |
| | 姜言富 | 广电宣传先进个人 | 潍坊市广播电视局 |
| | 傅浩程 | 2001 年度电视宣传二等奖 | 潍坊电视台 |
| | 苏森源 | 2001 年度电视宣传一等奖 | 潍坊电视台 |
| | 齐兴中 | 模范通讯员一等奖 | 潍坊人民广播电台 |
| | 郝　勇　张永柱 | 2001 年度昌邑市十佳新闻工作者称号 | 中共昌邑市委<br>昌邑市人民政府 |
| | 张新立　宋宗玉 | 优秀共产党员 | 中共昌邑市委 |
| | 郝　勇 | 优秀共产党员 | 中共昌邑市委机关党工委 |
| | 高寿明 | 优秀组织奖 | 山东人民广播电台 |
| | 张惠福 | 十佳新闻工作者 | 中共昌邑市委<br>昌邑市人民政府 |
| | 李　苇 | 昌邑市宣传思想工作先进个人 | 中共昌邑市委 |
| | 苏森源　傅浩程 | 2002 年度电视宣传二等奖 | 潍坊电视台 |
| | 姜言富 | 2002 年度电视宣传三等奖 | 潍坊电视台 |
| | 张广松 | 2001 年度潍坊市广播电视宣传先进个人 | 潍坊市广播电视局 |
| | 张　伟 | 2001 年度模范通讯员三等奖 | 山东人民广播电台 |
| | 张　伟 | 2002 年模范通讯员一等奖 | 潍坊人民广播电台 |
| | 张　伟 | 2001 年度广播电视宣传先进个人 | 潍坊市广播电视局 |
| 2003 | 齐兴中 | 模范通讯员一等奖 | 潍坊人民广播电台 |
| | 李　苇 | 昌邑市十佳青年 | 中共昌邑市委 |
| | 傅浩程 | 2002 年度电视宣传三等奖 | 潍坊电视台 |
| | 宋建文 | 2002 年度电视宣传三等奖 | 潍坊电视台 |
| | 张术叁 | 昌邑市优化发展环境优秀青年标兵 | 昌邑市委宣传部<br>共青团昌邑市委<br>昌邑市监察局 |
| | 张术叁 | 嘉奖 | 昌邑市人民政府 |

续表 48

| 年度 | 获奖人员 | 获得荣誉 | 授奖机关 |
|---|---|---|---|
| 2004 | 姜言富　傅浩程 | 2003 年度电视宣传二等奖 | 潍坊电视台 |
| | 朱永伟 | 潍坊市广告行业重信誉创优质服务先进个人 | 潍坊市广告协会 |
| | 齐兴中 | 模范通讯员一等奖 | 潍坊人民广播电台 |
| | 傅浩程 | 2003 年度潍坊市广播电视宣传先进个人 | 潍坊市委宣传部<br>潍坊市广播电视局 |
| | 郝　勇 | 优秀共产党员 | 中共昌邑市委 |
| | 张亦明 | 优秀共产党员 | 中共山东省委 |
| | 孙大波 | 2003 年度电视宣传工作三等奖 | 潍坊电视台 |
| | 张伟 | 2003 年度模范通讯员一等奖 | 山东人民广播电台 |
| 2005 | 王沛盛 | 2004 年度“平安潍坊”建设先进个人 | 中共潍坊市委<br>潍坊市人民政府 |
| | 李照伟　荆　剑　孙永泉 | 2004 年度广播新闻宣传一等奖 | 潍坊人民广播电台 |
| | 李照伟　荆　剑 | 2004 年度模范通讯员二等奖 | 山东人民广播电台 |
| | 孙永泉 | 2004 年度模范通讯员三等奖 | 山东人民广播电台 |
| | 姜言富　范绍杰 | 2004 年度电视宣传一等奖 | 潍坊电视台 |
| | 李　苇　于国颖 | 2004 年度电视宣传二等奖 | 潍坊电视台 |
| | 苏森源　傅浩程　朱永伟 | 2004 年度电视宣传三等奖 | 潍坊电视台 |
| | 郝　勇 | 新闻宣传改革创新奖 | 中共昌邑市委<br>昌邑市人民政府 |
| | 傅浩程 | 2004 年度潍坊市广播电视宣传先进个人 | 潍坊市广播电视局 |
| | 张新立 | 优秀共产党员 | 昌邑市机关党工委 |
| | 王沛盛 | “和平使命—2005 军演”拥军支前先进个人 | 中共昌邑市委<br>昌邑市人民政府 |
| | 王沛盛 | 全省卫星电视广播地面接收设施管理工作先进个人 | 山东省广播电视局<br>山东省国家安全厅 |
| | 张新立 | 昌邑市安全生产先进个人 | 中共昌邑市委<br>昌邑市人民政府 |
| | 李希刚 | 优秀机务员 | 山东省广播电视局 |
| | 王文峰　夏翠珍　孙鹏波<br>陈大涛 | 潍坊市优秀机务员 | 潍坊市广播电视局 |
| 2006 | 王沛盛 | 2005 年度《潍坊广电通讯》供稿先进个人 | 潍坊市广播电视局 |
| | 宋建文 | 潍坊市广播电视宣传先进个人 | 潍坊市广播电视局 |
| | 宋建文 | 潍坊市典型宣传先进个人　潍坊市十佳记者 | 潍坊市委宣传部 |
| | 宋建文 | 在全市宣传工作中成绩突出，被评为先进个人 | 潍坊市委宣传部 |
| | 宋建文 | 2005 年度电视宣传工作中成绩突出，获一等奖 | 潍坊电视台 |
| | 姜言富 | 优秀共产党员 | 中共昌邑市委市直机关工委 |
| | 宋凌晓 | 2006 年度全市有线电视技术能手比赛二等奖 | 潍坊市广播电视局 |
| | 傅浩程 | 2005 年度电视宣传三等奖 | 潍坊电视台 |
| 2007 | 王沛盛 | 2006 年度《潍坊广电通讯》供稿先进个人 | 潍坊市广播电视局 |

续表 48

| 年度 | 获奖人员 | 获得荣誉 | 授奖机关 |
| --- | --- | --- | --- |
| 2007 | 宋建文 | 在 2006 年度电视宣传工作中，成绩突出，荣获一等奖 | 潍坊电视台 |
| | 姜言富 | 服务联动工作先进个人 | 潍坊市 110 社会联动工作领导小组 |
| | 傅浩程 | 2006 年度电视宣传二等奖 | 潍坊电视台 |
| | 姜言富 | 十佳服务明星 | 昌邑市精神文明建设委员会 |
| | 苏森源 | 优秀共产党员 | 中共昌邑市委机关党工委 |
| | 元钦圣 | “从事新闻工作三十年”称号 | 中华全国新闻工作协会 |
| | 宋建文 | 潍坊市电视宣传工作一等奖 | 潍坊电视台 |
| | 孙大波 | 2006 年度全市宣传思想工作先进个人 | 中共昌邑市委<br>昌邑市人民政府 |
| 2008 | 张惠福 | 潍坊广播电视宣传工作先进个人 | 潍坊市广播电视局 |
| | 李　苇 | 十七大安全播出先进个人 | 山东省广播电视局 |
| | 张新立 | 安全播出工作优秀机务员 | 山东省广播电视局 |
| | 宋建文 | 昌邑市十佳青年 | 昌邑市委宣传部<br>共青团昌邑市委<br>昌邑市人事局<br>昌邑市青年联合会 |
| | 刘景贤 | 首届中国（潍坊）文展会“先进个人” | 潍坊市文化建设领导小组（市委、市政府奖） |
| | 宋建文 | 山东电视台农科频道优秀通讯员 | 山东电视台 |
| | 梁　峰 | 中华情艺术风采国际交流展演山东赛区优秀辅导教师奖 | 中国关心下一代工作委员会<br>中华少年英才工作委员会<br>中国少年先锋队全国工作委员会 |
| | 孙大波 | 2008 年度潍坊市广播电视“优秀记者” | 潍坊市广播电视局<br>潍坊广播电视学会 |
| 2009 | 李　苇 | 创优服务先进个人 | 山东省广告协会 |
| | 梁　峰 | 第三届“超越梦想”全国青少年才艺电视展演优秀教师奖 | 中国大众音乐协会<br>全国青少年才艺电视展演组委会 |
| | 朱永伟 | 全市党员干部现代远程教育教学资源建设先进个人 | 潍坊市委组织部 |
| | 赵赞江 | 庆祝建国六十周年书画摄影大赛书法类优秀作品一等奖<br>庆祝建国六十周年摄影类大赛摄影类优秀作品一等奖 | 潍坊市广播电视局 |
| | 张广松 | 2008 年度潍坊市广播电视宣传工作先进个人 | 潍坊市广播电视局 |
| 2010 | 赵赞江 | 连续三年被确定为优秀等次记三等功 | 中共昌邑市委<br>昌邑市人民政府 |
| | 李　苇 | 广告经营创新人才 | 中国广告杂志社 |
| | 孙大波 | 2009 年度全市宣传思想文化工作先进个人 | 中共昌邑市委<br>昌邑市人民政府 |
| | 宋建文 | 潍坊市社会科学普及工作先进个人 | 潍坊市委宣传部<br>潍坊市社科联 |
| | 张术叁 | 优秀党务工作者 | 中共昌邑市委 |

续表 48

| 年度 | 获奖人员 | 获得荣誉 | 授奖机关 |
|---|---|---|---|
| 2011 | 张惠福 | 2011 年度潍坊市社会科学普及工作先进个人 | 潍坊市委宣传部<br>潍坊市社科联 |
| | 朱永伟 | 全市宣传思想文化工作先进个人 | 中共昌邑市委<br>昌邑市人民政府 |
| | 宋俊杰 | 潍坊移动好新闻电视大赛三等奖 | 潍坊广播影视集团<br>潍坊移动通讯公司<br>潍坊广播电视协会 |
| | 梁　峰 | 全市“三个一切”群众主题教育演讲比赛三等奖 | 潍坊市委宣传部<br>潍坊广播影视集团 |
| | 付　娜 | 全市“三个一切”群众主题教育演讲比赛三等奖 | 潍坊市委宣传部<br>潍坊广播影视集团 |
| | 李希刚 | 技术维护先进个人 | 山东省广播电视局 |
| | 姜言同 | 播出优秀机务员 | 山东省广播电视局 |
| | 姜言同 | 潍坊市 CMMB“百日安全播出竞赛”先进个人 | 山东中广传播有限公司<br>潍坊分公司 |
| | 张术叁 | 二〇一〇年度平安昌邑建设先进个人 | 中共昌邑市委<br>昌邑市人民政府 |
| | 张术叁 | 山东省第六次人口普查工作先进个人 | 山东第六次人口普查领导小组办公室 |
| | 赵赞江 | 优秀党务工作者 | 中共山东省委 |
| 2012 | 王文峰 | 全市廉政短信创作征集评选活动三等奖 | 中共昌邑市纪委<br>昌邑市监察局 |
| | 朱永伟 | 全市宣传思想文化工作优秀宣传干部 | 潍坊市委宣传部 |
| | 朱永伟 | 山东广播电视台优秀通讯员三等奖 | 山东广播电视台 |
| | 张术叁 | 优秀工会工作者 | 昌邑市总工会 |
| 2013 | 张术叁 | 优秀工会工作者 | 昌邑市总工会 |
| | 朱永伟　谭效君 | 丝绸之乡文化奖 | 中共昌邑市委<br>昌邑市人民政府 |
| | 张术叁 | 安全生产先进个人 | 潍坊市政府安委会 |
| | 宋建文 | 2012 年度全市宣传思想文化工作先进个人 | 中共昌邑市委<br>昌邑市人民政府 |
| | 宋建文 | 2012 年度潍坊市社会科学普及工作先进个人 | 中共潍坊市委宣传部<br>潍坊市社会科学界联合会 |
| | 张术叁 | 优秀工会工作者 | 山东省总工会 |
| | 张术叁 | 嘉奖 | 昌邑市人民政府 |
| 2014 | 田春花　孙永泉　傅浩程 | 2013 年度广播新闻报道优秀通讯员一等奖 | 潍坊人民广播电台 |
| | 尹　迅 | 潍坊市优秀共青团员 | 共青团潍坊市委 |
| | 郝　鹏 | 2014 年度电视宣传先进记者二等奖 | 山东广播电视台 |
| | 李连冰 | 2014 年度电视宣传先进记者二等奖 | 山东广播电视台 |
| | 田春花 | 2014 年度电视宣传先进记者一等奖 | 山东广播电视台 |
| | 傅浩程 | 2014 年度电视宣传先进记者一等奖 | 山东广播电视台 |
| | 王沛盛 | 全市离退休干部网上党支部论坛优秀个人 | 潍坊市委离退休干部工作委员会<br>潍坊市委老干部局 |
| | 张术叁 | 优秀工会工作者 | 昌邑市总工会 |

续表 48

| 年度 | 获奖人员 | 获得荣誉 | 授奖机关 |
| --- | --- | --- | --- |
| 2014 | 张术叁 | 嘉奖 | 昌邑市人民政府 |
| 2015 | 孙志超　梁　峰　李子芯　于小颖　于　婷　李艳霞 | “富华杯”潍坊市首届经典诵读大赛优胜奖 | 潍坊市文明办<br>潍坊朗诵与语言艺术协会 |
| | 傅浩程 | 2015 年度山东广播宣传一等奖 | 山东省广播电视台 |
| | 张术叁 | 优秀工会工作者 | 昌邑市总工会 |
| | 张术叁 | 三等功 | 昌邑市人民政府 |
| 2016 | 张术叁 | 2015 年度先进人大工作者 | 昌邑市人大常委会 |
| 2017 | 宋建文 | 山东省关心下一代工作先进工作者 | 山东省关工委<br>山东省文明办 |
| | 孙永泉 | 昌邑市志愿服务先进个人 | 共青团昌邑市委 |
| | 孙永泉 | 全市创建全国文明城市工作先进个人 | 中共昌邑市委<br>昌邑市人民政府 |
| | 赵海燕　傅浩程 | 昌邑市第八批专业技术拔尖人才 | 昌邑市人民政府 |
| 2018 | 梁　峰 | 全市职工综合文艺演出二等奖 | 昌邑市总工会 |
| | 王宇林 | “新华书店”杯潍坊市第四届读书诵读大赛暨第十三届全省读书诵读大赛潍坊地区选拔赛中青年组一等奖 | 潍坊市文化广电新闻出版局 |
| | 王宇林 | 第十三届全省读书朗诵大赛成人业余组二等奖 | 山东省文化厅 |
| | 王宇林 | “中国食品谷”杯潍坊市第三届经典诵读大赛成人组三等奖 | 潍坊市总工会<br>共青团潍坊市委<br>潍坊市妇联 |
| | 李慧娟 | “中国食品谷”杯潍坊市第三届经典诵读大赛优秀指导奖 | 潍坊市总工会<br>共青团潍坊市委<br>潍坊市妇联 |
| | 李慧娟 | 昌邑市三八红旗手 | 昌邑市妇女联合会 |
| | 范晓慧 | 优秀工会工作者 | 昌邑市总工会 |
| | 王宇林 | 昌邑市优秀共青团员 | 共青团昌邑市委 |
| | 郝　鹏 | 昌邑志愿服务先进个人 | 共青团昌邑市委 |
| | 孙永泉 | 昌邑志愿服务先进个人 | 共青团昌邑市委 |
| | 梁　峰 | 昌邑市优秀共青团干部 | 共青团昌邑市委 |
| | 孙志超 | 昌邑青年志愿服务之星 | 昌邑市文明办<br>共青团昌邑市委 |
| | 张术叁 | 昌邑尊师重教先进个人 | 中共昌邑市委<br>昌邑市人民政府 |
| | 张术叁 | 关心国防建设先进个人 | 昌邑市国防动员委员会 |
| | 梁　峰 | 2018 公益山东公益爱心大使 | 山东广播电视台 |
| | 刘志强 | 昌邑青年志愿服务之星 | 昌邑市文明办<br>共青团昌邑市委 |
| | 李慧娟 | 昌邑青年志愿服务之星 | 昌邑市文明办<br>共青团昌邑市委 |
| | 梁　峰 | “同心共筑家国梦”家风诵读比赛二等奖 | 昌邑市纪委<br>昌邑市妇女联合会 |
| | 孙志超 | “农商行杯”昌邑市“中国梦　新时代”百姓宣讲比赛一等奖 | 昌邑市委宣传部 |

续表 48

<table>
<tr><th>年度</th><th>获奖人员</th><th>获得荣誉</th><th>授奖机关</th></tr>
<tr><td rowspan="3">2018</td><td>梁　峰</td><td>第十五届“星星火炬”全国青少年艺术英才推选活动山东总展示优秀指导奖一等奖</td><td>山东省关工委<br>山东青少年宫协会</td></tr>
<tr><td>姜言富</td><td>“弘扬优秀家风，建设廉洁家庭”家风家训征集评选活动“我的家训”书法作品成人组优秀奖</td><td>中共昌邑纪律检查委员会<br>昌邑市妇女联合会</td></tr>
<tr><td>宋建文　李慧娟</td><td>丝绸之乡文化奖</td><td>中共昌邑市委<br>昌邑市人民政府</td></tr>
<tr><td rowspan="7">2019</td><td>张术叁</td><td>关心国防建设先进个人</td><td>昌邑市国防动员委员会</td></tr>
<tr><td>李慧娟</td><td>全市关心下一代工作先进个人</td><td>昌邑市关心下一代工作委员会</td></tr>
<tr><td>孙志超</td><td>全市“不忘初心、牢记使命”主题演讲比赛三等奖</td><td>中共昌邑市委</td></tr>
<tr><td>王文峰</td><td>昌邑市优秀共产党员</td><td>中共昌邑市委</td></tr>
<tr><td>宋建文</td><td>丝绸之乡文化奖</td><td>中共昌邑市委<br>昌邑市人民政府</td></tr>
<tr><td>梁　峰</td><td>第十六届“星星火炬”全国青少年艺术英才大赛潍坊选拔赛优秀指导老师奖</td><td>山东省少工委<br>山东省青少年宫</td></tr>
<tr><td>王沛盛</td><td>优秀“五老”志愿者</td><td>昌邑市关工委<br>昌邑市委组织部<br>昌邑市文明办</td></tr>
</table>

说明：1958—1977 年无材料可查

## 第三节　1995 年以后中心（局站）个人创新成果

### 1995 年以后中心（局站）个人创新成果一览表

表 49

<table>
<tr><th>年度</th><th>姓名</th><th>创新成果</th><th>授奖机关</th></tr>
<tr><td rowspan="2">1995</td><td>张永柱　张新立</td><td>027 8G 系列微波稳压电源二等奖</td><td rowspan="2">山东省广播电视厅</td></tr>
<tr><td>张永柱　张丙申　张新立</td><td>029 SONY BC-1 WA 充电器厚模块改造三等奖</td></tr>
<tr><td rowspan="7">1999</td><td>葛立度　姜言同　张永柱　张新立</td><td>GSOF-Ⅰ-Ⅱ发射机风机改造二等奖</td><td rowspan="5">潍坊市广播电视局</td></tr>
<tr><td>张兰香</td><td>有线电视技术能手比赛二等奖</td></tr>
<tr><td>张新立　张永柱　邓兆林　李希刚　姜言同</td><td>摄像机充电延时保护器二等奖</td></tr>
<tr><td>张新立　张永柱　李希刚　姜言同　葛立度</td><td>ZDX-6-3 交流稳压电源维修和改造二等奖</td></tr>
<tr><td>葛立度　姜言同　张永柱　张新立</td><td>GSOF-Ⅰ-Ⅱ发射机排风管道改进三等奖</td></tr>
<tr><td>张新立　张永柱　李希刚　姜言同　葛立度</td><td>交流稳压电源维修与改造三等奖</td><td rowspan="2">山东省广播电视厅</td></tr>
<tr><td>张新立　邓兆林　张永柱　李希刚　姜言同</td><td>摄像机充电器延时保护器三等奖</td></tr>
</table>

续表 49

| 年度 | 姓名 | 创新成果 | 授奖机关 |
|---|---|---|---|
| 2001 | 张永柱　张新立　齐　敏　李希刚　邓兆林 | 经济实用的县市级广电会议系统一等奖 | 潍坊市广播电视局 |
| | 张新立　张永柱　李希刚　夏翠珍　陈大涛 | 升级播音提词器二等奖 | |
| | 张新立　张永柱　葛立度　姜言同　李希刚 | 电视机房防火报警系统二等奖 | |
| | 葛立度　张新立　姜言同　孙鹏波　孙壮绪 | 改造局内白炽灯泡照明电路三等奖 | |
| | 张　勇　尹元瑞　齐　敏 | 用数字万用表测试有线电视前端各频道伴音输出平衡的简便方法三等奖 | 潍坊市广播电视局<br>潍坊市广播电视学会 |
| | 张永柱　张新立　齐　敏　李希刚　邓兆林 | 经济实用的县市级广电会议系统二等奖 | 山东省广播电视局 |
| | 张新立　张永柱　葛立度　姜言同　李希刚 | 电视机房防火报警系统二等奖 | |
| | 刘崇恩　宋凌晓　尹元瑞 | 昌邑市一号干线大面积用户低频段信号夜间出现严重火花干扰故障的排除三等奖 | |
| 2003 | 齐　敏 | 农村有线电视集中供电一等奖 | 潍坊市广播电视局 |
| | 张兰香 | 有线电视技术比赛三等奖 | |
| | 夏翠珍　李　莉　陈大涛　王文峰　张新立 | 经济实用的小型演播室灯光改造方案三等奖 | |
| | 张新立 | SONYDVCAM 系列录像机典型故障处理三等奖 | |
| | 张新立　陈大涛　李希刚　王文峰　姜言同 | 消除机房内交流干扰的几点措施二等奖 | |
| | 李希刚　王文峰　孙鹏波　尹新峰　李莉 | 利用现有非线编系统组成局域网并实现硬盘自动播出方案一等奖 | |
| | 齐　敏 | 农村有线电视集中供电二等奖 | 山东省广播电视局 |
| 2005 | 王文峰 | 昌邑电视台制播一体化网络设计建设方案一等奖 | 潍坊市广播电视局 |
| | 王文峰　张新立　李希刚　姜言同　孙鹏波 | 有线电视防雷系统改造一等奖 | |
| | 王文峰 | 经济实用的县市级现场直播系统二等奖 | |
| | 李　莉　李　伟 | 获得有线电视网络改造应注意的问题和电源干扰的防范二等奖 | |
| | 宋凌晓　张兰香　谢培元 | 防雷保护设计二等奖 | |
| | 谢培元　尹元瑞　张　勇　张晓峰 | 有线电视 50 赫兹交流电源分析与排除三等奖 | |
| | 张兰香　宋凌晓 | 浅析室外多端口光收在我市有线电视中的应用三等奖 | |
| | 张兰香　宋凌晓 | HFC 中楼栋用户电缆分配网设计方法的比较三等奖 | |
| | 宋凌晓　张兰香　夏翠珍 | 解决不同地电位造成干扰的方法三等奖 | |

续表 49

| 年度 | 姓名 | 创新成果 | 授奖机关 |
| --- | --- | --- | --- |
| 2005 | 李希刚　姜言同　张新立　王培武　孙鹏波 | 1 千瓦发射机高压电源故障维修实例三等奖 | 潍坊市广播电视局 |
| | 王文峰 | 演播室灯光系统三等奖 | |
| | 夏翠珍　李　莉　陈大涛 | 有线电视机顶盒发展前景及推广模式三等奖 | |
| | 尹元瑞　孙鹤宇　谢培元　张　勇　张晓峰 | 光接收机电源干扰应急处理办法三等奖 | |
| | 张新立　李希刚　姜言同　王文峰　夏翠珍 | 昌邑电视台制播一体化网络设计建设方案三等奖 | 山东省广播电视局 |

说明：1958 年至 1994 年无材料可查

## 第四节　1983 年以后昌邑人民广播电台（站）获奖作品

### 1983 年以后昌邑人民广播电台（站）获奖作品一览表

表 50

| 年度 | 题目 | 节目载体 | 获奖等级 | 颁奖机关 | 主创人员 |
| --- | --- | --- | --- | --- | --- |
| 1983 | 巧断家私 | 广播剧 | 优秀奖 | 潍坊市广播电视局<br>潍坊市广播电视学会 | 元钦圣 |
| 1984 | 刘洪进的“家庭管理学” | 广播谈话 | 一等奖 | 潍坊市广播电视局<br>潍坊市广播电视学会 | 元钦圣 |
| 1986 | 青年之友 | 广播栏目 | 三等奖 | 山东省广播电视厅<br>山东省广播电视学会 | 元钦圣 |
| 1987 | 我们是勤劳的小蜜蜂 | 广播专题 | 一等奖 | 潍坊市广播电视局<br>潍坊市广播电视学会 | 夏旭东<br>孟祥惠<br>孟彩云 |
| | 不要一网打尽满河鱼 | 广播评论 | 三等奖 | 山东省广播电视厅<br>山东省广播电视学会 | 元钦圣 |
| | 我们是勤劳的小蜜蜂 | 广播专题 | 二等奖 | 山东省广播电视厅<br>山东省广播电视学会 | 夏旭东<br>孟祥惠<br>孟彩云 |
| | 柳疃镇改革农村干部任用办法 | 广播新闻 | 三等奖 | 山东省广播电视厅<br>山东省广播电视学会 | 孟祥惠<br>孟彩云 |
| 1988 | 官打送礼人新招 | 广播访谈 | 三等奖 | 山东省广播电视厅<br>山东省广播电视学会 | 元钦圣 |
| 1989 | 拣包袱 | 广播故事 | 三等奖 | 山东省广播电视厅<br>山东省广播电视学会 | 元钦圣 |
| | 拣包袱 | 广播故事 | 二等奖 | 潍坊市广播电视局<br>潍坊市广播电视学会 | 元钦圣 |
| | 家乡的路 | 广播征文 | 一等奖 | 潍坊人民广播电台 | 杨效恕 |
| 1991 | 人民自有回天力 | 广播专稿 | 一等奖 | 潍坊人民广播电台 | 刘景贤<br>尹海瑞 |
| | 书记院里静悄悄 | 广播专稿 | 一等奖 | 潍坊人民广播电台 | 刘景贤 |
| | 独女户加入养老保险 | 广播专稿 | 二等奖 | 潍坊人民广播电台 | 杨效恕<br>赵海燕 |

续表 50

| 年度 | 题目 | 节目载体 | 获奖等级 | 颁奖机关 | 主创人员 |
| --- | --- | --- | --- | --- | --- |
| 1991 | 献给孩子一份真正的爱 | 录音报道 | 二等奖 | 潍坊市广播电视局<br>潍坊市广播电视学会 | 张葆海<br>孟彩云<br>邢述世 |
| 1992 | 服装厂实行全员合同制 | 广播新闻 | 二等奖 | 山东省广播电视厅<br>山东省广播电视学会 | 宋凌晓 |
| | 从官场到商场 | 新闻 | 山东省好新闻一等奖 | 山东省市地报研究会新闻评奖委员会 | 刘景贤 |
| | 今日一刻钟 | 广播专栏 | 三等奖 | 潍坊市广播电视局<br>潍坊市广播电视学会 | 张葆海<br>王智岳 |
| | 火化工喜当党代表 | 广播新闻 | 三等奖 | 潍坊市广播电视局<br>潍坊市广播电视学会 | 张葆海<br>叶　坤 |
| 1993 | 昌邑新闻 | 广播新闻 | 二等奖 | 潍坊市广播电视局<br>潍坊市广播电视学会 | 焦叙尊 |
| | 商海试潮说“练摊” | 录音报道 | 一等奖 | 潍坊市广播电视局<br>潍坊市广播电视学会 | 张葆海 |
| | “艾维茵”从这里起飞 | 系列报道 | 二等奖 | 潍坊市广播电视局<br>潍坊市广播电视学会 | 焦叙尊<br>张葆海 |
| | 商海试潮说“练摊” | 录音报道 | 二等奖 | 山东省广播电视厅<br>山东省广播电视学会 | 张葆海 |
| 1994 | 劣种坑农 16 户瓜农诉诸公堂 | 广播新闻 | 二等奖 | 潍坊市优秀新闻稿件评选委员会 | 张葆海<br>翟文武 |
| | 周末你我他 | 广播专栏 | 二等奖 | 山东省广播电视厅<br>山东省广播电视学会 | 张葆海<br>王智岳<br>焦叙尊 |
| | 抓机遇的敏感哪里来 | 广播评论 | 三等奖 | 潍坊市广播电视局<br>潍坊市广播电视学会 | 张葆海<br>焦绪尊 |
| 1995 | 私营企业兼并集体企业 | 广播新闻 | 一等奖 | 潍坊市广播电视局<br>潍坊市广播电视学会 | 张葆海<br>叶　坤 |
| | 追光的人 | 广播通讯 | 二等奖 | 中华全国农民报协会<br>中国广播电视学会<br>中国农村信息社 | 张葆海 |
| 1996 | 青年工人邵树衡为保卫国家财产和人民生命安全英勇献身 | 广播消息 | 一等奖 | 潍坊市广播电视局<br>潍坊市广播电视学会 | 王智岳<br>张葆海 |
| | 邵树衡为保卫国家财产和人民生命安全英勇献身 | 广播消息 | 山东省广播奖三等奖 | 山东省广播电视厅<br>山东省广播电视学会 | 王智岳<br>张葆海 |
| | 大地回声 | 广播专题 | 一等奖 | 中华全国新闻工作者协会<br>中国广播电视学会<br>中华全国农民报协会 | 刘景贤<br>张葆海 |
| | 支点 | 广播专题 | 二等奖 | 中华全国新闻工作者协会<br>中国广播电视学会<br>中华全国农民报协会 | 张葆海<br>王荣涛 |
| | 周末你我他 | 广播专栏 | 二等奖 | 潍坊市广播电视局<br>潍坊市广播电视学会 | 张葆海 |
| | 痛定思痛话防火 | 广播述评 | 三等奖 | 潍坊市广播电视局<br>潍坊市广播电视学会 | 张葆海 |
| | 三得利西服 | 广播广告 | 二等奖 | 潍坊市广播电视局<br>潍坊市广播电视学会 | 编辑部 |
| | 周末你我他 | 广播专栏 | 二等奖 | 山东省广播电视厅<br>山东省广播电视学会 | 张葆海 |

续表 50

| 年度 | 题目 | 节目载体 | 获奖等级 | 颁奖机关 | 主创人员 |
|---|---|---|---|---|---|
| 1996 | 二、七大集 | 广播板块 | 三等奖 | 潍坊市广播电视局<br>潍坊市广播电视学会 | 编辑部 |
| | 碧血铸青春 | 连续报道 | 三等奖 | 山东省广播电视厅 | 姜言富<br>赵海燕 |
| 1997 | 周末农家乐 | 广播专题 | 三等奖 | 山东省广播电视厅<br>山东省广播电视学会 | 焦叙尊 |
| 1998 | 敦敦本色塑税魂 | 广播新闻 | 二等奖 | 潍坊市广播电视局<br>潍坊市广播电视学会 | 刘景贤<br>辛惠兰 |
| | 我市近百个乡村企业聘请专家兼职翻译 | 广播新闻 | 三等奖 | 潍坊市广播电视局<br>潍坊市广播电视学会 | 刘景贤<br>辛惠兰 |
| | 为农民争聘“科技教师”叫好 | 广播新闻 | 三等奖 | 潍坊市广播电视局<br>潍坊市广播电视学会 | 刘景贤<br>辛惠兰 |
| | 农科园地 | 广播社教 | 三等奖 | 潍坊市广播电视局<br>潍坊市广播电视学会 | 孙永泉<br>叶　坤 |
| | 邢家村的大娘演唱队 | 播音主持 | 三等奖 | 潍坊市广播电视局<br>潍坊市广播电视学会 | 王冰云 |
| | 周末聚焦 | 播音主持 | 三等奖 | 潍坊市广播电视局<br>潍坊市广播电视学会 | 辛惠兰 |
| | 昌邑新闻 | 播音主持 | 三等奖 | 潍坊市广播电视局<br>潍坊市广播电视学会 | 邢述世 |
| 1999 | 我市率先开通“148”法律服务热线 | 广播新闻 | 三等奖 | 潍坊市广播电视局<br>潍坊市广播电视学会 | 张　伟<br>孙永泉<br>李耀文 |
| 2000 | 三联家电 | 广播广告 | 二等奖 | 潍坊市广播电视局<br>潍坊市广播电视学会 | 李照伟<br>张　伟<br>辛惠兰 |
| | | 广播新闻 | 三等奖 | 潍坊市广播电视局<br>潍坊市广播电视学会 | 张　伟<br>齐兴中<br>叶　坤 |
| 2001 | 农村天地 | 广播社教 | 三等奖 | 潍坊市广播电视局<br>潍坊市广播电视学会 | 张　伟 |
| | 结构调整不是“加减法” | 广播新闻 | 三等奖 | 潍坊市广播电视局<br>潍坊市广播电视学会 | 张　伟 |
| | 幸福村今天真幸福 | 广播新闻 | 三等奖 | 潍坊市广播电视局<br>潍坊市广播电视学会 | 齐兴中 |
| 2002 | 巾帼天地 | 广播社教 | 三等奖 | 潍坊市广播电视局<br>潍坊市广播电视学会 | 张　伟 |
| 2003 | “共产党员”扮靓西关街 | 广播新闻 | 三等奖 | 潍坊市广播电视局<br>潍坊市广播电视协会 | 张　伟 |
| 2004 | 敬老院里的老人们 | 广播专题 | 二等奖 | 山东省广播电视局<br>山东省广播电视学会 | 苏森源 |
| 2005 | 唱军歌的乡党委书记 | 连续报道 | 一等奖 | 山东省广播电视局<br>山东省广播电视学会 | 荆　剑<br>孙永泉<br>张广松<br>张　伟 |
| | 农民刘国田成功举办国家级苗木博览会 | 广播消息 | 一等奖 | 山东省广播电视局<br>山东省广播电视学会 | 荆　剑<br>李照伟 |
| | 800 辆红三轮“面的”火不起来 | 广播新闻 | 三等奖 | 潍坊市广播电视局<br>潍坊市广播电视协会 | 孙永泉<br>张　伟 |

续表 50

| 年度 | 题目 | 节目载体 | 获奖等级 | 颁奖机关 | 主创人员 |
| --- | --- | --- | --- | --- | --- |
| 2009 | 风暴潮中成功营救 57 名被困群众 | 广播专题 | 二等奖 | 山东省广播电视局 | 孙永泉<br>田春花 |
| | 也唱走西口 | 广播节目 | 一等奖 | 山东省电视艺术家协会 | 编辑部 |
| | 五百里潍河 | 广播节目 | 三等奖 | 山东省电视艺术家协会 | 编辑部 |
| 2010 | 先听为快 | 广播文艺 | 三等奖 | 潍坊市广播电视协会 | 李　苇<br>李艳霞<br>刘志强 |
| | 记者之歌 | 广播文艺 | 二等奖 | 潍坊市广播电视协会 | 刘景贤<br>李　苇<br>李学文 |
| | 国庆专题：今天是我的生日 | 广播专题 | 三等奖 | 山东省新闻工作者协会 | 孙永泉<br>田春花<br>宋建文<br>付　娜 |
| | 今天是你的生日 | 广播新闻 | 一等奖 | 潍坊市广播电视局<br>潍坊市广播电视学会 | 宋建文<br>孙永泉<br>田春花<br>付　娜 |
| | 相伴月光下 | 广播栏目 | 二等奖 | 山东省新闻工作者协会 | 冯　倩<br>李艳霞<br>曹　坤<br>刘志强<br>李慧娟<br>宫敬强 |
| 2011 | 昌邑品牌引领文化强市 | 广播新闻 | 三等奖 | 潍坊市广播电视协会 | 陈大涛<br>李艳霞<br>冯　倩 |
| | 国庆专题：今天是我的生日 | 广播专题 | 三等奖 | 山东省广播电视协会 | 田春花<br>付　娜 |
| | 相伴月光下 | 广播社教 | 二等奖 | 中国广播电视协会 | 李　苇<br>李慧娟<br>冯　倩<br>邓松礼<br>赵海燕<br>姜莲莲<br>董玉梅 |
| | 小修配厂和两项世界之最 | 广播节目 | 三等奖 | 中国广播电视协会 | 孙永泉<br>于彦玲 |
| 2012 | 昌邑 2 万个垃圾桶有了“身份证” | 广播新闻 | 二等奖 | 潍坊市广播电视协会 | 孙永泉<br>田春花 |
| | 女人慧生活 | 广播社教 | 三等奖 | 潍坊市广播电视协会 | 李　苇<br>邓松礼<br>李慧娟<br>张少卿 |
| | 相伴月光下 | 广播社教 | 三等奖 | 潍坊市广播电视协会 | 李　苇<br>邓松礼<br>冯　倩<br>张少卿 |
| | 昌邑：姜价暴跌姜农无奈赔本卖 | 广播新闻 | 三等奖 | 潍坊市广播电视协会 | 宋建文<br>孙永泉 |

续表 50

| 年度 | 题目 | 节目载体 | 获奖等级 | 颁奖机关 | 主创人员 |
|---|---|---|---|---|---|
| 2012 | 剩女，你为什么被剩下 | 广播主持 | 三等奖 | 潍坊市广播电视协会 | 冯　倩<br>李慧娟 |
| | 新闻早知道 | 广播主持 | 二等奖 | 潍坊市广播电视协会 | 李慧娟<br>冯　倩 |
| | 爱让残缺的梦远航 | 广播新闻 | 优秀奖 | 潍坊市残疾人联合会<br>潍坊市新闻工作者协会<br>潍坊市残疾人事业新闻宣传促进会 | 孙永泉<br>于彦玲<br>田春花 |
| 2013 | 昌邑“五老”担纲监督员<br>让未成年人远离网吧 | 广播新闻 | 三等奖 | 潍坊市广播电视协会 | 李慧娟<br>冯　倩 |
| 2014 | 全国首台电动呼扫车<br>亮相昌邑街头 | 广播长<br>消息 | 二等奖 | 山东广播电视协会 | 李慧娟<br>冯　倩 |
| | 趣说十二生肖的排名来历 | 公众性<br>节目 | 二等奖 | 山东广播电视协会 | 邹　健<br>张少卿<br>冯　倩<br>李慧娟 |
| 2015 | 天天闲磕牙 | 广播社教 | 三等奖 | 潍坊市广播电视学会 | 李慧娟<br>邹　健 |
| | 听说很有用 | 广播社教 | 三等奖 | 潍坊市广播电视学会 | 付文婷<br>梁　映 |
| | 大棚杏迎来好年头<br>果农喜笑颜开 | 广播新闻 | 三等奖 | 潍坊市广播电视学会 | 冯　倩<br>孙江飞 |
| | 小家有大爱 最美全家福 | 广播新闻 | 三等奖 | 潍坊市广播电视学会 | 冯　倩<br>于彦玲 |
| | 出门进园门 回家住社区 | 广播新闻 | 三等奖 | 潍坊市广播电视学会 | 冯　倩<br>张广松 |
| | 昌邑：“还权赋能”激发农村<br>发展新活力 | 广播<br>长消息 | 二等奖 | 中国广播电视协会 | 傅浩程<br>孙江飞<br>田春花 |
| 2017 | 昌邑龙门阵 | 广播社教 | 三等奖 | 潍坊市广播电视学会 | 宋建文<br>李慧娟 |
| 2018 | 二十五年悉心照料<br>感人事迹诠释夫妻深情 | 广播长<br>消息 | 三等奖 | 潍坊市广播电视学会 | 王宇林<br>李慧娟<br>梁　映 |
| | 昌邑龙门阵 | 广播社教 | 三等奖 | 潍坊市广播电视学会 | 李慧娟<br>冯　倩<br>梁　映 |
| | 无名烈士我为你们找家 | 广播新闻 | 三等奖 | 山东省新闻工作者协会 | 张术叁<br>李慧娟<br>王宇林 |
| | 两个老太听十九大报告 | 广播新闻 | 一等奖 | 山东省新闻工作者协会 | 张术叁<br>李慧娟<br>王宇林 |
| | 昌邑龙门阵 | 广播主持<br>作品 | 三等奖 | 中国广播电影电视社会组织联合会 | 李慧娟 |
| | 二十五年悉心照料 感人事迹<br>诠释夫妻深情 | 广播长<br>消息 | 三等奖 | 中国广播电影电视社会组织联合会 | 李慧娟<br>王宇林 |
| 2019 | 谢你无声 | 广播社教 | 优秀文化<br>作品 | 潍坊市委宣传部 | 宋建文<br>李慧娟 |
| | 临近麦收，“锄掉”<br>小麦为哪般 | 广播新闻 | 一等奖 | 潍坊市广播电视学会 | 宋建文<br>付文婷<br>冯　倩<br>梁　映 |

续表 50

| 年度 | 题目 | 节目载体 | 获奖等级 | 颁奖机关 | 主创人员 |
|---|---|---|---|---|---|
| 2019 | 谢你无声 | 广播剧 | 广播文艺作品二等奖 | 潍坊市广播电视学会 | 宋建文<br>李慧娟<br>傅浩程<br>王宇林<br>冯　倩<br>梁　映 |
| | 谢你无声 | 广播剧 | 优秀文化作品奖 | 中共昌邑市委<br>昌邑市人民政府 | 宋建文<br>李慧娟 |
| | 四点半之声 | 广播社教 | 三等奖 | 潍坊市广播电视学会 | 李慧娟<br>王宇林<br>梁　映 |
| | 村史馆里“大拜年”：传承红色“基因”留住乡情乡愁 | 广播新闻 | 三等奖 | 潍坊市广播电视学会 | 田春花<br>李　艳<br>王红红<br>徐介卿 |
| | 发生在火道村的故事 | 广播社教 | 三等奖 | 潍坊市广播电视学会 | 宋建文<br>李慧娟<br>王宇林<br>陈　潇 |
| | 昌邑：建设省级田园综合体打造乡村振兴新样板 | 广播新闻 | 二等奖 | 山东省新闻工作者协会 | 傅浩程<br>付文婷<br>王宇林 |

说明：1958—1982 年无材料可查

## 第五节　1989 年以后昌邑电视台获奖作品

### 1989 年以后昌邑电视台获奖作品一览表

表 51

| 年度 | 题目 | 节目载体 | 获奖等级 | 颁奖机关 | 主创人员 |
|---|---|---|---|---|---|
| 1989 | 裂变的民魂 | 电视专题 | 优秀奖 | 潍坊电视台 | 元钦圣 |
| 1991 | 昌邑县开办独女户父母养老保险 | 电视新闻 | 三等奖 | 山东省广播电视厅<br>山东省广播电视学会 | 郝　勇 |
| 1992 | 特殊岗位上的女共产党员 | 电视专题 | 一等奖 | 潍坊市广播电视局<br>潍坊市广播电视学会 | 刘万寿<br>宋建文 |
| | 新闻组合 | 电视栏目 | 二等奖 | 潍坊市广播电视局 | 宋建文<br>王冰云 |
| | 同谱“鱼水”新篇章 | 电视专题 | 一等奖 | 潍坊市广播电视局<br>潍坊市广播电视学会 | 元钦圣<br>苏森源 |
| 1993 | 创造辉煌 | 新闻专题 | 一等奖 | 潍坊市广播电视局<br>潍坊市广播电视学会 | 刘万寿<br>于丽萍<br>齐乃禹<br>朱永伟<br>赵海燕 |
| | 市场农业优为先 | 电视评论 | 一等奖 | 潍坊市广播电视局<br>潍坊市广播电视学会 | 元钦圣 |
| | 小刀杀出大市场 | 电视专题 | 一等奖 | 潍坊市广播电视局<br>潍坊市广播电视学会 | 元钦圣 |

续表 51

| 年度 | 题目 | 节目载体 | 获奖等级 | 颁奖机关 | 主创人员 |
|---|---|---|---|---|---|
| 1993 | 新生活 | 电视专题 | 二等奖 | 潍坊市广播电视局<br>潍坊市广播电视学会 | 元钦圣 |
| | 18 户菜农打赢官司 | 电视新闻 | 二等奖 | 潍坊市广播电视局<br>潍坊市广播电视学会 | 元钦圣 |
| | 献给上帝你我他 | 电视专题 | 三等奖 | 潍坊市广播电视局<br>潍坊市广播电视学会 | 宋建文<br>孙大波<br>徐素平<br>赵海燕 |
| | 催裂化之歌 | 电视专题 | 二等奖 | 潍坊市广播电视局<br>潍坊市广播电视学会 | 元钦圣<br>杨效恕<br>郝　勇<br>徐素平<br>宋建文 |
| | 昌邑县 40 万农民用上了粮证 | 电视新闻 | 一等奖 | 潍坊市广播电视局<br>潍坊市广播电视学会 | 郝　勇<br>宋建文<br>朱永伟<br>孙大波<br>赵海燕 |
| | 小刀杀出大市场 | 电视专题 | 二等奖 | 山东省广播电视厅<br>山东省广播电视学会 | 元钦圣 |
| | 棉农与省长拉钩 | 电视新闻 | 二等奖 | 山东省广播电视厅<br>山东省广播电视学会 | 李　苇 |
| | 昌邑新闻 | 广播电视优秀作品新闻组合类 | 二等奖 | 潍坊市广播电视局<br>潍坊市广播电视学会 | 徐素平<br>孙大波<br>宋建文<br>朱永伟 |
| | 催裂化之歌 | 优秀作品专题类 | 二等奖 | 潍坊市广播电视局<br>潍坊市广播电视学会 | 郝　勇<br>徐素平<br>宋建文<br>赵海燕 |
| 1994 | 柳疃粮枣间作发展高效农业 | 电视新闻 | 二等奖 | 潍坊市委宣传部<br>潍坊市广播电视局<br>潍坊市环保局 | 元钦圣 |
| | 新生活 | 电视专题 | 二等奖 | 潍坊市广播电视局<br>潍坊市广播电视学会 | 元钦圣<br>宋建文<br>徐素平 |
| | 东永安人巧使连环计 | 电视专题 | 二等奖 | 潍坊市广播电视局<br>潍坊市广播电视学会 | 元钦圣 |
| | 新生活 | 广播电视优秀作品栏目类栏目 | 二等奖 | 潍坊市广播电视局<br>潍坊市广播电视学会 | 元钦圣<br>宋建文<br>徐素平<br>李海波 |
| 1995 | 棉农的诺言 | 电视专题 | 二等奖 | 山东省广播电视厅<br>山东省广播电视学会 | 李　苇<br>元钦圣<br>孙大波<br>赵海燕 |
| 1996 | 碧血铸青春 | 电视报道 | 二等奖 | 山东省广播电视厅<br>山东省广播电视学会 | 郝　勇 |
| | 碧血铸青春 | 电视新闻 | 一等奖 | 潍坊市广播电视局<br>潍坊市广播电视学会 | 郝　勇<br>孙大波<br>叶　坤<br>姜言富 |

续表 51

| 年度 | 题目 | 节目载体 | 获奖等级 | 颁奖机关 | 主创人员 |
|---|---|---|---|---|---|
| 1996 | 补牢莫等亡羊后——科纸草料场火灾警示 | 电视评述 | 二等奖 | 潍坊市广播电视局<br>潍坊市广播电视学会 | 孟祥惠<br>苏森源 |
| | 社会传真 | 电视栏目 | 三等奖 | 潍坊市广播电视局<br>潍坊市广播电视学会 | 孟祥惠<br>苏森源 |
| | 多厂一长企业活 | 电视消息 | 三等奖 | 潍坊市广播电视局<br>潍坊市广播电视学会 | 孟祥惠<br>苏森源 |
| | 来自严打一线的报道 | 系列报道 | 一等奖 | 潍坊市广播电视局<br>潍坊市广播电视学会 | 李　苇 |
| | 大事化小小事化了 | 电视新闻 | 一等奖 | 中央社会治安综合治理委员会 | 刘万寿 |
| | 大地回声 | 电视报告文学 | 一等奖 | 中华全国新闻工作者协会国内工作部<br>中国广播电视学会农村宣传研究委员会<br>中华全国农民报协会新闻文化研究会 | 刘景贤<br>高寿明<br>张葆海 |
| 1997 | 绸乡行 | 电视片解说词 | 一等奖 | 新华通讯社<br>经济参考报社 | 刘景贤 |
| | 长路奉献给远方 | 电视片解说词 | 一等奖 | 新华通讯社<br>经济参考报社 | 刘景贤 |
| 1998 | 天旱更念党的恩 | 电视新闻 | 二等奖 | 潍坊市广播电视局<br>潍坊市广播电视学会 | 李　苇<br>孙大波<br>姜言富 |
| | 西去阳关寻乡亲 | 电视新闻 | 二等奖 | 潍坊市广播电视局<br>潍坊市广播电视学会 | 刘万寿<br>于国颖<br>孟祥惠<br>田海涛 |
| | 卫士的忠诚 | 电视社教 | 二等奖 | 潍坊市广播电视局<br>潍坊市广播电视学会 | 李　苇<br>宋建文<br>朱永伟<br>赵海燕 |
| | 架起干群连心桥 | 电视新闻 | 三等奖 | 潍坊市广播电视局<br>潍坊市广播电视学会 | 孟祥惠<br>苏森源<br>于彦玲 |
| | 生活百事 | 电视社教 | 三等奖 | 潍坊市广播电视局<br>潍坊市广播电视学会 | 王冰云<br>宋建文 |
| | 古河毛笔 | 电视社教 | 三等奖 | 潍坊市广播电视局<br>潍坊市广播电视学会 | 李海波<br>宋建文 |
| | 昌邑新闻 | 电视新闻 | 三等奖 | 潍坊市广播电视局<br>潍坊市广播电视学会 | 田海涛<br>姜言富<br>焦叙尊<br>于彦玲 |
| | 西去阳关寻乡亲 | 电视新闻 | 三等奖 | 山东省广播电视厅<br>山东省广播电视学会 | 刘万寿<br>于国颖<br>赵海燕<br>田海涛 |
| | 刘家祠堂 | 电视社教 | 二等奖 | 山东省广播电视厅<br>山东省广播电视学会 | 于国颖<br>宋建文<br>赵海燕 |
| | 水患离我们还有多远 | 电视新闻 | 二等奖 | 山东省广播电视厅<br>山东省广播电视学会 | 李　苇 |
| 1999 | 生活百事 | 电视社教 | 二等奖 | 潍坊市广播电视局<br>潍坊市广播电视学会 | 朱永伟<br>宿晓杰<br>王冰云 |
| | 五换门庭闯市场 | 电视新闻 | 一等奖 | 潍坊市广播电视局<br>潍坊市广播电视学会 | 李海波<br>傅浩程 |

续表 51

| 年度 | 题目 | 节目载体 | 获奖等级 | 颁奖机关 | 主创人员 |
| --- | --- | --- | --- | --- | --- |
| 1999 | 致富农民送礼来 | 电视新闻 | 二等奖 | 潍坊市广播电视局<br>潍坊市广播电视学会 | 李海波<br>苏森源 |
| | 三秋不见马儿跑 | 电视新闻 | 二等奖 | 中共潍坊市委宣传部 | 孟祥惠<br>宋建文 |
| | 他的名字叫国庆 | 新闻专题 | 一等奖 | 山东电视台 | 李　苇 |
| 2000 | 报刊杂志成为农民新负担 | 电视评论 | 二等奖 | 潍坊市广播电视局<br>潍坊市广播电视学会 | 李海波<br>苏森源 |
| | 刘氏家庙 | 电视社教 | 一等奖 | 山东省广播电视厅<br>山东省广播电视学会 | 宋建文 |
| | 昌邑纵横 | 电视专题 | 二等奖 | 山东省广播电视厅<br>山东省广播电视学会 | 赵海燕 |
| | 昌邑纵横 | 电视社教类 | 三等奖 | 潍坊市广播电视局<br>潍坊市广播电视学会 | 于国颖<br>宋建文<br>于彦玲 |
| 2001 | 衣食住行看变化 | 电视新闻 | 三等奖 | 潍坊市广播电视局<br>潍坊市广播电视学会 | 傅浩程 |
| | 金牌凝聚众人心 | 电视社教 | 一等奖 | 潍坊市广播电视局<br>潍坊市广播电视学会 | 宋建文 |
| | 农民董月廷和他的绿色梦 | 电视新闻 | 一等奖 | 潍坊市广播电视局<br>潍坊市广播电视学会 | 苏森源<br>赵海燕 |
| | 林伟宁家中看夺金 | 电视新闻 | 二等奖 | 潍坊市广播电视局<br>潍坊市广播电视学会 | 宋建文 |
| | 金牌凝聚众人心 | 电视社教 | 二等奖 | 山东省广播电视厅<br>山东省广播电视学会 | 宋建文 |
| | 农民董月廷和他的绿色梦 | 电视新闻 | 三等奖 | 山东省广播电视厅<br>山东省广播电视学会 | 苏森源<br>赵海燕 |
| | 昌邑新闻 | 电视新闻 | 三等奖 | 潍坊市广播电视局<br>潍坊市广播电视学会 | 傅浩程 |
| 2002 | 农民董月廷和他的“绿色梦” | 电视新闻 | 三等奖 | 山东省广播电视厅<br>山东省广播电视学会 | 苏森源<br>王冰云 |
| | 昌邑春桃栽培技术 | 电视专题 | 二等奖 | 潍坊市广播电视局<br>潍坊市广播电视学会 | 宋建文 |
| | 龙池镇有这样一群老农民 | 电视专题 | 三等奖 | 潍坊市广播电视局<br>潍坊市广播电视学会 | 宋建文 |
| 2003 | 黄土地上的求索 | 电视专题 | 三等奖 | 潍坊市广播电视局<br>潍坊市广播电视学会 | 宋建文 |
| | 昌邑新闻 | 电视新闻 | 二等奖 | 潍坊市广播电视局<br>潍坊市广播电视学会 | 傅浩程 |
| | 昌邑被国务院评为中国印染名城 | 电视新闻 | 三等奖 | 潍坊市广播电视局<br>潍坊市广播电视学会 | 苏森源 |
| | 严峻的考验 | 电视社教 | 二等奖 | 山东省广播电视局<br>山东省广播电视学会 | 李　苇<br>傅浩程 |
| | 金水晶梨栽培技术 | 电视社教 | 三等奖 | 潍坊市广播电视局<br>潍坊市广播电视学会 | 宋建文 |
| | 黄土地上的求索 | 电视社教 | 三等奖 | 潍坊市广播电视局<br>潍坊市广播电视学会 | 宋建文 |
| | 小康村又订新标准 | 电视新闻 | 二等奖 | 山东省广播电视局<br>山东省广播电视学会 | 李　苇<br>孙大波 |
| 2004 | 严峻的考验 | 电视社教 | 一等奖 | 潍坊市广播电视局<br>潍坊市广播电视学会 | 李　苇<br>傅浩程 |
| | 军地携手抢救 29 名被困民工 | 电视新闻 | 一等奖 | 潍坊市广播电视局<br>潍坊市广播电视学会 | 傅浩程<br>张少卿 |

续表 51

| 年度 | 题目 | 节目载体 | 获奖等级 | 颁奖机关 | 主创人员 |
| --- | --- | --- | --- | --- | --- |
| 2004 | 个体老板争聘职业经理 | 电视新闻 | 三等奖 | 潍坊市广播电视局<br>潍坊市广播电视学会 | 苏森源<br>宋俊杰 |
| | 陈继年的故事 | 电视专题 | 二等奖 | 山东省广播电视局<br>山东省广播电视学会 | 宋建文<br>于国颖<br>赵海燕<br>徐素平 |
| | 个体老板争聘职业经理 | 电视新闻 | 三等奖 | 山东省广播电视局<br>山东省广播电视学会 | 苏森源<br>宋俊杰 |
| | 严峻的考验 | 电视社教 | 二等奖 | 山东省广播电视局<br>山东省广播电视学会 | 李　苇<br>傅浩程 |
| | 金秋赏苗木　盛会迎嘉宾 | 电视新闻 | 二等奖 | 潍坊市广播电视局<br>潍坊市广播电视学会 | 宋建文<br>焦　云<br>牟静静 |
| | 潍水两岸 | 电视社教 | 三等奖 | 潍坊市广播电视局<br>潍坊市广播电视学会 | 于国颖<br>宋建文<br>焦　云<br>牟　静 |
| | 洋博士当“猪倌” | 电视新闻 | 一等奖 | 山东省广播电视局<br>山东省广播电视学会 | 苏森源<br>赵海燕 |
| | 八旬老人电视情 | 电视长消息 | 二等奖 | 山东省广播电视局<br>山东省广播电视学会 | 苏森源<br>张善仁 |
| 2005 | 女村官 | 新闻专题 | 一等奖 | 潍坊市广播电视局<br>潍坊市广播电视学会 | 傅浩程<br>孙江飞 |
| | 写就绿色华章 | 电视新闻 | 优秀奖 | 中共潍坊市委宣传部 | 傅浩程 |
| | 治理虞河污染得以源头抓起 | 电视新闻 | 优秀奖 | 潍坊市委宣传部<br>潍坊市人大常委会 | 宋建文 |
| | 女村官 | 新闻专题 | 二等奖 | 潍坊市广播电视局<br>潍坊市广播电视学会 | 傅浩程<br>于小颖 |
| | 昌邑古槐知多少 | 电视社教 | 三等奖 | 潍坊市广播电视局<br>潍坊市广播电视学会 | 于国颖<br>宋建文<br>焦　云 |
| | 清代名医——黄元御 | 电视专题 | 三等奖 | 潍坊市广播电视局<br>潍坊市广播电视学会 | 于国颖<br>宋建文<br>焦　云<br>牟　静 |
| | 建议追踪：治理虞河污染得以源头抓起 | 好新闻 | 优秀奖 | 中共潍坊市委宣传部<br>潍坊市人大常委会办公室 | 宋建文<br>周　围<br>马晓伟<br>沈　弘 |
| | 个体老板争聘“职业经理” | 新闻专题 | 三等奖 | 山东省广播电视局<br>山东省广播电视学会 | 苏森源<br>宋俊杰 |
| 2006 | 郭占鳌 | 电视专题 | 二等奖 | 潍坊市广播电视局<br>潍坊市广播电视学会 | 傅浩程<br>于彦玲 |
| | 深井救援 | 电视专题 | 一等奖 | 潍坊市广播电视局<br>潍坊市广播电视学会 | 孟祥惠<br>刘景贤<br>田海涛<br>孙英志<br>苏森源<br>张少卿 |
| | 冰窟救人 | 电视新闻 | 一等奖 | 潍坊市广播电视局<br>潍坊市广播电视学会 | 田海涛 |

续表 51

| 年度 | 题目 | 节目载体 | 获奖等级 | 颁奖机关 | 主创人员 |
| --- | --- | --- | --- | --- | --- |
| 2006 | 深井救援 | 电视专题 | 二等奖 | 山东省广播电视局<br>山东省广播电视学会 | 孟祥惠<br>刘景贤<br>田海涛<br>孙英志<br>苏森源<br>张少卿 |
| | 冰窟救人 | 电视新闻 | 二等奖 | 山东省广播电视局<br>山东省广播电视学会 | 田海涛 |
| | 潍水情深 | 电视专题 | 三等奖 | 山东省广播电视局<br>山东省广播电视学会 | 张亦明<br>李　苇<br>张广松<br>宋建文<br>李学文<br>焦　云 |
| 2008 | 遭遇特大风暴 大坝有惊无险 | 电视新闻 | 一等奖 | 潍坊市广播电视局<br>潍坊市广播电视学会 | 宋建文<br>谭效君 |
| | “十星”建设营造和谐东风 | 电视新闻 | 三等奖 | 潍坊市广播电视局<br>潍坊市广播电视学会 | 傅浩程<br>于国颖 |
| | 遭遇特大风暴 大坝有惊无险 | 电视新闻 | 三等奖 | 山东省广播电视局<br>山东省广播电视学会 | 宋建文<br>谭效君 |
| | 读书 | 电视专题 | 一等奖 | 中国国际农业电视协会第五届农业电视节目栏目类 | 赵海燕 |
| | 开播之前 | 戏剧 | 山东省首届星光奖 | 山东省文化厅<br>山东省群众文化学会 | 刘景贤<br>李学文 |
| | 看守 | 电视新闻 | 三等奖 | 潍坊市广播电视局<br>潍坊市广播电视学会 | 于国颖<br>傅浩程<br>于彦玲 |
| 2009 | 消防官兵勇救冰窟落水儿童 | 电视新闻 | 三等奖 | 潍坊市广播电视局<br>潍坊市广播电视学会 | 傅浩程<br>于小颖 |
| | 也唱走西口 | 电视专题 | 二等奖 | 潍坊市广播电视局<br>潍坊市广播电视学会 | 荆　剑<br>焦　云<br>孙英志<br>陈　潇 |
| | 心中那条河 | 长纪录片 | 二等奖 | 山东省广播电视协会 | 李　苇<br>宋建文<br>朱永伟 |
| | 大章洼作证 | 电视专题 | 三等奖 | 潍坊市广播电视局 | 荆　剑<br>焦　云<br>孙英志<br>陈　潇 |
| | 先锋本色 | 电视专题 | 一等奖 | 山东省电视艺术家协会 | 李　苇<br>刘景贤<br>朱永伟<br>董　磊<br>姜玉双 |
| | 李克强副总理来我市调查研究 | 电视新闻 | 二等奖 | 山东省新闻工作者协会<br>山东新闻奖专项奖复评委员会 | 傅浩程<br>于国颖 |
| | 秸秆发电变废为宝 | 电视新闻 | 二等奖 | 山东省新闻工作协会 | 傅浩程 |

续表 51

| 年度 | 题目 | 节目载体 | 获奖等级 | 颁奖机关 | 主创人员 |
|---|---|---|---|---|---|
| 2009 | 新农村新亮点大学毕业当村官 | 电视专题 | 二等奖 | 山东省新闻工作协会 | 李　苇<br>李学文<br>陈大涛<br>刘志强<br>傅浩程 |
| | 潍河桥的变迁 | 电视新闻 | 三等奖 | 山东省新闻工作协会 | 傅浩程<br>孙江飞 |
| | 金色的希望 | 电视专题 | 三等奖 | 山东省新闻工作协会 | 赵赞江<br>李　苇<br>傅浩程<br>李学文<br>陈大涛<br>邓松礼<br>刘志强<br>姜莲莲 |
| | 太平风物 | 文化栏目 | 一等奖 | 山东省电视艺术家协会 | 赵海燕<br>夏　斐<br>范绍杰<br>魏亚男<br>张惠福 |
| | 读书 | 电视专题 | 一等奖 | 山东省电视艺术家协会 | 赵海燕 |
| | 记者之歌 | 歌曲 | 一等奖 | 山东省电视艺术家协会 | 刘景贤 |
| | 纺织之乡关织机 | 电视新闻 | 二等奖 | 山东省广播电视局 | 傅浩程<br>于国颖 |
| | 村庄里有了环卫工 | 电视新闻 | 三等奖 | 山东省广播电视局 | 傅浩程<br>于国颖 |
| | 小章竹马 | 电视作品 | 三等奖 | 山东省广播电视局 | 李照伟<br>付　娜<br>梁　峰 |
| | 有难事找老郭 | 电视社教 | 二等奖 | 中国广播电视协会 | 于彦玲<br>姜玉双<br>董　磊<br>傅浩程 |
| 2010 | 心中的那条河 | 电视社教 | 二等奖 | 潍坊市广播电视协会 | 宋建文<br>朱永伟<br>孙大波<br>傅浩程 |
| | 心中的那条河 | 电视节目 | 三等奖 | 中国广播电视协会 | 季卫国<br>李　苇<br>宋建文<br>朱永伟<br>孙大波 |
| | 小修配厂和两项世界之最 | 电视新闻 | 一等奖 | 潍坊市广播电视协会 | 朱永伟<br>谭效君 |
| | 土陶的记忆 | 电视社教 | 三等奖 | 潍坊市广播电视协会 | 焦　云<br>陈　潇<br>孙鹏波<br>孙英志 |
| | 读书 | 电视社教 | 一等奖 | 潍坊市广播电视协会 | 赵海燕<br>夏　斐<br>范绍杰<br>孙英志 |

续表 51

| 年度 | 题目 | 节目载体 | 获奖等级 | 颁奖机关 | 主创人员 |
|---|---|---|---|---|---|
| 2010 | 纺织之乡关织机 | 电视新闻 | 二等奖 | 潍坊市广播电视协会 | 傅浩程<br>于国颖 |
| | 闪亮的日子 | 电视社教 | 三等奖 | 潍坊市广播电视协会 | 荆　剑<br>焦　云<br>陈　潇<br>孙英志 |
| | 小修配厂和两项世界之最 | 电视消息 | 三等奖 | 山东省新闻工作者协会 | 朱永伟<br>谭效君 |
| | 三杯茶 | 文化栏目 | 一等奖 | 潍坊市广播电视协会 | 赵海燕<br>夏　斐<br>范绍杰<br>魏亚男<br>孙英志 |
| | 六一欢歌 | 文化栏目 | 三等奖 | 潍坊市广播电视协会 | 李照伟<br>孙鹏波<br>梁　峰<br>傅乃坤 |
| | 老马的独臂生活 | 纪录片 | 二等奖 | 潍坊市广播电视协会 | 焦　云<br>孙英志<br>陈　潇 |
| | 真情无痕 | 系列报道 | 一等奖 | 山东省新闻工作者协会 | 李　苇<br>荊　剑<br>焦　云<br>陈　潇<br>孙英志 |
| | 村庄里有了保洁员 | 新闻 | 二等奖 | 山东省新闻工作者协会 | 李　苇<br>傅浩程<br>于国颖 |
| | 孝星马雪静 | 新闻 | 三等奖 | 山东省新闻工作者协会 | 李照伟<br>付　娜<br>梁　峰<br>孙鹏波 |
| | 黑心粗心太狠 躲避检查强行推客 | 电视新闻 | 三等奖 | 潍坊市广播电视局<br>潍坊市广播电视学会 | 宋建文<br>李连冰 |
| | 国情专题：今天是你的生日 | 专题 | 三等奖 | 山东省新闻工作者协会<br>山东新闻奖专项奖复评委 | 孙永泉<br>田春花<br>宋建文<br>付　娜 |
| | 读书 | 电视栏目 | 二等奖 | 山东省新闻工作者协会 | 李　苇<br>张惠福<br>赵海燕<br>夏　斐<br>范绍杰 |
| | 昌邑 360 | 电视栏目 | 二等奖 | 中国国际农业电视协会 | 李　苇<br>宋建文<br>孙永泉<br>邓松礼<br>徐桂娟<br>田春花 |
| 2011 | 百姓舞台 | 电视播音 | 三等奖 | 潍坊市广播电视协会 | 梁　峰 |
| | 神人自称能治百病 骗人钱财莫上当 | 电视新闻 | 三等奖 | 潍坊市广播电视协会 | 张广松<br>魏　芳 |

续表 51

| 年度 | 题目 | 节目载体 | 获奖等级 | 颁奖机关 | 主创人员 |
|---|---|---|---|---|---|
| 2011 | 环卫一体化扮靓昌邑农村 | 电视新闻 | 三等奖 | 潍坊市广播电视协会 | 傅浩程<br>范婷婷 |
| | 邮站进农家农资到地头 | 电视新闻 | 三等奖 | 潍坊市广播电视协会 | 孙大波<br>王　涛 |
| | 唱响昌邑铸辉煌 | 电视播音 | 三等奖 | 潍坊市广播电视协会 | 梁　峰 |
| | 移动校讯通家校沟通很轻松 | 电视新闻 | 三等奖 | 潍坊广播影视集团<br>潍坊移动公司 | 宋俊杰 |
| | 读书—三杯茶、父亲的半瓶酒 | 读书栏目 | 三等奖 | 中共山东省委省政府 山东省泰山文艺奖评选委员会 | 栏目组 |
| | 娱乐人来疯 | 播音主持 | 二等奖 | 山东省新闻工作者协会 | 邹　建 |
| | 娱乐人来疯 | 播音主持 | 三等奖 | 山东省新闻工作者协会 | 陈大涛 |
| | 一周新闻回顾 | 播音主持 | 三等奖 | 山东省新闻工作者协会 | 朱永伟 |
| | 读书—非常梅兰芳花田半亩 | 优秀栏目 | 一等奖 | 山东省新闻工作者协会 | 夏　斐<br>孙英志<br>范绍杰<br>张　伟 |
| | 国庆专题：今天是我的生日 | 电视作品 | 三等奖 | 山东省广播电视协会 | 田春花<br>付　娜 |
| | 读书 | 文化栏目 | 一等奖 | 山东省电视艺术家协会 | 李　苇<br>张惠福<br>夏　斐<br>范绍杰<br>孙英志 |
| | 读书—三杯茶、父亲的半瓶酒 | 文化栏目 | 一等奖 | 山东省电视艺术家协会 | 李　苇<br>张惠福<br>夏　斐<br>范绍杰 |
| | 一周新闻回顾 | 播音主持 | 三等奖 | 山东省新闻工作者协会 | 辛程远<br>牟　静 |
| | 心中那条河 | 电视社教 | 二等奖 | 潍坊市广播电视协会 | 宋建文<br>朱永伟<br>孙大波<br>傅浩程 |
| | 心中那条河 | 电视作品 | 二等奖 | 山东省广播电视协会 | 李　苇<br>宋建文<br>朱永伟 |
| | 小修配厂和两项世界之最 | 电视消息 | 三等奖 | 山东省新闻工作者协会 | 朱永伟<br>谭效君 |
| | 老马的独臂生活 | 电视社教 | 二等奖 | 中国广播电视协会 | 李　苇<br>张惠福<br>焦　云<br>孙英志<br>陈　潇<br>张　伟 |
| | 心中那条河 | 长纪录片 | 三等奖 | 中国广播电视协会 | 李卫国<br>李　苇<br>宋建文<br>朱永伟<br>孙大波 |

续表 51

| 年度 | 题目 | 节目载体 | 获奖等级 | 颁奖机关 | 主创人员 |
|---|---|---|---|---|---|
| 2011 | 土陶的记忆 | 电视社教 | 二等奖 | 中国国际影视文化协会 | 张惠福<br>于国颖<br>孙鹏波<br>焦　云<br>陈　潇<br>孙英志<br>李　苇 |
|  | 相伴月光下 | 电视节目 | 二等奖 | 中国广播电视协会 | 李　苇<br>李慧娟<br>冯　倩<br>邓松礼<br>朱海燕<br>姜莲莲<br>董玉梅 |
| 2012 | 大海茫茫中国亲人在哪里 大海捞针记者帮英国小伙寻故里 历尽艰难英国小伙与中国亲人终相见 | 电视新闻 | 一等奖 | 潍坊市广播电视协会 | 赵世军<br>徐顶强<br>王　鹏<br>张秋萍 |
|  | 七岁女孩流浪街头 遭父虐待有家难回 入校上车幸福开门 | 电视新闻 | 二等奖 | 潍坊市广播电视协会 | 魏　芳<br>范婷婷<br>傅浩程<br>张广松 |
|  | 刀中乾坤木上世界 | 电视社教 | 三等奖 | 潍坊市广播电视协会 | 孙英志<br>陈　潇<br>焦　云<br>尹　迅 |
|  | 山东浩信集团：“转、调”转出“大天地” | 电视新闻 | 三等奖 | 潍坊市广播电视协会 | 朱永伟<br>王　涛 |
|  | “秘密武器”实现 2 万垃圾桶即满即清 | 电视新闻 | 三等奖 | 潍坊市广播电视协会 | 谭效军<br>李美燕 |
|  | 化腐朽为神奇实现资源的最大化 | 电视外宣 | 三等奖 | 潍坊市广播电视协会 | 宋俊杰 |
|  | 昌邑 360 | 电视新闻 | 三等奖 | 潍坊市广播电视协会 | 张广松<br>傅浩程<br>徐桂娟<br>李美燕<br>朱　越<br>王晓博 |
|  | 花田半亩 | 电视社教 | 二等奖 | 潍坊市广播电视协会 | 夏　斐<br>张静静<br>孙英志<br>范绍杰 |
|  | 一周新闻回顾 | 电视播音 | 三等奖 | 潍坊市广播电视协会 | 辛程远 |
|  | 羊倌 | 电视播音 | 一等奖 | 潍坊市广播电视协会 | 赵海燕 |
|  | 昌邑新闻 | 电视播音 | 三等奖 | 潍坊市广播电视协会 | 于小颖 |
|  | 不屈的人生 | 电视新闻 | 二等奖 | 潍坊市残疾人联合会<br>潍坊市新闻工作者协会<br>潍坊市残疾人事业新闻宣传促进会 | 朱　越<br>孙　毅 |
|  | 养鸡采用新技术经济效益成倍增 | 电视新闻 | 三等奖 | 潍坊市残疾人联合会<br>潍坊市新闻工作者协会<br>潍坊市残疾人事业新闻宣传促进会 | 徐亚军 |

续表 51

| 年度 | 题目 | 节目载体 | 获奖等级 | 颁奖机关 | 主创人员 |
|---|---|---|---|---|---|
| 2012 | 身残志坚打拼人生<br>轮椅上的书报摊 | 电视新闻 | 优秀奖 | 潍坊市残疾人联合会<br>潍坊市新闻工作者协会<br>潍坊市残疾人事业新闻宣传促进会 | 赵春雷<br>徐顶强<br>范婷婷<br>魏　芳<br>马文忠<br>孙　毅 |
| | 英国小伙昌邑寻亲 | 电视节目 | 三等奖 | 山东省广播电影电视局<br>山东省广播电视协会 | 宋建文<br>赵世军<br>徐顶强<br>王　鹏 |
| | 唱响昌邑　超越梦想 | 播音主持 | 三等奖 | 山东省新闻工作者协会<br>山东省新闻工作者协会县级媒体工作委员会 | 梁　峰 |
| | 读书——戴望舒诗选 | 文化栏目 | 三等奖 | 山东省电视艺术家协会 | 夏　斐<br>张静静<br>孙英志<br>范绍杰<br>徐晓晗 |
| | 独臂羊倌 | 纪录片 | 二等奖 | 山东电视艺术家协会 | 宋建文<br>赵海燕<br>陈　潇 |
| | 英国小伙昌邑寻亲记 | 系列报道 | 二等奖 | 山东新闻奖专项奖复评委员会<br>山东记协县级媒体工作委员会 | 宋建文<br>张广松<br>赵世军<br>徐顶强<br>王　鹏<br>傅浩程 |
| | 134 个孩子一个爹 | 新闻专题 | 二等奖 | 山东记协县级媒体工作委员会 | 焦　云<br>陈　潇<br>孙英志<br>尹　迅 |
| | 1. 七岁女孩流浪记<br>2. 遭父虐待有家难回<br>3. 入校上学幸福开门 | 系列报道 | 三等奖 | 山东新闻奖专项奖复评委员会<br>山东记协县级媒体工作委员会 | 魏　芳<br>范婷婷<br>宋建文<br>张广松<br>傅浩程 |
| | 羊倌 | 播音主持 | 一等奖 | 山东新闻奖专项奖复评委员会<br>山东记协县级媒体工作委员会 | 赵海燕 |
| | 和谐昌邑　魅力舞台 | 宣传片 | 一等奖 | 山东省电视艺术家协会 | 宋建文<br>朱永伟<br>王红红<br>张　伟<br>辛程远 |
| | 读书——古人的花木观 | 文化栏目 | 一等奖 | 山东省电视艺术家协会 | 夏　斐<br>张静静<br>孙英志<br>范绍杰<br>徐晓晗 |
| | 134 个孩子一个爹 | 电视作品 | 一等奖 | 山东省广播电视协会 | 尹　迅<br>孙鹏波<br>陈　潇<br>孙英志 |

续表 51

| 年度 | 题目 | 节目载体 | 获奖等级 | 颁奖机关 | 主创人员 |
|---|---|---|---|---|---|
| 2012 | 独臂羊倌 | 电视作品 | 一等奖 | 山东省广播电视协会 | 宋建文<br>赵海燕<br>陈　潇<br>孙鹏波 |
| | 相伴月光下——裸婚，没有面包的爱情幸福吗 | 电视作品 | 一等奖 | 山东省广播电视协会 | 李　苇<br>郝　勇<br>冯　倩<br>李慧娟 |
| | 化腐朽为神奇<br>实现资源的最大化 | 电视作品 | 三等奖 | 山东省广播电视协会 | 宋俊杰<br>张少卿 |
| | 昌邑：2 万个垃圾桶有了“身份证” | 电视作品 | 二等奖 | 山东省广播电视协会 | 谭效君<br>张少卿 |
| | 英国小伙儿跨越大洋彼岸的寻亲之旅 英国小伙儿与中国亲人终相见 | 电视社教 | 一等奖 | 中国广播电视协会 | 宋建文<br>张广松<br>赵世军<br>徐顶强<br>王　鹏<br>邹　建 |
| | 羊倌 | 纪录片 | 全国纪录片十优作品 | 中国电视艺术家协会 | 宋建文<br>赵海燕<br>徐素平<br>陈　潇 |
| | 老陈的故事 | 电视社教 | 二等奖 | 中国广播电视协会 | 宋建文<br>陈　潇<br>赵海燕<br>徐素平<br>傅浩程<br>张秋萍 |
| | 读书 | 优秀栏目 | 三等奖 | 中国广播电视协会 | 夏　斐<br>张静静<br>孙英志<br>范绍杰 |
| 2013 | 砚雕 | 电视社教 | 二等奖 | 潍坊市广播电视协会 | 尹　迅<br>孙英志<br>陈　潇<br>焦　云 |
| | 读书 | 电视社教 | 一等奖 | 潍坊市广播电视协会 | 夏　斐<br>孙英志<br>徐晓晗<br>刘　赛<br>范绍杰 |
| | 昌邑不请大腕明星<br>“节俭”办会 | 电视新闻 | 三等奖 | 潍坊市广播电视协会 | 宋俊杰<br>李　艳 |
| | 千里相隔心相连<br>军民鱼水一家亲 | 电视新闻 | 二等奖 | 潍坊市广播电视协会 | 宋建文<br>赵世军 |
| | 昌邑 360 | 电视主持 | 三等奖 | 潍坊市广播电视协会 | 梁　峰 |
| | 城乡环卫一体化建设<br>文明新农村 | 新闻评选 | 一等奖 | 中共山东省委宣传部<br>山东省文明办<br>山东省网络文化办公室<br>山东省新闻工作者协会 | 郝　勇<br>陈大涛<br>王文峰<br>杨　鹏 |

续表 51

| 年度 | 题目 | 节目载体 | 获奖等级 | 颁奖机关 | 主创人员 |
|---|---|---|---|---|---|
| 2013 | 最美的家园 | 电视新闻 | 三等奖 | 中共山东省委宣传部<br>山东省文明办<br>山东省网络文化办公室<br>山东省新闻工作者协会 | 李　苇<br>陈　潇<br>尹　迅<br>孙英志 |
| | 怀胎八月震中被救<br>不远千里续写川鲁情深 | 电视新闻 | 二等奖 | 山东新闻奖专项奖复评委员会<br>山东省新闻工作者协会县级媒体工作委员会 | 赵世军<br>王晓博 |
| | 化腐朽为神奇<br>实现资源的最大化 | 电视新闻 | 二等奖 | 山东新闻奖专项奖复评委员会<br>山东省新闻工作者协会县级媒体工作委员会 | 孙大波<br>刘　保 |
| | 昌邑不请明星大腕<br>“节俭”办会 | 电视新闻 | 三等奖 | 山东新闻工作者协会县级媒体工作委员会 | 朱永伟<br>李连冰 |
| | 昌邑电视台 2013 年<br>春节联欢晚会 | 综艺节目 | 二等奖 | 山东电视艺术家协会 | 于晓晖<br>付　娜<br>郝　勇<br>付乃坤<br>张　凯 |
| | 读书 | 文化栏目 | 一等奖 | 山东电视艺术家协会 | 夏　斐<br>刘　赛<br>孙英志<br>李永帅<br>陈玲娟 |
| | 忆王滨 | 纪录片 | 二等奖 | 山东电视艺术家协会 | 陈　潇<br>尹　迅<br>张　浩<br>孙英志 |
| | 柳疃丝绸技艺 | 电视社教 | 三等奖 | 中国广播电视协会 | 傅浩程<br>姜玉双<br>夏　斐 |
| | 好想对你说 | 电视社教 | 二等奖 | 中国广播电视协会 | 傅浩程<br>姜玉双 |
| | 独臂羊倌 | 电视社教 | 三等奖 | 中国广播电视协会 | 宋建文<br>赵海燕<br>陈　潇<br>徐素平<br>傅浩程 |
| | 小修配厂和两项世界之最 | 丝绸之乡文化奖 | 重大新闻奖 | 中共昌邑市委<br>昌邑市人民政府 | 朱永伟<br>谭效君 |
| 2014 | 昌邑：“智慧”引领城市转型发展 | 电视新闻 | 三等奖 | 潍坊市广播电视协会 | 李连冰<br>王红红 |
| | 昌邑：用实招见实效<br>垃圾实现资源化利用 | 电视新闻 | 三等奖 | 潍坊市广播电视协会 | 刘　保<br>李　艳 |
| | 故土省亲记（连续报道） | 电视新闻 | 三等奖 | 潍坊市广播电视协会 | 刘志强<br>邓松礼<br>王晓博<br>赵世军<br>赵春雷<br>梁　峰 |
| | 永不褪色的<br>记忆 | 电视社教 | 三等奖 | 潍坊市广播电视协会 | 尹文帅<br>张　浩<br>孙英志<br>张晓静 |

续表 51

| 年度 | 题目 | 节目载体 | 获奖等级 | 颁奖机关 | 主创人员 |
|---|---|---|---|---|---|
| 2014 | 读书 | 电视社教 | 一等奖 | 潍坊市广播电视协会 | 夏　斐<br>刘　赛<br>陈玲娟<br>李永帅<br>孙英志 |
| | 童声童趣 | 电视主持 | 三等奖 | 潍坊市广播电视学会 | 陈玲娟 |
| | 一场特殊的文艺演出 | 新闻电视 | 一等奖 | 潍坊市残疾人联合会<br>潍坊市新闻工作者协会<br>潍坊市残疾人事业新闻宣传促进会 | 范婷婷 |
| | 最美残疾人——杨永增 | 电视新闻 | 二等奖 | 潍坊市残疾人联合会<br>潍坊市新闻工作者协会<br>潍坊市残疾人事业新闻宣传促进会 | 范婷婷 |
| | 最美残疾人——别佃公 | 电视新闻 | 二等奖 | 潍坊市残疾人联合会<br>潍坊市新闻工作者协会<br>潍坊市残疾人事业新闻宣传促进会 | 范婷婷 |
| | 最美残疾人——刘守颖 | 电视新闻 | 二等奖 | 潍坊市残疾人联合会<br>潍坊市新闻工作者协会<br>潍坊市残疾人事业新闻宣传促进会 | 徐顶强 |
| | 相扶相携　感谢有你 | 电视新闻 | 二等奖 | 潍坊市残疾人联合会<br>潍坊市新闻工作者协会<br>潍坊市残疾人事业新闻宣传促进会 | 赵世军 |
| | 孩子　你就是那折翼的天使 | 电视新闻 | 三等奖 | 潍坊市残疾人联合会<br>潍坊市新闻工作者协会<br>潍坊市残疾人事业新闻宣传促进会 | 范婷婷 |
| | 少年中国说 | 播音主持 | 三等奖 | 潍坊市广播电视学会 | 孙英志 |
| | 昌邑 360 | 播音主持 | 三等奖 | 潍坊市广播电视学会 | 梁　峰 |
| | 文山学子在北京 | 电视播音 | 二等奖 | 潍坊市广播电视学会 | 姜莲莲 |
| | 故土省亲记 | 连续报道 | 三等奖 | 山东省广播电视协会 | 赵世军<br>王晓博<br>刘志强<br>邓松礼<br>梁　峰<br>赵春雷 |
| | 昌邑："智慧"引领城市转型发展 | 短消息 | 二等奖 | 山东省广播电视协会 | 傅浩程<br>李连冰 |
| | 全国首台电动呼扫车亮相昌邑街头 | 长消息 | 二等奖 | 山东省广播电视协会 | 李慧娟<br>冯　倩 |
| | 趣说十二生肖的排名来历 | 公众性节目 | 二等奖 | 山东省广播电视协会 | 邹　健<br>张少卿<br>冯　倩<br>李慧娟 |
| | 中国留守儿童日记 | 专题片 | 一等奖 | 山东省广播电视协会 | 夏　斐<br>刘　赛<br>陈玲娟<br>李永帅 |
| | 昌邑："智慧"引领城市转型发展 | 新闻 | 三等奖 | 山东省新闻工作者协会 山东省新闻工作者协会县级媒体工作委员会 | 李连冰<br>刘　保 |
| | 昌邑市：智慧城市触手可及 | 新闻 | 二等奖 | 山东省新闻工作者协会 山东省新闻工作者协会县级媒体工作委员会 | 李连冰<br>马文忠 |

续表 51

| 年度 | 题目 | 节目载体 | 获奖等级 | 颁奖机关 | 主创人员 |
|---|---|---|---|---|---|
| 2014 | 孩子的竹马孩子的年 | 少儿节目 | 三等奖 | 山东省电视艺术家协会 | 胡学武<br>赵海燕<br>李希刚<br>陈　潇<br>王茂桢 |
| | 昌盛古邑 | 城市形象 | 三等奖 | 山东省电视艺术家协会 | 陈　潇<br>王茂桢<br>张广松<br>李俊伟<br>戚建波 |
| | 走进柽柳林 | 纪录片 | 一等奖 | 山东省电视艺术家协会 | 陈　潇<br>张晓静<br>尹文帅<br>孙英志<br>张广松 |
| | 羊倌 | 短纪录片 | 十优作品 | 中国电视纪录片委员会 | 宋建文 |
| | 昌邑撤县设市 20 周年文艺演出 | 综艺节目 | 一等奖 | 山东省电视艺术家协会 | 董凤章<br>郝　勇<br>姜莲莲<br>于　婷<br>陈大涛 |
| 2015 | 文山杏坛 | 电视社教 | 三等奖 | 潍坊市广播电视学会 | 孙鹏波<br>付　兵<br>张　帆<br>闫孟杰<br>杨　建<br>姜莲莲 |
| | 赶海的大姐 | 电视社教 | 三等奖 | 潍坊市广播电视学会 | 范婷婷<br>魏　芳<br>梁　峰<br>孙江飞 |
| | 简单的幸福 | 电视社教 | 三等奖 | 潍坊市广播电视学会 | 郝　鹏<br>王茂桢<br>张晓静<br>尹文帅<br>孙英志 |
| | 昌邑 360 | 电视新闻 | 二等奖 | 潍坊市广播电视学会 | 张秋萍<br>徐桂娟<br>张广松<br>徐顶强<br>孙　毅 |
| | 乡土之花放异彩 | 电视播音 | 三等奖 | 潍坊市广播电视学会 | 孙英志 |
| | 昌邑 360 | 电视播音 | 三等奖 | 潍坊市广播电视学会 | 付慧慧<br>徐桂娟 |
| | 昌邑新闻 | 电视播音 | 三等奖 | 潍坊市广播电视学会 | 于小颖 |
| | 生姜“天气预报”昌邑来发布 | 电视新闻 | 三等奖 | 潍坊市广播电视学会 | 王　鹏<br>尹兆辉 |
| | 一张纸条彰显雷锋精神 | 电视新闻 | 一等奖 | 山东省新闻工作者协会<br>山东省新闻工作者协会县级媒体工作委员会 | 张秋萍<br>徐顶强 |

续表 51

| 年度 | 题目 | 节目载体 | 获奖等级 | 颁奖机关 | 主创人员 |
|---|---|---|---|---|---|
| 2015 | 昌邑：电商“来袭”苗木产业需转型跟进 | 电视新闻 | 二等奖 | 山东省新闻工作者协会<br>山东省新闻工作者协会县级媒体工作委员会 | 刘　保<br>李　艳 |
| | 春之声 中国梦——昌邑电视台 2015 春节联欢晚会 | 电视艺术 | 一等奖 | 山东省电视艺术家协会 | 董凤章<br>郝　勇<br>李希刚<br>孙鹏波<br>姜莲莲 |
| | 三访东永安 揭秘烧大牛 | 纪录片 | 一等奖 | 山东省电视艺术家协会 | 董　磊<br>孙英志<br>张晓静<br>王茂桢<br>尹文帅 |
| | 昌邑电视台少儿才艺电视大赛总决赛 | 艺术类 | 二等奖 | 山东省电视艺术家协会 | 董凤章<br>宋建文<br>尹　迅<br>车　心<br>周艳丽 |
| | 文昌之邑 | 宣传片 | 二等奖 | 山东省电视艺术家协会 | 董凤章<br>张惠福<br>郝　勇<br>朱永伟<br>陈大涛 |
| | 文山杏坛之“青春、责任、成长”2013 级成人礼暨升高三宣誓仪式 | 少儿类 | 三等奖 | 山东省电视艺术家协会 | 姜莲莲<br>孙鹏波<br>付　兵<br>闫孟杰 |
| | 春华秋实 | 纪录片 | 三等奖 | 山东省电视艺术家协会 | 董凤章<br>郝　勇<br>陈　潇<br>张晓静<br>李永帅 |
| | 酷跑达人 | 栏目类 | 十佳奖 | 山东省电视艺术家协会 | 于　婷<br>赵振峰<br>赵东奇<br>于晓琳<br>范晓慧 |
| 2016 | 交警时空 | 电视主持 | 三等奖 | 中国广播电视协会 | 姜莲莲 |
| 2017 | 昌邑 360 | 电视新闻 | 三等奖 | 中国广播电视协会 | 张秋萍<br>徐桂娟<br>刘志强<br>付　慧<br>梁　峰<br>高玉姣 |
| | 昌邑烧大牛 | FIAP 世界摄影大会中国非物质文化遗产影像大展 | 优秀影像奖 | 国际摄影艺术联合会<br>FNAP 第五届世界摄影大会组委会 | 张术叁<br>朱永伟<br>陈大涛<br>董　磊<br>尹文帅<br>孙英志 |

续表 51

| 年度 | 题目 | 节目载体 | 获奖等级 | 颁奖机关 | 主创人员 |
|---|---|---|---|---|---|
| 2018 | 军旅情怀——记著名军旅画家张明川 | 电视社教 | 三等奖 | 潍坊市广播电视学会 | 董　磊<br>孙志恒<br>王宇林<br>张田田<br>尹文帅 |
| | 昌邑市最美共产党员颁奖典礼 | 电视社教 | 三等奖 | 潍坊市广播电视学会 | 辛程远<br>王晓亮<br>杨亚丽<br>张鸿富<br>宋湖北 |
| | 昌邑杏坛——生命的守望 | 电视主持 | 三等奖 | 潍坊市广播电视学会 | 姜莲莲 |
| | 昌邑杏坛——龙池初中发展纪实 | 电视主持 | 二等奖 | 潍坊市广播电视学会 | 姜莲莲 |
| | 交警时空 | 电视主持 | 三等奖 | 潍坊市广播电视学会 | 孙英志 |
| | 昌邑 360 | 电视主持 | 三等奖 | 潍坊市广播电视学会 | 付慧慧 |
| | 两个老太听十九大报告 | 电视专题 | 三等奖 | 山东省新闻工作者协会<br>山东省新闻工作者协会县级媒体工作委员会 | 张术叁<br>李慧娟<br>王宇林 |
| | 无名烈士 我为你们找家 | 电视专题 | 一等奖 | 山东省新闻工作者协会<br>山东省新闻工作者协会县级媒体工作委员会 | 张术叁<br>李慧娟<br>王宇林 |
| | 政府企业角色“互换”朝阳产业奋力“破茧” | 电视专题 | 二等奖 | 山东省新闻工作者协会<br>山东省新闻工作者协会县级媒体工作委员会 | 张术叁<br>郝　鹏 |
| 2019 | 村史馆里大拜年：传承红色基因 | 电视专题 | 重大新闻奖 | 中共昌邑市委<br>昌邑市人民政府 | 郝　鹏 |
| | 古稀老人要入党 | 电视专项 | 二等奖 | 潍坊市广播电视学会 | 宋建文<br>于国颖<br>魏　芳<br>范婷婷 |
| | 昌邑：建设省级田园综合体打造乡村振兴新样板 | 电视专项 | 二等奖 | 潍坊市广播电视学会 | 傅浩程<br>付文婷<br>王宇林 |
| | 昌邑：建设省级田园综合体打造乡村振兴新样板 | 专项编辑 | 二等奖 | 潍坊市广播电视学会 | 范婷婷<br>付文婷 |
| | 昌邑 360 | 优秀栏目 | 二等奖 | 潍坊市广播电视学会 | 刘志强<br>张秋萍<br>梁　峰<br>高玉姣 |
| | 苗木强市诞生记：从“头角初露”的黄金槐到世界金奖“大唐”紫藤的发展“编年史” | 电视新闻 | 三等奖 | 潍坊市广播电视学会 | 郝　鹏<br>夏　斐<br>李连冰<br>王　鹏 |
| | 古稀老人要入党 | 电视新闻 | 三等奖 | 潍坊市广播电视学会 | 宋建文<br>于国颖<br>魏　芳<br>范婷婷 |
| | 一声守艺 匠心制作——记中国鲁笔创始人陈元年 | 电视社教 | 三等奖 | 潍坊市广播电视学会 | 董　磊<br>王晓亮<br>孙英志<br>张田田<br>尹文帅 |

续表 51

| 年度 | 题目 | 节目载体 | 获奖等级 | 颁奖机关 | 主创人员 |
| --- | --- | --- | --- | --- | --- |
| 2019 | 昌邑杏坛 | 优秀栏目 | 三等奖 | 潍坊市广播电视学会 | 姜莲莲<br>杨　建<br>付　兵<br>闫孟杰 |

## 第六节　1993 年以后中心（局站）广告所获奖励

### 1993 年以后中心（局站）广告所获奖励一览表

表 52

| 年度 | 题　目 | 类　别 | 获奖等级 | 颁奖机关 | 主创人员 |
| --- | --- | --- | --- | --- | --- |
| 1993 | 常家庄实业总公司 | 电视广告 | 二等奖 | 潍坊市广播电视局<br>潍坊市广播电视学会 | 元钦圣 |
| 1994 | 家俬城 | 电视广告 | 三等奖 | 山东省广播电视厅 | 刘万寿<br>朱永伟 |
| 1995 | 酒广告 | 电视广告 | 一等奖 | 山东省广播电视厅 | 刘万寿<br>朱永伟<br>孙培哲<br>王　衡<br>赵海燕<br>马宪君<br>宋建文<br>徐素平 |
|  | 西装广告 | 电视广告 | 二等奖 | 山东省广播电视厅 | 朱永伟 |
|  | 乾隆杯酒 | 电视广告 | 一等奖 | 山东省广播电视厅<br>山东省广播电视学会 | 赵海燕 |
|  | 三得利西装 | 电视广告 | 二等奖 | 山东省广播电视厅<br>山东省广播电视学会 | 编辑部 |
| 1996 | 三得利西服 | 电视广告 | 二等奖 | 潍坊市广播电视局<br>潍坊市广播电视学会 | 编辑部 |
| 1999 | 中医院 | 电视广告 | 三等奖 | 潍坊市广播电视局<br>潍坊市广播电视学会 | 朱永伟<br>张广松<br>宿晓杰 |
|  | 乾隆杯酒 | 电视广告 | 一等奖 | 潍坊市广播电视局<br>潍坊市广播电视学会 | 张广松<br>徐素平<br>朱永伟 |
|  | 西装广告 | 电视广告 | 二等奖 | 山东省广播电视厅 | 张广松 |
|  | 长江书城 | 电视广告 | 一等奖 | 潍坊市广播电视局<br>潍坊市广播电视学会 | 朱永伟<br>郝　勇<br>徐素平 |
|  | 交警 | 电视广告 | 一等奖 | 潍坊市广播电视局<br>潍坊市广播电视学会 | 朱永伟<br>郝　勇<br>宿晓杰 |
| 2000 | 古筝培训班 | 电视广告 | 二等奖 | 潍坊市广播电视局<br>潍坊市广播电视学会 | 朱永伟<br>郝　勇<br>徐素平 |
|  | 畜牧 110 | 电视广告 | 三等奖 | 潍坊市广播电视局<br>潍坊市广播电视学会 | 郝　勇<br>朱永伟<br>宿晓杰 |

续表 52

| 年度 | 题　目 | 类　别 | 获奖等级 | 颁奖机关 | 主创人员 |
|---|---|---|---|---|---|
| 2001 | 群贤画廊 | 电视广告 | 三等奖 | 潍坊市广播电视局<br>潍坊市广播电视学会 | 朱永伟 |
| | 999 急救中心 | 电视广告 | 三等奖 | 潍坊市广播电视局<br>潍坊市广播电视学会 | 朱永伟 |
| 2002 | 佳家福超市 | 电视广告 | 一等奖 | 潍坊市广播电视局<br>潍坊市广播电视学会 | 朱永伟<br>张广松 |
| | 天隆鞋业 | 电视广告 | 三等奖 | 潍坊市广播电视局 | 宋建文 |
| 2003 | 人和乾隆杯 | 电视广告 | 二等奖 | 潍坊市广播电视局<br>潍坊市广播电视学会 | 朱永伟<br>张广松<br>张秋萍 |
| | 教师，阳光下最神圣的职业 | 公益广告 | 一等奖 | 潍坊市广播电视局<br>潍坊市广播电视学会 | 张广松 |
| 2004 | 庆祝“三八”国际劳动妇女节 | 公益广告 | 一等奖 | 潍坊市广播电视局<br>潍坊市广播电视学会 | 朱永伟<br>范绍杰<br>赵春雷 |
| 2005 | 乾隆杯酒 | 电视广告 | 一等奖 | 潍坊市广播电视学会 | 郝　勇<br>宿晓杰<br>张秋萍 |
| | 世界因你而美丽 | 公益广告 | 一等奖 | 潍坊市广播电视学会 | 朱永伟<br>范绍杰<br>赵春雷 |
| | 我只有一个故乡 | 公益广告 | 三等奖 | 潍坊市广播电视学会 | 胡学武<br>赵海燕<br>陈大涛 |
| | 酒后驾车害人害己 | 公益广告 | 三等奖 | 潍坊市广播电视学会 | 朱永伟<br>姜莲莲<br>董玉梅 |
| | 一座居岸听涛的城市 | 公益广告 | 三等奖 | 潍坊市广播电视学会 | 胡学武<br>徐桂娟<br>孙江飞 |
| 2008 | 文明昌邑　共建和谐 | 电视广告 | 三等奖 | 潍坊市广播电视局 | 李　苇<br>王文峰<br>李学文 |
| | 昌邑大饽饽 | 电视广告 | 一等奖 | 山东省电视艺术家协会 | 李　苇 |
| | 安利兴生物质发电有限公司（秸秆回收） | 公益广告 | 一等奖 | 山东省电视艺术家协会 | 李　苇 |
| | 严查私盐 | 公益广告 | 二等奖 | 山东省电视艺术家协会 | 李　苇 |
| 2009 | 状元楼大饽饽 | 电视广告 | 二等奖 | 潍坊市广播电视局<br>潍坊市广播电视学会 | 李　苇<br>陈大涛<br>王文峰 |
| | 黑白 | 公益广告 | 三等奖 | 昌邑市纪委<br>昌邑市监察局 | 王文峰 |
| | 基石 | 公益广告 | 一等奖 | 昌邑市纪委 | 王文峰 |
| | 严查私盐 | 电视广告 | 二等奖 | 潍坊市广播电视局 | 李　苇<br>陈大涛<br>姚红英 |
| | 绿色奥运与环境友好型社 | 公益广告 | 三等奖 | 山东省电视艺术家协会 | 陈大涛<br>邓松礼<br>朱　琦 |

续表 52

| 年度 | 题　目 | 类　别 | 获奖等级 | 颁奖机关 | 主创人员 |
|---|---|---|---|---|---|
| 2010 | 秸秆发电　变废为宝 | 公益广告 | 二等奖 | 山东省新闻工作者协会<br>山东新闻奖专项奖复评会 | 李　苇<br>李学文<br>姚红光<br>王文峰 |
| | 易通通信 | 电视广告 | 三等奖 | 潍坊市广播电视协会 | 李　苇<br>王文峰<br>朱　琦 |
| | 易通手机年集超市 | 电视广告 | 三等奖 | 潍坊市广播电视协会 | 陈大涛<br>徐素平<br>朱　琦 |
| | 科学发展教育先行 | 电视广告 | 二等奖 | 潍坊市广播电视协会 | 王文峰<br>徐素平<br>董玉梅 |
| | 司机杯中酒亲人眼中泪 | 电视广告 | 二等奖 | 潍坊市广播电视协会 | 李　苇<br>李学文<br>朱　琦 |
| | 仙缘婚纱摄影 | 电视广告 | 三等奖 | 潍坊市广播电视协会 | 李　苇<br>刘志强<br>李艳霞 |
| | 越来越好 | 电视广告 | 二等奖 | 潍坊市广播电视协会 | 李　苇<br>刘志强<br>李慧娟 |
| | 和谐有你和谐有我 | 电视广告 | 三等奖 | 潍坊市广播电视协会 | 李　苇<br>刘志强<br>冯　倩 |
| | 杜绝酒后驾驶 | 公益广告 | 一等奖 | 潍坊市广播电视协会 | 李　苇<br>刘丽华<br>李学文<br>姜莲莲 |
| | 工商银行业务推介 | 公益广告 | 二等奖 | 潍坊市广播电视协会 | 李　苇<br>刘丽华<br>李学文<br>徐素平 |
| | 环卫工人——身边感动 | 公益广告 | 三等奖 | 潍坊市广播电视协会 | 李　苇<br>陈大涛<br>朱　琦<br>赵东锜 |
| | 节能减排从我做起 | 创意广告 | 三等奖 | 山东省广告协会 | 李　苇<br>李学文<br>陈大涛<br>徐素平<br>刘志强 |
| 2011 | 关注内在 做有教养的人 | 广播广告 | 二等奖 | 潍坊市广播电视协会 | 邓松礼<br>冯　倩<br>李慧娟 |
| | 洪福烧烤 | 广播广告 | 三等奖 | 潍坊市广播电视协会 | 邓松礼<br>冯　倩<br>李慧娟 |
| | 节约用水 | 电视广告 | 一等奖 | 潍坊市广播电视协会 | 李　苇<br>王文峰<br>徐素平 |

续表 52

| 年度 | 题　目 | 类　别 | 获奖等级 | 颁奖机关 | 主创人员 |
|---|---|---|---|---|---|
| 2011 | 时尚经典婚纱摄影 | 电视广告 | 三等奖 | 潍坊市广播电视协会 | 郝　勇<br>陈大涛<br>赵东锜 |
| | 工商银行 | 电视广告 | 三等奖 | 潍坊市广播电视协会 | 李　苇<br>李学文<br>刘丽华<br>王文峰 |
| | 工商银行 | 经济广告 | 三等奖 | 山东省电视艺术家协会 | 李　苇<br>刘丽华<br>徐素平<br>董大川<br>宋湖北 |
| | 护士之歌——昌邑市人民医院 | 形象广告 | 三等奖 | 山东省电视艺术家协会 | 郝　勇<br>赵东锜<br>李学文<br>王文峰<br>董　磊<br>李艳霞 |
| | 爱绿护绿——需要您的参与 | 公益广告 | 一等奖 | 山东省电视艺术家协会 | 李　苇<br>陈大涛<br>董玉梅<br>姜莲莲<br>范晓慧<br>王文峰 |
| 2012 | 打击毁林犯罪 | 电视广告 | 三等奖 | 潍坊市广播电视协会 | 宋湖北<br>杨　鹏<br>范晓慧 |
| | 福瑞面业 | 电视广告 | 三等奖 | 潍坊市广播电视协会 | 郝　勇<br>王文峰<br>张鸿富 |
| | 垃圾分类回收 | 广播广告 | 三等奖 | 潍坊市广播电视协会 | 李慧娟<br>冯　倩<br>邹　健 |
| | 绿色祝福 | 电视广告 | 一等奖 | 潍坊市广播电视协会 | 李　苇<br>陈大涛<br>赵东奇 |
| | 节约用水 | 广播广告 | 二等奖 | 潍坊市广播电视协会 | 郝　勇<br>冯　倩<br>李慧娟 |
| | 福瑞面业 | 电视广告 | 三等奖 | 潍坊市广播电视协会 | 郝　勇<br>王文峰<br>张鸿富 |
| | 天香谷烧烤 | 广播广告 | 二等奖 | 潍坊市广播电视协会 | 李慧娟<br>冯　倩<br>戴正昊 |
| | 认养一棵树 关爱一片绿 | 电视广告 | 二等奖 | 潍坊市广播电视协会 | 宫敬强<br>付金凯<br>于　茜 |
| | 百分百家居生活馆 | 经济广告 | 三等奖 | 山东省电视艺术家协会 | 李　苇<br>郝　勇<br>陈大涛<br>王文峰<br>赵东奇 |

续表 52

| 年度 | 题　目 | 类　别 | 获奖等级 | 颁奖机关 | 主创人员 |
|---|---|---|---|---|---|
| 2012 | 推广低钠盐 | 公益广告 | 三等奖 | 山东省电视艺术家协会 | 郝　勇<br>姜莲莲<br>王晓雯<br>付金凯<br>杨　鹏 |
| | 保护海洋渔业 | 公益广告 | 二等奖 | 山东省电视艺术家协会 | 李　苇<br>王文峰<br>林　森<br>于　茜<br>范晓慧 |
| 2013 | 游龙面业 | 电视广告 | 二等奖 | 潍坊市广播电视协会 | 付金凯<br>姜晓平<br>吴　昊 |
| | 节约粮食 | 电视广告 | 三等奖 | 潍坊市广播电视协会 | 宋湖北<br>张鸿富<br>王晓雯 |
| | 保护环境 | 电视广告 | 二等奖 | 潍坊市广播电视协会 | 白　烨<br>张鸿富<br>王卫卫 |
| | 节约粮食 | 公益广告 | 二等奖 | 山东省电视艺术家协会 | 宋湖北<br>张鸿富<br>王晓雯<br>宫敬强<br>赵振峰 |
| | 游龙面业 | 经济广告 | 三等奖 | 山东省电视艺术家协会 | 付金凯<br>吴　昊<br>姜晓平<br>李红霞<br>白　烨 |
| 2014 | 旭日石磨面粉 | 商业广告 | 二等奖 | 潍坊市广播电视学会 | 赵振峰<br>吴　昊<br>范晓慧 |
| | 沂源冷鲜肉 | 商业广告 | 三等奖 | 潍坊市广播电视学会 | 王晓雯<br>付金凯<br>梁　峰 |
| | 劳动者的节日 | 公益广告 | 三等奖 | 潍坊市广播电视学会 | 赵东奇<br>于　茜<br>宫敬强 |
| | 共筑中国梦 | 公益广告 | 三等奖 | 潍坊市广播电视学会 | 张鸿富<br>姜晓平<br>李红霞 |
| | 生命之源 | 公益广告 | 三等奖 | 山东省电视艺术家协会 | 赵东奇<br>宫敬强<br>张鸿富<br>宋湖北<br>付春蕾 |
| | 三滴水 | 经济广告 | 二等奖 | 山东省电视艺术家协会 | 赵振峰<br>宫敬强<br>潘彦坤<br>宋湖北<br>付春蕾 |

续表 52

| 年度 | 题　目 | 类　别 | 获奖等级 | 颁奖机关 | 主创人员 |
|---|---|---|---|---|---|
| 2014 | 乾隆杯酒 | 经济广告 | 一等奖 | 山东省电视艺术家协会 | 付金凯<br>吴　昊<br>张鸿富<br>姜晓平<br>白　烨 |
| 2015 | 文明养犬 | 公益广告 | 二等奖 | 潍坊市广播电视学会 | 张鸿富<br>孙志恒<br>吴　昊 |
| | 三滴水 | 商业广告 | 一等奖 | 潍坊市广播电视学会 | 赵振峰<br>宫敬强<br>潘彦坤 |
| | 沂源冷鲜肉 | 商业广告 | 二等奖 | 潍坊市广播电视学会 | 王晓雯<br>付金凯<br>姜晓平 |
| | 云德茶道 | 电视广告 | 二等奖 | 山东省电视艺术家协会 | 董凤章<br>郝　勇<br>陈大涛<br>赵振峰<br>王茂桢 |
| | 加碘盐 | 电视广告 | 二等奖 | 山东省电视艺术家协会 | 王晓雯<br>宋湖北<br>潘彦坤<br>吴　昊<br>付春蕾 |
| | 育秀学校 | 电视广告 | 三等奖 | 山东省电视艺术家协会 | 赵振峰<br>宫敬强<br>张鸿富<br>付金凯<br>白　烨 |
| 2016 | 昌邑石化 | 广播广告 | 三等奖 | 潍坊市广播电视学会 | 李慧娟<br>冯　倩<br>邹　健 |
| | 别让手机使我们的距离越来越远 | 广播广告 | 一等奖 | 潍坊市广播电视学会 | 李慧娟<br>冯　倩<br>邹　健 |
| 2018 | 毅硕丹参茶——孝敬父母版 | 广播商业广告 | 三等奖 | 潍坊市广播电视学会 | 李慧娟<br>王宇林<br>冯　倩 |
| | 凝聚青春力量 共创文明城市 | 电视公益广告 | 二等奖 | 潍坊市广播电视学会 | 孙志恒<br>范晓慧<br>付春蕾 |
| | 文明出行从我做起 | 公益广告 | 三等奖 | 潍坊市广播电视学会 | 车　心<br>吴　昊<br>孙志恒 |
| | 同升和放心月饼 | 商业广告 | 三等奖 | 潍坊市广播电视学会 | 付金凯<br>王美华<br>张鸿富 |
| | 全福元店庆 | 商业广告 | 三等奖 | 潍坊市广播电视学会 | 孙志超<br>付金凯<br>张鸿富 |
| | 爱护环境文明养犬 | 公益广告 | 三等奖 | 中国广播电影电视社会组织联合会 | 张鸿富<br>孙志恒<br>吴　昊 |

续表 52

| 年度 | 题　目 | 类　别 | 获奖等级 | 颁奖机关 | 主创人员 |
|---|---|---|---|---|---|
| 2019 | 春天的故事 | 广播电视广告 | 三等奖 | 潍坊市广播电视学会 | 李慧娟<br>王宇林<br>梁　映 |
| | 进先茶叶不能少 | 广播电视广告 | 三等奖 | 潍坊市广播电视学会 | 李慧娟<br>王宇林<br>付文婷 |
| | 和你在一起 | 电视广告 | 二等奖 | 潍坊市广播电视学会 | 尹　迅<br>李永帅<br>卢俊希 |
| | 烤德上烤鸭 | 电视广告 | 二等奖 | 潍坊市广播电视学会 | 付金凯<br>姜　昕 |
| | 大手牵小手共创文明城 | 广播电视广告 | 三等奖 | 潍坊市广播电视学会 | 付金凯<br>杨　建<br>孙志恒 |

## 第七节　1991 年以后中心(局站)征文论文个人所获奖励

### 1991 年以后中心（局站）征文论文个人所获奖励一览表

表 53

| 年度 | 题　目 | 类　别 | 获奖等级 | 颁奖机关 | 主创人员 |
|---|---|---|---|---|---|
| 1991 | 理论与实践 | 业务论文 | 一等奖 | 潍坊市广播电视局<br>潍坊市广播电视学会 | 杨效恕 |
| 1995 | 追光的人 | 征文 | 二等奖 | 中华全国农民报协会<br>中华广播电视协会<br>中国农村信息社<br>新华社农村大世界 | 张葆海<br>焦叙尊 |
| 1997 | 长路奉献给远方 | 征文 | 一等奖 | 新华通讯社经济参考报 | 刘景贤 |
| 1998 | 昌邑广播电视管理站采取切实措施强化技术管理 | 业务论文 | 三等奖 | 潍坊市广播电视局<br>潍坊市广播电视学会 | 王沛盛 |
| | 把抓大放小机制移植到广播电视管理中来 | 业务论文 | 三等奖 | 潍坊市广播电视局<br>潍坊市广播电视学会 | 元钦圣 |
| | 浅谈主持人魅力 | 业务论文 | 二等奖 | 潍坊市广播电视局<br>潍坊市广播电视学会 | 于彦玲 |
| | 抓住三个转变搞好新闻宣传 | 业务论文 | 一等奖 | 山东省广播电视厅<br>山东省广播电视学会 | 李　苇 |
| 2000 | 新闻评论的舆论来源及其社会功能 | 业务论文 | 二等奖 | 潍坊市广播电视局<br>潍坊市广播电视学会 | 焦叙尊 |
| | 关于增强电视新闻宣传效果的思考 | 业务论文 | 三等奖 | 潍坊市广播电视局<br>潍坊市广播电视学会 | 姜言富<br>李　苇 |
| 2001 | 县级有线广播电视传输覆盖网的行政执法与管理 | 业务论文 | 二等奖 | 潍坊市广播电视局<br>潍坊市广播电视学会 | 王沛盛 |
| | 实现主旋律从“唱响”到“唱优”的飞跃 | 业务论文 | 二等奖 | 潍坊市广播电视局<br>潍坊市广播电视学会 | 元钦圣 |
| 2003 | 县级台如何运作公共频道 | 业务论文 | 三等奖 | 潍坊市广播电视局<br>潍坊市广播电视学会 | 宋建文<br>徐素平 |
| 2006 | 浅析品牌栏目的成功要素 | 业务论文 | 三等奖 | 潍坊市广播电视局<br>潍坊市广播电视学会 | 张亦明<br>王沛盛<br>杨立志 |

续表 53

| 年度 | 题　目 | 类　别 | 获奖等级 | 颁奖机关 | 主创人员 |
|---|---|---|---|---|---|
| 2007 | 如何精心组织连续报道 | 业务论文 | 二等奖 | 潍坊市广播电视局<br>潍坊市广播电视学会 | 苏森源<br>王沛盛 |
| 2008 | 搞活经济报道 增强宣传效果 | 业务论文 | 二等奖 | 潍坊市广播电视局<br>潍坊市广播电视学会 | 傅浩程<br>于国颖 |
| 2009 | 浅谈电视新闻同期声的运用 | 业务论文 | 二等奖 | 潍坊市广播电视局<br>潍坊市广播电视学会 | 傅浩程 |
| | 记者之歌 | 征歌 | 一等奖 | 中国大众音乐协会<br>感动中国新创歌曲歌词组委会 | 刘景贤 |
| | 广电记者之歌 | 征歌 | 三等奖 | 中国大众音乐协会<br>感动中国新创歌曲歌词组委会 | 刘景贤 |
| 2010 | 对广播传媒的七点思考 | 业务论文 | 三等奖 | 潍坊市广播电视协会 | 梁　峰 |
| | 试论如何提升对农电视节目的传播效果 | 业务论文 | 二等奖 | 潍坊市广播电视协会 | 夏　斐 |
| | 浅谈电视民生新闻的发展优势 | 业务论文 | 二等奖 | 潍坊市广播电视协会 | 付　娜 |
| 2011 | 浅谈数字电视节目的制作技术和流程 | 业务论文 | 三等奖 | 潍坊市广播电视协会 | 王卫卫 |
| | 试论县级电视台电视栏目品牌的创建与维护 | 业务论文 | 三等奖 | 潍坊市广播电视协会 | 夏　斐 |
| | 创新电视新闻语言贴心为农民服务 | 业务论文 | 三等奖 | 潍坊市广播电视协会 | 张　伟 |
| | 浅谈广电人领会落实科学发展观 | 业务论文 | 三等奖 | 潍坊市广播电视协会 | 梁　峰 |
| | 论电视专题片的借题发挥 | 业务论文 | 三等奖 | 潍坊市广播电视协会 | 付　娜 |
| | 面向新世纪 建设一支高素质的基层电视队伍 | 论文专项类 | 三等奖 | 潍坊市广播电视局<br>潍坊市广播电视学会 | 范西勤<br>宋建文 |
| | 论电视新闻节目主持人的内在修养与素质 | 业务论文 | 三等奖 | 潍坊市广播电视协会 | 冯　倩 |
| | 南去湛江探叔父 | 征文 | 优秀奖 | 中共潍坊市委宣传部 潍坊市文联<br>潍坊市作家协会 | 王沛盛 |
| | 世世代代绣红旗 | 征文 | 荣誉表彰 | 感动中国新创词曲组委会 | 刘景贤 |
| 2012 | 最美的昌邑最美的家园 | 征文 | 一等奖 | 昌邑市政协 | 赵赞江 |
| | 从苦涩滩涂到黄金海岸 | 征文 | 二等奖 | 昌邑市政协 | 宋建文 |
| | 酒香桃意 | 征文 | 一等奖 | 潍坊市酒文化研究会<br>潍坊市首届酒文化诗书画摄影筹委会 | 宋建文 |
| | 昌邑海盐溴盐之乡溴盐拾韵 | 征文 | 三等奖 | 昌邑市政协 | 王沛盛 |
| | 对少儿节目引导性的分析与思考 | 业务论文 | 三等奖 | 潍坊市广播电视协会 | 付　娜 |
| | 浅谈地方电视台新闻节目的生存发展 | 业务论文 | 三等奖 | 潍坊市广播电视协会 | 刘志强 |
| | 电视文化栏目的生存策略 | 业务论文 | 二等奖 | 潍坊市广播电视协会 | 夏　斐 |
| | 一壶龙吟醉古今 | 征文 | 创作成就奖 | 感动中国新创歌曲歌词选拔活动组委会 | 刘景贤 |
| 2013 | 世世代代绣红旗 | 参评 | 丝绸之乡文化奖 | 中共昌邑市委<br>昌邑市人民政府 | 刘景贤 |
| 2014 | 新闻失实成因与预防对策浅析 | 业务论文 | 三等奖 | 潍坊市广播电视学会 | 张广松 |
| | 感动中国十年庆典 | 征文 | 音乐功勋奖 | 感动中国新创歌曲歌词选拔活动组委会 | 刘景贤 |

续表 53

| 年度 | 题　目 | 类　别 | 获奖等级 | 颁奖机关 | 主创人员 |
|---|---|---|---|---|---|
| 2014 | 朋友请到我家乡 | 征文 | 市歌作品奖 | 中共昌邑市委宣传部 | 刘景贤 |
| | 共同的记忆 | 歌词 | 作词金奖 | 2014“建国杯”全国大型音乐展演组委会 | 刘景贤 |
| | 感动中国十年庆典 | 表彰 | 音乐功勋奖 | 感动中国新创歌曲歌词选拔活动组委会 | 刘景贤 |
| | 菜谱乐章 | 征文 | 旅游征文奖 | 中共昌邑市委宣传部<br>昌邑市旅游局 | 刘景贤 |
| | 昌邑北部民间古建筑一日游 | 征文 | 三等奖 | 中共昌邑市委宣传部昌邑市旅游局 | 王沛盛 |
| 2015 | 烽火岁月话集东 | 征文 | 二等奖 | 中共潍坊市委宣传部<br>中共潍坊市委离退休干部工作委员会<br>中共潍坊市委老干部局 | 王沛盛 |
| | 试论主持人加入广电义工队伍的时代使命 | 业务论文 | 三等奖 | 潍坊市广播电视学会 | 梁　峰 |
| | 家乡就像一支歌 | 征文 | 优秀作品奖 | 文化部《文化大视野》编委会 | 刘景贤 |
| | 家乡就像一支歌 | 参评 | 金奖 | 2015《放飞中国梦　相聚在北京　全国大型音乐展演》组委会 | 刘景贤 |
| | 健身秧歌调 | 征文 | 优秀作品奖 | 文化部《文化大视野》编委会 | 刘景贤 |
| 2016 | 做一颗永不生锈的螺丝钉 | 征文 | 优秀奖 | 中共潍坊市委离退休干部工作委员会<br>中共潍坊市委老干部局 | 王沛盛 |
| | 绿荫叠翠靓昌城 | 征文 | 优秀奖 | 中共潍坊市委宣传部<br>潍坊市文学艺术界联合会<br>潍坊市创建国家森林城市领导小组办公室<br>潍坊市林业局 | 王沛盛 |
| | 耗子药 | 传统牛骨数来宝 | 优秀作品奖 | 文化部《文化大视野》编委会 | 刘景贤 |
| | 清风独舞 | 征文 | 优秀作品奖 | 文化部《文化大视野》编委会 | 刘景贤 |
| | 我心向往（感动中国主题歌） | 唱响中国主题歌词 | 作词金牌 | “唱响中国—2016 首届大型音乐展演盛典”组委会 | 刘景贤 |
| 2017 | 我们手拉手（义工之歌） | 征文 | 金奖 | 中国大众音乐协会<br>展演活动组委会 | 刘景贤 |
| | 我们手拉手（义工之歌） | 征文 | 一等奖 | 国家海洋电视台“一带一路”百家媒体走基层组委会 | 刘景贤 |
| | 我们手拉手（义工之歌） | 征文 | 优秀作品奖 | 文化部《文化大视野》编委会 | 刘景贤 |
| | 逛新城 | 传统牛骨数来宝 | 优秀作品奖 | 文化部《文化大视野》编委会 | 刘景贤 |
| | 小喇叭：从墙上挂到随身听 | 征文 | 二等奖 | 中共潍坊市委宣传部<br>中共潍坊市委市直机关工作委员会<br>中共潍坊市委离退休干部工作委员会<br>中共潍坊市委老干部局 | 王沛盛 |
| 2018 | 彩霞故乡 | 征文 | 优秀作品奖 | 文化部《文化大视野》编委会 | 刘景贤 |
| | 彩霞故乡 | 参评 | 丝绸之乡文化奖 | 中共昌邑市委<br>昌邑市人民政府 | 刘景贤 |
| | 第一书记赞 | 征文 | 金奖 | 中国大众音乐协会<br>展演活动组委会 | 刘景贤 |
| | 离家的路 | 征文 | 优秀作品奖 | 文化部《文化大视野》编委会 | 刘景贤 |

续表 53

| 年度 | 题　目 | 类　别 | 获奖等级 | 颁奖机关 | 主创人员 |
|---|---|---|---|---|---|
| 2018 | 白衣礼赞 | 歌曲 | 出版 | 中国音乐家音像出版社 | 刘景贤 |
| | 我是那只飞翔的风筝 | 征文 | 金奖 | 中国散文学会中国散文网中国诗歌网华夏博学国际文化交流中心 | 荆　剑 |
| | 小喇叭：从墙上挂到随身听 | 征文 | 二等奖 | 中共昌邑市委宣传部 | 王沛盛 |
| | 电视那些事儿 | 征文 | 优秀奖 | 中共昌邑市委宣传部 | 宋建文 |
| 2019 | 春风十里只为你 | 征文 | 作词金奖 | 2019《唱响中国》 | 刘景贤 |
| | 远处传来芦笛声 | 微电影歌曲 | 出版公演 | 渤海走廊革命斗争陈列馆馆歌 | 刘景贤 |
| | 昌邑电视“70”后 | 征文 | 二等奖 | 中共昌邑市委宣传部<br>昌邑市总工会 | 张术叁<br>王沛盛 |

## 第八节　1987 年以后昌邑市各乡镇广播电视站所获集体荣誉

### 1987 年以后昌邑市各乡镇广播电视站所获荣誉一览表

表 54

| 名　称 | 荣誉称号 | 授奖机关 | 授奖时间 |
|---|---|---|---|
| 塔耳堡镇广播电视站 | 文明乡镇广播站 | 潍坊市广播电视局 | 1987.12 |
| 宋庄乡广播电视站 | 文明乡镇广播站 | 潍坊市广播电视局 | 1987.12 |
| 塔耳堡镇广播电视站 | 先进乡镇广播站 | 山东省广播电视厅 | 1988.12 |
| 柳疃镇广播电视站 | 文明乡镇广播站 | 潍坊市广播电视局 | 1989.12 |
| 青乡乡广播电视站 | 文明乡镇广播站 | 潍坊市广播电视局 | 1989.12 |
| 柳疃镇广播电视站 | 先进乡镇广播电视站 | 潍坊市广播电视局 | 1991.06 |
| 龙池镇广播电视站 | 先进乡镇广播电视站 | 潍坊市广播电视局 | 1991.06 |
| 青乡乡广播电视站 | 先进乡镇广播电视站 | 潍坊市广播电视局 | 1991.06 |
| 卜庄镇广播电视站 | 先进乡镇广播电视站 | 潍坊市广播电视局 | 1991.06 |
| 围子镇广播电视站 | 先进乡镇广播电视站 | 潍坊市广播电视局 | 1991.06 |
| 宋庄镇广播电视站 | 先进乡镇广播电视站 | 潍坊市广播电视局 | 1991.06 |
| 石埠镇广播电视站 | 先进乡镇广播电视站 | 潍坊市广播电视局 | 1991.06 |
| 饮马镇广播电视站 | 先进乡镇广播电视站 | 潍坊市广播电视局 | 1991.06 |
| 岞山镇广播电视站 | 先进乡镇广播电视站 | 潍坊市广播电视局 | 1991.06 |
| 太保庄乡广播电视站 | 先进乡镇广播电视站 | 潍坊市广播电视局 | 1991.06 |
| 丈岭镇广播电视站 | 先进乡镇广播电视站 | 潍坊市广播电视局 | 1991.06 |
| 都昌镇广播电视站 | 先进乡镇广播电视站 | 潍坊市广播电视局 | 1992.06 |
| 夏店乡广播电视站 | 先进乡镇广播电视站 | 潍坊市广播电视局 | 1992.06 |
| 双台乡广播电视站 | 先进乡镇广播电视站 | 潍坊市广播电视局 | 1992.06 |
| 下营镇广播电视站 | 先进乡镇广播电视站 | 潍坊市广播电视局 | 1992.06 |
| 南逄乡广播电视站 | 先进乡镇广播电视站 | 潍坊市广播电视局 | 1992.06 |

续表 54

| 名　称 | 荣誉称号 | 授奖机关 | 授奖时间 |
|---|---|---|---|
| 北孟乡广播电视站 | 先进乡镇广播电视站 | 潍坊市广播电视局 | 1992.06 |
| 仓街乡广播电视站 | 先进乡镇广播电视站 | 潍坊市广播电视局 | 1992.06 |
| 东冢乡广播电视站 | 先进乡镇广播电视站 | 潍坊市广播电视局 | 1992.06 |
| 李家埠乡广播电视站 | 先进乡镇广播电视站 | 潍坊市广播电视局 | 1992.06 |
| 塔耳埠镇广播电视站 | 先进乡镇广播电视站 | 潍坊市广播电视局 | 1992.06 |
| 流河乡广播电视站 | 先进乡镇广播电视站 | 潍坊市广播电视局 | 1992.06 |
| 青乡乡广播电视站 | 全省广播电视系统先进乡镇广播电视站 | 山东省广播电视厅 | 2000.12 |

说明：1959—1986 年无材料可查

## 第九节　1982 年以后昌邑市各乡镇广播电视站所获个人荣誉

### 1982 年以后昌邑市各乡镇广播电视站所获个人荣誉一览表

表 55

| 姓　名 | 荣誉称号 | 授奖机关 | 时间 |
|---|---|---|---|
| 韩龙福 | 1982 年度模范共产党员 | 中共昌邑县委昌邑县人民政府 | 1983.03 |
| 王协臣 | 1982 年度模范共产党员 | 中共昌邑县委昌邑县人民政府 | 1983.03 |
| 陆邦启 | 模范广播电视工作者 | 潍坊市广播电视局 | 1987.12 |
| 郝克均 | 模范广播电视工作者 | 潍坊市广播电视局 | 1987.12 |
| 张述琪 | 模范广播电视工作者 | 潍坊市广播电视局 | 1989.12 |
| 郝克均 | 模范广播电视工作者 | 潍坊市广播电视局 | 1989.12 |
| 张述琪 | 十佳文艺工作者 | 中共昌邑县委昌邑县人民政府 | 2003.03 |

说明：1959—1981 年无材料可查

## 第十节　电影公司所获集体荣誉

### 电影公司所获集体荣誉一览表

表 56

| 年度 | 荣誉称号 | 受奖单位 | 获奖单位 |
|---|---|---|---|
| 1984 | 努力开创农村电影放映工作新局面（锦旗） | 山东省电影放映公司 | 昌邑县电影发行放映公司 |
| | 努力开创农村电影放映工作新局面（锦旗） | 山东省电影放映公司 | 卜庄乡电影管理站 |
| | 努力开创农村电影放映工作新局面（锦旗） | 山东省电影放映公司 | 双台乡电影管理站 |
| | 努力开创农村电影放映工作新局面（锦旗） | 山东省电影放映公司 | 围子影剧院 |
| | 全国农村放映网普及与管理先进单位 | 国家文化部 | 昌邑县电影发行放映公司 |

续表 56

| 年度 | 荣誉称号 | 受奖单位 | 获奖单位 |
|---|---|---|---|
| 1991 | 宣传、发行放映献礼片先进集体 | 山东省文化厅 | 昌邑县电影发行放映公司 |
| | 农村科教片汇映先进集体 | 山东省文化厅 | 昌邑县电影发行放映公司 |
| | 农村科教片汇影先进集体 | 国家文化部 | 昌邑县电影发行放映公司 |
| 2018 | 2018 年度“丝绸之乡文化奖”优秀文化企业奖 | 中共昌邑市委<br>昌邑市人民政府 | 昌邑华艺电影传媒有限公司 |

## 第十一节　锦旗　匾牌

赠昌邑电视台：荧屏传媒绿博生辉

——浙奉百花园艺场 2004 年秋

赠昌邑电视台潍水两岸栏目：弘扬精神文明　倡导社会正气

——宋庄镇大北村党支部村委会　2005 年 1 月

赠昌邑电视台：情系下岗人励助创新业

——下岗职工韩良生夏秀英 2005 年 5 月

赠昌邑电视台新闻部：深入生活群众欢迎　贴近实际百姓称赞

——昌邑市星光敬老院　2005 年 10 月

赠昌邑电视台：关爱老年人展现新风采

——新村街夕阳红演唱队　2006 年 3 月

赠昌邑电视台《百姓舞台》栏目组：百姓舞台百姓最爱

——王新航　孙志达　2007 年 5 月

给潍水两岸栏目题字：潍水两岸

——峻青　2006 年 6 月

赠昌邑电视台：荧屏传递人间真情　爱心托起折翼天使

——柳疃镇孙述兴　2007 年 1 月

赠昌邑电视台《百姓舞台》栏目组：感谢好心人

——柳疃镇孙述兴全家　2007 年 1 月

赠昌邑电视台《百姓舞台》栏目组：百姓舞台演绎精彩

——文强影视传媒　2007 年 3 月

赠昌邑电视台《潍水两岸》栏目组：红花绿树吻潍水　霞光载波荡两岸

——都昌街道　2007 年 3 月

赠昌邑电视台：功在当代利在千秋

——都昌街办　2007 年 6 月

赠昌邑电视台《百姓舞台》栏目组：百姓舞台我们的最爱

——昌邑市卜庄镇郑家村委　2007 年 6 月

赠昌邑电视台《百姓舞台》栏目组：和谐团队精英组合

——鸢都空竹荣华家园　2008 年 3 月

赠昌邑电视台：昌邑拥有热心肠

——天乐体育舞蹈俱乐部　2008 年 4 月

赠昌邑电视台：情系民生

——抗震救灾义演组委会　2008 年 6 月

赠昌邑电视台《潍水两岸》栏目组：展现人生价值　交融百姓心灵

——围子镇苏部村　2008 年 6 月

赠昌邑电视台《百姓舞台》栏目组：关爱老年人　展现新风采

——夕阳红演唱队　2008 年 7 月

赠昌邑电视台《潍水两岸》栏目组：祝潍水两岸栏目越办越好

——齐文升　姚朋荣　2008 年 9 月

赠昌邑电视台《百姓舞台》栏目组：百姓舞台人民知音

——昌邑市武术学校　2008 年 12 月

赠昌邑电视台《百姓舞台》栏目组：传播高雅文化　服务百姓大众

——石埠史家屯两委　2009 年 4 月

赠昌邑电视台《潍水两岸》栏目组：无私服务千万家　传承军地两岸情

——空军廒里靶场　2009 年 6 月

赠昌邑电视台《百姓舞台》栏目组：精心搭舞台　妙手绣春晖

——翟胜廷　2010 年 6 月

赠昌邑电视台《潍水两岸》栏目组：传播民俗文化　展现人文风采

——昌邑空竹艺术班　2010 年 8 月

赠昌邑电视台《潍水两岸》栏目组：潍水两岸千里沃野

——潍坊市鲁昌大姜研究所　2010 年 10 月

赠昌邑市广播影视中心：奉献爱心　传播真情

——玉树藏族驻潍全体学生　2010 年 11 月 19 日

赠昌邑电视台 360 栏目组：执正义之剑　替百姓分忧

——昌邑市围子镇韩巷村　2012 年 1 月 1 日

2012 年 1 月，昌邑市围子镇韩巷村赠送给昌邑电视台锦旗

# 第二章　优秀作品选辑

## 第一节　国家级论文

### 昌邑市广播电视管理站采取切实措施强化技术管理

王沛盛

昌邑市广播电视管理站从当地实际出发，侧重研究和探讨广播电视设备的使用、保养、维护和管理工作，采取成立专门机构，健全规章制度，强化业务训练，开展“双百”竞赛等措施，较好地解决了部分转业技术人员水平偏低，管理松散，社会服务质量偏差等一些带有普遍性的问题，收到良好效果。

一、设立专门机构统一管理广播电视技术设备的购置、维修和管理工作

随着广播电视事业的发展，广播电视设备逐年增加，到1995年底，昌邑站的广播电视设备价值达200多万元，占全站固定资产总值的60%以上。管理好、用好这些设备，充分发挥这些设备的效益，已成为广播电视管理工作的重要内容。因此他们设立了专门机构——技术科，统管全站广播电视设备的购置，广播电视播出、控制、发射设备的使用及维修、管理。在人员配备、工作安排、经费支出、车辆使用等方面都优先安排。

二、建立管理制度，搞好广播电视设备的维护

今年春季开始，我站进一步完善了站内所有机器设备的日查看、周维护、月测试、季检查制度，对电视发射机、天馈线、微波收发信机、摄像机、录放像机、编辑机、字幕机微机等机器设备，根据不同性能和特点，提出维护、检修的具体标准，并对机房管理、设备的使用保管健全了包机制和包室制，促使设备管理使用人员熟练地掌握机器设备的操作规程和使用方法，对设备易出故障的部位和薄弱环节提出具体的检查程序和维护要求。坚持了“预防为主、防治并举、防重于治”的原则，做到了任务明确检查及时，有效地避免了各类事故的发生。

三、强化学习，提高技术人员的业务素质

在对技术人员进行业务培训中，我们坚持以自学为主，每半月组织一次集体学习，从大会扩音音响开始直至电视发射机的工作原理维修，分课时由包机工作人员讲解，在周维护、月测试、季检查中遇到的故障，先由包机人给予分析，不足的地方由经验丰富的科长给予纠正。这种方法站内投资少，学习有很强的针对性，工作学习两不误，而且见效快、效果好。

四、开展“双百”竞赛活动，创造职工积极向上、争先创优的良好工作氛围

自1996年5月1日开始，昌邑广播电视管理站技术科组织开展了“会议音响百日无差错”和“电视播出百日无事故”“双百”活动竞赛。对电视播前、播中和播后的技术要求规定了十项竞赛内容和记分标准，对负责会议音响服务工作人员的到岗时间、设备测试、磁带检查、音响效果、服务态度等也规定了十项内容及评分标准。对每晚播出和每次的会议服务情况都进行量化考核。

实践证明，昌邑广播电视管理站的这些做法，有效地调动了技术人员的主观能动性，巩固了广播电视的技术基础，促进了广播电视节目的安全优质和不间断播出。

（此文获潍坊市广播电视局、潍坊市广播电视协会业务论文三等奖。发表于国家广播电影电视部主管广电部信息资料中心主办的《广播电视信息》杂志1996年第12期）

# 县级有线广播电视传输覆盖网的行政执法与管理

王沛盛

当人们跨入21世纪的时候，有线电视的发展也已进入快车道。随着有线电视网的迅速扩展，有线电视用户的不断增加，在管理工作中也出现了许多新情况和新问题，有些人为逃避交纳有线电视安装费和收视维护费，私拉乱接，偷接有线电视信号。这种不法行为扰乱了有线电视网的管理秩序，影响了有线电视信号的正常传输，在广大有线电视用户中造成了不良影响。因此，加强有线广播电视传输覆盖网的行政执法与管理工作是摆在广播电视行政部门面前的新课题。

## 一、加强县级有线广播电视传输覆盖网的行政执法与管理，必须建立广播电视行政执法专业队伍

县级广播电视行政部门是国家法规授权行使管理本辖区广播电视事业的行政执法部门。1997年8月11日国务院颁布的第228号令，即《广播电视管理条例》从1997年9月1日起施行。标志着我国广播电视事业已走上了一个新的法制阶段。条例第五条规定“县级以上地方人民政府负责广播电视行政管理工作的部门或者机构，负责本行政区域内的广播电视管理工作”，第二十三条规定“区域性有线广播电视传输覆盖网，由县级以上地方人民政府广播电视行政部门设立和管理”。2000年11月5日国务院公布实施的《广播电视设施保护条例》第十五条又对广播电视传输覆盖网的管理作了更为具体的界定“在广播电视传输线路上接挂收听收视设备，调整、安装有线广播电视的光分配器，分支放大器等设备，或者在有线广播电视设备上插接分支分配器、其他线路的，应当经广播电视设施管理单位同意，并由专业人员安装”。同时规定，违反这一规定，未经同意，擅自办理的，由县级以上人民政府广播电视行政管理部门或者其授权的广播电视设施管理单位责令改正。对个人可处2000元以下的罚款，对单位可处1万元以下的罚款。损坏广播电视设施无法恢复原状的，当事人应当依法承担赔偿责任。

从国务院颁布实施的两个条例来看，县级以上广播电视行政部门，是广播电视行政执法的主体。其职责范围是“负责本行政区域内的广播电视管理工作”，这就要求县级广播电视行政部门要承担起广播电视行政执法的任务。因此，建立县级广播电视行政执法专业队伍，是广播电视事业发展到一定阶段的必然要求。

## 二、加强县级有线广播电视传输覆盖网的行政执法与管理，必须提高行政执法人员的自身素质和业务水平

广播电视行政执法人员，是受广播电视行政部门领导，对广播电视法规的实施负责，以国家法律法规为尺度，与一切违法乱纪的行为进行斗争的专职人员，行政执法人员必须做到有法必依、执法必严、违法必究，切实保证法律法规的正确实施和全面执行。要做到这一点，广播电视行政执法人员必须提高自身素质和业务水平，自觉做好以下几个方面的工作。

一是要学好法律法规，掌握法律法规知识。广播电视行政执法人员，学好法律法规，掌握法律知识是做好行政执法工作的前提和基础。目前，需要广播电视行政执法人员学习和掌握的法律法规知识很多，应该把握重点，分门别类逐步学好。首先要学习好与本专业密切相关的实体法，如国务院发布实施的《广播电视管理条例》《广播电视设施保护条例》，广电总局制定的《有线电视管理暂行办法》等；其次要学好程序法，像《中华人民共和国行政处罚法》，广电总局制定的《广播电影电视行政处罚程序暂行规定》等；第三要学好工具书，如1998年由山东人民出版社出版，高存山同志组织有关专家学者编著的《行政执法人员公共法律知识教程》，1996年8月12日江泽民总书记作序，任建新等同志编著的《社会主义法制建设基本知识》等。把这些法律法规知识及理论弄通弄懂，为做好行政执法工作打下法律法规知识根

基和理论根基。

二是学会制作使用规范的行政处罚文书。规范的行政处罚文书，能准确地反映出行政执法人员在查处行政违法案件中，从立案调查、处罚决定、执行到结案，运用法律法规的全过程。行政处罚文书的制作和发布能使违法人员受到一次具体生动的法制教育，行政处罚文书的质量是行政执法人员业务水平和办案质量的具体表现。目前，县级广播电视行政执法人员制作的法律文书主要有两种，一种是按照广播电影电视总局社会管理司，法规司编发的《广播电影电视行政处罚手册》中提供的固定格式制作的“行政案件调查笔录”“行政处罚决定书”“行政案件结案报告”等；另一种是根据案件复杂情况，单独撰写的执法文书。广播电视行政执法人员必须使用好这些文书，并在实践中不断总结使用行政处罚文书的经验，提高行政处罚文书的制作水平，确保行政处罚文书的合法有效。

三是要严格按照法定程序执法。行政执法程序是行政执法活动中不可缺少的重要环节，完善和强化行政执法程序，对于加强行政执法活动具有重要的意义和作用。目前，在行政执法中一般案件采用告知身份、立案、调查取证、审批、定案、送达、执行、结案等程序。这些程序是非常严密科学的，应该严格掌握。有些简单案件可采用简易程序办理。行政执法人员只有严格按法定程序执法，才能保证行政执法行为的合法有效、真正提高依法管理，依法行政的水平。

四是要严格遵守行政处罚的基本原则。坚持行政处罚的基本原则是提高办案质量的关键所在，是解决广播电视“执法难”的有效途径。行政执法的基本原则有“处罚法定原则”“公开公正原则”“处罚相当原则”“处罚与教育相结合原则”“监督制约原则”。在这些原则中，最难掌握的就是“过罚相当原则”，同样是私接有线电视信号这一不法行为发生了，担有的是在主线路上偷接的，有的是在支线路或末端线路上偷接的。所造成的危害和影响也不同，因此在处罚上也应轻重有别，不能一个单子吃药，全篇一律。在进行行政处罚中，处罚必须以事实为依据，与违法行为的事实、性质、情节以及社会危害程度相当，处罚的结果使违法的当事人受到教育，承认违法，口服心服，交上罚款，赔偿损失，使其不愿再走听证、复议、起诉这条路，把广播电视行政处罚案件办成铁案。

### 三、加强县级广播电视行政执法，应该与公安、法院等部门搞好联动配合

随着广播电视行政执法队伍的建立和执法人员素质水平的不断提高，发生在有线广播电视传输覆盖网中的行政处罚案件，绝大多数是广播电视行政执法人员能够处理好和解决好的，但也有个别案件确需公安机关和人民法院的联动配合。与公安、人民法院联动办案不是谁求谁的问题，是国家的法律法规有明文规定的。

国务院发布的《广播电视设施保护条例》界定了县级广播电视行政部门的执法权限与范围，同时也规定了公安机关的责任。条例第二十条，第二十一条规定，违反本条例规定，违反治安管理规定的，由公安机关依法给予治安管理处罚；构成犯罪的依法追究刑事责任。《中华人民共和国治安管理处罚条例》也明确规定，拒绝，阻碍国家工作人员依法执行职务，未使用暴力威胁方法的，尚不构成刑事处罚的，处十五日以下拘留、二百元以下罚款或者警告。这就说明，当广播电视行政执法人员在查处案件时，当事人拒绝、阻碍广播电视行政执法人员执法，广播电视行政执法人员就应该及时告知公安，由公安机关配合执法。当事人违法行为构成犯罪的，由公安机关依法追究其刑事责任。

当事人逾期不履行行政处罚决定，广播电视行政部门可申请人民法院强制执行，也是有法律明文规定的。《中华人民共和国行政处罚法》第五十一条规定，当事人逾期不履行行政处罚决定的，作出行政处罚决定的行政机关可以采取下列措施，到期不缴纳罚款的，每日按罚款数额的百分之三加处罚款；申请人民法院

强制执行。广播电视行政部门应该用足用好国家的法律法规，在重大违法案件发生时，主动请公安法院等部门联合办案，运用法律武器管理好有线广播电视传输覆盖网。

### 四、搞好有线广播电视传输覆盖网的管理，应坚持“打防并举”的方针，搞好综合治理

搞好有线广播电视传输覆盖网的管理是一项社会系统工程，应该纳入各级党委政府的统一领导之下，各部门协调一致，齐抓共管，紧紧依靠广大人民群众，运用政治的、经济的、行政的、法律的、文化的、教育的等多种手段，解决管理问题，消除违法现象。有线广播电视传输覆盖网的管理方针应该是“打防并举、标本兼治、重在治本”。“打防并举”指的是对偷接有线电视信号的不法行为进行查处和预防是相辅相成的，不能顾此失彼，更不可只看中一个方面轻视另一个方面，必须把严查和严管紧密结合，使二者相得益彰。“标本兼治”是指既要严肃查处违法案件，又要从根本上减少和铲除诱发违法案件的因素。“重在治本”是指在治本上下更大的功夫，在加强宣传教育、组织管理、制度建设等方面做更多的工作。在宣传教育方面要紧紧依靠党委政府、基层单位运用多种形式加强对广播电视传输覆盖网建设管理政策法规的宣传工作。在组织管理方面，本着谁受益谁管理的原则组建起单位管理员队伍，具体管好小区网。同时，要树立人民事业人民办，人民事业人民管的思想，大力贯彻“任何单位和个人均有保护广播电视设施的义务”，“任何单位和个人对危害广播电视设施的行为，均有权制止并向有关部门报告”这一法规规定，创造一个守法光荣、违法可耻的良好局面。在制度建设方面主要应建立“定期检查制度”“村户保联制度”“举报有奖制度”“行政执法人员年度考核制度”“单位管理员年度考评制度”等，真正把管理工作纳入制度化管理轨道。

总之，加强县级广播电视传输覆盖网的行政执法与管理工作，是在新时期广播电视事业飞速发展的形势下，对县级广播电视行政部门提出的客观要求，是非办不可的事情，广播电视行政部门必须切实抓紧抓好，并在实践中不断总结经验，不断提高管理水平。

（昌邑市广播电视局）（2001-3-8）

（此文获潍坊市广播电视局广播电视论文评比二等奖，发表于国家广播电影电视总局主管，广播影视信息网络中心主办的《广播电视信息》杂志2001年第9期）

## 呼唤地县级媒体尽快建成学习型组织

元钦圣　齐兴中

据报道，江苏常州市创建“学习型城市”活动正如火荼开展。由此引发了笔者联想，地县级媒体也应该建成学习型组织，这是大势所趋，时代召唤。

### 建立学习型组织的初衷

一是，从注意力经济的发展看。近年来，悄然出现了“注意力经济”这一亮点。强势广电媒体精心设计特色栏目不断创出收听新高，经济收入随之大幅度增长，显示了从业人员高水平的策划能力，颇具媒体企业家风采。地（市）县级新闻部门实力相对薄弱，要创出“吸引人注意力”的新卖点难度很大。因此，必须下气力发挥自己的优势，敢于创新，关键是提升从业者的水平，根本出路在于学习。

二是，从人员素质情况看。地县级媒体人员素质参差不齐，主要表现为“低、少、旧、浅”。所谓“低”，即文化程度低。有一个县（市）级广播电视局（台），从业人员130多名，大学本科生仅有1人，专科生只有4人。所谓“少”，即高层次专业人才少。上述这家广播电视局（台），虽有5名大学生，但学习新闻专业的只有一人，没有一个学习广播电视技术和经济管理、法律专业的，技术拔尖人才只有县（市）级的1人，具有“次高”职称的只有一人。所谓“旧”，即知识结构陈旧。上述这家广电局（台），45岁以上的老同志熟悉的旧六件：杆子、喇叭、铁丝、扩音机、录音机、收音机；而对光纤技术、数字设备、外语、微机则很陌

生。所谓“浅”，即业务技术功底“浅”。这家广电局（台）内，目前40岁以下人员占职工队伍的70%以上，多数是从企业、商业、乡镇。教育等行业调入的或者安置的复退军人，业务技术是“半路出家”，这些新成员缺乏从事媒体行业的理论和实践，工作上力显得不从心。

三是，从高新技术的发展看。现在，绝大多数新技术正引导媒介向分众化方向发展，这些技术包括：激光照排机术、造纸和印刷新技术、网络技术等，可以说新技术层出不穷，高技术“日新月异”，知识更新周期已从50年缩短到五年。现在的媒体，尤其是广播电视与最先进的科学技术紧密相连，知识含量非常高，对从业人员的要求非常苛刻。不用说技术人员，即便是新闻编辑、文秘人员等，也必须学会广电设备操作和微机使用等，但不加强学习，一切就会成为空谈。

## 开拓学习型组织的空间

据资料介绍，学习型的组织十分注重“工作学习化”。在新形势下，媒体必须开拓学习时空，掀起学习新浪潮。

第一，改正观念。多少年来，人们主张“前半生学习，后半生工作”，单纯依靠传统的学校教育，这是很不够的。目前，实行的是九年义务教育，就全国来说，能够上大学的毕竟是少数。据统计，人一生即使从小学到大学，也只能获得所需知识的10%左右，而其余的90%的知识要在工作生活中才能获得。因此，应该提倡“二次教育”“终身教育”，否则，即使一时“光彩照人”，终难免会“江郎才尽”。

第二，改变途径。过去的学习，多是“关门造车”，而学习型组织则要更加开放。

一曰：“出门式”。现在是改革开放的年代，学习方式理应多元化，搞好会内会外结合、课堂辅导和实际考察结合、本地和异地结合。像山东人民广播电台，积极组织台际交流，大力开展全台联动的异地采编活动，仅2000年就有一半以上人员走出省城学习，记者们收获很大。

在个人成才道路上，大家也可通过出国留学、国内大学深造、到上级新闻单位参加学习班、函授、自考、自修等办法学习，提高素养，增强专业能力。

二曰：“引进式”。主要是请上级业务部门的专家、学者为本单位人员作专题讲座等。因为上级业务部门很多专家有着深厚的业务技术造诣，聘请他们到基层传宝，有针对性的指导，非常必要。

三曰：“互动式”。改变过去一人或几人主讲，“满堂灌”的做法，采用老同志传帮带、举办短期培训班、业务评比研讨会、与上级台联办节目等形式，形成良好的研究、创新和协作气氛。能者为师，各展所长，在学习中沟通和交流，实践中能聚合力。

第三，改革手段。传统的学习，在地图上“旅游”，在黑板上“种地”，司空见惯。现在增加了电化教学、远程教育、声像结合图文并茂，直观形象。我们要充分运用有利条件，把学习活动开展的丰富多彩，生动活泼。

如今，网络技术与广播电视科技正相互交融，因而要使学习效果事半功倍，还要学会熟练的运用网络，依靠它了解信息，查找资料，解难释疑，弥补其他方面“缺口”，取得学习更大成效。

第四，改善机制。实践证明，没有激励机制制约的行为是不稳定的。在学习过程中，同样需要有章可循，调动人们学习的积极性，抑制不良的学风。

过去的学习，尽管也定立制度，但大多拘泥于考勤、作息、考试的层面，没有鲜明的激励制度，于是出现学不学一个样的状况，这种教训值得反思。要切实把学习情况作为人员考核的重要内容，将学习成绩作为安排岗位，拉开分配档次、进行奖励评选、职称评定等工作的重要参考条件，创造良好的学习环境。

## 推动学习型组织发展

构想之一：书籍落实。长期以来，虽然年年抓学习经常抓继续教育，但至今没有一套系统、规范、对口的书籍材料，学习时要么读报刊，要么念文件，今天学政治，明天学“计算机”，东一榔头西一锤。改变这种状况刻不容缓。笔者设想，学习的书籍或教材应有一个体系，可分为政治类，如马克思主义新闻观、哲学、时事政治学；新闻类，如新闻史，新闻业务、广播电视等；语文类，如文学概论、语法修辞、古代汉语等；科学技术类，如微电子学、计算机基础操作教程等；社会常识类，如法学概论、党群工作知识、外经外贸知识等；应知应会类，如外语、汽车驾驶等。期盼有关方面尽快编出适合媒介单位员工学习的书籍、教材，搞好“基本建设”。

构想之二：规划落实。做好一件事情，假如没有长计划、短安排，就会陷于混乱无序状态，上级安排就学习，不安排就散摊。因此，整顿“学习秩序”，上级做好总规划，下级相应地制定分计划势在必行。这些规划不仅要写在报告文件上，还要公诸群众，互相监督，自觉执行。在规划中，可将人员分成初、中、高不同档次，分期分批轮训或送出去深造。实施规划，要做到人员、时间、资金诸方面到位，增强规划的操作性。

构想之三：目标落实。总体上要求培养、建立一支“政治强、业务精、纪律严、作风正”的新闻队伍。具体还要按行业、工种、性别、年龄不同，确定“杂家”兼“专家”的培育目标。

在“软件”把握上，注意以下几点：①具有现代人的思想与观念。要有开放意识、创新意识、环境意识。②具有当代人的精神品格、竞争精神和事业成就感。作为“媒介人”要忠于本职，爱岗敬业、勇于创新、争创一流佳绩。③迅速提高外语能力。今后中外交流日趋频繁，从业人员驾驭外语的能力急待提高。④应有现代人的知识与技能。譬如，掌握高新科技知识，有较高的业务技能，能熟练的运用网络和多媒体现代化传播技术等，争做复合型、“全天候”人才，既当“杂家”又当“专家”。⑤良好的心理素质，如：坚韧自信的意志品质，创造性的思维品质，等等。

在“硬件”把握上，也应量化。比如，①学历：地县级媒体单位的新闻采编和技术人员必须大专以上。②专业技术职务：“次高”以上的要达到5%左右，“中级”职称的应达到20%以上，初级以下职称的达到50%左右。③共产党员、共青团员的比例：中共党员应占职工总数的40%以上，共青团员应占青年总数的70%。④有一定数量的劳模、先进工作者、模范党员、技术业务拔尖人才、行业标兵等。

构想之四：领导落实。实现学习型组织的“持续发展”，加强领导是关键。一是身先士卒。喊破嗓子不如做出样子，领导的行动就是无声的命令。近年来，党中央和国务院领导同志在百忙之中积极参加经济、法律等知识讲座约20次；党的十六大之后两个月，新的党中央领导集体，高瞻远瞩，就集体进行了两次学习，并以此为契机形成学习制度化，为全国人民做出了表率。我们应自觉仿效。“充电补氧”，增长才干。二是，强化措施。对学习活动的领导应是“一把手”工程，主要领导要亲自抓，分管领导靠上抓，共、青、妇组织具体抓切实解决学习场所、器材、教师等实际问题，不定期的举办知识竞赛、学习心得专栏、读书演讲会、学习先进典型报告会等，做到有布置、有检查、有考评、有奖惩，以学习的优异成绩奔向小康社会。

（此文发表于中央人民广播电台主办的《中国广播》杂志2003年第5期）

## 提高新闻画面编辑水平分析

傅浩程

画面是电视新闻的基础语言，其优劣直接影响新闻节目的质量。因此，要想提高新闻节目的质量，就必须提高电视画面的表现力。这不仅要求记者在现场迅速判断、抢拍能反映事物本质，有新闻价值的生动鲜明的画面形象，而且还要求记者不断提高画面编辑水平。

电视新闻画面编辑是根据本条新闻的要求对前期拍摄的画面进行选择，然后寻找最佳剪接点进行组合、排列，以彻底地传达出创作者的意图。就像写文章要注意语句的通顺流畅一样，电视新闻的画面组接也要连贯流畅，笔者认为：电视新闻画面编辑最基本的要求就是要让观众能看明白本条新闻到底发生了什么事，编辑电视新闻画面不仅要注意画面内部形象组合的逻辑性及时空变化的合理性，更要注意新闻意义的表达，选择适当的画面素材，利用蒙太奇手法来创造最佳的新闻宣传效果。根据在多年电视新闻工作中积累的经验，笔者粗浅地总结了以下几点电视新闻画面编辑方面的实用技巧和注意的问题。

一、编辑电视新闻画面要做到声画有机和谐地结合，新闻画面和解说词要对应配合，互为补充，但不要盲目地进行“图文解字”。在电视新闻实际工作中，大多数电视台有这样的新闻采编流程：记者现场拍摄、采访工作结束后，撰写新闻解说词，然后播音员配音，最后进行画面编辑。也就是说记者最后是根据新闻解说词编辑画面。真实是新闻的生命力所在，如果编上的画面与新闻解说词不相符，声音和画面不能有机结合，那就会影响新闻的真实性，观众就会认为这条新闻是假的。例如一条报道全市工业经济健康平稳发展的新闻，解说词一直说的是工业经济，而新闻画面中却多次出现了农民采摘苹果、小麦丰收等农业镜头，让人很难理解。有的报道“三下乡”活动的新闻，解说词里说这次送科技、送文化、送法律下乡活动受到了广大农民的欢迎，画面上出现的却是活动现场只有五、六农民，且脸上并无高兴的表情，声画脱节，造成的不真实感，难以令人信服。因此，要克服声画两张皮的现象，使电视新闻的声画结合最有效地传播新闻信息。

二、编辑电视新闻画面要正确地把握景别的变换，画面景别要尽量丰富。景别是画面中表现出的视域范围的大小，类型可划分为远景、全景、中景、近景和特写。不同的景别既可传达不同性质的信息，又可给人以不同的视觉感受。人们在观察事物时，一般总是由远及近，先粗后细，或者先知局部而后推及整体。这就要求记者在剪接画面时要注意观众的视觉心理。如果画面剪接与事物发展进程合拍，是从大景别到小景别或从小景别到大景别这样的组接方式，在视觉上就会十分流畅。如报道一市举行“希望工程”发放助学金仪式的一组镜头可以采取以下的顺序进行组接：1. 带横幅的发放助学金仪式现场（远景）；2. 主席台上参加仪式的人员（全景）；3. 献爱心的企业家手拿助学金（中景）；4. 受救助的贫困学生接过助学金（近景）；5. 助学金（特写）；6. 贫困学生发言表达感激（近景）；7. 台下参加人员（全景）。合理安排景别的变换，通过不同景别的镜头，可以达到清晰有层次地描述新闻事件的过程。

三、编辑电视新闻画面要遵循剪接中的一些匹配原则，在画面转换过程中让观众的视觉感到自然、流畅。所谓剪接中的匹配原则，就是两幅画面在连接时要具有一种和谐、对应的关系，具体指的是上下镜头中人物的位置、动作、视线应该统一或呼应，以保持视觉上的连贯和符合生活中的心理感受。否则，就会影响到观众的视觉和心理。比如，有的电视新闻中，上一个镜头里呈现的是屏幕右侧的几个人正在聚精会神地向左看，而下一个镜头里却出现了一个面朝左的项目建设牌匾。再如，有的电视新闻中，上一个镜头里有四个人在交谈，两个在画面的右边，两个在画面的左边，而下一个镜头里左边的却出现在了右边，右边的到了左边，在画面里互换了位置，这就犯了“跳轴”的错误，让人的视觉感到很不舒服。所以，上下画面连接时不应该莫名其妙地改变主体的运动方向、位置和视向，应遵循匹配原则，不然的话会引起观众视觉上的不流畅，也会使他们在认识上产生困扰。

四、编辑电视新闻画面要注意控制画面的节奏变化，以影响观众的视觉和心理感受。电视新闻也讲求内容和形式的统一。不同主题的新闻应有不同的画面节奏，不然就会让人看着很不舒服。例如对儿童文艺活动的新闻报道，新闻画面的节奏就应该欢快、活泼。镜头宜短不宜长，可多用特写和近景来表现孩子们的天真可爱，角度也应多变，以表现孩子们的活力和朝气。而对重大会议新闻的报道，新闻画面的节奏则应该沉稳、舒缓，景别宜大不宜小，镜头宜长不宜短，推、拉、摇、移的速度要从容不迫，显示事件的凝重感。

五、编辑电视新闻画面要注意运用电子特技，增强画面感染力。随着电子技术的发展，电子特技的种类越来越多，这为我们制作特殊的效果提供了方便。在电视新闻中，根据重要信息传达的强调和对观众情感调动的需要，可以利用定格、慢动作、三维动画等电子特技，对画面进行特殊处理。比如现在中央电视台《新闻联播》中有一些经济动态新闻中就运用了三维动画、活动图表等特技，不仅能引起观众的视觉注意力，还便于观众理解，一目了然。

六、电视新闻画面编辑要突出细节，强化画面冲击力。电视新闻画面中的细节指的是在新闻现场中那些富含新闻价值、人物情感和意义象征，能够在传播过程中引起受众特别注意的画面。细节在电视新闻节目中起着揭示人物情感、增强感染力、深化主题等作用。所以在编辑电视新闻时，特别是编辑电视人物新闻时要适当使用一些反映人物内心世界的感人的特写镜头和细节画面，有了细节就会使电视新闻画面有了灵气、更具魅力。

七、编辑会议类电视新闻要注意插入图像资料，丰富画面语言。会议新闻画面上只有讲话的领导和与会人员，并重复出现，画面单调，枯燥无味，对大多数观众来说缺乏吸引力。如果在这类新闻节目中插入与会议有关的图像资料，将会使新闻报道更加生动直观。例如中央电视台《新闻联播》中有的会议新闻和行业总结回顾类报道中，插入了一些与此相关的图像资料，就丰富了新闻节目的画面语言，受到不少观众的关注。

随着信息时代的快速发展，电视新闻报道的画面编辑也会出现新形式，新技巧，画面编辑水平将不断提升，我们要在遵循电视新闻画面编辑基本规律的基础上，不断创新，积极探索电视新闻画面编辑更有效的新方法，新方式，使新闻画面更完美，更富有表现力，可视性更强，从而产生更好的宣传效果。

（此文发表于中国科学技术协会主管，中国科技新闻学会主办的《科技传播》杂志2013年第15期）

## 地方电视台如何应对人才流失

张术叁

摘要：随着互联网技术的不断发展与进步，出现了新媒体这个新兴的行业。新媒体的不断发展，在一定程度上对传统的媒体行业—地方电视台是一个冲击，导致了地方电视台人才大量流失，生存遭到一定的威胁。因此，在这个新媒体时代下，我们要获得生存与发展的空间，就要制定出应对人才流失的方案，改善地方电视台的内部管理机制，从而留住人才，为地方电视台的长远发展创造一个新的发展机遇。

关键词：地方电视台；应对；人才流失

我国随着经济和科技的飞速发展，在媒体行业迎来了一个新的时代—新媒体时代。随着新媒体时代的到来，我国很多的新闻专业人才向新兴媒体行业靠拢，这使得许多地方电视台人才紧缺。企业的生存和发展离不开人才这个决定性因素，人才是推动一个企业、一个国家，乃至一个民族进步的主要力量，少了人才的支撑，任何一个企业都不能很顺利的发展下去，因此，任何一个企业的发展都需要人才。人才的大量流失，既是新媒体时代对传统媒体的一个冲击，也是传统媒体在发现自身企业存在的问题，然后在进行一些内部管理改革之后获得的一个新的发展机遇。

### 一、地方电视台人才流失的原因

#### （一）地方电视台的薪资待遇较低导致人才的流失

随着新媒体行业如雨后春笋般的出现，并在与传统媒体行业竞争中脱颖而出，在工作环境、薪资待遇等方面的竞争中取得了主动地位，吸引了很多的大学生人才；而地方电视台等传统媒体行业在竞争中很被动，硬件设施不齐全，工作环境、薪资待遇相对落后，这种情况已经满足不了现在地方电视台职工的物质和精神需求了，他们不仅要面对生活上的压力，还要面对工作上的压力，很多的社会现实状况不得不迫使他们做出选择，所以大部分职工选择了新媒体行业，这样导致了地方电视台大量人才的流失。

（二）地方电视台的内部奖惩机制难以提高人才的工作积极性

人才大量流失的另一个重要原因是地方电视台的内部管理存在着问题，人才工作的积极性很大一部分来自于电视台内部的奖惩机制。但是目前地方电视台很少有这样积极的奖惩机制，消磨了很多的人才在工作上的积极性，这种状况日积月累，从而满足不了他们在精神和物质上的需求，那么他们就会另谋职业。

（三）地方电视台在人才培养、人才管理、人才选用上出现的问题也在一定程度上导致人才的流失

地方电视台在过去很注重人才的专业性，一个专业的人才只限于负责本专业的新闻稿件，而如今随着目前社会上新闻种类的不断增多，媒体行业急需能够跨专业的人才，在各行各业都很精通，那么以前这种单一专业人才已经适应不了社会的需求了，地方电视台在人才培训、人才管理、人才选用方面比较缺乏。还有像地方电视台这种事业单位，一般情况下都是论资排辈，工作时间长你才能有晋升的资格和机会，所以像一些年轻的人才刚进单位，虽然表现出色，但很难有晋升的机会，那么这就使得地方电视台很难留住人才。

## 二、地方电视台应对人才流失的对策

（一）地方电视台应该改革内部管理制度

地方电视台要想获得长远的发展，必须要进行改革创新，尤其要改革薪资制度、内部奖惩机制、人才管理、人才培训、人才选用等方面的制度。人才的薪资要根据不同的层次给予不同的待遇，要改善工作环境；内部奖惩机制就是对于工作表现出色的要给予精神和物质上的鼓励；对于工作消极懈怠的要给予一定的批评和处罚，这样在奖惩互相作用的情况下，在一定程度上能激励人才的工作积极性、主动性、创造性，为地方电视台创造更多的效益；要定期组织人才进行培训，在本专业基础上再进行对其他专业的拓展学习，使“引进来”和“走出去”相结合，促进人才的培训和有效管理，使人才都能各尽其用，充分发挥他们各自的才能；电视台要为人才提供比较广的晋升空间，为他们发挥才能提供平台，还要制定多个精英团队，各司其职，这样可以为地方电视台获取很多的经济效益。通过改革，地方电视台可以调动职工的工作积极性和主动性，提升他们的工作热情；通过改革，使得电视台向市场化靠拢，把我们电视台的业绩与市场经济结合起来，促进地方电视台的不断发展。

（二）地方电视台应该为人才在精神和物质方面提供一些帮助以及服务

地方电视台人才的流失其中很大一部分原因是电视台很难满足他们在精神和物质方面的需求。因此地方电视台为了要留住人才，就必须要做出一些改变，可以通过制定加薪机制、福利机制等来满足他们在精神和物质方面的需求。

## 三、结论

地方电视台随着新媒体行业的不断发展，日渐衰退，人才大量的流失，威胁到了地方电视台的生存与发展，所以我们作为传统的媒体行业也要与时俱进，不断进行改革创新，这样才能适应社会发展的要求；完善地方电视台内部的管理机制；满足媒体行业人才各方面的需求，吸引人才，为传统媒体的发展开拓一个新的发展空间。

## 参考文献

[1] 蒋悦飞．纸质媒体人才流失启示录：媒体待遇相对落后 [J]．中国记者，2012（5）．

[2] 王敏．媒介融合时代的新闻人才培养机制改革——近期媒体招聘启事引发的思考 [J]．今传媒，2015（1）．

[3] 袁冬霞，王彬．电视媒体：如何面对新媒体 [J]．青年记者，2009（21）．

[4] 李荣，韩秋雯．电视与网络新媒体融合初探 [J]．今传媒，2008（1）．

（此文发表于《传播力研究》杂志 2017 年第 11 期）

## 县级电视台如何突破生存和发展困境

张术叁

摘要：随着央视、卫视以及新兴媒体的不断发展创新，人们对县级电视台的关注度明显下降，在眼花缭乱的时代中，县级电视台在媒体行业的地位摇摇欲坠，生存发展空间日益狭小，各种困难显而易见。但是，县级台也有优势和潜力，只要扬长避短，突破瓶颈，就能提高核心竞争力，迎来又一个灿烂的春天。

关键词：县级电视台；突破；生存；发展

### 一、县级电视台生存和发展困境的原因

当前，有线电视以及网络电视在各个地区日益普及，观众可以收看 200 多个频道，这些频道包括央视、各大卫视、专业频道，节目丰富多彩，把观众这样一个“大蛋糕”彻底分化。同时互联网技术和新媒体蓬勃兴起，使传媒架构发生巨变，面对竞争恶劣的传媒新格局，县级电视台似乎陷入“四面楚歌”，竞争力和影响力日渐削弱，有人甚至说县级台开始走向穷途末路。当然，出现这些问题与时代发展的大背景密切相关，但是与县级台的观众意识、创新意识、竞争意识、人才意识不强也有很大关系。

新时代千帆竞发，在一日千里的新形势下，县级电视台虽然积累了一定的实践经验，收获了一些成果，但也形成了一些束缚自身更大发展的陈旧观念，电视节目单调不丰富，节目内容质量差格调低，注重经济效益忽视社会效益、管理模式滞后、节目创新能力不足、本土特色不突出，这些都导致收视率下降。而且，随着人民群众物质文化生活的提高，人们对电视节目质量也提出更高要求，县级台的节目不鲜活灵动、观众参与度不高、所播影视剧都是其他大台嚼过的馍，已经远远满足不了人们视觉、精神上的需求。再加上技术等因素的限制，县电视台设备更慢，人才不足和队伍缺乏后劲等问题相当突出。造成收视率降低，广告创收就减少，事业建设和工作保障大打折扣，这些原因都导致了县级电视台生存和发展处在困境之中。

### 二、县级电视台突破生存和发展困境的具体措施

#### （一）县级电视台要创新管理理念，转变管理模式

新的时代、新的理念、新的模式，县级台在追随时代的进程中必须做出新的改变，要转变陈旧观念，大胆地进行改革、进行创新。首先要“取其精华、弃其糟粕”，摈弃陈旧的管理理念，改革内部管理机制，改革用人制度，制定考核目标和激励机制，充分调动采、编人员的工作积极性；其次要向其他先进行业或是新兴媒体学习先进的管理理念、管理模式；还要充分发挥媒体的社会责任，履行新闻宣传和舆论监督的职能，在节目编排上要力求创新，制作出有思想、有内容、有价值的电视节目。同时，要制定适应新形势并且能促进发展的管理制度，包括用人选人、节目创优以及日常工作制度等。

#### （二）实施人才技术战略，为县级电视台的生存与发展助力

县级电视台的生存与发展少不了人才的支撑，要加强培养和管理人才，打造一支拥护党的基本路线、方针、政策，又精通专业知识，勇于改革创新的电视队伍。同时要在用人制度、分配制度、绩效考核等方面制定一系列配套措施，为县级台繁荣发展提供人才保障。未来的时代将会呈现物联网和移动互联网的新格局，先进技术是县级电视台发展的重要保障。随着高科技的发展日新月异，新技术、新设备必须不断引入传统电视领域，要注重摄录编播设备的更新换代，增强先进性和实效性，运用高新技术精办节目，不断塑造新的传播景观。

#### （三）借助地方传统文化，叫响地方本土节目

县级台要明确节目定位，发挥地域优势，

充分利用当地的资源优势，使节目定位准确，节目内容要贴近百姓生活，关注民生话题，使节目本土化。当地观众对传统文化和地方特色本身具有荣誉感和自豪感，同时还有一种凝聚力，所以以这种资源为载体的节目肯定能吸引更多的观众，从而可以提高电视台的影响力和收视率。同时也要注意满足不同受众的不同需要，举办百姓舞台、少儿才艺大赛、全民赛歌、广场舞大赛等文艺活动同样是办好县级电视台的一个重要渠道，不仅挖掘了地方传统文化，弘扬了精神文明，而且丰富了当地群众的精神文化生活。此外，依托电视台贴近当地百姓生活的优势，彰显地方性、服务性和贴近性，还可以增设一些便民栏目，为地方群众提供便民信息，或者是帮助他们解决一些生活中的困难等，这样也能赢得群众欢迎，提高收视率和美誉度。

三、结论

县级电视台在目前新兴媒体等的冲击下，应该清醒的认识到自身存在的缺点与不足，要跟随时代发展的步伐，与时俱进、开拓创新，走出适合自身发展的一条新道路。同时要根据国家政策、经济发展的步伐，适时在电视台内部进行调整、整顿和改革，对影响县级电视台生存与发展的因素对症下药，找到解决问题的方法，改善电视台的内部、外部环境，走出困境，为长远发展开拓新的道路。

（此文发表于《传播力研究》杂志 2017 年第 12 期）

## 第二节　省市级论文

### 搞好兼顾结合　实现相互促进

——关于正确处理办好自办节目与当好集体记者关系的体会

尹海瑞

我们昌邑县广播站编播组，自从去年下半年以来，正确处理办好自办节目与当好集体记者的关系，积极向省台提供稿件，反映情况，既促进了本站的宣传工作，又提高了自身的业务水平。

一、认识上求得辩证统一

多年来，我们编播组只忙于站上的工作，很少向省台供稿。当省电台开始恢复集体记者工作时，组内认识不够统一。有的认为，站内天天办半小时的节目已经很忙了，再向省台供稿顾不上；有的把当集体记者看成“挂挂名”，向省台供稿看成是“分外事”；还有的担心，开展向省台供稿工作会影响本站的宣传。为了纠正这些片面认识，县局的负责同志与我们一起，对有关问题进行了探讨，方法是：摆、议、看。一是摆位置关系。大家谈到，编播组的主要任务虽然是搞好本站宣传，但在一般情况下，可以拿出一定的精力向省台供稿。二是议有利条件。大家说，全组十个人，编辑、记者七人，都有一定的新闻工作实践。只要学会弹钢琴，统筹安排好，就能做好本站宣传与向上发稿两不误，而且能起到相互促进的作用。三是看内在联系。大家认为，省台和县站在宣传内容、要求、方法诸方面是一致的。经常向省台供稿，是提高县站宣传质量的一条重要途径。通过讨论，大家的认识产生了飞跃，并制订了向省台发稿计划。规定全组保证向省台供稿 2 篇，每个编辑、记者一年向省台发稿 6 篇，还规定了超额适当奖励，稿酬归己的制度。从而调动了大家组写稿件的积极性，打开了向省台供稿的新局面。

二、工作上求得有机结合

在日常工作中，我们体会到：要把本站宣传和向省台供稿工作抓出成效，就必须树立“一盘棋”思想，做到跟上顾下，有机结合，做到两不误。具体说来，我们注意了三个不忘：

（一）在站内编发稿件时，不忘向省台提供稿件。比如，去年夏天，县百货公司一名通讯员给县站写来一篇稿子，说的是县印刷厂党支部书记陈吉千同志，主动让出好房子，支持百货商店到他们厂里增设零售店的事迹。当时我们编发了这篇稿件在本站广播。事后，我们又考虑这篇稿子从书记支持办商店的角度来写，就事论事，事物的本质挖掘的肤浅。而老陈同志是个共产党员，领导干部，为了办商店能主动让好房，自己宁愿去住孬房，这正是带头恢复和发扬党的优良传统的表现。在党风没有根本好转的情况下，多宣传这样的事例，针对性强。经过深入采访，我们重新写了一片通讯，发给省电台，很快被采用了。

（二）在出发采写稿件时，不忘向省台提供稿件。过去，我们下乡采访时，往往只采写供本站用的稿件。后来，我们就把本站需要和向省台供稿通盘考虑。这样，既增加了向省台发稿的数量，也提高了稿件质量。今年4月份，县委、县府决定召开一次规模较大的农业科技工作会议。为了配合中心，我们到城关镇采写了一个《注意推广优良品种，农业增产效果显著》的稿子。这个稿子虽然是为了本县宣传的需要，我们仍然把向省台供稿的因素考虑进去，做到一举两得。拿采访时间来说，像写这样一个稿子，过去一般采访半天了事，这次采访了一天半；拿写作来说，过去往往不研究就埋头写，写出后不管中不中，就往上拥。这次，我们把采访来的材料进行了分类归纳，取其精华，专门讨论分析了半天，写出初稿后，又进行了比较认真地讨论修改，先在本站播出，又发往省台，不久被编用了，县、社领导听了满意，群众听了受到鼓舞。

（三）在被借调做其他工作时，不忘向省台提供稿件。要做到这一点，我们认为：第一，要做有心人。去年秋天，县科技部门临时借调我们一位同志去帮助工作。在这期间，他了解到城关镇初曲大队沼气建设搞得不错。于是，他用工作之余进行了采访，赶写了一篇消息发往省台，很快就被采用了。第二，要做勤快人。我们组的一位同志，从去年冬天临时调到局办公室工作，但他仍然坚持业余写稿。今年春节前夕，他发现社会上存在一种“日子富裕了，该过个排场年”的现象。于是他用晚上时间赶写了一篇过个文明、节俭的春节稿子，发往省台很快被采用了。

### 三、质量上求得同时提高

一年来，我们坚持抓好本站宣传与向省台供稿结合起来，不但没有相互影响，而且起到了相互促进的作用，概括起来，主要有这样几点：

首先，本站编播人员的业务水平有了提高。我们组的人员新成分多，年轻得多，都没有受过新闻广播专业教育，大家把向省台供稿，看作是长流水式的训练班，学干结合，边学边干。现在，组里大部分同志，基本上能够做到消息、通讯、录音、访问等，各种武器都能使用；编、采、录等，各种工作都能干。

其次，本站自办节目质量有了提高。比如，“快”，以前我们很忽视这个问题。现在，向省台学习，学着抓快讯，好多消息当日播出。象县委、县府领导同志今年“七一”上午、下午分批到人口普查登记站申报登记的事情，我们就当日下午写稿，傍晚录制完毕，在7点30分自办节目里立即播出去。再如“短”，原来我们的自办节目，一般每天安排三四篇稿子，现在一般达到七八篇，有时达到十一二篇。

再是，向省台发稿的质量有了提高。我们统计了一下，1981年下半年，共向省台发稿24篇，仅采用3篇，采用率为12.5%，低于全省采用率18.3%的水平；今年到6月底，我们共发稿12篇，采用了5篇，采用率41.6%。高于全省采用率。此外，我们还与县社报道组合写稿件18篇，被省台采用了7篇。

（此文发表于《山东广播》1982年第4期）

## 农村广播应以思想教育为主

尹海瑞

农村广播，是教育和鼓舞广大人民建设社会主义物质文明和精神文明的重要舆论阵地，贯彻执行以正面宣传为主的方针，就应坚持以教育性为主，用社会主义思想教育人民，主动出击占领农村思想阵地。农村广播具有报道新闻、提供服务、传授知识、开展娱乐等多方面的功能，但都应围绕思想教育这个主题发挥作用。广播诸多功能的表现，是客观事物的外部形式，是思想性的“实体”，思想性则是灵魂，它寓于广播的多功能之中，通过多功能的表现体现出来。这就要坚持以教育性为主，增强服务性，融新闻性、服务性、知识性、趣味性为一体，寓教育于服务之中。在处理教育性与服务性的关系上，要防止三种倾向：一种是过分强调服务性，否认服务中的思想性，为服务而服务，无视它是一种社会意识形态。我们的广播服务工作，不论是政治经济的宣传，还是科学知识的报道，或是开展欣赏娱乐服务，都要体现正确的政治观点和思想指导，使听众在我们的各项服务中，既获得了知识、信息，又受到良好思想、观念方面的教益。一种是过分强调教育性，把思想性和服务性对立起来，忽视农村广播的多功能。在新形势下，我们应该在以宣传党的方针、政策为主的前提下，逐步增强服务观念，拓宽服务内容，正确协调掌握，获得两全其美的宣传效果。三是在听众面前，我们决不能居高临下，以教育者自居，而应以服务者的姿态出现，当听众的知心朋友。在宣传报道形式上也要努力创新，把节目办得接近群众，接近实际，接近生活，达到入耳入脑。前段我们采用的新闻发布会、广播专访、主持人节目、来信来访解答等形式，群众喜闻乐听，受到普遍欢迎。我们应该尽力做到内容与形式的统一，使农村广播宣传沿着正确的方向，发挥其应有的作用，取得最好的效益。

（此文发表于山东省广播电视学会主办的《山东视听》杂志1990年第8期）

## 电视台标刍议

刘万寿　宋建文

随着改革开放事业的深入推进，电视作为现代化的传播媒介，已经广泛的融入当今社会生活的诸多领域。近年来我国的电视传播事业犹如雨后春笋般强劲发展。目前全国3000多座电视台星罗棋布于神州大地，异彩纷呈的电视节目丰富着人们的视野，也拓展着大众的精神空间。

随着电视事业的日趋普及，新兴的、富有生命力的电视文化正在形成和发展。在人声鼎沸的电视文化中，脱颖而出的电视台台标作为其中一项重要内容，迸发出全社会共同的一个新课题：如何科学、规范和富于创造性的运作使用台标，这应该是电视事业发展的必然。

大千世界，芸芸众生。每个人相互分辨的因素就是姓名。同样，电视台的台标也好似人名一般，是一种生动简便的识别符号。它是电视台的形象标志，既作为表明电视台特征的记号，又能表明电视台的某种特征。

市场经济的发展孕育出电视台的花繁果硕的喜人景象。随着时代的进步，我国电视台台标在二十世纪九十年代应运而生。台标的发展经历了一个从无到有，从个别、偶然到全面、自觉，从若有若无到积极主动参与的过程。

中国第一座电视台——北京电视台自1958年5月1日实验播出。受当时条件和水平的限制，台标并没有作为电视台的伴生物出现。20年后的1978年5月1日，经党中央批准，北京电视台改名为中央电视台，英文缩写“CCTV”。对国外称“中华人民共和国中央电视台”。

党的十一届三中全会以后，改革开放的春风吹遍神州大地，现实生活各领域、各阶层迎来了一个全新的时代。

站到新的起跑线面前，电视台横向审视自己的同时，也把目光纵向瞄准了国外。西方国家电视台深入浅出、一目了然的台标让中国电视人若有所思：电视的未来发展该如何适应观众，又该如何与国际接轨。

中国电视行业的老大哥——中央电视台从沉思中觉醒，集思广益，运筹帷幄，率先创作并推出中央电视台的形象标志：图案运用红绿蓝三原色将“CCTV”巧妙地融合一起，简练醒目，匀称和谐，犹如电视信号传播往返于卫星的道道轨迹，四面八方，纵横交错，寓意广袤的宇宙间传播着中央电视台的节目信号。这种恰如其分的大台风范的自然流露给亿万观众留下了深刻的印象。

中央台台标初在荧屏露脸时，仅在正时或半时的间隙里伴随着时间字幕的出现而驻留屏幕左下角一分钟，犹抱琵琶半遮面，不免显出一副娇羞的样子。这种情形不久，“CCTV”台标终于从羞涩中走出，得以持续镶嵌于屏幕左上角，确立了“舍我取谁”的根本地位。

中央电视台台标的出现，受到了全国广大电视观众的肯定和欢迎，也让其他电视台茅塞顿开。1993年以后，台标如同熟透了的柳絮，纷纷扬扬地飞到了各家电视台的屏幕上。

电视台台标繁花似锦这是电视事业发展的必然要求和结果。时下，省市县电视台并驾齐驱，在丰富荧屏的同时，也给查找节目带来一定的困难。比如北方人到南方去旅游闲憩宾馆打开电视机，选择频道时，如果没有台标，他就无从获知节目来自哪家。因此，台标就是一面鲜艳的旗帜，它让观众有所想有所知，能清清楚楚，明明白白。

台标不同于装饰在头上的一朵花儿，而是作为电视台树立形象、体现特色的一种延伸和补充来发挥其作用。这是台标的基本内涵，也是活跃在电视屏幕、满足观众需求的根本所在。中国电视事业已有40多年的历史。电视出现虽晚，但它作为信息社会的标志，却在大众传播领域中后来居上，成为最受欢迎的最有影响力的传播工具。发展才是硬道理。台标的出现和运用就是各电视台自我完善，自我发展的一种本能反应。台标在电视荧屏上粉墨登场，担当着重要角色。造就如此一个宠物，电视台都是动了脑筋的。台标的诞生来自以下几个途径：有的大造声势，向全社会重金征集；有的三顾茅庐，拜请名人谋略；有的联袂相议，请广告公司加盟；有的成竹在胸，自己一试身手；有的小心翼翼，几个图案形成后由上级领导酌定。

凡此种种，台标的水平各不相同。伸开手去，五指不会一般齐。由于各电视台的办法、风格、趋向参差有别，最后出炉的台标自然各有千秋。尽管如此，大多数台标的创作思路并不开阔，如出一辙，明显流露出效仿中央电视台的痕迹。这类台标一般有以下特点：

第一，固定模式，单向思维。红绿蓝三原色，英文或者汉语拼音的缩写字母成了必不可少的要素，往往以字母变形和彩电三基色组成的线状或面状组合创意，因而显得主旨单调，流于形式。

第二，罕见科学性，美感浅薄。尤其一些地市级和县市级的台标创意是着眼与众不同，却不料仍然落入了标新立异的俗套。台标缺少科学层面，组合上无章可循，造成表意浮浅，仿佛一些幼儿搭作的积木，不懂科学性，又没抓住审美规律，让人感觉五花八门，贻笑大方。

第三，涂鸦荧屏，名存实亡。时下台标一般固定出现在电视荧屏左上角，其位置在各台大致相同。但台标各显风骚，有的竟如同拳头般大小，仿佛烙上屏幕的一块碎砖，不仅给人信手涂鸦的感觉，而且那“碎砖”一样的东西还时时遮掩起部分精美的画面和解说文字，更令人厌烦透顶。

第四，抽象横生，不知所云。有的台标乍看起来也算五官端正，但要从它较好的脸上读出点意思，却让人大费脑筋，这肯定违背了创作者的初衷。每个台标都蕴含着一定的寓意，如果它不符合观众的审美鉴赏力，让人百思不得其解，那么这个台标的意义和价值名存实亡。

台标的出现是为了适应迅速发展的电视事业的需要，对它的设计创意就必须运用科学的研究方法，既要掌握色彩的基本特征和标志方法，又要丰富形象思维能力，充分运用和发挥台标的造型表现功能，提高电视荧屏的视觉文化水平。

纵观国内各台标，尤其卫视台标，其设计创意各具特色，别有匠心，体现着各台恢宏的视野和蓬勃发展的活力，其中不少台标堪称精品之作。

浙江电视台台标就是很好的一例。该台标轮廓为矩形，代表电视荧屏，蓝色基调象征浙江是个海洋大省，“Z”形图案由“浙江电视台”的英文简称“ZTV”字母复合而成，构图简洁明了，醒目传神，易于识别。这一台标撷取了江南的山水形胜的特质，突出了浙江电视台清新雅淡的独特风格。

再如，山东卫视台标图形受书圣王羲之草

书“山”字的启发，并演绎创造成由三色线组成的形象鸟。“山”字突出了山东省、山东电视台这两个汉字名词所具有的同一个山字的书写特征，三色线代表电视，鸟寓意着山东省、和山东电视事业在改革开放中腾飞。该台标力求简洁大气，形神具备，但象形鸟似乎有些抽象，很难让一般观众明了。

此外，四川电视台、上海电视台、齐鲁电视台等台标也算上乘之作。

“雪消门外千山绿，花发江边二月晴。”中国电视事业目前正处在稳中求进的转型期。观念的更新，技术的嬗变，台标带着成熟的心态和理性的思考植入了日新月异的电视事业中，并取得了明显的文化优势。

台标是电视文化的组成部分，它是与现代社会和现代科学同步发展的新课题。面对人民群众日益增长的多层次的文化需求，台标的运用应该适应世界范围文化交流、信息传播和电视事业迅猛发展的要求。地级市中青岛电视台台标可谓一枝独秀。该台标以矩形为轮廓，蓝色基调代表着青岛是个傍海城市，中间采用了“青岛”一词汉语拼音字头“Q”，将该字母变形而成一只白色的海鸥，迎风高翔，充分体现了青岛的特点也传达了青岛人民自强自立，坚韧进取，开放豁达的精神追求。

一个好的台标能够引发人们的共鸣。它以丰富电视文化，开阔观众视野，提高电视台或各省市知名度的所作所为，奠定了其在电视事业发展中的独特地位。21世纪即将来临，面对世界范围各种思想文化相互激荡，面对科学技术迅猛发展和电视行业的激烈竞争，台标该以怎样的姿态屹立于电视荧屏呢？这是需要不断探索和实践的问题。

首先，台标要显示科学和美学相融合的新态势，做到雅俗共赏。在价值定位上，台标最主要的特点就是注重形象和引导。它的创意，要以直观的方式着重于科学思想、科学方法的传播，提高科学文化思想含量。另外必须同美学结合起来，把电视特殊的审美性质和审美规律互相交融。除了保持朴素严谨、端庄清新、生动活泼的风貌外，还要体现出科学所要求的整体性与系统性。

其次，注重完整圆满之内涵，台标要突出时代特色和地域特色。电视台分享着不同的区域，均拥有相对固定的观众。台标创意时兼顾地域特色，这是值得肯定的一种思路。山东省潍坊市被誉为“世界风筝都”。到1999年，这里成功举办了十六届潍坊国际风筝会，效益显著。可以说，该市的地域特色与风筝文化已密不可分。一段时间里，路灯、门牌、楼区等城市基础设施皆引用了风筝图案的标志，所见之处无不闪烁着“风筝都”独有的魅力。据说如此举措曾得到了国家有关部门领导的肯定和赞赏，而作为意识形态领域的潍坊电视台，台标创意时却没有从风筝的风韵里大做文章，而是采用了类似倒置的三角形做台标，其本意和寓意若非知情人讲解一般人断然不知其意。于是有人疑惑：享誉国内外的风筝名城，电视台台标为何对风筝漠然置之，心底爱不起来呢？这种行为在不少地方很普遍。台标应该把握地方特色，在此基础上，还要注意色彩的协调组合，不必局限于红绿蓝三原色。如同白色的海鸥能改变蓝调的清冷一样，色彩的组合应摒挡“鹦鹉学舌，人云亦云”的通病，切忌机械模仿，而要深刻的理解自我特色，以实现生活中的色彩形象为依据，通过选择、加工，创作出基调鲜明、结构严谨、色彩贴近的台标。图案同时在设计台标的过程中，要把时代进步和社会发展的必然规律与鲜明的地域特征相结合，与丰富的内涵高度融在一起，用一个简便明了，准确生动造型凝练地加以表现为多重意念。

再次，敞开视野，与国际接轨。台标是具有极强意识性的标志，它要把本台与任何一个别的台区别开来。尽管台标正处在发展的历史进程中，但它不是一成不变的。在即将到来的21世纪，电视面临着发展的重大机遇和严峻挑战。处于世纪之交的中国电视，面对国际电视传播的激烈竞争，中国电视人只有不断总结经验教训，吸取国内外电视文化的特长，才能扬长避短。在这一方面，中央电视台再次首开国内先河，最早实现与国际接轨，从1998年开始采用了灰色隐性台标。该台标匀称大方，新颖超凡，“CCTV”字样若隐若现，呈半透明状态，既不影响画面，又让观众容易识别，给人以稳定的感觉。

目前，台标已经处在新的起点上，中央电视台灰色隐性台标的运用，反映了中国电视更加走向成熟。台标伴随着电视事业的持续发展，将会得到不断的校正和改动。中央电视台编著的《中国电视论纲》集中深刻地展现了中国电视的未来前景，提出了这样一种基本思路：21世纪中国电视要结合我国实际，大力开发和引进高新技术，使我国电视技术接近发达国家的水平。我们相信，台标的面貌也将随着电视事业的发展进一步递嬗，它在21世纪的电视文化中势必更加光彩夺目。

（此文发表于山东省广播电视学会主办的《山东视听》杂志1999年第9期）

## 实现主旋律从“唱响”到“唱优”的飞跃

元钦圣

新闻报道“唱响主旋律”是老生常谈的话题。然而，笔者认为，在新世纪，广播电视宣传不能仅停留在“唱响”这个层面，应努力实现“唱优”的新飞跃。

近年来，广播电视宣传取得了有目共睹的成绩，但是也存在着美中不足。

在内容上时常喧宾压主。①报道故事较多。昨天轮船沉没，今天煤矿倒塌，这里发生海难，那里空难降下，此地大桥裂缝，彼地大楼“豆腐渣”工程，几乎每天不绝入耳；②报道灾情较多。南方水灾，北国水患，森林大火蔓延，歌舞厅失火惨重，连篇累牍，声势宏大；③报道假冒较多。假烟、假酒、假药、假米、假肥、假币、假文凭——应有尽有无孔不入；④报道犯罪较多。杀人案、放火案、抢劫案或者判刑一批罪犯，或者黑社会猖獗，大有黑云烟城城欲摧之势；⑤报道歪风较多。既有电霸、路霸、村霸、菜霸、粮霸，又有乱收费、乱摊派、乱罚款、乱涨价、乱提拔，触角伸到八方；⑥报道腐败现象多。既有拿回扣、索红包、收礼金、保护伞，也有职务越来越高、数量越来越多、范围越来越广的大案要案等，

在时间安排上主次颠倒。有的广播台从18:00—22:00黄金时间段，大多安排销售药品之类的广告、讲座、热线，片面追求经营创收；有的电视台在广告中宣扬“送礼就送什么”的导向模糊、错误的词语；有的淋漓尽致地宣扬“倒弄”黄非淫秽物品。

在节目构成上比利失调。近年来各媒体虽办了一些名牌节目，但多是批评类的。相反，以颂扬为主的节目显得十分逊色、苍白，尤其是名牌名篇还未诞生、创出。这样，正气之歌难以唱得响亮、优美。

颂扬不足，曝光有余，久之便会产生一些副作用。

第一，理想渺茫，士气低落。如：现在的部分人片面认为钱多富足是至高无上的理想；部分人一谈歌星。笑星，如数家珍，而对当今英雄、劳模却知之甚少却一笑鄙之，部分人对社会“难点”认为是“不治之症”，对“焦点”感到束手无策。对“热点”觉得“可望不可即”，如此种种，值得警钟一鸣。

第二，党和政府的威望受到影响。当揭露性报道密度大时，有些受众就会以偏概全，把少数党员、干部的问题推断成“多数”，把个别部门、行业的不正之风推断成“一般”，把某些角落的阴暗推断成“社会”问题。

第三，增加了受众的心理负担。有些人听到看到社会社会治安的批评报道，就觉得缺乏稳定感；有些人看到车辆事故增加伤亡惨重的宣传，就觉着缺乏安全感；有些人得知“空难”“海难”伤亡数百人，就会产生恐惧感。

纵观广播电视之宣传状况。我们并不否定“批评报道”。今后对批评报道不仅要抓，而且要抓出新起色。问题的关键是，颂扬要充分，批评要有度，二者要相得益彰。

一是把握一个导向，实行量化管理。要始

终以“三个代表”的重要思想为指针，以正确的舆论引导人，实行定性、定量控制，进一步重申、坚持“正面报道”与“问题报道”4∶1的总比例。

二是要实施一个战略，多创名牌、名篇。目前，广播电台由一家台变成系列台，电视台由几个频道变成几十个频道，但是门类仍不齐全。为此，要大力调整节目结构，创办《新风颂》《公仆赞》之类的颂扬为主的新节目，形成节目栏目的多元化新格局。同时，下大力加大典型宣传力度，创出名篇、名作。

三是打好一个功底，提高理论水平。一方面，正确把握现象和本质的关系，善于分清主要矛盾和次要矛盾、矛盾的主要方面和次要方面。另一方面，每年“五一”“七一”“十一”等重大节日前后，是颂扬宣传的黄金时机，必须把握好。

四是建设一支队伍，造就学者型人才。要把主旋律唱的有声有色，编辑、记者不仅要克服浮躁情绪，深刻领会“纸上得来终觉浅，绝知此事要躬行”的道理，还要练好采访基本功，让更多精品问世。

（此文获潍坊广播电视局2001年业务论文评选二等奖，并在山东省委宣传部主办的《宣传月报》2002年增刊上登载）

## 县级台如何运作公共频道

宋建文　徐素平

山东电视公共频道于2002年7月1日正式开播。此后所有县级电视台全部纳入省公共频道时段播出。面对全新的公共频道管理模式，县级台如何审时度势，更新电视传播理念，深化体制改革和节目创新，以崭新的形象为公共频道锦上添花？这是摆在所有纳入公共频道的县级播出机构面前的一个新课题。

目前，县级台中各种声音沸沸扬扬。有人欢欣鼓舞，预感到电视改革必然产生的勃勃生机；有人感到了一种压力，紧迫感、危机感开始冲淡以往的浮躁心态；有人不以为然，觉得改头换面不过是换汤不换药；也有人惶惶不安，似乎迎来了公共频道就如同砸了自己的饭碗一般。

人们的种种感觉和议论不难理解。但是，创办公共频道对县级台来说确实是一个考验。县级台从诞生到繁荣的历程中，在人才、资金、技术等方面具备了一定实力；在宣传管理、节目设置等方面也积累了不少的经验。“麻雀虽小，五脏俱全”，县级台基本上形成一整套的电视节目体系，新闻、专题、广告、文艺、电视剧一应俱全，优化配置于自办频道资源中。

然而公共频道的到来，标志着县级自办频道的退去。县级广播电视播出机构在公共频道中只能在规定的时段内插播当地新闻、专题，有本地特色的文艺节目以及广告。其他时间必须完整转播公共频道节目。县级台“自成一统”的管理模式和运作格局被彻底打破。首先，县级播出机构的职能和工作重点发生了转变。工作任务转移到转播中央和省级广播电视节目上来，工作重心转移到扩大广播电视覆盖上来，工作精力转移到改造、完善广播电视网络、发展有线电视用户、扩展广播电视业务上来。其次，县级台由一手经营自办频道转为纳入公共频道时段插播，原本自己说了算的频道资源犹如黄鹤一去不再拥有，各方面的关系一时难以理清。第三，县级台的综艺、谈话、娱乐、影视剧等栏目消失殆尽，极大地减少了县级台的广告空间。广告时间短了，经济效益就受到影响，收入会有所降低。第四，县级台原有的文艺部、节目部等部室没有了职能，只有被撤销。电视从业人员相对过剩，人员调整与分流成为必须要做的事情。

与其坐而论道，不如结网而渔，县级播出机构应尽快从“自成一统”的经营模式中摆脱出来，主动适应公共频道的运作方式，重塑形象，发展自我。

1. 县级台必须以改革促发展。不要着眼于自身利益的得失，统一思想，更新经营理念和发展思路，按照“三个代表”的要求，建立整体推进的新体制、新机制，继续正确把握舆论导向，与时俱进、开拓创新、增强活力，不断提高节目质量和宣传水平，把中央的要求与人民的愿望结合起来，不在政治上出现任何问题，确保地方党委、政府的宣传需要，为改革开放和两个文明建设再立新功。

2. 县级台要重新打造黄金时段。公共频道给予县级台只是一个时段，但这个时段却是县级台今后发展的一个平台。立足这个平台，办好新闻和专题。新闻和专题作为县级台的“拳头”栏目由来已久，在当地观众心中有明显的影响力和亲和力。公共频道运行后，县级台的这一对“拳头”不仅要举的起，而且要锻造成金。县级台应以“栏目个性化、节目精品化”为实施方略，彻底解决栏目众多，内容重叠、单一低俗等问题，重新设置定位，创新报道方式，广泛适应观众的需求。栏目要遵循导向正确、定位科学、内容丰富、制作精良的原则。“拳头”之一的新闻节目要注重于内涵式发展，与时俱进。选择题材时与观众利益紧密相连，以平民视点融入节目报道中，力求贴近群众、贴近生活、贴近实际。同时，新闻要结合电视的多种技术手段，从节目编排、手法、技巧上全面提升县级台新闻节目的实效性和可视性。作为另一只“拳头”的专题栏目再定位及内容上要与新闻确立严格的界定。片头、片尾及相关的标识、字幕等做到规范统一，与公共频道的整体面貌和谐起来。专题节目题材广泛，地域特色可为专题节目提供丰富的源泉。县级台只有扎根于脚下这块沃土，才能挖金掘银，形成独特的节目风格，奉献给观众特点鲜明、引人入胜的电视作品。每个栏目不能盲目抓大求广，要在精和巧上下功夫。当前，县级台的栏目只有精耕细作，才能发挥可利用资源的最大效益，打造出一个熠熠生辉的黄金时段，获得定向收视群体的喜爱和好评。

3. 广告创收和节目宣传相互促进，并肩发展。时段插播不同程度地会影响到县级台的广告收入。这就需要县级台顺应潮流，不断调整广告经营的思路和策略，坚持以客户为中心的经营理念，积极谋求新的增长点。以往广告的“长篇大论”如今要“短小精悍”，形式上要活泼靓丽一些，摒弃那些低档次的广告，在创意、拍摄、编辑、特技等方面全力提升广告创作水平。工作中创收要与宣传形成相互促进的格局。同时，广告经营要进一步拓宽渠道，采用联办节目、长期合作、开展活动等方式，吸引客户、开发市场，保证具有稳定的广告收入。

4. 县级台必须创新用人机制。栏目创名牌。节目出精品，电视从业人员的素质至关重要。多年来，县级台的电视队伍急骤膨胀，人员的知识结构和业务水平参差不齐，相当一部分人在滥竽充数。结合公共频道的整合，电视从业人员的调整和分流已不容回避。对于人员的安排，在对各部室岗位职责调查的基础上，探索新的人员管理方式，当前有四种去向：年龄大的退一批，自办栏目消化一批，网络建设转移一批，素质低的淘汰一批。

针对自办栏目，县级台应该以“竞争上岗，优化组合”等方式，把“政治强、业务精、纪律严、作风正”的优秀人才充实到采编播的工作岗位上。栏目要积极推行制片人制度，做到责、权、利分明，形成高效运转的内部运行机制，可以考虑推行全员聘任制，使相关人员的利益与节目质量密切联系在一起，从而提高栏目收视率。针对县级播出机构的职能转变，还要一部分人投入到改造完善广播电视网络，发展有线电视用户的工作中。此外，应允许和鼓励一些有经济头脑和市场经验的人创办实体，开源节流。同时搞好收入分配制度等全方位配套的改革，通过调整内部结构、优化配置资源，增强竞争意识和精品意识，全面提高县级台的生存实力。

公共频道的运作将广播电视改革引向纵深，它在给县级台带来不同程度的震荡的同时，也让县级台充满了希望和期待。在新的形势下，县级台要和着公共频道的脉搏，积极应对日新月异的变革，以崭新形象整合于公共频道之中，奋发进取，开拓创新，不断提高电视宣传的管理水平，努力开创县级电视事业的新局面。

（此文发表于山东省广播电视学会主办的《山东视听》杂志2002年第12期）

## 谈记者的职业道德

张广松

新华社前社长穆青同志与青年记者谈心时曾讲过：成才不成才有一个先决条件，也可以说是最基本的东西，就是如何做人。如果连做人都做不好，还谈什么成才？即使成了才，也不过是块歪才、鬼才、邪才。为师、为长，亦作为老记者，穆青同志的教导时时刻刻在提醒我们年青一代，当记者，首先做一个正直的人，正派的人，要有高尚的道德修养、高尚的思想情操。

生活中，常听到这样的诘问："记者有什么了不起！"发出"有什么了不起"之言的，一般有如下两种情况。

其一，记者身歪影斜理亏气短，或违背事实信口雌黄，或以笔为刀，滥"杀"无辜；或以笔谋私，中饱私囊；凡此种种，败坏了党的新闻工作优良传统，玷污了人民代言人的形象，扭曲了新闻工作者的思想素质，结果，群众会冲着这些记者的背影忿忿然道一声："记者？有什么了不起！"遇到这样的情况，有良知的有道德的记者，会替自己那些不光彩的同行们着实脸热一阵子。

其二，记者行正坐端正气一身，秉公直言，黑白分明；经纬清楚，笔触尖锐；鞭挞邪恶，力透纸背；揭假书真，何言畏惧。诸如此类，每每"冒犯"和触痛一些人。这些人也往往冲着记者的背影忿忿然道一声："记者有什么了不起？"遇到这种情况，记者应该为有这样的同行为之自豪，为之骄傲！

有时，记者是需要自己"了不起"的，对党负责，对祖国负责，对人民负责，对观众和读者负责，就应该理直气壮；相反，对党失职，对祖国失职，对人民失职，对观众和读者失职，即使你自己拼命自尊自大，也没什么了不起！笔者认为要做了不起的记者，一要有正派严明的作风，不做暗事，不为小利小惠自毁名节；二要有自知之明，遇事要三思而后行，不了解或拿不准的东西，自己没有亲自经历过的事，不要强拉硬扯到笔下；三要做个明白人，头脑要清醒，人家想沾你的光，听之任之，到头来吃亏的还是你自己。

在新的历史时期，特别是在市场经济浪潮的冲击下，对新闻工作者敬业精神的考验是多方面的。拒绝金钱物质引诱，甘于寂寞，淡泊名利似乎显得更为突出和重要。党的新闻事业赋予记者某种荣誉和权力，它的职业特点为其提供了很大的社会活动舞台。但我们要清醒地认识到，这份荣誉和权力是党和人民给的，它只能是我们为党工作，为人民服务而拥有的荣誉和权力。如果将其变为个人谋取私利的手段，那是对新闻工作者荣誉的玷污，是对人民的犯罪。

我们生活的时代是一个巨大变革的时代，从政治生活到经济生活，从人们的日常行为到意识观念，在生活的各个领域无时无刻不在发生着显著的变化。这当中蕴含着丰富的报道素材。作为一名新闻工作者首先对这一切要有较强的观察和思考能力，从纷纭的事物中去粗取精，去伪存真，及时捕捉和表现每一个有价值有意义的题材。要做到全面客观地把握时代精神还需要随时保持冷静的头脑，深入思考多种多样的问题，做出全面、客观的判断，记录下无愧于时代，无愧于后人的真实的历史。

（此文发表于山东省广播电视学会主办的《山东视听》杂志2004年第9期）

## 如何打造电视宣传新优势

姜言富

努力使新闻报道贴近实际、贴近群众、贴近生活，更好地为人民服务、为社会主义服务、为党和国家工作大局服务，这既是时代的命题，又是时代对新闻媒体和新闻工作者提出的更新更高的要求。那么，基层电视媒体应如何坚持三贴近呢？

### 一、找准定位，合理设置节目，精心选择内容，营造特色优势

基层电视台的受众具有明显的地域性，身

边的人和事极具亲近感。因此，努力开发本地新闻资源，已成为各基层电视台的首选。近年来，我们昌邑电视台的新闻节目不断扩容，让观众在最快的时间，最真切地了解到最多的有效信息。2002年《昌邑新闻》开设了“观众来信”和“市民热线”等栏目，坚持“关注百姓话题，倾听市民心声”的宗旨，直接以市民的来信、来电反映的问题作为采访内容，让观众成为媒体的主角。

2004年中国（昌邑）北方绿化苗木博览会定于9月17日在昌邑召开，7月份，昌邑电视台收到了市民寄来的一封信，信中字里行间充满了对“绿博会”的殷切盼望，并对绿博会的召开提出了7条合理的建议。对此，本台立即派出记者进行了采访报道，播出后，在全市引起了强烈反响，引发了大家“我为绿博会添光彩”的热潮，受到了群众的欢迎。

### 二、改进报道手法，创新报道形式，优化传播效果

本地新闻节目是基层电视台自办节目的龙头，每天的节目就是天天奉献给观众的“家常菜”。就日常电视节目而言，提供的新闻要新、要快、要有新闻价值，更要满足观众的需求。

1. 改进会议和领导活动等时政报道是提高基层电视新闻质量的关键。要围绕实质进行报道，突出报道人民群众的欲知之事。成功的时政报道往往善于把握时政活动中“变”的因素，突出了新闻规律，如决策的酝酿、发生和成熟都具有较大的新闻性；围绕时政活动产生的观点，无论是领导干部的、专家的还是平民百姓的都有传播价值。另外，时政活动中出现的新鲜事如政风的变化等等也很吸引观众。

因此我们认为，在日常新闻节目中，我们要做到三点：一是增加信息量，提高时政报道的实用性；二是挖掘新闻素材和延伸性新闻努力发觉重大新闻和权威性新闻的苗头；三是把会议内容与老百姓的生活联系起来。

2. 要做到活化经济新闻。通过人物化、故事化、生活化、具象化和通俗化的传播形式来报道经济事件，介绍经济状况，扫描经济现象，解读经济新闻，宣传经济理论。在经济新闻的报道中，要通过人的介入引起观众的关注，织造丰富多彩的经济生活，向社会生活延伸，与百姓生活联系，将枯燥难记的数字用图形表示，读图看经济；同时，将专业性、技术性的经济术语改为通俗易懂、群众易于接受的经济信息。

### 三、创新采编机制和考核机制

1. 建立“挂点”制度。“贴近实际、贴近生活、贴近群众”，必须深入实际、深入生活、深入群众。昌邑电视台要求每位记者都挂点一个乡镇、一个企业、一个农户，经常深入到群众中进行调查研究，反映经济建设的新成就，反映人民群众的新创举，反映社会生活的新气象，反映工作中的新问题。

2. 开门办电视、让群众参与。昌邑电视台为此采取了三项具体措施：一是建立了一支由本台记者和通讯员组成的信息员队伍，使“触角”遍布全市各地。二是让群众成为传播的主体，让他们直接参与到节目中来，表达事项感情，发表意见。三是建立群众反馈机制，认真听取群众意见，及时改进节目，优化传播效果。

3. 建立全天候采访制度，制定应急采访预案。确保一旦发生突发事件，记者在第一时间赶到现场，确保不漏发重大新闻。2003年10月12日，昌邑北部沿海发生百年不遇的特大风暴潮，防潮大坝数十处被冲垮，直接威胁着群众的生命财产安全，事情发生后，昌邑电视台迅速派出三路记者在第一时间赶赴现场，顶着十级狂风和巨大的海浪拍摄了现场的第一手资料，在最短的时间内播出了《昌邑干群众志成城抗击风暴潮》的新闻，并及时制作了电视回报片，得到了领导的好评。采编的电视社教短片《严峻的考验》荣获2003年度山东省广播电视新闻一等奖。

（此文发表于山东省广播电视学会主办的《山东视听》杂志2004年第9期）

## 新闻报道应以短夺人以精取胜

苏森源

在今年全省县级广播电视节目评选会议上，

昌邑市广播电视局选送的连续报道《唱军歌的乡党委书记》、消息《农民刘国田成功举办国家级苗木博览会》被评为一等奖、新闻专题《女村官》《个体老板争聘“职业经理”》分获二、三等奖。这是我局历史上在全省评奖中仅新闻一项获奖最多的一次，也是我局倡导“精办节目，把新闻做的短些、精些”的丰厚回报。

把新闻报道写得短一些，精粹一些，以短夺人，以精取胜，这是县级台提高节目质量的有效途径，也是我们在新闻改革的实践中应当下功夫解决的一个重要问题。

把新闻写的简短一些，是适应时代生活节奏的需要。现在越来越多的人意识到，时间是不能再生的资源，它既不能贮存，也不能逆转，因而是最珍贵的，时间的浪费是最大的浪费。在社会生活节奏不断加快，信息时代的今天，人们很少有时间去读那些大块文章，特别是那些长而空、不解决问题的索然乏味的新闻，如果我们不重视时代在人们心理上产生的这种变化，依然把老长的消息塞给受众，我们的新闻节目将不会吸引受众。

把新闻做得短一些，是扩大广播电视信息容纳量的需要。改革是时代发展的助推器，是不可逆转的大趋势。为了加快改革的步伐，发展社会生产力，进一步开创社会主义现代化建设的新局面，各条战线，各行各业都需要信息，信息同物质、能量统称为现代社会的三大支柱。信息是一项重要资源。社会主义现代化建设的这种需要提出了一个新任务，就是要求广播电视增强信息的传播、扩大信息的容纳量，向各条战线、广大受众提供准确的及时的广泛的灵敏的信息，做不到这一点，就适应不了在全面改革的形势下人们急需了解和掌握信息的要求。

把新闻写得短一些，使广播电视宣传栏目包括的内容丰富多彩，才能够满足不同受众群的不同爱好、不同兴趣和不同需要。我们的广播电视拥有上亿的受众，由于民族、性别、年龄、职业等等的不同，他们对新闻报道也有不同的需求。我们在力求满足受众群的共同兴趣和共同需要外，还应该在内容上和形式上尽量照顾到受众的不同兴趣和不同需要，这也是我们办好广播电视要遵循的一条原则。由于栏目的时间有限，在不增加栏目时间的情况下，要解决这个问题的一个重要办法就是把消息、新闻做的短一些，使新闻能囊括多层次、多单元的更多内容。

新闻制作长而空不好，短而空也不好。我们要以短夺人，当然不是为短而短，而应该做到短而实、短而精，通过短小而丰富的形式，将新近发生的有普遍意义、富有生活气息、具有共同兴趣大量新闻，以及有思想性、知识性、趣味性的各类节目奉献给我们的受众。

（此文发表于山东省广播电视学会主办的《山东视听》杂志 2005 年第 8 期）

## 新闻工作者必须担当起社会责任

姜言富　王沛盛　张惠甫

新闻工作者是社会的“信使”，是社会舆论的表达者。新闻工作者的政治立场、思想意识、价值观念和业务水平直接影响着新闻传播的质量，其职业行为所产生的社会作用和社会意义对社会影响较大。因此，新闻工作者必须遵守新闻职业道德，增强社会责任感，切实履行好自己的社会职责和使命。

新闻工作者要担当起社会责任，要做好以下三点。

### 一、新闻工作者要遵守职业道德，加强新闻自律

作为新闻工作者，必须坚持全心全意为人民服务，为社会主义服务和从实际出发、实事求是的社会主义新闻职业道德基本原则，牢固树立新闻的自律意识，用法制的手段和道德自律的手段约束自己的职业行为。

随着市场经济的不断发展，我国的社会环境发生了深刻的变化，新闻已成为人们所关注的焦点，成为人们社会生活中的精神食粮。然而，在新闻队伍中某些违背职业道德的不良现象时有发生。比如：有的记者为完成任务指标，

不惜用杜撰、虚构、抄袭等手法，弄虚作假，造成不良影响；有的记者不深入基层调查研究，仅凭道听途说，捕风捉影，随意贬损企业的经济行为，带来不良后果；有的搞关系新闻、有偿新闻，影响了新闻的真实，损害了新闻单位的形象。今年9月8日，《北京晨报》报道，新学期伊始，北京的王先生在女儿的小学四年级语文课本里发现了一篇名为《钱被风刮跑以后》的课文，从事多年新闻工作的王先生一眼就看出这是一篇“著名”的假新闻。这篇上世纪90年代就被认定的假新闻，竟然又在小学语文课本里出现，并被当成教育学生拾金不昧的好例子，这既违背了新闻真实性原则，也是对学生、对社会不负责任。

### 二、新闻工作者要以高度的责任感对待自己的工作

新闻媒体对社会影响的最大特点是直接性、经常性和普遍性。新闻报道活动渗透到社会生活的每个角落，已成为影响人们工作、生活、交往、思想和行为的重要因素。新闻媒体作为党和政府的“喉舌”，必须把握好正确的舆论导向，弘扬主旋律，为党和政府的决策及其贯彻实施鼓与呼。假如在新闻报道中出现随心所欲，对问题和错误千方百计掩饰，甚至有意造假，欺骗等不负责任的现象，那只能是帮了倒“忙”，添了乱，这不仅给党和政府的工作造成被动，而且也会对人们的社会认识、人生观念、价值取向以及前途、命运的看法产生不良影响。因此，作为新闻工作者必须要有高度的社会责任感，既要对党和政府负责，又要对社会、对人民负责。在新闻报道中应该报道什么，不应该报道什么，应该如何报道，都必须把握好，慎之又慎。

### 三、新闻工作者要自觉地把发挥主观能动作用同履行社会责任结合起来

新闻工作者在新闻报道活动中其主观能动作用，始终居于主导地位，如果这个作用发挥得不好，导向把握不准，不仅会使受众得不到真实可信的信息，而且容易使受众产生一种抵触情绪，并拒绝接受，形成逆反效应。众所周知，内容不健康的报道会毒害青少年的心灵，虚假的广告会使消费者蒙受经济损失，尤其是导向不正确的新闻会影响社会稳定。因此，作为新闻工作者，面对每天发生的新闻事件和采集到的众多信息，要认真地加以汇集、整理和分析，以对党、对政府、对人民负责的态度精心加以筛选，去伪存真、去粗取精，用正确的观点和态度，用正确的方式和手法，把“过滤”好的真实信息奉献给广大受众，以达到新闻报道的实际效果和预期目的。

新闻工作者自觉地发挥主观能动作用，还必须具备敏锐的眼光和对事物发展的洞察力，把有价值的东西在第一时间报道出去，既要防止虚假新闻，又要避免过分的炒作和渲染。否则，一篇不负责任的报道对受众所产生的影响是不可低估的。这就充分说明新闻工作者的社会责任是何等的重要，如果没有强烈的社会责任感，主观能动性就难以得到正确的发挥，就会转化成“盲动性”，在新闻报道中就有可能违背原则，偏离方向，给整个事业带来损失，给社会造成危害。

总之，新闻工作者在舆论引导方面担负着重要的使命，每时每刻都必须有对党和人民负责、对社会负责、对历史负责的责任意识，始终把坚持正确的舆论导向放在首位，自觉抵制不正之风。只有这样，新闻才能经受住实践和历史的检验，新闻工作者才能无愧于“历史记录者”的使命。

（此文发表于山东省广播电视学会主办的《山东视听》杂志2005年第11期）

## 论县级电视宣传改革

张亦明　王沛盛　张惠甫

当今时代，信息行业发展非常迅速，媒体竞争日趋激烈，县级电视宣传的优势逐渐弱，观念守旧、体制不顺、机制不活、人才紧缺、节目不精、收视率下降的问题日渐突出，搞好县级电视宣传改革势在必行。

### 一、县级电视宣传存在的主要问题

1. 体制不活、机制不顺、管理观念陈旧。

县级电视宣传从开始就在党委、政府的呵护下成长着。没有收入时政府发工资，收入增加后政府调控。系统内没有形成一整套定型的管理体制。研究制定的规章制度缺乏科学性，冲不破小作坊式的管理模式，不便于调动员工的积极性。

2. 从业人员业务素质偏低，专业人才和复合型人才严重缺乏。①在思想上，不少同志缺乏危机感、紧迫感、使命感、责任感，思想状态跟不上宣传工作的发展形势。②在业务上，部分同志缺乏竞争意识、创新意识和精品意识。不是刻苦钻研本职业务，而是得过且过。③在工作作风上，部分人员作风漂浮，调查研究不够，缺乏扑下身子真学实干、扎扎实实、雷厉风行的工作作风。

3. 在宣传内容、宣传手法和表现形式上缺乏研究，存在被动应付的问题。报道会议和领导活动多，反映基层的事情少。从而使宣传报道成了干巴巴的说教，缺乏知识性、导向性、服务性、娱乐性。

### 二、县级宣传改革的主要任务

1. 打破常规，建立一支政治强、业务精、纪律严、作风正的宣传队伍。

（1）不拘一格，选拔人才。改过去宣传队伍靠组织人事部门委派的办法，根据需要先定岗后择人，面向全国公开招用，不符合条件的一律不招收聘用。

（2）培训现有人员。建立学习制度，对现有在编在职人员进行强化业务训练，提高从业人员的政治业务素质。

（3）留住业务尖子。有些多年从事宣传工作的老同志业务能力很强，而且身体健康精力充沛，让他们休息确实是一种损失。对这样的人员就应该继续留用，给他们继续施展才能的舞台。

（4）调整不称职人员。在宣传队伍中有些由于基础差，经过强化训练仍不能顶岗的人员，就毫不客气的调离宣传队伍。

2. 改革分配制度。建立能够调动职工积极性和创造性的分配制度。建立联稿计酬制。即编辑记者的工资数额与他们所被采用的稿件联系起来计算。在分配制度上重实绩、重贡献，向优秀人才和关键岗位倾斜，突出效率，兼顾公平。

3. 改革节目设置，办好自办节目。我们昌邑台的做法主要是：①精办《昌邑新闻》。把《昌邑新闻》办成最具昌邑特色的龙头节目。新闻节目坚持新、短、快、活、强的原则，压缩会议报道，增强社会新闻，扩大信息量。②精办专题栏目，服务人民群众，满足受众需要，争取收视份额。自办节目的增加改变了过去大放像厅的模式，走上了节目立台的新路。为增加节目来源，建立了乡镇电视报道组，其任务是及时向昌邑台供稿。同时还与市委组织部、市公安局搞好节目联办，丰富了荧屏，节省了开支。③增加播出时间。改过去的只在晚上播放节目为白天晚上播放节目。播出时间由每日6小时增加到18小时，并改过去的双日新闻为当日新闻。早、中、晚滚动播出，提高了收视率。

县级电视宣传改革是一个带有普遍性的问题。由于各地情况不同，改革的路子也不一样，需要因地制宜，不断创新探索，才能发挥县级宣传的优势，走出一条新路。

（此文发表于山东省广播电视学会主办的《山东视听》杂志2006年第7期）

## 浅析《绿色畅想》栏目的成功要素

张亦明　王沛盛

在建设社会主义新农村的进程中，怎样才能办好“三农”节目，有效地发挥广播电视舆论导向的先导作用，引导地域经济发展，促进农民增收？昌邑局独辟蹊径，着力打造《绿色畅想》栏目，取得了良好的社会效果。该栏目是受5年前昌邑农民朱绍远种植“黄金槐”的启示而产生的。当时昌邑传统的苗木是“松苗加冬青”，档次底，面积小，苗木发展比较落后。但是，随着北京申奥成功、西部大开发以及人们生态意识的增强，城乡绿化美化步伐的加快，昌邑人意识到，苗木繁育这一朝阳产业有着广阔的发展前景。而且，本地的土壤、气候等自然条件极宜苗木生长，发展苗木业有独特的优势。昌邑局紧紧抓住这个机遇，设置了《绿色畅想》栏目。其栏目宗旨定为“宣传苗木知识，传递苗木信息，引领苗木时尚，服务人民群众”。苗木产业是栏目宣传的主线，准确的定位为办好栏目奠定了基础。

深入实际，调查研究，发现问题，解决问题，是办好品牌栏目的关键。《绿色畅想》栏目设立后，收到了党委、政府的高度重视和农民群众的普遍关注。怎样才能办好这个栏目？农民在想些什么？他们有何顾虑？带着这些问题，昌邑局的领导和编辑记者进行了深入调查研究。在调查中发现，农民普遍愿意种植优质苗木，但问题是缺乏知识，不懂技术，信息不灵，销路不通。为解决这些问题，昌邑局在栏目中及时报道了西府海棠、碧桃、七叶树、法桐、樱花、紫叶李、地被石竹等传统品种和黄金槐、红叶李、美人梅、红栌等特色品种的苗木种植技术、市场行情、前景展望、政府的优惠政策、苗木协会的有关情况等。并采用播读式、对话式、主持式、点评式等多种手法进行系列报道，内容丰富，形式灵活，很受农民欢迎。

放眼长远利益，探讨、宣传和遵循事物发展的客观规律，强化编辑记者的责任意识是办好栏目的目的和保证。苗木业的发展也是有着本身内在的自然规律的，随着生态化城市、园林化农村的建设，苗木繁育区域化，苗木品种多样化，品种需求特色化，苗木交易市场化的规律已初见显现。昌邑局的编辑记者顺着苗木业发展的规律来办节目，办好《绿色畅想》节目的责任心普遍增强，其节目的质量不断提升。特别是去年在昌邑绿博园召开“中国（昌邑）北方绿化苗木博览会”重大活动的前前后后，昌邑局更是抓住苗木交易这个大市场，精心策划，总体安排，从会前、会中、会后的宣传都制定了详细的方案。在新闻和专题栏目中相继开设《我为绿博会添光彩》《绿博会专题报道》专栏，以现场直播、新闻消息、专家访谈、专题和评论等多种报道形式对绿博会进行大张旗鼓的宣传，使绿博会首日交易额超过2亿元，给农民带来了实实在在的利益，收到了宣传工作和农民收入双丰收的结果。

成功办好品牌栏目、精品栏目，必须因地制宜，选好主题，用超前的思维精心策划、用创新的手法灵活表现，顺应时势，正确反映事物发展的内在规律，才能达到政治效益、经济效益、社会效益三丰收的目的，这也是成功办好品牌栏目的规律所在。

（此文发表于山东省广播电视学会主办的《山东视听》杂志2006年第8期）

## 第三节　优秀广播稿件

### 广播新闻

### 从官场到商场
### 昌邑干部下海现象透视

刘景贤

官场，几千年来，一直是权力的象征，发迹的跳板。一个令不少人向往的神秘天堂。

商场，不知何年何月挣得了何人发明的一句评话：无商不奸。

然而，在改革开放的大潮中，这两个截然不同的概念在迅速拉近、融合、甚至逆转。官场正逐渐失去昔日的光彩，商场越来越受到机关干部的青睐。于是，引发了一场汹涌的“下海”潮。

（一）

市场经济，这个曾经令人毛骨悚然的字眼，已被党的十四大所确认，这一历史性的转轨，使商场一跃成为经济活动的核心阵地之一；这一历史性的转轨，也使“官”从“本位”变成“服务”。既然如此，还有什么必要死守官场不放呢？至少，赵书铭是这样认为的。

这位28岁的年轻人，有着六、七年的“机关龄”，今年10月“下海”前，在县委宣传部一个科室，他的名字前已冠上了一个“长”字，在昌邑城已是小有名气。难怪他的“下海”，在当地掀起了一阵不大不小的风波。

今年10月底，赵书铭正式来到离县城45公里的峠山镇，出任昌邑第二汽车运输公司副经理。经理王友华也是一位“下海”才半年的政工干部，两人一拍即合。将帅一心，仅一个多月的时间，公司就推出了“单车租赁承包制”等一系列改革措施，公司面貌为之一新。他们又投资60万元，在县城建起了第一家委托典当服务行。

现在谈成功，还为时过早。但对于赵书铭来说，能够摆脱机关那种按部就班的生活模式，在经济舞台上展示自己的思维，这本身就是对人的一种解放。

（二）

像赵书铭这样义无反顾自愿跳下“海”去的，只是今年才多起来。第一批“下海”者是社会利益的重新调整中，在政府机构的变迁中，情愿和不情愿地被“抛”下“海”去的。

昌邑县牧工商总公司总经理王桂田就是其中之一。这位从政30多年、有21年党龄的老干部，履历表上，书记、主任、局长之类的头衔有一大串。1989年5月1日，当他领导的行政性公司一夜之间变成企业时，惶惑与无措压得他喘不过气。“革命几十年，到头来仅仅为几个钱拼命。”这一现实，他怎么也接受不了。起初也确实苦闷，一无资金、二无经验，一帮人全凭投亲靠友，惨淡经营。

三年后的今天，一切都变了。今年1—10月份，公司实现利税210万元，比去年全年还多27%，对于经营管理，王桂田侃侃而谈：承包发包、以销定产、集团优势、有偿服务……一个正统的党政干部变成了精明的生意人。现在，王桂田明白无误地告诉来访者，他再也不想回到官场上去了。从背水一战到初获成功，当年的一批“倒运汉”，最终在实践中完成了自身观念的嬗变。

（三）

“海”的诱惑，使许许多多的党政干部怦然心动；但“海”中风浪急，“海”中风险大，又让不少人望而却步。环顾左右，人们突然发现了一个风险不太大，而又可兼得“海”中好处的去处，那就是机关办的服务实体。

对这些实体，有人称赞他们带动了区域经济，消化了机关冗员，强化了政府服务职能，也有人批评他们搞行业垄断，开皮包公司、搞权钱交易……

非议也罢，赞扬也罢，这类实体还是迅速衍生、壮大，越来越多的机关干部从这个渠道“下海”了。

昌邑县XX局，仅最近一年内就建起了十几个服务实体，机关干部有三分之一在实体中找到了自己的位置。这些“下海”者绝大部分还保留着机关里的差使，少数几个完全投身实体的，也是没有放弃机关干部身份。可以预料，若将这些实体同机关完全分离，他们中相当一部分还是想回流到机关。

11月22日，李鹏总理在答《瞭望》周刊记者问时曾明确表示，“实体要与财政脱钩，使之真正成为独立的自收自支和企业化管理的实体。”

“断奶”已经是这些服务实体的必由之路。尽管如此，服务实体中的“下海”干部并没有太多的危机感。财政脱了钩，还有人事关系，人事脱了钩，还有“亲缘”关系。总之，背靠大树好乘凉。

在经济体制和干部制度转轨变型尚未完成的特定环境中，这种“海”—“陆”两栖干部自有其存在的社会基础。但有识之士还是对他们发出了善意的忠告：患得患失，难成大器。

毫无疑问，汹涌的“下海”潮，已经使威严的机关大院不再平静。

（1992年11月在昌邑人民广播电台播出，12月在山东省地报研究会新闻评奖委员会广播新闻稿件评比中获一等奖）

**广播消息**

## 青年工人邵述衡为保护国家财产和人民生命英勇献身

张葆海　王智岳

昨天上午，从昌邑市新昌实业公司粮食冷

藏厂传来噩耗，青年工人邵述衡为保护国家财产和人民生命安全，勇排歹徒安放的炸药包，而献出了年仅25岁的生命。

邵述衡同志英勇献身的消息传出后，本台记者立即赶到了现场。刚一下车，就看到了一幕幕感人的情景：厂里的干部职工有的泣不成声，有的甚至放声大哭，无不为邵述衡同志而悲痛。在爆炸发生的地方，冷藏厂厂长宋卫东用颤抖而沙哑的声音介绍了事情的经过：12日凌晨两点多钟，被厂里开除的临时工张延寿，为发泄私愤，携带自制的炸药包潜入厂区，企图炸毁设备和厂房。他将炸药包点燃后，正往设备平台上放时，被正在值班的邵述衡发现。邵述衡大喊一声冲上前，歹徒仓皇逃窜。在这千钧一发之际，邵述衡毫不犹豫地抱起“嗞嗞”冒烟的炸药包，快步奔出机房。在离开机房六米远的地方，邵述衡在排除导火索时，炸药包爆炸了。邵述衡倒在了血泊中……

据宋厂长介绍，炸药包一旦在机房中爆炸，很可能会引发液氨罐爆炸，厂内2000多万元的资产和正在上班的近二百名职工的生命安全将不堪设想，方圆数公里的居民也会受到威胁。

在现场，冷藏厂工会主席张瑞洪已哭红了眼。他难过地说，前天下午，邵述衡在厂里刚开了结婚登记介绍信，高兴地分了喜糖、喜烟。还与未婚妻约好下班后一起去领结婚证……正说着，邵述衡的未婚妻闻讯赶来了，边哭边呼唤着他的名字。在场的干部职工无不泪流满面，他们说：邵述衡是为我们而死的，他永远活在我们心中！

邵述衡同志正值人生最宝贵的青春年华，为了集体、为了他人，将自己的生命置之度外。他的死，比泰山还重；他的英雄壮举，为我们树立了光辉的榜样。

各位听众，有关邵述衡同志的英勇事迹，本台从明天开始将作连续报道，请注意收听。

（1995年6月3日在昌邑人民广播电台播出，被评为潍坊市首届社会主义精神文明“精品工程”奖、潍坊市优秀广播节目一等奖、山东省优秀广播节目二等奖、山东省广播奖三等奖）

## 录音报道

# 献给孩子一份真正的爱

张葆海　孟彩云　邢述世

（开始曲，压混）

甲：听众朋友，您好！我是彩云，今天的《今日一刻钟》节目由我和述世为您主持。

乙：非常高兴为大家主持这次节目。听众朋友，目前。随着计划生育的开展，孩子在家庭中的地位越来越高。今天的话题，我们想从孩子身上谈起。孩子是祖国的希望，更是未来的寄托。您希望家庭幸福吗？那就从爱孩子开始吧。

甲：好！今天，我们俩就和大家一起探讨一下真样才能算真正的爱孩子。

乙：这个问题讲起来很简单，可要做起学问就大了。据初步统计，今年我县各类犯罪案件中，25岁以下的青少年作案率高达54%，这为多少个家庭造成了悲剧。我想，这与家庭教育是有很大关系的。

甲：是啊，家庭教育是孩子成长中的基本教育。家庭教育的好坏，不仅关系到家庭是否幸福美满，子女是否成才，而且关系到国家的兴衰和中华民族的希望。

乙：目前，对独生子女的教育问题已成为一个普遍的社会问题。人们常说，家长是孩子的第一任老师。每个家长都应该树立高度的社会责任感，以严肃的态度来完成“第一任教师”的职责。有的家长溺爱孩子，这实在是一种潜在的危机。

甲：您说得对！俗话不是说“惯子如杀子”吗？自古至今，纨绔子弟娇宠堕落的教训够沉痛的了。不说远的，就说我们身边的。我县南部有个青年叫王翔，自小聪明伶俐，备受街坊邻居喜爱。五岁时，父亲猝然去世，母亲更是对他视若掌上明珠，一味放纵。长大以后，横行乡里，盗窃成性。母亲因管教他而被赶出家门，王翔也三进监狱。最近记者到看守所采访

了他：（出录音）

问：你就是王翔？

答：是。

问：请你谈一下对你犯罪原因的认识，好吗？

答：我很小爹就死了，俺娘把我拉扯成人也不容易，按说把她赶出家是不对的。但我是恨、恨她从前对我娇生惯养，做错了事也不管我，以致我今天成了罪人。我一定好好改造，重新做人……

乙：唉，像这位“慈母”可吃尽了苦头，只指望儿子长大成人，养老送终，到老来却走投无路，有家难归。年轻的家长朋友们，你们不应该从中接受一点教训吗？奉劝好心的父母，千万不要溺爱孩子！

甲：当然，人人都望子成龙，望女成凤。这也是家长们的普遍心理。但是对孩子纸包纸裹，宠爱娇惯，满足于只认几个字、识几个数就行了，只能贻误孩子的终生。相反，只追求孩子的学习成绩，不注意分析孩子的心理发展和心理特点，只能压抑孩子的天性，到头来适得其反。

乙：是啊，前不久，我带着这个问题到昌邑县实验中学作了采访：（出录音）

记者：这位同学，你好！请问你叫什么名字？

学生甲：我叫李伟。

记者：上几年级？

学生甲：上初三了。

记者：学习紧张吗？

学生甲：紧张。

记者：那你希望父母怎么样呢？

学生甲：我希望父母应该理解我们，多支持参加一些课外活动，不要把成绩看得太重了。

记者：这位同学，你叫什么名字？

学生乙：我叫翟玉兰。

记者：你父母对你的学习是不是很关心？

学生乙：很关心。

记者：那你觉得他们的关心是不是一种压力？

学生乙：是啊，有点过分。比如说上一次吧，我考了第三名，考得不算好。当时正赶上运动会，父母就不支持我参加……

记者：听老师说你的学习成绩比较好，你每次考试的时候，心里都想些什么？

学生乙：考试的时候总是想，但愿这次能考好。

记者：为什么想考好呢？

学生乙：一是为了自己能多学点知识，二是为了能达到自己的一些要求，比如说参加自己喜欢的课外活动啦，等等。

记者：谢谢你们，再见！

记者：这位老师，您贵姓？

老师：免贵，我姓马。

记者：马老师，刚才那两位同学谈了他们来自家庭方面的一些压力，您是怎么看的呢？

老师：家长的要求太严，势必会给孩子思想上造成压力。有的学生因考试成绩不好而不敢回家；外地还有个学生离家出走，甚至被坏人教唆，而走上了违法犯罪的道路。

甲：孩子终归是孩子，在不同的发展阶段，心理特点和心需求不同，这就决定了教育要分阶段进行。对孩子要求过严、过高，只能给孩子背上沉重的包袱，达不到教育的效果。有这样一位家长，孩子学习成绩一下降，非打即骂。久而久之，孩子心理负担越来越重，在中考前得了精神病。

乙：家长朋友们，被成绩禁锢、封闭的心灵只能越来越小；越来越小的心灵是承受不了任何风雨的。请听听孩子们的呼声吧！

甲：当然，家长的迫切希望是可以理解的，但必须掌握教育的限度，晓之以理，寓教于乐。我国古代“岳母刺字”的故事曾教育了一代又一代的青年人。“精忠报国”之所以时时在岳飞心中闪光，激励他忠君效国，奋勇杀敌，是与岳母平素呕心沥血地教诲分不开的。

甲：最近，我参加了一次家长会，与几位家长谈了教育孩子的方法问题：（出录音）

记者：您好！据老师反映，您的孩子各方面表现都比较好，请您谈一下在教育孩子方面有哪些好的经验，好吗？

家长甲：其实，也谈不上什么经验。作为家长来说，是孩子的第一任老师，平常应该加强自身修养，树立良好的自我形象。并注意多学习，适应孩子在教育方面的知识需求，处处为孩子做出表率。

记者：谢谢您。

（采访家长乙）

记者：请问，您的孩子上几年级了？

答：上初三了。

记者：明年就初中毕业了。孩子学习紧张的时候，你是怎样做的？

答：我除了安排好生活，还让他劳逸结合，多参加一些体育活动。这样学习的时候，精力更集中，学习效果自然会更好。

记者：每次考试之后，您怎样看待他的成绩？

答：考的好的时候，我就鼓励他继续努力；考得不好，我就帮他分析原因，下次注意，不要有压力。

记者：好！谢谢您。

乙：听了几位家长的谈话，我想起了我县的一位领导干部，堪称教子有方的典范。他的两个孩子上学从来不准骑自行车，一律步行；学校为老山前线捐款，他鼓励孩子星期天去装沙子挣钱，来培养孩子的吃苦精神和自强自立能力。目前，两个孩子都已大学毕业，在各自的工作岗位上做出了突出成绩。

甲：有的干部却恰恰相反，对孩子不管不问，放任自流。孩子自持条件优越，放荡不羁，最终走上了邪路。有人借口工作忙，是站不住脚的。应该从自身上找找原因，是不是履行了家长责任。

乙：在农村，一部分家长实行所谓的“棍棒政策”，孩子一旦有错，轻则骂，重则打，使孩子产生了抵触情绪和怨恨心理。久而久之，即使家长的说教是正确的，孩子也听不进去。感受不到家庭的温暖，便会“破罐子破摔”，走向犯罪的深渊。

甲：其实，要孩子不犯错误，是不现实的。俗话说“人非圣贤，孰能无过”嘛，何况是孩子呢？由于一时糊涂或受到别的因素影响而犯错误，作为家长，应正确引导，促其走出误区，及时改正。

乙：对！这才是家长的明智之举。我听说过这样一件事：邻县一位即将结婚的青年，因买不起“彩礼”，竟撬门入室盗窃。老实巴交的父母以为玷污了自己的门风，一怒之下，将儿子赶出家门，对象自然吹了。这位青年在犯罪的道路上越陷越深，最终没有进“洞房”，却先进了“牢房”。

甲：像这位父亲，见儿子犯罪，不是深究其根源，使其悬崖勒马；而是逐出家门，以示自身清白，使之继续做社会的害群之马。这样做，难道这位父亲对社会、对人民能心安理得吗?!

乙：俗话说“养不教，父之过”。家庭困难，不是教儿子如何守法致富，儿子走向犯罪，这位父亲应负主要责任。

甲：是啊，青少年犯罪的原因很多。但犯了罪并不都像有的人所说的“不可救药”“社会渣滓”，只要家庭和社会共同努力，是可以改造好的。那种“断绝关系”“划清界限”的做法是不足取的。

乙：当然，最明智的办法是防微杜渐，把孩子失足遏止在萌芽之中。像我县饮马镇的董美香，虽然是一位普通的农村妇女，却是一位合格的母亲。丈夫早逝，她挑起了抚养两个未成年儿子的重担。多少个不眠之夜，她挑灯编草辫挣钱供儿子上学，用最朴素的言传身教影响着两个儿子，教给他们做人的道理和自生的能力。大儿子考上了大学，二儿子高考落榜后一蹶不振，一度产生轻生的念头。母亲因势利导，教育儿子“行行出状元”。二儿子在母亲的开导下，充分发挥自己的真才实学，勤劳致富，守法经营，成了远近闻名的“科技致富带头人”。

甲：这真是一位了不起的慈母！

乙：家长朋友们，特别是年轻的家长朋友们，你们都鄙视犯罪。对犯罪分子深恶痛绝。

在对失足青年的惋惜之余，应从自我做起、从现在做起，多和孩子沟通一下，多讲一些做人的道理和出世的艰难，帮助孩子树立正确的人生观和审美观。否则，终会有一天，孩子会大声抗议："是你们害了我！"

这是现在就有、将来很可能重演的悲剧。

（1991年11月14日在昌邑人民广播电台播出，被评为潍坊市优秀广播节目二等奖）

## 系列报道

### "艾维茵"从这里起飞

张葆海　焦叙尊

（开始曲）

甲：经济天地。

乙：经济天地。

甲：听众朋友，您好！我是叶坤，欢迎收听由宪君和我为您主持的节目。

乙：您好，听众朋友，宪君有和您见面了。前几天，我们到夏店作了采访。那儿呀，养鸡、杀鸡、运鸡……简直是个鸡的世界。从1988年引进"艾维茵"良种鸡至今，已出售成品鸡1000万只。夏店人的聪明才智和追求在鸡身上得到了升华。

几天来的所见所闻，感到有好多话要和朋友们说。从今天起，在这个节目时间里，就请您收听我们的记者采制的系列报道："艾维茵"从这里起飞。

#### 系列报道之一："艾维茵"起飞了

（间奏乐5秒）

深秋的风吹来阵阵凉意。可记者在夏店乡采访，却全然为一种热气腾腾的气氛所包围。在这儿，从乡到村，从村到户，几乎人人都在谈鸡、养鸡、杀鸡、卖鸡……记者看到，养鸡与杀鸡、杀鸡与养鸡，以杀促养、以养促杀已形成气候。

乘茫茫雾色，记者随乡领导走进了郝家庄一座普通农家小院，主人正是夏店乡有名的"鸡大夫"庞全波。这位当年县畜牧场的技术场长，一听我们的来意，便打开了话匣子：他1988年辞职回乡，带头养上了第一排鸡。一年下来，纯收入4000多元。乡亲们眼热了，在他的指导下，本村和邻村的50多户村民买进了"艾维茵"良种鸡苗。从此，庞全波自然成了义务技术指导员，不管邻村本村，他总是有求必应。后来，乡党委、政府因势利导，举办了养鸡技术培训班，庞全波又成了不收分文的"教员"。难怪乡亲们都说，"咱乡养鸡能发展到今天的规模，庞全波当记头功。"

（间奏乐5秒）

沿着下小路往北，再往西约三、四里路，便到了庙头村。一排排整洁宽敞的新瓦房沐浴在晨光中，显示了村里人的勤劳与富裕。静下来听一听，四邻八舍传出"叽叽咕咕"的鸡叫声……

在村委办公室，党支部书记曲金翠热情接待了我们，她告诉记者：（出录音）

我们村的养鸡曾经几起几落。从1982年开始养鸡，当时，鸡虽然长得不错，但就是卖不出去。因为全县没有一个加工厂，只得到寒亭区小李庄去加工，挣不了几个钱，养的积极性也就没有了。现在好了，产、供、销本乡都能解决，再也不存在卖鸡难的问题了。俺全村已有200多户又养上了肉食鸡，占全村总户数的85%以上。

接着她又一板一眼地给我们算了一笔账：（出录音）

每只毛鸡按5斤算，每斤收购价2.7元，一只毛鸡收入就是13块多。除去鸡苗、饲料和药品费用10块钱，每只鸡纯挣3块多。每户每排喂500只，纯收入就是1500多元；如果喂1万只，那就是3万元。

女人的心是细腻的，女支书的话是发人深思的。就目前全乡1254个养鸡大户而言，年可出栏成品鸡600万只，那就是1800万元的收入呵！正是从这里，记者明白了"艾维茵"肉食鸡是这样起飞的。

甲：听众朋友，您刚才听到的是来自夏店乡的系列报道之一："艾维茵"起飞了。接下来请听一组经济信息……

### 系列报道之二："艾维茵"的连带效应

甲：您好，听众朋友，欢迎您继续收听本台记者采制的系列报道之二："艾维茵"的连带效应。

乙：采访中，记者看到，夏店乡鸡的起飞也带活了众多的企业，应运而生的个体运输业，陆续开张的一家家加工厂、冷藏厂……这引起了记者极大的兴趣。

夏店乡冷藏厂是全乡企业的"龙头"。它原是一家靠加工海产品为主的企业，建厂以来，效益一直没有好过。但在今年"虾死海蜇烂"的情况下，却盈利60万元。其原因就是鸡支持了它！

然而。全乡以养促杀、以杀促养的良性循环，乡冷藏厂远远适应不了养鸡业的需求。于是六家个体冷藏厂应运而生。养鸡富裕户耿西玉倾其所有，与西河沟村联手投资60万元，建起了全县第一家股份制冷藏厂。从4月1日动工兴建，到8月18日正式投产后，每天纯利都在400元以上。谈起这些，耿西玉充满自信，喜形于色：（出录音）

上项目就得立足于当地优势，只有这样，才能立于不败之地。

养鸡养富了，杀鸡杀"活"了。到目前，全乡已建起个体加工厂64家、冷藏厂6家。这些加工、冷藏企业的出现，又为农村2480名闲散劳力找到了就业门路。陪同采访的乡党委书记王钦法向记者介绍：（出录音）

近年来，随着养鸡业的不断发展，全乡运输车增加到1500多辆，从业人员达2500人。同时，养鸡户每年还可提供有机肥6500吨，使粮食产量每年8%递增。

甲：听众朋友，您刚才听到的是来自夏店乡的系列报道："艾维茵"从这里起飞的第二部分。接下来请听西关街市场部分商品行情……

### 系列报道之三：让"艾维茵"飞得更高

甲：听众朋友，我们继续播送来自夏店乡的系列报道之三：让"艾维茵"飞得更高。欢迎您收听。

乙：记者在夏店乡采访，一个强烈的感受就是乡、村两级服务搞得好。这也正是"艾维茵"从这里起飞的原因。说起这些，富裕起来的夏店人怎么也不会忘记当年养鸡的情景：（出录音）

1984年的时候，人们好不容易把鸡养起来，求爷爷告奶奶就是卖不了。到了1990年，鸡苗跌到五分钱一只都没人要，因为养鸡不挣钱。现在好了，从技术到饲料供应，从加工到销售，乡里、村里一条龙服务。我们只管养好就行了。

这位养鸡户的话，充满感激之情，也阐明了一个道理，就是要形成规模效益必须从服务做起，引导和帮助农民进入市场。

正是基于这种认识，乡领导没有故步自封，他们在进一步搞好服务的同时，在全国二十多个大中城市建立了信息网络，聘请了专、兼职信息员一百多名。通过他们，拓宽市场，扩大规模。目前，夏店乡的肉鸡产品已远销江苏、上海、新疆等十九个省市和自治区。

记者在为之惊叹之余，提出了近日来一直担忧的问题，市场千变万化，投入了这么大的资金，万一鸡不景气怎么办？乡党委书记王钦法笑了笑说：（出录音）

守着这么大一片土地，面对这么大一个市场，国内不行了，还有国外市场。我们不正把买卖做到国外吗？再说，万一鸡的市场不行了，不是还有猪牛羊吗？

是啊，事在人为。凭着夏店人的勤劳和智慧，会在市场经济的大潮中站稳脚跟，让"艾维茵"飞得更高、更远！

甲：听众朋友，刚才播送的是来自夏店乡的系列报道之三：让"艾维茵"飞得更高。好！"艾维茵"从这里起飞系列报道到今天全部播送完了。

乙：听众朋友，面对市场经济的滚滚大潮，应该如何进入角色，接受市场的考验？我们是不是应该从夏店人身上得到一点启示：立足于优势才能发展，有了规模才有竞争力。

（1993年10月3日至5日在昌邑人民广播电台播出，被评为潍坊市优秀广播节目二等奖）

## 广播专栏

# 周末你、我、他

张葆海

（音乐——压混）

主持人：听众朋友，晚上好！在这春夜良宵，伴随优美欢快的乐曲，愿我们的节目能带给您一个愉悦的心境，为您的周末增添一点欢乐！

（音乐扬，渐隐）

听众朋友，说心里话，今晚我的心情特别好，因为我们有幸请到了一位知名律师来做我们的嘉宾主持——“铁嘴律师”王文浩。

王：过奖了。别看我经常搞法庭辩论，可作为主持人，我在您叶坤小姐面前，可就是小学生了。在这里我首先向听众朋友问好，同时也感谢咱电台给了我和广大朋友一个交流的好机会。

主持人：刚才和大家介绍了我们今天节目的嘉宾主持，大家可能已经猜到今晚节目的主题了。今天呢，我们就来说说关于经济纠纷方面的问题。我想您会感兴趣的。大家知道，当前我们正处于新旧体制转换时期，虽然改革在不断前进，经济在迅猛发展，可在经济生活中确实存在着一些不容忽视的问题。近几年，我市发生的一系列经济案件，已充分证明了这一点。

王：据统计，从1990年至今，我市共发生经济纠纷7300多件，总标的额达1.88亿元。由此造成的经济损失在千万元以上。

主持人：呀！这个数字是很惊人的。哎，王主任，您以为发生这些纠纷的原因有哪些呢？

王：从我所接触的案件来看，不外乎这样五种原因：一是不掌握对方的资金情况，不了解对方的履约能力和不要求对方提供必要的担保，急于求成盲目签约。

主持人：据我们了解，您说的这一条也是经济交往中造成纠纷一个较为普遍的原因，是吗？

王：是的。第二个原因是企业法人不注意依法委托代理，对聘用人员缺乏必要的代理资格审查，致使个别人利用签合同和赊销的机会诈骗得手。

主持人：对！这种情况也是屡见不鲜的。

王：还有不依照经济法规去指导合同管理，而是靠“君子协议”“口头协议”，单凭一句话、一封电报、一封信就成交，盲目汇款、送货，以致上当受骗。

主持人：这样的事确也不少，应该引起我们的注意。

王：再就是个别企业受到不必要的行政干预，不能充分地享有经营自主权；还有部分企业负责人法律意识不强，业务人员缺乏法律常识，造成诉讼“合理无据”，“官司”久拖不决，债款偿还无望，甚至败诉。

主持人：听众朋友，您听清楚了吗？刚才我们嘉宾主持讲的这五条主要原因还是很有针对性的。这是他在工作中多年积累的一些经验，对我们今后的经济活动还是很有益处的。如果我们不注意这些问题，就有可能上当受骗，造成不应有的经济损失。说到这儿，我倒想起去年我市一个村发生的一件事。这个村一直没有一个像样的项目。作为村支部书记有些着急，一个偶然的机会，一位在市里任职且私交甚笃的老同志向他推荐了一个新项目，利润极为丰厚。但对方——河南一家单位的条件是先付50万元后，才能提供设备和技术，并代销全部产品。为了促成合作，他先打电话作了详细咨询后，双方签订了合同，并向对方回去了首批设备款20万元。由于是老朋友介绍，又作了电话咨询，这位老支书对此深信不疑……

王：哎，叶坤您先慢点说，这位支书不亲自去考察一下整个市场情况，了解了解其他地方的设备价格，就轻率地签了合同，是很危险的。

主持人：对啊，十几天之后，这位支书无意中在一处专销机械产品的商店里，见到了他准备购进的同类设备。仔细一看，标价只有八万多元。大吃一惊之后，才知道自己中了圈套，急忙回家商讨追索货款事宜。无奈已划入对方账户，成为他人囊中之物。虽几经周折，也未如愿。对方言之凿凿，说该村不履行合同，不但拒绝退款，连那些翻了几倍的设备也不再发运，后来干脆连人也找不到了。这个村只好吞咽下这枚轻信带来的苦果。记者采访时，这位支书后悔不已，说："早知如此，该到工商局请人鉴证一下，也就不会吃这个亏了。"

王：我在工作中，也确实接触到不少这样的事例。有一些鉴定经济合同的代理人，连签合同的必要条款都不懂，将"违约责任""交货地点方式"等主要内容漏项，导致发生纠纷后，对方"合法"地逃避法律责任，我方却有苦难言；还有的在合同中将产品质量盲目拔高，造成对方违约，再索赔损失等。从前段我市发生的各类经济纠纷来看，既有主观方面的原因，也有客观方面的原因。在这里我提醒大家，千万要警惕，不要轻信别人，上"合同骗子"的当！

主持人：是啊，利用合同导演的闹剧太多了，注意和不注意依法进行经济活动就是不一样。前不久，我还了解到这样一件事，那是去年的9月份，一名西装革履、气度不凡的中年男子走进某染织厂，声称要购买19万元的化纤布料。各种证件证实了来者的身份是东北一铁路分局皮毛加工厂厂长。好客的主人殷勤而又热情地接待了这位"上帝"。对他们来说，这笔生意能够带来好几万的利润。一番觥筹交错之后，双方签订了合同。这位厂长信誓旦旦：保证货到付款。然后翩然而去。不知是感官的直觉还是责任的驱使，该厂合同管理员总觉得心里不踏实，当天到工商局办理了鉴证申请。第二天，便收到了对方工商部门发来的复电：该皮毛加工厂已停产无履约能力。接到电话，他们惊出一身冷汗，庆幸没有把货发走。

王：您说的这件事我也听说了。从某种意义上讲，合同是经济活动的开始。在经济活动中，订好经济合同是重要的 环。只有把好合同关，才能避免经济纠纷。

主持人：哎，王主任，您能不能再和听众朋友说说怎样才能把好合同关呢？

王：好，把好合同关，我认为就是在签订合同时，除了大的条款完备外，还要特别注意一点大家都认为是无关紧要的事，那就是"笔下误"。我国有句古语说"一字值千金"，那么在签订合同时，有的字是"一字值万元"。曾有一家私营企业与外地签订了份合同，将"货到付款"的"货"字误写成"贷款"的"贷"字，导致对方长期拖欠货款，还理直气壮地说："不付款的原因是至今没贷到款。"

还有家酒厂将合同中的"单位"栏填上"箱"，而将"单价"栏却填上每瓶的价格，从而埋下了经济纠纷的种子。这样的事例不胜枚举。虽然我国法律对于"显失公平""重大误解"都有明确规定，经过诉讼有些失误可以挽回或纠正，但总要浪费不少人力物力。所以签订合同一定要慎之又慎，依法办事；否则，一旦形成债务纠纷就麻烦啦。

主持人：是啊。哎，王主任，债务问题也是经济活动中经常遇到的一个难题。为了讨债，很多企业成立了专门科室，不惜派出一支支人马，天南地北地要款讨债。不少企业派出的人员之多、之精，超过了供销队伍。某地一位厂长为讨回60万元债务，先后派去了70多人次，也为讨回分文。后来，他抱着试试看的心理挑选了两名面目较好而且泼辣的女职工委以重任，到欠款单位软缠硬磨。厂长正当中年，正好是个"妻管严"。自然怕引起妻子的误解，跳进黄河也洗不清，赶紧挤出30万元还债。

王：您说的并非个别现象，还有些地方成立了什么"讨债公司""讨债技巧培训班"，的确唬了一批人。这些所谓的讨债技巧都是行不通的，搞不好还要违法。前不久，我受理了一个案子，有一家个体企业讨债不成，便高薪雇用了几位有劣迹的社会青年绑架了人质……

主持人：钱要回来了吗？

王：钱没讨回，反而由"民事原告"变成了"刑事被告"，受到了刑事处罚，所欠的债务最终还是通过法律程序才得到解决。

主持人：由此看来，最好、最有效的办法还得依靠法律来解决。特别是在社会主义法制不断完善的今天，各企事业单位的领导和业务人员要依法进行生产经营活动，学会运用法律手段维护自己的合法权益，最大限度地避免或减少各类纠纷的发生，以促进全市经济和社会事业的进一步发展。

王：对！要学会依法治市、依法治厂，从千奇百怪的经济纠纷中吸取教训，增强法制观念，自觉学法、守法、用法，依法维护自己的合法权益。

主持人：王主任，您看我们谈的正来劲的时候，时间快到了，很抱歉，我们下次再继续谈，好吗？

王：好！最后我祝大家工作顺利，万事如意！如果您在法律方面有不明白的事或遇到什么麻烦，欢迎到我们律师事务所咨询或委托律师全权代理。我们承诺：保证让您满意！

主持人：谢谢您，王主任，我代表广大听众感谢您参与我们的节目。听众朋友，感谢您的收听，咱们下次节目再会！

（1995年4月8日在昌邑人民广播电台播出，被评为潍坊市优秀广播节目二等奖、山东省优秀广播节目二等奖）

## 广播评论

### 人民自有回天力

——昌邑县人大代表评议乡镇职能部门试点工作纪实

刘景贤　尹海瑞

一项人大代表评议乡镇职能部门的试点工作，自10月初在昌邑县卜庄乡展开后，引起了全乡乃至全县的强烈震动。

“摆正主仆关系，功过是非让人民评说”，成为评议工作一个半月来的主调。自县委、县人大将试点工作放到卜庄后，卜庄乡人大主席团按实施方案在宣传发动和调查研究的基础上，组织住在卜庄的市县乡三级人大代表和50%以上的村民填写评议票。对16个乡镇职能部门所提出的262条意见，均为人民群众关心的焦点和热点问题。

在11月16日下午的评议大会上，分席而坐的16个乡镇职能部门的负责同志在电视新闻灯的照射下，头上渗出与初冬天气不相称的汗珠，262条意见促使他们惴惴不安。他们必须在对面而坐的县人大领导和乡人大主席团的监督下，接收65名三级人大代表的评议。限定的每部门15分钟汇报后，代表们进行了无记名打分。评议结果，取得85分以上的满意单位10个，85分以下的基本满意单位6个，虽没有70分以下的不满意单位，但仅得76.2分的一个单位还是坐到了最后一名的位子上。

评议结果公布于众后，人们在称道“群众路线又回来了”的同时，也打着能否起作用的问号。为此，乡人大主席团专职常务主席狄邦贤作了答复：根据乡人大主席团议案，评议工作今后要形成制度化，每年进行两次，一次评议代表不满意者，实施教育帮助、限期改正。两次评议代表不满意者，给予主要负责人免职或调离的处罚。属于乡直部门的，由乡里处理；属于双管单位的，由乡人大主席团向其主管上级提出处理建议；主管单位不予处理的，由住在乡的县人大代表向县人民代表大会提出质询案或由乡人大主席团建议县人大常委会处理。

一乡评议，全县皆惊。全县人大代表史上的第一次评议，收到了绝好效果。县人大常委会主任张占博说：“把人民群众请上评议席履行宪法赋予的职责，实质上是建立一种以权力机关为主、具有民主性和权威性的监督机制，督促职能部门更好地牢记为人民服务的宗旨。”

（1991年12月被潍坊市广播电视局、潍坊市广播电视学会评为一等奖）

## 广播剧本

### 谢你无声

编剧　宋建文

本剧根据发生在昌邑市的真实故事改编，是一个讲述善良、爱心在传递的故事。

一位年过七旬的老人意外走失到昌邑城区，被退休教师冯春萍收留。这个老人不仅聋哑，而且右手还残疾，帮他寻家困难重重。冯春萍精心照顾他六年。六年中，引发出不少故事。后来，这个老人双眼患上白内障，视力丧失。在昌邑爱心人士的关怀下，老人重见光明，后来通过媒体的报道，最终找到了一百多公里外的家人。从赶来的老人的妹妹口中，人们解开了老人走失和断指之谜。老人在离别之际，感动不已，虽然说不出话，但是无声的泪水却表达着他不尽的谢意。

时间：当代（2012 年至 2017 年）

地点：山东省昌邑市城区

主要人物及演职人员：

冯春萍——女，60 多岁，退休教师，潍水敬老院负责人

刘满堂——男，70 多岁，聋哑，淄博市走失老人

刘满香——女，40 多岁，刘满堂同父异母的妹妹

王丽丽——女，40 多岁，爱心市民

朱泰宁——男，50 岁，医生

王有福——男，80 岁，孤寡老人，住在敬老院

孙大妈——女，70 岁，孤寡老人，住在敬老院

市民——男，20 多岁，爱心市民

演职人员：李慧娟、王宇林、冯倩、付文婷、梁映、邹健

场景 1. 潍水敬老院

音效：凛冽的风声，开窗关窗的声音，收音机或者电视节目音效，最好是昌邑台当年的节目，比如评书或者相声小品类。

旁白：这是 2012 年冬天的一天，潍水敬老院的老人王有福，正在像往常一样，收拾自己的房间。

冯春萍：王大哥，这二月天，风呼呼的，你还开窗啊？

王有福：唷，冯院长啊，我看太阳挺好，把鞋放窗台上晒晒

冯春萍：噢，怎么样，屋里冷不冷啊？

王有福：不冷不冷，有暖气，屋里暖和着呢。

冯春萍：感觉生活怎么样？你到咱敬老院得快一年了吧？

王有福：好着来！冯院长啊，在这里管什么都好！我王有福快八十了，现在后悔啊，我搬进来晚了，我应该七十岁就住进来。

冯春萍：哈哈哈哈，我的老王大哥啊，你要是想七十岁搬进来还不行呢。

王有福：咋的？岁数不够？

冯春萍：不是——我这个潍水敬老院才办了五年，你要是来得太早，咱还没开门呀。

（两人笑：哈哈哈）

王有福：哎冯院长来坐坐，冯院长啊，我听说你原来不是学校老师吗，退休了怎么想起来办个敬老院呢？天天还得给我们这帮老家伙们忙活，退休享享清福多好

音效：坐下，倒水声

冯春萍：我们家姊妹 6 个，我是老大，看着爹妈把我们拉扯大，总觉得老人一辈子不容易啊。后来看着有些孤寡老人，老了，过不上个舒坦日子，我心里就不好受，就想啊，退休后办个敬老院吧，让需要照顾的老人有个舒心的地方……

王有福：冯院长，我以前给人看过大门，干过传达，看人错不了！你是个大好人啊！你不光伺候我们这些个老家伙，还收留过一大些流浪的人，又操心又出力，我们都很佩服你啊！

（电话铃声响起，冯春萍接起电话。）

冯春萍：我接个电话

王有福：好好，你先忙着！

音效：脚步声，走出房间来到走廊

市民（电话音效）：你是潍水敬老院？

冯春萍：对，你是哪里啊？

市民（电话音效）：有个流浪的，你们收不收啊？

冯春萍：啊？你能仔细说说吗。

市民（电话音效）：我看见了一个像是流浪

的老头，都冻得不大会说话了。

冯春萍：噢，在什么地方啊。

市民（电话音效）：在城西大转盘这里哪

冯春萍：好好，我马上过去看看。

场景2. 城西大转盘处

旁白：年过六旬的冯春萍骑着三轮车来到了城西大转盘附近，找到了热心市民在电话里提到的那个流浪的老头。这是一位七十岁上下的老人，头发凌乱，身上衣服破破烂烂，一只鞋的鞋底已经掉了，没有袜子的脚底板满是脏污，他蜷缩着坐在路边的一棵树下，不停地发抖。

背景音：风声、零星汽车经过，摩托车声、自行车经过声、零星喇叭声。

群杂压混：哎那个人怎么了，怎么坐树底下！/不知道啊/看那个样穿得破破烂烂，是个流浪的吧？/哎哟这么冷的天，怪可怜的/是啊，到夜里不得把人冻坏了啊。

冯春萍：（着急关切）哎呀！你是从哪里来的呀？这么冷的天，怎么在这里坐着！

旁白：蜷缩的老人无助地看了冯春萍一眼，一句话也不说。冯春萍蹲了下来，她看到，老人满是脏污的脚板上有好几个大大小小的水泡。

冯春萍：唉，你这是走了多远的路啊，这脚上都磨出泡了，还到处是口子，这是遭了多大的罪啊！你还行吗，能站起来吗？

旁白：冯春萍一边说着一边去拉老人的手，当她握住了那只粗糙的右手时，更加吃惊，因为她发现这只手的食指竟然少了一截。

冯春萍：哎哟，你的手指头…怎么还少了一截呢？你这究竟遇到了什么事啊？

旁白：老人看着和蔼的冯春萍，只是一个劲儿的摇头。

群杂：白搭，问过，一句话也不说/对，问他什么话他都不说/他该不会是个傻子吧？/肯定不正常，要不早就张嘴说话了/对，不是傻子就是哑巴/这么冷的天，也可能是被冻的没力气了

冯春萍：你别光摇头啊，你说句话。你家是哪里的，遇到什么难处了吗？我们帮你

旁白：老人用手指了指张开的嘴巴，接着摆了摆手，只会发出“啊啊”的声音。冯春萍终于明白过来。

老伙计：虚弱胆怯断续的啊啊声

冯春萍：你是聋哑人?！哎呀，你不会说话，我就不知道你叫什么，家在哪里。可怎么给你找家呀。这天寒地冻的，走！先上三轮车，跟我回敬老院吧！

旁白：冯春萍拉起老人，替他裹了裹衣服。老人拖着那满是水泡的脚，一瘸一拐，颤巍巍地爬上了三轮车斗。

音效：爬上三轮车斗，踩在铁皮上的脚步声

老伙计：轻微呻吟啊啊声

冯春萍：慢点慢点儿，不着急，怎么称呼你呢？看着你好像比我大几岁，就叫你老伙计吧。

场景3. 潍水敬老院（冬季）

旁白：就这样，冯春萍顶着寒风，用三轮车把老伙计拉回了敬老院。她帮老伙计剪了头发，换上了衣服，处理了脚上的水泡，又端来了热乎乎的饭。老伙计狼吞虎咽的大吃起来，敬老院里的老人们都来看他。

音效：凛冽的风声（窗外），收音机或者电视节目音效，最好是昌邑台当年的节目，新闻类。唏哩呼噜吃东西喝粥音效

群杂：（中老年声音，围在一边窃窃私语）：哎哟，这伙计怎么这么能吃啊/嗨，不知道饿多少日子了/哎他怎么一句话也不说呢/听说是个哑巴//对，好像也听不见/是吗，那可够可怜的/他碰见冯院长，这就算福大命大的啦/是吗？/啊？/对对/哑巴，不会说话呀？/

王有福：冯院长，冯院长，你来，来。

冯春萍：哎，老王大哥。（对工作人员）你看着他点儿，让他慢慢吃，饿的时间长了，一下子吃这么多东西，容易撑出毛病

工作人员1：好，（对老伙计，轻柔）慢点慢儿，喝口汤

音效：脚步，

冯春萍：老王大哥，怎么了。

王有福：冯院长，我以前给人看过大门，

干过传达，看人错不了！我看这个人啊，我怀疑他，有问题！。

冯春萍：噢，确实有问题，这个老伙计是个聋哑人。最大的问题就是他不会说话，要想帮他找到家，会很困难。我得把这件事情报告给公安和民政部门，让他们一起帮着找找。

王有福：嗨，不是这个，我看人错不了！这老伙计还少了半个手指头，肯定有问题！他可别是化妆潜伏的特务吧？

冯春萍：哈哈哈，我说王大哥啊，你就别疑神疑鬼的了。对了，你房间里还空着一张床，就让老伙计住你屋里吧。

王有福：啊？这……这不大合适吧，万一他……（思考片刻）哎也行！我到底看看他是个什么样的人！

旁白：冯春萍把收留了一位聋哑老人的情况报告给有关部门，然后用心照料着这位老伙计。老伙计的身体渐渐调养好了，原来苍白的脸上有了些许红润。一个多月过去了，冯春萍四处打听，仍然无从得知老伙计家在哪里。

场景 4. 潍水敬老院（初春室内）

音效：轻柔的风声，远处细微的鸟叫，电视 / 广播声

冯春萍：老伙计，你来一个多月了，我还没能帮你找到你家啊，你就安心在这里住着吧。（转向王有福，笑道）对了，王大哥，你跟老伙计住一个屋，发现他是不是“特务”啊？

王有福：现在看嘛，还正常，不过我还是怀疑，你说他的手指头咋就少了一截呢？

冯春萍：你倒是提醒我了，过两天，我带老伙计上医院查查身体，看有没有什么别的毛病

旁白：老伙计坐在一旁，笑眯眯地看着他们说话。几天后，冯春萍带着老伙计去查了一次体，没有发现他身体有其他异常，这让冯春萍心里踏实了不少。

场景 5. 潍水敬老院（初夏室外）

日子就这样一天天地过去，老伙计虽然不能说话交流，但是懂得感恩。在敬老院里，他主动承担了洗刷餐具的工作。

（音效压混：老伙计的啊啊声，水龙头水声，洗盘子碗筷的声音，冯春萍：你说什么？噢你要洗啊？谢谢老伙计，辛苦你啦）闲下来的时候，老伙计经常抬头望着天，一看就是很长时间，他眼神里的那一丝期待和忧愁，冯春萍都看在眼里。

音效：初夏时节，单声无起伏的蝉鸣，或零星的鸟叫声，屋外音效，脚步声走来。

王有福：老伙计，又在这坐着看天上呐？哎？天上画着什么好东西，你看得这么起劲儿！

老伙计：礼貌的啊啊声

冯春萍：王大哥，老伙计这是心里面在想家啊！

场景 6. 潍水敬老院（室内）

（音效压混：鸟语花香、夏日蝉鸣、夏季雷雨、风吹树林、夜晚虫鸣、寒风凛冽、爆竹烟花展现岁月变迁）

旁白：寒来暑往，光阴轮转，老伙计在敬老院里已经是第六个年头了。这一天，敬老院里突然发生了一件出人意料的事情。

音效：走廊

冯春萍：新来的那几个老人你还是按年龄一大一小安排房间，好相互有个照应

工作人员 2：好的

音效：急促脚步声前来，

孙大妈：了不得了了，冯院长！你看看老伙计，太不正经了！

冯春萍：孙大妈，怎么了，你慢慢说。

孙大妈：哎呀呀，我可说不出口。

冯春萍：到底怎么了？

孙大妈：他刚才到我屋里去了，一进来就到床上摸来摸去，他到底想干什么！

音效：脚步声汇聚来

群杂：啊，这是想干什么 / 怎么了怎么了 / 出什么事了？/ 他怎么能跑人家女同志屋里去胡摸索呢 / 谁啊？/ 那个老伙计，跑孙大妈屋里床上乱摸 / 啊？平时看着挺老实的，怎么还能办出这种事来 / 哎谁知道他怎么想的 / 不是走错门了吧 / 走错门还能往床上摸索去？他又不瞎

王有福：你看你看！我就说这个老伙计有

问题，我以前给人看过大门，干过传达，看人错不了！这下子狐狸尾巴露出来了吧。

冯春萍：老伙计现在在哪里？

孙大妈：还在我屋里胡摸滥摸呢。

冯春萍：走！过去看一看！

音效：几个人穿过走廊的室内脚步声

旁白：孙大妈的房间就在老伙计房间的隔壁。几个人一起走进孙大妈的房间，看到老伙计果然在孙大妈的床上摸来摸去。

冯春萍：老伙计！你这是干什么！

王有福：干什么！跑人家女同志屋里往床上胡摸乱摸，你这是想什么花花事儿呢。

旁白：奇怪的是，看到众人走进屋里，老伙计仍然没有停下动作。冯春萍赶紧过去抓住了老伙计的手。

冯春萍：老伙计！老伙计！

老伙计：惊讶迷茫的啊啊声

旁白：老伙计一脸愕然。冯春萍忽然感觉老伙计哪里不对，她随手拿起一件衣服，在老伙计面前左右晃动，

冯春萍：老伙计！哎！哎！你…你看看。

旁白：可是，老伙计的眼睛一直看着前方，视线丝毫没有追随摇动的衣服而变化。

冯春萍：（大惊）坏了，老伙计的眼睛出问题了，他好像看不见东西了。

孙大妈：我说老伙计这是咋了，原来是眼睛看不见了，这才走错了房间，当成他的床，在这里胡乱摸索。

场景 7. 医院（诊室内）

旁白：冯春萍赶紧带老伙计去医院检查，在医院，她遇见了做义工的爱心市民王丽丽。通过交谈，王丽丽了解了老伙计的情况。

音效：医院音效，走廊，叫号器，

冯春萍：叹气，啧啧声

王丽丽：冯阿姨，不用着急，我们一起想办法。

冯春萍：刚做了检查，朱大夫说他的眼得了白内障，现在看不见了。

王丽丽：朱大夫，他的眼可以做手术吗？

朱泰宁：怎么说呢，因为他是个聋哑人，好多病情呢没法跟他沟通了解，手术啊有一定的难度，而且即使手术也不一定能治好，你考虑考虑，还给他治嘛。

冯春萍：（恳切）那我们也给他治，不能让他就这么看不见东西了。大夫，但凡有一点希望，您就帮我们争取一下吧？

朱泰宁：嗯……好吧！这个病人情况比较特殊，那就先办住院手续，我们做个详细检查，我再跟院领导汇报一下，尽量把手术方案做的周密一些，如果他双眼白内障病情适合手术，我们就尽快给他安排

冯春萍：好，谢谢朱大夫。

场景 8. 医院（病房内）

旁白：两天后，医生给老伙计做了白内障手术。在王丽丽的联络下，许许多多爱心人士听说了老伙计的事情后主动赶到医院，有的送来了饭菜，有的晚上陪床照顾，还有人帮助交纳住院费，医院了解到老伙计的真实情况后，免除了手术费，只收取了最基本的材料费……人们的关怀，像一股股暖流汇聚到老伙计身上。手术后的老伙计，双眼蒙着纱布，一副紧张的样子。冯春萍、王丽丽握着他的手，轻轻地宽慰他。

音效：医院病房

冯春萍：没事儿，等解开纱布，就什么都看到了，啊，别着急，我们都在这儿呢！

王丽丽：阿姨，我们还得帮老伙计找找家啊！

冯春萍：六年了，我一直在找，咱昌邑电视台、广播电台也都帮着报道过，可就是找不到啊！老伙计他要是会开口说话就好啦。

王丽丽：哎，对了！阿姨，我给省电视台打个电话，说说老伙计的事儿，让他们来做个报道，帮咱们一起找找呗。

冯春萍：诶，这是个办法。那你赶紧联系一下，如果记者明天能过来，正好赶上给老伙计的眼睛解开纱布。

旁白：第二天中午，省电视台的记者赶了过来。摄像机拍下了老伙计解除纱布的过程，也记录下了老伙计的笑脸和他在昌邑生活了六年的故事。

音效：医院病房，单反相机快门声

王丽丽：你看你看，老伙计笑了，他一定是看清东西了！

旁白：老伙计看到了一旁的冯春萍，不由站起来，走过去紧紧地握住了她的双手。

群杂：太好了！老伙计的眼睛好了！/真好，真好/哎呀他终于又能看见啦/你别太激动/别乱动，大夫嘱咐过/太好了，太好了

旁白：当晚山东电视台就在节目中播出了老伙计的故事。冯春萍晚上快要休息的时候，忽然接到了一个电话。

音效：水龙头声，刷牙声，水杯声，电话铃声

冯春萍：喂，你好。

刘满香：请问您是潍水敬老院的冯院长吗？

冯春萍：我是啊，你是哪位啊。

刘满香：我们一家人刚才看了省电视台的节目，那个聋哑老人是我的哥哥啊！六年了，我们都以为他不在了……

冯春萍：是吗？他叫什么名字？你们家是哪里？

刘满香：我叫刘满香，我哥叫刘满堂，我们住在淄博市临淄区。

冯春萍：好啊，好啊！老伙计终于找到家了！他叫刘满堂？刘满堂，好名字，我们一直叫他老伙计呢。

刘满香：谢谢你们！谢谢你们这些好心人！要不是遇到你们，我哥怕是….. 这下好了。您不知道，我哥命苦啊！明天我就过去。

冯春萍：好，好。

旁白：第二天上午，刘满香赶了一百多公里，来到潍水敬老院。他一看到走失六年的哥哥，忍不住快跑几步抱着哥哥大哭起来。

音效：汽车刹车，停住，开门，关门，脚步奔跑声

刘满香：（哭腔）哥啊，哥……

冯春萍：好了，一家人团圆，今天应该高兴啊！

刘满香：谢谢，谢谢昌邑的好心人，我给你们鞠躬了！

冯春萍：好了好了，快起来，走，咱屋里坐下慢慢说

旁白：走进屋里坐下后，情绪缓和的刘满香，拿出了哥哥的身份证，身份证上的名字就是刘满堂。从刘满香的讲述中，人们知道了老伙计刘满堂走失的大体经过。

刘满香：我哥从小聋哑，早年放鞭炮不小心炸掉了半个手指头。一辈子他也没结过婚，一直跟着我们住。六年前，我们刚搬了新家，有一天他从家里走出去，可能是迷了路，就再也没有回来。我们到处找，也没有一点消息。六年了，我们都做了最坏的打算。直到昨天看了电视，才知道我哥在昌邑遇到了好心人！你们不嫌弃他，给他吃给他住，还给他治病，真是太谢谢你们了！

群杂：多亏了冯院长收留老伙计/是啊，他来的时候脚上那些伤那些冻疮，冯院长天天帮他抹药/老伙计人不赖，可勤快了/人家叫刘满堂/对对对，刘满堂，一下子还改不过来/哈哈哈

冯春萍：兄妹团圆，大家都高兴啊！刘满堂！刘满堂！这回可知道你的名字了！

王有福：俺们老弟兄俩，也是有缘分啊，一个屋里住了六年。你别说，这老伙计还真不赖，我以前给人看过大门，干过传达…冯春萍：（抢着说）对，看人错不了！

群杂：哈哈哈……

旁白：刘满香要带哥哥回家了，老伙计刘满堂深情地看着冯春萍，深深地鞠了一躬，抬起头时，他的眼泪止不住地流了下来……

——剧终

（此剧为昌邑人民广播电台第一部自制广播剧，被潍坊市委宣传部列为2018年重点文艺作品，2019年获昌邑市委、市政府颁发的丝绸之乡文化奖，在山东省及潍坊市广播节目评比中屡次获奖）

## 第四节　优秀电视稿件

### 电视新闻

#### 李克强副总理来我市调查研究

傅浩程

深秋的昌邑大地，天高气爽。11月3日，中共中央政治局常委、国务院副总理李克强到我市饮马镇中心卫生院和杨家庄子村，着重就新型农村合作医疗、农业生产等事关民生的问题进行调查研究。他强调，要认真学习贯彻党的十七届三中全会精神，深入贯彻落实科学发展观，更加注重保障和改善民生，确保改革发展成果惠及广大人民群众。

省领导姜异康、姜大明、刘伟、王仁元、王敏，潍坊市领导张新起、许立全、刘德成以及我市领导马跃启、张新强陪同调研。

李克强十分关心农村群众的医疗问题。他一下车，就走进饮马镇卫生院门诊室，询问正在就诊的几位患者治疗花费和参加新型农村合作医疗的有关情况。接着，他又来到设在卫生院内的饮马镇新农合办公室，向群众了解参加新型农村合作医疗的缴费和报销情况。饮马镇西南村的张瑞峰因为做了手术正在住院治疗，他对李克强说，在这里住院可以享受60%的费用报销，参加新型农村合作医疗的本镇村民，一般病情不用出远门，就能够得到很好的医疗卫生服务。李克强听后非常高兴，热情祝福他早日康复。

离开卫生院时，我市领导汇报说，打算明年在饮马镇投资新建一所卫生院。李克强说："改善医院硬件，就是给老百姓办实事。在医疗卫生、教育、住房、社保这些方面，政府要加大投入。这样既可以改善民生，又能够扩大投资，以投资带消费，以消费促增长，实现民生改善和经济发展双赢。"

党的十七届三中全会，对当前和今后一个时期农村改革发展工作作出了全面部署。到基层实地了解现代农业建设、粮食生产和种粮直补等情况是李克强此行的另一个重点。

李克强来到饮马镇杨家庄子村的田地里，俯身察看小麦生长情况，并就小麦种子和施肥、灌溉等情况一一询问村里的干部群众。看到眼前一大片冬小麦墒情、长势良好，李克强很是高兴。在村民杨奎波的麦田里，李克强亲切地询问他家里几口人？种了几亩地？每亩小麦补贴多少？收入多少？小麦灌溉一亩大概多少钱？对这一连串问题，杨奎波夫妇一一作了回答，并激动地说：现在种地不仅免除了一切税费，国家还给种粮补贴，老百姓都感谢党的好政策。

看到农民杨法春正开着拖拉机整理自家承包的田地，李克强走上前去，详细询问农机补贴、柴油价格等情况。杨法春逐一作了回答，并自豪地说：拖拉机是自己买的，除了耕地、播种，还配套了秸秆还田等实用功能，去年秋天拿到了农机补贴。现在柴油价格也降下来了。

听到国家惠农政策得到落实，李克强露出舒心的笑容。他叮嘱地方领导同志，要认真落实十七届三中全会精神，把党的各项强农惠农政策不折不扣地落实给农民群众，统筹城乡发展，大力发展现代农业，推进社会主义新农村建设。

李克强副总理来到我市，把党中央、国务院的亲切关怀送到了干部群众的心坎上，他殷切的期望，鼓舞人心，催人奋进。全市广大党员干部群众决心深入贯彻落实科学发展观，在"坚持科学发展，构建和谐昌邑"的征程上迈出新的步伐。

（2009年4月，被山东省新闻工作者协会、山东省新闻奖专项奖复评委评为电视新闻二等奖）

### 新闻专题

#### 女村官

——记昌邑市峠山镇耿家庄村党支部带领群众致富事迹

傅浩程

解说：难、难。村官难。当个村官怎么这

么难。东家跑、西家转。南边走啊北边看。心里装的是咱老百姓啊，总也不得闲。

唉、只要大家都富了（白话）俺心里怎么就这么甜。这么甜啊!

同期声：放鞭炮同期声：一堆人在吊装铸造炉，臧明强在指挥着、喊着。（村支部成员定格镜头各三秒）

解说：2004 年 9 月 16 日，是耿家庄村村民端木春家铸造厂安装新炉的日子，臧明强和村支部一班人都到了厂里和大伙一起忙活起来。这也是耿家庄村安装的第十三只炼铁炉。

臧明强 18 岁开始担任村干部，28 岁担任了村支部书记。八年来，在她的带领下，新的支部班子成为了耿家庄村群众发家致富、一心一意奔小康的领航人。（臧明强特写）

解说：耿家庄村是昌邑市峠山镇一个只有一百户人家的小村庄。过去，耿家庄村村不大事却不少。1996 年，数十户群众闹了起来，要求撤换原先的村两委班子，原村支部书记辞职，一时间，耿家庄村成了一个“无书记、无班子、无人管”的三无村。

采访：臧明强：“1996 年底，组织上让我来挑这副担子。我考虑再三、不行。当时村里情况太复杂，那么多的大老男爷们都干不好的事，我一个女人，能行吗?”

解说：最后，经过组织上推荐，党员群众选举，28 岁的臧明强担任了耿家庄村党支部书记、村主任。可是上任仅三天她就因为工作被某村民打伤了，住进了医院。

采访：臧明强：“当时真是难，家里人坚决不让我干了，晚上有时睡着睡着，忽然就惊醒了，一摸枕头都被泪水打湿了。俺对象就对俺说，明强，别干了，没有工作我养活你。俺父母也说，这得罪人的活坚决不能干了，我要是干就和我断绝父女关系。”

解说：面对犹如一盘散沙的村庄，臧明强开始犹豫了。她曾经一天到镇上去辞了三次职，都让镇委领导给劝了回来。

采访：臧明强：“当时我就想，自己过去干幼儿教师一年工资五六千、父亲开了一家铸造厂一年也能挣个七万八万的。自己又不缺钱，何必去操这个闲心呢?管理这个乱摊子啊!但再反过来一想?党员群众为什么选我啊!!还不是信任我吗?群众信任我他们图个啥?那不就是希望我们支部这一班人能替他们管好这个家，能带领他们也走上富裕路吗?”

同期声：臧明强弹琴声 15 秒……

解说：想通了这个理，臧明强毅然放弃了热爱的幼儿教师职业，暗暗下定了为群众干好这个“村官”的决心。

同期声：水利工程的场面，丘陵炸石头、打井的声音……

解说：俗话说新官上任三把火，耿家庄村地处丘陵地带，臧明强上任后首先解决了全村群众盼望多少年的改善水浇条件这件难事。经过多方努力，全村破石开井 20 多眼，建设了引水上山工程，铺设了地下供水管道，解决了农业生产的后顾之忧。接着又清理了历年陈欠，为村里修了路、通了自来水、安装了路灯、建了村两委办公室。

解说：臧明强带领村支部三把火烧下来，改变了村庄的混乱局面，唤回了失去的民心。群众情绪稳定下来，村里工作开始走上正轨。剩下来的就是如何带领群众致富奔小康这件大事了。

采访：臧明强：“你说干什么好啊?真是绞尽脑汁也没有想出一个适合的路子。你想啊!我一个女人家，我有什么能力带领全村三四百口子人富起来啊!!当时我真的是犯了难。哎、有一次，我家来了一个客户，需要的量很大，我就想。为什么不带领大家一起搞铸造呢?我家的铸造厂我父亲是厂长，当时生意十分红火。要让老人真的把厂子拿出来对外传授技术，老人还真有点舍不得。我就找到父亲做工作，希望他能把厂子让我来管理。老人开始不同意，主要是怕大家都搞铸造，将来自家的生意不好做。但经不起我软磨硬泡，最后还是同意了。”

解说：“为了支持女儿，父亲把苦心经营的铸造厂交给了臧明强管理。从此，臧明强家的铸造厂变成耿家庄村群众学习铸造技术的基地。

先后有60多名群众在这里干过或学习过，有10多人在厂里学到了技术后，回家办起了新的铸造厂。”

采访：铸造户臧明贵：“我们这些搞铸造的好多都在臧明强铸造厂里干过，在那里学到了技术，后来才建起自己的厂。”

采访：铸造户于广兴：“我搞铸造应该说村里对我帮助很大，支部帮助征地、建厂房、进设备。特别是臧大姐帮了我们很大忙，心里很感激她。”

解说：臧明强始终把群众的事当作自己的事。有的村民建铸造厂缺资金，臧明强就自己拿出钱来借给他作为启动资金，村民于光兴生产中遇到技术困难，臧明强亲自带领自己厂里的技术人员上门去服务；铸造户藏明贵由于产品型号不对路，一时间销售不畅，臧明强就把自己的部分订单让给他生产；虽然她知道这样做自己会吃亏，但臧明强心里装的只有群众，想的只是如何让群众都像自己一样尽快富起来。

采访；铸造户臧明贵：“有一段时间，没揽到活，停火好几天，工人都闲着没事干，嚷嚷着要回家。我也很着急。臧大姐知道这件事，就和我说，我那里还有点活，不行你先干着吧。”

解说：从2000年开始，村里为支持铸造产业发展，先后投资10万多元扩容了变压器、整修了出村路，安装了工业用自来水。使铸造业在耿家庄村很快发展成为增加农民收入的主导产业。一百多户人家的小村，资产过50万元的铸造户已经发展到十家，年产值2000多万元。呈现出家家炉火旺、户户铸造忙的热闹景象。铸造使耿家庄村群众在致富奔小康的金光大道上抱回了金娃娃。

采访：群众：“现在生活好了……”

同期声：喜庆秧歌表演场面(20秒)。

解说：这样热热闹闹的发展了几年，耿家庄村一些群众通过铸造逐渐有钱了，小富即安的想法就渐渐表露了出来。特别是进入2004年以后，无论村两委怎样号召，群众都不愿意再继续扩大规模，一年能挣十万八万，他们就很满足了。这让村两委一班人很是忧虑。

同期声：村支部会：“现在群众思想上有些保守、我看组织大家出去参观一下比较好……”

解说：今年一开春，臧明强就开始张罗起组织群众外出参观这件事来。由于群众思想还是比较保守，就是这样一件好事，她也要每家每户去做工作。有的群众表示支持、有的群众却不以为然。

同期声：臧明强为外出参观的事情挨户做工作，上门交谈。

群众甲：“这是一件好事，应该出去学学。”

群众乙：“我们村铸造时间比他们早，学他们我看没有必要。”

11月20号，在臧明强带领下，22名村民第一次走出村门，奔向70里外的铸造之乡围子镇。

同期声：臧明强在客车上强调：“我说一下，待会我们参观的时候，不仅要看人家的规模、重点要学人家的技术、看看人家是怎么搞铸造的。”

参观时的同期声：在车间里，讲解，铁水，车进出厂门，上车下车，路上行驶中的镜头。

同期声：参观回来的车上。臧明强：“怎么样、看了后有没有感想，看看人家的规模，资产八千万。再看看我们，小富即满、一年挣个十万八万就满足了，我们的发展还早着呢？回去后大家有没有信心把我们村的铸造产业做得更大？有没有？”群众一起大声回答：“有！”

有人提议：“我们大家给臧书记唱个歌好不好？”

“好啊。”一起回答。

群众在车上一起唱“妹妹你大胆地往前走啊！莫回头！”

特写：臧明强悄悄地擦一下眼泪，眼望前方。

解说：“参观回来后，有几户群众解放了思想、准备新建和扩建铸造厂，另外，一个投资300万元的招商引资项目也慕名而来，在耿家庄村安家落户，全村经济发展又重新焕发出勃勃生机。下步，村里计划调出50亩土地建一个铸造小区，组织大家集中经营，重点解决空气污染和企业规模小等问题。”

采访：村支部委员袁延富：“臧明强书记工作上很有办法，我们村两委成员和群众对她都很服气，你看她为了带领群众致富啊！把自己家的企业都拿了出来，现在我们村这些搞铸造的，好多规模上都比她家的企业规模大了，应该说她自己的损失是很大的，但群众对她是很满意的。”

三辆车挂着红绸在公路上飞驰（平坦的公路、两边有树）从车窗里伸出手、一束鲜花或红绸子在风中飘动、一个孩子趴在车窗上天真的笑脸。

解说：红红的炉火，给耿家庄村群众带来了火红的日子。今年下半年，村里群众一下子就新买了三辆捷达轿车。

记者采访新买车的村民：“今天买了新车是不是很高兴啊？”

“当然高兴了？生活好了吗？”

“这新车好漂亮啊，花多少钱买的？”

“每辆报价13万，我们一下买了3辆，便宜了点，一共花了36万多点。”

记者问：“36万啊！贵不贵啊？”

“不贵，不贵，哈哈……”

幸福的笑声：“哈哈……”

村民结婚等幸福的场面。

解说：“耿家庄村群众富了，他们富的是那样的自豪、那样的骄傲，耿家庄村群众笑了，他们的笑声是那样的甜蜜、又是那样的满足。”

采访：群众于统华：“过去穷啊！就是靠种地，现在企业多了，铸造厂、石料厂、相框厂等十几个企业。老百姓有钱了，日子也就舒坦了。”

特写：荣誉证书，奖牌。

解说：“在村党支部带领下，耿家庄人的致富之路现在是越走越宽、群众生活越来越好，村党支部连年被评为先进基层党组织，臧明强也多次荣获潍坊市优秀共产党员荣誉称号，并应邀参加了全国妇联主办的‘全国基层妇女参政议政研讨会’。”

特写：臧明强照片。

解说：“花回大地，为的是报答泥土的芬芳。臧明强和支部一班人，用共产党人的信念做火种，点燃了耿家庄村群众致富的熊熊炉火，也照亮了父老乡亲紧跟支部奔小康新的征程。”

起背景音乐。

村两委换届选举现场。群众投票镜头（慢动作、特写）

淡出字幕：2004年11月16日，在新一届村支部换届中选举中，臧明强第三次以高票当选为耿家庄村党支部书记。（音乐）

臧明强的发展箴言：摘录带领群众致富也没有什么难的，就像自己搞企业一样，只要我能做到的，相信群众也能做到，只要你去用心就好……

（2005年4月，被山东省广播电视局、山东省广播电视学会评为电视新闻专题二等奖，被潍坊市广播电视局、潍坊市广播电视学会评为一等奖）

**系列报道**

## 小刀杀出大市场

### 之一

解说：观众朋友，你现在看到的是记者最近在丈岭镇后孙村采访时拍摄到的一组镜头，这个只有253户、917口人的后孙村，绝大多数农户从事生猪的宰杀、加工、运输和销售，农民收入因此大幅度提高，青岛市的四方区、市南区、崂山区等5个市区的23个猪肉市场几乎全部被后孙村占领。那么，这些曾经守在贫瘠哓薄的土地上的老实巴交的是如何靠生猪宰杀、运销创市场的呢？字幕“小刀杀出大市场——丈岭镇后孙村生猪宰杀运销系列报道之一”

解说：丈岭镇地处昌邑县最南部，土地贫瘠，经济比较落后。但他位于高密、昌邑、安丘三县交界处，胶济铁路横穿而过，交通便利，在过去后孙人就有杀猪、背肉坐火车到青岛贩卖的习惯，大集体时期一度中止，十一届三中全会以后，有人开始偷偷摸摸地重操旧业，但到1986年以前，全村人倒弄杀猪贩肉营生的也不过十几户。采访丈岭镇后孙村支部书记刘玉顺同期声略……

（谈基本情况）。

解说：通过联合，后孙村的屠宰加工业才不是散兵游勇，而是在青岛市市场上建起了强大的根据地，稳定地立住了脚跟。

之二

字幕：从宰杀到上市不超过14小时，从丈岭到青岛150公里。

播音员：在青岛市场同期声：观众朋友，现在是凌晨5点，青岛的早晨寒气袭人，但在这里却是热火朝天，这些新鲜的猪肉是从丈岭镇后孙村运来的，再过两小时将装进青岛市民的菜篮子里。

字幕："小刀杀出大市场——丈岭后孙村生猪宰杀运销系列报道之二"

采访四方工商所所长（谈作用）

采访青岛市民（谈肉的鲜度）

采访丈岭镇党委书记魏存辉（谈服务）。

解说：随着屠宰量的年年扩大，加工也日益向精深发展，现在能从猪身上加工出15个系列30多个品种的产品，还带起了一批专门从事猪皮、猪血、下货等加工人员。目前，全村在青岛的销货人员达110多人，有5户在青岛办理了临时户口，长年居住。

采访：在青岛贩肉的村民（谈经营收入）

采访：村民王晓（谈收猪血、蹄子同样发财）

之三

解说：丈岭镇后孙村围绕猪做专业化文章，已形成收购、宰杀、加工、运输、销售一条龙，后孙村农民靠生猪宰杀运销闯市场，如火之燎原，渐渐形成了大气候。

字幕："小刀杀出大市场——后孙村生猪宰杀运销系列报道之三"

采访：四方区工商所所长（今后如何支持后孙人在青岛搞生猪肉批发）

采访：丈岭镇党委书记魏存辉（谈通过后孙村带动全镇屠宰加工业的发展，下步计划搞深加工，上设备等）

解说：丈岭人已称雄青岛市场，下一步他们还要占领烟台、威海直至整个胶东半岛……

（作者：郝勇、元钦圣，编辑：于丽萍，播音：赵海燕，审稿：齐乃禹。1993年12月播出。此文获潍坊市广播电视局、潍坊市广播电视新闻协会1993年电视专题一等奖，山东省广播电视厅、山东省广播电视协会1993年电视专题二等奖）

## 连续报道

### 棉农的诺言

之一

7月17日，省委副书记、副省长李春亭在省、市有关领导的陪同下，来我市卜庄镇辛庄村查看了这里的棉花。当他看到这枝繁叶茂、郁郁葱葱的棉花，高兴地对在场的人说："棉花是国家的重要物资，眼下，我们国家很缺棉花。各级党委政府一定要抓好棉花生产。"他还与在场的棉农进行了亲切的交谈。当他得知棉农现在急需化肥时，当即答应回济南立即召开调度会，解决全省棉花用肥问题。确保棉花适时用上化肥。李春亭副省长说："我说话算数，十天之内，进不来化肥，你们到济南找我。"

棉农代表激动地说："领导这样关心我们棉农，我们庄户人没什么大本事，眼下国家却棉花，我们一定种足种好棉花，一斤不少地把它卖给国家。多为国家做贡献。"李副省长听后，非常高兴，主动伸出手来，同棉农代表拉了钩。

之二

各位观众，7月18日，我台播放了李春亭副省长与辛庄棉农拉钩的新闻。现在正是棉花摘拾的季节。我们再次来到李副省长曾到过的棉田。

棉农代表，辛庄村党支部书记贾述堂：领导来了以后，对我们村的棉农鼓舞很大，群众在棉花上用劲不少。特别进入八月份，棉花出现了大面积烂桃，当时群众的心情有些焦躁，产生了悲观情绪。但我们想起了李省长对我们的支持，又鼓足了干劲，加大棉花的后期管理，估计今年亩产能达到150斤。棉花收了以后又出现了棉贩子，但我们棉农没有一个把棉花卖给棉贩子，有一斤，算一斤，全部交卖给国家。

棉农：我们棉花正缺肥的时候，上级送来了化肥，支援了俺村，现在棉花长好了，一斤也不能外卖，要是卖给小贩子，俺对不起国家，对不起省长，对不起俺大队党支部，如果卖给小贩子，不用别人说，自己心里也有愧。

棉农：上几天来了一个棉贩子，让我碰上了，我就对他说：今年省长对咱棉花这么支持，国家政策有这么严，你敢来收棉花?！你这样对不起省长对不起上级领导，这人看事不好，有没有人卖给他棉花，就吓跑了。

采访中我们了解到：在棉花交售问题上，辛庄村专门召开来了全体村民大会。党员带头表了态，并写下了决心书，全村群众认识是一致的：不用说这是爱国棉，国家的政策又这么好，就是我们群众自己的东西，只要国家需要，也得先支援国家。

### 之三

我们又一次来到了李春亭副省长到过的棉田，看到这里的棉柴已经拔净，棉田已经冬耕灭虫。为了解该村今年的棉花交售情况，我们来到了棉花采购站。棉花收购虽然已进入尾声，但这里交售棉花的仍然不少。

播音员：你怎么就这么点棉花?

棉农：俺这是最后一次了，这是落地棉和僵瓣子。

播音员：你自己没留点吗?

棉农：李省长不是说眼下国家缺棉花吗?俺一两也不留，全部交给国家。

棉农：俺老百姓不懂大道理，总觉得种了粮食卖给国家，种了棉花卖给国家就是爱国。

棉站站长：今年辛庄村的棉花全交这里来了，村小但交棉花不少，在这个片里是最好的。

棉农代表，辛庄村党支部书记贾述堂：李省长代表省委省政府说话算数，我们老百姓说话也算数。我准备向李省长汇报，俺村今年交售皮面1800担，一斤一两也没外流，让省长和各级领导放心，同时向李省长报个喜，镇上分配我们的1995年的棉花种植面积已全部落实到户，比今年多了550亩。

（作者：李苇，编辑：元钦圣、孙大波，播音：赵海燕，审稿：孙培哲，制作：李苇。播出时间：1994年7月18日、10月14日、12月23日。1995年3月被山东省广播电视厅、山东省广播电视学会评为电视新闻二等奖）

## 专题片

# 大地回声

——山东省昌邑市北部沿海供水工程建设纪实

刘景贤

“只要领导干部关心群众疾苦，真心实意地为民办实事，人民群众的心就向着党，就会跟着党走。”

——录中共山东省昌邑市委书记张敦柏语兼作题记

### 盼水篇

春天白茫茫，夏天水汪汪。

土井淋浑水，泡茶当咸汤。

这是一首悲壮的史诗，它不知被吟唱了多少年，它向人们诉说着昌北人世世代代苦涩的日子——

昌邑，位于渤海莱州湾南岸，境内海岸线长达27公里。沿海六乡镇300多平方公里内，平均海拔不足2米，地下水含盐量大大超出饮用标准。尤其是临滩4乡镇，地下水可直接用于原盐生产。

千百年来，祖居在这里的质朴百姓，只能以接饮雨水为主。坛坛罐罐，瓦盆铁桶，记载着昌北人民碱与咸的历史，伴随着父老乡亲，苦与涩的命运。

咸水度日月，碱花染双鬓。什么叫水是生命之源？昌北人最懂！

中华人民共和国成立后，党和政府十分关心他们的缺水问题。1964年，将百里之外的峡山水库水引到了昌北各村。但每年两次的明渠放水，在沿渠数十里的行程中，风尘及人为污染，加上碱滩上开掘的蓄水池，与明渠引来的淡水相混合，仅是减轻了部分盐度，并未从根本上解决水质问题。据卫生部门检验，池中大肠杆菌总数超出国家饮用水标准的 70 倍，氯化物超出 4 倍。

人畜同饮一池水，为解旧渴添新病。当地人在焦渴的期盼中，忍受着缺水的煎熬，外来人走亲访友，往往提一桶清水；企业职工进城，车座后总不忘挂个水桶，捎带淡水。逢年过节，人家忙于置办年货，当地人却忙着进城运水。“宁给十个馍，不给一碗水”便是这里的真实写照。

水，不仅严重影响着昌北人民的生活，更像无形的羁绊制约着当地经济的发展。这里是丝绸的故乡，又是盐化工的中心开发区，几百家企业每年出动机械拉水的费用，高达上百万元。从日本引进的喷水织机，30 多万元一台的高科技设备，因水质问题，机内留下了锈蚀的斑痕。据统计，仅著名“丝绸之乡”柳疃镇的 30 多家印染企业，每年因此要抹去千万元的利润……

水的渴望，水的梦想；几多期盼，几多酸涩。

人民的呼声，无时无刻不在撞击着决策者的心头，从 1987 年的初步规划，到 1990 年的水源勘察，终因财力有限等诸多原因，而未能如愿。水啊，水。一个“水”字揪痛了昌邑各级领导的心。

## 决策篇

当官不为民造福，
不如回家卖红薯。
——张敦柏口头禅

历史发展的必然，赋予决策者以新的使命。1993 年初春，新任县长张敦柏来到了昌北，凛冽的寒风中，大片纯碱化的非耕地里，只有不种而荒的龙须菜。村庄里，土井、湾塘、浊水和一双双渴求的目光，一句句盼水的话语，使这位“当家人”的心为之颤抖了：这与昌邑蒸蒸日上的经济形势适应吗？这方土地怎能养育这方人民？

尤其让张敦柏感到心痛的，是群众的丝丝话语中已流露出对党和政府的几分不满和怨气。一条咸淡水分界线，分开的不仅是地域，而是党群水乳交融的关系。作为父母官，该怎样帮助他们脱离缺水的“苦海”？他感到了人民政府肩上的分量。

在此后的多次常委会、县长办公会上，主要议题只有一个——水。庄严神圣的使命感使决策者们形成共识：集中力量，建设昌北供水工程。否则对不起群众，对不起子孙后代。

然而，这一浩大的工程风险极大。南起县城南 7 公里的金家口水源地 15 眼机井群，北到渤海之滨，横跨 20 多公里，整个工程供水管总长 214 公里，相当于从昌邑到济南的距离。为了保证水源，又必须投巨资兴建水厂，两期输水工程总投资 5000 多万元。资金从哪里来，财政没有预算，要挤出资金势必影响到对企业、城镇等方面的投入，势必会影响全县的经济发展；靠群众集资吗？虽说这几年昌邑农民收入大幅度增长，家底厚实了，但集资治水，群众拥护不拥护？况且农民负担国务院有明文规定不能超出 5%。而且，县里的技术力量能保证通水工程顺利完成吗？

风险重重，顾虑重重，然而当张敦柏脑子里浮现出那片焦渴的土地时，仿佛听到了昌北 21 万人民的声声呼唤，他感到不能再犹豫了。犹豫一天就愧对人民一天！

“砸锅卖铁也要解决北部吃水问题！”张敦柏果断拍板，话音掷地有声，听者悚然动容。

一锤定音，这锤声，如同区划咸与甜的分水岭，划时代的主旋律。然而，由城建、水利、协调单位和受益乡镇等多部门组成的工程大军，经过近一年的实地考察，配套工程等预期建设，沿海供水工程的硬仗在这个新建市的大步跨越中打响了。

## 战水篇

这是一项党群“连心”工程，它具有政治影响。

——中共山东省委副书记韩喜凯语

1994年10月20日。

这是一个令昌北人振奋的日子；

这是一个载入昌邑史册的日子——昌北划时代的远距离输水工程全线铺开。

“当代大禹”们不辱使命，市委副书记李世光义无反顾担任了工程总指挥，颇有组织工程建设经验的副市长齐明修任副总指挥，组成了强有力的领导班子。市委书记张敦柏、市长滕泽利多次亲临工地，现场办公；人大、政协的领导也到现场督战。

是呵，纵观国内供水史，凡具备一定规模的工程，那一项是由县级市组织的？

在缺资金、少技术的困难情况下。如此浩大的工程战线，在以县级建制为主体的供水史上，省内没有，国内亦无先例。

背水之战，没有退路。财政拨款迅速到位，集资，没有怨言，出自受益百姓的一期工程集资十日全部到位。社会各界的捐款也异常踊跃。后官村个体户魏伟宝一次捐出3万元。“供水工程是造福后代的事，是我们自己的事。”朴朴实实，掷地有声……

时令天寒地冻，工地热火朝天。各界群众自发性地踊跃参战，12万个主支管线土方在父老乡亲的手中12天便被搬出，非受益乡李家埠万名大军义务上阵开沟通道……潍河两岸，写就了一心为供水的动地诗章。

久旱逢甘雨是何等的喜事。然而，寒冬腊月降下的雨水，对于工程施工无异于灾难。

一期工程开工当天，便下起冬雨，施工两个月，伴雨40天，工程进度受到极大影响，被紧急招来的60多名运管车陷在泥泞中，人和泥分不清，汗和泪交织在一起。

为了节约开支，技术人员徒步丈量勘测，以翔实的数据，压缩预算资金360多万元；为了工程12个安装队冒着寒风食宿工地；百余台施工机械伴着汗水，雨水，泪水日夜轰鸣；指挥部人员连续11天不下工地……管线在一点点加长，干群的心在一点点贴近，在昌北大地奏响了挑战大自然的主旋律。

1995年1月4日，一期工程主管线一次试压成功的奇迹，虽为施工人员平添了一份喜悦，却无法减轻冬季支管试压难度的压力。

由于天气关系，12条塑质胶管试压中不断破裂，平时只需半小时的胶补，此时确需五个小时；五天便可完成的试压，整整花去20天。

困难终于被这群铁汉征服。

成功了！1995年1月23日，农历腊月二十三，北部三乡镇7万人民在报喜的鞭炮声中喝上了甘甜的自来水，而工地指挥部奋战了60天的工作人员，却刚刚拖着疲惫的身子踏上回返的征程。

车外，辞灶的鞭炮声噼噼啪啪；车内，远望万家灯火相对无言。此时的思绪是愧对父老妻小的内疚，还是热过几次的团圆饭？这一切，连他们自己也说不清……

1995年11月10日，一期工程的征尘还未脱去，施工人员又肩负延伸的使命，移师二期工程。它较一期工程战线拉长，跨距达117公里，而且还要横跨千米潍河。

千古流淌的潍河，曾哺育过多少代沿海人民，但今天却成为供水工程的天然屏障。千米河床，流沙不羁，施工人员英雄无用武之地，眼瞅着泥浆泵在发电车的喘息中缓慢吸食。本来一天工程长度，他们却陪伴17个昼夜……

两度冬霜，为水而战。1996年1月29日，供水工程以两万吨的日供水量全线开通。昌北六乡镇21万人民梦寐以求的清泉水流进了自己的家门，从此结束了千百年来世世喝咸水的历史。

这一超常规的壮举，开创了国内县级城市向农村远距离供水的先河而载入华夏水利史。同时也引来了八方贺客，是关心，是支持，是声援；

中办信访局特发贺电：功在当今，造福后代的壮举。

山东省委书记赵志浩在潍坊市委书记齐乃贵的陪同下，兴致勃勃地视察了输水情况，称赞：这是一件为民造福的好事……

国务院办公厅、国家建设部、山东省计委、建委、财政厅等对工程也给予了关心和帮助……

## 思源篇

干部心里装下了群众的情意，群众心里矗起了党的丰碑！

——记者感悟

千年美梦终成真。

结束千百年的遗憾，告别苦与涩的历史。作为十大跨世纪兴昌工程中“双通”（通自来水、电话）工程的一部分，昌北供水撩开历史的陈迹滚滚而来。

一条水管送来了笑脸，也送来了欢声；引来了文明，也引来了色彩。

“水来了！水来了！”一群天真烂漫的孩子正欢呼着，雀跃着，围着哗哗流淌的自来水龙头，争着，抢着，把甜甜的清水灌进嘴里……

喝吧，忘情地喝吧，这是幸福的水，这是划时代的水！

在龙池镇瓦北村，87岁的赵元喜老人把一杯清茶端到张敦柏面前，“张书记，您尝尝，这茶多香！要不是有了甜水，我喝了一辈子茶，也不知茶叶的真滋味！”“张书记，你再来看看我养的花。”老人把张书记领到屋外，指着摆在院子里的盆盆鲜花说，他从小就喜欢养花，只可惜咸水浇花花不活，仅有的雨水，只顾救命，哪顾得上养花。现在好了，总可以尽心尽意地养花了。谈到引水，老人动情地说：“没有共产党办不成这件事！”

这送到家门的甘泉，正在改写着昌北居民的新生活，也牵动着各行各业的飞速发展。

在西傅村，水被称为工业生产的润滑剂。该村印染厂使用自来水后，生产提高效益30%，年可增收200多万元……

问渠哪得清如许，为有源头活水来。有着勤劳质朴的昌北21万人民，不会忘记饮水思源的古训。

寂静的渤海滩河曾有过如此的欢畅：喜庆的人们燃放鞭炮，敲起锣鼓，舞起龙灯，多少年来积聚在心中的炽热感情顷刻间迸发出来了！一些老年妇女对着自来水管烧纸跪拜，用过老的仪式，表达着最真挚的情意；一些年轻的后生，接上一碗清水，摆上祭案，告慰失去的亲人。大红的对联贴满了千家万户的大门：节中含节万民举杯，喜上加喜百姓开颜。横批：咸去甜来。

一条水管沟通了南北，也沟通了干群的心。昌北人民从源源不断的甜水之中，深切感受到了党的关怀。纯朴的人们不止一次提出要为工程建设日夜操劳的决策者们立碑。继而，此时昌邑的这群“当家人”却是那样的深沉，那样的平静，他们婉言谢绝了群众的请求，只把人民的深情厚谊牢记在心里……

造福沿海百姓的人们，将永远铭记在人民心中！

（此文由电视专题片《大地回声》解说词改编）

## 电视长纪录片

# 深井救援

（解说词）

孟祥惠　刘景贤　田海涛
孙英志　苏森源　张少卿

时间：2006年2月16日上午。

地点：围子镇辛隅村王友贵家的姜井边救援现场。

事件：公安干警及周边干部群众正在全力抢救被掩埋在离地面4～5深的姜井里的王友贵。

解说：2006年2月16日，围子镇辛隅村村民王友贵雇了一名叫冯庆彬的民工帮着挖姜井，上午9点钟左右，当挖掘工作即将结束的时候，姜井却意外的突然坍塌，顷刻间王友贵整个人都被埋在了井底。

采访：冯庆彬：“我听他一说坏了，我就把沙车子扔下，赶紧过来一看，已经就是井口没有了，就塌陷下去，看不着底下，什么也看不着了，已经盖死了。”

解说：突如其来的一事故吓坏了冯庆彬，他赶紧拨打了当地的110进行求助。

采访：冯庆彬：“拨了110以后，我接着又去找挖掘机。”

解说：这是老百姓家中的姜井示意图，从地面开始往地下深挖一个直径约一米，深约5米的井，在井的周围砌上一圈砖，然后在其底横着挖一个大概1立方米左右的洞。因此，姜井坍塌后，他被埋的位置应该距离地面5米左右，接到村民的报警电话，110民警迅速赶到了事发现场。

现场同期声：“我们赶到现场了，它这个地方整个全塌下去了，看不见人。”“多长时间了？”“他（王友贵）在里面，半个小时了，这里直上直下的刚半米的洞。”

采访：管卫华：“围观群众很多，我们见不到受害者，当时井已经把人埋得非常深。”

采访：冯晓辉：“土方都塌平了，现场的人都非常得紧张，我们正在全力抢救。”

解说：土方被塌平，这意味着被埋在井底的王友贵头顶距离地面还有近4米左右的土层。

采访：管卫华：“挖掘机挖的深度不是很够，因为不敢深挖，挖深了怕挖到当事人的身体，所以说挖到两三米的时候，就改用人工用锹挖。”

解说：塌方的姜井位于小胡同里，场地狭小，因此，3米以下更深的挖掘只能靠附近赶来帮忙的村民和民警人力挖掘，由于姜井附近的沙土土质疏松，不断塌方，挖掘速度大大降低。此时，距离王友贵被埋井底已经过去半个多小时了。

现场同期声：“里面全塌了？还是井口先塌了？”“全塌了。”“人在洞里。”“里面还有没有氧气？”“没有了。”

采访：冯晓辉：“根据分析，人被掩埋十分钟以上，如果没有氧气的话，存活几率就很少了。”

采访：管卫华：“根据时间来判断，这个人生还可能性不大，因为时间比较长了。”

解说：按照科学常理，人处在缺氧环境中半个小时以上能存活下来的几率几乎为零，虽然大家都意识到结果不容乐观，但现场的救援工作仍在紧张地进行中。

现场同期声：“再找两个人下去替换替换，这两个人累坏了，你们下去替换替换，不用下去这么多人，等等，赶紧上来，换换人，把累坏了的人替换上来，赶紧上来歇歇，组织两个青年小伙子来干。”

采访：山东昌邑消防大队、中队指导员王兆申：“不管活也好，死也好，反正都得先把人弄出来。”

采访：管卫华：“哪怕就是一丝希望，一线生机，我们都要尽全力去挖。无论如何把他挖出来，那是一条命。”

采访：辛隅村村民：“管他死的还是活的，第一个先把人抢救上来是不是？”

管卫华：“那个绳是拴在身上的，还是别的地方？”

村民：“那绳是往井下运砖使的，他就在绳那个地方。”

管卫华：“顺着绳挖就行。”

解说：根据和王友贵一起干活的村民介绍，王友贵在井下的位置应该就在预料的井底绳子附近。

现场同期声：“现在看着点，挖的时候注意着点，用脚感觉着点，就顺着这绳正下方，好好看着点西边这块土。”

解说：此时，距离王友贵被埋井底已过去一个小时的时间了，而现场救援人员只挖到了他的帽子。

现场同期声：“上边那块要往下塌了，赶紧刨。”

采访：管卫华：“我看到他的帽子时，听不到他说话，看不到他在动，所以我不知道他是不是还活着，只有一个想法，赶紧刨，用手刨。”

采访：昌邑市消防大队大队长任训成：“很紧张，只要看到帽子，就说明这个人有希望了。”

采访：管卫华："把当事人帽子上面的土刨干净以后，发现这帽子顶上全是血，血已经把帽子染透了，我感觉这个人生还的希望不大，手也非常紧张，因为我们费这么多力，如果当事人死亡的话，也确实对我们来说不是一种很好的结局，所以说就拼命地刨，刨了一段时间后，他的脸部露了出来。"

解说：被埋深井的民工终于露出头部。

采访：管卫华："露出来以后他说了一句话。"

采访：村民："一听活着，这个人真是出了奇迹了。"

解说：时光恍然流失，救援工作困难重重。

采访：管卫华："露出头来说了一句话，说的什么我没有听清。当时非常紧张，所以我一听这个人还活着，非常兴奋，就说赶紧点。"

周围的群众一片欢呼，非常高兴。

现场同期声："消防的下去个人，上来一个，你来给他输输氧，输完氧接着挖。"

采访：管卫华："给他充了几分钟的氧气后，他说行了，不需要再充氧气了，当事人心里也很着急，他想快点能把我救出去，肯定是这种想法。"

采访：消防员钱诚："他很急躁，急躁想出来，然后看情况感觉他不是特别缺氧。"

现场同期声："上来吧，再往下挖，你用手扒，把肩膀露出来，别使锨使手，从上边扒。"

解说："就在现场人员刚刚松一口气觉得王友贵有救的时候，姜井附近的土却再次发生塌方，王友贵刚刚露出的头又被埋在土里。"

现场同期声："赶紧往上扬土，这个洞是圆的，赶紧再培上，免得塌了。"

解说：让大家感到欣慰的是，这次露出头的王友贵仍然活着。

现场同期声："挖掘机来了，你们别急，找块木板先把这块土顶上，别叫土再塌了。你下去除土。"

解说：此时，距王友贵被埋井底已经过去一个半小时了，为了尽快救出王友贵，救援人员决定将绳子绑在他腰上，将他拉出来。

现场同期声："敢不敢，给你绑上腰带，慢慢提着，先拴上腰带，你下去穿上绳，快往上拽吧，抓紧拽，先等等，先把绳子系好了，先把砖拿拿。"

采访：任训成："这时主要考虑一个是给他拴上安全带，如果有可能的话，为了节约时间，用两根绳子直接把他拉上来，拴上绳子以后，考虑到现场塌方的可能性很大，一旦塌方后，用绳子我们可以很快找到人，不然把他埋在底下，再挖的时候困难还大。"

现场同期声："你现在处于什么状态？坐着、站着还是趴着？你的脚朝那边？在哪里趴着？腿蜷着吗？你腿蜷着是不是？是啊。"

解说：此时，王友贵的神志还比较清醒，他告诉救援人员自己现在是趴在井壁上，两条腿都在下面蜷着。

现场同期声："拽着点，要是不行你就大声吆喝，一、二、三，拉，不行，塞住了，他的腿在洞里塞住了，往东使劲不敢，往东使劲他胸受不了。"

采访：消防战士："他的腿被砖头卡住了，根本牵引不动。"

采访：任成勋："他说在下面蹲着跪着，下面有块砖头跟一个铁锹把他腿给别住了，拉了几次他在下面受不了。"

解说：转眼间又过去了半个小时，因为长时间缺氧，王友贵的身体已经变得非常虚弱。

采访：任成勋："他受土层挤压，胸部呼吸困难在下面埋时间这么长，缺氧、脑缺氧，生命也是非常紧张的。"

采访：现场救援人员李孝："看见他手在哆嗦，气就好像喘不上来似的。"

解说：由于姜井附近的土质疏松，挖掘过程中不断发生塌方，为了防止意外再次发生，现场救援人员决定，用木板挡住姜井周围的沙土。

现场同期声："把这边插上块木板，一下去土还往下掉，不敢再下去，锹把掰不断，可以，拴上绳子，拴到锹把上绳子。"

解说：因为担心更大面积的塌方，会将木板砸在王友贵身上，救援人员最终放弃了木板。

然而，就在救援工作进行到两个半小时的时候，意外再次发生。

此时，土层挖了近 5 米，由于坑深是倒垂开越挖越窄，最后只能容下一个人挖掘，救援速度越来越慢，王友贵的身体也越来越弱。

采访：营救民警：“他浑身在颤抖。”

采访：消防战士：“他已经是进入半昏迷状态了。”

再次出现塌方。

解说：这次塌方王友贵再次埋在了土下。

采访：管卫华：“眼看着就要成功了，不但把当事人埋回去了，还把我们一个救援人员也埋了，当时觉得前功尽弃了，埋得那么深，恐怕他（王友贵）呼吸不了，很可能窒息死亡。”

采访：辛隅村党支部书记张贵臣：“塌方塌的太厉害了，多数是流沙。”

采访：管卫华：“危险不危险也考虑不到了，只能说是全力以赴，想办法继续进行，而且是必须更快地进行。”

解说：姜井周围的土随时有再次发生大面积塌方的可能，救援工作正在紧张地进行着。

令人庆幸的是经历了这次塌方，王友贵仍然还活着，他的状态极大地鼓舞了现场的救援人员。救援人员决定把别在王友贵腿上的铁锹把割断然后将他拉上来。

现场同期声：“把锹递上来，卷上带子提上来行不行？“行。”“好，一齐使劲，一、二，上，好，往上提，慢点、慢点。”“把人运到救护车上，担架、担架。”

王友贵被抬上救护车，救护车带着王友贵向医院疾驰。

王友贵深埋井底长达 6 个小时，救援过程中，几次塌方，险情重重，他还是奇迹般地活了下来。王友贵身体多处骨折，住院治疗半个多月后，康复出院。

《深井救援》电视长纪录片，由昌邑电视台《警方报道》栏目拍摄制作，2006 年 2 月 26 日在昌邑电视台播出。该片采用现场纪实与场外采访有机结合的方式，讲述了一个警民联手救民工的故事。故事涉及人员众多，情节跌宕起伏，创作人员巧妙策划，让群众有身临其境之感。本片被中央电视台《新闻联播》《新闻 30 分》《共同关注》等十多个栏目剪辑播出，影响很大。后参加潍坊市广播电视局节目评比获一等奖，参加山东省广播电视厅节目评比获二等奖。（收录时略有删改）

## 特别节目

### 《潍水两岸》2011 年春节特别节目（上）

## 温暖 2010（上）

焦　云　陈　潇　孙英志

［片头及片花］

温暖曾是珍藏的记忆

温暖曾是可及的梦想

温暖曾是绽放的笑容

温暖曾是澄明的心灯

温暖 2010

温暖潍水两岸……

［题目——］

解说：

在过去的一年中，在您关切的目光里我们走过了 365 天难忘的日子，365 天中累积了一个个鲜活的故事，故事当中一张张鲜活的面孔，刻下了岁月与时代的烙印，他们凝结在一起，汇聚此刻，温暖着潍水两岸……

［明星祝福］

［根据内容和时间来定］

中央电视台主持人　章伟秋同期声：

“新广电、新高度、新的起点，祝愿昌邑广播电视台，明天越办越精彩。”

中央电视台主持人　长啸同期声：

“新起点、新气象，祝昌邑电视台百尺竿头、更进一步。”

中央电视台主持人　郎永淳同期声：

“新的起点、新的腾飞，祝昌邑广电百尺竿头、更进一步。”

中央电视台主持人　欧阳夏丹同期声：

“昌邑、昌邑，在这里要祝愿昌邑电视台的发展，繁荣昌盛，祝昌邑人民的生活幸福、安逸。”

中央电视台主持人　张羽同期声：

“在这里祝昌邑电视台乔迁之喜，祝节目越办越好，也祝昌邑人民幸福安康、万事如意。”

中央电视台主持人　阿丘同期声：

“俗话说得好，人挪活、家挪旺，祝愿昌邑电视台事业更兴旺、

更上一层楼、收视节节攀高。”

中央电视台主持人　董浩同期声：

“祝愿昌邑广播电视台越办越好，也在这里问候昌邑的老百姓，祝愿你们以后的生活芝麻开花、节节高。”

中央电视台主持人　毕福剑同期声：

“恭喜、祝贺我们山东昌邑电视台乔迁之喜，不知道楼漂不漂亮，漂亮给我发个照片来，如果楼里边设施很好，给姥爷留个小办公室，姥爷到时去你那溜达溜达，把星光大道铺到咱昌邑电视台楼下。”

《潍水两岸》节目主持人孙英志同期声：

“感谢观众朋友们多年来对我们《潍水两岸》栏目的关心与支持，在这里请允许我代表栏目组所有的工作人员，给大家拜年了，祝愿您在新的一年当中工作顺利，万事如意。”

解说：

传递温暖，体悟真情。回眸 2010，让我们一起追忆那一个个感动的瞬间……

［广电大厦落成的相关画面

解说：

2010 年 12 月 8 日，一个值得昌邑广电人铭记的日子，这一天，承载着无数广电人的梦想与期盼的广电大厦终于落成并投入使用。

“新的高度、新的形象”，昌邑广电事业进入了一个快速发展的黄金时期。这座巍巍壮观的广电大厦，主体建筑 22 层、建筑面积 24000 平方米、集广播电视节目演播、制作、播控及办公于一体，从 2008 年动工到 2010 年投入使用，仅用了 2 年多的时间。在这里，办公环境清净优雅，1000 平方米演播厅恢宏大气，制作播出设备先进，昌邑广电的基础设施和技术装备跨入了全国县级市的先进行列。

［广电领导 记者的相关画面

解说：

豪迈的昌邑广电人，鼎立于时代的天地，用执着的追求，燃起理想的火炬，用忠诚的信念，擎起科学发展的大旗，各项工作实现了开创性、突破性、科学性的发展。

走过坎坷，历经峥嵘，当搏击的力量跨越时代的梦想，这又是一个新的起点，更是一种美好展望……

［相约数字电视的片头

［有线电视整转的相关画面

解说：

2010 年 12 月，昌邑有线数字电视整体转换工程全面启动，数字电视开始走入千家万户……

一条条美丽的线缆，传递着温暖的祝福，一滴滴辛勤的汗水，点燃万家灯火的守望和期待。寒风里留下你们奔波的足迹，微笑中镌刻着的你们温存的话语，电波间流淌着你们心与心的交流。

相约走进数字电视，走进一个全新的视觉空间，共同携手见证绚烂精彩的明天……

有线电视工作人员集体同期声：

“新年新事新气象，昌邑数字电视，演绎精彩生活！”

［旅游节目的相关画面］

［潍河风光带 绿博］

［有关系列节目的滚动字幕］

解说：

聆听着城市发展的脉动，昌邑儿女依偎着潍河，勾勒出一幅幅生机盎然的恢宏画卷，现代化的城市设施，洋溢着安静祥和的旋律，构成了力与美，人类与自然的相依相融。

走近潍河，走近岁月凝结的历史，走近梨花绽放的小村，那永不褪色的乡情，是潍水儿女的骄傲与自豪，她像一首永恒的颂词，一曲无言的赞歌，悄然与凝重如山的历史融为一体……

妈妈，你听大海醒了，海鸥在唱歌呢……

解说：

远离城市的喧嚣，尽情释放禁锢已久的审美，我们不禁感叹这扎根荒滩的柽柳，没有山的稳重庄严，不及峡谷的孤傲神秘，但柽柳却独占这一份静雅旷达，在海风的掳掠下、在海水的侵蚀中顽强的繁衍生长，潮涨潮落，柽柳无怨无悔，为海滩播绿，为人类奉献。

[片头及相关字幕]

[2010年7月，北京大学元培学院的8名学子来到昌邑，进行暑期社会实践，他们进学校、入企业、到盐田，我们用镜头记录下他们在昌邑的点点滴滴……]

在一中现场同期声一段

解说：

来自北大的8名学子中，毕业于昌邑一中的李嘉琦，是这次实践活动的领队。回到母校，他和同学们与一中的学弟学妹们交流互动，探讨学习经验，他们生动的讲解不时博得一阵阵掌声……

走进昌邑，认识昌邑，潍河风光带景色旖旎，学子们纷纷驻足留念，潍河展开昌邑人宽阔的胸襟，迎接来自北京大学的学子。

北大的相关画面

北大元培学院 李嘉琦（09级一中毕业生）

昌邑的观众朋友你们好，我是李嘉琦，现在就读于北京大学元培学院。2010年夏天，我和我的同学们走上了《潍水两岸》，值得自豪的是家乡的变化给我的同学们留下了深刻的印象，昌邑一行我们也收获了很多。我相信不论走到哪里，家乡永远是我心中的骄傲。

昌邑籍 北大学生

“祝愿家乡人民生活幸福安康，祝愿潍水两岸的明天更加美好！”

[东店社区的相关画面]

打出字幕：昌邑市东店社区

解说：

365天倾听和感受，开启了一扇扇记忆之门，温暖了一颗颗希望之心。在这万家灯火，合家团圆的美好时刻，我们不应忘记远在万里之外的人民子弟兵，他们正肩负着使命，续写忠诚……

[社区走访军属的相关画面]

[社区领导与军属交流的画面]

[母亲看儿子的视频的相关画面]

记者问：

“阿姨您好！听说您的儿子正在我国海军第七批护航编队执行任务，此时此刻你想对他说点什么呢？”

董晓强的母亲同期声：

“儿子，爸爸妈妈身体都很好，社区也很关心我们。儿子，你把你的工作干好就行，爸爸妈妈都很支持你……”

解说：

儿行千里母担忧。这是一位母亲的心声，这是祖国人民的期盼，这是潍水儿女的骄傲，当2011年的钟声即将敲响的时刻，我国海军第七批护航编队正守卫着亚丁湾这条国际黄金航道的安宁，用军人的庄严承诺向万里之遥的祖国报告！

[字幕：2011年1月14日 拍摄于亚丁湾中国护航军舰]

中国海军第七批护航编队作战参谋董晓强同期声：

“我是中国海军第七批护航编队作战参谋董晓强，值此新春佳节到来之际，我在亚丁湾给家乡人民拜年，祝家乡人民新春快乐，合家幸福，万事如意！（敬礼）”

[网络护航的相关图片]

[大海船行激起的浪花]

[海鸥的相关画面]

解说：

彩旗飘飘，誓言铮铮。带着祖国和人民的重托，劈波斩浪，一路前行……

[音乐《我和我的祖国》起——]

[结尾相关字幕……《潍水两岸》春节特别节目《温暖2010》（下）……]

[打出字幕（行楷红字）：祝全市人民新春愉快，合家团圆！]

[片尾]

## 电视社教

# 金牌凝聚众人心

宋建文

【字幕】9月19日，悉尼奥运会第四天，中国代表队此前已获得金牌5枚。

【解说】9月19日是一个普通的日子。但是它对于双台乡北兴福村的上千口人来说却不同寻常。这天下午，原本忙着秋收的人们停下了所有的农活，不约而同地关注着奥运赛事。因为在即将举行的女子69公斤级举重比赛中，从这个村里走出来的姑娘林伟宁代表中国队争夺这枚金牌。

【解说】晌午的北福村，平静里又有些骚动，无论街头还是巷尾，人们无不谈论着林伟宁。

【同期声 村民】这个孩子从小在体育方面特别擅长，直爽刚强、不服硬。

【同期声 林威宁亲戚】她回来说（训练）特别累，比种地还累。（现在）跑到奥运会争个冠军不容易。

【解说】林伟宁1979年3月出生在这里，父母都是村里憨厚质朴的农民，她上小学四年级时被昌邑体校选去，开始从事举重训练，之后被潍坊市体校看中，1993年又进入山东省举重队。不久前她被确定参加第二十七届奥运会。9月19日下午就是她上场比赛的时间。

北兴福村位于我市最西端，有线电视还没有开通，为保证乡亲们在第一时间里看到林伟宁比赛的实况，昌邑电视台实施全程转播。

林伟宁的父亲林待功已被山东电视台请去做现场专题报道，她的母亲孙凤华在家照应着这派热闹的场面，亲朋好友和乡亲们早早聚在了电视机前。

屋里屋外，人来人往，人们都在做着各不相同的准备。

【记者】怎么买这么多鞭炮？

【同期声 村民】（准备）祝贺林伟宁夺金牌。

【记者】这是谁买的？

【同期声 村民】是全村老少爷们的心意。

【解说】各地新闻单位的记者也云集这里，成为最忙碌的一群。

【同期声 山东电视台记者】林伟宁这次是比较有希望，如果正常发挥的话，应该是有把握拿金牌的。咱们山东省8800万人，从中华人民共和国成立以来还没有人拿过奥运金牌。

【中央电视台电视伴音】中央电视台，各位观众，现在我们在悉尼向您直播女子举重69公斤级的比赛，今天参加比赛的是中国选手林伟宁，林伟宁是山东潍坊人，我们祝愿她的成绩像放风筝一样越飞越高。

【解说】比赛的激烈有些出乎人们的意料，匈牙利选手和印度选手抓举第一把都举起了105公斤。林伟宁最后一个上场，她要了107.5公斤。

【林伟宁成功举起，乡亲们欢呼】

【解说】接下来的比赛更加扣人心弦。印度选手第二第三次试举成功举起了107.5公斤和110公斤；匈牙利选手第二次试举也举起了110公斤，并在第三次试举中举起了112.5公斤。随后上场的林伟宁第二把举过110公斤后，第三次试举112.5公斤。

【电视伴音】林伟宁没有举起来，她输给了马库斯，输了2.5公斤。

【解说】面对林伟宁的失败，人们的心情难以表达。此时，林伟宁的母亲孙凤华再也看不下去了，悄悄地躲了起来。

进入挺举比赛后，林伟宁仍然是最后一个出场。她的两个对手在第二次试举中都举起了130公斤。林伟宁第一次试举就要了132.5公斤。

【欢呼】

【解说】林伟宁此时的总成绩与匈牙利选手持平，都是242.5公斤，但林伟宁的体重比对方轻近两公斤，并且比对手多一次试举机会，因此一下子占据了领先位置。

在接下来冲击137.5公斤时，林伟宁与她的两个对手都没有成功。但是，林伟宁却靠体重优势赢得了冠军！

【欢呼、鞭炮、锣鼓、乐队】

【同期声 村民】（林伟宁夺冠）可以说是圆了全潍坊市人的梦，圆了关心爱护林伟宁和关心爱护女子举重体育事业所有人的梦。

【同期声 村民】为全中国在世界夺魁了，为中华人民共和国争了光。(我)太激动了!

(以后)咱种地也要像林伟宁一样，多吃苦、有毅力，尽量干好，为国家多做贡献。

(中国)经济实力一天比一天强，体育事业不断发展，林伟宁从俺村出去夺了冠军，2008年奥运会一定能申办成功。

喜讯传千里，林伟宁勇夺金牌。让人们激动难耐，奔走相告。潍坊市及我市领导乘着暮色分别来到了林伟宁家中。

【同期声 潍坊市委常委 宣传部部长 鞠法昌】我代表市委、市政府表示感谢、祝贺。拿金牌不是一种简单的体育活动，它包括高科技、高素质的问题。这是我们整个民族素质提高了，屹立于世界民族之林的能力确实立起来了，因此才拿到金牌，这是山东零的突破，我们潍坊更是零的突破，很值得祝贺。感谢你养了个好女儿。

【同期声 昌邑市市长 孟祥志】市委、市政府号召学习林伟宁这种奋勇拼搏、勇夺冠军的精神，搞好两个文明建设，做出更大成绩，希望你多加强对林伟宁的教育。争取在以后的各项比赛中再夺冠军，下次奥运会再夺冠军。

【解说】锣鼓声、鞭炮声和欢笑声不绝于耳，北兴福村成了不夜村，这是人们对祖国日益强盛的赞歌，也是对林伟宁夺冠的美好祝愿。中国奥运代表团金牌榜上第六枚金牌就这样诞生了，金牌记载了林伟宁的汗水和泪水，也凝聚了包括家乡人民在内的万众之心。它支撑着林伟宁举起了心中的希望，也将鼓舞她在今后的体育生涯中再创佳绩。

(获2000年度潍坊市电视节目评比一等奖 山东省二等奖)

## 电视专题

# 刘氏家庙

宋建文

昌邑市北孟镇有个小南孟村。来到村里，远远便能看见两棵高耸的松柏。待走近了，才发现两棵松柏生长在一处古色古香的院落之中。这处院落就是已有二百多年历史的刘氏家庙。

刘氏家庙建于清朝乾隆年间，它的建立与乾隆时代的宰相刘墉渊源相承。刘氏家庙东面山墙上原有这样的记载：村中刘姓人家与刘墉同属连宗。当年，他们的祖上刘进从四川来时并非自己，而是亲属近支一群移入山东，分别落户诸城、高密、昌邑等地。小南孟村的刘姓人家原居李戈庄村，到六世祖时迁至小南孟村。

18世纪中后期，刘墉在京城为官，官至东阁大学士时，他曾派人到山东寻根问亲。在封建社会里，朝廷官吏深有“伴君如伴虎”的感觉。他们说不上哪一天触犯了“龙颜”，招致杀身之祸。因此不少官吏便在故乡等地认下几门亲戚，以图有“不测风云”之时留条后路。刘墉也不例外，所以他确认了与小南孟村刘姓人家是连宗，即同一祖宗。

小南孟村的刘姓人家因循着与刘墉的缕缕亲情，倍感荣光。欣喜之余，他们上书刘墉，提出要在村内建造一所家庙，光宗耀祖。

小南孟村要建造家庙，正中刘墉下怀，不久他便向乾隆奏明。乾隆一口应允，还赐给刘墉一对黄色竹制纱灯，并亲笔手书“清爱堂”。

这座家庙于是得以大张旗鼓地营造。数月后，宽敞、威严的刘氏家庙拔地而起。家庙竣工的时候，刘墉差人把乾隆赐予的竹制纱灯送到，同时捎来一副亲笔书写的对联，“竹笑兰言皆是友，清风明月不论钱”。

刘姓人家把对联挂在家庙正中，精致夺目的纱灯被悬挂在房檐之下，这两样东西成为他们光宗耀祖的亮丽风景。依凭灯笼的威严，刘氏家庙蓬荜增辉，声名响震四方。当时的封建官吏慕名而来，虔诚跪拜。走到村外，文官要下轿，武官要下马，刘氏家庙红极一时。

那时刘氏家庙有专人看管，附近还有几亩庙地，种些蔬菜和庄稼。逢年过节人们到家庙祭祀要奉上猪头、羊等供品，用过之后，均由看守家庙之人所得。

家庙院门约有六米高，门口书有“刘氏家庙”四个烫金大字。咸丰十年，原籍小南孟村的刘德记中了进士，他用上好的石头制成一个旗杆座，放在家庙门前，旌旗一度飘扬在刘氏家庙上空。据说家庙内还供有祖宗姓氏屏风。屏风有三米长，一米高；木做框架，绫缎装制，上面写满了祖宗的名讳。

刘氏家庙院落不大，只有五间房屋的地方，但它的布局和设计却奇中透巧，别具匠心。家庙集石雕、瓦垒、砖砌于一体，落落大方又不失庄重严谨。屋脊上曾有三个雕像；两个人物面面相立，两人之间还有一个动物，被一人牵着。对这组塑像，人们各有说法。一种说法认为，这是两名身手不凡的门神挟持麒麟；另一种说法是两名文官仁义立身，动物为俗称的独角兽，慧眼能识忠奸；第三种说法这组雕像被称作“争星夺魁”，暗示着凡人所不及的一种东西。

刘氏家庙正厅有四根明柱，房檐四角各有凤凰明眸相望，活灵活现。另有四条生动逼真的卧龙雕塑于房顶四侧，须发可见，惟妙惟肖。卧龙眼前，六只栩栩如生的犬兽目视前方。这些犬兽张着嘴巴，作为家庙上的饰物小狗张口表示已有功名，没有张口的则表示没有功名。屋脊两首各有冷峻威武的龙头，一个面向西，一个面向东。龙头旁侧各附立着一把宝剑，虎踞龙盘的威严和香火承袭的寄托尽显其中。

刘氏家庙的砖雕富有特色，除了上面有篆书、隶书雕刻的文字以外，还刻了荷花等图案。这些图案枝叶分明，花形饱满，结构和谐匀称。屋顶上千百块半圆形的青色瓦片遮起了风风雨雨，如今瓦陇里钻出来的一簇簇小花似乎展示着当年的热闹和兴旺。

乾隆皇帝赏赐的竹制纱灯一直挂到清朝覆灭，摘下后便存放在祠堂之内。历经两个多世纪的岁月，灯笼早已消退了皇家原有的华贵和艳丽。如今灯笼的纱绢呈现灰色，竹篾丧失了韧性，乾隆的御笔也不见了影迹。在现代人的心里，这已经是缥缈的从前。现在过春节的时候，村里人还不忘到刘氏家庙的正门上贴出一幅两百多年沿袭下来的对联：“彭城祖远历年论世说刘宗，通德门高到处逢人欣郑里”，家庙院门则贴出据说是刘进所作的两句诗：露霜起念偎天井，风木兴思恋济阳。

1978年全国文物普查时，刘氏家庙被发现并引起了文物工作者的注意，认为这所家庙不仅历史悠久，而且建筑风格也与其他家庙有不同之处。其一，家庙院门采用斜山顶，这在古家庙建筑中较为罕见；其二，家庙除了一个正门之外，没有敞窗，为封闭式；其三，家庙内不供祖宗影像，只供祖宗姓氏屏风；其四，家庙饰物考究，对研究清朝文化有一定的参考价值。鉴于以上几点，刘氏家庙被列入了保护范围之内。

如今，刘氏家庙经过整修，建筑面貌基本完好，先前曾有的旗杆座、祖宗姓氏屏风等物件已荡然无存，竹制纱灯也仅仅留下一副狼狈破败的模样，只有刘墉书写的“竹笑兰言皆是友，清风明月不论钱”这幅真迹还在村里人家珍藏。

“老树绿遮深院闭，夕阳红缭短垣斜。”刘氏家庙落成后栽植下的两棵松树如今高耸云霄。岁岁年年，它在家庙的怀抱里目睹了世世代代的沧桑炎凉。

（获山东省电视节目评比一等奖）

## 电视评论

# 市场农业优为先

——五个苹果的启示

元钦圣

5月9日，在我县召开的多种经营会议上，县委书记赵俭摆出了他出国考察期间特意花200元钱从日本买回的五个苹果，给与会同志带来了一个传统农业与市场农业的“冲击波”。

这五个苹果不寻常。五个苹果五个新品种，每个重约0.5公斤，不但红艳闪亮，清香扑鼻，而且外包装考究，外罩雪白的塑料泡沫网。由此对照我们的林果业乃至整个农业，两相对比，差距至少有三：

一在少“优”。近年来，尽管我们的林果业发展较快，但这仅是传统种植上的纵向比较，真正占“优”字的新品种则是凤毛麟角，就苹果而言，“小国光”等当家品种无法与国内外新品种相匹敌。二在不精。据资料介绍，日本的苹果生产每亩一般控制在1600斤，产量虽比我们低，但一只苹果价值40元，正好换我们一筐，效益就比我们高出几十倍。三是欠“深”。从五个苹果的外包装和保鲜处理上不难看出，生产与深加工平分秋色，高效益来自匠心独运的外包装。

五个苹果让我们看到了一个活生生的国际市场。要做好传统农业向市场农业转化这篇大文章，就要以优质为基础，以优质取高效。我们不妨在五个苹果的启示下，动手改造我们的传统农业，真正让昌邑的农副产品跻身于天下名优产品的行列。也许，不远的将来，我们的苹果、我们的粮食、我们的蔬菜、我们的棉花……也会亮相于国外的会议桌上，也会摆在国外的会议厅中，也会成为老外们羡慕的佳品。

（在1993年度潍坊市广播电视局、潍坊市广播电视协会组织的稿件评比中，获电视评论一等奖）

## 电视纪录片

### 羊　倌

宋建文

题记：十年来，我一直关注着一位放羊的残疾人。他的酸甜苦辣，他的感情生活，他的勤劳善良，他的迂腐无奈，都被我用摄像机记录了下来。我当初的想法是做一部获奖的纪录片。如今，我纪录的意义早已经不在于此。

莱州湾南岸有大面积的滩涂，这是一块早已装在老陈心里的土地，二十多年的牧羊生活让他熟悉了这里的一沟一壑，一草一木。在寒来暑往的嬗变中，走动的羊群融会着老陈的情愫，使他暂时忘却了自己是个只有一只手的残疾人。

二十年前，老陈坚定地走进了这片人迹罕至的滩涂，在孤单和荒凉中做起了羊倌。从那时起，博大的滩涂接纳了这位只有一只手的年轻汉子，老陈的心也在这块天苍苍野茫茫的土地上沉寂下来。

老陈的手臂是在1970年十六岁上失去的，与滩涂相距五十多公里的东堤村是老陈的故乡。那是一个土地肥沃，庄稼丰收，村民安居乐业的地方，也是他失去手臂的地方。那年的夏天，老陈还是一个学生。学校组织参加生产队的劳动，学生负责铡草。老陈干得很卖力，忽然感觉“呜”地响起了一阵风，劈头浇了一桶凉水，他向铡刀中填草的一只手被铡了下来。

村里确定老陈是工伤，答应每年给他一定的钱和粮食。土地包产到户以后，老陈拒绝了这份优待。他觉得依靠集体总不是长久之计，趁年轻就要自食其力的生存下去。他要像别人一样娶妻生子，活出个样儿来。当他听说昌邑北部一单位向外承包羊群时，他毅然从那个生他养他的村庄里走了出来。

1986年元月，老陈租下了一处孤零零的院落，脚踏实地地做起了羊倌。当时，老陈是这片滩涂上唯一的放羊人。风吹草低，孤寂和清贫相伴，但是在老陈的心里，那个有妻有子的幸福梦想却越来越清晰。走进了滩涂，老陈用常人难以想象的艰辛和汗水换来了丰厚的回报，随着他的羊群一天天的庞大，老家有人传言老陈成了三百万的大富翁。其实不然，老陈放羊最多的时候达到700多只，一年的毛收入十二万多元。

渐渐有些积蓄的老陈依然日出而作，日落而归。他的小屋里通上了电，引进了自来水，他还购买了电视机、电冰柜。在物质丰足的同时，已经40多岁的老陈渴望着能有一段感情生活，他要传宗接代，生个孩子来继承他的家业。1997年，经人介绍，一个姓刘的离婚女子带着13岁的女儿嫁到这里。刘曾在东北某城市待过，穿着打扮与众不同，她的到来很快惹起了外界的关注。有关部门和单位几番前来检查，以为是拐卖过来的女人，直到看清了老陈拿出的结婚证，这才转身而去。

对于这位妻子，老陈是一心一意的，他把自己的存款让刘保管。他想建立一个幸福之家，他还想生下一个自己的孩子。而刘则不然，她不仅嫌弃老陈，而且大把大把地花钱，2800多元的皮大衣买回来了，春秋装一件也要800多元。不仅如此，刘还经常外出旅游，并且很大方的把一笔笔钱送给了她的亲戚。老陈看在眼里，疼在心上，然而更让他痛心的是，刘不愿意再给他生育一个孩子，老陈大失所望。在与刘多次吵闹之后，两人选择了离婚。刘临走时提出要十万元钱的青春补偿费，被老陈拒绝了。一段六年的婚姻结束了，刘带着那个已经长大成人的女儿远走他乡。

此时，老陈的羊圈里还有180多头羊，他雇了一个姓蒋的人专门放羊，这又增加了一笔支出。算起账来，老陈每年的水电费、租房费、雇工费、伙食费以及冬天买煤买饲料的费用达一万八千多元。前妻的离去，使他必须精打细算。

离婚后，老陈的生活并不平静，又有几个带着孩子的女人找上门来，希望结下百年之好，老陈没有答应。第一次婚姻的失败，让他清醒了许多，但是他渴望生一个孩子来传宗接代的梦想却愈加强烈。

老陈决意要找一个既听话又不带孩子的女人，就到一家婚姻介绍所报了名。婚介所很快有了回音，给他介绍了当地一位31岁的姑娘，姓冯。冯是个老实人，没上过学，有癫痫病，从3岁开始一直吃药，智力比常人差许多。2003年6月，两人结婚了。与冯结婚，老陈没有花钱，倒是冯家还送来了一台风扇和一块钟表。冯随身带来了一个包袱，还有一堆药品。

冯的饭量很大，嫁过来的第一顿饭就吃了一个包子，四个馒头，这让老陈有些惊讶。冯不会花钱，也不会主动做活，除了老陈让她做点简单的家务外，她总是躺着睡觉，或者坐着不动。

滩涂上的荒地被人们开发出来，种上了高粱、棉花。有一天，老将赶着羊群跑进一块早已收获了的高粱地里吃草，承包这块地的人不让。老陈闻讯赶去，争吵之中，那人打了老陈两拳。经过民警调解，打架的事尽管得到了处理，但老陈的心却异常得沉重。近年来，为促进经济发展，当地政府加快了北部沿海开发的步伐，沉寂千年的滩涂很快改变了模样。大面积的滩涂改造成了盐田，千万亩荒地得到了开发利用，一座座化工厂拔地而起，放羊的多达十几家，天然草场日渐稀少。在这块生存了多年的土地上，眼前的变化让老陈感到了生存的艰难。

老陈与冯结婚半年了，冯依然如故。老陈不仅带她去做了一次治疗癫痫病的手术，而且还给她买了一份养老保险。

寒冷的冬天来了，小屋里生起了炉子。老陈在感受着温暖的同时，心里还有一份忧虑。结婚好久了，冯没有怀孕，这使得老陈焦急而又无奈。冯常常莫名其妙地大笑，老陈说，她不知道忧愁，也没有忧伤。无忧无虑的冯更不知道老陈的心事。老陈的心里一直装着那个愿望：尽早地生个孩子。

然而，老陈的希望很快破灭了。后来，他发现冯不仅有癫痫病，还有精神病。有一次冯犯病的时候，差点儿将他的一只耳朵咬下来，于是他愤愤不平，埋怨冯家隐瞒真相欺骗了他，随后也就离了婚。

2006年的春天，当滩涂上草再一次绿了的时候，老陈迎进了第三任妻子。这位妻子38岁，有过一段婚史。一年后，老陈如愿以偿，有了一个女儿，小院里不时传出婴儿“哇哇哇”的啼哭声。

老陈的女儿在人烟稀少的滩涂上渐渐长大，她喜欢在羊圈里跑来跑去，一只只羊儿就是她的伙伴。

老陈身体不好，从小有气管炎，每到冬天咳嗽的非常厉害。2010年冬天，老陈喂养着大大小小300只羊，羊群冬季饮水是个大问题。本来他早早地找人挖了一个池子，蓄满了水。

然而水池发生渗漏，所有的水都跑净了。目前，可用来喂羊的储备水只够用一两天，300多只羊面临着生死考验。老陈又气又急，再加上气管炎病情加重，顿时陷入了困境，一筹莫展。

老陈居住的小屋内杂乱无章，外间堆满了草料和盛水的大桶，大桶里露出一块大冰，似乎显示着冬的寒冷，更折射着老陈的心情。他心灰意冷，甚至想到可能不久于人世，交代了他的后事。他说："帮我联系联系，我死了要捐献眼角膜和身体。要是没人要，就把我烧了，骨灰不用埋，撒了。"

老陈不顾虑自己的身体，可他疼爱三岁的女儿。女儿已到了上幼儿园的年龄，这让老陈夫妻终于下定决心，卖了羊群，把家搬到城里，让女儿从小接受良好的教育。

老陈算账说，这些羊公理公道的平均75斤，按照市场价的话660元钱，他愿意600元一只就卖。

老陈虽然卖得便宜，可是他没有气力再去计较，只有处理了羊群，他才能够安心到医院去做个检查。放羊20多年了，如今不得不忍痛卖掉，这对老陈来说是一件无可奈何的事。

前来买羊的人家在河东下营，听到消息后寻上门来。双方将羊群和物什商定了价格，当场结清。

年近七旬的老蒋给老陈放羊8年，此前老陈又给他找了一个雇主，老蒋带着行李去了新的地方。临行前，老陈拿出一双棉鞋送给他，并说，病好后，专门去看老蒋。老蒋连连说：俺这掌柜的，好人呐！

2012年12月，宋建文到北京领奖现场

老蒋走了，羊群卖了。已进入2011年的老陈开始收拾屋里的东西，对于这块生活了25年的土地，老陈留恋不已。但是，因为年龄、身体以及孩子的未来，他不得不离开这里。

当年，他曾在城里买下一处房子，不大，63平方米。这将是老陈一家三口的栖身之所。

（此纪录片主创人员宋建文、赵海燕、徐素平、陈潇，获中国电视艺术家协会短纪录片十优作品、山东省广播电视协会一等奖）

**电视纪录片**

## 三访东永安 揭秘烧大牛

董 磊 孙英志 张晓静 王茂桢 尹文帅

【解说】春节是中华民族最为古老的节日，也是一年当中最重要的节日。如何庆贺这个节日，在千百年的历史发展中，形成了许多固定的风俗习惯，有一些还流传至今。如贴春联、贴福字，守岁、拜年，舞龙、跑旱船……在我市都昌街道东永安村，有一项传承几百年的群众自发的庆祝活动——烧大牛，以文化内涵丰富、历史悠久、给人以美好愿景等特点，吸引着数万人每年如期而至。活动庄重而活泼，形式多样，在2008年时即被列为潍坊市非物质文化遗产，而今，它正在被申报为省级非物质文化遗产。

【黑场】过渡

【解说】东永安村位于都昌街道西部，现有村民3000多人，战国时东永安村一带曾是著名军事家孙膑的封地。每年一进入农历腊月门，村民们就开始募集善款，购买纸张、竹子、线绳等物品轧制大牛。届时100多人会聚到村西孙膑庙前的一块空地上，历时一个月，扎制出一头高7米，长10米的独角大牛，并在正月十四举行以烧大牛为代表的一系列纪念孙膑的庙会活动。

【字幕】正月初七 上午9点

【解说】初次探访东永安村，村内还沉浸在新年的气氛中，负责扎制大牛的村民为我们打开库房，见到了还在扎制中的大牛。此时，大牛已初现轮廓，高昂的头部，丰盈的体态，透露出东永安村的富裕与祥和。大如六平方米的牛鞍还未安装在脊背上。大牛安静的伫立在这里，口鼻微张，目视前方，仿佛马上要疾蹄而出，回到它忠心所向的主人孙膑身旁。

【解说】传说中历史上东永安村一带曾作为孙膑封地，那么这个传说到底有没有依据呢？在清代顺治十八年《昌邑县志》中，卷五《功封》有记载：“孙膑，齐军师……齐因乘胜破魏军，掳太子申以归，孙子因以名显。威王封于都昌为食邑。”这段文字的大意是：马陵之战后，齐威王将都昌（今昌邑）赐予孙膑为封地。《昌邑县志》作为古代的官方记录，由此看，东永安村一代确实曾是孙膑的封地。

【解说】传说中还提到，孙膑曾骑着一头凶猛高大、威力无比的独角牛，指挥大军破敌制胜，后来东永安村这一带成为了孙膑的封地，他又经常骑着独角大牛巡视乡里，将此地治理得平平安安，风调雨顺。正月十四是孙膑的诞辰日，为纪念这位英雄，东永安村便将每年的正月十四定为庙会，并年年扎制一头独角大牛祭拜孙膑。

【解说】第一次探访意犹未尽，我们与村民相约，待到正月十三大牛扎制完成后，再来拜访。

【字幕】正月十三 上午 10 点

【解说】再次探访东永安村，孙膑庙重新装饰，庙前的广场上，即将完工的大牛在村里数位老者的监督下，被人们粘贴上五彩花朵，悬挂上铃铛等饰品。宽大的牛鞍也被安装在脊背上，上面彩旗飘飘，煞是威风。村里 85 岁高龄的张延芳老人这几天一直忙碌在扎大牛现场，她热情地为我们介绍起大牛的来历和扎制过程。

【同期声】张延芳：介绍大牛的扎制细节和有关大牛的历史传说。

【解说】牛的个头虽大，但每个部分都扎制得十分精细，俨然是一件精美的巨型艺术品，尤其是长达 3 米的独角，直刺苍穹，带给人一种威严感。眼前这位老人名叫吕成英，近几十年来他除了参与撰写村志，也一直参与扎制大牛，对扎大牛、烧大牛活动，他怀有很深的感情。

【同期声】吕成英：谈扎大牛、烧大牛及相关祭拜活动对东永安村村民的精神层面上的提升。

【解说】在大牛的扎制过程中，我们发现不光有村里的老者参与，不少年轻人也积极地参与其中。

【同期声】齐大宁：从年轻人的角度，谈活动的传承，谈自己对该活动的热情参与。

【解说】宏伟精致的大牛即将完工，背后是一百多人一个月来的忙碌，其实更准确地说，背后是东永安人过去一年的辛苦和付出，以及他们对新的一年满满的祝福与期待。

【字幕】正月十四 上午 8 点

【解说】一大早，东永安村鞭炮齐鸣，锣鼓喧天，大牛巡游活动开始了。村中二三十个青壮年抬着大牛绕村一周并最终回到孙膑庙，一路上锣鼓声、鞭炮声不断，整个队伍浩浩荡荡，甚是壮观。

【解说】大牛停在孙膑庙西的土丘上后，此时已是人山人海，据了解，当天十里八乡的人汇聚此地，扭秧歌，舞龙，祭拜，再加上庙会上的商贩和观众，人数可达两万人以上。

【同期声】观众：我们是捷安特骑行俱乐部的，今天我们来到东永安村，来亲身体会传统文化，也祝东永安村百姓平安、富裕。

【解说】大牛刚落地，人们便蜂拥而上，争相触摸。大人抱着孩子摸牛头，小伙子使劲地跳着摸牛尾巴，还有更虔诚的村民摸完了牛后，又用手摸着自己身上，仿佛大牛带来的祥瑞就会立刻附着在身上。原来，在东永安村这里有句俗语“摸摸牛头不用愁，摸摸牛腚不生病，摸摸牛鞍不生癞，摸摸牛角不生痘。”为了争得一年的好运气，大家争先恐后摸大牛，摸到牛身就代表摸到了今年的平安、吉祥。

【解说】络绎不绝的香客围绕着大牛，带来了大包的香纸，进献在大牛身前，口中念念有词，进而跪地叩拜。在不远处，孙膑庙内，更多的香客挤入庙门。旺盛的香火，祭祀的贡品，虔诚的跪拜，香客们把自己的心愿许与曾经守护过他们祖先的孙膑。

【解说】中国人的信仰崇拜大致可分为自然信仰、英雄信仰、杂神信仰三大类。孙膑崇拜显然是属于英雄信仰，孙膑是古代战国时著名军事家、军事理论家，著有《孙膑兵法》一书，曾取得过桂陵、马陵之战的胜利，成语田忌赛马、走为上策、围魏救赵等就出自孙膑的传奇经历。后来随着《列国志传》《孙庞演义》等有关于孙膑的小说的流行，民间的孙膑信仰更加兴盛，各地也演化出了不同的形式。

【解说】孙膑庙内热闹非凡、人声鼎沸，庙外的文艺表演精彩纷呈，聚集在大牛周围争相摸大牛的人也越来越多，气氛也越来越热烈，人们都在等待着大牛被点燃的那一刻。

【解说】"烧大牛"又称"发牛"，一般在中午11点至12点之间举行。时间一到，村民们将大牛抬至早已备好点燃的香纸堆上，牛身迅即被点燃，霎时火光冲天，烟雾缭绕，蔚为壮观。大牛开始燃烧的那一刻，上万人的场面沸腾了！直到大牛烧灭，人们才依依不舍地慢慢散去。

【同期声】采访数位村民、观众：谈通过参与烧大牛活动给自己带来的感受和积极向上的生活热情。

【解说】烧大牛活动寄托着百姓的真诚愿望，在村民看来，只有烧掉大牛，才能将自己所许愿望传达给上天。同时，村民在这一活动中寄寓了"辞旧迎新"之意，随着大牛的烧灭，过去一年的烦恼似乎也随之而去，人们带着强烈的自信和满足感步入新的一年。再者，东永安村通过"烧大牛"仪式展现了村落的悠久传统，以及"国泰民安""风调雨顺"的宏大主题。

【同期声】昌邑市非物质文化遗产保护中心副主任王爱海：评价烧大牛活动的文化含义。

【同期声】山东省民俗学会副会长兼秘书长、山东大学民俗学研究所所长张士闪教授：评价烧大牛活动在山东省内民俗文化活动中的地位。

【解说】大牛随着红红的火焰燃起，这火焰是驱赶邪灵的图腾，这火焰点燃的是百姓对生活的信心。一年一度的烧大牛活动结束了，但根植在百姓心中对美好生活的向往却继续在延续，在升华……

（2015年获得山东省电视艺术家协会电视纪录片评比一等奖）

## 第五节　获奖栏目稿件

### 三杯茶

夏　斐

观众朋友您好，欢迎收看《读书》。百年大旱令"水是生命之源"如此真切可感，西南之渴惊痛全国。孩子喝脏水解渴，老人拿出毕生积蓄买水赈灾，就连温总理在旱区也不忍喝百姓一碗水——危情之下，多少生动细节令人过目难忘。100年不遇，6000多万人受灾，200多亿直接经济损失，这些数字都在拍打着我们的心灵。"未来为水而战"，甚至连弱小的孩子也背负了水的承诺，一个温柔的词汇，在西南成为了每个人心中的痛。

面对干旱，我们每个人都有责任，有责任去付出自己的爱，每个人都应做出一份承诺，承诺去付出自己的爱。西南离我们还远，很多时候，我们从来都没想过那些遥远的地方我们能为他们做些什么？很多时候，我们认为那是和我们无关的事情，认为那不可能做到，那是因为我们不曾深知什么是责任，什么叫承诺，什么是爱的真谛。

有这样一个真实的故事。一个登山家，1993年在攀登世界第二高峰乔戈里峰时发生了意外，巴基斯坦一个偏僻小村落科尔飞村的居民救了他。这里的人们被称为巴尔蒂人。他们把平时最舍不得用的东西拿出来款待这个陌生人，包括村里最为珍贵的甜茶。当地景色如画，民心淳朴，但居民的生活却相当贫困落后，在寒风里，孩子们只能跪在户外霜冻的土地上，或是坐在脏污的泥地里上课。让孩子接受教育

2011年11月8日，昌邑电视台《读书》栏目获省政府“泰山文艺奖”，并获得奖金1万元，市委常委、宣传部部长庄鹏为获奖人员颁奖

是当地人最大的心愿，但是村民根本没钱聘请老师。看到这些，这个登山家觉得自己该做些什么了。

于是，便有了我们今天要读的书《三杯茶》。这本书的作者葛瑞格·摩顿森，美国人，就是故事中那个登山家，身无分文的他，因为救援同伴，攀登乔戈里峰失败，后来被巴尔蒂人救起，从此和当地人结下深厚情缘。他将自己与当地人后来发生的故事写成了这本《三杯茶》。凭借这本书，葛瑞格获得了2007年第11届桐山环太平洋图书奖。那么后来发生了怎样的故事呢？我们继续往下读。

看到科尔飞的贫穷与落后，看到孩子们求学若渴的眼神，葛瑞格承诺，一定会回来为科尔飞村办所学校。接下来的几年里，这个身无分文，甚至连一张床都没有的美国穷小子，为了实现自己的承诺，做了他可以做的一切甚至不止一次冒着生命的危险。他从开始写580封信申请捐款，到最后中亚协会的成立；从一个无名小辈，到在巴基斯坦和美国声名远扬。令我们感动的是他对承诺的履行和他心中的那份爱。当我们看到了世界上的不公平、贫穷、饥饿、没有学上的儿童……我们是否在内心有过一丝怜悯？如果有过，是否用行动去帮助过他们？如果行动过，是否只是一次性的行为，有没有继续关注？

葛瑞格受到的磨难不是一般人能够承受的，那是一段辛苦漫长的旅程。刚开始数以百封的筹款信件石沉大海，后来曾经被误解，甚至被软禁。他用自己的坚持和坚韧战胜了所有的拦路石，美丽的承诺终于实践，十几年内，葛瑞格总共在巴基斯坦、阿富汗和喜马拉雅山区，盖了六十余所学校，他播下了爱与知识的种子，爱与希望的祝福。他的成就名垂千古，他的付出值得所有的人用一辈子去铭记。

《孟子》曰：“穷则独善其身，达则兼济天下。”对我们而言，这多么难的事情，穷小子葛瑞格做到了。所有的一切不仅缘于一个承诺，更缘于一份人性中的大爱。葛瑞格自幼就在父母的影响下长大。他的父亲曾经尽其一生募款兴建了全坦桑尼亚第一所教学医院，母亲则投身于国际学校的教育工作。虽然葛瑞格攀登乔戈里峰失败了，但他却攀上了另一座人类高峰，一座万人敬仰的高峰。

下次我们再问自己，一个人究竟能够改变什么？这个故事值得我们重新思考这个答案。很多人都认为，慈善是富人做的。他们积累了一辈子的财富然后功成名就，开始用慈善来回报社会。然而，《三杯茶》这本书却告诉我们，每个人都可以做善事，去帮助这个世界上需要帮助的人。而且，真正的慈善是一种责任感。不要害怕自己的付出得不到回报，不要因为没有利益可求而放弃自己的善举，人活着贡献比索取更重要。如果因为你的行动能给那些处在困境中的人带来一丝丝温暖，能给他们冰冷的心带来一些些慰藉，那你就应该为此而感到开心，欣慰。也许过程中我们会遇到很多的困难，挫折，也许我们会被别人误解，但是这些都不重要，重要的是一如既往地坚持下去。用一颗慈爱、付出的心去面对这个社会，这个世界。我们不企求葛瑞格的成就，但我们要做到无愧于心。

面对大旱，我们可以看到那些干裂的土地，那些枯焦的作物和那些欲哭无泪的面容，令我们不能忘却的是那些山区百姓送水的身影，早早加入挑水队伍的孩童，和那一份份来自全国各地的救助。守望，相助，除了这些，我们还能做什么呢？我们能做的还有很多：可以从身边做起，节约每一滴水；可以用自己的视角，向更多人的传递灾区的信息；也可以伸出援手，给灾区人民一点帮助。

书名《三杯茶》，其实是巴尔蒂人的交友方式：敬上第一杯茶，你是一个陌生人；再奉第二杯，你是我们的朋友；第三杯茶，你是我的家人，我将用生命来保护你。三杯茶后，人与人之间的爱就会像一颗种子，慢慢地生根发芽，开花结果。当你满腔感激地接受爱，满怀感恩地奉献爱，爱就会不断地滋养流动，生生不息。

（2011 年《读书》栏目获得山东省政府文艺最高奖“泰山文艺奖”三等奖）

## 花田半亩

夏　斐　孙英志　范绍杰　张　伟

观众朋友您好，欢迎收看读书。5 月 8 号，“纪念‘5·12’全国青少年灾难求生挑战赛”在咱们山东举行，来自全国各高校的 13 支队伍，表现出了较好的应对灾难的意识和求生的本领。求生是人的本性。经历了 5·12 汶川特大地震和青海玉树 7.1 级地震，目睹了南方罕见暴雨下的 25 万群众生死大转移，我们在痛悼逝者的时候，不禁为那些生者们求生的精神所感动，为他们能够在灾难中坚强地活下来而骄傲，是啊，活着，真好。

“在我的右眼下有一颗痣。那是一颗会使人流泪的痣。如果可以，只让我的右眼去流泪吧。另一只眼睛，让她拥有明媚与微笑。”这是坚强与乐观的生命誓言，写这段话的女孩名叫田维。2006 年的春天，她将灿烂如花的笑靥留在了北京植物园，成为植物园中一枝永不凋谢的报春花，在早春的料峭中怒放。

就是这样一个美丽的女孩儿，2007 年 8 月 13 日永远地离开了人世，21 岁，读大学三年级。她给我们留下了这样一本书，《花田半亩》，感动了成千上万的人。没有任何宣传、任何炒作，《花田半亩》连续数周位列全国青春文学类图书周畅销榜第一名，到今年年初，这本书已经加印 3 次，发行量超过了 35000 册。

为什么在她离开的两年后人们开始对一个孩子念念不忘？为什么会被她的散文感动？为什么我们从一部遗作中看到了生命的光亮？我们继续往下读。

2000 年 10 月，田维被诊断得了一种类似血癌的病。尽管一时还不会死亡，但她每天都能看到死神的狞笑。田维疼痛的时候，十个手指全部都变白了，手和腿疼得钻心。她在日记中记载了自己的哀伤和挣扎。“冷寂的夜，我在疼痛中失眠，又在疼痛中醒来。明白了自己，是个疼痛着长大的孩子。”纵然疼痛难耐，但田维以她坚强不屈的意志，挣扎着读完了初中、高中，考上了北京语言大学，成为了一名中文系的学生，读上了自己最喜爱的中文。可是没想到在大二的时候，病情突然加重。“我平卧在这夜的黑暗中，把所有的遭遇与不幸一一原谅。让身体站在呜咽的风里，让生命独立在人间的狂野。”“不管怎样，一定要，好好活。”

但是田维未能如愿地活下去。在她去世的两年后，母亲偶然间发现了女儿有一个叫做“花田半亩”的博客，里面有着她从得知病情开始，一直到离世前一天的日志，近 50 万字，每一篇文字都是一个感恩的故事。妈妈在文章里发现，女儿生前一直向往着自己的文字也许能印成一本书，摆进书店里。做母亲的没有理由不满足女儿的心愿。于是，田维的日志被整理成这本《花田半亩》出版，她的故事也不胫而走，迅速在网络和坊间走红，并引起一股田维热。

无数网友在田维的博客“花田半亩”中留言。网友们表达着自己的感激：“谢谢你，在你离去之前留下的生命的火种，照亮了每个人心中的小屋。信仰，给人诚实面对自己和人生的勇气。你知道么？你的文字也给予我们勇气。”

田维的父母只是北京的普通工人，收入一般。为了维持生命，也为了省钱，田维这个爱美的女孩只得每天吃激素。田维才 20 岁，面对疾病，不可能没有悲伤恐惧。她写道：“爱漂亮的孩子，仿佛只在一夜之间，便被药物扭曲变形。”把一切痛苦嚼碎咽下，然后吐出美幻的彩虹，这是一个作家的最高境界，田维做到了，她说：“心存感激地生活吧。我们来自偶然，生命是最宝贵的礼物。爱你所爱的人，温柔地对待一切，不要因不幸而怨恨和悲戚。无论前途怎样凶险，都要微笑着站定，因为有爱，我们不该恐惧。”

书中的文字至纯至美，具有强大的穿透力。在死亡的悲泣里，田维让我们看到了生命的欢颜。她弱小的肩膀上竟承载着那么沉重的负荷，而她却生命如花般陨落的泰然接受，这不由得令我们这些健康人对她肃然起敬。

田维的乐观，让我想起了一则故事。故事的名字叫作“我也要活下去”。说是在一个大型晚会上，一位德高望重的老者，拄着拐杖蹒跚地走上台。主持人开口问道：“您还经常去看医生吗？”“是的，常去看。”“为什么呢？”“因为病人必须常去看医生，医生才能活下去。”台下顿时爆发出热烈的掌声，人们为老人的乐观精神和机智语言喝彩。主持人接着问：“您常去药房买药吗？”“是的，常去。因为药店老板也得活下去。”台下又是一阵掌声。“您常吃药吗？”“不，我常把药扔掉。因为我也要活下去。”

田维去世后，被越来越多的人怀念，一是因为，她用文学笔触真实记录了人生感受，这些感受人人都有，却难以表达；二是，她所有的文字，主旨最终都指向了动人心弦的爱、感恩和对生命的敬畏。

田维的亲友们都亲切地称呼她“田田”。这个乖巧懂事的孩子，即使在病痛之中，也要做妈妈坚强的支柱。“面对着母亲簌簌地流泪，孩子，我多愿替你疼。我强作笑颜，轻轻抓住她一日日老去的手。我知道，母亲的心此时比我的肉身承受着更沉重的疼痛。”“冥冥中，我听到一个遥远的声音对我说，所谓生命，就是感恩、善良和爱。”

这就是田维，一个20岁的女孩，她的世界是疾病蔓延的黑暗，她却用坚强的光芒，把过于匆忙的生命照得雪亮。面对死亡的时候，她的沉静和对生命的洞察，令我们相信，没有什么能剥夺你去生活的权利，只要你真的生活过，只要你真的爱着。

田维曾经写道：“有人曾问我，如果生命满是欢乐，你爱它，如果生命只是平淡，你也爱它，但倘若生命是接踵的不幸呢？那天，我没有回答，我沉默了很久，说不出一句话。今天，我却想说，我依旧爱它。因为，那是属于我的。”

高歌青春，比我们任何一个健康人都更加深刻地去思考生命、思考人生。田维用自己的乐观和坚韧，诠释了生命的真谛，让我们从这样真实的青春中再次去体会生命，珍爱生命。田维，一个用生命写作的女孩，也必将在写作中获得永生。

（2011年获得山东省新闻工作者协会优秀栏目评选一等奖）

## 非常梅兰芳

夏　斐　孙英志　范绍杰　张　伟

观众朋友您好，欢迎收看读书。节目开始时播放的这段彩色京剧艺术电影，年代已经久远了，但仍是让我们眼前一亮。您能想象得到，这里面的唱念做打，轻歌曼舞，是由一位年过60的老人做的吗？从他的身段，从他的唱腔上，您能猜得出他是谁吗？

舞台上，那清晰流畅的道白，多愁善感的表情，圆润婉转的歌唱，妩媚多姿的眼波塑造了一个个令人难忘的角色；舞台下，他的人生起起伏伏，充满了命运的波折和人生际遇的变数。戏如人生，人生如戏，也许正是他的真实写照，他就是梅兰芳。接下来的几期节目中，我们将一起读这本《非常梅兰芳》，去感受一代京剧艺术大师的独特魅力。

1894年10月22日，在北京前门外李铁拐斜街一座梨园世家的院落里，一个孩子出生了，长辈们为他起名叫梅澜，字畹华，乳名裙姊。这个孩子就是后来被称为“旦行一代宗师”的梅兰芳。

梅家在梨园行里，可谓是家学渊源。梅兰芳的祖父叫梅芳，是京剧史上一位具有开创意义的名旦。据说，梅芳身体很胖，却不失灵巧，他利用平时观察的慈禧太后的行为举止，在戏中扮演萧太后出神入化，慈禧太后并不生气，反而称赞他“胖、巧、灵”，也就成了绰号“胖巧玲”。梅巧玲和当时京剧界其他十二位名伶，并称“同光十三绝”。

梅兰芳的父亲承袭了梅巧玲的衣钵，也是旦角，叫梅竹芬，很多戏迷把他当成梅巧玲的“活标本”。梅竹芬是个苦干的老实人，戏班子里有什么矛盾他都出来救场，被搞得苦累不堪，最终得病英年早逝了。这样，培育年幼的梅兰芳的责任就落到了伯父梅雨田身上。梅雨田是个有名的琴师，但时有时无的经济收入要养活全家八口人，很不容易。这就决定了梅兰芳的梨园宿命，还得让他学戏。

或许大家会以为，出生在梨园世家的梅兰芳，受家族的遗传，耳濡目染之下，在行里想要成名，肯定不难。哎，这您可就想错了。他不但没有得到家族的遗传，还差点儿被师傅炒了鱿鱼。这又是怎么一回事呢？是他学艺不用功还是没有天赋？咱们继续往下读。

梅兰芳 8 岁时，伯父为他请了一位很不错的朱师傅到家里教戏。这位师傅本来觉得，照理说你出身梨园世家，熏也该熏会了。可是现实并不这样。这件事被梅兰芳记录在他的著作《舞台生活四十年》里。书中说，他小时候学戏，可以用八个字来概括：“言不出众，貌不惊人。”梅兰芳没有天生的好嗓子，也没有演员理想的脸型，另外，他的眼睛没有神，还是近视眼。更糟糕的是，演员吃的就是“开口饭”，但他行事迟钝，比一般人慢半拍，笨嘴拙舌，用北京话形容叫作“蔫儿”。你看，这样的孩子，学戏是比较难的。这位朱师傅教的是基础戏，一句一句地教，好儿遍下来，梅兰芳还是唱不下来。朱师傅急啊，骂啊，甚至抄戒尺，但都没用。时间一长，朱师傅就没有耐心了，看着梅兰芳说：“裙姊呀，祖师爷不赏饭啊！”后来朱师傅辞工了。这就是梅兰芳第一次学戏的经历，失败了。

9 岁时，伯父梅雨田把梅兰芳送到了一个叫“云和堂”的皮黄学馆。当时的圈里都知道梅兰芳有被“炒鱿鱼”的不光彩记录，因此教习都不愿意收他。可有一个人例外，他叫吴菱仙。这个吴师傅对梅兰芳尽职尽责，每天早上五点就带他出去遛弯喊嗓子，一招一式、一板一眼，耐心地教他唱戏，从来不打也不骂。

吴菱仙不是不知道梅兰芳天赋上的缺陷，但他如此尽心，让很多人不解。难道他是伯乐，看出梅兰芳是千里马吗？其实这里面是有隐情的。这位吴师傅曾经在梅巧玲的戏班里工作过，家里遭到意外时，梅巧玲不动声色地帮了他。因此，吴师傅对梅兰芳的提携与爱护，更大程度上是为了两个字：报恩。吴师傅这种认真负责的态度和义气，对梅兰芳的后来都产生了很大的影响，在后面我们还会为大家讲到。

吴师傅让梅兰芳学的是青衣，而且他经常给梅兰芳讲述梅巧玲的故事，台上如何光彩，台下如何钻研，鼓励他发愤学习，不辱祖先。就在这个时候，他正式起了艺名。用了自己本名梅澜中的“澜”字的谐音“兰”，也用了祖父本名“梅芳”中的“芳”字，组成了三个字的艺名——梅兰芳。这个艺名，隐喻着梅兰芳继承祖业的决心。梅家此时家道已经中落，将来想吃一口好饭，想重振梅家当年的风采，只能靠自己发愤图强。小小年纪的他，牢记着这样一句梨园谚语：“要想人前显贵，就得人后受罪。”梅兰芳立志要勤学苦练，弥补天赋上的缺陷。那么，他是怎样勤学苦练的呢？我们继续往下读。

梅兰芳练功，第一样就是练眼神，养鸽子。梅兰芳不是近视眼，没有神吗？为了克服这个缺点，他每天拉山膀的同时，训练眼睛的张力和定力。把眼睛朝着远方的一个点，盯着看，使劲看，不能眨眼。盯得酸了，淌出泪水了，可是坚持盯着不眨眼。梅兰芳还在家里养了一群鸽子，放心时，抬头远望，眼球随着鸽子运动而运动。就这样天天练，坚持不懈，不是十天半月，也不是三年五载，而是整整十年。我们看的这一组图片，就是梅大师练习眼神时留下的图像资料。这时的他，眼不仅仅是有神了，更有着丰富的艺术表现力。

梅兰芳练功的第二样就是喊嗓子。那个时代，舞台上的唱念，同生活中的说话不一样，艺术的声音需要色彩和表现力，传达给戏园子里最后一排的观众。当时剧场没有扩音器，必须让嗓子依靠共鸣，把声音传给观众，让他们听清楚。梅兰芳本身嗓子条件不好，他就一个音一个韵地训练，每天练，每天喊，喊到极限，感觉到嗓子燥热发毛，甚至有“冒烟”的感觉，这才停止。

练功的第三样就是学唱腔，每句三十遍。吴菱仙师傅给梅兰芳定了个学唱腔的规矩：每一句，每一段，三十遍。学唱腔的时候，即使唱得疲倦了，也要继续练习。

你看，后来梅兰芳在舞台上那一对漂亮的眼睛，那顾盼多姿的眼神，完全是练出来的，他的嗓子，是一条“功夫嗓”。梅兰芳成功的背后，是辛勤的汗水。

有观众可能会问，云和堂不是堂子吗？在当时的那个时代，堂子里学艺的少年们，还担负着陪客饮酒的任务，有文记载，“其不善歌者，则每日侑酒而已”。这张照片是梅兰芳与他表兄王蕙芳的合影，当时两人同在云和堂学艺，人称“兰蕙齐芳”。可是后来，王蕙芳经不起诱惑，沉湎于陪酒之中，在艺术上渐渐不行了。而梅兰芳秉持着家风与信念，没有步表哥王蕙芳的道路，而是“笨鸟先飞早入林”，拿到了一张梨园行的“入场券”。

后来的梅兰芳谈昆曲时这样说：我第一次出台是十一岁，光绪甲辰年七月七日。广和楼演《天河配》，我在戏里串演织女。当时的梅兰芳，雏凤清声，崭露头角。有谁会想到，那位台上的小配角儿，在经历了曲折坎坷之后，会成为后来的艺术大师呢？

在梅兰芳享大名之后，我们前面提到的那位朱师傅，因为曾经说他“祖师爷不赏饭”，还炒了他的鱿鱼，觉得很难堪。有一次，朱师傅在后台见到梅兰芳，打招呼说：裙姊呀，对不起，当年我有眼不识泰山……这时梅兰芳是怎么回答的呢？他说：师傅，您快别这么说，就是因为您说我祖师爷不赏饭那句话，管了我的事了，否则我还意识不到自己的问题呢。您促使我去下死功夫，去苦练真本事，因此这话得翻过来说，我要好好感谢您呢！

那么，后来，戏班子里的这碗饭，梅兰芳怎么会越吃越香，越吃越好，并且成为角儿的呢？咱们下期继续读这本《非常梅兰芳》。

（2011年获得山东省新闻工作者协会优秀栏目评选一等奖）

## 古人的花木观

夏　斐　张静静　孙英志　范绍杰　徐晓晗

观众朋友您好，欢迎收看读书。眼下绿博会开幕，绿博园内展览着上千种苗木。当置身其中，我们会发现，苗木交易的场面真是热烈。看来，人们对于花木的关注和热情是很高的。其实啊，从古到今，人们一直保持着对花木的深挚感情，花木与我们人类有着非常深的渊源。到底有些什么样的渊源呢？今天我们一起来读这篇《古人的花木观》。

中国古人对于花木的感情很深也很独特，这从他们对自己的称呼中就可以看出来。古人自称为“华夏”民族。华者，花也；夏者，大也。从这个意义上看，所谓华夏，即花之大者、大花、美花。

根据古籍记载，神农氏曾经遍尝百草百花，使花草成为华夏民族取之不尽、用之不竭的食物和药物来源。中国人的生存和壮大，都与花、木有着密切的关系。在“华夏”这一民族的图腾柱上，凝聚着他们对于花木的倾心爱戴、由衷赞美和无比尊崇。

由于华夏民族的诞生和繁衍与花木有着特殊的联系，因而古人对于花木的认识，历史悠久，源远流长。有人统计，仅《诗经》一书，就记载了各种花木达到154种。古人对于花木的分类，不像西方那样仔细地分为门、纲、目、科、属、种，而是简捷地分为药、草、果、木四项，所有植物都被囊括在花、木两大门类之中。古人对于花木的用途主要是实用和观赏。实用包括祭祀、食用和药用，观赏则包括寓目娱情和比德言志。

从实用用途来说，在古人看来，一切花木，包括毒花恶木没有不能食用或药用的。相传神农氏所著的《本草经》，经过历代补充完善，又被明代李时珍加以具体化，记载了丰富的知识和经验。以花木做食物和用花木防病治病，演化为世界上独一无二的中医学。蜀汉名相诸葛亮就曾经不以功名利禄传后，而是在庭院中栽种了桑树八百株，留给子孙作衣食之源。可见，花木的实用性对古人是非常重要的。

而祭祀是花木实用性的一种转变。《礼记》中记载：诸侯执薰，大夫执兰。这里对于兰草、果实的香气、美味的崇仰和对于先人的爱戴水乳交融，体现了古人花木观念的一个侧面。盛唐玄宗皇帝曾用祭祀过宗庙的樱桃遍赏群臣，使他们受宠若惊。当时任文部郎中的王维欣然作诗曰：“芙蓉闭下会千官，紫禁朱樱出上阑。总是寝园春荐后，非关御苑鸟衔残。”记载了皇家祭祀宗庙后千官品尝御赐樱桃的盛况。《长恨歌传》里曾记载唐玄宗李隆基和杨玉环为了表示坚贞的爱情，就按照陕西民间乞巧的风俗，“张锦绣，树瓜果，焚香于庭”，也就是祭祀瓜果，愿学牛郎织女的风范，世世结为夫妇，被传称为千古佳话。

在对于花木的观赏中，更能体现中国人别具一格的生命感悟方式。古人由于受民族自身儒家、道家思想的影响，从来不把花木当作外在的自然物看待，而总是把它们当成与自己一样的有生命的活物来看待。他们认为，宇宙间无非有三种活的生物：人、禽兽、花木。这三者并无等级上的差别，它们都是天、地的产物。因此，古人给花木的命名也充满了人间烟火气。君子兰、含羞草、仙人掌、罗汉松、美人蕉、湘妃竹……仅从这人格化的名称，就可见人与花木亲密相间的程度。

古代的文人士大夫对花木有着深厚的乡情。对他们来说，做官为宦是违悖人情而落入尘网的事情，而只有回归田园才有一种返归故里的欢乐和安全感。陶渊明一想到自己庭院中的“松菊”，亲切之情就油然而生。他返回故里、与花木共处的急切心情不能遏制，“问征夫以前路，恨晨光之熹微”，恨不得一步跨入花木丛中。当他看到自己的大门，并透过栅栏望见亲手所植的花木时喜不自胜，“载欣载奔”地扑向花木的怀抱。其实，在许多文人士大夫的心目中，食可以无肉，行可以无车，寝可以无席，但居却不可以无花木相伴。王子献、杜甫、苏轼、郑板桥好竹，周敦颐、杨万里爱莲，李白、归庄颂牡丹，真让人叹为观止，被称为“竹癖”“莲癖”“牡丹癖”。大诗人白居易曾为自己修建了一所草庐，专门选在远离喧嚣的穷乡僻壤。他描述说：“环池多山竹野卉，池中生白莲白鱼：又南抵石涧，夹涧有古松老杉，大仅十人围，高不知几百尺。日月光不到地，盛夏风气如八、九月时。”白居易也十分喜爱栽树，他在一首诗中写道：“小松未盈尺，心爱手自移”，爱树之情跃然纸上。他完全把花木当成可以友好相处的朋友，似乎只有生活在花木之中才可以避免人世的喧嚣与宇宙共命运。

从上古的三皇五帝时代起，古人就有一种让人望而生畏的信条，即反对“玩物丧志”。这一信条是如此根深蒂固，以至于历代帝王名臣都把它作为重要原则来诫斥子孙。然而当他们在观赏、培植花木时，却从来也没有过自己是否在“玩”花木，是否在“丧志”的疑问。相反在与花木相处的过程中，他们还获得了难以言说的快乐。为什么呢，就是因为他们把花木当作有生命的朋友看待。比如人所共知的“岁寒三友”（松、竹、梅）、“花中四君子”（梅、兰、竹、菊）、“花中十二师”“花中十二友”等说法都表现了以花比人、以人比花的观念。“唐宋八大家”之一的柳宗元，一生坎坷，命途多舛。被贬柳州后，处境愈加险恶，他把栽花种树当作排遣郁闷、化解不良心境的 种乐趣，曾写诗自嘲：“柳州刺史，种柳柳江边。”他还写下这样的诗句：“手种黄柑二白株，春来新叶遍城隅”，抒发栽树给自己带来的喜悦。柳宗元不仅喜爱种树，而且潜心研究种树的学问，颇有心得。他曾写过一篇散文《种树郭橐驼传》，介绍了一套独具特色的种树方法和经验，并由此引申出“治国安邦应顺其自然，与民生息”的道理，不愧是封建社会一位具有“民本思想”的杰出政治家。

明代济南人王象晋的花木逸致可以看作是古人的典型代表。他说：“予性喜种植，斗室傍罗盆草数事……杂艺蔬茹数十色，树松竹枣杏数十株，植杂草野花数十器。”他种植的品种十分广泛。那么，他养花植木的旨趣是什么呢？他说“醉则偃仰于花茵莎榻浅红浓绿间，听松涛酬鸟语，一切升沉荣辱，直付之花开花落。”由此看来，不管是栽植、食用，还是观赏，古人总是把自我融入花木之中。如果说在食用时花木直接化为人体的一部分的话，那么观赏时我在花木中看到了自己的影子和精神气质；而栽植花木的过程又是我的情志、逸趣的实现过程。这样，古人就在“赏玩”花木的心理历程中，完成了自己的生命活动。

直到近代，人们依然非常重视花木，孙中山先生就曾经强调：中国欲强，必须“急兴农家，讲求树艺”。他反复号召人们“造全国大规模的森林”。为纪念中山先生这一号召，中华人民共和国成立后，我国规定每年3月12日，也就是孙中山先生的逝世纪念日，为植树节。

观众朋友，读了《古人的花木观》，我们可以体会到，从古以今，人们对于花木的珍爱程度是很深的。只要人与花木和谐相处，自然能体会到花木带给我们的美好与快乐。希望在绿化美化环境的号召下，大家都能够爱护这些陪伴我们的芳草树木，创造一个和谐的环境。好了，今天的节目就到这儿，咱们下期再会！

（2012年获得山东省电视艺术家协会文化栏目评选一等奖）

## 中国留守儿童日记

夏　斐　刘　赛　陈玲娟　李永帅

观众朋友您好，欢迎收看读书。前段时间，在网络上有一组广为流传的照片，名叫“弟弟要睡着了”，让很多网友落泪。照片中抱着弟弟上课的这位湘西小女孩，今年只有10岁，怀中2岁的弟弟得有20多斤。她柔弱的臂膀上，扛起的是残酷的现实。这组照片，折射出的是现实的无奈和感人的坚韧，让每一个看过它的人产生痛感。看了这些，相信都会想为孩子们的成长尽一份微小的力量。因此，今天我们要读这本《中国留守儿童日记》。

这本书是中国第一部由留守儿童撰写、全面反映留守儿童生活的作品。26个留守的孩子，平均年龄9岁，220篇日记，21个发自心底的愿望，12封写给爸爸妈妈的信，汇成一本12万字感动所有读者的书籍。这群孩子，他们放学回家，没有妈妈做好的饭菜；周末，没有爸爸陪着踢球做游戏。相反，他们要去割猪草、背水、洗衣服、做饭、照顾爷爷奶奶和弟弟妹妹。他们的文笔并不好，由于普遍的类成人化教育，文字多少有些假装老成的痕迹。但就在这些文字中，我们看到了孩子们贫乏的生活和困惑的心灵，“不能再吃了，再吃明天就不够了”，“我会照顾好弟弟，妈妈不用担心”，“爸爸，您要什么时候才回来啊？”这样的句子一次次进入我们的眼中，一次次催生出落泪。

留守儿童，是指父母双方或一方外出到城市打工，而自己留在农村生活的孩子们。根据全国妇联公布的数据，目前全国农村留守儿童的数量超过了5800万，调查显示，超过一成的留守儿童三年没有见过父母。留守儿童问题，日渐成为我国快速发展中一个突出的社会问题，引起了社会各界的广泛关注。本书的编辑组在题记中写道，我们必须要为留守儿童做点什么，这种暌违已久的情感促使我们放弃了选题的市场化评估，放弃了码洋指标，放弃了利润率，放弃了所有的节假日，只为这一本小书的出版而静静的努力。而这本书出版的背后，也饱含着一位乡村教师坚持不懈的努力，他，叫杨元松。

杨元松是贵州省安龙县万峰湖镇毛草坪小学的语文教师，也是26个留守儿童的班主任。

2009年秋，西南五省遭遇罕见的旱灾。杨元松发现，六年级女孩杨海叫每个星期总是因为家中有事要请一两天假。经过询问才得知，杨海叫的爸妈常年在外打工，家中只有她和两个弟弟，他们的生活用水，要用大水壶到很远的地方去背，双休日背的只够用两天。上课期间、下午放学去背就晚了，只能请假。得知这个情况，杨元松深为震惊。为了对留守儿童的生活和用水情况进行全面摸底，他让孩子们把自己生活中的感受用日记写下来，当作摸底的一个依据。

结果，让人震撼，一大堆的问题显现出来：照片中相依为命的祖孙三人，爷爷已经看不见东西，站着的小姑娘叫杨海香。在这样的环境中长大，杨海香早早就懂得了要为明天的生计而打算，当饭菜不够的时候，她只能说“不要再吃了，再吃的话明天就不够了”；女孩杨海叫在日记中写道“我每天读书回来，都能有饭吃，这是我最幸福的日子。而且我在生活中过得很愉快，有时候虽然我们很苦，但过得很快乐。”殊不知，就是这个乐观的孩子，她每天放学回家，要做饭给两个弟弟吃，因为离学校太远，早上天不亮就起床，几乎每天都要到山里去背柴，下雨时还得种坡地的玉米；徐梅的爸爸去世几年了，妈妈常年在外打工，她也带着两个弟弟上学、放学，同样要做家务、种玉米、种菜，同样也要到山中背柴、背水。任劳任怨的徐梅，时刻记得父亲曾经的教诲，她在日记中写道“我记得爸爸说过，他希望我好好学习，将来考上大学，再找一份好工作。现在，我一直记着他的话，我也一直在努力，我也只能这样报答他！”；徐艳的父母全都在外打工，本该父母操心的农活，姐弟三人全包了。操持着整个家的徐艳，在弟弟眼中，比妈妈更亲近……

对于孩子们日记中提到的事，杨元松和同事连续往一些留守儿童家跑了几趟，事实证明，现实比他们日记中记述的严重得多！随着日记的一篇篇堆积，杨元松了解到孩子们的快乐和烦恼，坚强和困惑，乐观和坦然，并深受感动。面对这些，他无能为力，于是决心把这些故事，告诉那些不知道的人们，希望都市的人们能看到山区孩子们的生活状态及精神状态。于是，他将孩子们的日记整理，投给了各大出版社。稿件在各大出版社之间辗转，经费成了最大的难题。杨元松没有放弃，他坚信人间有爱，依然为孩子们奔波着。终于，他的坚持等来了结果。

《中国留守儿童日记》出版了，封面是四张黑白照片，印出留守儿童的笑脸纯朴自然，而他们眼神中流露的心愿，却又让人不由得心酸。孩子们发自心底的愿望，不是好看的衣服和鞋子，不是好玩的玩具，也不是美味的饭菜，而是爸爸妈妈能够陪在他们身边。这些看起来再简单不过的愿望，告诉那些看着媒体的报道，或信或疑的人们，告诉他们这些孩子真正的生活，真正的忧愁和欢喜；告诉那些城市的孩子和大人们，他们的脆弱在这些孩子面前是多么可笑，可以说，没有什么比孩子们稚嫩的文字更加励志。

孩子们的书出版了，杨元松觉得很欣慰。他在书的结尾印上了一句“老师的话”：不要用可怜的眼光看他们，要用赞赏的眼神为他们加油！杨元松希望，即使要为他们修路铺桥，也是我们背后的秘密，不能让他们认为有爱心人士在就万事大吉。现在，书中部分孩子都已经毕业了，至今，没有一人辍学。那个感动杨元松的学生杨海叫，现在依然每天坚持写日记，她说这样能让她记住自己的梦想。

当我们读到这里，节目就要结束了。这本书的出版，能对全国5800万留守儿童产生什么样的影响，我们都不知道，但是，我们坚信，留守儿童需要更多人的支持，需要更多人的帮助。书的前言有这样一段话：如果你是政府工作人员，我们希望你能为留守儿童提一条建议；如果你在电视媒体，希望你为留守儿童做一次节目；如果你在报社工作，希望你为留守儿童做一次报道；如果你供职于网站，希望你为留守儿童做一次专题；如果你是一位普通的公民，希望你为留守儿童发一条微博。让关注和爱护留守儿童不再是特定的一小部分人的努力。我们希望，这些所有的希望都能成为一个个阳光见证下的、善良的约定，我们不必等到巨富才去做这些事，那些在故乡的山峦中守望的孩子们，所要的并不多。

好了观众朋友，今天的节目就到这里，我们下期再会！

（2014年获得山东省广播电视协会专题片评选一等奖）

# 第三章 艺 文

## 第一节 散 文

### 偕行创新一路歌

——昌邑市广播电视局改革发展纪实

王沛盛 张惠福 陶志明

当日历翻到2006年4月26日的时候，昌邑市广播电视局被山东省精神文明建设委员会命名表彰为“2005年度省级文明机关”的消息通过当日《大众日报》第九版的转载，迅速传遍齐鲁大地。了解内情的人都说，昌邑广电局被评为“省级文明机关”，关键是有一个团结奋进的领导班子和一个勇于创新的带头人。昌邑广电局的发展有目共睹，这个“省级文明机关”名副其实。

#### 为受众准备丰盛的精神大餐

昌邑局实行局、台合一体制，担负着广播电视宣传、发展有线电视网络、行业管理、机关管理等工作，搞好宣传是局里的中心任务和头等大事。怎样才能把宣传工作搞好呢？带着这个问题，领导班子成员主动到上级业务部门和兄弟县市区取经学习，广泛征求社会各界对广播电视工作的意见，深入乡镇、村、户了解昌邑电视台播出节目的收视情况。当征求到昌邑电视台存在播出节目时间短，自办节目少，信息量小，时效性差这一意见后，2004年投入100多万元，购置了新型的电视播出发射设备和节目制作设备，昌邑电视台的节目由日播出时间晚上6小时增加到白天晚上播出16个小时，《昌邑新闻》由原来只在晚上播出改为早、中、晚滚动播出。《昌邑新闻》由每周制作3次改为每周制作5次。在继续办好原有专题栏目《昌邑纵横》的基础上新开辟了《潍水两岸》《警方报道》和《经济生活》等鲜活栏目，实现了“全天有本台节目，天天有自办节目”的新目标。

为增加节目来源，昌邑台组织建立了乡镇电视报道组，其任务是及时向昌邑台供稿。同时还与市委组织部、市公安局搞好节目联办，丰富了荧屏，节省了开支。自办节目的增加，改变了过去大放像厅的模式，走上了节目立台的新路。这一问题的解决，得到了市委、市政府领导的表扬和观众的好评。许多电视观众自发的给昌邑电视台送锦旗和感谢信，观众这样评说：“昌邑电视台的节目办活了，办到我们心里去了。”群众称昌邑台的节目是政策宣传员、致富指导员、问题解答员、信息传递员、文化娱乐员，收视率迅速提高。

#### 心理装着群众多为群众谋利益办实事

近十几年来，以传输节目套数多，画面清晰的有线电视深受广大电视观众喜爱。昌邑局从1992年开始发展有线电视，到2002年共发展有线电视用户3万户，占全市总户数的20%，发展速度相对较慢。怎样才能加快发展速度呢？带着这个问题，局领导班子成员深入乡镇、村庄调查走访，许多干部群众这样说，有线电视好是好，问题就是初装费有点高。在反复论证的基础上，采纳了“出台优惠政策、降低初装费、提高入户率、加快发展速度”的建议，2003年有线电视初装费由每机300元降到每机260元，2006年初由260元降到150元。在降价这个问题上有的同志提出，“安装费每机300元是经财政、物价部门审核规定的，每户只收150元不是赔本了吗？”局长张亦明这样说：“规定是死的，办法是活的，只要我们心里装着群众，事事处处为群众考虑，为他们谋利益，为他们办实事办好事，群众拥护我们就是对的，就应该坚持下去。”收费标准降低以后，出现了群众踊跃交款争相入网的喜人景象，全市有线电视用户迅速增加到9万多户，占全市总户数的60%以上，有线电视的发展进入了历史上发展最迅速的新时期。

### 党和政府交给我们的任何工作都必须干好

国务院129号令《卫星电视广播地面接收设施管理规定》第九条规定，个人不得安装和使用卫星电视广播地面接收设施。第十一条规定，违反本规定，擅自安装和使用卫星电视广播地面接收设施的，由广播电视行政部门没收其安装和使用的卫星电视广播地面接收设施。从上述规定来看，国家通过法规的形式授权广播电视行政部门搞好行政执法和行业管理。谈到行政执法是没人愿意干的事，困难很大。原因是与违法行为做斗争带有危险性、复杂性和艰巨性。“有困难我们就不干了吗？党和国家交给我们的任何工作都必须干好！”局长张亦明同志斩钉截铁地说。从2005年初开始昌邑局把查处非法销售、安装使用卫星电视广播地面接收设施工作，列入了广播电视管理的重要内容，成立了由局长任组长的行政执法领导小组，设立了由5名执法人员组成的稽查科，具体从事行政执法工作，投入20多万元配备了执法车辆、摄像机等必备用具，规范了15种执法文书；同时加大了宣传力度，除走村串户发放宣传材料外，还充分利用广播电视依案说法，宣传广电法规。

在此基础上，采取群众举报、巡回检查和联合执法等办法，对不法行为及时查处。从去年初开始至今年上半年共查处非法安装的卫星电视广播地面接收设施1300多座。营造了人人自觉维护广播电视发展环境的良好氛围。

### 以人为本构建和谐机关

张亦明同志在谈到内部管理方面常说：“我们要给想干事、会干事、能干事的同志提供机会，在局里干部职工中打造一个公平竞争的平台”。在搞好宣传、技术事业、行业改革的同时，积极推行用人机制上的改革。2005年出台推行了《关于实行“四定”的实施方案》实行全员竞争上岗和优化组合。在分配制度上，充分体现效率优先兼顾公平，多劳多得的分配原则，在局内已经形成了干事创业、积极向上的精神风貌。干部职工的积极性和创造性得到了充分的发挥。同志们夸张亦明同志是大家的好当家人。而他始终把“以人为本构建和谐机关”的管理理念放在心上，干部职工过生日，他安排办公室的同志及时送上一份礼物。特别是那张“真诚感谢您对广播电视的奉献，让我们携手共创广播电视的美好未来——张亦明”红色贺卡和感人肺腑的知心话儿温暖着大伙儿的心。哪个职工家庭遇到困难，他总会想方设法帮助解决，职工生病住院他不论工作多忙也要拿出时间慰问看望。是他的一颗爱心把大家的心凝聚在了一起。张亦明同志正憋着劲儿继续创新广电工作。大家愿意和他携手并肩把广播电视事业做大做强，广播电视的明天必然更加美好。

（2006年《中国开发》月刊第8期）

## 让昌南23万人民叫好的提案

张术叁

1990年2月21日，昌邑县广播电视管理局接到了政协委员、岞山水泥厂工会主席赵春党等3人《关于在昌南建立电视转播台》联名提案，内容是昌邑电视差转台建成以后，由于信号覆盖范围小，昌邑南北狭长等原因，南部6处乡镇23万人民看不到昌邑电视节目。提议在昌南建立电视转播台，满足昌南人民收看昌邑电视节目需求。

昌邑市融媒体中心党总支书记、主任张术叁

县局认为在昌南建立电视转播台提案适时正确，顺民心合民意，符合广播电视事业发展方向。为把事情办好，首先向县委县政府分管领导汇报情况，根据领导意见，给县委县政府呈上了《关于在昌邑南部建立电视转播台的请示》。县委县政府对此非常重视，召开县委常委扩大会议专题研究。县委书记赵凤池，县人大常委会主任张占博，县人民政府县长赵俭，县政协主席王德仁，县委常委、县纪委书记翟振序及与会领导觉得在昌邑南部建电视转播台，是件造福人民的好事，一致同意建台，安排县广播局办理，所需资金55万元由县财政拨付，很快批复。

3月2日，县局接到批复后，局长尹海瑞立即召开班子扩大会议，研究落实措施。大家认为建台面临选址、资金、技术、设备、频道、施工、工期等诸多困难，单靠本单位力量难以实现，应对外争取上级机关和社会各界支持。对内必须加强领导，明确责任，抓紧筹办。会上成立了由局长尹海瑞任组长，副局长王沛盛任副组长，办公室主任谢吉林，技术科科长张永柱，副科长张新立、葛立度，原机务组组长马君福为成员的太保庄电视转播台筹建工作领导小组。办公室负责组织协调和后勤保障，技术科负责制定技术实施方案方案、考查购进设备，建台正式启动。

尹海瑞向潍坊市广播电视局详细汇报了有关情况，潍坊市局领导很支持建台，答应尽快帮着办理频道审批手续，安排副局长崔茂公、技术科科长肖庆祥负责现场技术指导。选建台地址、写请示审批频道、发射机功率，选择设备生产厂家，论证所上设备配套性能、找施工队施工等项工作同步推进，建台工作进入倒计时状态。

崔茂公、肖庆祥同县局工程技术人员为选好地址，早出晚归，奔走北孟、丈岭、岞山、太保庄等乡镇，查看地形、测算高度，计算覆盖范围。经论证初步确定选址在太保庄乡，优点是海拔高度相对高，且乡广播站内有空地便于竖立铁塔。太保庄乡党委政府听说在本乡建转播台，能解决昌南群众看电视的问题，还能为当地增加地表亮点，表示给予密切配合鼎力支持，选址问题迎刃而解。为铁塔基础施工方便，用太保庄建筑施工队，就近可靠，质量保证，价格合理，不误工期。省厅很快下达批文，太保庄转播台使用频道21，发射机功率分米波300瓦，为购置设备提供了依据。

县局与太保庄之间的空中直线距离38公里，从空中接收的信号微弱，不能作为转播台的信号源来使用。为解决信号源，崔茂公、肖庆祥在实地勘验的基础上，提出了指导性意见，经论证后定了下来。采用微波传输信号，选用邮电部通信设备制造厂生产的收发信机和发送接收天线，在县局铁塔上安装微波发送天线，在电视机房安装发信机，用微波7波道向太保庄转播台发送信号，在太保庄铁塔上安装接收微波信号天线，在机房安装收信机，将昌邑台信号接收后，用鞍山广播电视设备厂生产的分米波300瓦发射机21频道转播昌邑台节目。

在太保庄建立转播台，覆盖面需要东、北方向宽，西、南方向窄，如果采用全方位环形全覆盖，需要加大发射机功率，提高铁塔高度，增加财政支出，并且按照国家有关规定，转播台的功率不能超标。假如发射机功率小，在饮马一带和东部的塔耳堡镇仍然看不好节目。如何做到投资省、效益高，科学有效覆盖呢？在反复论证基础上，决定选用四面定向偶极子天线，定向天线的好处是向北发射的信号强，东西中等，向南发射的信号弱，这个方案投资少，效果好。

建转播台必须有铁塔，铁塔制造学问很大，技术指标要求很严，需要根据当地气象资料、地质结构，发射机功率，覆盖范围等数据综合计算后确定铁塔高度，还不能违背经济、实用、美观、坚固的原则。为保险起见，县局决定选用中央广播电影电视部设备制造厂生产的铁塔。6月份，与鞍山广播电视设备厂，邮电部通信设备制造厂、中央广播电影电视部设备制造厂、太保庄建筑公司等有关单位签订了相关合同，建台工作有序推进。

县委、县政府、县政协对建台很关心，县局每月分别回报一次进度情况。县委书记赵凤池还特别强调“春节前要建好太保庄电视转播台，让昌南人民看到昌邑节目。”技术科人员住在太保庄乡检验铁塔基础工程质量，装修粉刷电视发射机房，按天数着赶进度。

张永柱在考查设备的时候，发现购买两部微波电源需花二万七千多元，为了节约开支，便产生了微波收发信机买，微波电源自己装的想法，得到领导支持。在没有实验室，技术资料不足的情况下，同张新立一起，白天搞施工，晚上搞试验。十多个晚上一直拼到三点多钟，终于用两部旧五百瓦广播扩大机，改装成使用性能良好的微波电源柜，节约资金二万五千多元。

县局定期电话询问各生产厂家设备生产情况，保持密切联系。9月初，微波设备、电视发射机等都能按合同要求时间供货，唯独铁塔生产还没安排。9月20日，县局排张永柱、马君福到铁塔厂询问情况，督促尽快生产。到了铁塔厂以后，答复是铁塔合同太多，先做大型塔，昌邑是小塔还没安排上，并答应尽快安排。

时间转眼进入农历腊月，铁塔生产仍没有消息，一家人都很着急。初三，尹海瑞安排王沛盛、张永柱到铁塔厂去催办。二人到达铁塔厂一看，定合同的销售科梁科长已调换岗位，是值班员索宝接待的。索宝说，厂里领导班子调整，新老班子还未交接，职工已经放假，铁塔生产要等到春节以后。二人一听，心一下子凉透了，这样不行，找领导，做工作，一定要安排生产，一定要让昌南人民看上节目。

在索宝的引领下，二人见到了分管生产的栾部长，栾部长50多岁，勇于担当，处事果断，在厂里很有威信，交谈中得知老家是高密的。听说是老乡，感情马上近了很多。二人详细和栾部长汇报了整个转播台建设情况，县委县政府领导的要求，昌南23万人民的热切期待，合同签订时间，安装时间等具体详细内容，恳请栾部长组织安排生产，为昌邑人民办件好事。

栾部长听了汇报以后，计算了一下，铁塔生产7天，运输3天，安装3天，时间还来的及。当天晚上召开了销售、生产、运输、安装科室负责人会议，通知已经放假的工人明天上班，按期完成，二人千恩万谢。腊月二十，65米高的铁塔在太保庄竖起，铁塔厂、鞍山厂、通信设备厂的工程技术人员20人汇集在太保庄，密切配合，昼夜组装。二十三晚上，也就是辞灶那天，太保庄电视转播台各项设备安装完毕，试播成功。从此，昌南六处乡镇23万群众看上了昌邑电视差转台自己制作的节目，收视效果非常清晰，就是在县局机房，也能收看到太保庄转播台发射的信号。

转播台开播成功以后，县局安排办公室主任谢吉林等人专门到水泥厂回访。赵春党非常满意，高兴地说，我们都看见昌邑的电视节目了，很清楚，一点雪花也没有。你们办了一件大好事，我感谢你们，昌南人民感谢你们。我还要向赵凤池书记汇报，提议表彰你们单位。昌南的干部群众欢欣鼓舞，如愿以偿，一段时间经常接到昌南干部群众的来电，他们感谢县委县政府领导的好，政协提案好，广电部门办的好！1992年2月，县局受到县政协的表彰，被评为提案办理先进单位。昌邑政协建良策的形象，也在人们的心中越来越高大。

（在潍坊市政协庆祝中华人民共和国成立70周年征文中此文为昌邑唯一一篇入选文章，编入潍坊市政协编辑出版的《我与政协同行——庆祝人民政协成立70周年》一书）

## 小喇叭：从墙上挂到随身听

王沛盛

（2018年4月9日）

昌邑的广播事业从1950年建立收音站悬挂小喇叭开始的。随着昌邑政治、经济、文化和社会各项事业的不断发展，小喇叭实现了从墙上挂到随身听的历史巨变，从无到有、由弱变强的进步满足着人们对收听广播节目的需求。

最初，农村没有广播，文化生活非常贫乏。每到冬闲时节，老少爷们能听说书人说上一段“杨家将”“三国演义”“水浒传”等历史故事，就算是享受文化盛宴了。

当年收音站的职责是负责收听、记录中央和山东人民广播电台的记录新闻、政令及重要文稿，送领导参阅；组织干部职工收听重要广播；根据中央、省电台的一周节目预告，有针对性地组织收听上级领导讲话和国内外、省内外的重要新闻；根据需要将记录新闻稿复写、油印，在机关和群众中分发、张贴、登黑板报，扩大宣传范围。当时收音站在传达中央的各项方针政令方面，发挥着重要的作用，这是我市（县）广播事业发展的起点。

1958年3月15日，昌邑县广播站正式成立，在“五一”节正式播音。站址在县人委（现昌邑宾馆）机关院后，明代王氏仪沟旧段荷花湾东岸。站内新建平房10间，设备为两部扩大机加一架简易控制台，以300米铁线通向邮电局，借用电话线对各公社进行广播。对于新开播的广播站，人们充满着新鲜感和神秘感。开播时收听者达10万之众，成为全县“五一”节三大喜事（县报社成立、县广播站开播、县发电厂建立）之一。尽管当时广播站设备虽然简陋，但在习惯于固守家门的城乡百姓眼中，有线广播是了解外界重要的手段。他们将听广播当成劳作之后的一大乐事。

鉴于有线广播在农村的特有地位和重要作用，公社广播放大站相继建立。先是在1959年，城关、围子、夏店、岞山、柳疃、龙池、卜庄、饮马、北孟9处公社同时建成；而后在1960年，双台、东冢、宋庄、石埠、丈岭5处公社全部建起了简易的广播放大站。至此，全县14处公社全部建起了简易的广播放大站。

1969年，公社广播放大站全部改建成二级馈电广播放大站，实现了有线广播的全面覆盖。起初，4元一只的小喇叭一般只配备给学校、机关；而后，普通家庭也在省吃俭用中陆续被添置，成为社员家中唯一的“现代化设备”。文化生活的匮乏让农村大众对收听广播很感兴趣。夜晚，一家人围坐在炕头，收听着来自北京的声音；户外乘凉时，轻摇蒲扇的大伙儿坐在街头线杆下沉醉在文艺广播中。

1970年，全县出现了架专线、搞普及、大办广播事业的热潮，“村村通广播、户户有喇叭”成为有线广播的亮点。1973年架设县至公社广播线路167杆公里，296双线公里，实现县城到公社广播线路专线化；架设公社至大队广播线路985杆公里，2444线公里，实现公社到大队广播线路的专线化。1975年，全县16处公社，751个大队常年通广播，13万只喇叭通过整网达到“四有三不靠”的标准要求，有线广播入村率达到100%，广播喇叭入户率达到95%以上。备受欢迎的小喇叭也被冠上了政策讲解员、信息宣传员、技术指导员、天气预告员“四大员”的名号。

1986年6月15日，昌邑县广播站经山东省广播电视厅批准改为“昌邑人民广播电台”（仍为有线）。站改台后，有线广播到了鼎盛时期，在电视进入昌邑之前，广播为媒体传播的主角。每天由建站之初的每晚播音一次增至早、午、晚三次，节目也由单一型向多样化迈进，除收转上级台节目外，还开辟了《昌邑新闻》《为农民服务》《文山南北》《潍河两岸》《今日半小时》《卫生与科技》《经济节目》等十多个固定栏目。之后，各乡镇普遍开办了自办节目，对促进改革和活跃群众文化生活，发挥了积极作用。到上世纪九十年代，由于电视的普及全县广播喇叭逐年减少，入户率也逐年降低。1994年，昌邑有线广播电台自办节目陆续停办，只转播上级台节目。2003年4月，昌邑有线广播电台停止播音。

随着形势的发展，无线广播以其传播迅速、收听方便、覆盖面广、感染力强等独特优势，深得群众喜爱。为充分利用好广播这一媒体资源，进一步扩大昌邑新闻宣传的影响力，满足社会各界朋友和广大人民群众希望听到广播节目的共同愿望，2006年9月12日，昌邑人民广播电台调频频道建成并正式开播，调频频率为103.6兆赫，覆盖全市及周边县市区数百万受众。昌邑人民广播电台调频开播时，除转播中央、山东电台的新闻节目外，还开设了多档直播节目和录播节目。广播节目从早上5点55分开始播音到晚上23点结束，每天播出17个小时。到2012年全天播出24小时，在播出时间上实现了无缝隙。

2017年元旦，电台对广播栏目进行了全新改版，精办《昌邑新闻》《昌邑龙门阵》《健康好滋味》以及《熟读深思》《四点半之声》《天天闲嗑牙》等新闻、文化、生活、音乐、评书类十几档栏目，还开设了《爱于心践于行公益宣扬》栏目，受邀的130余人走进了电台的录播间。你一言，我一语，好声音，正能量在昌邑大地广泛传播。持续举办的活动更是扩大了广播的影响——新春最美笑容评选、我对电台说句话、峻青诗歌朗诵会、阅读日赠书、母亲节送鲜花、全城派送、六一节送礼物、父亲节征文、青少年诵读大赛……而同时创办的“昌邑之声”微信公众号，运作爱心团、车友团、吃货团、观影团，专门组建的20多人的听评员队伍，也在不断提升着，扩大着电台影响力和美誉度。

2017年8月29日，我向昌邑人民广播电台投了一篇题目为《龙池伏击日本兵》的稿件，入选了《昌邑龙门阵》栏目。播音员提醒我关注一下“昌邑之声”公众号，说在公众号中可以复听。于是打开手机，按照页面提示，轻点声音按钮建后，播音员悦耳的声音随之响起，再看题目下面还编辑着图片和文字稿，顿觉耳目一新，不禁为这种发展感到惊喜——上世纪的小喇叭变成了现在收音听、手机听、随身听、选择听和回放听……

中共昌邑市委老干部局副局长付振永（左一）把获奖证书发给获奖作者王沛盛

（2018年6月，在全市离退休干部“记忆·潍坊”征文活动中，此文被中共潍坊市委宣传部、中共潍坊市委市直机关党工委、中共潍坊市委离退休干部工作委员会、中共潍坊市委老干部局评为二等奖。2018年12月，在昌邑市纪念改革开放40周年征文比赛中，被中共昌邑市委宣传部评为二等奖。刊登在《丝路长歌》《见证辉煌》《昌邑政协》《乡村故事会》《潍坊日报·今日昌邑》等报刊书籍上）

## 绿荫叠翠靓昌城

王沛盛

居住在或是到过昌邑城的人，都会有一个共同的感觉，小城美，美就美在文山潍水和人造园林巧妙的融合为一体，形成独具特色的生态园林城市，“石渠穿城过，潍水依山流，小城隐绿树，美景不胜收”，这便是对小城的真实写照。

我住在石渠中段滨河大道天水路辅路东侧的“广电家园”。南邻是昌邑宾馆和新建的集购物、休闲、娱乐、电影院于一体的恒鼎新都汇大型超市。西侧是中百商场、新嘉国际大酒店、新华大厦、全福元超市和中央大道地下商场。这里是最繁华的商业区，又是旧城区中依绿傍水的风景区。天长日久，石渠的美丽便深深地烙印在我的脑海中。

石渠很美，两边装有霓虹灯不锈钢护栏和高低错落的亲水平台，水上乐园“丹凤朝阳”潇洒飘逸、“秀外慧中”亭桥玲珑，小型公园清新洁雅，石雕、凉亭、小桥、假山、广场藏身林中。辅路两边五角枫、法桐树成荫相戏，树下别致的绿化带内花木装点。石渠西边的滨河大道天水路两侧五角枫、银杏树东西两排，把这条商业步行街装扮的瑰丽多姿。

石渠是一条灌区。春秋时节，渠里时常有清澈的流水，在两厢那些豪华亮丽的商厦、宾馆、小区楼群的映照下，自峡山水库而来，穿城流入昌邑西北部的万亩良田。每当此时，我便踏上石渠横桥，领略其卓砾的丰姿，便见流水潺潺清波微荡，举目望去像明镜绵延，镜中映照着蓝色的天空洁白的云朵，两岸花草树木枝繁叶茂，高中低层次分明对称映照在水面，左右两边双倒影，俯首可见水中天，给人一种人在空中走云在足下游的美妙遐想。

春夏秋三季，石渠横桥上鲜花锦簇，与行道绿化带和宾馆、商厦、小区绿化体连成一片，紫的、红的、黄的、粉的、白的五光十色，月季、木槿、菊花、美人蕉、一串红、四季梅、百日红争奇斗艳，成为花的海洋，绿的世界，微风吹过，清新的空气中送来缕缕花香。

以交通街为界，城区南北分为新旧两区。旧城的美丽、繁华、宜居令人赞叹，新区的豪放、气派、新潮让人叫绝。新区以平安街为主线，两侧建有城市行政中心区、度假休闲区、文山中学校区和市文化广场。文化广场恢宏亮丽气势磅礴，象征“丝绸之乡”的建筑物分外夺目，“地标建筑红飘带，锦上添花放异彩，珍稀花木两边置，清许环绕引蝶来”是对文化广场的形象描述。

南北走向的天水路石渠水系与东西方向的平安街水系交融相汇，至平安街大桥与潍河水系相连。走上潍河大桥会让人有一种“会当凌绝顶一览众山小”的感觉，南北遥望，天蓝水碧，鳞波银闪，大桥因碧水环绕显得分外宏伟，碧水因大桥的宏伟而显得更加秀丽富有灵气。大桥以北有两座新建的橡胶坝，峡山水库汛期弃水时河水漫过橡胶坝向北溢泻，形成一道道平直滑润的瀑布，似锦缎如银帘巧夺天工，河水清纯甘甜鱼虾丰盈，岸边树木茂盛林荫遮掩，成为人们观光、垂钓、休闲的好去处。

站在桥头向西瞭望，国道宽阔平坦，黄白道线清晰醒目，来往车辆有序井然。两边是绿色长廊景观花园带，花园内曲径绵延草木繁茂，灌、花、草、石层次分明，一步成景步步皆趣，让人赏心悦目，气爽神清。

这条道穿越昌邑城区东西而过，遥望城区是绿色海洋中高层建筑星罗棋布的生态城市景象，走进掩映在绿色中的昌城，宽阔笔直的街道，错落有致的楼房，清丽洁净的碧水蓝天……特别是一条条，一块块独具特色，不胜枚举的景观绿化带和城中袖珍花园、公园，成为一个个让人激情澎湃的亮点，点缀在商业、小区、学校等各个角落，让人目不暇接。俯瞰城区已经形成“城路绿化为环，街道绿化为线，公园绿化为面，单位庭院绿化为点”的绿色格局。

桥头以东是“中国北方绿化苗木基地”的围子街道万亩优质苗木园区和地处宋庄社区的“中国（昌邑）北方花木城”“中国（昌邑）北方绿化苗木博览会”的展示交易大厅，厅外12万亩400多种苗木一片黛绿一片金黄，微风吹过绿浪摇曳，厅内奇花珍苗千姿百态争奇斗艳。赏绿观景时我曾有感而发，顺口吟诵出一首赞美小诗，“樱花如火情浓郁，美人梅奇斗艳开；常夏石竹翩跹舞，玉兰幽香逸园外。雪松展臂喜迎客，红叶槭树他乡来，银杏心蓄千年意，绿树摇变黄金槐。”以此赞美这醉人的景象。

大桥下面，潍河两岸是“潍水风情湿地公园”。走进公园，您可以一睹苗木大市的风采，园内建有广场、水体、园路、沙滩、石景、栈桥、亲水平台、音乐喷泉等休闲娱乐区和琼花园、海棠园、丁香园、碧桃园、秋景园，玉兰园、观鸟亭等观赏风景区。漫步潍河林带，杨柳含烟，玉树萦绕，沿着曲径通幽的林间小路，聆听百鸟畅快的高歌，看花团锦簇，蝴蝶纷飞，英姿万千，真可谓如梦似幻。

小城的人们用勤劳和智慧建设着自己的城市，爱绿、造绿、护绿成为一种时尚。小城的人们尽情享受着绿色带来的清新生活，并全力谱写好新的更加灿烂辉煌的绿色篇章。

（被中共潍坊市委宣传部 潍坊市文学艺术界联合会、潍坊市创建国家森林城市领导小组办公室、潍坊市林业局评为优秀奖，编入《诗意画廊·森林潍坊——潍坊市创建国家森林城市文学作品征文选》一书）

## 电视那些事儿

宋建文

我第一次听说电视是在1978年快过春节的时候，是从庆仁嘴里听到的。那年我八岁，对“电视”这种东西百思不得其解。

庆仁年近半百，刚从省城他大哥家回来。听村里人说，庆仁的大哥是老革命，打过日本鬼子，如今在省里当官。庆仁从省城回到村里神采飞扬，说他哥给了大包小包的东西，还说在他哥家里天天能看见中央领导。

村里人说他吹牛，嘲笑道：“你大哥家难道是人民大会堂？中央领导都要去？”

庆仁顿时急红了脸，攥着拳头很肯定地说：“我说的是真的！我哥家里有电视！电视放新闻，中央的大官就会出来。”

我和同龄的小耍伴来顺就是从这里第一次听到电视的。跟村里人一样，我们想象不出电视是什么样子，也猜想不出当官的人怎么会在电视里。后来，我跟来顺还因为电视长什么样而争吵过。我说它是圆的，顺来说它是方的。

昌邑市融媒体中心副主任、昌邑人民广播电台台长宋建文

直到1981年，俺村有了第一台电视，我才承认顺来说的对。那年秋天，家境一般的春华家忽然有了电视机，村里人争先恐后地跑去他家看稀罕。这是一台12英寸的黑白电视，是定居香港的叔叔回村探亲时送给春华的。从此，春华家成为村里最热同的地方。每到夜晚，一群人围着一个小黑白电视，无论电视里放什么，没有人交头接耳，全都凝神注目。电视频道似乎只收到两个，而且白天没有节目，一般晚上六点后才开始，到10点后就停止播出。当电视里播放结束曲时，人们起身离开，走的时候一步三回头，还要多盯屏幕几眼。

有一天晚上，看电视的人散去后，春华关好家门正要睡觉，忽然发现来顺蹲在墙角处。春华感到奇怪，就问：“你不回家，咋在这里躲着呢？”来顺支吾着回答：“我今天看电视被挤在外边了，我在这里等着明天早早地抢个好位置。”

1982年，俺村实行了家庭联产承包责任制，村集体购买了一台21英寸的彩电。每到傍晚，大人孩子就会拿着小板凳去大队院子里抢位置。电视机放在一个很高的地方，院子里挤满了乡亲，里三层外三层，还有很多人站在后面抬着头看。有时接收信号不好，荧屏就会忽闪，也经常出现“雪花”，就要人时不时去调整一下天线。这时，人们耐心十足，眼睛一直盯着电视，生怕错过什么。

电视成为人们装在心底最美好东西，家家户户向往着能拥有一台。村里有个老人，得了重病将去世的时候，家人问他还有什么心愿，他说希望给他用纸糊一台电视……

1984年，来顺的哥哥到了说亲年龄，家里给他说定了一门亲事。在购买结婚物品上，来顺家答应买手表、自行车、缝纫机，而女方则要求必须买台电视。两家商量来商量去，最终因为买不起电视而散了一段姻缘。

上个世纪八十年代后期，尽管我国电视生产量大幅提升，但对于农村来说，有电视的家庭屈指可数。那时，电视技术设备还不稳定，每周二下午还是全国电视台停播检修时间，打开电视。所有台统一都是一个圆的电视色彩测试卡的图像。

改革开放头十年，村子里拥有电视的家庭不过十户，大多是家中有在城里上班的工人，托了关系才能买回一台。这些电视，黑白的居多，一般14英寸、17英寸大。电视机在那个年代是一件“奢侈品”，谁家买了电视在村里简直就是大新闻，让人羡慕不已。家家对电视倍加珍爱，把它摆放在家中最显眼的地方，不看的时候还要蒙上一个布做的电视套。

村里人大多还不富裕，但电视的到来无疑开拓了人们的视野，潜移默化中打开了一扇心灵的窗户。1986年，来顺初中毕业没有考上高中，就回家务农了。后来，他先跟着一个建筑队打工，然后又摆摊卖起了鞋子，再后来他在乡政府驻地租了个门头，开起了鞋店。

等我再见他的时候已是1995年在他的婚礼上。他在村里新盖了五间瓦房，宽敞明亮客厅里除了皮沙发、茶几等家具外，一台长虹29英寸平面直角遥控彩电摆在电视柜上，荧屏中央还贴了双喜。村里人都说来顺赚钱了，来顺只是咧着嘴笑。

随着改革开放的逐步深入，我们村一些头脑灵活的人或者做买卖，或者种养殖，或者外出打工，越来越多的村民开始有了积蓄。进入九十年代后，彩电市场进入大发展时期，创新的步伐越走越快，电视品种已由早期的黑白进入彩色，荧屏由球面到平面，再后来大屏幕等离子、背投、高清晰度等彩电技术应景而生。我们村彩电拥有量已经达到了三分之一，电视渐渐不再“物以稀为贵”。

2000年后，来顺不再卖鞋，他开起了饭店，尔后又贷款买了一辆商混车，专门给一些建工地提供商品混凝土。做了几年，他成立了一家工程公司，竟成了小有名气的老板。

在人们经历艰辛的事业打拼中，电视机在新世纪愈发高歌猛进。据资料表明，1977年，我国电视机年产量20万台；而到2017年，中国彩色电视机产量已超过1.7亿台，排名全球第一。电视机技术也经历了从显像管到平板再到数字高清、超高清的技术变革。目前，我国在电视机领域已拥有多项世界领先技术，自主品牌的份额超过了全球30%。现在，在世界各地的家电商场都有中国品牌的电视机，而且一些品牌还被摆放在高端产品柜台。与此同时，中国电视节目生产量也位列世界第一，绝大部分电视频道不仅实现了24小时播出、中央广播电视总台还在今年10月1日开播了国内第一个上星4K超高清频道，覆盖全国22个省、市、自治区的有线电视网用户，成为全球覆盖用户最多的4K频道。当下，不管城镇还是乡村，家家户户都有了彩电，电视已经成为人们生活中一件普通的东西。

如今，来顺全家在市区里买了二百多平方米的电梯楼房，在客厅里放置了一台65英寸4K电视，可以语音开关机。他还给两个卧室也挂上了电视，数字机顶盒、网络机顶盒与之连接。近二百个频道看都看不过来，还可以点播、回放、录制，功能多的甚至无力顾及。

看着电视上清晰的画面，来顺总是感慨不已，“我们都经历了电视机从无到有、从小到大、从黑白到彩色、从‘大屁股’到超薄、从树天线到接入网络宽带的过程。几十年来，以前是‘奢侈品’如今早已成为每个家庭的‘标配’了，我们享受到了原来想都不敢想的生活。饮水思源，这背后的原因啊，就是党领导得好，就是改革开放好！再过几十年，我们的子孙后代，一定能够过上更加幸福的生活！”

（刊登在市政协《见证辉煌——纪念改革开放40周年昌邑文史资料汇编》一书）

## 昌邑电视“70”后

张术叁　王沛盛

朋友，当你看到文章题目，会想到人们把上个世纪七十年代出生的人称为“70”后吧？为了便于记忆，我也称昌邑电视为“70”后。因为1970年以前昌邑没有电视信号，也没有电视。在昌邑，电视机是1971年才有的，掐指一算，也就四十九个年头。四十九年中，随着社会发展进步，人们家庭文化生活发生了翻天覆地变化。经历了电视机从无到有、由小到大、从黑白到彩色、从彩色到智能；电视节目从收看一套到多套的历史性巨变！昌邑电视事业也走过了从电视差转台到昌邑电视台，从无线覆盖到无线、有线、网络混合覆盖，从模拟信号制作发送到数字信号制作发送的闪光历程。

1971年10月，山东电视台第一部7.5千瓦黑白电视发射机在泰山顶上安装调试成功，随后大泽山、青岛、蒙山各安装了一部1千瓦电视发射机，从此山东大部分地区可通过电视机收看电视节目。11月，山东省革命委员会广播局首次分配给昌邑县广播站一台14英寸电子管黑白电视机，这是昌邑第一台电视机。初次见到电视机，大家充满新奇神秘感，技术人员按照说明书提示，在院内架起了十五六米高自制天线，把天线小心翼翼与电视机连接在一起。第一次打开电视机屏幕上满是雪花，喇叭发出沙沙的声音。经过找方向，调频道，反复调试，才影影绰绰看见电视信号。由于距离信号源远、信号弱、杂波多、干扰大，幅度不稳定，图像不很清晰——这就是昌邑电视事业发展起点。

1975年9月15日，山东彩色电视试播成功，人们能收看到彩色节目。10月，县广播站购进第一台日产松下牌29英寸彩色电视机，收看大泽山转播台转播的节目，效果不太清晰，屏幕上时常出现杂波。虽然这样，附近还是有不少群众来看电视。为了方便群众，技术人员每天晚上在院内摆上一张桌子，上面放上电视机，供人们欣赏。来看电视的人都很自觉，各自带着小凳子、小马扎，围在电视机旁，津津有味地看节目。人多时来晚了就在电视机旁边和后面听声音，直到屏幕上出现“再见”时，才恋恋不舍离开。

1983年春，为让人们看好电视，县广播事业局主动向县委县政府和潍坊市广播局反映情况，申请建立电视差转台，均得到大力支持，县委县政府安排财政局根据需要拨专款用于差转台建设。12月10日，昌邑电视差转台建成开播，县局在大泽山安装100瓦米波电视发射机一部，借用大泽山电视转播台信号，定向向昌邑发送信号。县局在平房内安装100瓦米波电视发射机一部，院内竖起28米高自制木杆收发天线，转播中央电视台节目，覆盖半径10公里。有了电视信号，部门、单位和家庭都想购买电视机看电视节目。为搞好服务，局里设立服务部，与电视机厂建立业务关系，分批购入，面向社会公开销售。开始是红梅牌、泰山牌，以后又增加青岛牌、牡丹牌等多个品种。电视机很受青睐供不应求，特别是彩色电视机更是抢手货。要想买台彩电，往往要等上半年甚至一年。普通百姓省吃俭用也想买台电视，特别在春节来临之际，能够买到一台14村黑白电视机，也是家庭中一件盛事。

为扩大电视信号覆盖范围，县局从1983年开始加强广播电视基础设施建设，扩大差转台信号覆盖，得到了省、市、县及社会各界大力支持。省广播电视厅拨8万元，潍坊市广播电视局拨1万元，县财政拨10万元，社会集资42.77万元专项用于差转台建设。1985年4月，县局在原县广播站北面建起了五层高1700平方米办公楼，竖起了82.8米高自立式电视发射塔，新购100瓦米波电视发射机两部，接收潍坊电视台6频道信号，用11频道发射信号，覆盖半径25公里。1986年9月，建起地面卫星接收站，电视差转台信号源开始使用卫星信号，收视质量大为改观，昌北17处乡镇45万群众能清晰收看昌邑电视差转台节目。

1990年，县财政拨款55万元，在昌邑南部太保庄乡建起电视转播台，转播台建在乡广播电视站院内，主要设施设备有65米高电视发射塔一座，300瓦分米波电视发射机一部。为解决信号源问题，县局在铁塔上安装微波发送天线，用微波7波道定向向太保庄转播台发送信号，太保庄转播台用21频道转播昌邑电视差转台节目。由于太保庄地理位置在昌邑南部，转播台使用偶极子定向发射天线，向北发送信号强，东西中等，向南弱，节省了开支，提高了效益。从此，昌南6处乡镇23万群众看上了昌邑电视差转台的节目，电视信号覆盖全县。

1992年春开始筹建昌邑电视台，8月购进较为先进的1000瓦分米波电视发射机一部及相关摄录编播设备。9月29日，昌邑电视台建成开播。开播后的昌邑电视台用15频道发射昌邑电视台节目，用11频道转播中央电视台一套节目，覆盖半径35公里。从此，全县23处乡镇街道818个行政村全部收看到中央、省、潍坊和昌邑电视台节目。黑白电视机逐步淘汰，彩色电视机开始普及。2007年12月，市局新购进3000瓦电视发射机一部，播出昌邑电视台生活频道节目。昌邑电视台开路电视信号由原来昌邑综合1套增加到昌邑综合、昌邑生活2套。2010年，昌邑广电大厦竣工交付使用，电视台迁至广电大厦。

为满足群众收看多套电视节目需求，1992年3月县广播电视管理局开始建设城区300兆有线电视网，传送23套模拟电视节目。1996年，完成了昌邑与潍坊有线电视光缆网联网，城区用户由原来收看23套电视节目增加到收看34套电视节目。1998年11月，开始架设市局到各乡镇光缆线路，有线电视开始向农村延伸。2000年5月，全市市到23处乡镇163公里主线路全部架通，网内传送47套模拟电视节目，81套数字电视节目。2005年，市到各村960公里有线电视主线路全部架通，网内用户发展到75233户，入户率50.16%。

2010年7月，全市818个村176176户，从南部划出峠山、丈岭、太保庄三乡镇119个村和饮马镇9个村共128个村28068户归峡山区管理，9255个有线电视用户同时划归峡山区。年底，全市690个村，148108户有13.2万户安装了有线电视，有线电视通村率达到100%，入户率达到85%以上，在潍坊市名列前茅。2011年6月以后，有线数字电视全部普及，网内传输节目套数逐步增加，从收看23套模拟电视节目变为收看200套数字电视节目，充分满足了用户需求。

2009年4月市广播电视管理局（2010年2月改为昌邑市广播影视中心）创办“中国昌邑网”，2017年6月中国昌邑网纳入“智慧昌邑”平台统一管理，更名为“昌邑广电传媒网”。网站以昌邑电视台和昌邑人民广播电台为依托，登载昌邑政治、经济、文化、社会等各方面权威信息以及国际、国内最新资讯。昌邑电视台自办节目开始通过网络传播，覆盖范围进一步扩大，观众要想看昌邑电视台节目可以通过开路电视、有线电视和网络多渠道观看。“中国昌邑网”的创办，满足了不同受众需要，为广大电视观众随时收看昌邑电视台节目提供了更为便利条件。收视工具也从最初固定场所被动看到可通过电视、电脑、手机等多种工具选择看，灵活看，重复看，留存看历史性飞跃，进入全新视界。

（此文被中共昌邑市委宣传部、昌邑市总工会评为二等奖，并在《潍坊日报·今日昌邑》《壮丽70年奋进新时代》专栏登载）

## 昌邑市推进融媒体建设，做大做强主流舆论阵地 打通引导服务群众“最后一公里”

本报记者　宋学宝　都镇强

本报通讯员　王鲁兵　翟世强

12月1日，山东潍坊昌邑市融媒体中心指挥调度大屏幕上显示着各路记者所在位置、采访进度。他们拍摄素材即时回传，节目制片人按照不同栏目特征需求统一调度、个性化制作、多渠道分发，大大提高了新闻采编效率。

10月12日，昌邑市融媒体中心暨融创视听文化传媒有限公司揭牌仪式在该市融媒体中心演播大厅举行，标志着潍坊市县级融媒体中心建设工作又取得一个重要成果。“我市坚定扛牢媒体融合发展政治责任，统筹推进资源整合，在‘融’字上下功夫，在‘新’字上求突破，在‘管’字上做文章，不断提高县级媒体传播力、引导力、影响力、公信力，壮大正能量、提振精气神，为经济社会高质量发展提供坚实的舆论支持。”昌邑市委宣传部常务副部长代选庆说。

记者了解到，昌邑市聚焦媒体融合发展的高效与实效，借鉴其他县市成功经验，结合自身实际，抓好融媒体中心各核心功能建设。该市坚持把融媒体中心建设作为“书记工程”来抓，成立了由市委主要领导挂帅的融媒体中心建设领导小组，制定印发《昌邑市融媒体中心建设实施方案》，明确了融合发展的“时间表”和“路线图”。利用事业单位机构改革契机，选优配强融媒体中心领导班子，把党性强、擅长做新闻宣传工作的干部充实到领导岗位上来，确保机构编制、人员配备的迅速到位。

同时，昌邑市顺应媒体改革发展趋势，在近三年投资1300余万元推进电视事业硬件设施建设基础上，又投资近600万元专项资金，用于融媒体中心建设，为工作快速推进提供了全方位保障。目前，按照“应融尽融”的原则，实现了对电视台、广播电台、报社、政府门户网站、手机报、户外阅报栏以及微信公众号、微博等媒体平台的深度融合，统一办公、统一管理、统一运营，让党的声音传得更开、传得更广、传得更深。

据介绍，昌邑市大力探索媒体融合的新途径、新方法，把融媒体中心建设工作与“智慧城市”建设相结合，发挥融媒体平台聚和作用，推动技术创新、流程翻新、内容更新、效果求新。按照省、市、县三级打通的规划设计，依托省级平台，打造成集内容生产系统、指挥调度系统、融媒直播系统、舆情监测系统、数据分析系统、综合服务系统等一体运作、协同运营的综合性融媒体云平台。同时，他们还设立一体化的新闻采编中心，建立全媒体内容管理系统，具备集中指挥、采编调度、高效协同、信息沟通的基本功能，打通策、采、编、审、发、评全流程，实现“一次采集、分类制作、定向推送、多屏分发”，为创造性地开展舆论宣传工作提供坚实保障。

“我们把融媒体中心建设作为更好引导群众、服务群众的重要抓手，丰富内容板块，完善各项功能，建立新的与之适应的运行和管理体制机制，提升服务效能。成立昌邑市融创视听文化传媒有限公司，实行新闻采编与广告经营彻底分离，由融媒体中心代管，具体承担原广播影视中心负责的广告运营和党政系统广告、会展、演出等业务。坚持移动优先，集中优势力量打造手机APP‘爱昌邑’，制作的内容优先在移动客户端发布。”昌邑市融媒体中心主任张术

10月12日晚，由昌邑市融创视听文化传媒有限公司承办的“昌邑巅峰之夜·群星璀璨演唱会”通过“直播昌邑”的现场直播，实现线上线下同步推进，吸引10万多粉丝在线观看，为群众奉献了一场文化盛宴。目前，昌邑市融媒体中心旗下的“直播昌邑”粉丝量已达44.03万人，访问量达597.26万。自6月份昌邑市融媒体中心筹备成立以来，他们先后开展了“昌邑市庆祝新中国成立70周年暨干部荣退仪式”“青春礼赞·爱在潍水——昌邑市青年集体婚礼”“昌邑市第二届农民丰收节庆祝大会·第三届卜庄镇大陆梨枣节”等直播活动50余场，让群众第一时间、任何地点都可感受到活动现场的热烈气氛。

“我们还开展‘媒体+政务’，对接政府部门技术平台，利用‘智慧昌邑’优势资源，整合提升市大数据中心的政务服务功能，提供申报审批、注册办证、办理社保、投诉受理等一站式政务服务，打造‘指尖上的政务服务中心’，更好地满足人民对美好生活的需要，全力打造新型强势主流媒体。”张术叁说，通过这些举措，真正把县级融媒体中心打造成主流舆论阵地、综合服务平台和社区信息枢纽，着力解决好引导群众、服务群众“最后一公里”的问题。

（原载于2019年12月6日《大众日报》15版）

## 第二节 诗 歌

### 看昌邑建市五周年成果展

尹海瑞

家园作纸绘雄风，信念春晖润振兴。
渤海走廊金玉岸，青山境域翠叠峰。
绸乡华彩连天靓，铸镇革新映日红。
万路千街通广袤，轩昂梁栋载峥嵘。

（原载 2000 年《历山诗词》第 4 期）

### 有感“嫦娥”奔月

尹海瑞

雄姿别厚土，壮举特崇高。
不畏天途险，何言玉宇遥？
刚娥迎异客，蟾兔舞重霄。
华夏千秋梦，相偕盛世遨。

（原载 2008 年《诗词月刊》第 2 期）

### 耕

——档案工作写照

赵赞江

信念的犁铧
执着地
把昨天的历史耕种
人生的真谛呵
在这群山中默默地升腾
心
无私如镜
情比水还浓
沉甸甸的收获季节里
便忘却了脚下的泥泞

（原载 1991 年《中国档案》《昌邑古今诗词》）

### 落 叶

赵赞江

耗尽最后一丝心力
眷恋地
离开母体
溶进秋风里
无怨无悔
在冬雪里
再把自己的爱积蓄
明春
仍愿在枝头
吐露新绿

（原载 1993 年《齐鲁晚报》《昌邑古今诗词》）

### 七绝·老马

王存玉

卸套肩头顿觉轻，还思万里奋蹄行；
百年长路方之半，再驾猿车赶一程。

（原载 2000 年 7 月《昌邑当代诗词选编》）

### 七绝·红叶

王存玉

自知不久枝头上，拼尽余生斗恶霜。
化作新冬旗一面，风中抖擞播春光。

（原载 2000 年 11 月《昌邑当代诗词选编》）

### 北孟特色小城镇

王沛盛

三县交汇北孟镇，蓬勃发展快人心。
过去曾是贫穷地，今日赞声入霄云。
街道平整华灯丽，花木镶嵌春色深。
高楼林立百业旺，特色商品出国门。

（原载 2013 年《文山诗词》第 1 期）

## 赞石埠潍水田园综合体

王沛盛

综合发展第一流，宏伟蓝图任放讴。
祖辈梦想在实现，农家致富乐悠悠。

（原载 2019 年《文山诗词》第 2 期）

## 庆党诞辰八十五周年

元钦圣

驱云散雾艳阳天，猎猎红旗荡宇寰。
推倒三山逐虎豹，弘扬四化振尧天。
清源拨乱神州晟，唤子“回归”盛世欢。
康靖千秋圆美梦，风吹浪打鼓征帆。

（原载 2006 年全国“诗词之乡”诗书画联展组委会编的《盛世华章》一书）

## 咏葡萄

元钦圣

夏去秋高繁衍开，珍珠紫气簇拥来。
仰观恰似铃铛系，俯视如同玛瑙排。
甜蜜“玫瑰”诗万首，清馨“巨峰”戏连台。
果实颗粒凝集紧，贯串联结抗祸灾。

（原载 2007 年《中华诗词》第 12 期）

## 怀师

冯乐友

思念
也是一棵树
老师是根
我是枝
根深叶茂
果硕归根
是我的怀师

（原载 1987 年 9 月 18 日《山东青年报》）

## 我是一棵树

冯乐友

把头颅昂向苍穹
把双足扎下大地
哦，我是一棵树

风儿对我说
撒开你的双足吧
就能找到畅通的道路

鸟儿对我说
开动你的脑筋吧
就能摇曳长青的彩图

云儿对我说
开拓你的智慧吧
就能驶出这寂寞的山谷

然而，我是一棵树
泥土中凝聚着生命的盎然
生活中蕴含着我爱的雨露

（原载 2008 年《文山放歌》）

# 第三节 配乐诗朗诵

## 记者节随想

王沛盛

（乐起）
悠扬的音乐啊，
是记者们对往日的依恋；
《诗情激扬》的盛会啊，
宣告着新征程的开端。
忆往昔，
春华秋实；
四十八个春秋啊，
我们无不为你感念。
“小喇叭”曾把睡梦中的百姓们唤醒，

2006年11月8日，昌邑市广播电视管理局举办《诗情激扬》庆祝第7个记者节文艺晚会。郝勇（左）王沛盛（中）张惠福（右）同台朗诵长篇诗歌《记者节随想》

四十八年的梦想啊，
终于在今年9月12日实现。
昌邑人民广播电台，
昌邑人民广播电台，
现在开始播音……
电波声声成为构建和谐昌邑的号角，
建强市、
创大业、
挤百强、
昌邑人跃马扬鞭。
回想电视阿从无到有，
电视节目从转播到自办。
《昌邑新闻》
《昌邑纵横》
《警方报道》
《潍水两岸》，
每个栏目都不断向精品迈进，
记者们的心啊，
始终与历史使命紧密相连。
四十八个不平凡的春秋啊，
有多少次日夜编辑改写稿件。
四十八年催人奋进的风雨啊，
经历了多少回重大宣传任务的考验，
是大家用辛勤的汗水浇灌着我们的节目，
是一次次艰苦的拼搏，
我们才能在领奖台上摘取桂冠。
我们在品牌栏目上开垦，
我们向精品的领域宣战。
我们在探索中诞生，
我们在歌声中奔向遥远，
这就是昌邑记者的豪迈，
这就是昌邑记者的浪漫。
忘不了啊，
我们是生活在党的温暖的怀抱。
忘不了啊，
我们的办公大楼和高高的铁塔是昌邑人民投资兴建。
从此，
我们才甩开了臂膀，
从此，
我们才能把自己的价值实现。
忘不了啊，
昌邑深厚的文化积淀，
五千年文明历史的传承，
教给了我们做人做事的规范。
团结、
创新、
拼搏、
争一流，
是昌邑记者人生升华的精神源泉。
她使我们的奖杯越来越多，
她使我们的道路越走越宽。
清澈的潍河水啊见证着昌邑广电事业的变化，
古老的文山峡山象征着我们对大地的依恋。
望未来，
任重道远，
当好人民的喉舌是我们的夙愿。
团结，
使昌邑广电团队更加坚强，
创新，
是我们的灵魂和宏愿，
拼搏，
是时代对记者的要求，
争一流，
是我们昌邑记者的誓言。

让我们携手走向未来，
用真挚的爱，
用火热的情，
去拥抱更加光辉灿烂的明天。

## 施工队员之歌

王沛盛

（乐起）
有人说，
有线电视连到的地方，
都留下过你勤劳的身影；
有人说，
看上有线电视的人家，
都传送着赞美你的歌声。
一条条光缆线路的入地和拓展，
都是你用汗水来铺设；
一户户有线电视的安装，
都记载着你青春年华的激情。
奉献，
在每一个施工工地，
日月星辰，
争相作证；
拼搏，
弹奏着你生命的乐曲，
任劳任怨，
无上光荣。
任日晒，
施工何惧三伏酷暑汗水淌，
凭变幻，
钢铁男儿战胜三九逞英雄。
再抹一把流淌的汗水，
再战儿度冰冷的寒冬；
施工队员用青春奏起的交响乐，
回荡在潍水两岸和人民的心中。

（2006 年 11 月 8 日在记者节晚会上王沛盛朗诵）

## 人民需要我

刘景贤

2018 年 11 月 30 日晚，由中共昌邑市委组织部、市委宣传部主办，昌邑市总工会、昌邑团市委、昌邑市妇联、昌邑市广播影视中心、昌邑市义工联承办的《我们手拉手　永远跟党走　春风十里只为你——昌邑市义工联合会成立 10 周年公益晚会》在昌邑广电演播大厅举行。图为演出结束总导演刘景贤与主持组合影。（左起王宇林、李慧娟、刘景贤、姜莲莲、孙志超）

（乐起）

A：我不是诗人　却想用最动情的诗句把你礼赞

B：我不是学者　却能从你深邃的思考中感受你职业的尊严

C：我不是歌手　却在用我并不嘹亮的歌喉唱出你最响亮的誓言

D：然而你却说“人民需要我　因为我是全国 75 万名记者中的普通一员”

（乐扬又抑）

A：记者的使命是奔走呼号　记者的职责是冲锋在前

大地见证过　你鼓与呼的意气风发和挺身而出的大义凛然

风霜雪雨　酷暑严寒

足迹留给山川河流　留在地头儿车间

留给自己的是收获的喜悦　还有布满血丝的双眼

你总说“人民需要我　没有理由去调整

疲倦”

B：记者　是一个光荣与梦想的职业

他有朴实无华的品格　更有热血沸腾的呐喊

带着讴歌时代的激奋　看潮涨潮落　云飞云卷

乘着文明和谐的劲风　一步一个脚印　坚定着一往无前的信念

你知道　这是时代赋予的责任

众人划桨才能开动社会发展的大船

C：记者　并不乏血肉之躯的情感

难得的闲暇里　你会带着倦意　带着对父母妻小的内疚回家看看

只有这一刻　才会看到工作之外的你

像所有的家庭顶梁柱一样　平凡得不能再平凡

孝敬老人　照看子女　把爱的火花点燃

替一替忙碌的妻子　笨手笨脚的去刷锅洗碗

A：你没有怨言

B：因为你的职业　决定了不懈追求的岁岁年年

C：你只有奉献

D：因为你知道　人民需要记者　去表达朴实的心愿

A：记者是播种机　把希望的种子播撒于现实与理想之间

B：记者是宣传队　用文明和谐的号角奏响最动人的和弦

C：记者是及时雨　危急时刻总会冲在救危扶困的最前沿

D：记者是双刃剑　面对邪恶你会毫无畏惧的去惩恶扬善

A：当你用镜头　对准了改革开放的磅礴一线

当你的话筒　抢到了新闻现场的第一时间

也许你没有留意

你的汗水　已化作某项重大举措的铺垫

也许你明白　你的报道会成为党政机关的决策依据

它会推动新的浪潮　也会挽住不羁的狂澜

B：我们的记者　爱憎分明　是非能辨

镜头下话筒前　记录着世事万千

决不能让热点成为发展的羁绊

党和人民的喉舌　有责任去把握导向　破解焦点

因为　只有全社会的同心同德

才会让理想的白鸽　放飞灿烂的明天

C：记者的心灵　总是被震撼

报道对象的事迹　会让你泪洒衣衫

主人公的付出　又会激励着你不分昼夜地采编

你要用朴素的感情　敏锐的笔触

去感知百姓的寒暖

你要让你的主人公　鼓起生活的勇气　扬起希望的风帆

D：在记者的日历上　没有节假日　没有星期天

工作是你的义务　加班是你的习惯

哪里有召唤　哪里就有你的身影

哪里有故事　哪里就有你捕捉一切的双眼

你饱蘸激情　记录着社会的变革

你用不眠的思考　答复着翘首的期盼

A：当你用真诚　与工人师傅沟通着感情与农民兄弟交流着心愿

B：当你为抗震救灾　奔波于百里乡间

C：当你为贫病的孩子奔走呼喊时

D：你感到了手中的笔是那样　沉甸甸

A：曾记得　你冒着危险冲上蓝天

把航拍资料向全市人民展现

怎能忘　疾病将孩子推向绝望的边缘

我们的记者带头捐款　与全市人民一道救助点点

我们的记者　脚踏实地的足迹留下一串串脚印

优秀记者　十佳记者　闪耀着当之无愧的光环

B：我曾目睹这样的场景

当风暴潮肆虐潍涂的那个傍晚　大坝内外浊潮排空　巨浪滔天

不驯的海风狂推着潮势　窜过堤坝　席卷滩田

就在这样恶劣的气象条件下

我们的记者却冲上了最险要的大坝堤段

此时 人在坝顶如同风中的落叶 随时都有被潮水卷走的危险

C：然而 我们的记者义无反顾

心中早已立下誓言——

为了党政军民潮中营救渔民兄弟

也为了驯服狂潮积累经验

身处风口浪尖的记者 站立不住就趴在堤顶

拍下这感天动地的现场画面

D：有这样一件事 一直铭刻在我的心间——

采访途中 病重的父亲 向身为记者的女儿发出微弱的呼唤

然而 为了那次重要的采访任务 他的女儿不允许自己的思绪泛滥

没有请假 没有抱怨 强忍着泪水 依然微笑着站在了镜头前

我们向这位女儿致敬 为了新闻事业 忠孝难以两全

我们向老人寄去遥远的思念 天下所有的父母都是记者的挂牵

A：当你与武警战士一道 扑向冰窟救人的湖边

B：当你为真与假的较量 发出正义的呐喊

C：当你深夜还在与听众校对着人生的航线

D：你可曾想到 你在用行动为党台增辉 用赤诚为人民代言

我想 这就是"人民需要我"的真正内涵

（乐扬）

A：这就是我们的记者 既然选择了远方的路

合：就要大步向前

（根据内容加音效、编大屏资料，2008 年 10 月稿）

# 第四节 小 品

## 开播之前

刘景贤

（与和谐同行《百姓舞台》开播晚会小品：开播之前 / 移植：刘景贤）

2008 年 11 月 8 日晚，昌邑市广电局庆祝第九个记者节文艺晚会《记者之歌》在昌邑绿博园热带馆举行。图为总导演刘景贤在现场录制切换台导播。（左起张新立、宋建文、刘景贤、姜言同、尹新峰）

时间：2007 年 5 月 19 日晚

地点：广电家园（电视台家属院）

人物：导演妻（姜丽香 饰）

导演（苗军 饰）

小玉（王万国 饰）

妻：（哼生日快乐歌）找了个电视台的老公啊，你算是啥也指望不上了。三天两头的不回家，这不，今儿是他的生日，我都给他打了两遍电话了，到这会儿还没人影儿，这可真行啊。各位，咱吃一堑长一智吧，请会计别请爱财的，扮张飞别找脸儿白的，这找老公啊……你可千万别找电视台的！

导：这头晕的直想往地上栽跟头，你说这导演是人干的嘛。开门啊，（手敲门声："梆梆梆……"）

妻：哎哎哎，这边儿呐。

导：（转身）七姑。

妻：七姑？还八姨呢。

导：嗯？老婆啊，你跑人家家里干嘛去了。

妻：你怎么连自个家都不认识了，快过来……过来啊

导：（进门）啊哈，咱家在这儿呢。哎呀，老婆（打哈欠）实在对不起，都是这《百姓舞台》给闹的。

妻：嗯嗯，你就给我装吧。真行啊你，住旅馆不回来也得招呼一声退房呀，二十多天也不给家里打个电话。

导：咱那电话是多少来着？

妻：你还知道自己姓什么吗你。哎呀，来，这边坐，把衣服给我。见着人就好啊。知道今天是什么日子吗？

导：今天……啊！七点，《百姓舞台》……（起身）。

妻：吓我一跳，一惊一乍的，你的《百姓舞台》又怎么了？回家就是夫妻舞台，听话，坐下（将导按下）。

导：哎哟，老婆，现在离《百姓舞台》开播还有60分钟，这可是开播啊，首播前我得最后一遍看片儿（起身欲下）。

妻：打住！长本事了啊？居然连我的话都敢不听了。你说，老婆重要还是开播重要？

导：开播重要。

妻：啊？!

导：都重要。

妻：大家听见了吗？弄了半天我还不如他那《百姓舞台》重要。（取钥匙）我叫你不偏沉，不后沉，我把你锁住，看看哪边儿重？

导：哎呀！（无奈地坐下，打呼噜）

妻：今天你生日我才不跟你斗气来。过来……

导：沙发上睡啊？

妻：什么沙发上睡呀。赶紧过来，过来……坐这，看见了吗，吹蜡烛！

导：哎呀，吹什么蜡烛啊，我打盹。

妻：今天是你生日，吹蜡烛！

导：剧务，吹蜡烛！

妻：吹个蜡烛怎么还找剧务啊?！来，我们切蛋糕，切蛋……这手往哪切呢这是。来，在这，切蛋糕——

导：切蛋糕——过生日——切——（睡着了）

妻：我把电视开大点，我看你睡得着（出冠名单位宣传片提要配音）。大家别笑话，你说平时在单位吃不好也就罢了，可今天是他生日，怎么也得让他吃两口再走，哪怕就两口……（手机短信声，拿起念道）“在今天这个特殊的日子里，特意把这首《香烟爱上火柴》送给你，爱你爱到死不改，祝你生日快乐，万小玉。”我说他今儿回来怎么都成这样了，原来都叫万小玉给搅和的啊，那万小玉是谁啊？

导：我们新来的胶东宝贝儿。

妻：连家是哪儿都知道，还宝贝儿。她漂亮吗？

导：漂亮。

妻：我说什么来着，这导演身边可都是美女如云啊，这个眨他一眼，那个飞他两唇，还不把他给整晕了。瞧他那个无精打采样子……从实招来，你和她都做什么了（妻跑到导耳边说道）？

导：说戏。

妻：说戏……不会是圈儿里常说的那种说戏吧？那晚上呢？

导：睡觉。

妻：睡觉……怎么说得出口，恶心啊。还真反了你了。你说。

老婆孩子还要不要了？说！

导：不要了，我要睡觉。

妻：（猛拍桌子，导惊醒）我让你睡觉，我让你睡觉，睡，睡！（揪导耳朵）

导：哎……谁又揪我耳朵，干吗啊，怪疼的！

妻：你不疼我还不揪了。你说，那万小玉是谁，啊，那万小玉她是谁，说呀

导：小，小玉，小玉他怎么了？

妻：瞧瞧，“小玉，小玉”叫的那个亲吆。哎，我问你，你们选主持人，选演员，非得选年轻的吧？

导：老的也要。

妻：你们听听。他倒是没有药（YUE）火的草。都得顺眼的吧？

导：不顺眼的不要。（迷迷糊糊的样子）

妻：瞧瞧，把实话全说出来了，想跟我摊牌怎么着？哎，我再问你，通常情况下，一个漂亮的要看几眼？

导：从头看到脚，先看脸蛋儿，再看正面儿，接下来是侧面，再接下来是试镜头、说戏，这得按步骤来。

妻：听听，怎么说得出口来。天天瞅那年轻漂亮的，也不嫌眼珠子疼！（怒，拍导清醒）

导：干嘛？

妻：干嘛，我说天天瞅那年轻漂亮的，眼珠子不疼啊！

导：疼也得看，看的越多我越高兴，眼睛都放蓝光，有时候得排着队看，我看完了还要送给制片人看……

妻：好啊，还学会送人情了。看来还是我那帮姐妹说的对，这男人呀看着哪个女孩儿也比自己的老婆顺眼。

导：说什么呢？我差点儿让她带沟里去。这么多天回家一趟，我得哄她高兴点儿。我说老婆，你是不知道，我们栏目组所有女的都不漂亮，选的演员都不顺眼，像我这么胆大的人都不忍心看第二眼，有时候男女都没看清，就打发给制片人了……我这不睁着眼说瞎话嘛，选演员不看清了能行吗？

妻：（见笑脸又转怒）说假话都不待眨巴眼皮儿的。（手机短信声，抢看手机）“马上来接你——万小玉。”好啊，这都找到家里来了，你可干的真漂亮，我今儿还在家呢。

导：你不在家，他也常来。

妻：什么？你倒是不打自招，她今儿要是敢来？

导：一会儿就到，怎么了？

妻：真行啊你，她到……我走。（门铃响，导要去开门，妻拦着）你给我站住。我把锁打开（开锁），我看着她自己进来！（万小玉按门铃声）

妻：门开着呐。

万：（门外胶东话）我说，刘导啊，你不说还要看片嘛？（万给刘打手势，女向门口张望）啊，在家里切蛋糕我说。

妻：别心虚，今儿你要是不把万小玉给我招来，你就别想出这个家门。

万：嫂夫人啊，把我叫出来干什么啊我说。

妻：我说你是谁啊，“我说我说”的，在这搅和什么啊。

万：我就是万小玉啊，小同志喊我老万，老同志叫我小玉，我说。

妻：什么?！你就是万小玉。

万：我就是万小玉。

妻：你是男还是女啊？

万：这，这还用我说？只要视力没有障碍完全可以看得出来嘛，我说。

妻：他是万小玉？

导：那你以为万小玉是谁啊。

妻：哎，我说你怎么叫这么个名字啊。呕，对了，那《香烟爱上火柴》还“爱你爱到死不改”是怎么回事啊？

万：哎呀我说，刘导喜欢抽烟，我们就送给他《香烟爱上火柴》这首歌我说。

妻：原来是歌曲啊（自言自语），你看看现在的歌儿都叫什么名儿。瞧我这脑子……小玉，快吃蛋糕。

万：不吃白不吃，那我吃一块，我说。

导：老婆啊，真对不起，上次你安排的事儿啊又办不了了。

妻：自从你到了《百姓舞台》，家里的事就没指望过你。但是你今天不能走。

导：我也不想走，但是不行啊。小玉，走吧。

妻：老刘——等等！（导、万怔）

导：哎呀，我还回去看片呢！

妻：（捧蛋糕慢慢地走向导/《懂你》乐起）把蛋糕带给栏目组的同志们。一个人在那，学着照顾好自己，也照顾好栏目组的兄弟们。

导：这老婆啊，还是自己的好。（揽妻肩/万以手遮面做鬼脸/音乐声中三人走至台侧谢幕）

（移植改编：刘景贤　2007年8月9日晨）

## 第五节 记者节征文

2017年，为庆祝第18个记者节，昌邑市广播影视中心开展了以“在广电岗位上的故事”为主题的内部征文活动，广大干部职工踊跃参与，一批真实、生动的原创作品相继涌现，感人肺腑，催人奋进！

### 没有假期的记者节

——致初心不忘、砥砺前行的战友们

张术叁

昌邑市融媒体中心党总支书记、主任张术叁

我貌似还没来得及融入自己扮演的角色
时间匆匆而过
不觉又是这个节
我知道
踏上舞台的那一刻
我已背负起责任的“枷锁”
我知道
弟兄姊妹翻越了大山几座座
我们还要卷起裤脚一起再蹚河
我知道
未来不知多久的日子
我们更要一起抱团走过

谁知道
明天的太阳升起
是几时几刻
谁知道
前行的道路
还会遭遇多少坎坎坷坷
谁知道
一个懵懂的外行人
该如何为这扬帆弄潮的小船把舵

忘不了
两会期间军绿马甲的穿梭
忘不了
演出现场的红色身影飘过
忘不了
急难险重灾情困惑丰收喜悦的现场报道
忘不了
电台把最美的声音在昌潍大地上空播报
忘不了
编辑室里粘粘贴贴的煎熬
忘不了
演播室里平声去声的絮絮叨叨
忘不了
技术部献给破旧机器起死回生的奇思妙招
忘不了
播出部中秋除夕的夜宵
忘不了
小年夜做完新闻后那顿迟到的水饺
忘不了
与央视记者路边啃的外卖包
忘不了
赶场子路上同志们的肉火烧
忘不了
办公室改革方案的几易其稿
忘不了
班子成员绘就发展蓝图的争争吵吵
忘不了

领导们友爱的关心支持和谆谆教导
忘不了
……
其实我更坚信
我们不会辜负
家里的父母双老
我们不会愧对
手里的长枪大炮
群众不会吝啬
信赖和赞赏的奖褒
历史不会忘记
广电大楼里的改革浪涛
而我
还要对自己扮演的角色
自我检讨
是不是
对未来目标的描绘不够高
是不是
解决问题的办法有些讨巧
是不是
对战友们的关爱有点太少
是不是
……
今年这个节来的巧妙
因为十九大刚刚吹响了砥砺前行的号角
今年这个节不再静悄悄
因为改革的道路上早已猎旗昭昭
今年这个节不再低调
因为我们会因广电人而一辈子骄傲
不休假的节日
有你
有我
够好
真诚道一声
弟兄姊妹
大家
辛苦了
记者节快乐!

## 记者颂

张惠福

昌邑市融媒体中心党总支副书记、副主任、昌邑电视台台长张惠福

荧屏是我们的舞台，
一个个镜头把辛勤的汗水承载。
电波是跳动的音符，
一曲曲赞歌唱响党的关怀。
无论哪个领域，
不管哪条战线，
哪里没有你的身影
哪里没撒你的血汗?
君不见，
寒风酷暑迎难上，
君不见，
硝烟战火报平安。
任时光匆匆年复一年，
任满头青丝如同霜染。
不忘初心拼搏向前，
撸起袖子书写壮丽诗篇!

## 填空和风暴潮

宋建文

早在很多年前，我就悟出了一个道理：工作如同“填空”。

那时候我做《昌邑纵横》专题栏目的记者，

昌邑市融媒体中心副主任、昌邑人民广播电台台长、广播电视台党支部书记宋建文

这个栏目每周一期，一年52期。我就在办公桌旁边的墙上贴了一张纸，上面画了一张表格，留下了52个空。每做一期节目，就在一个空格里填上一个题目。一周一周的过去，空格越来越少，看着充实起来的一张表格，我便觉得，人生如同“填空”。

人生来的时候，也许命中注定了一切，但是人生的路还是要自己走。从咿呀学语到苍老日下，命运早在天地间铺就了一张白纸，需要填满许多的空。如同上学时的考卷，只有将一个个的空白正确填上，才能获得高分。

工作如同填空，如果把每一天看作是一页空白的话，那么每天做的事情就是填补空白的答案。某一天无所事事，这个“空”便会永久的留在人生的长卷里，没有任何可以弥补的机会。日子总在一天一天的翻过，翻过的是金钱买不来的时光。

在填空的过程中，心灵会无比充实和丰盈。我曾用接近十年的时间跟踪拍摄昌邑北部沿海滩涂上的一位独臂牧羊人，拍摄伊始觉得这个人物很有故事性，做出片子去拿个什么奖。然而，十年下来我的功利思想随着光阴流逝而渐渐湮没，分明感到做这部片子的意义早已经超过了获奖本身。最终，纪录片《羊倌》被中国电视艺术家协会、中国电视纪录片学术委员会评为第18届全国短纪录片“十优”作品。

生命里的时间就是在填空。好好填空，在岁末盘点的时候，你会发现原本空白的纸上如此充盈而且生动，那是汗水里的果实，那是酸楚里的欣慰，那是生命里的轨迹。像悠扬的歌声，打开你的心扉；像蓬勃的船帆，鼓动你的气魄；像跳动的火焰，照亮你的前程。

我感到极其幸运的是，职业生涯里最好的年华都在这一个单位。如果没有这样一个单位，也就没有我的今天。我经历了广播的璀璨，也经历了电视的繁华，职业中总有太多让人回味和难忘的东西。

记得2011年11月6日，市政府及社会各方紧张起来。这份紧张来自强台风梅花，气象部门预计6号夜间到7号会影响昌邑，可能会有强风、强雨天气，气势之猛、危害之大恐怕前所未有。政府方面提出：充分准备，严阵以待，目标是“不死人、少损失”。

各级紧急传达防御台风的要求，店铺当日早早关门，学校、幼儿园直接放假两天，居民接到通知不要外出，最好躲在家里。

别人可以躲在家里不动，但是我们不能，不仅不能，而且我们要冲到最危险的一线，因为我们是新闻记者，要真实的记录一线情况，必须“明知山有虎，偏向虎山行”，这是我们的职责所在。

所以，当人们积极准备防御的时候，6号傍晚我和永伟、效君、亚军、刘保、孙毅、世军六名兄弟去往沿海，主动与“梅花”相约。据预测，这次台风可能引发特大风暴潮，给当地带来不可估量的损失。明知前方有危险在等待，我们依然毫无畏惧的启程。

一路上风平浪静，毫无恶劣天气的征兆。越是这样，越是增加了担心：平静的背后是不是正酝酿着一场惊天动地的灾难。如果这样，我们必须要有充分的准备。

到达下营渔港码头，所有船只已经靠岸。我们记者马上投入工作，船上船下进行了细致采访。

尔后我们登上渔政巡逻艇，随同渔政人员巡视船只泊岸情况。此时，阴云密布，一副大雨倾盆的样子。

夜色深沉，我们又前往养殖企业和防潮大坝进行拍摄，记录下梅花来临前的状况。

深夜返回渔港码头，对有关巡逻人员跟踪采访。我们一夜不得安睡，密切关注天气、卫星云图、涨潮情况。“梅花”的脚步越来越近，它到底会带来怎样的威胁？7日凌晨4点多，阴云密布，落雨不歇，记者冒雨展开工作。

可是，人们担心的狂风终究没来。据说，“梅花”从渤海以东洋面掠过，渐行渐远，我们虚惊一场。

虽然梅花擦肩而过，但是我们丝毫没有失望。“梅花”失约，幸哉昌邑，幸哉百姓。为此，我们欣慰不已。

这时，我又记起2007年正月十五，天气异常的糟糕。昌邑北部沿海出现了1969年以来最强的一次温带风暴潮，海上阵风高达10级，潮水高达4.76米，当时我在单位值班，正患着感冒。室外狂风大作，我便拨打了气象局局长的电话，询问天气情况。回答说，他正在海边观察风暴潮，一位副市长也在。凭着新闻敏感性，我预感到这次海潮非同寻常，于是马上驾车和记者徐亚军向海边疾驰。我清楚地记得，有一次踩刹车时，车轮正压在一段结冰的公路上，汽车来了个360度旋转，惊出我一身冷汗。行在路上，果然接到了单位的正式通知：市政府要求安排记者迅速赶往沿海防潮大坝。

因为出发太急，没顾上看油表，途中才发现汽车几乎没油了，于是打电话向沿途的夏店镇委寻求帮助。加油之后，一口气跑到防潮大坝上。市里领导一拨拨的赶过来，每来几个，就要从西向东然后再从东向西巡视一遍。这样，我开车拉着记者就在大坝上来回行驶了四次。这是我一辈子不会忘记的情景：滚滚潮水一浪高过一浪，不时覆没车顶冲挡视线，我紧紧攥住方向盘，胆战心惊，手心有了汗。

在大坝上几次下车，下车以后，狂风吹得我打着趔趄，海水不停地溅到身上。我和徐亚军轮流使用摄像机，紧紧抱住机身，顶风冒雨拍摄了大量的镜头。随后，其他记者也陆续赶过来，加入拍摄行列。当天下午我们将画面通过上级台传到中央电视台，在《新闻联播》中播出了昌邑遭遇特大风暴潮的情景。

这次采访之后，我的感冒加重，导致十几天喉咙失声。

那天晚上，天上飘起了雪花，城里依然热热闹闹地过元宵节。当烟花满天飞的时候，平安吉祥的背后，我们仍有多路记者坚守在防潮大坝上。那时我想，但愿以后不会再有如此汹涌的风暴潮。如果有，我和战友们依然会冲到前面。因为我们是电视新闻记者。

记者职业丰盈着一种叫作阅历的东西，新闻变成了历史，芳华留给了记忆，不变的是我对这个职业永远的热爱。

## 我这二十七年

夏翠珍

又是一年菊花香。伴着菊花的芬芳，第十八个记者节如约而至。虽然我没有记者证，但我从未有置身事外的感觉。在我们广电大家庭里，这已经被当作了我们全体广电人的节日。楼外秋风萧瑟，阳光灿烂地俯瞰着大地，看着我的记者同事们扛着摄像机进进出出，编辑们趴在电脑前忙忙碌碌，我坐在值班室里，眼前几十台电视播放着各类节目，在光影转换画面

昌邑市融媒体中心播出部副主任夏翠珍

交替中，我恍惚间看见了一个青涩的面庞。是的，那是刚刚走出校门，来到广电工作的我。

那一年我二十岁。那是1991年，当时昌邑电视台即将成立，我凭借着在校广播电视技术专业学习的知识，幸运地考到了当时的广播局，成为广电大家庭的一员。从此我在这个大家庭里，聆听着领导和老师傅的谆谆教导，和同事们一起，见证了广电日新月异的发展，和广电事业一起成长。

在这里，留下了我许多第一次的记忆。参加工作的第一年，耳边时刻响着妈妈的叮咛："要有礼貌，好好工作"，朴素的语言成为我工作中遵循的座右铭。于是年底我被评为先进工作者，50元的奖金成为当时的我收到的最大一份奖励。那一年，技术科开展互教互学活动，组织乡镇广播站人员来局里办学习班，我们轮流讲课，这是我第一次走上讲台，用紧张地发颤的声音完成我的第一次讲课。多年后偶遇当时的广播站学员，依然客气的称我一声老师，心中的自豪感油然而生。2000年，国务院正式批复中国记协《关于确定"记者节"具体日期的请示》，同意将中国记协的成立日11月8日定为记者节。在庆祝记者节的晚会上，我第一次登上舞台，现学现卖地和三个同事表演了三句半，晚会结束后兴奋地一夜无眠。2006年，昌邑人民广播电台成立。我和几个同事一起来到了新的工作岗位，成为电台的值机员，见证了电台的一步步发展。2007年，我光荣地加入了中国共产党，成为一名党员，耳边响着入党的誓言，我在工作岗位上更加兢兢业业，勤劳苦干。这些年，幸得领导信任，安排我负责妇女儿童工作，在领导和同事们的帮助下，单位的妇女儿童工作提升到了一个新的层面。

在这里，我成为为数不多的留在播出岗位的人员，因为热爱，所以坚守。在这里，我见证了广电技术日新月异的发展。初到广电，我跟随科里的师傅们下乡去乡镇广播站安装广播设备，安装有线电视，所到之处，村民投来敬佩的目光，那时，电视还是手动播出，每次值班，我们都紧盯屏幕，节目转换时，大气都不敢出，生怕错过节目转换的最佳时机。如今，电台和电视节目都实现了自动播出，下一步电视还要播出高清节目，我们迎来了广电技术飞速发展的春天！

岁月流转，不觉经年。恍恍惚惚间，不觉来到广电已经二十七年。老骥伏枥，我仍将奋力前行，为了广电更美好的明天！

## 2006到2017

董　磊

2006年11月8日，是我以记者身份度过的第一个记者节。那年的记者节，台里组织了一场记者节诗歌朗诵会，会上我和同事王鹏、刘志强、王建芳（已离开我台）共同朗诵，之前排练了很长时间，当时郝勇主任和李照伟主任还为朗诵提供了很多指导意见。时光飞逝，2006年的情节还历历在目，转瞬间，2017年的记者节即将要来到了。

这十一年，我经历了广播电台、新闻部、潍坊台（帮工）、组织部远教中心（帮工）、广告中心、专题部等多个工作岗位的历练，从一个对摄像机还不懂的广电新兵，成长为一个已具备一定业务知识和能力的广电业务骨干，我

昌邑电视台《潍水两岸》栏目制片人董磊

由衷地感谢记者这份职业带给我的成长。

由我个人独立完成的第一条电视新闻报道，是在2007年冬天，当时我去奎聚街道拍摄一条关于新农村建设的简讯，成片才20秒左右。这条简讯安排在几天后播出，当晚首播时，我们全家一起坐在电视机前，等待我的这条简讯。之后《昌邑新闻》成为了我们全家每晚必看的节目，父母看完后，还经常点评我摄制的新闻，给出他们的建议，这也是我作为广电新兵，最难忘的一段时光。

2010年，我被临时借调至组织部远教中心帮工，这一年，是我在业务上打开视野和进步最快的一年。期间发生了两件至今还对我在业务上影响深远的事情，一是2010年初春，山东省委组织部远教中心，组织了一场全省规模的培训，授课的老师都是国内顶级的纪录片制作大师，学习过程中学员们听得如痴如醉，经常让老师晚上再“加班”开讲，这次培训把我从理念上彻底的打开了，认识到做片子还有这么多的技巧和思考方式。二是2010年初夏时，市委组织部邀请季卫国、苏全军两位老师来昌邑摄制《心中那条河》纪录片，后期成片出炉后，给我极大的震撼，刘国田和金丝达公司，我们已经多次拍摄，但是从来没有拍摄的如此真实、震撼、感人。贴近名师的工作，就是最好的学习培训。而且两位老师敬业精神极其值得学习，拍摄最后苏全军老师中暑回到北京，仅休息一天后又马上奔赴深圳拍摄。这一切都深深地影响了我。

2011年，我结束了在组织部的帮工，被安排在广告中心并工作至今。这期间，经历了电视广告收入的下滑，经历了广电人逆境中的拼搏，每一位广电人都是值得尊敬的！虽然困难，但是同事们在逆境中真正的打磨出了自己本领，经受住了自媒体、户外媒体、网络媒体的竞争。电视台的核心竞争力是公信力，发挥党委政府喉舌的重要作用，深入走近百姓生活，切身为广告客户策划营销方案，就是县级电视台的生存之道。这几年，整个广电行业发生了天翻地覆的变化，但是无论怎样的困难，昌邑电视台的核心竞争力仍在，而且在昌邑本地发挥着越来越重要的作用。

2017年记者节来临之际，回收这十一年广电经历，我由衷地感谢记者这个工作岗位，正是它塑造了现在的我。展望未来，我希望与昌邑广电共进步，与昌邑广电一同期待更美好、更有活力的明天。

## 记者节感怀

刘志强

十一月深秋，正是枫红如火，菊开最美的时候，就在这样的时节，我们又迎来了一年一度的记者节。记者是一个特殊的职业，这个职业讲究的是笔触下守望道义，镜头中记录真实；记者节是一个特殊的节日，虽说是节，但我们都是在忙碌中度过，要不是亲友发来脉脉祝福的问候，我们会忘记这个节日的存在。岁月荏苒，细数流光，我踏上记者之路已有十年，从青葱年华步入了而立之年，回望十年记者路，无限感怀涌心头，且在这属于我们的节日里细细说来。

### 奔波

自从踏上记者之路，我就是一名民生新闻

昌邑电视台《昌邑360》栏目制片人刘志强

的记者，无论风雨，不分昼夜，与同事们一起奔波于城市乡村，采访于田间地头。民生新闻要想做到让老百姓喜闻乐见，就得走到他们身边，十年间，我的脚步踏遍了文山南北、潍水两岸，每一个村庄都留下了我匆忙采访的足迹。奔波虽然艰辛，采访之路也并不总是一帆风顺，可有了心中那份坚守的信念，自己从没想过放弃，一次，两次，甚至历经多次的奔波采访，将最接地气儿的民生新闻呈现给观众是我的责任。年复一年，不停在奔波，已算不清走过多少公里的路程，只知道我成为了昌邑的“活地图”。寒来暑往、风刀霜剑，作为一名民生记者，我的汗水抛洒无数，脚步从不停歇，拍下满意的镜头，写好充实的文字，又会满怀憧憬的奔向下一个起点。

### 倾听

每个人都有自己的独特故事，每个故事都有值得发掘的闪光。新闻人一直都在扮演倾听者的角色，民生新闻的记者尤其如此。民生新闻包罗万象，要想做好它，记者就得学会倾听。每次采访，与采访对象面对面，我仔细倾听他们的声音，有倾诉，有请求，有赞扬，也有讥讽，然后将倾听的声音付诸文字，编成镜头，串联出每一个故事，找寻故事中的闪光。十年间，我倾听于城市中，听花月轻吟、云水交响，诵出时代发展的强音；十年间，我倾听于乡村间，听鸟蝉低鸣、风雨清唱，奏起美好生活的高歌。记者不仅是时代的倾听者，也倾听历史，倾听时事，倾听每个人心底的故事。

### 抒写

铁肩担道义、妙笔著文章。笔，是记者的工具也是记者的武器。我们用笔写下激昂的文字，述说大事小情，我们用笔传递细腻的情感，报道新奇见闻。我们的笔描画过河山的美景，绘制过发展的蓝图，也讽刺过社会的陋习，批判过文明的缺失。民生记者关注民生，在我的笔下，曾传达过市民的心声，曾诉说过感人的故事，曾塑造过先进的形象，曾点评过时代的变迁。镜头记录，笔端抒写，十年青春倏忽过，字里行间留真情，我抒写的不仅仅是简单的报道，更是记者的一份执着与追求。我在抒写他人的故事，也在抒写着自己的故事。

### 思考

记者是时代的记录者，也是孤独的思考者。我们需要在杂乱的讯息中辨别真相，需要在世事的喧嚣中厘清脉络，因为我们的拍出的，写出的每一条新闻都引导着舆论，承担着责任。从事记者工作的十年，我习惯了在寂静深夜中的思考，

思考下一个报道该怎样策划，下一篇稿件该如何出彩，在思考中去伪存真，在思考中充实自己。每天的思考既标志着当天工作的结束也标志着下一天工作的开启。

用腿奔波，用耳倾听，用笔抒写、用心思考，十年记者路，心中感慨多。流光容易把人抛，红了樱桃、绿了芭蕉，记者感怀今又至，才下笔端，又上心梢。

## 守得住初心，跑得赢时光

郝　鹏

执笔入墨之时，敲击键盘的十指因心中莫名的悸动而微微颤抖：不由想起刚入职时的第一次独立采访，那种战战兢兢、如履薄冰的紧张和兴奋，反反复复地按动着拍摄键，以致汗水浸透薄衫……此刻，这些记忆片段默契的拼合到一起，久久萦绕于心头，如此地清晰，却又难以消弭。而转眼，这已是我在电视台工作、生活的第五个年头。

昌邑电视台新闻部记者郝鹏

2013年夏天，我进入了电视台新闻部工作，是跨专业，完全是出于对新闻这一行的喜欢。因为我喜欢听故事，更想记录老百姓生活的点滴和这个我土生土长家乡发展变化的故事，也是在这一年，我认识了入台的第一位老师：徐亚军。

军哥性子直，为人热情，对我这个门外汉也几乎是“倾囊相授”。台里一段时间的历练后让我意识到：基层的新闻报道工作虽然没有央视、新华社这些媒体大佬们的“高大上”，却也得打起十二分的“精神头”：记者需要身兼撰稿、摄像、编辑等多职，就像瑞士军刀，得有一刀多用的本事。当然，更要有新闻人的气节和操守。就像军哥常跟我说的那句话：“咱虽然是基层台，但咱也叫记者。记者，就得有记者该有的样子。”他这么说，也是这么做的：采访无论大小，必然会有一份采访计划在手里，有备无患；设备每天都会维护，拿出手的摄像机、三脚架、采访话筒都会擦得锃亮；采访对象不论是谁，言谈举止礼貌有度，让人感受到满满的正能量。

印象最深的一次是去下营拍一个工业转型的片子，记得当时在外拍了整整一天没捞得休息，回来的时候我累的直接就把设备扔到了一边，采访线也缠的乱七八糟不像样子。第二天上班的时候，我惊讶地发现摄像机、采访线干干净净、整整齐齐地立在柜子里。一打听，原来是军哥昨天又回去帮我收拾的“残局”。想起那两天军哥已经因为做片子连续熬了好几个晚上，还要拿出精力给我这个新手搞后勤。这种一丝不苟的敬业让我自觉羞愧难当，更是十分的震撼！所以直到现在，军哥以身作则的那句话，还在影响、鞭策着我，让我在新闻从业的路上不敢有丝毫的马虎和懈怠！

那一年我跟着他四处奔走，做采访，写故事，忙着、累着也充实着，但那也是我跟着他出活儿的最后一年。因为年底的一件大事：电视台和有线电视分家了，包括军哥在内的多名老记者要回归有线网络。一开始是不舍，后来是庆幸，甚至有点羡慕他们：分家了，有线成了国企，老记者们的待遇提高了。就一直这么想着，想着，突然部室的一哥们跟我说：郝鹏，你知道不，军哥在领导那抹眼泪儿呢，你说至于么。我愣住了，这还是我认识的那个军哥么？那个2005年风暴潮来袭，不顾危险主动请缨拍摄的硬汉子么？我脑海里又浮现出了那一个个熟悉的画面：每天都要把设备拆卸清理，那仔细劲像对待自家的孩子。每次采访时的精益求精，一遍不行，再来！等等等等，太多太多。想想也是啊，十年，对岗位十年的情感又岂是这区区几千块钱的工资能权衡的了得！在接到调离通知的那一刻，老记者们把陪伴自己多年的摄像机擦了又擦，擦了又擦，就像战士手中的枪，舍不得啊，临走时，郑重地把设备交到了每一位年轻记者的手里。军哥的设备分给了我，在交接的那一刻，我还记着军哥跟我说的话：我们走了，但新闻部的硬作风和好气节不能丢，这面大旗，你们扛住了！

那时候我心里真的没底：他们都走了，新闻部就靠我们这些生瓜蛋子，还能行吗？说实话，部室里的这些记者都是接近90后的年轻人，既不能像老一辈记者一样，记录昌邑早期崛起的“大事件”，也没赶上军哥他们那一代电视新闻最辉煌的时候。新闻中坚力量的离开都让我们感受到了釜底抽薪的无力。难道老一辈新闻人用血汗成就的电视媒体的辉煌要在我们这一代人手里谢幕了吗？绝不！当好喉舌，干好事业，我们能行！从2013年底到现在，我们这支不足原来人数一半的年轻队伍迎来了一场又一场的“大考”：每一年绿博会、两会都在磨炼着我们的业务和神经，但我们凭着“以一顶二”的年轻拼劲和“锱铢必较”的认真劲：稿子精益求精，镜头讲究再讲究，靠着熬红的那一双双眼睛，靠着拼尽了身上的每一分力气，不负重托扛了下来，将最尽善尽美的报道呈献给了昌邑人民。

五年的时光，让我从一个初入电视行业的毛头小子日渐成熟为一名晓时政、懂民生、知冷暖的新闻记者。已经记不清楚有多少个日夜，为了做好一个报道，而在酷暑或寒风中取景拍摄，顶着月亮抹黑前行在采访或是采访归来时的路上。会迷茫、会枯燥、也会有很累的日子，但只要想起军哥工作时的点滴，想起他们这些老记者们身上的那股子韧劲和执着，让我不敢怠慢任何一个细节，于业务，于做人。

现在我业已悟到，记者这个职业，绝不仅仅是一份体面的工作或是简单谋生的手段，更重要的是“记者”二字背后的那份使命和荣誉！“铁肩担道义，妙手著文章”，我们肩上扛着的不单单是报道事实的那份信念和执着，更是党和人民对我们的信任和重托。“守得住初心，跑得赢时光”，我们，年轻一代的新闻人，会牢牢继承老一辈的优良传统，不负前人，不辱使命。我们会用电视媒体应有的责任与担当奏响发展主旋律、守好人民主阵地；用梦想家的激情和实干家的劲头，道出百姓民生的宽度和厚度，真正活出我们新一代电视人应有的骄傲和风采！

## “痴人”说梦

尹兆辉

回想起来，这大半年来的经历，真的如同做梦一般。直到此刻，我都还在害怕这是一场梦。

自从2016年初夏离开影视中心之后，曾无数次梦见自己又重回广电，再次扛起摄像机，但梦醒后，现实又无数次告诉我，这是梦，不是真的。可未曾想，这梦，真的实现了。

2017年1月17日，孙大波主任给我打来电话，询问我是否可以归队参加“两会”报道，

昌邑电视台记者尹兆辉

其时我已离开广电半年有余，但我仍十分痛快地答应下来。挂掉电话，心久久不能平静，手也不停地颤抖，如同一个退伍多年的老兵，又接到了前线的召唤，心中的热情再一次被点燃。那一刻，我隐隐感觉到，梦想离现实，可能并不是想象中那样遥不可及。

1月18日晚八点半。带着些许忐忑、些许期待，我再一次踏进影视中心。走进三楼机房，看见战友们都还在挑灯夜战忙碌着，我的眼睛一下子就湿润了。我，回家了。

一张张真诚的笑脸，一个个热情的拥抱，一声声深情的问候，让我再也忍不住眼泪。一切都是原来的样子，门禁依旧保存着我的指纹，非线设备上依旧保存着我的账号，密码都不曾改，一进办公室，WiFi就自动连接上，仿佛我从未曾离开过，这里依旧是我的家，我只是一个淘气离家的孩子，家里的大门永远为我敞开着，家里人都在等着我回来。

1月19日到21日，我有幸再一次作为记者，陪同大家一起参加了“两会”的报道。三天里，尽管忙碌，尽管疲惫，我却无比珍惜，珍惜作为一名新闻记者的每分每秒，珍惜家的温馨。三天的时光在紧张忙碌中不知不觉结束了，尽管短暂，却已让我深深地认识到，我想要回家了。我也暗下决心，要让这梦，成为现实。

1月22日，我回到原工作单位，正式提出了辞职申请。于是在所有人眼中，我成了一个“痴人”。放弃温暖舒适的办公室，放弃几乎是记者两倍的工资，放弃一份令人羡慕的工作，选择去当一名记者，在烈日严寒中、在风霜雨雪里，扛着沉重的摄像机摸爬滚打，简直不可理喻。我也说不清当时为什么会那么的坚决，也许是冥冥中有一股力量在支撑着我走下去，而此刻，我感谢自己当时的坚决。

行到水穷处，坐看云起时。每一步都会有不同的风景。我鼓励自己勇敢走下去。

后面的故事，大家也都知道了。3月27日，时隔269天，我正式回到了昌邑市广播影视中心，回到了新闻部，重拾一名记者的身份。张术叁主任鼓励我说，回家了，好好干；朱永

伟主任拍着我的肩膀，笑着说：我们从来没觉得你离开过，我们只是觉得你放了一个长假。所有人都笑着，家，从来都是这么温暖。

梦，终于圆了。

从2010年9月，第一次进入广播影视中心，到如今，已是第八个年头。这期间，有笑，有泪，有过抱怨，有过辛酸，但当一名好记者的梦想，却从未曾改变。

也许在有些人看来，我如同一个痴人。是的，如果我没选择辞职，我会有着比现在更高的工资待遇、更优渥的工作环境，可我不后悔自己的选择。我也很幸运地发现，我并不孤单，在我的身边，还有着一群这样的痴人。这些痴人，他们可以轻松安逸，但他们却一遍一遍不厌其烦，只为拍好一个镜头，只为写好一篇稿件，只为精益求精，做出一条好的新闻，只为实现自己的梦想，做一名“铁肩担道义，妙手著文章”的好记者。

在追梦的路上，有这样一群痴人一路同行，真好。

愿做一个痴人，愿尽余生，大梦一场。

## 给昌邑广电的他们点个赞

孙志超

2017这一年，我们跌跌撞撞，我们勤勤恳恳，我们兢兢业业。这一年我们得到很多也失去很多，但是我们却依然坚守在昌邑广电，这是一种无悔的选择，这是我们无怨的青春……

对于我们广电人来说，忙碌是一种幸福，让我们没有时间体会痛苦；奔波是一种快乐，让我们真实的感受生活；疲惫是一种享受，让我们无暇空虚，把不忙不闲的工作做得出色，把不咸不淡的生活过得精彩，这是我们一直追求的生活！

给新闻部的同事们点个赞吧！立足本乡本土，以笔为利器，反馈民情民风；传达领导精神，以信为大义，记录世间冷暖。虽然每天被新闻稿件蹂虐千百遍，但是他们却依然对待新闻如初恋。

昌邑电视台节目主持人孙志超

给负责创收的广告部各科室的负责人以及同事们点个赞吧！他们肩负着山大的压力，却依然没有减缓创收、创新的步伐。广告的播出、栏目频道的开播和创新、各项大活动的顺利开展，这一系列无不向我们展示着他们在为广电的创收拼搏着自己的洪荒之力。

给摄像老师和编辑老师点个赞吧！新闻稿件的镜头和制作，宣传片的拍摄和制作，广告的编辑和制作，大型晚会的拍摄和制作都离不开他们。重要的镜头必须一次性通过，还有些镜头需要拍摄几遍十几遍甚至几十遍，为了给观众朋友们呈现近完美的效果，前期后期的编辑老师也是用心用到了稀碎，一次次的对焦、抓拍和一帧帧的修改使他们具备了过硬的专业技能和超强的责任心。

给技术科的同事们点个赞吧！他们工作在幕后，注定我们看不到他们光鲜亮丽的一面，但是每场活动、每场晚会的大屏、灯光、音响、切换都是由他们一手操办的，默默无闻的在幕后支持我们。我们的一线在台前，他们的一线在幕后。可能很多人都没有见过他们，其实啊，他们帅着呢。

给昌邑广电点个赞吧！虽然外面的小媒体、自媒体越来越泛滥，对传统的电视媒体有了很大的冲击。但是，你大爷终究还是你大爷，昌邑广电用实际行动证明了，这里才是媒体业界高峰！

给昌邑广电所有的家人们点个赞吧！他们没有绚丽的光环，也没有很高的权位。他们只有沉甸甸的责任和一颗火热的心。他们骄傲，不为成绩，只为心中的那份神圣，他们自豪，不看过去，只为百姓眼中的那份真诚。

不忘初心，继续前进。未来，任重道远。伙计们！让我们撸起袖子加油干吧！

## 一路向前　活成最美好的模样

姜晓平

“一片叶，落在哪里都是归宿；一朵花，开在哪里都是芬芳；一个人，走到哪里都是生命。”2017年11月8日是第18个记者节，和同每年的教师节、护士节一样，轮到自己的节日时有那么一瞬间，便有一种神圣自豪的感觉，“不忘初心，继续前行”这是我们作为一名记者肩负的责任和使命。

时光如白驹过隙，或许只有在自己节日的那天才会回首去思索一下。时光流逝，岁月轮转，一晃这已经是自己成为记者的第五个年头了。“记者”这两个字，在我刚走出校园的时候，是带着光环的，懵懂的认为他们关心时事政治，说话永远一副口若悬河的样子，他们独立有追求，无时无刻不在吸取新知识、接受新事物。等自己真正成为一名记者，准确地说是广播影视中心广告部的一员，对这份工作又有了新的定义：光环的背后更多的是不为人知的辛酸。“活在幕后、甘做基石”这是我们广告部记者的八字格言，我们默默奉献，铺垫起广电美好前景的桥梁。

昌邑电视台栏目编辑姜晓平

回首过往历历在目，我们在自己平凡的工作岗位上，激情满怀，把自己的青春和热血抛洒在这片热土上，“风里来，雨里去”是我们的真实写照。《唱响昌邑》是昌邑人耳熟能详的娱乐节目，冬去春来，不畏寒暑，我们的同胞总是奔波在第一线。曾经我以为男同事们的录制很简单，同时还可以到昌邑各乡镇去游览一番，事实证明我的想法是错误的。一次偶然的机会，我们跟随摄像参加绿博园《唱响昌邑》的录制，那天正巧天气大降温，说实话，我自己都被冻得打哆嗦，快要坚持不下去了。可在寒风凛冽中，我们的主持和摄像没有一个人喊冷喊累，为了不影响摄像质量，他们抵住寒冷，紧握摄像机，用他们自己的话说就是“习惯了”，但是这种习惯是需要多大的意志力，他们像巨人一般，在寒风凛冽中岿然不动，犹如小学语文课本中的“狼牙山五壮士”，那一刻，我突然觉得我们男同胞们是最可爱的人。

这只是众多感人事迹中的一个小小的缩影，却折射出广电记者们的辛酸。2017昌邑春晚—《走向春天》，当舞台的光暗去，你是否注意到在这光鲜的背后还有很多幕后工作人员的辛苦和坚持，他们就是广告部的同胞们。我们拼尽了洪荒之力，只为给昌邑的百姓提供一场视听觉饕餮盛宴。俗话说“你只有在春晚的环境里，才知道很不容易”，只有亲身经历才有发言权，领导的喜好、需要关注的重点、避讳的问题，都是我们广告部策划和导演的重中之重，包括大屏背景、节目素材、串联词、演员催场、摄像、后期编辑、最后上传等都是我们的工作范畴。就拿后期编辑来说，演出结束后就要快马加鞭的加班编辑，只为给观众展现最好的一幕。

每年领导都要一审再审，可以说播出不止、改动不止，直到上传播出。每年春晚结束后，熟悉自己在电视台工作的朋友就会电话或者微信问我：“今年的春晚不错啊，怎么没看到你呢？”其实，我无时无刻不在你们的眼前，只是你看不到我，用“胆战心惊”形容此刻的心情最合适不过。每年都是坚持到晚会结束，领导们基本满意，我们才会大舒一口气，紧绷的那根神经才会松懈下来，睡上一个安稳觉。我想说，舞台演员的风光有太多幕后工作人员的艰辛，领导满意的背后有太多的汗水和努力，“一个将功成万骨枯”，这就是我们的春晚，还有一群默默付出在幕后的广告同仁们。

当然，我们广电新闻部、360的记者们争分夺秒采访、赶稿子、做片子，不管烈日炎炎还是狂风暴雨，只要有突发事件，他们都要第一事件赶到现场，更多的是采访对象不理解，记者收到辱骂甚至殴打，记者们由于长时间的熬夜加班，不按规律的生活，越来越多的广电人的健康亮起了红灯。所有的这一切，作为一名记者，我真真正正的认识和体会到了，什么是广电人，什么是社会责任感。

“记者”“记着”，11月8日记者节为天下的记者同胞们祝福，祈祷健康快乐，我愿意在广电这条道路上保持激情与从容，一路向前，活成最美好的模样。

## 很荣幸成为广电的一员

张田田

有一群人不可能放弃理想，有一群人永远对真相忠诚，有一群人奔走淹没在人海当中但是保持观察者的独立、记录者的坚贞，从小到大，我向往着成为这群人，他们是辛勤工作的广电人员。

我是在今年的一月份成为了电视台的一名实习生，刚进电视台的我除了对工作有一丝向往外更多的是内心的忐忑。在学校的学习中没有太多的机会动手实践，到达工作岗位后就会想我能不能胜任这份工作，我可不可以真正成为一名广电人员。

昌邑电视台栏目编辑张田田

现在，我在电视台实习已经有十个月了，比起刚刚实习那会我觉得我收获到了很多。最基础的收获就是学会了电视台的两套剪辑软件——Edius和极速智胜，学习软件最好的方法就是动手操作，科室的领导和前辈一点点的教我，并放手让我自己联系，让我在短时间内很快的熟悉了这些软件。

学习软件是基础，作为一位后期剪辑人员最重要的还是要有正确的剪辑思想，对我来说真正锻炼我剪辑思想的就是剪辑《军旅情怀》这一期节目，这是我第一次剪辑一个完整的成片，这个片子一共剪了一个月的时间，在这个过程中我学到了很多东西。在刚刚开始剪辑的时候我只是纯粹的在拼凑镜头，我记得非常清楚的就是在第一次剪辑完后主任来审片子，然后主任就我剪辑片子中所存在的问题给我列了一份详细的学习体会，教会我镜头成组，段落转折等剪辑思想，教会我善用镜头，这是我工作后第一次系统的学习剪辑的各种东西。这部片子的成功剪辑离不开我们科室主任对镜头的反复推敲，每一帧每一秒的镜头反复的推敲反复的琢磨，看看到底是哪一个镜头才是最合适的镜头，让每一个镜头放在最合适的位置。我非常敬佩我的领导，就是他对工作的那种执着让我对剪辑有了新的认识，他可以为了推敲镜头晚上在机房加班到十一点钟，只要有不足的地方就一遍一遍地改，小到一张照片的位置，一条字幕的准确，都会不厌其烦地改。剪辑这部片子是我参加工作后最辛苦的一段时间，但是也是收获最大的一段时间。虽然现在的我没有多高的剪辑水平，但是我认为我是真正的入门了，真正懂得了看镜头的好坏，学会了推敲镜头的使用。

以前的我特别害怕让我自己去剪辑一个片子，因为心里边没底，不知道我自己会把片子剪成什么样子，剪片子的时候总认为没有镜头可用。现在的我好像挺期待自己剪片子，希望从中发现自己剪辑中存在的问题，只有这样我才会进步，才会成长。

我们的栏目会采访各种不同的人，会让我感受他们不同而多样的人生，我会认真去倾听，去感觉，去表现。因为这不仅是一次心灵的净化，也是一次思想的升华。现在，我们所采访对象、会感动着我，也提升着我的情操。我从他们身上常常获得一种崇高感、庄严感。这种情感烛照着我的灵魂，默化着我的杂念。因为，这个职业让我感动，使我的生活更加充实。

11 月 8 日即将到来，又是一年记者节，对于每一个广电人员来说这是一个有非同寻常的意义的一个日子，今年我成为一名广电人员我非常荣幸，非常自豪。

2012 年，昌邑市广播影视中心部分编辑记者栏目主持人与山东国际文化艺术交流团演员合影

# 第六节 歌 曲

## 记者之歌

（领唱、合唱）

1=F $\frac{4}{4}$ $\frac{2}{4}$　　　　　　刘景贤 词

自豪、激情昂扬 每分钟 118 拍　　　　马兰科 曲

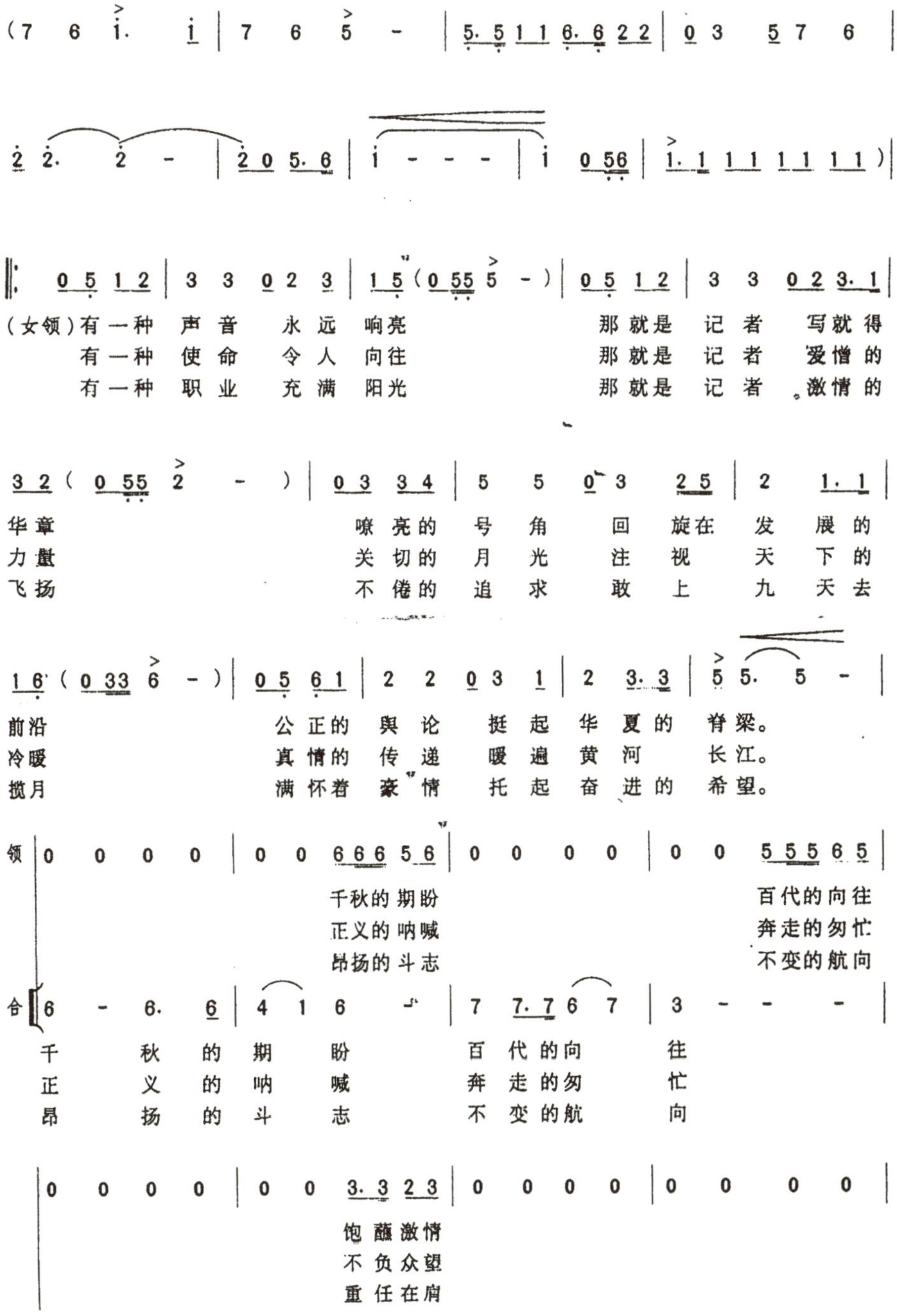

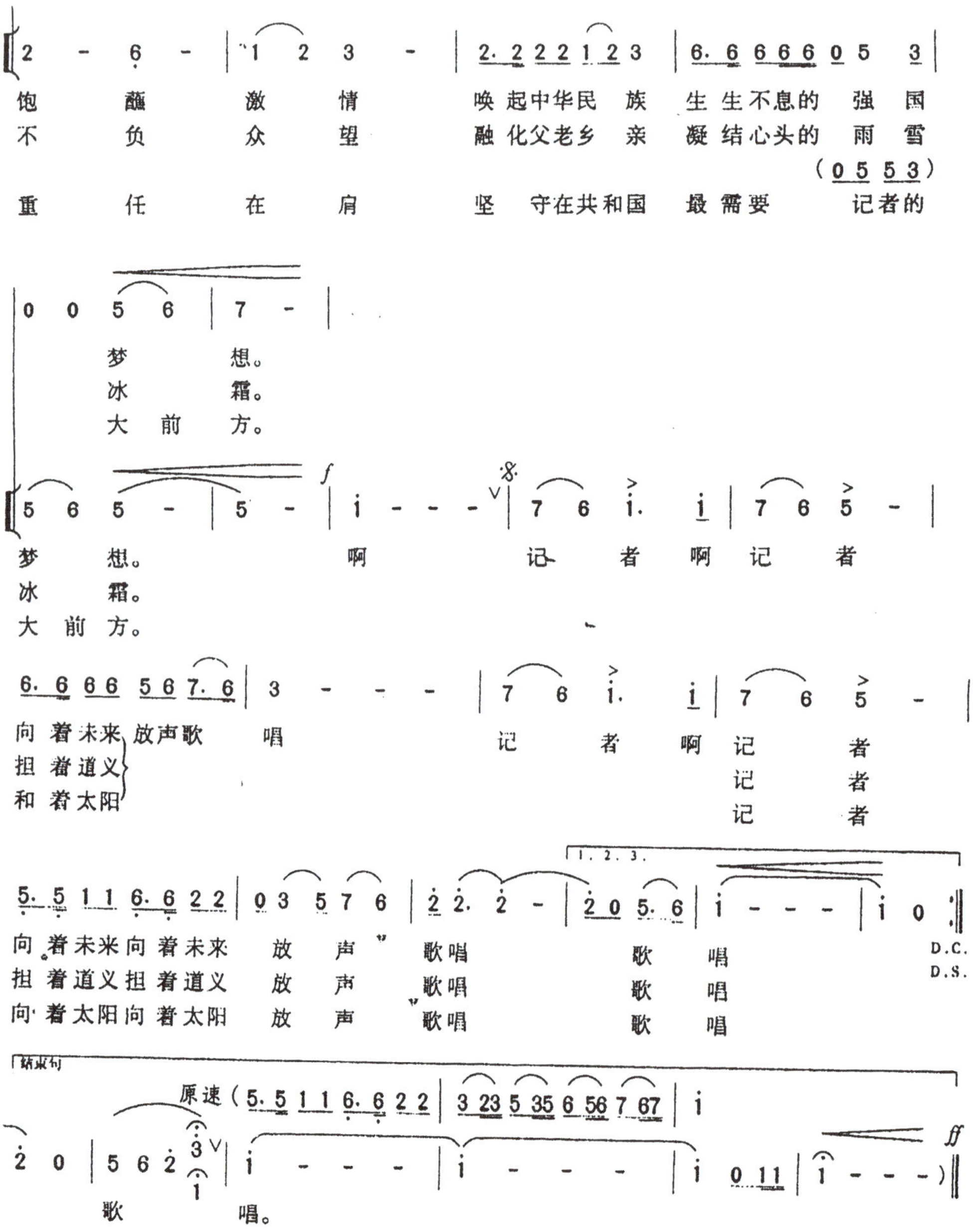
饱 蘸 激 情 唤起中华民 族 生生不息的 强 国
不 负 众 望 融化父老乡 亲 凝结心头的 雨 雪
重 任 在 肩 坚 守在共和国 最需要 记者的
梦 想。
冰 霜。
大 前 方。
梦 想。 啊 记 者 啊 记 者
冰 霜。
大 前 方。
向着未来 放声歌 唱 记 者 啊 记 者
扭着道义 记 者
和着太阳 记 者
向着未来向着未来 放 声 歌唱 歌 唱
扭着道义扭着道义 放 声 歌唱 歌 唱
向着太阳向着太阳 放 声 歌唱 歌 唱
D.C.
D.S.
结束句
原速
歌 唱。

# 广电记者之歌

1＝F $\frac{4}{4}$　　　　刘景贤 词

自豪地 每分钟120拍　　　　马兰科 曲

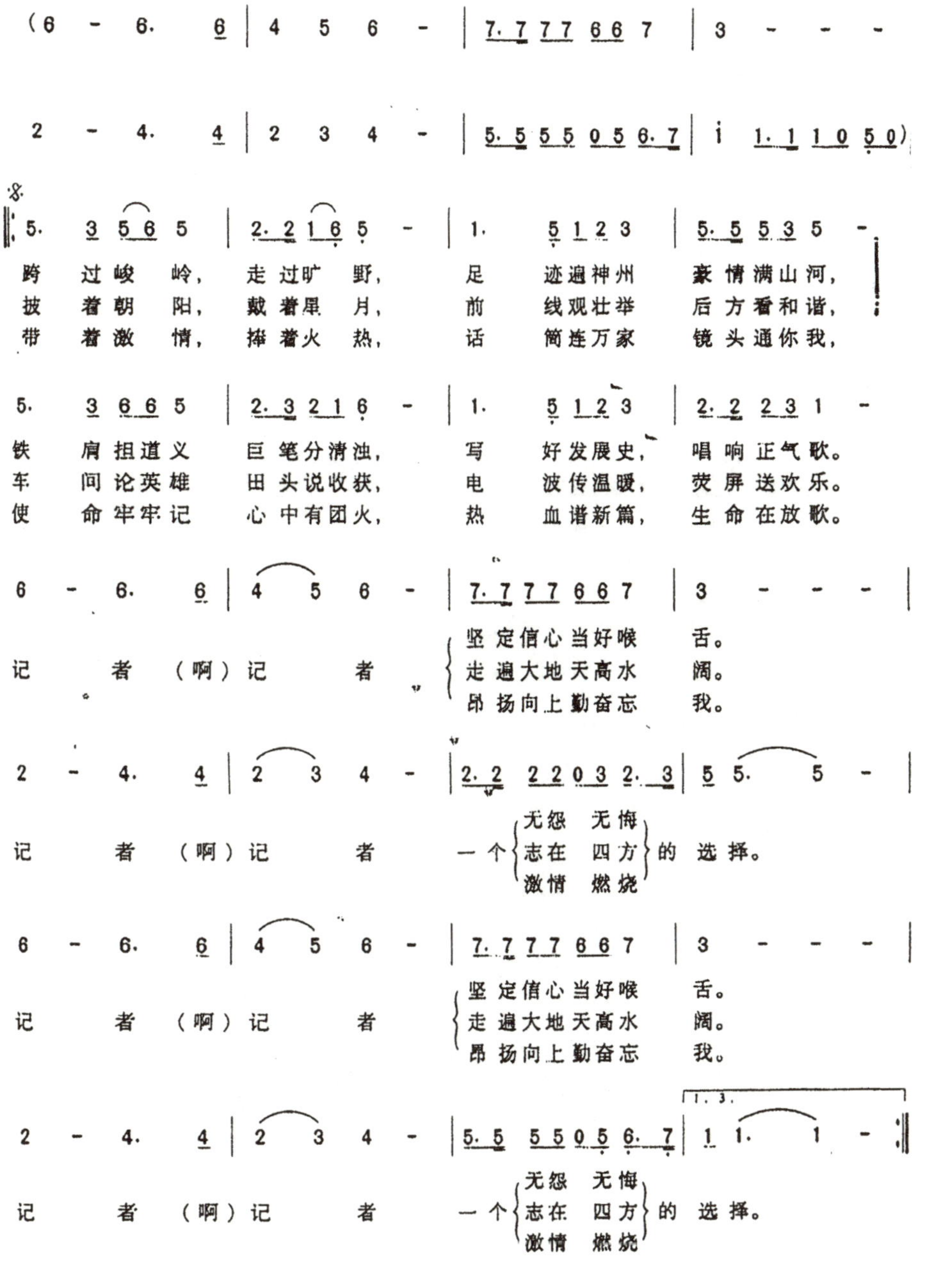

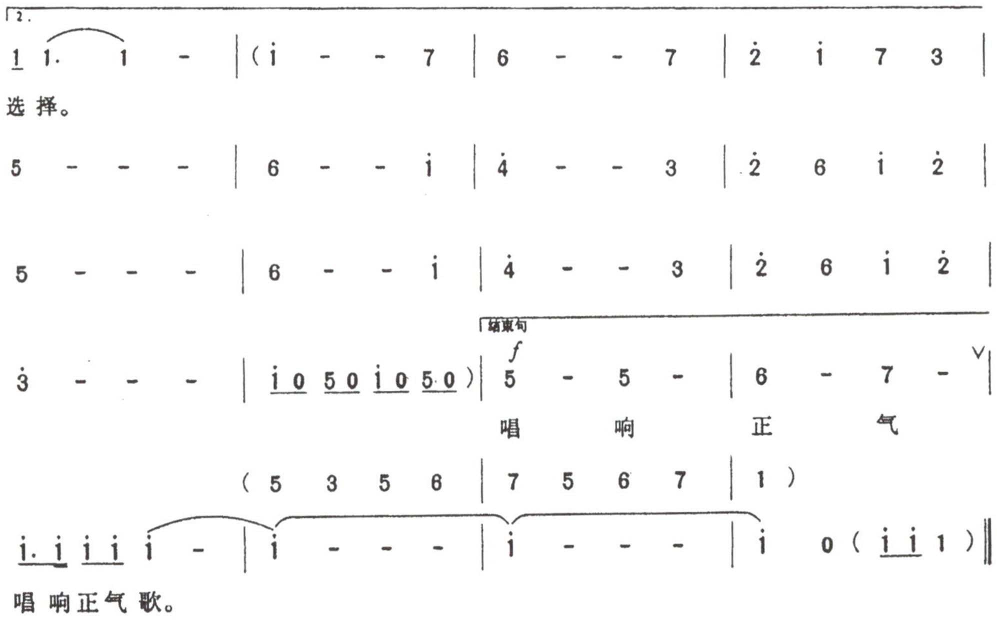

2010年12月8日，昌邑广电大厦落成启用，市广播影视中心部分编辑记者栏目主持人在大厦门前合影

# 大美昌邑(歌词)

策划　张术叁
作词　宋建文
演唱　于　婷

让我心驰神往的 不止昌邑的酒
让我情深义重的 不止美的丝绸

潍水环清几度有 划来岁月之舟
让我看到清澈的 是潍河的双眸

相约阳春在三月 踏青看红花绿柳
绰约倾城二月兰 芬芳醉上心头

在这座多彩的小城里
我从未忘记你
昌邑 昼想夜梦 只有你

和我在昌邑的街头走一走
车水马龙的小城气派了林立琼楼

惠风和畅轻摇温柔
天开图画邀来朋友
走到平安街的时候
坐在文化广场门口

相约盛夏在七月 海边去看浪潮流
蓬勃顽强的柽柳 拼搏生息不休

在这座秀美的小城里
我从未忘记你
昌邑 魂牵梦绕 只有你

和我到昌邑的乡间走一走
爬上博陆山看千年梨园风光锦绣

风帘翠幕青山依旧
绿博园里美不胜收

走到苗木基地里头
坐在林荫道的路口

和我到昌邑的滨海走一走
溴盐之乡的风采引来了客商驻留

和我到昌邑的湿地走一走
潍水公园的绮丽景色让人画中游

轻歌曼舞你的衣袖
安居乐业欢度春秋

践行新理念在追求
建设新昌邑在昂首

阔步为美好的明天去奋斗
直到所有的目标实现了也不停留

（此歌录制于2017年3月。当时，歌曲《成都》红遍大江南北，各地掀起改词翻唱的热潮，于是昌邑电视台组织人员录制了MV《大美昌邑》，由主持人于婷演唱，赵振锋、王金鑫编辑制作。此歌文字灵动，意境优美，画面绮丽，演唱美妙，成为一部展示昌邑风采的公益宣传片。经微信公众号昌邑生活圈、昌邑之声发布后，人们纷纷在朋友圈转发留言，深受社会各界好评）

# 附 录

# 重要文献

## 关于推动传统媒体和新兴媒体融合发展的指导意见

（摘要）

2014年8月18日，中央全面深化改革领导小组第四次会议审议通过了《关于推动传统媒体和新兴媒体融合发展的指导意见》。意见对新形势下如何推动媒体融合发展提出了明确要求，做出了具体部署。

意见指出，整合新闻媒体资源，推动传统媒体和新兴媒体融合发展，是落实中央全面深化改革部署、推进宣传文化领域改革创新的一项重要任务，是适应媒体格局深刻变化、提升主流媒体传播力公信力影响力和舆论引导能力的重要举措。通过融合发展，使我们的主流媒体科学运用先进传播技术，增强信息生产和服务能力，更好地传播党和政府声音，更好地满足人民群众的信息需求。

意见提出，推动媒体融合发展，要遵循新闻传播规律和新兴媒体发展规律，强化互联网思维，坚持正确方向和舆论导向、坚持统筹协调、坚持创新发展、坚持一体化发展、坚持先进技术为支撑。

意见强调，推动媒体融合发展，要将技术建设和内容建设摆在同等重要的位置。要顺应互联网传播移动化、社交化、视频化的趋势，积极运用大数据、云计算等新技术，发展移动客户端、手机网站等新应用新业态，不断提高技术研发水平，以新技术引领媒体融合发展、驱动媒体转型升级。同时，要适应新兴媒体传播特点，加强内容建设，创新采编流程，优化信息服务，以内容优势赢得发展优势。

意见指出，推动媒体融合发展，要按照积极推进、科学发展、规范管理、确保导向的要求，推动传统媒体和新兴媒体在内容、渠道、平台、经营、管理等方面深度融合，着力打造一批形态多样、手段先进、具有竞争力的新型主流媒体，建成几家拥有强大实力和传播力公信力影响力的新型媒体集团，形成立体多样、融合发展的现代传播体系。要一手抓融合，一手抓管理，确保融合发展始终沿着正确的方向推进。

# 制度汇编

昌邑市广播影视中心一直以来就十分重视制度建设。到2019年昌邑市融媒体中心成立，管理工作已经步入规范化、制度化、科学化轨道。有些制度是临时性的，未录入志书，有些制度则具有长效作用，经过市融媒体中心领导班子研究修改筛选，继续执行。本志书收录《关于工作纪律的规定》《关于车辆管理和使用的规定》《物品采购管理制度》《办公室工作职责》《广播电视台新闻中心规章制度》《广电宣传服务中心广告从业人员行业规范》《广电宣传服务中心广告、栏目监播管理规定》《广电宣传服务中心学习、例会制度》《广电宣传服务中心管理制度和岗位职责》《技术中心安全操作规程》《技术中心安全防范管理制度》《播出部职责》《发射机巡查制度》《技术（录制）、播出设备检修制度》《技术科录制部职责》《技术中心交接班制度》

《播出中心联络报告制度》《小演播室、上载、编辑机房管理规定》《技术中心值班守则》《重要播出、节日播出保证制度》《昌邑广播电视台关于加强外宣工作的意见》等21项制度，有些制度是市广播影视中心时期制定，经审核研究继续有效，作为市融媒体中心工作制度执行。

## 昌邑市广播影视中心关于工作纪律的规定

为严肃工作纪律，加强作风建设，实现科学化、规范化、制度化、精细化管理，保障圆满完成市委、市政府赋予的工作任务，参照上级有关规定，结合我单位实际，特做如下规定。

### 一、考勤制度

考勤制度是对广播影视中心工作人员遵守工作制度情况的记录。按时按规定认真搞好考勤登记，对保障广播影视中心各项任务完成具有重要作用。考勤分为集中考勤和固定考勤两种。集中考勤由领导或广播影视中心办公室组织专人不定期实施；固定考勤每天由部室、栏目组组织实施。考勤内容包括：迟到、早退、旷工、事假、病假及其他项目。考勤人员要认真负责，并坚持每天分两次进行。杜绝过日考勤、关系考勤、代替考勤等不良现象。考勤结果每月汇总一次，于下月五日前交广播影视中心办公室，并作为年度考核的重要依据之一。

### 二、迟到、早退

为了严肃工作纪律，使我单位有一个正常的工作秩序，必须按时上下班，确保工作任务顺利完成。迟到、早退都要记录清楚。

### 三、旷工

未经批准不上班为旷工。

旷工情况由各部、科、室、栏目组记录在案，按月汇总后报到办公室，由广播影视中心按有关规定处理。

### 四、请、销假

有事请假，事后销假，是一条重要的工作纪律。请假必须有正当理由，填写请假条，并按程序实行逐级审批。

#### 1. 类别

事假：逐级按权限审批。超出批准的事假时间，按旷工处理。

病假：病假要有县级以上医院诊断证明及病假条，病假期间工资待遇按国家规定执行。

婚产假和探亲假：婚假、产假、探亲假具体要求按上级规定执行。超出规定假期一般不予批准。经批准续假的，按事假处理。未经批准的，按旷工处理。

严格落实带薪休假制度，保障干部职工权益。休假申请单逐级审批后，根据工作需要合理安排休假。

#### 2. 报批程序

一般干部职工，一天以内由部、室、栏目组主要负责人签批；一天以上三天以内由部、室、栏目组填写单子，分管领导审核签批；三天以上由部、室、栏目组填写单子分管领导审核，主要领导签批。

中层正职，一天以内由分管领导审核签批；一天以上须由分管领导审核，主要领导签批。中层副职，须经本科室中层正职同意后，再按中层正职请假程序，逐级报批。

副科级以上领导干部请假，由中心主要领导签批。

#### 3. 管理

请假条、休假申请单统一交广播影视中心办公室管理，并由办公室办理销假手续和落实规定条款。假满上班后，干部职工要及时销假。

本规定由广播影视中心办公室负责解释并具体组织承办有关事宜。

## 昌邑市广播影视中心关于车辆管理和使用的规定

按照精细化管理要求，本着车辆规范管理使用的原则，切实达到车损、油耗最小化，车辆利用最大化的目的，结合我单位车辆现状，制定本规定。

广播影视中心（不包括电视台广告中心）所有车辆均有广播影视中心办公室负责，进行登记，建立车辆档案，填写车辆登记表。

广播影视中心办公室对所有车辆统一负责调度管理，定点维修，维修费由单位安排统一结算；每月由办公室核定每车百公里耗油数，报分管领导审核后，在一定范围内公开，以降低油耗。

车辆确需维修，驾驶员应提前告知办公室，并填写车辆维修审批单，经分管领导同意后方可到定点维修厂维修。

驾驶员必须养成爱车护车的良好习惯，像爱护自己的眼睛一样爱护车辆，要定期对车辆维护保养，坚持日检查、日清洁，对一般小故障能自行排除，不断提高技术水平。

驾驶员外出执行公务要遵守交通规则，谨慎驾驶，安全行驶。严禁不经批准私自出车，坚决杜绝酒后开车和违章驾驶，对喝酒后违章驾驶造成的一切后果均由个人负担。

驾驶员每天执行任务回来不管多晚，车辆一律停放在单位院内，严禁不经批准把车开回家停放或在别处停放。

星期天、节假日值班车辆，由带班领导负责调配使用。不值班车辆，原则上不准动用，应急用车，由带班领导负责调配。

原则上机关车辆由办公室调配使用，各部室车辆由部室自行调配使用。如有大型活动等特殊情况，所有车辆均由办公室统一调配使用。

除固定车辆外，其他所有车辆使用必须坚持工作优先、先急后缓的原则，要根据用车申请情况，合理调配车辆，做到不误时、不误事。

## 昌邑市广播影视中心物品采购管理制度

为加强物品采购管理，节约开支，减少浪费，特制订本制度。

单位所需物品均由广播影视中心办公室统一采购，所采购物品须先报主要领导同意，办公室填写好《购物单》，然后由部室负责人、分管领导逐级签批后，凭《购物单》统一采购。

物品购回后，由办公室安排保管人员签字收好，统一保存，保管人员做好记录。

所购物品，一律凭《购物单》报销，否则一律不予报销。

广播电视宣传所需技术性设备、物资的购入，按有关规定执行。

## 昌邑市广播影视中心办公室工作职责

组织协调机关日常工作。

参与会议的组织协调、文电处理、材料审核工作。

负责本单位重大活动和领导参加的重要活动的服务工作。

负责各类文件、报刊、信件的收发、登记、传阅、打印、上报、存档及信息收集、报送等工作。

负责各项活动的检查、督查；负责计划生育、户籍管理和专业技术人员的职称评定及劳动保险、医疗保险等劳动保障工作。

负责来人接待、日常办公用品采购等工作。

负责车辆的管理、调度工作。

在工作过程中由于工作不认真、不扎实，发生工作失职、渎职问题，根据影响大小，按照有关纪律、制度处理。

完成领导交办的其他工作。

## 昌邑广播电视台新闻中心制度

为切实加强新闻中心的科学管理，提高工作效率，提升工作水平，特制定本制度。本制度适用于新闻中心及下设各部室、岗位。新闻中心全体人员要严格按规定进行工作，共同遵守本制度。

新闻中心的工作任务是紧紧围绕全市广播影视中心工作和全市工作大局，坚决贯彻执行党的路线、方针、政策，严格遵守有关法律法规，扎实做好新闻采访报道及所属栏目编播工作。坚持正确的舆论导向，唱响主旋律、打好主动仗，充分发挥舆论宣传“喉舌”作用，坚持团结、稳定、鼓劲，正面宣传为主的方针，发挥正确的舆论监督作用，积极遵循贴近实际、贴近生活、贴近群众的“三贴近”原则，积极践行“走基层 转作风 改文风”要求，凝心聚力、奋发有为，为全市经济社会发展加油鼓劲，着力营造积极向上、干事创业的良好舆论氛围。

## 一、管理制度

### （一）工作制度

1. 新闻中心所属各栏目实行主任、副主任轮流值班制度。

2. 每周六各值班主任将下周采编计划报中心主任，中心主任同意后报分管领导审批。

3. 节目稿件及成片实行编辑（记者、播音员）、值班主任、分管领导三级审查制度。

4. 节目审查完毕后由值班编辑负责上传并与播出部门对接确认，确保节目安全上传，节目审查完毕后任何人不得私自改动。

5. 如有特殊情况，由分管领导和中心主任统一安排。

### （二）设备使用制度

1. 摄像机及附属设备由部室统一管理，指定记者专人使用、保管（含话筒、采访线缆、三脚架、摄像灯等）。

2. 记者外出采访，需经部室主任安排，除单位正常工作外，不得私自使用、借用设备。

3. 设备在使用过程中应按操作要求使用、保护和保管，出现故障应及时向主任汇报，凡因违规操作或保护、保管不当出现损坏、丢失等事故，经济责任自负，并给予相应处罚。

4. 编辑设备不得私自使用或外借。

5. 单位其他设备的使用和管理参照执行。

## 二、岗位职责

### （一）新闻中心主任岗位职责

1. 抓好新闻中心日常工作；

2. 抓好中心各部室、栏目的管理考核和组织协调调度，制定中心的工作计划和总结等工作；

3. 抓好中心的政治、业务及职业操守教育学习，提高采编队伍的政治、业务及思想水平，团结带领全体同志圆满完成各项工作任务；

4. 完成领导交办的其他工作。

### （二）部室主任（副主任）、栏目负责人岗位职责

1. 负责抓好所属部室日常工作；

2. 负责完成栏目的采编组织调度、节目编排及节目审查工作，确保节目每天正常制作完成，确保不出政治性、政策性等事故；

3. 负责抓好所属栏目的整体策划、包装等工作；

4. 负责电视新闻宣传、节目创优等方面的工作；

5. 做好节目采编过程中可能发生的突发情况的应急预案工作；

6. 做好重要新闻素材的整理存档工作；

7. 协助中心主任抓好相关管理考核工作；

8. 完成领导安排的其他各项工作。

### （三）记者岗位职责

1. 负责节目的采访和镜头拍摄工作；

2. 负责节目撰稿、编辑、同期声字幕制作工作；

3. 完成对上级台外宣发稿工作任务；

4. 服从分配，听从指挥，遇有重大新闻、特殊情况及时请示汇报；

5. 确保采制的各类节目素材规范、准确、完整，重要素材按照安排及时整理上报存档；

6. 负责摄像设备的保护和保管；

7. 完成安排的其他工作任务。

### （四）编辑岗位职责

1. 负责节目的编排、串编、拍摄演播室图像、字幕制作、审查等工作；

2. 负责播出稿件、节目等的整理及归档工作；

3. 统计记者编辑主持人每周工作量；

4. 协助值班主任做好值班协调工作；

5. 完成安排的其他工作任务。

### （五）播音主持岗位职责

1. 负责节目的配音、演播室主持工作；

2. 负责现场采访、点评解说等方面的工作；

3. 完成安排的其他各项工作。

## 三、纪律作风制度

1. 部室主任、副主任带头执行纪律规定，

以身作则，特别是不值班期间严禁离岗、脱岗。全体人员上下班、请销假严格执行广播影视中心的规定，有事请假，事后销假。病假必须持医疗部门出具的诊断证明和病假条，治病持续时间较长者按病休规定执行。

2. 请假必须有正当理由，半天以上必须填写请假条，突发情况下事后必须补填请假条。半天之内，请假须由值班主任同意；一天以上三天以内由部室主任、分管领导签批；三天以上须由单位主要领导最后审批。婚产假按广播影视中心规定执行，期间扣除相应工作量，发单位确定的工资。

3. 平日实行实名签到制度，迟到、早退、旷工分别给予相应处罚。电话保持畅通，若无特殊原因主任安排工作不接电话者给予相应处罚。

4. 星期天以及节假日安排值班，可在月内根据工作情况调休。事假可与值班相抵。超出当月规定休息天数，再请事假者给予相应处罚。带薪休假者需完成当月工作量才可休假。

5. 认真积极参加单位、中心、部室组织的会议、学习及其他活动，迟到、早退或无故缺席给予相应处罚。

6. 工作时间，严禁上网玩游戏、看影视剧、网购、高声喧哗、织绣等不良行为，发现后给予相应处罚。

7. 爱护公共财物，注意环境卫生，保持办公室、编辑机房清洁，安排值日主动清扫，每天下班注意关闭电源、门窗，严禁在编辑机房抽烟，违者给予相应处罚。

8. 爱护车辆，注意保养清洁，出车必须登记，未经允许严禁私自驾驶、公车私用，违反规定给予相应处罚，因违章违规受到处罚，一概由个人承担。

## 广电宣传服务中心广告从业人员行业规范

为进一步提高我中心广告从业人员的整体素质、提高管理和服务水平，树立“经营也要讲政治、广告也是立导向、创收也要树形象”的理念，特对广告从业人员规范如下：

### 一、广电宣传服务中心主任

讲政治，讲大局，积极带领中心所属人员倡树“八种意识”，坚决贯彻执行党的基本路线和上级有关广告政策、法规，遵纪守法、诚实守信，有强烈的责任心和事业心。深入一线，实事求是，廉洁奉公，热情服务，任人唯贤，热爱广告工作，全心全意投入到广播电视宣传事业之中。熟悉广告管理法规和相关经济法规，熟悉本单位、本地区广告经营情况，懂得经营管理、工商企业管理、市场调查、广告策划、信息科学、运筹学等方面的基础理论知识，正确执行广告审查、验证、合同、档案等各项制度。

能够理论联系实际，具体深入调查研究的基本功。能根据影视中心领导班子的要求，正确地提出本单位的经营方向、改革措施，具有较强的竞争意识。善于发现、培养和使用人才，调动干部的积极性，领导本单位职工，不断改进经营管理，提高服务水平，坚决做到“带好队伍、管好人员、完成指标、树好形象”。

### 二、电视广告部主任

热爱广告工作，全身心投入到广告事业。廉洁奉公，热情服务，遵纪守法、诚实守信，有较强的责任心。熟悉广告管理法规和有关经济法规，懂得市场调查、广告策划、广告创作设计等方面的基础理论和知识，了解经济管理、公关关系学等方面的知识。

能够根据中心领导的要求和客户需求，组织广告业务，实施广告宣传。正确执行广告审查、验证、合同，档案等各项制度。带领本部室员工不折不扣地完成各项工作任务，不断提高服务水平。

### 三、广告策划、设计、制作、收费人员

热爱广告工作，全心全意投入到工作中，廉洁奉公，热情服务，遵纪守法、诚实守信，有较强的责任心。能够根据中心领导的安排，在各部室主任的带领下做好安排的具体工作。

熟悉广告管理法规和有关经济法规，了解

广告业发展动态和基本情况。具有市场学、广告心理学、美学、文学、信息科学、传播学等理论基础和专门知识。熟悉各类广告策划创作，能够正确地分析市场调查、社会调查、消费者调查、广告效果调查资料。根据客户的情况和各种调查资料，提出广告策划方案和广告预算。能确定目标市场，提出广告主题、广告创意和媒介选择方向。

## 广电宣传服务中心广告、栏目监播管理规定

为使我台广告经营、栏目播出步入正规化管理，实现精细化、准确化、正规化、常规化管理，特制定管理规定如下：

1. 所有栏目均按规定时间准时播出，不得无故提前或拖延；特殊情况需按级申报台长批准后方可安排。

2. 所有自办栏目均按规定时间和时长实现精准播出，栏目超过规定长度的一律在播出时将超长时间切除。

3. 所有广告一律严格执行“先付款后播出”。

4. 所有广告合同签订、广告长度、广告时段长度、缴费情况由综合部负责统计，未按规定长度上下广告、未及时缴纳费用的一律停止播放，特殊情况由部室主任向中心主任或分管领导书面申请并说明情况。

5. 所有广告及栏目均严格执行“凡播必审、重播重审”规定。

6. 进一步完善落实好签字管理制度，逐级审批，归档备案。

## 广电宣传服务中心学习、例会制度

为在广电宣传服务中心全体人员中进一步营造浓厚的学习氛围，树立钻研业务的良好风气，使服务中心步入正规化、精细化管理轨道，实现“管好人员、完好任务、干好事业”的目标，特制定学习、例会制度如下：

1. 每周一 8:30 广电宣传服务中心全体中层干部、栏目制片人由影视中心分管主任召集在八楼小会议室召开例会，总结上周工作，部署本周工作。

2. 每周一 19:00—21:30 广电宣传服务中心全体人员在七楼会议室集中学习。主要内容为学习时事政治，贯彻上级精神，把好客户脉搏，研究创收策略。

3. 完成中心领导赋予的其他任务。

## 广电宣传服务中心管理制度和岗位职责

为加强内部管理，高质量地完成广电宣传服务中心各项工作任务，结合工作实际，制定本制度和职责。每一个干部职工必须遵纪守法，认真履行所负担的工作职责，严格要求自己，维护好新闻工作者的形象。违反制度者，严肃处理，工作成绩突出的年度内进行表彰奖励。本制度和职责自印发之日起执行。

### 一、管理制度

#### （一）工作制度

1. 每周一各栏目制片人将栏目采访计划报总制片人，总制片人同意后报影视中心分管主任审批。

2. 制片人根据中心主任审定的题目进行策划制作，人员、设备由总制片人统一调配。

3. 节目交稿在配音制作前，报送总制片人和中心主任审批。

4. 各栏目每周周五前必须制作完毕，每期节目播出前必须经制片人、总制片人、中心主任审片。节目审定完毕任何人不得私自改动。

5. 审批结束后由当值编辑负责上传并与播出部门对接确认，保证成功传送。

6. 如有特殊情况，由中心主任统一安排。

#### （二）设备使用制度

1. 摄像机及附属设备由单位统一管理，指定摄像记者专人使用、专人保管、专人负责。（含话筒、采访线、三脚架、摄像箱、包等）；

2. 摄像记者有外出采访任务时，需经制片人、中心主任指派、除单位正常工作外，不得私自使用、借用设备；

3. 摄像机在使用过程中应按操作要求使用、保护和保管，出现故障及时向领导汇报，凡因违规操作或保护、保管不当出现损坏、损毁或丢失等事故，经济责任自负，并给予相应处分；

4. 单位编辑设备不得私自使用或外借；

5. 单位其他设备的使用和管理参照执行。

（三）采编制作制度

1. 电视节目的采访与拍摄在中心的统一安排下进行，任何人不得采访或拍摄没有统一安排的内容；

2. 播出文稿，字迹清晰，语句流畅，用语准确，音量统一；

3. 画面剪辑流畅，无漏、多现象，配乐准确，合乎片中要求。

### 二、岗位职责

（一）栏目制片人岗位职责

1. 坚决贯彻执行党和国家广播电视的方针、政策，严格遵守有关法律和规章、制度；负责节目的策划、采访、包装、采录、编辑、制作。

2. 主持分管栏目的日常工作，制定分管栏目的工作计划和总结等工作。

3. 制定提高节目质量、扩大节目影响等方面的措施。

4. 主持分管栏目的业务学习，提高采编队伍的业务水平，确保采编队伍的工作规范。

5. 负责对外联络和宣传工作。

6. 完成中心领导交办的其他工作。

（二）记者岗位职责

1. 负责本栏目的采访和图像拍摄工作。

2. 负责节目撰稿，做到文字严谨，内容无误。

3. 加强政治学习、勤于钻研业务，拍摄画面的图像做到清晰、完美，同期声效果好，无杂音。

4. 负责录像带的标注及交与编辑。

5. 密切配合，确保节目所需图像资料丰富、充足。

6. 负责做好节目同期声的文字记录工作，收集并保管好所需相关图像资料。

7. 负责摄像设备保管和维护，未经批准不得外借。

8. 完成其他工作任务。

（三）编辑岗位职责

1. 负责本栏目的采编和制作工作，遵守宣传纪律、杜绝各类事故的发生。

2. 认真钻研业务知识，提高制作水平。

3. 参与节目审定，发现问题及时改正。

4. 负责节目上传工作。

5. 负责本栏目影音资料的整理与归档工作。

6. 负责保管好编辑设备，严格遵守中心的各项规章制度。

7. 协助制作人完成节目策划、采访、撰稿工作。

8. 完成其他工作任务。

（四）主持人岗位职责

1. 负责本栏目的播音、主持工作。

2. 加强政治业务学习，提高业务技能，针对不同类型节目，采用不同风格做好配音工作，不得擅自改变经审签后的播出稿件内容。

3. 熟练掌握配音设备操作，独立完成配音。

4. 每期节目配音前必须先熟悉文稿后再配音，确保吐字清晰、音质完美、发音无误。

5. 做好稿件整理、统计工作。

6. 参与节目审定，发现问题及时改正。

7. 协助制作人完成节目策划、采访、撰稿工作。

8. 完成其他工作任务。

## 技术中心安全操作规程

1. 严格贯彻执行《广播电视设施保护条例》，确保广播电视发射场地、设施安全。

2. 值班（维修）人员进行工作，应严格遵守安全规程，并做好安全防护用品的检查。

3. 播出系统和发射机工作后，不得随便移动触动带电设备。

4. 发射机房、播出监控机房、天馈线场地等为广播设施重要安全场所，其场所内严禁存放易燃、易爆、危险品和其他非广播发射所需的物品。

5. 安全场所要配备消防工具和救护工具。

6. 电器工具、电源插座、仪器、仪表及其他检修工具，必须使用三线插座，电源中线和保安地线不能混接，要有专人定期检查测试，要确保保护地线接地符合技术要求。

7. 使用仪器仪表时，必须了解仪器性能，工作电压，用完后关闭电源开关。

8. 检修和处理故障时，要穿戴工作服、绝缘鞋和线手套，使用安全警告牌、姓名牌，并采取安全保护措施，加强安全的监督检查工作，不允许单人进行带电设备的检修和处理。

9. 进行直流、交流和高频部分高压元件检修，必须用地线钩对检修部件进行放电。检修期间，检修部位要挂接地线钩，不准带电作业。检修完毕后，要摘除地线钩并指定专人检查。

10. 检修设备前，应对检修部分进行验电，确认无电后方可维修。测量高电压，必须有两人参加，一人监护，先切断电源，测量人员应站在绝缘物上或穿绝缘鞋、戴绝缘手套，单手操作，将带电的元件放电后，将仪器接好，经检查无误后，方可送电测量，用后先切断电源再取仪器。

11. 高空作业人员要有有效的资格证书方可施工，施工前必须签订施工合同，并严格执行操作规程。

12. 经常检查机房等安全场所的各种安全设施的配置和使用情况，严禁使用一切不符合安全要求的设备。

13. 电动工具通电前，应确定金属部分不漏电，并可靠接地方可使用。电源线应放妥，防止绊倒行人和被车压坏。

14. 检修设备中，遇有电容器必须先进行短路放电，后测试。

15. 使用兆欧表测量设备绝缘电阻时，人身不得触击被测元件导电部分，摇测前后放电。

16. 熔断两次的熔断器，应查明原因排除故障后，再接入额定熔断器。

17. 凡两人以上进行设备的维护，首先切断电源，在恢复供应前，必须呼应对方同意后，才能供电。

18. 雷雨时不得做电源配电盘、引入线、天线避雷器的安装维修。

19. 检修工作结束，清点仪器工具和材料，清理掉落的焊锡、焊剂和导线，不得遗落机内。

20. 停止工作或离开工作场所时，必须断开总电源，拔出工具仪器的电源插头。

## 技术中心安全防范管理制度

为认真贯彻中央领导重要指示和国家广电总局的有关部署，切实加强广播电视安全工作，防止人为破坏以及其他敌对分子利用广播电视设施进行反动有害宣传活动或在自然灾害突发时，确保广播电视系统安全优质播出。

1. 成立加强广播电视安全工作领导小组，由单位一把手负总责。建立反应快捷、指挥有力、调度灵活、令行禁止的安全播出调度指挥机制。要明确分工，明确责任，措施到位。

2. 值班人员要充分认识与不法分子斗争的尖锐性、复杂性和长期性，绝对不能低估破坏活动的危害性。要增强政治意识，忧患意识和防范意识，加大管理力度，形成相互协调、密切配合、齐抓共管、共同防范的工作方式。

3. 建立健全值班制度、联络报告制度、检查制度，并根据不同情况制定突发事故处理预案，坚持“谁主管，谁负责”的原则。

4. 加强维护力量，提高维护水平。彻底杜绝有的设备由于没有及时发现已经存在的故障隐患，导致出现播出事故的现象。

5. 提高值机人员的操作水平。机房值班人员的业务水平直接影响播出质量，值班人员的业务水平偏低，不能熟悉操作设备，一旦出现故障，就不能及时排除故障，必须提高业务能力。

6. 加强责任心教育。工作不负责任，粗心大意，对事故苗头不能及时发现，往往酿成大祸。

7. 严格执行规章制度，现在各项规章制度和操作规程都很多，但往往挂在墙上的多，入脑入心的少，实际工作中不严格执行，不按规定程序操作，极易造成事故。

8. 严明纪律。不能严格按照规定处理，大事化小，小事化了，形成不良风气，久而久之，队伍涣散，关键时刻出大事。

9. 转播中央台节目，现在具有卫星接收信号和光缆接收信号。在转播中央电视台节目时，所用的信号源是潍坊台的下行光缆信号，是用解调器解调出来的，一旦出现信号中断，直接切换卫星中一信号，还要眼不离监视器，手不离切换器，一旦发现问题，立即关断信号，同时立即向领导汇报。

## 播出部的职责

1. 在中心主任的带领下，完成安全优质播出工作和各项管理工作，完成领导交办的各项工作任务。

2. 认真落实各项规章制度和规定，组织机房工作人员落实岗位职责，落实本机房的各项安全措施。

3. 熟悉播出部设备的运行情况和技术指标，按技术标准制定年检、半年检、季检、月检、周检计划，重要会议播出和重大节日播出前的检修计划，并具体组织实施，并做好检修记录。

4. 负责电视台节目播出、发射、监视、监听、新闻字幕的校对工作，电台的发射机运行及各频道设备的运行情况，确保安全优质播出。

5. 负责完成广播电视节目的安全播出、发射，努力抓好技术维护管理工作，坚持“不间断、高质量、既经济又安全”的技术维护方针，完成各频道节目的播出任务。

6. 负责播出部的播出设备、发射设备的维护、维修、管理、运行工作及播出方面技术资料上报、统计报表工作。

7. 值班人员要及时报告机器设备的异常情况，并及时处理播出设备的故障和异态。

8. 负责组织检修后的质量验收和填写检修、测试记录，做好故障分析、维护经验总结。

9. 制订学习计划，组织播出部全体职工进行业务学习。

10. 贯彻执行安全制度，强化安全意识，采取防范措施，确保设备和人身安全。

## 发射机巡查制度

值班员在值班过程中应进行开机、关机、巡机的操作检查。

### 一、开机检查应在正式播出前30分钟进行

1. 机房设备外观有无异常现象。

2. 电源电压是否正常，开关是否处于正常位置。

3. 检查附属设备是否工作正常，信号系统是否正常。

4. 检查节目电平是否正常。

### 二、关机检查应在关机后立即进行

1. 开关是否在正常位置。

2. 查看或触摸元件有无过热现象，在触摸时要切断电源，大电容进行充分放电，注意人身安全。

3. 检查机箱内有无异态异味。

### 三、巡机检查

1. 设备是否按规定运行，各表头指示值和监测结果是否正常。

2. 设备内有无异常声、光、味。

3. 接收天线或馈线有无异物，冬季如有积雪应随落随清。

4. 检查调幅度、功率是否符合要求。

## 技术(录制)、播出设备检修制度

1. 根据设备运行规律坚持以预防为主，防重于治，按计划检修，做好维护工作。

2. 按照检修项目、周期，结合实际情况，制定检修计划，由部室负责人组织技术人员实施。

3. 按照性能对设备进行检修，要做好日查看、周、月、季和全年的检修工作，并做好详

细记录。

4. 检修人员必须熟悉设备原理及性能，掌握设备运行规律。为了保证主备发射机的主要技术指标和传输性能达到规定要求，每月必须对发射机进行指标测试，并有测试记录。

5. 设备每次检修情况、主要参数和波形，更换元件和改动线路等都要详细记录。

6. 设备大修及更新均应报中心领导批准。

7. 一般检修工作必须在播出前 30 分钟结束。

8. 设备检修应有准备齐全的技术资料。检修日志要详细记录检修部位，对发现的问题、处理情况和各种数据记录清楚，并向有关人员介绍情况。

9. 检修后要试机。应根据检修内容进行局部试机、全机加电或加信号试机。

10. 检修后要恢复各项使用参数，把好质量关，防止检修发生问题。

11. 检修中应更换相同规格的元件，若更换与原器件不同规格的元件，应经主管技术的领导批准。

12. 改动完成后，除详细记入日志外，还必须及时更改图纸，保证图、物相符。

13. 设备测试和预防性试验是及时发现隐患，使设备处于良好状态的重要措施，必须认真加强，并应建立测试档案。

14. 为确保设备处于最佳工作状态，必须严格遵守定期的维修制度，对机器定期进行维护保养。具体分为周检、月检、季检、年检。

①周检。每周对机器风扇、过滤海绵网进行清洗除尘，清洁机器内部易脏的较大部分，发现问题及时处理。

②月检。每月对机器指标进行常规检测，做好电声指标、工作时间等情况记录。仔细检查各元器件有无细微损坏，交流接触器接点是否有打毛或接触不良现象。对各功放板、接插小盒及按插座进行细致的清洁维护。

③季检。每季度对机器进行全面清洁，清洁各部位接口。检查电池电压，测试机器整机指标，并将其调整到最佳状态。

④年检。每年要对发射机进行一次大的检修。检查各集成电路管脚是否有腐蚀现象，螺丝是否松动，电路板是否有裂痕，振荡器与功放电缆连线是否有烧焦现象，音频线，外激、外电以及播出设备各进出口连线是否连接牢固，走线槽内是否有杂物。确保各播出设备运行指标在最佳状态。

15. 维护时需要注意的问题

①使用专门的维护工具。全固态发射机大量运用集成电路，与以往的电子管发射机相比有显著区别，为此必须准备诸如无感起子、排刷、小烙铁等轻、小型维护工具及清理液、压缩空气除尘器、防护眼镜等专门工具。

②对重点元器件坚持细选、轻拧、慢推、快焊的维护原则。细选，即在更换元器件时，要保证所用新件与电路图和明细表上标明的一致，尤其是当更换功放或前级功放上的 MOSFET 管子时，必须确保所用的管子产自同一制造商，且为同一型号。轻拧，即在紧固松动的螺钉、接头时切忌用力过猛，超过原来设计的承受力，造成断裂或损坏，如发生在发生器、振荡器等没有备份的板子上，则会造成因板子损坏而使机器无法工作。慢推，即在安装功放盒、调制推动盒、高频激励盒等小盒时要慢推，防止快推撞坏插座，以确保小盒在槽内。快焊，即在焊场效应管时，一定要根据不同的固态发射机选用 40～80W 的烙铁，在更换时一定要防止人体带静电，焊接时要在极短时间内完成，且要用焊锡把焊点全部覆盖住。如果焊接时间过长，一定要在每次焊接时留有 5～10 秒的时间间隔，否则会损坏场效应管、焊坏电路板，影响发射机性能。

③高度重视积尘的存在。由于固态发射机内部都有风机，这就为外部灰尘进入机箱并吸附于电路上创造了条件，一旦由于积尘造成元器件与周围线路之间漏电，就会导致故障，一般此故障比较难查，特别是在高温雷雨季节，更应高度重视。故在每次维护机器时，务必把积尘清除干净。

④注意用电安全。在维护及试机时，要安排专人对机器进行送、断电管理，以免造成不

必要的人身伤害。

## 技术科录制部的职责

1. 在广播影视中心主任的领导下，严格执行各项规章制度和规定，抓好全中心技术协调、技术管理工作，定期向中心领导汇报全中心的设备运行情况。

2. 负责广播电视技术的引进和应用，并具体实施广播电视新技术的应用，新设备的考察购进计划，供领导参考。

3. 负责中心的局域网、内部电话管理，电视节目自动播出网络系统的维修维护，电台的自动播出系统的维护、维修工作，技术用电的维护、维修、管理工作，摄、录、编、播设备的维护、检修、大活动时的录制等工作。

4. 负责对中心内设备进行年检、半年检、季检、月检、周检维护检查的实施工作。

5. 负责全中心重大技术革新，重大技术项目的计划落实，设备改造方案的起草、申报和组织实施工作。

6. 负责制定技术培训、岗位练兵活动计划的组织实施工作，并对开展情况进行检查和考核。

7. 负责全中心各项技术事故的调查、处理、统计及上报工作。

8. 负责各项广播电视有关技术资料报表的填写、统计上报工作。

9. 完成各演播设备、灯光的使用管理工作，密切配合各中心的工作，完成大型活动的现场技术保障和录制工作。

10. 负责完成市委和市政府的会议音响服务，流动电台（转播车）发射，各类大型会议现场音响服务工作。

11. 完成领导交办的各项工作任务。

## 技术中心交接班制度

一、值班人员必须按时到岗，严格按规程操作，交接班时，交接班人员必须当面详细交代全部设备的运行情况，没有接班人的当面答复，交接班人不得离开工作岗位。

1. 接班人员要认真阅读值班日志，了解设备运行情况。并认真填写值班日志。

2. 了解有关播出变动的通知。

3. 察看机房常设器材、仪表、工具、资料是否齐全。

4. 保持机房设备及环境卫生的整洁。

二、在交接班中，如发生设备故障、信号传输故障，由交班人负责处理，接班人协助，处理完毕，再进行交接班。

三、交接班要严肃认真，详细交接，发生漏交错交由交班人负责。交班人员错交漏交，由于接班人员疏忽未能发现的问题，接班后由接班人员负责，交接不清出了问题，由接班人员负责。双方认为交接完毕经签字方可下班。

四、交接项目包括：播出设备、发射设备和监控设备的工作状态，播出的节目内容、台标、角标、字幕的播出时间，播出日志和发射记录，及其他有关应注意的事项等。

五、值班人员要加强团结，密切配合。吃饭时服从组长的安排，必须保证正常值班，绝对不能出现空岗现象，并对所分管的设备运行情况进行交接，交接完签字后才能回家吃饭。

六、值班人员必须根据实际情况认真填写交接班记录，并把播出中监视、监听、新闻校对，自动播出设备和发射设备运行情况交接清楚，杜绝事故的发生。

## 播出中心联络报告制度

### 一、联络制度

1. 在电视播出前十五分钟送测试卡，要注意监听、监视，发现问题及时处理。

2. 值班人员要密切配合，做好监测工作，注意播出质量，发现停播、劣播、错播、播出质量差等问题，查明原因，并向主任和分管领导汇报。

3. 须临时增加播出次数和变动播出时间，应由节目主管部门提前通知。

4. 重要播出和节日播出期间实行主任带班制，随时了解和报告播出情况。

### 二、事故报告制度

要严格执行各类事故报告制度。要坚持一事一报，急事急报。

1. 凡三分钟或以上的各类停播和播出事故，必须填写“事故报告”报中心领导。

2. 事故报告的内容包括：

2.1. 事故的起因和事故的起始时间。

2.2. 事故的处理经过。

2.3. 事故责任人姓名。

2.4. 事故报告填写后交中心领导。

2.5. 3分钟或以上的停播和劣播等严重播出质量问题，应及时向领导汇报。

2.6. 重大事故报告要在事故后三日内书面上报，一时难以查清原因的复杂事故，先写出书面说明，待查清后再详细报告。

### 三、重大事故报告制度

重大事故范围：

3.1. 任何时间、任何原因所发生的政治性事故。

3.2. 重要节目播出期间发生的停播、劣播（包括误播、错播、少播）。

3.3. 在重大节日、重点时段发生的1分钟以上的停播、劣播。

3.4. 3分钟以上的责任性停播、劣播。

3.5. 30分钟以上的技术事故。

3.6. 在技术设备的大修、维护和值班、检修处理故障过程中发生的人身伤亡和设备严重损坏的事故。

3.7. 事故发生后要立即报告中心领导，待事故原因查清后，再填写事故报告上报中心领导。对于不能立即报告或故意隐瞒不报的，按照有关规定给予严肃处理，直至追究刑事责任。

## 小演播室、上载、编辑机房管理规定

为更好地管理和使用设备，提高非线编辑设备的利用率，提高工作效率，解决非线编辑设备不足问题，节约资金，特制的本管理规定。

一、为更好地利用设备，采取专人管理方式，由领导和部室主任签字后管理人员指定使用那台非线编设备，杜绝没有工作任务使用非线编设备情况，同事杜绝干私活和在非线编上乱设置现象。

二、小演播室和上载编辑机房部室使用管理。设备由技术人员统一管理，卫生和使用由新闻中心管理两个演播室，虚拟演播室由广电宣传服务中心管理，上载设备由广电宣传服务中心使用。其他部室使用演播室时必须进行双方交接，查看设备是否工作正常，并在交接单上签字后再使用。不交接设备出现问题有管理部室根据设备损坏情况进行赔偿。

三、非线编设备日常管理：非线编辑设备排列方式：在三楼非线编辑室，由东向西排列1组至6组。1组2组3组控制桌设备由广电宣传服务中心管理，4组5组6组控制桌设备由新闻中心管理，包括控制桌、非线编辑设备、地面的清洁卫生管理。

四、进入机房须严格执行登记制度，填写使用登记单，标明事由及使用时间，经领导或部室主任签字方可进入。

五、技术管理人员的职责，对设备定时定期进行维护，清理机内灰尘，对出现故障设备及时进行维修，保证设备运行正常，每天在机房内值班到新闻节目结束，同时督查编辑设备每天开关机工作情况。

六、操作时注意爱护编辑设备及机房内的其他物品，并接受管理人员监督。在机房内禁止吸烟、吃零食、乱扔纸屑，发现有上述行为，罚款30元。进入机房后手机须调静音，不得大声喧哗、聊天。

七、在使用编辑机房设备出现故障时应立即说明情况，采取措施，予以排除。如故障不能排除或有硬件损坏等情况，应迅速报告，填写故障表，交管理人员处理。

八、为防止计算机病毒侵害和设备损坏，未经许可，不得在非线编辑设备上使用外来硬盘、U盘、光盘等外接设备，不得自行安装和卸载软件、程序，不得在编辑机上玩游戏。发现有上述行为，罚款 50 元。

九、机房内的电源和插座为机房设备专用，非机房设备不得使用机房电源。

十、机房设备须先经检查确认正常后再按顺序依次开机，使用完毕后须确认正常关机并切断电源后方可离开，如违反此规定罚款 50 元。

十一、未经许可，不得随意移动、拆卸各种物件，不得擅自将编辑机房机器设备带出机房，如违反此规定罚款 100 元。

十二、电子指纹门要进入后随手关门，如发现不关门现象罚款 50 元。

十三、以上规定要严格遵守执行，如有违反，将视其情节轻重和造成影响大小，按照有关规定给予严肃处理，直至追究刑事责任。

## 技术中心值班守则

总则：播出、监控、发射工作是电视台的重要环节，播出、监控、发射人员一定要有强烈的事业心、责任感，以树立单位形象为己任，努力确保电视节目准时、准确、安全优质播出。为保证播出安全、人身安全、设备安全特制定如下细则。

1. 值班播出、监控、发射以下统称值班，值班工作实行组长负责制，值班人员要服从组长指挥。值班组长在值班期间应对设备正常运行、安全播出和机房安全负责。

2. 值班人员必须经过技术岗位培训合格后方可上岗，且保持相对稳定。

3. 值班人员在班前和当班时不准饮酒，必须根据值班要求按时到岗，到岗后不得擅自离开工作岗位或做与值班无关的事情，不得任意找人代班，要精力集中，坚守岗位，服从指挥，保证电视信号的正常播出和发射。

4. 必须严格遵守设备的操作规程和安全操作规程，值班过程中要监测硬盘播出系统和所有发射设备的运行情况，发现问题及时解决，保证正常播出。

5. 值班期间如发生停播、劣播事故，必须采取有效措施，尽快恢复正常的播出，及时报告领导，事后填写工作记录。

6. 值班人员要认真填写值班记录、设备交接单及有关报表，并注意保存备查。

7. 值班人员必须按照有关规定进行操作，不得随意更改节目播出时间和节目内容。

8. 值班人员要有高度的政治责任心，遇到信号受到干扰或反动口号和图像，应迅速中断信号或使用备用信号（或使用自办节目的信号源），事后报告中心领导，并做好事故记录。

9. 值班过程中要认真监视、监听播出的节目内容，防止画面和声音出现不同步、停播和声音出现失真现象，本台新闻播出前要校对新闻节目的口号、字幕，在播出中不出现任何事故。

10. 值班人员认真监测设备工作状态，按时巡机抄写设备参数，及时发现和处理设备异常现象，及时做好值班记录并向领导汇报，保证设备处于良好状态。

11. 设备异常，要认真细致检查，处理故障要迅速准确，并做好值班记录和维修记录。

12. 业务联系中，语言简洁，态度谦和，如实准确地反映情况。

13. 严禁非工作人员进入机房，严禁携带非工作物品和非播出物品进入各机房。

14. 每个班次都必须打扫卫生。保持机房、播出设备、发射设备、各仪器的整洁卫生。

15. 播出结束后，值班人员要关闭硬盘自动播出系统、发射设备和监控设备，整理好工作日志、工具等，对工作现场进行安全检查，切断电源、关好门窗，然后离开。

16. 以上各条要严格遵守执行，如有违反，将视其情节轻重和造成影响大小，按照有关规定给予严肃处理，直至追究刑事责任。

## 重要播出、节日播出保证制度

1. 值班人员要提高认识，以高度的政治责任感、严格要求自己、以严肃的工作态度、严格的组织纪律保证重要节目和节日播出安全、优质、准确、及时。

2. 分管领导要深入机房，制定计划，采取措施，切实抓好安全播出工作，务必使主备播出设备处于良好状态。

3. 重要播出和节日播出期间，要特别注意播出与监测质量。播控人员要加强监控，发现问题及时处理，并及时向单位主要领导汇报，同时通知上级主管部门。

4. 重要播出和节日播出期间，对一线值班和维护力量要妥善安排，加强设备巡视，及时处理异态，坚决杜绝操作失误事故。用于紧急处理事故的有关备品、备件、工具要保证数量和质量。

5. 重要播出和节日播出后，要及时总结经验，将播出情况书面上报上级主管部门。

## 昌邑广播电视台关于加强外宣工作的意见

搞好对外宣传工作是广播电视宣传工作的重要内容之一。对外宣传昌邑经济社会发展成就，扩大昌邑对外影响力，是市委、市政府对广播电视工作的明确要求，也是提高编辑记者综合素质的重要手段之一。因此，要高度重视对外宣传工作，继续加大对外宣传工作力度，努力为我市经济社会发展营造良好的外部舆论环境。

### 一、电视外宣工作:

#### (一) 任务目标

1. 积极向潍坊电视台及其承认的上级台记分栏目供稿。

2. 电视外宣主攻《中央新闻联播》《山东新闻联播》《潍坊新闻》等新闻栏目，同时兼顾上级台专题类栏目，在潍坊电视宣传排名中力争进入前列。

#### (二) 主要措施

1. 成立外宣组，加强与上级电视台人员的联系，密切与上级电视台的关系，同时，积极邀请上级电视台工作人员来我市采访拍摄，制作节目，及时宣传我市经济社会发展取得的成就。

2. 积极向上级电视台传送稿件，新闻部、社会新闻部分别有针对性的向潍坊、山东电视台、中央电视台有关栏目对口供稿。

3、选派人员到上级电视台帮工学习。

#### (三) 考核奖惩办法

1. 本着公平、公正、公开，多劳多得、奖优罚劣、动态管理的原则，对新闻部和社会新闻部的记者进行外宣考核。每名记者在潍坊电视台计分栏目发稿基本任务为 3 条，完成予以奖励，发稿越多，奖励越大。鼓励编辑、播音员向上发稿，奖励同记者一样。

2. 计分按单人单计，合写分摊的办法计算。根据发稿数量，每月评出两位月度“发稿之星”，综合评出月度发稿冠、亚、季军，每三个月评出季度冠、亚、季军，并通报表扬。年终对冠、亚、季军再给予奖励。

### 二、广播电台外宣工作

#### (一) 任务目标

广播外宣工作在省广播电台外宣工作中进入先进行列，在潍坊市广播电台发稿排名中力争进入前列。

#### (二) 主要措施

新闻部派人到潍坊市广播电台帮工学习；确定专人从事广播电台外宣工作，积极向上级广播电台传送稿件，每月达到 30 条。

### 三、外宣组职责

负责内引外联，主动联系上级台，随时掌握宣传动态、重点，及时告知本台记者；积极找寻线索题目，或邀请上级台记者前来，或联系本台记者完成；统计好每月外宣发稿数量，对记者发稿情况予以核实、通报、计算绩效，上报有关领导和财务，按照记者实际发稿数量给予考核奖罚。外宣总体完成预期目标，给予外宣组人员一定奖励。

### 四、纪律约束

外宣发稿以展示全市经济社会发展成就为主，弘扬正能量，反映日新月异的城乡变化和群众丰富多彩的精神文化生活。对于负面报道，原则上禁止向上传播；拿不准的稿子，必须经有关领导审核同意后才予以上报，严禁片面追求发稿率而不管不顾，如果造成不良影响，追究有关记者的责任。

# 昌邑籍书画名家挥毫泼墨祝贺《昌邑广播影视志》出版

值《昌邑广播影视志（1950—2019）》出版之际，社会各界给予热情关注和大力支持。一批昌邑籍书画名家挥毫泼墨，创作了书法、国画、油画等作品，以此表示热烈祝贺！这些作品主题鲜明、内容丰富、艺术精湛，充满了对昌邑市融媒体中心未来发展的美好祝福，也更加激发了融媒体人“走进新时代，谱写新篇章”的壮志豪情。广大干部职工必将进一步提高政治站位，做到“两个维护”，增强“四个意识”，牢记习近平总书记对新形势下宣传思想工作提出的“举旗帜、聚民心、育新人、兴文化、展形象”的使命任务，守正创新，为在新时代推动媒体深度融合，更好地服务昌邑经济社会发展做出新的更大贡献！

## 于钦彦书法作品

于钦彦

**于钦彦**　昌邑市饮马镇吴沟村人。本科学历，高级编辑。长期从事理论、新闻及文艺工作。历任山东省委宣传部理论处长，山东省广播电视厅（局）副厅（局）长兼山东人民广播电台台长，山东省文联党组书记、副主席，山东省委九届候补委员、十届委员，山东省政协常委、文史委副主任，中国文联委员等职。现为山东省书法家协会顾问，中国书法家协会理事。

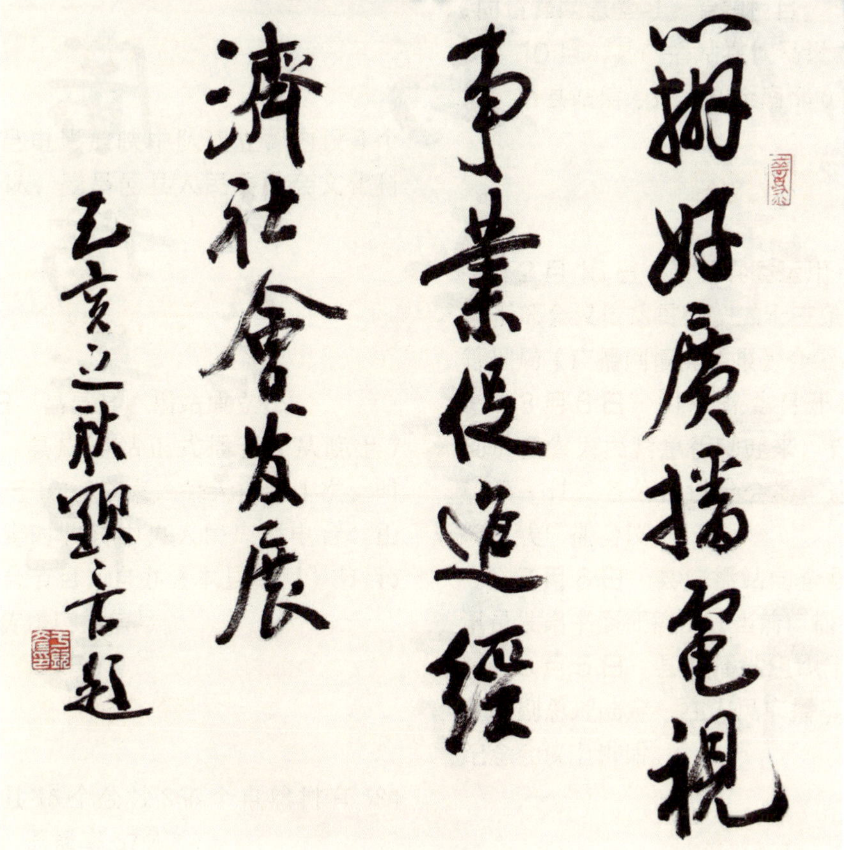


2019年秋，于钦彦创作“办好广播电视事业促进经济社会发展”书法作品，祝贺《昌邑广播影视志》出版

## 陆明君书法作品

陆明君

**陆明君** 1962年生于山东昌邑，历史学博士，中国艺术研究院研究员、博士生导师，中国书法家协会理事、学术委员会委员，中国美术家协会会员，西泠印社社员，国家艺术基金评审委员。书法作品几十次参加中国书协主办的全国展、中青展、兰亭奖展、全国书法名家邀请展等，并多次获奖，出版书法作品集多种。学术研究于书法史论外，涉及金石学、文字学、美术学等，出版《篁斋研究》《魏晋南北朝碑别字研究》《陈介祺年谱》《书坛藻鉴》等专著，获“首届中国美术奖·理论评论奖”“第三届中国书法兰亭奖·理论奖”。多次在全国书法论文评选以及全国书法大展作品评选中担任评审委员、监审委员及学术观察等。

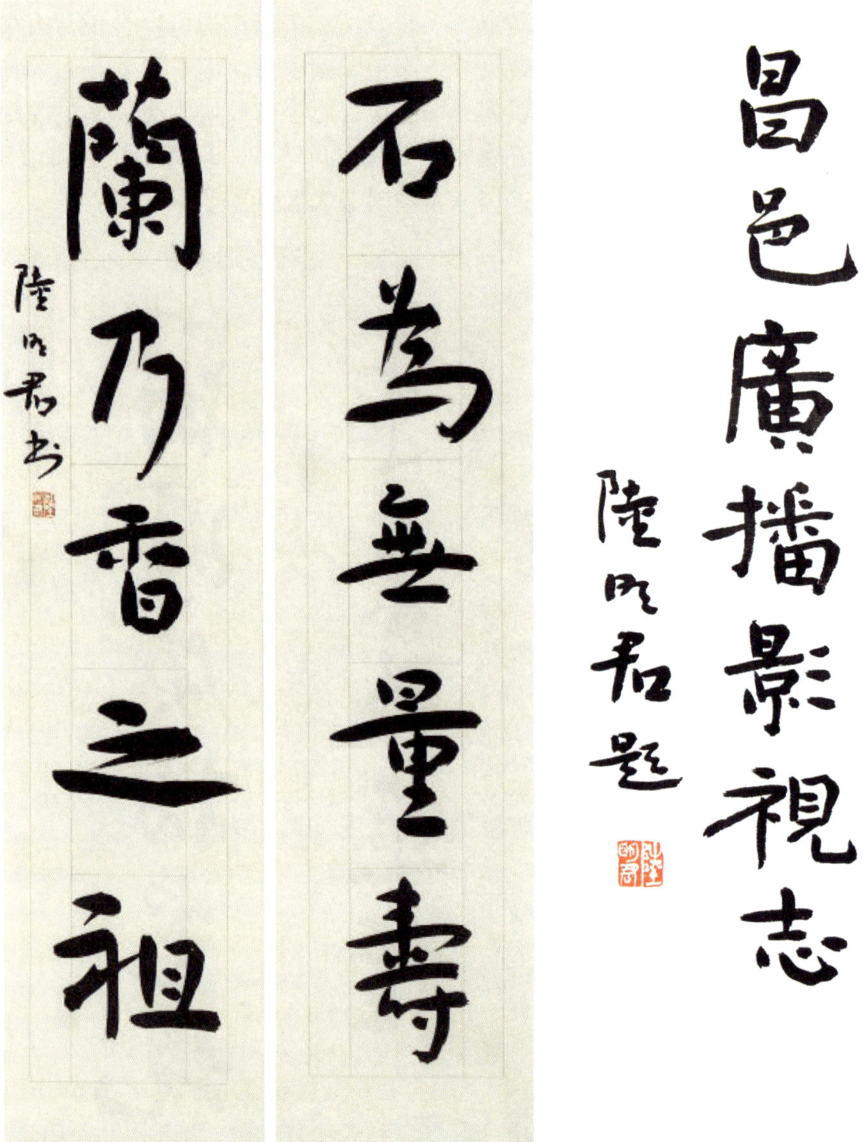


2020年春，陆明君创作“昌邑广播影视志”“石为无量寿兰乃香之祖”书法作品，祝贺《昌邑广播影视志》出版

# 李平绘画作品

李 平

**李 平** 笔名李尚平。山东昌邑人。先后就读于山东艺术学院、山东师范大学、俄罗斯列宾美术学院、俄罗斯国立师范大学。历任山东大学艺术学院美术教研室主任，美术系主任，副院长。现为山东大学美育教育委员会秘书长，兼任山东省书画艺术协会主席，山东省美术家协会副主席，中国香港美术家协会副主席，山东省美术家协会油画艺术委员会副主任，中国欧美同学会美术家校友会副秘书长，山东省文化艺术科学“十三五”规划重点学科美术学专业学术带头人，中国美术家协会会员。

艺术创作以油画为主，兼及国画、水彩画等多种艺术；热衷于艺术理论和哲学原理的研究。先后有200多件作品在国内外重要展览中参展、获奖。1994—2019年，先后15次在国内外举办个人画展。百余次与他人在国内外举办联展，大量作品被国内外收藏家收藏。有《艺术与科学的交融》《风雪·艺术·人生》等四十余篇学术论文及艺术随笔在《新美术》《美术》《美术观察》《文艺争鸣》等国家级核心期刊及专业学术刊物上发表。出版《欧洲美术名作鉴赏》《俄罗斯学院派素描技法》等学术专著6部；出版个人画集6部。

2019年冬，李平创作《红梅迎春》国画作品，祝贺《昌邑广播影视志》出版

## 徐华志书法作品

徐华志

**徐华志**　山东省书法家协会副主席，中国书法家协会会员，山东省文联委员，山东省文联文艺工作者职业道德建设委员会委员，第七届中国书协全国代表大会代表，山东省“泰山文艺奖”书法类评委，获评中国书协2013年中国书法进万家活动先进个人，2017年“送万福进万家”书法公益活动先进个人。作品先后获纪念中国人民抗日战争暨世界反法西斯战争胜利70周年全军美术书法作品展最高奖优秀作品奖，全军第五届书法展三等奖，入展全国第一届正书大展，全国第五届楹联展，全军第四届、第六届书法展，纪念红军长征胜利八十周年全军美术书法主题展等重大展览。

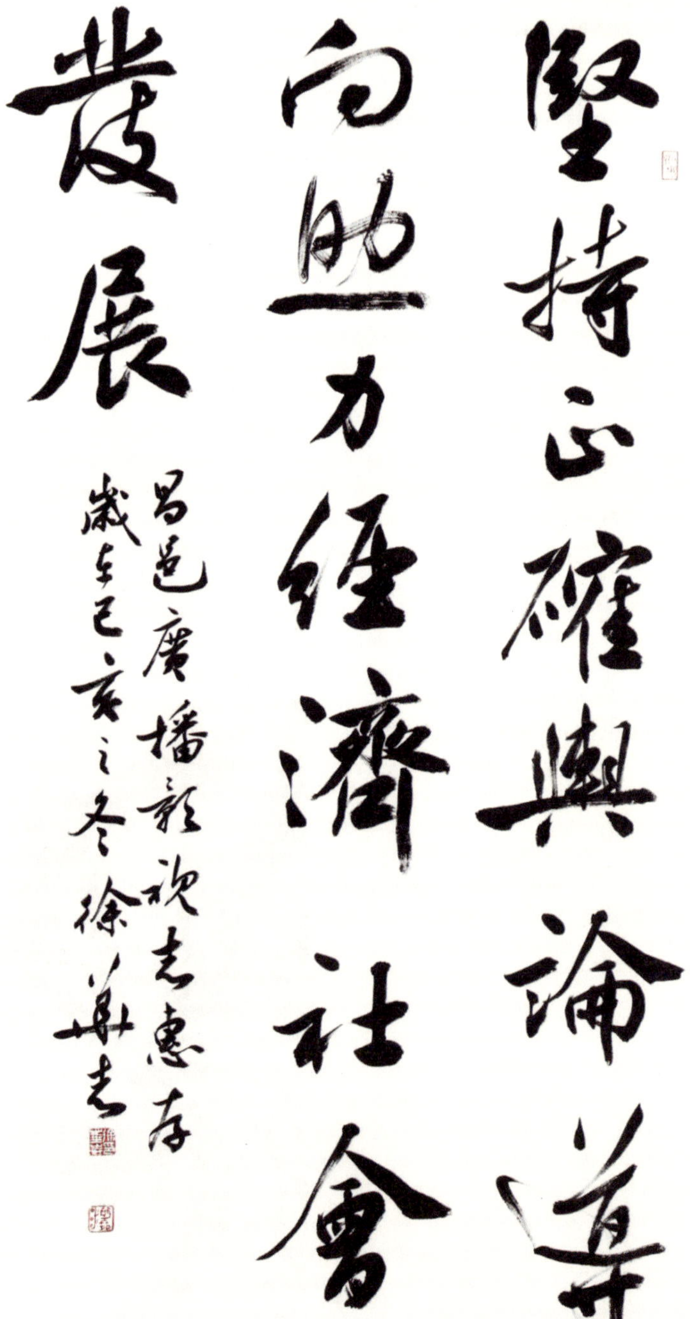


2019年冬，徐华志创作“坚持正确舆论导向助力经济社会发展”书法作品，祝贺《昌邑广播影视志》出版

# 张明川绘画作品

张明川

**张明川** 军旅画家，1962年出生于山东昌邑，毕业于解放军艺术学院美术系。现为北部战区海军政治工作部专职画家，中国美术家协会会员，中国美术家协会河山画会会员，中国画学会理事、山东中国画学会副秘书长、中国人民大学客座教授，国家一级美术师。

作品数十次参加全国、全军重大美术展览，近30次获评各种奖项。其中《海天流韵》获第十届全国美展特别奖——关山月美术基金奖、第十届全国美展优秀作品奖；《灵气郁盘》获第二届中国美术金彩奖，《世纪构建》获纪念建党80周年全国美展优秀作品奖（最高奖）、第十届全军美展优秀作品奖，《云山空蒙》获首届全国写意画大展优秀作品奖（最高奖）；《盛世风华》获首届全国花鸟画艺术大展优秀作品奖；纪念红军长征胜利80周年全国美展优秀作品奖（最高奖），《云山空灵》《春酣》分别获2003年、2004年全国中国画提名展铜奖和银奖等。先后入选第八届、第十届、第十一届全国美展，第二届、第三届、第四届全国中国画展，第九届、第十届、第十一届、第十二届、第十三届全军美展，庆祝建党90周年全国美展，心系汶川——全国美术特展，首届金陵百家中国画展，2008全国中国画学术邀请展，庆祝西藏和平解放60周年美展，《天山南北》中国美术作品展，第一届、第二届中国画学会学术展等，出版画集十多种。。

2019年冬，张明川创作《舞春风》国画作品，祝贺《昌邑广播影视志》出版

# 刘舫溪书法作品

刘舫溪

**徐华志** 1968年生，山东昌邑人。现为中国书法家协会会员、山东省书法家协会理事兼隶书委员会副秘书长、山东画院高级画师、济南市书法家协会主席团委员兼创作委员会副主任、山东建筑大学客座教授。曾两次应邀做为山东省图书馆大众讲堂主讲嘉宾，分别于山东省图书馆、聊城市茌平区图书馆作《书法，不是你想的那样》《书法的真相》公益讲座。

八岁学书，求学期间，曾获山东省中学生书法比赛三等奖，山东省大学生书法比赛硬笔、毛笔书法两个二等奖，山东省首届硬笔书法比赛一等奖等。1993年起，作品入选或参展第二、三届中国书坛新人作品展，第六、七、八届全国中青年书法篆刻家作品展，第一届、第二届中国书法兰亭奖（创作奖）作品展，第二届中央电视台“杏花村汾酒集团杯”全国电视书法大赛，首届全国正书展，第二届全国隶书展等。获第四届山东省泰山文艺奖书法类一等奖。主编《全国优秀中青年书法家精品集》。曾分别于济南、潍坊、昌邑举办大型个人书法展。

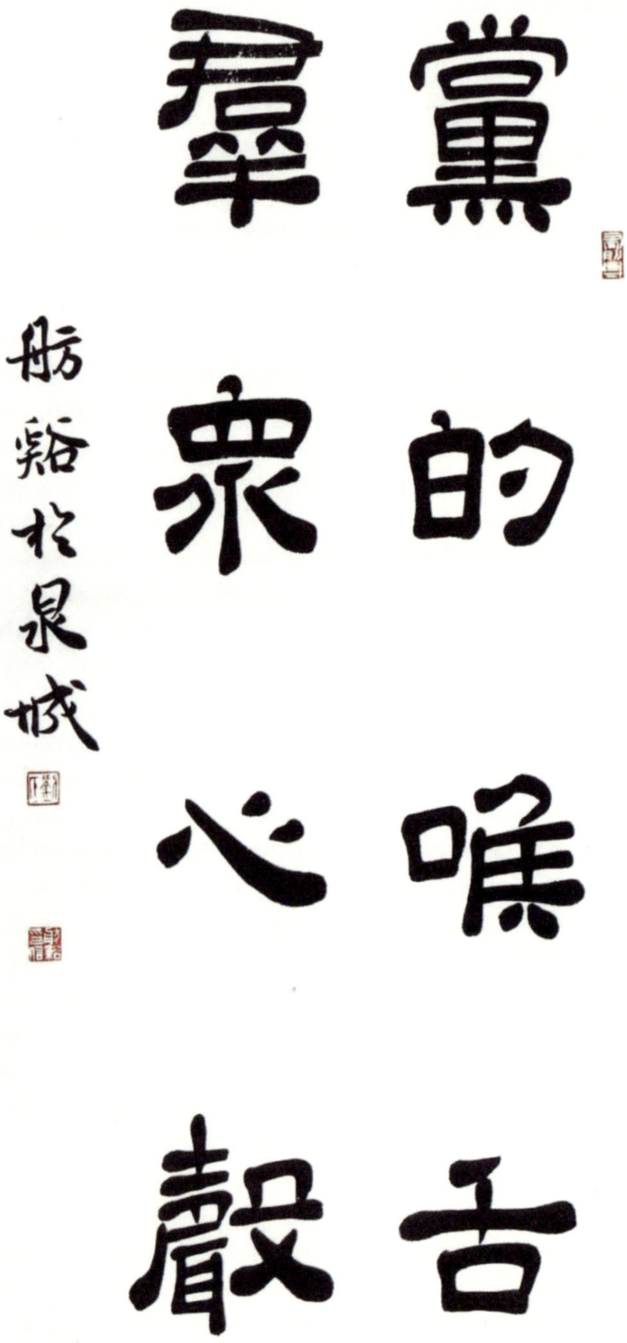


2019年冬，刘舫溪创作“党的喉舌群众心声”书法作品，祝贺《昌邑广播影视志》出版

## 赵赞江书法作品

赵赞江

**赵赞江** 1965年11月生于昌邑，硕士研究生。中国书法家协会会员，山东省书法家协会理事、行业建设委员会副主任，潍坊市书法家协会副主席。现为昌邑市政协常委。

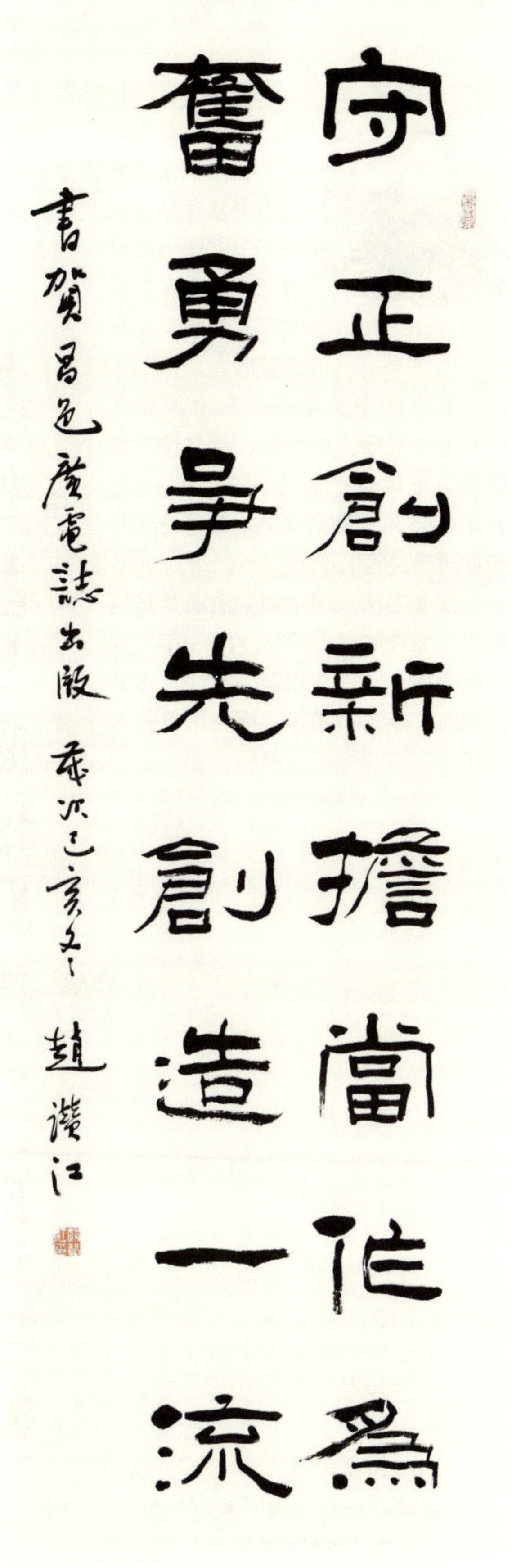


2019年冬，赵赞江创作“守正创新担当作为奋勇争先创造一流”书法作品，祝贺《昌邑广播影视志》出版

## 傅小泉书法作品

傅小泉

**傅小泉** 1962年5月生，山东省昌邑市人，1989年加入中国书法家协会，潍坊市书法家协会副主席，潍坊市奎文区书法家协会名誉主席，鉴赏家，收藏家，知名策展人。

七岁学书画篆刻，五十年如一日，融古悦今，重承传，重格调，重意趣，重风骨；通诗、书、画、印，有文人之风，即心人古，心怀丘壑，理意同择，气象正大。

作品多次入展全国书法展及其他多项权威性展览。1988、1993年先后两次获得全军书法比赛一等奖，作品被国内外多家美术馆、博物馆等艺术机构收藏，其事略加载《中国当代书法家辞典》《全国青年书法家作品集》《百家艺术鉴赏》《当代百家五体字帖》《中国书法家协会会员名鉴》等多种辞书专辑。

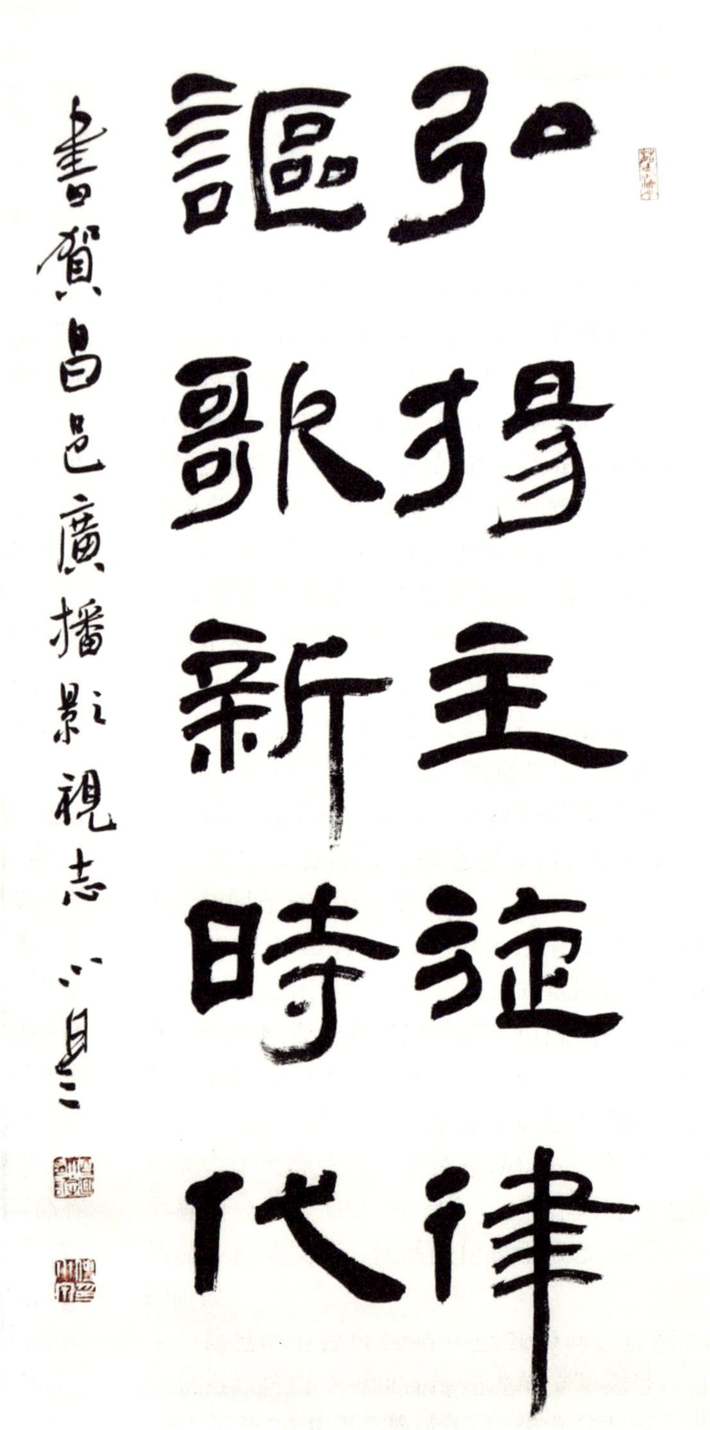


2019年冬，傅小泉创作“弘扬主旋律讴歌新时代”书法作品，祝贺《昌邑广播影视志》出版

# 徐中立绘画作品

徐中立

**徐中立**　字玄镜，号潍水居士，潍坊峡山人，1961年出生。国家民族画院院委、画家，国家一级美术师，高层次专业技术拔尖人才，第十一、十二届潍坊市政协委员，昌邑市政协常委，昌邑市委宣传部系统联合党支部书记，昌邑市美术家协会主席。

获第五届山东省政府“泰山文艺奖”、第二届山东省“齐鲁文化之星”、第四届潍坊市“风筝都文化奖”，第一、第二届昌邑市“丝绸之乡文化奖"。

作品《秋韵》入选中国美协第三届全国少数民族美展获优秀奖，作品《守望家园》入选中国画学会第四届全国美展获优秀奖，作品《欢乐童年》入选文化部第二届全国群众文化美展获优秀奖。著作《鄑邑春秋》中国戏剧出版社出版，著作《一生钟爱古诗词》吉林文史出版社出版，连环画《徐迈的党性人生》获全国大众文艺图书类金奖，被列入昌邑市党员干部党性教育教材、中小学生爱国主义教育教材。

个人传略载入《中国优秀文化人才库》《山东美术家大辞典》等典籍。作品被山东省美术馆、山东美术出版社、金陵画院等学术机构收藏。

2019年冬，徐中立创作《惠风和畅图》国画作品，祝贺《昌邑广播影视志》出版

# 王晓伟绘画作品

王晓伟

**王晓伟** 1973年出生，山东昌邑人。毕业于中央美术学院壁画系，毕业后留校任教。擅长油画、壁画，获硕士学位，师从孙景波先生。2003年任中央美术学院副教授、附中副校长，中国壁画学会理事。

王晓伟的油画有鲜明的个人艺术风格，擅长以微妙的油画笔法，展示中国当代精神风貌。

2001—2019年，油画《红星吉祥》《值勤的藏族战士拉巴次仁》《伤逝》《清晨的牧场》，大型壁画《塔吉克早市》《离乡—献给5.12地震中不屈的羌族同胞》《春至山乡》《一代天骄成吉思汗陵壁画》等作品参加文化部、中国文联、中国美术家协会、中国美术馆、中国油画学会主办的全国性美展，并多次获奖。曾获第十届全国美展铜奖、2004全国“首届壁画大展”大奖（金奖）、2004全国“首届壁画大展”工艺成就奖、2003中央美院毕业生作品展“最佳艺术传承奖”。2006年协助导师孙景波先生完成大型历史体裁壁画《一代天骄成吉思汗陵壁画》创作，主要创作成吉思汗陵壁画的中远景绘制，此画获第十一届全国美展金奖，首届中国美术奖·创作奖金奖。2019年油画《春至山乡》入选国家文化和旅游部实施的“国家主题创作项目。”

2019年冬，王晓伟创作《雪地农家》油画作品，祝贺《昌邑广播影视志》出版

# 齐永臻绘画作品

齐永臻

**齐永臻**　毕业于山东师范大学美术学院，结业于中国水墨画院首届中国画创作高级研修班，现为中国美协会员，中国水墨画院专职画家，鲁东书画院副院长．章丘美协副主席。

《大时代》入选（入会资格）建党95周年全国画展（中国美协）。《圆梦》入选（入会资格）庆祝中国人民解放军建军90周年全国美术作品展览暨第13届全军美术作品展（中国美协）。《和谐家园》入选南田风骨 第三届恽南田全国花鸟画展（中国美协）。《奔跑吧！北京》入选（入会资格）第九届中国体育美术作品展（中国美协）。《HongKong记忆》入选香港回归祖国20周年——全国中国画作品展（中国美协）。作品刊登于《人民日报》《光明日报》《经济日报》，并被国家体育总局收藏。

2019年冬，齐永臻创作《高山流水》国画作品，祝贺《昌邑广播影视志》出版

# 李洪修绘画作品

李洪修

**李洪修**　中国美术家协会会员，国家一级美术师，山东艺术学院和山东管理学院客座教授，硕士生导师。人民艺术创作院特邀院务委员，山东画院高级画师，潍坊市专业技术拔尖人才。作品入选第六、七、八、九、十二、十三届全国美展，其中《三月三》(合作)获六届全国美展银奖，第三届年画评比二等奖，作品由中国美术馆收藏，并被评为馆藏精品出版和展览。出版有《吉神》《财神》《年度水墨》《人民艺术——李洪修画集》等。另有合集多部。

2019 年冬，李洪修创作《一夜好风吹果香飘满园》国画作品，祝贺《昌邑广播影视志》出版

# 王以臣书法作品

王以臣

**王以臣**　以署艺名艺忱，汉唐书屋主人。1947年2月生于山东昌邑，中国书法家协会会员，山东省楹联艺术家协会副秘书长，济南市书法家协会创作委员会委员，昌邑市书法家协会副主席。

王以臣自幼笃爱书法，主研行草，亦涉猎隶、章草及汉简诸体，尤对“二王”及米芾、颜真卿之经典墨迹酷爱有加，2008年前多次登门求教于魏其后先生，经魏老言传身教，领悟到书法真谛，后又经常求教于顾亚龙先生，得其技，道真传，受益匪浅。

书法作品入选第六届中国书法新人作品展，获纪念毛泽东115周年诞辰全国书法大赛金奖，获山东省第六届老年书法美术一等奖。作品先后编入国家、省、市多部典籍，并被国内外许多单位和友人收藏。

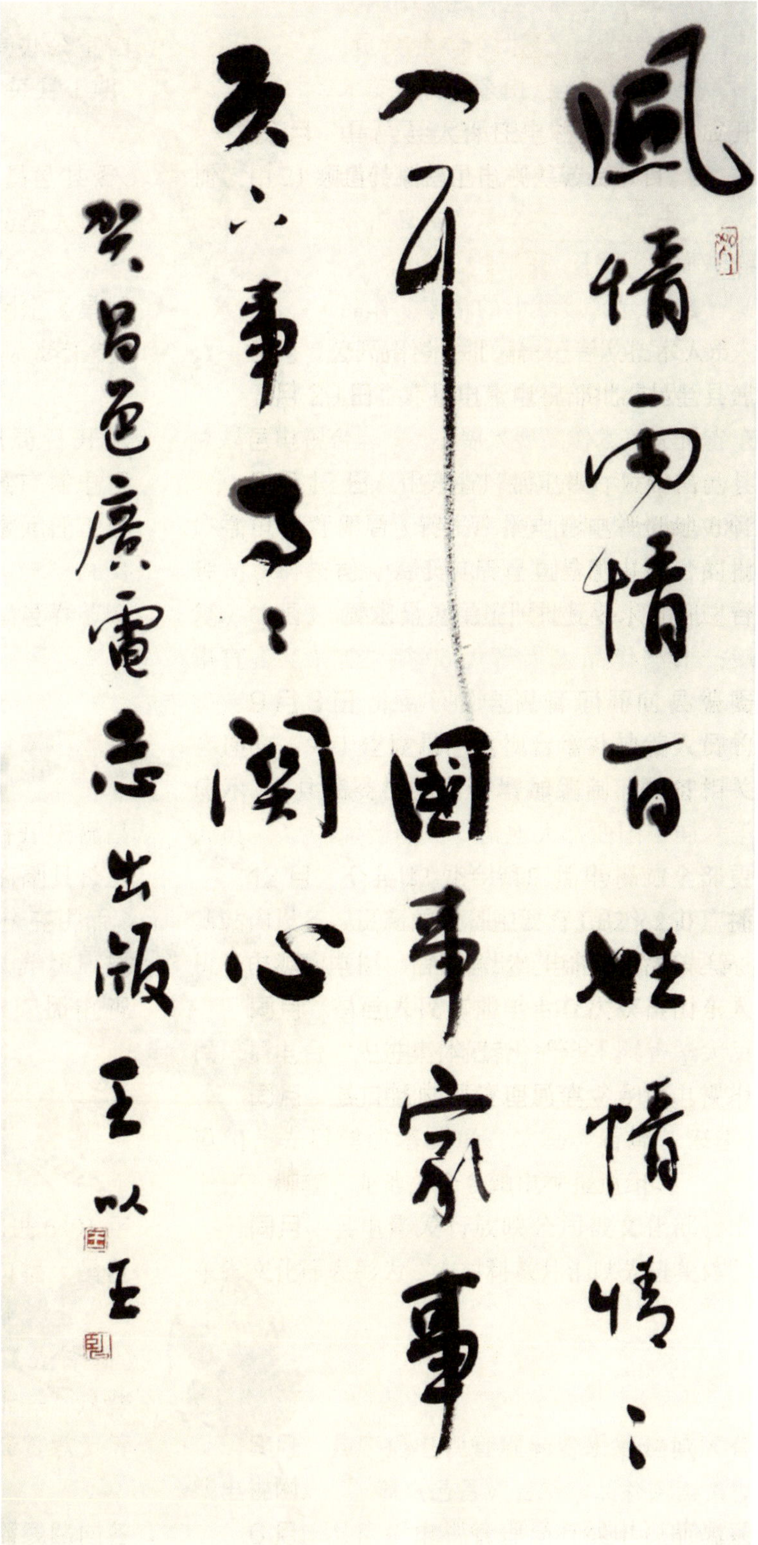

2019年冬，王以臣创作“风情雨情百姓情情情入耳国事家事天下事事事关心”》书法作品，祝贺《昌邑广播影视志》出版

# 王邑绘画作品

王邑

**王　邑**（王吉堂）字集弘，1980年出生于山东昌邑，现为中国美术家协会会员，山东省青年美术家协会会员，山东省书法家协会会员，青岛古今缘书画院副院长。

2008年《废墟上的希望》作品入展心系汶川——全国美术作品特展；《废墟上的希望》作品参加山东省抗灾美术作品展入展。

2009年《高原情》作品入展2009年全国中国画作品展；《雪域情真》作品获全国十一届美展山东省二等奖，入选中国百家金陵画展；书法作品入展辉煌60年“全国普法万里行”书画巡回展北京首展。

2010年《雪域净土》作品获第六届中国西部大地情中国画展优秀奖（最高奖）。2011年《阳光下的盛装》作品获“红旗颂”——庆祝建党九十周年美术作品展（中国画）优秀奖。2014年进修于中国人民大学曾翔（个性化教学）书法工作室。2016年在河南省平顶山市文化艺术中心举办个展。2018年参加沂蒙春早第二届当代中国画名家邀请展。

2019年冬，王邑创作《大吉》国画作品，祝贺《昌邑广播影视志》出版

# 王春生绘画作品

王春生

**王春生**　男，1982年生于山东省昌邑市。2006年毕业于西南大学美术学院美教油画专业，本科学历。中国美术家协会会员，昌邑市卜庄镇东冢小学美术教师，多幅美术作品被全国各地美术馆收藏。

2005—2019年，水粉画《看恐怖电影》《码头的夜晚》，油画《码头·海的节日》《齐心协力》《河岸渔事》《晚上的游轮》《船上的午餐》《海阔天空》《弦音》《变奏》《红色记忆》《三月的风》等作品多次参加中国美协以及山东省文化厅、山东文联、山东省美协、重庆文化厅、重庆文联、重庆美协举办的展览并获奖。

2019年冬，王春生创作《古街老宅》油画作品，祝贺《昌邑广播影视志》出版

# 李强绘画作品

李强

**李　强**　1983年出生于山东省昌邑市，2007年毕业于青岛大学美术学院。中国美术家协会会员、中国民间文艺家协会会员、中国文联第八期全国中青年文艺人才（视觉艺术）高级研修班学员、国家艺术基金项目“潍坊年画艺术创作人才高研班”学员、齐鲁文化之星、潍水英才、昌邑市丝绸之乡文化优秀人才。

2005—2019年，水彩画作品《秋》《金秋》《金秋之一》《金秋之二》《日记系列之二》《日记系列之三》《日记系列》《花语系列之三》《红荷系列之三》《梦见穆桂英》《金色的梦》《血染朝霞振丹青》等参加省级展览并获奖。《花语之一》《花语之三》《花语之五》《鸟语花香》《日记系列之三》《梦见穆桂英》《金秋》《秋韵》《葵语》《向阳花》《太行秋意图》《漫山红遍太行山》《金秋之二》《金秋之三》《峥嵘岁月》《草原搏克手》《侗寨之夜》《金色的梦》等作品参加国家级展览并获奖。多幅作品在《中国艺术报》《山东商报》《潍坊晚报》《潍坊日报·今日昌邑》等报刊发表，被中国文联文艺研修院、石家庄美术馆、蒙古呼伦贝尔美术馆、南宁博物馆、潍坊美术馆、意境中国艺术馆、（上海）溢鑫文化发展有限公司等展览机构收藏。

2019年冬，李强创作《室雅花香》水彩画作品，祝贺《昌邑广播影视志》出版

# 后 记

2019年10月，昌邑市融媒体中心正式揭牌，拉开了昌邑广播、电影、电视、报纸、网站、手机客户端、流媒体融为一体协调发展的序幕，开始踏上新征程，谱写新篇章。为记录好昌邑广播影视事业70年发展历程，承前启后，继往开来，《昌邑广播影视志（1950—2019）》即将付梓出版。面对这部凝聚着全体干部职工和编辑人员智慧与汗水的厚厚书稿，掩卷而思，无限感慨：我们有幸梳理了生动曲折、辉煌灿烂昌邑广播影视70年发展历程。在触摸历史脉搏、与历史深情对话中，我们曾无数次被打动，被感染，那些由昌邑广电人谱写的一幕幕华彩乐章，令我们倍感自豪与鼓舞。

编纂《昌邑广播影视志（1950—2019）》，是昌邑广电人的历史夙愿。1985年，按照县政府要求，昌邑县广播电视管理局局长尹海瑞就安排专人编写志书，搜集整理过一些简要材料，因资金困难，没能印刷成书。2009年，昌邑市广播电视管理局局长赵赞江又安排专人修志，也未出版。2018年底，昌邑市广播影视中心主任张术叁再次提出，要编纂一部全面记录昌邑广播影视70年历史的《昌邑广播影视志（1950—2019）》，得到全体干部职工一致拥护，随后成立编纂委员会，落实编辑人员，明确责任，编纂工作正式启动。

市广播影视中心十分重视广播影视志编纂进展情况，凡是编辑人员提出困难和问题，都随时帮助解决，并对《昌邑广播影视志（1950—2019）》编纂工作提出指导性意见。首先以事业发展、新闻宣传和节目创新为主线，反映昌邑广播影视70年从无到有、由弱到强的历史，反映昌邑广电人无私奉献、艰苦奋斗、敢为人先的精神品质。其次，要坚持实事求是原则，突出纪实性，做到真实客观地反映这段历史。最后要做到可读性、思想性、启发性并存。抓住亮点，突出亮点，写出典型环境中的典型事件、典型人物。在处理亮点时，要写出前因后果，以体现其思想性。同时还要站在历史高度，尽可能记录好各镇、街、区（公社）、村发展中的亮点。对典型人物把握，要突出集体智慧和力量，展现普通职工风采。在编写过程中，要总结昌邑广电文化、昌邑广电精神，以教育启发后人。在写作上力求做到文字优美、简洁、生动、成书图文并茂，体现新时代志书特色。

为充分展现昌邑广播影视事业70年历史进程和历代广电人的奉献精神，打造一部传世精品，体例上继承融合创新也十分重要。在认真阅读十几部志书的前提下，经过反复比较、推敲、论证，做了大量工作。最后采取的是一种“以时序为经，以大事为纬”的时经事纬体。既按时间先后顺序写出历史发展全过程，又着重写清楚重大事件，是记时、记事、记人、记言的有机结合。在编写过程中，力求做到以大的历史眼光发现并寻找大的历史背景下的典型事件，然后尽可能全面而详尽地描述出每一个事件的前因后果，尽可能客观地总结其在特定历史背景下的地位作用及其意义，最终通过一个个典型事件和典型人物展现历史发展全貌。

在编纂《昌邑广播影视志（1950—2019）》过程中，资料很少，在这种情况下，我们采取查找昌邑市广播影视中心历史档案，到昌邑市档案局、山东省广播电视局、潍坊市广播电视局（总台）查找材料，广泛请教老广播人员，让他们提供有关情况，查阅各种书籍有关广播影视的记载、个人工作笔记等。如何利用和结构这些材料，才能使写得广播影视志既能充分展现昌邑广电事业从无到有、从弱到强的发展历程，挖掘出特色鲜明的昌邑广电精神，又做到成书后既有比较强的可读性，又能具有很重

要的史料价值，同时还做到文风的统一，落笔之前编辑人员进行了认真思考。

在结构全书时，我们将纷繁复杂的材料先纵横打通，再分类整合。所谓纵向打通，主要指一些栏目和重大活动的报道不再按断代来分段写，而是从创建一直写到2019年10月，以保持其连续性；横向打通，是指市（县）、乡镇（公社）与国家、山东省、潍坊市打通。在打通基础上，再整合、分类、布局。每一章都有一个重点，又是全局工作一个侧面。全书分成六编，基本上囊括了广播影视发展历史过程及主要工作。

按照中心党总支和编委会要求，《昌邑广播影视志（1950—2019）》既要写成志，又不能拘泥于志，更不能写成文学作品。在行文推进和文风把握上，我们力求探索一种更能体现广播影视特色、新志书行文方式。在写作志书过程中，遵循了以下几个原则：1. 大背景要写清楚；2. 客观叙述与感性回忆相结合；3. 宏观掌握与细节真实相结合；4. 可以适当夹叙夹议；5. 要进得去出得来，进入历史深处追寻，站在当下高度把握；适当增加附录内容，以详细真实反映历史真相。

在一年多时间里，完成昌邑广播影视70年发展过程编写任务，时间紧，任务重，编辑工作人员用思想发现思想，以智慧激发创新，不辞劳苦，全力以赴，加班加点，以打造传世精品为最高追求。主编张术叁从指导思想到编纂体例、结构文风都一一明确思路与方向；副主编张惠福常抓不懈经常调度；主笔王沛盛始终按照编委会要求亲力亲为；编委会成员按照分工积极收集、提供、编写有关方面的材料；调出本单位任职过内蒙古自治区国家税务局局长王功民，县委宣传部原副部长韩庆林，年已80岁高龄老局长尹海瑞，原副局长齐乃禹、范西勤、刘万寿、郝勇（副主任），尤其是诸多老广电人曹美荣、马均福、宫志娥、谢吉林、李献强、元钦圣、宋宗玉、张永柱、张明新、邢述世、苏森源、刘景贤、姜言富、孟祥惠、叶坤等积极支持编修志书，搜集提供所需材料，不厌其烦地搜集提供有关历史情况；老广电人宋宗玉陪同编辑人员远去济南，近到各镇、街、区，走村入户采访，经常打电话核实情况；总编室主任王文峰全力为编写志书调度搜集提供材料；团委书记梁峰主动请缨，担当校对，力求连一个标点符号也不能用错。山东广电网络公司昌邑分公司经理孙福生、华艺电影传媒有限公司经理冯立春把编纂志书当作一项重点工程来对待，安排专人集中时间突击编写，确保志书如期出版。

《昌邑广播影视志（1950—2019）》在编写过程中还得到了山东省广播电视局新闻研究组张干，潍坊市广播电视局原局长、总台台长姜言义，办公室孙晓宇、陈华春，昌邑市委组织部、宣传部，市档案局，文山诗书社，昌邑市摄协主席李发宁以及社会各界朋友热切关心和大力支持，提供给我们珍贵史料，更为可喜的是诸城市原广播电视局提供给《诸城市广播电视志》，寿光市广播影视集团提供给《寿光广播影视志》作为我们编书的参考，提升了编辑档次；昌邑籍16名书画家为祝贺志书出版，精心创作书画，首次在本书发表，增添了志书的时代色彩；山东宏大生姜市场有限公司得知出版费用紧缺，慷慨解囊，鼎力相助。在此表示衷心感谢和崇高敬意！

《昌邑广播影视志（1950—2019）》交付印刷之际，2020年6月，因工作需要，中共昌邑市委对昌邑市融媒体中心主要负责人进行调整，郑雨送任昌邑市融媒体中心主任。他了解志书有关情况后，明确指出：编写史志就是见证历史、记存历史，进而发挥其镌刻、奋进的功能，把历史的智慧呈现出来，以激发大家的自豪感和自信心，从而增强深入推进融媒体建设的信心和决心。因此，一定要做好志书后续各方面的工作，确保如期出版。

由于时间紧、水平所限，《昌邑广播影视志（1950—2019）》一定存在着许多不足与缺陷，殷切期望各位读者批评指止。

编　者

2020年6月